日本の人類学

植民地主義、異文化研究、学術調査の歴史

山路勝彦 編著

関西学院大学出版会

日本の人類学

植民地主義、異文化研究、学術調査の歴史

まえがき

寺田和夫の著書『日本の人類学』（初版・思索社、一九七五年、再版・角川文庫、一九八一年）は名著である。明治時代の坪井正五郎や鳥居龍蔵の活躍から筆を起こし、その後の人類学の歴史を概括していて、日本で最初の人類学史の著書として今なお読者を魅了している。これは自然人類学の書物であるが、文化人類学の専門家にも啓発するところ、大である。本書はこの寺田の書名を踏襲している。その理由は二つある。寺田の出版以後、三〇年が経過し、世代交代が行われ、新しい見地から人類学史を書く必要があったこと、寺田の著書は主に自然人類学の立場から書かれ、文化・社会人類学の紹介が手薄であったこと、である。二番目の理由は、寺田が自然人類学分野に属していることを考えれば、当然のことなのかも知れない。本書の多くの執筆者は広義の文化人類学分野に属しているので、人類学史を名乗っていても、必然的に文化・社会人類学分野が中心になる。これらの事柄を念頭に置きながら、寺田の功績を讃えつつ、このたび新しい角度から日本の人類学史、すこし正確に言えば、文化人類学の歴史を出版することにした。

人類学史の研究は以前から散発的には試みられていたにしても、人類学の専門分野の一つとしての地位を確立しているわけではない。社会学なら社会学史という分野があり、コントやデュルケムからはじまって錚々たる学者の理論を批評する壮大な学知の探求がある。これに比べると、人類学は状況が違う。一九世紀以来、人類学・民族学の世界では進化論や歴史民族学、その後には機能主義、そして構造主義が隆盛になり、そのつど熱狂的な議論を沸かせてきた。二一世紀になり、カルチュラル・スタディーズが勃興すると、こうした議論は過ぎ去った時代の産物と見なされ、人々の会話からは熱気を込めて語られなくなった。過去の人類学者の学史上の業績を検討することは、もはや墓場荒らしのような後ろめたさを感じさせる雰囲気さえある。

しかしながら、こうした世相にあっても人類学史を語ることには意義があると思う。歴史とは、過去の出来事に対して現在の人間が下した解釈にほかならず、したがって過去の時代の学問を取り上げるにしても、その評価を行うことは、現在の研究者の知的世界が反映されたものになる。この意味で、人類学史の研究は現在の学知のありかたと密接に関わっている。ただし、現在の立場からの評価といっても、その過去の研究が発表された時代の文脈を考えておかねばならない。人間の営みは時代性を背負っているのであって、研究という行為もまた時代性から離れては成立しない。イギリスの歴史家、E・H・カーの言葉を借りれば、「歴史とは過去との対話」ということになろうが（カー、E・H　一九六二）、現在の研究者の置かれた自身の立場を内省しつつ、時代性という文脈との関連で過去の業績を捉え直した時、学史の研究は意味を持ってくると思う。

この意味で、日本民族学会が編集した『日本民族学の回顧と展望』は、すぐれた道案内になると同時に、致命的な欠陥を持ち合わせていた。同書は文献解題的な内容であって、日本の人類学の理論的展開と、人類学が関わってきた各研究地域での業績を包括的に論じていることで、人類学のほとんどすべての成果を一覧するのによき導き手であった。しかしながら、日本の人類学が植民地での野外調査を通して発展してきたのに、その歴史的背景を考慮することがないという欠点を持っていた。人類学がどういう時代に必要とされたのか、この書物を通してからは理解できない。この「回顧と展望」の出版以後、日本民族学会は『日本民族学――一八六四―一九八三』を出版している（日本民族学会編　一九八六）。また、クライナー編による『日本民族学の現在』も出版されている（クライナー、J　一九九六）。両者とも、文献解題的な内容である。

日本の人類学史の研究と銘を打った本書は、単なる文献解題的な記述はしない。記述の単位も、通史的に概観した論文もあり、また特定の個人を掘り下げて論じた内容もあるが、どのような時代性を背負って研究という営みが行われてきたのか、またそれらの研究は現在、どのように評価されているのか、こうした立場からの論述が中心になっている。

明治期の坪井正五郎の業績を積極的に評価した後、昭和の人類学の草創期では主に植民地主義と人類学の関係が論題にされている。そして、戦後の人類学はどのように再建されたのか、その特徴は何であるのか、議論を進めている。日本の人類学史の全貌を完全に明らかにすることには及ばないが、歴史的流れは掴みえたと思う。

なお、本書は戦後の国立民族学博物館（民博）の成立以前までの段階を念頭において論じている。個々の論文では現代の動向をも取り扱っているが、なんといっても民博が誕生してまだ四〇年しか経っていない。民博の誕生以後の時代は、「歴史」というよりも我々の「生身」の世界であって、歴史的評価を下すのは早すぎる。その研究は次世代の研究者にまかせるよりほかはない。理解を得たいしだいである。

二〇一一年五月

山路勝彦　記

参照文献

日本民族学会編
　一九六六『日本民族学の回顧と展望』東京：財団法人日本民族学協会。
　一九八六『日本民族学――一八六四―一九八三』東京：弘文堂。
カー、E・H（清水幾太郎訳）
　一九六二『歴史とは何か』東京：岩波書店。
クライナー、J
　一九九六『日本民族学の現在――一九八〇年代から九〇年代へ』東京：新曜社。

目次

第三部　戦後人類学の再建と発展

第一章　日本人類学の歴史的展開

山路勝彦

洋の東西を問わず、人類学の歴史についての概説は今までに数多く著されてきている。日本の人類学についての書誌学的紹介も、すでに何度か行われている。日本民族学会は一九六六年に『日本民族学の回顧と展望』を出版し、それまでの研究成果を理論的分野と地域別分野とに分けて紹介している。それから三〇年後、クライナーの編集による『日本民族学の現在』が刊行されている。その三〇年間で日本の人類学はおおきく変わったようである。変わったのは人類学者の関心であるとクライナーは論じている。岡正雄に代表される昭和初期世代の研究者が、「エトノス＝民族」に関心を向けていたのに対して、九〇年代は「より一般的・普遍的な概念である文化」が対象になってきたという（クライナー編　一九九六：八）。確かに、クライナーの見るように、現在の人類学は理論的な面でも、研究地域の領域でも以前と比べて格段の変貌を遂げている。変貌した理由は時代の要請にあろうと思う。それならば、この変化は克明に跡づけなければならないし、それ以上に人類学者が時代にどのように向き合って研究してきたのか、内省する必要がある。

しかしながら、本書では、明治の草創期からはじまって戦後、国立民族学博物館（民博）の成立までの時代をおおよその目安とし、人類学の歴史を議論することに課題を設定している。「まえがき」でも記したように、民博以後の歴史は中心課題としてはほとんど除外している。本書では、民博成立以前までの人類学の歩みを追うことができればよいと思っている。その結果として、一七人もの寄稿者の参加を得ることができ、それぞれのテーマのもとで議論が組み立てられている。

各論に入る前に、最初に日本の人類学の歴史を概観しておきたい。明治以来の主要な動向を取り上げ、人類学者が時代とどのように対面してきたのか、考えてみたい。具体的には人類学の黎明期に登場した坪井正五郎と鳥居龍蔵、そして昭和の時代を駆け抜けた三人の個性的な人類学者、岡正雄、石田英一郎、馬淵東一の動きを中心に検討をしていきたい。岡正雄は人類学・民族学会の設立に貢献した組織人であり、石田は人類学の啓蒙に情熱を注いだ教育家であり、馬淵は野外調査に没頭した学者であった。こうした人類学者の姿を通して日本の人類学の歩んできた道を踏みしめていこうと思う。

一　はじめに——人類学の夜明け

文化相対主義者としての坪井正五郎

福沢諭吉の『文明論之概略』（明治八年）の出版からしばらく経ち、明治二〇年代に至った頃、日本の思想界はあるべき日本人、あるいは日本の国家像を求めて活発な論戦が沸きあがってきた。徳富蘇峰らによって総合雑誌『国民之友』が創刊されたのは明治二〇（一八八七）年であったし、明治二一（一九八八）年には志賀重昂が中心となって『日本人』が創刊された。この時代、人々をひきつけた議論は「国家」であり、「国民」であり、日本人像を模索しての思想上の格闘が燃え上がっていた。西欧の文物を摂取し、文明開化の道を歩み始めた日本が自立的な国家像を求めて華々しい論争を繰り広げていたこの時代、その片隅で「人類学」という学問が産声をあげていた。

幼少時から古物探索に興味を抱いていた坪井正五郎が仲間を誘い、「人類学会」を立ち上げたのは明治一七（一八八四）年で、明治一九年には「東京人類学会」と改称し、学会誌として『人類学会報告』第一号を刊行した。これが、広義の意味での人類学研究の嚆矢である。若き坪井は仲間と会うたびに、「十中の八九は古物の事か日本人種の事か都鄙風俗の異同の事」（坪井 一八八六：二）を話していたというから、今日の分類でいえば人類学、民俗学、考古学にまたがって関心を持っていたことになる。とくに、「貝塚を作り石器土器を遺したる人民と今日の日本人やアイヌとの関係を明にするは啻に面白いのみならず学術上要用の事」（坪井 一八八六：一）と考えていたように、アイヌに対する関心はだいぶ深かったようである。後に、坪井は小金井良精とコロボックル論争を大々的に展開する。コロボックルとはアイヌに伝わる倭人のことで、坪井は北海道にはアイヌに先住する民としてコロボックルを想定し、アイヌの一派とみる小金井と対立していた。その論争は坪井には不利に展開したが、明治期の論壇をおおいに賑わせ、人類学者による日本人起源論への探究を促した（寺田 一九七五〈一九八一：五三〉）。

坪井は日本が多民族国家であることを十分に認識していた。坪井にとってその根拠は二つの事柄から導かれていた。第一は現実にアイヌなどが居住していたという事実、第二には日本人自身が多系統の混合物であるという主張、こうした観点から盛んに論戦を張っていたのが坪井であった。とりわけ坪井は日本人の雑種性について繰り返し説いていて、日本人は決して純粋のものではない、というのが坪井の終生にわたる信念であった。「日本人の中にはアイヌと見紛う位いひげの多い人もあり、馬来人と見紛うほどひげの少ない人もある」（坪井 一九〇五b：四三八）と言い、日本人の体質の多様性を終生にわたって訴えていた。

しかも、坪井は単に雑種性を指摘していただけではなく、それがもたらす利点を積極的に賞賛していた。日本人は多系統の人たちが集まってできた雑種なればこそ、種々の特徴を受け継いでいて、世界に出てもその特徴をいかせば多方面で活躍できると檄を飛ばしていたのであった（坪井 一九〇四：一二五、坪井 一九〇八：五八—五九）。この雑種性への評価は、当時起こりつつあった皇国史観とは異質であった。例えば、国語学者の上田萬年はすでに明治二〇年代に「一民族一国家論」（「単一民族国家論」）を主張していた。日本国家が繁栄していく理由として上田が挙げた主張は、日本は「よし多少の帰化人はありしにもせよ、一民族の発達して、一国家をなすに至りし処」だから、というものであった（上田 一八九五〈一九六八：一〇九〉）。上田にとって、日本が多民族の共住する社会であり、しかも日本人自身が雑種であるという考えはとうてい受け容れられないことであった。こうしてみると、坪井と上田との違いは明白であり、明治後半期の日本人論を総括すると、この両者は両極端の位相に立っていたことになる。

それならば、坪井にとって、人類学とはいかなる学問であったのであろうか。人類学の研究領域について、坪井は次のように述べている（坪井 一八九五：四六六）。

第一　我々人類は抑も何であるか
第二　諸地方に現住する人類は如何なる有様で居るか
第三　人類が如此有様で存在する所以は如何
――人類の解剖生理心理に関する研究、自然に於ける人類の位置の論等は第一に属し、土俗の調査や人種別の攻究等は第二に属し、人類過去状態の推考、人種形成或人種起源等の説は第三に属します。私は是等三大問題を根拠として人類学をば三つの部門に分かって居りますが、是に与えた名称は次の通りでござります。

人類学（Anthropology）
第一部門　人類本質論（Biological A.）
第二部門　人類現状論（Descriptive A.）
第三部門　人類由来論（Historical A.）

坪井の術語は現在の我々からすれば、そうとうに分かりづらい。第一部門と第三部門は今日でいう自然人類学、第二部門は文化人類学ということになり、簡単に言えば人間についての総合的な学問ということになる。このように定立された坪井の人類学で中核を形成する概念は「人種」である。明治期の日本にはすでにブルーメンバッハなどの人種論が導入されていて、皮膚の色や頭骨の形状からの分類法が幅広く支持を受けていた。しかし、坪井はこうした人種分類法に疑義を唱える（坪井　一九〇三ａ：二六八）。

同じく白と云う中にもノールウェー、スウェーデン、デンマルクは極白く南方の者は稍褐色を帯びて居る、アフリカにも黒い者が居るし又黒味を帯びた茶褐色の者も居る、ヨウロッパの白と、アフリカの黒との間には中間物があってどこからが黒でどこからが白と云うとは言えない、世界中の事を考えて見ると、白から黒に至るまでずっと色が継いで区別は出来ない、身長に付いても其通り、――其中間の様々の高さのものがある、――。

こう主張して、坪井は人種分類の恣意性をはっきりと主張する。「白色とか黒色とかいうのは皮膚の色であって頭脳能力に関係をしない」（坪井　一九〇五ａ：三九〇）と言う坪井は、ヨーロッパの学問を安直に輸入していた明治期日本にとって革新的見解の持主であった。おそらく、坪井が「人種」という言葉を発する時、発音は「ジンシュ」であったかも知れないが、その背後には江戸期から伝わっていた分類概念が脈打っていたに違いない。江戸期にも「人種」という漢字は使われていたが、それは「人の種類」という意味であった（山路 一九八四〈二〇一一：九章〉）。実際に坪井がいう「人種」とは非常に大雑把な日常用語であって、「人種なる名称は体質言語風俗習慣等多数の点に於て一致して居て、相互に同類と見做すべき人類の郡に与えられ」たものであった（坪井 一九〇七：一二六）。

西洋から直輸入した人類の分類法の恣意性を指摘し、人類を分類するより、その連続性を強調する坪井は、文化相対主義者としての面貌を現すことになる。学問の啓蒙活動に勤しんでいた坪井は多くの著作を世に残しているが、そのなかでも『人類学叢話』は一段と光彩を放っている。その著作の書き出しは、「広く人類を見よ」で始まっている。そして、「広く世界の人類を見渡すと」という表現がその著作の随所に見られ、熱を込めての語りが伝わってくる（坪井 一九〇七：一〇）。

日本に於ての事実若しくはヨーロッパに於ての事実に拠て世界の人類を律しやうとするのは不条理極まる事で有ります。苟も人類に付いて論ぜんとする者は、其事の教育に関すると、政事に関すると、宗教に関すると、実業に関するとを問わず、眼を人類全体に注がなければ成りません。「広く人類を見よ！」此語は何人の為にも一つの戒めとするに足ると信じます。

これは、人類の社会や文化を語る時、日本の基準、もしくはヨーロッパの基準で見ることをやめよという論旨を説いているように響いてくる。坪井にとって、なにごとも比較が大切であった。この考えは多様な価値観を認めることに通じ、素朴ではあっても坪井正五郎こそ日本で最初の文化相対主義者であったと言える。こうした思想のゆとりこそが、日本人の雑種性を評価する視点を生んでいったものであろうと思う。しかしながら、異族に対して異国趣味（エキゾ

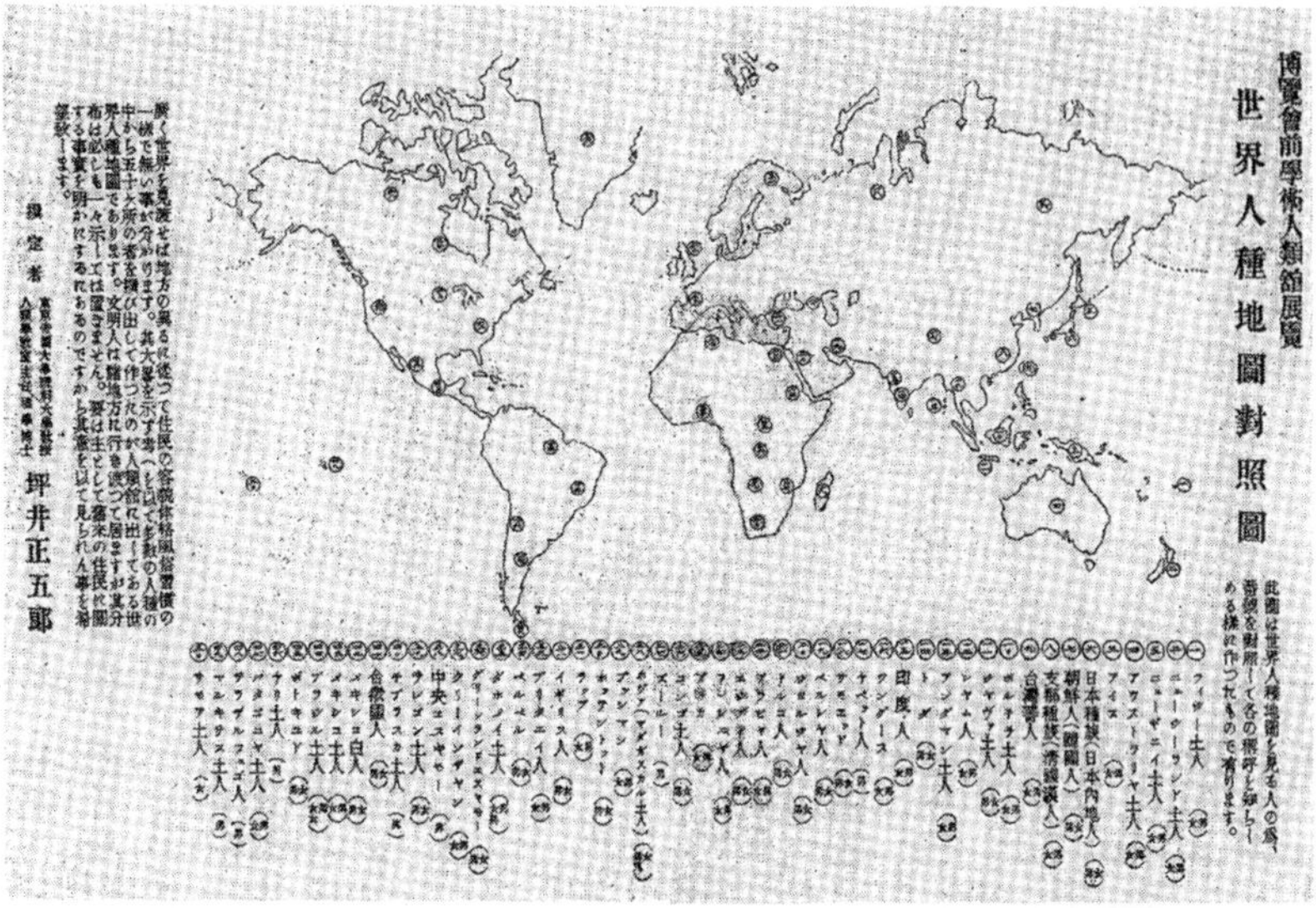

図 1-1　第五回内国勧業博覧会の会場での配布物、「世界人種地図対照図」
（出典：山路所蔵品）

「学問」としての営為であり、「見せ物」とは一線を画すとの思いが坪井にはあった。坪井自身、人間展示が見世物に終わることを危惧していた。『大阪毎日新聞』（明治三六年三月二八日）の記事で、坪井は「博覧会と人類学」と題して、こう語っている（坪井 一九〇三b）。

> 規模を小にして狭隘なる一館内に各人種を集むるときは、或は観物《みせもの》の感をなし、人種蹂躙の嫌いなきにあらざるものの如く、且又住家の如きもその真を失するの恐れなきにあらざるも、外国の博覧会におけるが如く之を一館に収容せずして、各国人種並に建築を会場内の各箇所に散在せしめ、恰も各府県の売店の如くせば極めて趣味あり、又有益のものとなり、而して今回の博覧会においてもその観方に依ては人類の研究となるもの少からず。

この文章は二点に注意を促している。第一に、外国の場合、各国人を「人類館」という閉じられた空間に配置しているが、それだと見世物のような雰囲気を作るということ、第二に、博覧会用に設定された狭い空間では伝統的な居住文化をあらわすことができないということ、これらの点に坪井は自覚的であった。坪井は、当事者にはこれらの配慮が欠けていると失望したが、それでも人類学の研究には有益だと思っていた。それは、人類文化の多様性を博覧会見学者に示すことができると考えたからである。『大阪毎日新聞』（明治三六年三月二八日）は前文に続けて、こう言っている（坪井一九〇三b）。

例えば台湾館に入て生蕃人の模型及び衣服・器具類を見、また参考館に入て南洋諸島若くは布哇人等の写真を仔細に見なば、以て骨相・体格の異動及び風俗習慣の一様ならざるを知るに足るべし。

啓蒙活動に熱心な坪井が「人間展示」を試みた理由は、好意的に解釈すると、人類文化の「風俗習慣の一様ならざる」ことを力説するためであった。「台湾館」や「参考館」の展示を見れば、さらにいっそう「人間展示」が引き立つと考えたのであろうか、総合的な観点から異民族の認識を広めたいとする坪井の願望が、引用文からはうかがえる。

しかしながら、やはり坪井の態度には問題が残るのも確かである。日本人やイギリス人の人形を飾るくらいなら、なぜ生身のイギリス人、あるいは奥深い山村に暮らす日本人を呼んできて「展示」をしなかったのであろうか。「学術人類館」で起居していた人たちは植民地の住民であり、その展示でイギリス人が抜けていたため、実際には「未開社会」の住民の展示になってしまった。このようにして、この展示では比較の方法が不徹底であった。人類学の対象が「未開社会」だからと言ってしまえば、坪井にとっては納得がいくのかも知れない。しかしながら、一般の日本人見学者が、人類学者の坪井と同じ視点で植民地住民を見ていたとは決して言えないはずである。むしろ、外側から取り囲み、一定区画に囲まれた植民地の生身の住民を観察しているという、興味本位の日本人の光景が浮かび上がってきたとしても、不思議ではない。坪井は日本人の異国趣味を斜そうとして展示したはずであるが、その方法は粗末すぎた。

「学術人類館事件」の後、坪井は「人間展示」を繰り返しおこなう。大正元年、東京上野で行われた「拓殖博覧会」でアイヌをはじめ、台湾タイヤル族を含めて植民地住民の展示が行われた。一区画を割り当て、そこに居住小屋を建てて住まわせ、日常生活の起居動作を観衆に見せるという試みで、これを企画したのは坪井であった（山路 二〇〇八）。研究者が研究対象として取り組んできた住民を見世物扱いにし、「展示」するとはおぞましいことであるが、このような見せ物は一九世紀末のヨーロッパの博覧会では頻繁に行われ、西欧人のオリエンタリズムの形成に一役買っていた。不用意にも坪井はその手法を真似し、植民地住民の展示を行ってしまった。坪井は、顔かたちなど形質的側面、あるいは衣服やしぐさなどの立ち居振る舞いを日本人に紹介することで、あたかも観客に野外調査をしているかのような雰囲気を味あわせたかったのかも知れない。しかしながら、なんと言おうとも、坪井が生身の展示の対象としたのは植民地の住民であり、植民地主義を是認する時代に生きていたからこそ、実現できた試みであった。坪井の意図通りに、一般の日本人がこの展示を通して常識化されていた思考、すなわち植民地住民を「野蛮」と見なす考えを是正できたのか、疑問なしとは言えない。むしろ、安直な展示は一般大衆の「野蛮人」観をさらに助長した、と言った方がよい。坪井の文化相対主義的な思考は時代の制約を受けていたのである。

二　海外調査の先駆者、鳥居龍蔵

坪井正五郎は若くして急死したため、東京帝国大学の人類学教室は大きな痛手を受け、鳥居龍蔵、松村瞭らが後継となるも、以後は自然人類学に傾いていき、昭和になると長谷部言人、清野謙次ら自然人類学者の活躍が目立つようになる。昭和一六年には学会も「日本人類学会」と改称し、今に至るまで自然人類学の専門学会として存在し続けてきた。

坪井正五郎を継承した人類学の歴史のなかでも、高弟であった鳥居龍蔵は海外に研究対象を見つけ、率先して出かけていった明治の先駆者であった。近年、鳥居は人類学の調査に写真撮影を持ち込んだことで高く評価されると同時に(東京大学総合研究資料館特別展示実行委員会 一九九一、国立民族学博物館 一九九三)、日本の帝国主義とのかかわりで批判もされてきた。鳥居龍蔵についての評伝は決して少なくはない(例えば、中薗 一九九五、田畑 一九九七)。鳥居が学説史上で重要なのは、アジアを走破したという輝かしい海外調査の履歴にある。その功績は次のように一覧表で示すと、よく分かる。

遼東半島	明治二八年
台湾	明治二九、三〇、三一、三三年
西南中国	明治三五年
満洲	明治三五、三九年、昭和二、三、六、七、八、一〇年
朝鮮	明治四四、四五年、大正二、三、四、五年、昭和七年
蒙古	明治三九、四〇年、昭和五、八年
千島列島	明治三二年、
シベリア	大正八年、一〇、昭和三年
樺太	明治四四年、大正一〇年

鳥居の最初の海外調査は遼東半島であったが、若き鳥居龍蔵が名声を博したのは、日本の植民地になった直後に行った台湾ヤミ(タオ)族の調査である。以後、日本の領土拡大につれ、鳥居の調査地もそれに合わせて広がっていった。

台湾での研究は中国貴州省のミャオ（苗）族の調査へと発展し、さらには朝鮮、満洲、蒙古、樺太へと広がりを見せていく。こうした研究の発展を辿ると、日本が海外に植民地を獲得していった過程と重なり合っていることは言える。それを根拠に、鳥居の学問が帝国主義を基礎にして展開してきたのは自明のことだ、という批判的見解が登場してくる（Shimizu,A.1999：132-133）。しかしながら、鳥居の学問をあたかも帝国主義の尖兵であるかのように考えるなら、事実をあまりにも一面化した理解だと言わなければならない。

鳥居の生涯を見渡すと、研究上の関心は揺れ動いているのが分かる。初期の段階では、身体計測とともに風俗習慣に関心を示していた鳥居は、しだいに考古学や古典研究へと移り、朝鮮、蒙古、そして北アジアへと調査を進めるにつれ、日本民族の起源の探求に向かうようになった。鳥居の貢献のうち、考古学への関心は光っている。それまでの記紀神話を中心とした文献考証学に対して、石器などの遺跡・遺物を通して実証的に研究を推進したことである。鳥居の主張では、有史以前（石器時代）に「固有日本人」が日本列島に住みつくようになったが、その「固有日本人」は朝鮮半島からの渡来人である（鳥居　一九一八〈一九七五〉）。鳥居の主張の根拠は考古学からの知見で、磨製石斧、石包丁、石鏃などの石器が大量に朝鮮と日本に分布していること、そして習俗のうえでは北方アジアのシャマニズムの儀礼と日本の原始神道は共通性を持つこと、などであった。

鳥居龍蔵の研究は現在の水準からすれば問題にはされない。とはいっても学説史的には重要な位置を占めていて、その研究の時代的背景を抑えた議論は必要である。当時の日本は、喜田貞吉が唱導する「日鮮同祖論」が勢力を得ていた時代であり（喜田　一九一〇、一九一九b）、歴史学者の黒板勝美もまた朝鮮総督府の「朝鮮半島史」の編纂事業に関わっていた。黒板は「朝鮮古跡調査委員会」に積極的に参加し、「日鮮同祖論」を推進する立場から、朝鮮半島に流布していた檀君による建国神話を否定し、「併合を呪詛せる書籍」（朝鮮総督府古蹟調査委員会編　一九一七〈一九七四：一四〉）の一掃を図っていた。鳥居もまた日鮮同祖論は正しいものと信じて疑わなかったが、その根拠は先に述べた考古学上の問題点からであった。喜田や黒板らが日鮮同祖論を議論する時、「民族」とは何かという命題をたて、政治的な戦略性を念頭においていた。しかし、鳥居は文化の「伝播」を考えていただけで、「民族」の定義を考えていなかった。その結果、「日鮮人の場合は、同一民族であるから、互いに合併統一せらるるのは正しきこと」と、考古学的知見のみで日韓併合の正当性にまで飛躍してしまう〔鳥居 一九二〇〈一九七七：五三八〉〕。この発言はまったく浮き足立った議論であって、飛躍が多く、理論的ではない。その言動には、喜田貞吉や黒板勝美のような政治的信条がまったく読み取れず、ただ時流の言葉を用意して世間の雰囲気に迎合した姿しか見られない。

むしろ、鳥居にとってみれば、朝鮮での遺跡調査員としての活動は、自己の人類学的研究を植民地行政のために奉仕させるというよりも、植民地行政官を利用して自己の学問の練磨を図ることに目的があった、と考えてよい。日本のシベリア出兵に際して、鳥居は、ウラジオストックで「写真を取ることが出来る。いかにも愉快至極である。」と有頂天になって叫んでいる〔鳥居 一九二四〈一九七六：三三五〉〕。鳥居の学問至上主義の発言は死ぬまで続いている。鳥居は晩年になって蒙古での学究生活を振り返って、こう語っている。

私達が蒙古に来た目的は、軍国主義の使命を果たすためでなくて、蒙古人に親しみ文化的に彼らを教育すると共に、私の専門とする人類学・考古学をこれから研究せんがためであった〔鳥居 一九五三〈一九七七：一三八〉〕。

軍国主義の使命を果たすためシベリア研究をしていたのではなかったという鳥居の発言は、後づけ的な自己弁護であるにしても、まったくの嘘ではないであろう。それは、鳥居が大学と絶縁し、孤独な探求者として野外調査に奔走していた姿から、その真心は窺うことができる。好意的にみれば、鳥居にはなによりも未知の世界に向けてのひたむきさがあった。鳥居は、またこうも言っている。

シベリア出兵は失敗であると叫ぶ人がある。私は一学究、もとよりその可否に関しては何も知らないが、少なくとも出兵によって当地調査の便宜の開かれたことは、一つの効果として考えなければなるまい。（中略）私は不肖ながらこの好機会に同地の探検調査を行い、しかもあえて不十分とはいえ、斯学相当の結果を齎すを得たことよりして、シベリア出兵は人類学、人種学、考古学に対して貴重なる寄与をなしてくれたものとして、深く敬意を捧げたのである（鳥居　一九二四〈一九七六：五〉）。

こうした発言を理由に、鳥居が国策に順じて帝国主義の手先としてシベリア調査に従事していたように断罪するのは、一方的な決めつけにすぎない。鳥居の眼中には人類学調査の成果を得ることしかなかった。皇軍に鳥居が感謝する理由は、皇軍が占領地を拡大したため、調査地もまた拡大したからであって、帝国日本の野望に応じてその軍事戦略に貢献することではなかったし、またそのイデオローグになれるほどには思想的に鳥居は鍛錬されていなかった。

鳥居の政治的立場をあえて分類すれば、現状をたえず追認するという保守主義者ということになろう。鳥居にとって、もともと植民地での政治状況はどうでもよかった。有史以前の遺跡を調査し、その次に日本では入手不可能な図書を見つけること、植民地を歩き回る鳥居にとって、これ以上の学問冥利に尽きることはなかった。学問至上主義の立場しか、そこにはなかった。だからこそ、鳥居には時代の流れを読み切れない危うさも潜んでいて、容易に日鮮同祖論を口に出してしまう恐ろしさも持っていた。帝国主義の政策に無縁というわけではなかったにしても、かといってそのイデオローグでもなかった微妙なグレーゾーン上に鳥居は立っていたのである（山路　二〇〇六）。

三　昭和の人類学者——岡正雄、石田英一郎、馬淵東一

民族概念の登場

明治国家が整備され、国民国家としての実質を整えてくるにつれ、明治二〇年代は日本、および日本人に関する論説が頻繁に論壇を賑わすようになった。この時期、国家の枠組みを決める「国民」「民族」という術語が登場している。とりわけ、「民族」という概念の出現は人類学の歴史を考えるうえでも重い意味を持っている。

『南洋時事』（明治二三年）の著作で有名な志賀重昂が、三宅雪嶺らとともに政教社を設立したのは明治二一（一八八八）年で、この年、『日本人』（後に、『亜細亜』『日本及び日本人』と改名）を発刊している。その創刊号の巻頭で、志賀は「〈日本人〉の上途を餞す」と題する檄文を載せ、偉大な日本の建設に向けて国力を謳いあげる論文を寄稿している（志賀　一八八八a：三）。つづいて、『日本人』二号では、「大和民族」の名称を掲げ、国粋（Nationality）意識の高揚を図ろうとしている（志賀　一八八八b：五）。

> 我日本も亦国粋を精神となし骨髄となし、之を以て大和民族が現在未来の間に変化改良するの標準となし基本となし、（略）

志賀の論文で注意すべき点は「日本国民」「日本人民」「民族」「人種」という用語を多用していることで、一例を挙げれば「羅甸〈ラテン〉民族（羅馬の人種）」という用法が見受けられる。志賀自身、これらの概念に定義を与えていないけれども、毎号のように『日本人』に執筆していた志賀は「日本民族」「大和民族」について言及し、「国粋主義」に

基づいた「大同団結」を唱えていた。

「民族」という語彙の用法が日本に登場した経緯については、安田浩（一九九二）、尹建次（一九九四）に詳しく、日清日露の戦間期には定着していったと考えられる。その背景には、明治の天皇制国家の定立に向けて国家を担う人々、すなわち国民概念を必要としたし、多くの人を納得させる基準で人々を結び付ける必要性があった。言い換えると、「血縁」概念を換喩的に用いて「民族」概念を創出する必要性があった。この概念を真っ先に取り込んだのは政治学の分野であって、はやくも概説書にこの言葉は専門用語として使用されていく。

稲田周之助には『政治学原理』（一九一二）、『政治史要領』（一九一九）の著書がある。概論風にまとめあげられた著作であるにしても、今日使用されているこの術語が書籍中に見られるのは、その作品の先端性を告げている。稲田はその著書で、「家族」「民族」「国民」が階層化され秩序化されたのが人類の社会であると主張して止まない（稲田一九一二：一五）

人類ノ集合生活ハ家族ニ始リ、家族相依リテ民族ヲ形リ、民族ノ最モ長大ナルモノハ即チ国民ニシテ、所謂国民性ナルモノ、亦此長大民族ヲ形容セルモノニ外ナラス。

法学者に比してみると、坪井正五郎ら人類学者はこうした時流にのれなかったようであり、「民族」という述語を用いることはなかった。むしろ、外国文献の紹介のため、英語のアンスロポロジー（Anthropology）やエスノロジー（Ethnology）の訳語に腐心していたのが実情であった。坪井によれば、「人種学」は「エスノロジイ」、「土俗学」は「エスノグラフィ」（坪井 一八九三：四二七）であったり、あるいは、Anthropology は人類学で、Ethnology は「諸人種相互の関係の研究」「人種についての研究」、もしくは「土俗研究」という表記になる（坪井 一八九五：四六一—

四六六）。いくらか揺れ動く坪井の表記法からすると、人類学者と政治学者との交流は乏しく、人類学者にとって「民族」なる言葉は耳慣れてはいなかったようである。

大正期に至ると、人類学関係でも「民族」という語彙は広まっていく。それには歴史家の喜田貞吉の影響が大きい。喜田は大正八（一九一九）年に『民族と歴史』を刊行し、その「発刊趣意書」でこのような発言をしている（喜田一九一九a：一）。

我が日本民族は、共に同一の伝統を有し、同一の言語を口にし、同一の思想と信仰とを抱懐し、（中略）万世一系の天皇を戴き奉れる、最も名誉ある宇内の一大民族なり。

皇国史観に染められながら、喜田は伝統、言語、思想と宗教を共同にすることに「民族」の意義を設定したのである。この喜田の登場の少し前、神話学者の高木敏雄は柳田国男らとともに「郷土会〈郷土研究会〉」を明治四三年に設立し、大正二年に機関紙『郷土研究』を出している。途中、長期間にわたり休刊するものの、廃刊になったのが昭和九年であるから、かなり息の長い研究会であった。それは、執筆陣に柳田国男、高木敏雄、南方熊楠、志田義秀、新渡戸稲造、金田一京助などをそろえ、充実した組織であった。その創刊号で、高木はこう述べている（高木一九一三：一―二）。

郷土研究の目的は、日本民族の民族生活の凡ての方面の凡ての現象の根本的研究（略）。（日本民族の住民は）その言語に於て、その風習に於て、その信仰に於て、即ちその文化の凡ての方面に於て共通している。換言すれば同一の文化を有する住民（略）。

そして、高木はこう結論づける（高木 一九一三：四―五）。

人種は生物学上の概念である。民族は之に反して歴史的概念である。（略）日本民族は混合民族である。種々複雑な分子から成って、統一を得て今日に至ったものである。

民族という術語がきわめて不安定であったにしても、大正期になると、腐心して造語していた坪井時代とは打って変わって現代の日常用語に近い使われ方になっていく。政治学者のみならず人類学者もこの民族という語彙から避けて通ることはできなくなった。ただし、そうは言っても、術語の揺れは続くのである。(2)

青年はいかにして人類学者になったのか

大正一四（一九二五）年に雑誌、『民族』が発刊されたことで人類学研究は飛躍的に発展した。雑誌のタイトルに「民族」という文字が現れているところからも、すでにこの語彙は政治学の世界から広がり、人類学者の間にも浸透してきたことが分かる。この雑誌の執筆者は豪華であった。寄稿者を見ると、濱田耕作（考古学）、伊波普猷（沖縄学）、柳田国男（民俗学）、鳥居龍蔵（人類学）、岡正雄（民族学）、有賀喜左衛門（社会学）、金田一京助（アイヌ学）、井上頼壽（仏教学）、民俗学（折口信夫）、歴史学〈喜田貞吉〉、田辺寿利（社会学）などの名前が記されていて、ただ人類学だけでなく、関連する分野を包括していた幅の広さが目立つ。

とはいえこの雑誌は、異文化研究としての人類学よりも、内容的には日本の風俗習慣を対象にした民俗学の雑誌と言うべきであった。この雑誌のあとがきとして書かれた「編集者の一人より」を読むと、その印象が強まる。専門を異にする多くの人材を集めていただけに、その雑誌編集の目的を述べるにあたって、共通点として設定された研究対象は最大公約数として「日本民族」に絞り込まれていた。そこには、実際に「日本民族の過去生活の真相が、最も雄大なる単一題目」と記されている（無署名 一九二五ａ：九八）。その方面の充実を図るべき、二号からは「資料・報告・交詢」欄が置かれ、日本各地の風俗習慣の報告に多くの頁が費やされるようになった。

しかしながら、「民族」か「民俗」か、この用語のもつ曖昧さのため、雑誌のタイトルに違和感をもつ人たちも現れた。西村眞次は、その一人である。西村の弁を聞いておきたい（西村 一九二六：一二一－一二二）。

私達は「民族」という語を常に「国民」という語のシノニムに使っているので、かうした内容をもった雑誌には「民俗」とした方がよくないかと思った。「民族」は恐らく、“Ethnology”“Folklore”から取った名前であろうし、其事は岡正雄君の「民族学の目的」（一の一）という訳文で感づいたが、私達は其学統からいつも、“Folklore”という語を用い、それを「民俗学」と称しているので、何だか「民俗」の方がよさそうと思われた。体質と文化との双関であるところの民族というものを取扱うのは不似合と思ったからだ。

この時代、政治学の分野から発せられた「民族」という言葉は、人類学者には戸惑いを感じさせていたようである。人類学者の関心は、「民族自決」という概念に示されるような政治的用法ではなく、むしろ「日本の習俗を伝えてきた人々」という意味合いの方にあった。しかも、異民族、あるいは異文化というよりも、人類学者は国内の民俗調査に重点を置いていた。植民地台湾があらたな研究の場として登場したとはいえ、フレーザーの『金枝篇』に出てくる諸民族の風俗習慣が日本国内でも確認できるとあっては、実施困難な海外調査をしなくとも、知的好奇心はかなえられたからである。呪術の園としての日本は、それだけで人類学者の対象でもあり、それゆえに民俗学者とも関心を共有していた。

「日本民族学会」（現在の日本文化人類学会の前身）という名称の学会組織が成立したのは昭和九年で、機関紙『民族学研究』が発刊されたのは昭和一〇年である。『民族』はこの「日本民族学会」組織の成立に先立って刊行された、いわば同人雑誌であるが、その成立意義はきわめて大きい。その理由は、この雑誌の編集を通して日本に本格的な人類学者が生れたことにある。岡正雄は、その雑誌の創刊にあずかったうちの一人である。ここで若き日の岡正雄について語っていきたい。岡正雄本人の弁によれば、少年期に大谷トルキスタン探検隊の話を聞き、感銘を受けたというから、未知なる大陸に寄せる知的好奇心は強かったものと思われる。仙台二校の時には本格的な人類学との出会いがあった。その時、熱中した書物はエンゲルスの『家族、私有財産及び国家の起源』であり、ついでモルガンの『古代社会』に傾倒し、人間社会の始原的世界に眼を開かせられた（岡 一九七九：三九一・三九五）。

日本では、大正末から昭和にかけて数々の古典的名作が翻訳されている。なかでもモルガンの『古代社会』は高畠素之・村尾昇一訳として大正一三（一九二四）年に、上・下二冊本として而立社から翻訳が出され、後に荒畑寒村によって一九三一年に改造社からも刊行されている。これと並んで、エンゲルス『家族、私有財産及び国家の起源』は内藤吉之助によって一九二二（大正一一）年に訳出され、その後も白揚社や岩波書店からも訳出されている。もちろん、これらの書籍は社会主義者にとっては必読書であったが、社会主義者に限らず、一般にも知的に世界を切り開いていく指針を与える書物として迎えられた。若き岡正雄が受けた衝撃は測り知れなかったはずである。

フレーザーの『金枝篇』もすでに出版されている。フレーザーとモルガンとは思想的にまったく異なるとはいえ、この両者が登場したことで、若者たちの知的好奇心をそそる環境はそろい始めていた。人類の始原社会への旅がここに始まろうとしていた。岡は、高校時代に図書館で『人類学雑誌』を読み漁っていた。そして、東京帝国大学の学生になってからは『金枝篇』、同じくフレーザー『王制の呪的起源』に心を奪われ、卒業論文で「早期社会分化における呪的要素」を執筆する。岡にとって、これが比較民族学へ踏み出した第一歩であった。

岡の回想によると、当時、日本では「民族学＝エスノロジー」という概念設定はなかったようである。岡は小山栄三、古野清人、八幡一郎、甲野勇、赤堀英三、江上波夫、須田昭義、宮内悦蔵、佐々木彦一郎など同好の志を誘ってAPE会（Anthropology, Prehistory, Ethnology の略称）を作り、議論に花を咲かせながら、「土俗学」「文化人類学」「民族学」という名称をめぐっての論争もしていた。その頃を述懐して、「民族学ということばで私はずいぶん苦労したんですよ」と語っている（岡 一九七九：三九九）。その苦労の内輪話は分からないが、「民族」という語の不安定さを物語る一齣である。

昭和四年、三一歳になった岡は、歴史民族学者として名高いシュミットやコッパースを擁するウィーン大学に留学している。その動機はコッパースの『民族と文化（*Völker und Kulturen alter Zeiten*）』を読み、興味をそそられ、「日本民族の源流とか形成の問題」について、強い関心を抱くようになったからである（岡 一九七九：四〇二）。この留学でシュミットの壮大な「人類の文化史」に批判的になりながらも、民族＝種族の「文化複合」に関心を深めることになった。岡の人類学上の位置はこれで決まった。

石田英一郎の軌跡は岡正雄に一見するとよく似ている。岡と同じようにウィーン大学で歴史民族学を学んだ石田は、やはり若い時代、モルガンの『古代社会』、フレーザーの『金枝篇』に親しんでいた。しかしながら、読書のきっかけは岡とは違っていた。石田は大正デモクラシーの息吹を胸いっぱいに吸い込んで、天皇制国家体制に対して批判的であった。その批判的精神がマルクス主義へと傾倒させ、石田を唯物史観の持主へと導いていく。石田も岡と同じく『金枝篇』に描かれたような人類の始原的世界へ興味を抱く。しかしながら、唯物史観の立場に身を置いた石田は、フレーザーやモルガンの著作に対して岡とは違って体制批判の見地から読み込んでいった。西欧からの新しい思想の受容に関して、この両者の理解の違いは若い時分の思想体験の差異に基づくものであった。石田はこう述懐している（石田 一九六八〈一九七〇：二八―二九〉）。

この方面の学問に足をふみ入れた動機は、世界史を書きたいという野心にあった。はじめ学生のころには、大正デモクラシー時代の急進的インテリのご多分にもれず、人道主義的な動機から出発して、理論的にはマルクシズムの影響を受けるところが大きかった。（中略）バカげきった皇国史観などを盾に思想の自由を弾圧する権力に対しては、復讐の念に燃えていた。

このような中央の世界に対して、帝国日本の周辺では別の、しかも人類学の歴史にとって記念すべき動きがあった。植民地を舞台にした人類学の誕生である。植民地朝鮮では、一九二四（大正一三）年に京城帝国大学が開校し、やがてその法文学部の一角に赤松智城と秋葉隆が赴任し、人類学研究が開始された。一方、台湾では、昭和三年に台北帝国大学が開設され、文政学部に「土俗人種学」という名称の講座が設けられた(3)。この講座の出現は人類学史上、大きな意味を持っていた。人類学や民族学の名称こそ名乗っていないが、坪井正五郎のいた東京帝国大学が自然人類学系統の教室であったから、これが日本で最初の文化人類学系統の講座であった。

この教室、すなわち土俗人種学研究室は移川子之蔵を主任教授とした弱小勢力にすぎなかったにもかかわらず、「南方土俗学会」を立ち上げ、定期刊行物として『南方土俗』（後に『南方民族』と改称）を発刊し、また野外調査においても偉大なる成果をあげた。それは『台湾高砂族系統所属の研究』と題した、膨大な民族史（エスノヒストリー）を集積した書籍の出版であった。この著作は聞き取り調査の集大成であって、一般向けに書かれた読み本でもないし、また理論書でもないばかりか、人類学の専門家でさえも読むのに辟易してしまうほどの記述が延々と続く調査報告書であった。しかしながら、この著作は日本人類学史上で最高傑作の一つと評価してよい。

その理由は、第一に、高砂族（現在の呼称は「台湾原住民族」）居住地域をほぼ全域にわたって踏査し資料を集めた体系的な著作ということで、その前人未到の業績には敬意を払う必要がある。第二に、この調査の視点が明確であったことを認めておく必要がある。「高砂族」という総称的名称のもとで、言語や文化に基づいて九種の「種族（民族）」分類をし、それぞれの「種族（民族）」単位にエスノヒストリーの記述をしているが、よく読めば、この著作の記述単位はさらに下位分類に当たる「部族」、氏族、あるいは村落連合であり、そこに暮らす人々の視点からエスノヒストリーを再構成していたことが分かる。内部からの視点で組み立てられた議論は昭和初期の日本の人類学界では新しい試みであった。第三に、この調査を基礎にしてその後の研究がいくつも産出されたことで、先駆的役割を負っていたことが評価される。とはいえ、この著作に対して批判がないわけではない。とりわけ、時代の政治状況と関わりなく実施された純学術的研究のはまり易い陥穽には注意しなければならない。当時、総督府は山地居住民の生活改善を進め平地帯に移住させる政策を実施しつつあり、こうした時代背景を照らし出してみると、純学術研究が行政と乖離していく状況が顕著であることが分かる[4]。

この土俗人種学教室のなかで、台湾山中を隈なく歩き、野外調査にもっとも積極的に取り組んでいたのは馬淵東一であった。馬淵のエスノヒストリー研究は戦後に雑誌論文として発表され入手され易くなったが[5]、馬淵がもっとも思いを込めた研究テーマは親族と儀礼との関係に焦点を当てたもので、社会人類学の立場が鮮明であった。この馬淵も学生時代、モルガンを愛好していて、社会経済史に関心を持っていた。この限りでは、岡正雄、石田英一郎と同じであった。しかしながら、権力嫌いの性癖の持主であった馬淵は、マルクス主義よりも、当時の社会に旋風を巻き起こしていたアナキズムの方に心が惹かれていたようである。

小さい時の馬淵は異国趣味に心を躍らせていた少年であった。馬淵は少年時代を述懐して、こう言っている。「いろんな国の植民地の兵隊が民族衣装を着ているのが非常に面白かったんですね。――私は以前人類学そのものよりも、むしろイスラムのほうが先に興味があったくらいです」（馬淵他 一九八八：一四）と。青年馬淵は成長して、やがてアナキストの石川三四郎の思想に共鳴していく。当時の卓越した文明批評家であった石川三四郎は、反時代的精神の持主であった。石川の言葉には次のような一説がある。「自然征服の思想は、自然と人間とを隔離させた。人間自身が自然の子であることを忘れさせた。そして近代人の心を淋しくした」（石川　一九七七：二一九）。近代文明の虚飾性を鋭く批判し、未開賛歌を謳いあげる石川三四郎は、「文明」に対比された「野蛮」の世界に限りなく愛着を感じ、そこに人類の幸福を求めていた。

この石川には、一九世紀フランスのアナキズムを代表する思想家、ルクリュ、Eの原作、『地人論』の翻訳がある〈ルクリュ、E〈石川訳〉一九三〇〉。ルクリュの大作は、人類の起源から始まり、通史的に西欧の歴史を近代まで論じている内容であるにしても、その特徴は広範囲にわたって民族学的知見が披瀝されていることにある。この本は、豊富に写真を挿入しながら、諸民族の生業や家族生活を紹介していることに価値がある。それは、まるで人類学の概説書のようである。

馬淵はアナキストではなかったし、おおよそ政治に興味を持たなかった学者であったが、その感情を抑制した怜悧な文章に混じって時折みせるシニカルな表現は、反骨の塊という印象を与えている。それに加えて、若き日の馬淵は血気盛んであった。石川三四郎などが奏でる未開賛歌に心を奪われたのであろうか、いつしか人類学への道を歩み始める。台湾に台北帝国大学が創設され、「土俗人種学」の教室が開講されると聞くや、ボルネオ探検の実績もあった移川子之蔵のもとに居ても立ってもいられずに飛び込んでいった(6)。石川三四郎に傾倒しつつ未開社会に憧れていた馬淵は、ほとばしる熱情を押さえきれず野外調査に精勤し、台湾山中を闊歩し、こうして一人前の人類学者として育っていった。

他方、さきに挙げた京城帝国大学法文学部でも人類学者に対する活動の場所が与えられ、宗教学の赤松智城、人類学の秋葉隆、秋葉の弟子であった泉靖一を擁して独自の活動を展開していた。朝鮮民俗に興味を抱いていた秋葉には、家祭りには二類型、すなわち男子の主管する儒教的祖先祭と女子、あるいは巫覡が中心になって行う家神の祭祀との並存を明らかにした研究があり（秋葉 一九五四）、ほかにも多くの著作があって、なかでも赤松との共著、『朝鮮巫俗の研究』（上・下）はシャマニズムに関する本格的で膨大な報告書として意義がある。上巻は資料編でハングルと日本語との対訳で巫歌が紹介され、下巻では朝鮮巫俗の特徴が分析されていて、人類学者と宗教学者の連携の賜物と位置づけることができる（赤松・秋葉 一九三七・一九三八）。この二人はさらに弟子の泉靖一を加え、満州でシャマニズムの共同調査を行い、『満蒙の民族と宗教』を出版する（赤松・秋葉 一九四一）。この京城帝国大学の研究調査のなかで、オロチョン族の記述は興味が持たれる。オロチョン調査については後ほど述べてみたい。

それぞれの戦中・戦後

植民地での研究が野外調査を中心に進展していった頃、日本国内にいた人類学者では文献に基づいた歴史民族学の研究が主力を占めていた。この日本国内の人類学も時代とともに形を変えていく。昭和の初め、まだ比較的言論の自由が残っていた時代に人類学を始めた岡、石田らは、戦時期に至ると時局に巻き込まれ、その学問的営為もおおいに屈折したものになっていった。とりわけ岡正雄の変節振りは激しかった。

ウィーン留学を経験した岡正雄は、昭和一五年から「国立民族研究所」の設立に尽力し、昭和一八年に念願がかない、国立の機関としての「民族研究所」が誕生した[7]。所長は高田保馬であり、古野清人、杉浦健一らが所員として加わっている。当然、岡正雄はこの民族研究所での重鎮であった。この時期、中国北京の北方に位置する張家口には、財団法人蒙古善隣協会が新に西北研究所を設立している[8]。この研究所の運営に岡は精力的に協力している。

しかしながら、学術機関の設立というアカデミズムにとって本来は喜ぶべき行為の背景で、戦中期の岡正雄は日本の軍事戦略に加担して積極的に動いていた。鈴木二郎は、その頃の岡について、次ように回想している（鈴木 一九六五：二六二）。

民族研究所の創設をめぐる多忙の中に、中野学校で講義したり、少佐参謀を帯同して南方を視察するというふうに、民族政策について積極的な姿勢をとっておられた。

岡正雄は弁舌の達人であったが、文章は多く残していない。生涯で著した書物は寡作で、戦時期の言動もよく伝わっていない。しかしながら、若き日のウィーン学派に学んだ歴史民族学の研究は戦中期には影を潜め、かわって大東亜共栄圏を鼓舞する発言を聞くことができる。戦時中の数少ない発言のなかで、岡の次の一句は謎めいている（岡一九四四〈一九七九：一〇八〉）。

民族学は民族・国家の膨張発展に随伴して成長し、或は民族の自覚に促されて勃興したのである。

これだけを読めば、人類学と植民地主義との共犯関係を鋭く批判する現代の研究者、とくにポストコロニアルを自称する研究者の発言と見誤るに違いない。あるいは、以下の文章を続けて読むと、昭和初期、「民族」概念の定着とともに成立してきた日本人類学の先端性を適切に表現していると、言えるかも知れない。しかしながら、それは誤解である。先の引用文に続けて、岡は民族学がもつ先進的使命について述べている。

今日迄の東亜民族学の民族学的研究が主として欧米人の手になり、東亜民族は常に被研究体であり、研究者自身ではなかったのである。この点に於ても吾等自らの手に依る研究が東亜のこの民族学に要請せられる所以である。――大東亜に於ける「単」民族学乃至「自」民族学の興隆は吾が国学者の双肩にかかるものなると共に、この学問の性質上大東亜諸民族の出身の民族学者の手に依り、諸民族の間に成長すべき約束を有し、吾が国学界は又これに対し助成協力を惜しまないであろう（岡 一九四四〈一九七九：一一三〉）。

この文章だけを取り出せば、オリエンタリズム批判の急先鋒の議論と見誤るに違いない。西欧の覇権主義に異を唱え、アジア人は研究主体としての自己を確立せよと説く論法は、現代においても、時代の文脈を取り払えば新鮮に聞こえる。しかしながら、時代は戦中期で、大東亜共栄圏構想が声高く叫ばれていた時代であった。新設の民族研究所は啓蒙活動の一環として講演会を何度も繰り返し、民族誌的知識を国民に説いていたことがあった。そこには大東亜共栄圏の建設に向っての民族対策があった。岡正雄の主張は、結局はアジア主義の理念に基づいた発想にすぎなかった。

民族研究所に岡の同僚として勤務していた宗教人類学者の古野清人も、国策として民族政策を遂行する意義を認め、啓蒙活動を行っていた。古野のこの時期の発言を見ておくと、当時の人類学者の国策への協力ぶりがいっそう見えてくる。古野は大東亜共栄圏の盟主として日本はアジアの指導者になり、遅れたアジア諸国を導いていく責務があることを繰り返し唱えていた（古野 一九四三：一一）。まさに、アジア主義にからめ取られた人類学者の発言であった。

戦争も終わり、平和で自由な日本が出現した時、岡や古野は戦時中の行為については発言しないという立場を貫いて、戦争への加担についてはいっさいの責任を認めなかった。これと対照的な道を歩んだのは石田英一郎であった。左翼運動で獄中生活をおくり、ウィーン大学で歴史民族学を収めた石田は、敗戦も押し迫った頃、国策機関として設立された西北研究所に次長として在職した。そこでの石田は学術面でも、思想活動の点でも目立った活動はしていない。精気が欠けていた石田に活動の機会が訪れたのは戦後になってからである。占領下の日本では、ＧＨＱ（連合国軍最高司令官総司令部）に設置されたＣＩＥ（民間情報教育局）が日本についての情報収集を担っていて、民俗学者とともに人類学者がそこに集結していた。この組織で働いていた人類学者の活動については中生勝美（二〇〇六）が詳しく、石田についても記録を掘り起こしている。

ＣＩＥに勤務していた石田は、戦争に加担した人類学を反省し、その新しい門出を模索していた。石田自身が国策機関、西北研究所に在籍していたという事情もあるが、一般的に言えば、戦時期は南洋関係を中心とした安直な読み本が多く出版されていたし、国民の啓蒙のためさまざまな名目で講演会が開かれ、多くの識者に混じって人類学者も演者として活躍していた。石田の反省の対象は、このような戦時下の人類学界の動向に向けられたものと考えてよい。ただし、過去を反省する石田には敬意を払うが、それによって何が新たに生み出されたのか、判断はむずかしい。石田は後に東京大学に文化人類学の専門講座を設け、アメリカ流の文化人類学を導入している。『河童駒引考』『桃太郎の母』などの著作があるし、随筆集である『人間を求めて』は人類学者としての誇りと気高さを感じさせる。だが、こうした業績は戦争加担への謝罪から出発したというよりは、若き日の石田の構想した世界史に源を発するものであった。

小柄できゃしゃな感じを与える石田は、しかしながらずいぶんと図太さも持っていた。ＣＩＥ時代の石田は、アメリカ軍のためだけに仕事をしていたわけではなかったようである。泉靖一の証言によると、「勤務していたとはいうものの、月給はたしかに受け取っていたが、仕事のほうはのんびりして」いたと言う。ＣＩＥの事務所での石田は学会機関紙『民族学研究』の編集に没頭していた。泉靖一の述懐によれば、「同氏はＧＨＱの机にすわって『民族学研究』の編集に情熱を燃やし、日本での民族学の再建に全力を傾けていたというのが実相に近い」ということになる（泉一九七〇：二六六）。馬淵東一も同じ内容を証言し、石田は法政大学にも勤めていて二重に給料を貰っていたと言う（馬淵他　一九八八：二三一）。敗戦国の劣等感はここには微塵もない。この点に関して言えば、ＣＩＥに関係した人類学者のなかで、もっとも図太く生き続けたのは馬淵東一であった。

馬淵は台北帝国大学を卒業した後、しばらく嘱託の身分で台湾山中を歩き続けていた。いったん東京に戻った後も台湾調査の機会に恵まれ、中部台湾のブヌン族の親族組織と呪術信仰の関連を研究主題として定めていた。(9) 同時に、インドネシアの慣習法に関心を持ち、昭和一八年に台北帝国大学に新設された南方文化研究所に助教授として赴任するや、すぐにインドネシアにあった海軍マカッサル研究所慣行調査部に嘱託として出向く。このマカッサルでの研究について馬淵はほとんど語らなかったが、面白い挿話は残されている。山田光子の小説の『セレベスの挽歌』は、慣行調査部で民族医学の調査を行っていた若い学徒を主人公にして筋書きは進む。そこの所長は、研究所には四人の職員がいて、三人は調査旅行に行き、二、三ケ月は戻らないだろうと主人公に言い、部屋の机の配置を説明し、「北側の机が台北大の田淵教授」のものと指し示している（山田 一九六一：一一二）。この小説が事実をそのまま書いているとは思われないが、このインドネシアでも平然と好き勝手な調査ばかりしていた馬淵の姿を映し出しているように見える。実際に、馬淵はスラベシ（セレベス）での生活をこう語っている（馬淵他 一九八八：二二九―二三〇）。

私はね、トラジャの山へ付いて来いと言われて、麓まで行きまして、これから先は俺一人で入るというと、大丈夫ですかという。いや僕はいつも一人で入る、心配するな、帰れ、という具合でした（笑）。そういうわけで、私一人で勝手に入ったわけですね。日本人が一杯いますと、酒飲む相手や喧嘩する相手ばかりでしょう。何も調査できないんで、日本人を避けたんですよ。

現代みたいにやたらと協調性を重んじる社会から見れば、馬淵の態度は傍若無人と映るに違いない。しかし、この時代、台湾で調査をしていた若者たち、例えば鹿野忠雄や小泉鉄などはまったくの規格はずれの性格の持主であった。彼らは、集団生活を嫌い、権威を嫌い、国家権力を嫌うという傍若無人の連中であった。馬淵も劣らず規格はずれの性格の持主であり、またたとえ不利な状況に置かれようとも、転んでもただでは起きない性格の強さを持っていた。ＣＩＥにいた時の馬淵はまさに「手前勝手」であった。ＣＩＥでの「勤務」について、馬淵はこう語っている（馬淵他一九八八：二三一）。

南山大から連絡があってちょっと行ったけれども、口がない。（中略）その足で、今度はＣＩＥ（民間情報教育局）、あそこはアメリカ人の社会学者や人類学者がいて、非常に愉快なところでしたが、そこに行ったんです。大体、そこに来ているアメリカの人類学者は、カルチャー・アンド・パーソナリティの連中だったんです。だけどあそこは海外関係の情報が手に入るし、新しい雑誌を封切るにも非常にいい場所だった。みんな適当にサボって、自分の仕事をしていた。あそこにある本を大いに利用させて頂いたんです。石田英一郎氏もあそこで学位論文が出来たんでしょうね。何も仕事をしなかった。仕事をしたのはボンクラですよ（笑い）。石田氏は法政大にもおって、つまり完全な月給が二つもあった。その頃はそういう時代でもあった。僕など本当はヤミ屋でもやればよかったんですが、かわりにアメリカ人の所へ行って飲み歩いたりしたんです。

馬淵の発言には、ある種、後付の合理化が働いているかも知れない。それを割り引いたにしても、したたかな馬淵の動きは伝わってくる。いったい馬淵はＣＩＥで何をしていたのだろうか。アメリカ仕込みの新しい専門知識を得ることに最大限の努力をしていたことは確かであろう。だが、アメリカ流の「文化とパーソナリティ論」や石田英一郎の飛びついた「綜合人類学」には鼻にもかけず、さらには「文化人類学」という名称自体を毛嫌いしていた馬淵のこと、アメリカの学者とは学問的な距離をおいていたことは間違いない。それでは、何をしていたのか。これぞ馬淵流の生き方と言えば、アメリカ人を相手に英語を習得することにあった。馬淵は英語が達者であり、人生の後半期の論文には英語で書かれたものが圧倒的に多い。この英語力を用いてマードックやレヴィ＝ストロースなどの西欧の人類学者と対等に勝負していた。その英語力は実はＣＩＥの学者や職員を利用して磨き上げ、習得した結果である。[10]ここには敗戦国のみじめな人類学者という姿はなく、ただ、したたかな馬淵がいただけであった。

馬淵はその後すぐ柳田国男の知遇を受け、沖縄研究に乗り出す。若き日、台湾山中を歩き回っていた馬淵は、今度は南の島々を飛び回ることになる。馬淵にとって、沖縄は台湾に劣らず魅力的な島であった。

四　戦後の舞台——アイヌと人類学者

日本の敗戦により、植民地で活動していた人類学者は日本本国へ帰国し、不遇の短期間を経験した後、それぞれは大学に復帰し、またある者は日本での野外調査の場所を探し始めた。戦後、あらたな装いで日本民族学協会が復活し、CIE経由で新しい人類学の知識もがもたらされ、日本の人類学は再稼動していった。

戦後まもなくの日本民族学協会は、戦前の植民地で得た知識を集約することを企画し、台湾、沖縄についての特集論文を組んでいる。機関紙『民族学研究』一五巻二号（一九五〇）は「最近における沖縄研究概観」の特集を組み、金城朝永「沖縄研究史——沖縄研究の人とその業績」のほか、東恩納寛惇、八幡一郎、宮良当壮、島袋源七、比嘉春潮、仲原善忠、大藤時彦、そして柳田国男と折口信夫が論文を寄稿している。ついで『民族学研究』一八巻二号（一九五三）では台湾特集を組み、馬淵東一「高砂族の分類——学史的回顧」ほか、浅井恵倫、宮本延人、古野清人、瀬川孝吉、国分直一など、戦前の台湾で野外調査の実績を持つ人たちの成果が掲載された。

機関紙『民族学研究』はこのほかにもいくつもの特集を組んでいる。その多くは戦前の業績の焼き直しにすぎなかったが、そのなかで広く話題を集めた特集は「日本民族＝文化の起源と系統」（『民族学研究』一三―三、一九四九）と「ルース・ベネディクト『菊と刀』の与えるもの」（『民族学研究』一四―四、一九五〇）であった。前者は岡正雄が中心になり、八幡一郎と江上波夫が参加した対談であって、日本民族文化の源流と日本国家の形成が主題内容であった。皇国史観の破産以後、マルクス主義史学の陣営からの日本国家生成論が主流を形成しつつあった時期、学界の片隅に蹲っていた歴史民族学が一時的脚光を浴びた瞬間でもあった。一方のルース・ベネディクト『菊と刀』は、人文・社会科学分野でこれほど多くの影響を与えた人類学者の著作はなかったほどで、その出版は、東京大学で正規に「文化人類学」の講座が開設されたこととあいまって、アメリカ人類学の日本での定着に深く寄与した。

こうした啓蒙的活動のほかに、日本民族学協会は組織をあげて国内でのあらたな研究調査を企画し、新しい人類学の発展に向けての一歩を踏み出していた。一つは「六学会連合」（後の「九学会連合」）に参加しての共同調査であり[11]、ほかは北海道アイヌの共同調査であった。「北海道アイヌ民族綜合調査」は文部省（現・文科省）などの支援で昭和二六（一九五一）年に開始され、小山隆、鈴木二郎、泉靖一、岡正雄、石田英一郎、久保寺逸彦、瀬川清子、杉浦健一などが参加している。この調査では新しい知見がもたらされ、『民族学研究』一六―三／四（一九五二）には杉浦健一「沙流アイヌの親族組織」、泉靖一「沙流アイヌの地縁集団におけるIWOR」などの論文が掲載された。杉浦は複雑なアイヌの非単系的親族関係を分析し、泉は生活の場としての地縁組織 iwor の意義を明らかにした。しかしながら、当時すでにアイヌの社会は大きな変化を受けていて、実際の機能は把握し切れなかったようである。

この調査の企画担当は日本民族学協会である。その調査の目的は、こう記されている。すなわち、「アイヌ民族固有文化は急速に消滅しつつあるのであって、速かに人類学的民族学的綜合調査を遂行しないならば、遂に永遠にアイヌ文化の究明は不可能になるかも知れない。（中略）アイヌの福祉政策のためにも、その基礎的資料として急速且つ広範な社会人類学的調査研究の必要が痛感されている」と（無署名b　一九五〇：三四）。確かに、この論者が説くように、アイヌ文化の以前の姿を記録に留めることは肝要であり、その調査は緊急性を帯びている。永遠に消えてしまうなら、それ以前に記録し、場合によってはその文化財に対して記念碑（モニュメント）を建てることに誰も反対はしないであろう。しかし、この調査の実施前にすでに人類学研究の限界が見えていた。

アイヌの辿った歴史を振り返ってみると、明治以降の急激な変化に気づかされる。その変化は、民間レベルでは移民の北海道拓殖、国家レベルでは日本人にさせるための同化政策、こうした理由が原因であった。同化政策がアイヌ社会にもたらした測り知れない影響は、さまざまな領域で多くの研究が明らかにしている（例えば、小川 一九九七）。こうした分野の研究の積み重ねは、人類学ではどちらかといえば手薄であった。それはひとまず措くとして、ここで忘れていけないことは、大正から昭和期にかけて特に顕著になってきたアイヌ自身の発言を人類学者は掬い上げようとはしなかったことである。その発言とは、アイヌにかかわる認同（アイデンティティ）のあり方について、である。

アイヌの詩人、違星北斗は日本人（和人）の無法とも思える侵略性といわれなき差別をきびしく追及し、時に自身の無力さを感じ、悲嘆にくれている（違星 一九三〇）。しかし、同時にアイヌの社会にはすすんで日本人に同化しようとする動きも出ていた。山辺安之助は白瀬南極探検隊の一員として参加した勇者であった。その国家的事業の達成感から山辺はこう言う。「ほんとうに、どうにかしてあの可哀想なアイヌの小供等を、早く日本人並に、同様な善良なる皇民にさしてやり度い」と（山辺 一九一三：一八九）。日本近代史をみると、アイヌの社会にはこうした複雑な二極化が生み出されていたことが分かる。一つはアイヌとしての誇りをもってアイヌの認同（アイデンティティ）を追求する人たちであり、他の一つは日本人として同化を受け入れる人たちであった。いずれもがアイヌ自身の叫びであった。そして、その中間には「物を言わぬ」アイヌが多数いた。しかしながら、人類学者は歴史への認識が甘かった。アイヌの社会や文化を研究しながら、多極化していくアイヌの声を内側から聞こうとはしなかった。アイヌ研究に対する人類学の限界は、すでに「北海道アイヌ民族綜合調査」の段階で気づいておくべきであった。(12)

五　本書の構成

さて、ここまで簡単に日本の人類学研究の歴史を辿ってきた。大まかな流れは、本書を読むことで掴めたことだと思う。そこで、次に本書に掲載する論文の概略を述べ、本書の構成について明らかにしておきたい。

三部構成の本書は、第一部が「植民地における人類学」から始まっている。現在につながる人類学（文化人類学、社会人類学）は、大正末から昭和初期にかけて西欧の人類学理論の導入を契機に誕生したとはいえ、本格的な野外調査に基づいた人類学研究は台湾、朝鮮、ついで満洲、南洋群島で行われていたからである。この時期の人類学研究が生み出した業績の紹介は、今までにないわけではなかった。日本民族学協会は一九七六年に『日本民族学の回顧と展望』を出版し、日本の人類学の足跡をまとめている。この書物を通して、日本における人類学理論の展開と地域研究の集積状況が明らかにされている。進化論からはじまって、歴史民族学、機能主義などの理論が定着していった様子は、その書物を通覧すればよく分かる。しかしながら、この『日本民族学の回顧と展望』は重大な欠陥を持っていた。それは、日本の人類学が植民地を舞台に成長してきたのに、その歴史的事実に触れることがなかったという事柄である。

「植民地主義と人類学」という主題は、さまざまな立場から多くのことが論及されてきた。一般的に通用している見解は、「暴力の時代の娘」（レヴィ＝ストロース）という言説である。そして、植民地統治に人類学者がどのように関わったのか、深い関心が今までに寄せられてきた。日本の植民地統治の功罪を本書で論じることが目的ではないが、植民地行政府は同化政策を採用し、現地住民に強い圧力をかけてきたことは確認しておきたい。こうした状況下で、人類学者はどのような仕事を生産してきたのであろうか。

事柄は複雑である。第一に、人類学者といっても多方面の職域に広がっていて、行政側の官吏、あるいは嘱託として活躍した人類学者がいる。朝鮮では警察官であった今村鞆や総督府嘱託であった村山智順、台湾では総督府の嘱託であった伊能嘉矩や森丑之助などであり、その役職上、植民地政策を遂行する行政官としての立場に身をおいて研究活動をしていた人類学者である。これら在野の研究者といえども、その活動実績を考えると、人類学史の周辺的構成員であっても無視することができない。これに対して、台北帝国大学や京城帝国大学、あるいは満洲の建国大学など、アカデミズムの世界では人類学の専門家が存在していた。これらの専門家は、在野の研究者と異なって教育機関で弟子の養成をしてきたのであって、次世代への学問の継承という観点からして、中心的役割を担った存在として考察の対象にしなければならない。

第二に、専門教育を受け、人類学理論を学んだ人類学者といえども、個人的資質や政治的信条は千差万別であったということである。京城帝国大学の秋葉隆のように、満洲国に「王道国家」の「愛の政治」を見ようとし、時流に乗った発言をしていた人類学者がいれば（秋葉 一九三三：九一―九六）、馬淵東一のように政治的発言にはあまりにも禁欲的であり、学問の功利主義をきらい、実学は唾棄すべき対象として敵視していた人類学者もいる。杉浦健一のように、人類学研究を植民地統治に役立たせよと言うものの、現実には実学には向かないと認識していた人類学者もいた（杉浦一九四一）。

こうした多様な人類学者に共通して言えることは、おしなべて経験主義者であったという点である。とりわけ、大正末から欧米の人類学が紹介され、その基礎知識を学んで野外調査に赴いた人類学者はことごとく実証主義者であろうとしていた。その結果、綿密な調査報告が集積されていった。綿密な記録は、それはそれでよいし、高く評価されねばならない。しかしながら、客観性を建前にしていたといっても、その調査資料は研究者の主観で掬い上げられ、そして研究者の論理で構成され直した世界を映しだしたものにほかならない。それゆえ、その業績は研究者の生きた時代性を反映したものであろうし、植民地統治という時代性からくる政治的制約を受けているはずである。だが、ひとたび「植民地」という表現を使うと、極端に敏感になりすぎ、研究遂行のうえでの実証性のありかたや研究者が背負い込んでいる政治的位置づけの問題より、イデオロギーが先行し、空虚な批判が飛び交う舞台に堕してしまうことが多かった。このため、多くの不毛の議論がありすぎた。朝鮮における日本の人類学者の評価をめぐる議論には、とくにその現象が目立つ。同じ状況は、台湾、満洲でも似ている。第一部では、こうした動向を踏まえ、植民地で活動していた日本の人類学者の現地での評価に焦点を合わせている。第一部も含め、本書の執筆者はすべて、それぞれの地域で野外調査を行っていて、多年にわたる経験を積んでいる。こうした経験を踏まえたうえでの論考である。

戦前における台湾の人類学的研究は二つの領域で別個の人脈のもとで研究調査が行われていた。一つは漢族住民に対してであり、他方は「高砂族（現在の呼称は台湾原住民族）」であった。後者の研究は台北帝国大学土俗人種学教室による専門的研究が制度的に確保されていたが、前者の漢族研究は大学の講座としては開講されていなかった。それでも、自然人類学者の金関丈夫によって雑誌、『民俗台湾』が発刊されていた。最近、この『民俗台湾』とその主宰者であった金関丈夫の評価が取沙汰されている。種々の批判、反批判が繰り返されたなかで、克明な分析は三尾裕子に見ることができる。三尾の結論は、植民地下という厳しい政治状況のなかで、寄稿者は皇民化に貢献し、あるいは抵抗し、それぞれは多様な想いをこの雑誌に滑り込ませていたのであって、そうした個々の想いを注意深く読み取ることの大切さを力説している（三尾 二〇〇六）。

「原住民族」研究は、その到達した水準で日本が世界に誇る業績を出していた。宮岡は研究史を概観していくなかで、台北帝国大学土俗人種学教室刊行の『台湾高砂族系統所属の研究』の偉業についてまとめている。この綿密な調査記録は、読み本でないだけに一般読者を退屈にさせてしまうに違いない。しかしながら、現在の台湾の研究者や先住民運動家にとって、これほど心強い書物はない。宮岡の論文からは、隣接する民族間の境界争いを鎮めるため、領域を新たに設定しつつ植民地当局は政治的決着を行い秩序の安定を図ったが、その書物には克明な個々の民族の移住過程が報告されていて、それぞれの民族が抱く自己の土地への愛着が何重にも折りたたみ込まれている状況を知ることができる。植民地支配下の大学にあっても後世に恩寵をもたらしたという意味で、『台湾高砂族系統所属の研究』は今なお輝いていることを宮岡は説き明かしている。もちろん、その著作のすべてを絶賛するわけではない。山路は第八章で馬淵論を展開するなかで、この大著に残された問題を指摘しておいた。調査対象として何かを選択することは、別のあることを選択しなかったことと同義である（領家 二〇〇八：三二）。では、馬淵は何を選択しなかったのであろうか。馬淵の偉大さを評価しつつも、その超克すべき課題は今後に残されている。

朝倉敏夫論文は、朝鮮で行われた人類学者の業績がどのように評価されているのか、植民地官吏であった今村鞆、村山智順、善生永助、京城帝国大学の赤松智城、秋葉隆を中心に研究枠組み全体の見取り図を描き出している。戦後の韓国では、植民地時代の日本人の研究は植民地行政のための資料収集にすぎないとして否定的な評価しか受けてこなかった。しかしながら、朝倉も説くように、近年は状況に変化が生れている。日本人による朝鮮研究は同化政策実施のための支配者の議論であり、朝鮮人の研究は民族の抵抗精神を喚起する議論という二項対立的構図の克服へ向っているように見える。同時に、日韓両国の共同研究も推進されていて、新しい視点が生み出されていく状況が開かれつつあるように思える。最近では、個々の人類学者の業績評価も行われるようになったことも付け加えておく必要がある（例えば、菊地 二〇〇七）。

この朝倉論文の次に崔論文を読んでみたい。秋葉隆、赤松智城の著作『朝鮮巫俗の研究』（上・下）は、朝鮮シャマニズム研究の大作である。崔によれば、この著作には村山智順の資料が引用なしに多く使われていることになる。秋葉の道義的問題はさておき、この事実を読み込んでいけば、野外調査を丹念に繰り返していた村山智順の業績の豊かさが浮かび上がってくる。村山智順については植民地官吏としての負の側面を強調した論文がある一方で、近年では朝倉敏夫（一九九七）、野村伸一（二〇〇一）による鋭く切り込んだ解説論文もあり、全貌を把握する作業は進行中である。

だが、村山智順がいてこそ赤松・秋葉の大著、『朝鮮巫俗の研究』が完成されたと考えるなら、村山の力量の高さを評価すべきであると思う。

飯高伸五はミクロネシアでの研究史を論じている。植民地期にパラオに設置された南洋庁に嘱託として関わった専門の人類学者とアマチュア人類学者の業績を概観していて、なかでも専門の人類学者としての杉浦健一の記述が関心をそそる。当時、パラオでは南洋庁の政策として近代的土地所有制度の導入が試みられ、杉浦健一も政策遂行に関わって調査を実施した経緯がある。しかしながら、社会人類学の専門用語を駆使しての調査報告は難解であり、とうてい素人の行政官の理解の及ぶところではなく、人類学の植民地行政への応用は難しかった。飯高の提言は、こうした過去の研究のはらむ功罪を見極め、当時の人類学の残した遺産の検証作業を怠るべきではない、という内容である。ポストコロニアル批判の論調が流行に堕してしまった現在の潮流に反省を求める発言として聞くべきであろうと思う。宮岡論文以下、本書はこのような検証作業を踏まえたうえでの学史の研究であり、この立場は一貫している。

さまざまな分野の競合のもとで、満洲は戦前の日本人研究者がおびただしいほどの文献を残した地域である。人類学者もまた、この地域で研究活動を行っていた。ただし、執筆者に恵まれなかったので、本書では満洲の人類学研究史は割愛せざるを得なかった。とはいえ、法学、歴史学、社会学とともに人類学もまた、満洲、あるいは中国大陸の諸民族を対象とした分野で多くの専門家が活動してきたので、研究史上の重要性を考え、概略を素描しておかねばならない。

もとより大陸は多様な民族の居住する地域であり、満洲研究も広範囲にわたる領域にわたっていた。すでにイスラーム研究は戦前の段階で高い水準に達していた。昭和一三（一九三八）年には「回教圏攷究所」（後の「回教圏研究所」）が発足している。この機関はイスラーム研究を目的とし、国策の要請に応じて作られた研究機関であった。モンゴルや新疆を中心に住むムスリムの情報は中国統治のうえで欠かすことができないという事情が、その成立を促した。こうした政治的背景を持っていたにもかかわらず、機関紙『回教圏』には密度の高い学術論文が掲載されていた。さらに、昭和一八年に高田保馬を所長として「民族研究所」が設立された時、パラオ研究の杉浦健一に混じって東洋史の岩村忍も論文を寄稿し、大陸のイスラーム研究に寄与していた（岩村 一九四四）。

満洲の民族構成は多様である。さらに満洲はソ連と国境を隔て軍事的に重要な地域であって、国策上、満洲には民族研究が必要という認識が時代を追って形成されていった。こうして、昭和一九年に至ると、本格的な大陸研究機関として北京の北方、張家口に西北研究所が設立された。ところが、今西錦司を所長に石田英一郎、中尾佐助、梅棹忠夫らも参加して活動が始まろうとしていた矢先、すぐに終戦を迎え、研究計画は消滅した。とはいえ、そこで得た研究上の着想は戦後の「京都学派」に生かされ、発展していくことになる（中生 二〇〇〇：二四七）。

戦前において、大陸での民族研究で活況を呈していたのは京城帝国大学であった。外務省文化事業部の委嘱を受け、昭和八年からの五年間にわたって実施された満蒙調査は、赤松智城と秋葉隆が中心になってオロチョン族、ゴルディ族、満洲族、モンゴル族などを対象に行ったもので、堅実な内容の野外調査の報告書が公刊された（赤松・秋葉 一九四一）。それ以外にも、秋葉隆と弟子の泉靖一は繰り返し、オロチョン調査を行い、学会誌への投稿を繰り返していた。しかしながら、京城帝国大学の関与した研究すべてが学術的目的を持ったものではなかった。京城帝国大学の学友会山岳部は、軍・官・学一体の蒙彊学術探検隊を組織し、動物学・植物学、地理学、地質学、人類学の調査を行っている（京城帝国大学大陸文化研究会編 一九三九）。軍事目的を伏線に持つ調査であって、論文の質は決して高くなかった。

一方、大陸においても、学会組織としては一九四二年に「満洲民族学会」が成立している。この研究組織は学会という名称を付けてはいたが、専門の研究家では社会学の大山彦一、民俗学の大間知篤三が参加していたくらいで、多くは行政官吏などが関与していた。こうしたことから理解されるように、オロチョン族など満洲に居住する諸民族に対する宣撫工作をはじめ、民族政策を遂行するという意図をもって行政府の肝いりで成立した学会であった（中生一九九四）。

戦前の中国では、法学者、歴史家、社会学者による漢族の家族や村落を対象とした研究が盛んであった。その特徴を言えば、福武直（一九四六）、内田智雄（一九五六）らによる農村調査に基づいてなされた研究があるものの、仁井田陞（一九四二）、牧野巽（一九四四）に代表されるように、そのほとんどは漢籍に基いた文献研究であった。しかしながら、野外調査がなかったわけではない。満鉄調査部の華北農村慣行調査は、純学術的立場からする野外調査の試みであって、満鉄調査部の研究業績のなかでも代表的な成果として位置づけられている。漢族の生活習慣や家族や村落組織、あるいは土地所有の制度などを研究するため、末広厳太郎を中心とした法学者の参与のもとで、満鉄調査部は一九四〇年から四三年までの四年間を費やして華北地区で農村慣行調査を開始した（中国農村慣行調査会　一九五二―一九五八）。調査地が日本軍の占領地域という片寄りはあるにしても、その報告は、当時の中国農村の実態を明らかにした業績として評価されている。

しかし、この報告書の刊行直後から批判がなかったわけではない。その批判の主な点は、日本の憲兵隊に護衛されながら行った調査であって、学術的調査を標榜しながら現実には権力を背景にして行っているので、調査者と被調査者との関係は対等でなかった、という指摘である（野間　一九七七：一八）。純学術的調査をしているという調査者の意識が、かえって占領者の一員の調査であることを覆い隠しているという手厳しい批判もある（古島　一九五三：五二）。この満鉄調査については、近年、中生勝美による確認作業が行われている。中生の論点は二つある。一つは、記録の信憑性について不十分な記載があり、村民自身が日本の調査を警戒し、虚偽の回答をしている箇所がある、ということである。二番目は、玉石混淆の資料といえども、革命前の中国農村の一地域の状況をかなりはっきりと描写している事実は否定できず、その業績を評価するという内容であった（中生　一九八七：二三―四六）。この中生の論点は、野間清、古島敏雄の批判に通じる内容を持っているが、同時に、この両人の欠陥も指摘したことになる。満鉄調査部の報告を批判していても、その内容を精査したうえでの発言でないと、多様な民族と複雑な社会構成を持つ中国という世界の実態をかえって分かり難くさせるだけである。これでは画一的で一元的な中国理解を再生産しかねず、批判という名を借りた学問の専横性が生れる危険性がある。中生が言うように、証拠に基づかない単なる批判だけでは、産湯とともに赤子を捨てる事態を生み出しかねないのである。

こうした調査機関のほかに、一九三八年には満洲の新京（現・長春）に建国大学が設立され、大間知篤三、大山彦一が赴任し、かつ民族調査を行っていたことを言わなければならない。マルクス主義者から転向し柳田國男の門下生になった大間知が、満洲に創建された建国大学に赴任したのは昭和一四年のことであった。大間知はダウール族などを訪れ、満州各地で頻繁に民族調査を繰り返し行っていた。転向後の大間知は国粋的な発言をしている。神道に対する信仰心を養うために「県旗公署所在地に氏神を奉祀」すれば、日本人ばかりか、「もろもろの民族に神道への関心を昂め」ることができると述べ、日本の満洲支配に加担している（大間知 一九四四a〈一九八二：一三七〉）。同時に、大間知はダウール族では克明な宗教調査を行っている。その後、ダウール族の追跡調査が行われていないので、その成果の正しい評価は将来に残されているとはいえ、大間知の調査は詳細であって、現地住民の世界に深く入りこんでいたと言える。「巫教が民族的信仰としてなほ健全なる伝統を保有せるダウール族」を認め、その将来の宗教は、「もっぱらダウール族の青年指導者たちの努力と能力とにかかっている」と言う時（大間知 一九四四b〈一九八二：二一六—二一七〉）、大間知には異文化に対する心のゆとりがあった。大間知にはシロコゴロフの『満洲族の社会組織』の翻訳がある。シロコゴロフには含蓄の富んだツングース系諸族の社会組織、とくに氏族組織の研究があり（シロコゴロフ一九四一・一九六七）、その研究に傾倒していた大間知は民族学・人類学のもたらす学知に深く感動していたようである。

満洲の一連の調査のなかでも、いちだんと関心をひいたのは大興安嶺に住むオロチョン族研究である。トナカイの狩猟を生業としたオロチョン族に対しては、ソ連と接する地勢上の位置から関東軍によって宣撫工作が行われていて、その軍事目的を果たすため、実に多くの調査書が行政側から出版されていた。そのうちで、学術調査について言えば、泉靖一と今西錦司の研究を見ておく必要がある（山路 二〇〇六：九五―一〇二）。専門家向けに執筆された泉靖一のオロチョン研究は、氏族組織や宗教などを扱っていて、記述自体は堅実で、当時の水準で言えば、出色の感がある（泉 一九三六：三九―一〇六）。しかし、その内容は平板であった。泉の論文を今西錦司の研究と比べてみるとオロチョン族への認識がまったく異なり、どの程度、泉がオロチョン文化を理解していたのか、疑問が残る。

大興安嶺に住むオロチョン族は関東軍の戦略上の要衝に位置し、また学術上では帝国領内では数少ない狩猟民ということで、さまざまな目的と視点から調査の対象になっていた[13]。社会学者の大山彦一は、オロチョン族に「純情素朴なる勇気に富める人間」を見ようと、浪漫主義的な幻想を振り蒔いていた（大山 一九四三）。これに比べると、泉靖一の調査は専門家向けの内容で、社会構成、宗教などの記述からはオロチョン文化の概要がよく分かる（泉 一九三六〈一九七二〉）。しかしながら、多彩な項目に目配りした詳細な記述であるとはいえ、この泉の調査報告は平板な内容であった。今西錦司編『大興安嶺探検』が夢を誘うような構想力を持っていたのと比べてみて、決定的な弱点を持っていた。今西は京都探検地理学会の同士とともに大興安嶺の探検を試みた際、オロチョンを生態条件に基づいて、森林地帯で馬を利用して狩猟する「馬オロチョン」とツンドラ地帯でトナカイ飼育を営む「訓鹿オロチョン」とに分類し、それぞれが置かれた社会状況の差異を感じ取っていた。「馬オロチョン」は中国文化の影響を強く受け、かつ関東軍の懐柔政策を受け、アヘン吸引なども蔓延し従来の生活状況は破壊されつつあった。これに対して、「訓鹿オロチョン」はギリシャ正教の信徒として敬虔な生活を送っていて、旧来の生活状況は維持されていた（今西編 一九五二、今西・伴 一九四八ａ・一九四八ｂ）。

今西の著作は生態的条件、歴史的背景を踏まえ、しっかりと現実の矛盾を見定めていて、当時のオロチョンの姿がよく理解できる。これに対して、大山彦一の随筆には、未開幻想を振りまく学者の自己満足した姿しか見ることができない。泉はオロチョンの蒙ってきた社会変化について十分な配慮をしていなかった。その記述からは、オロチョン族をあたかも実験室の中の標本のように見立て、外部から窓越しに観察している調査者の姿が浮かび上がってくる。実験室で観察されたオロチョン族が、大昔からの狩猟生活を営み続ける人々で、「未開幻想」に彩られたロマンティストの欲望を満たすだけの存在として描き出されるなら、それは大きな問題である。はからずも、オロチョン研究は三者三様の視点を垣間見せてしまったのである。

第二部は「異文化の記述と方法」である。異文化研究は人類学の課題であることは今も昔も変わらない。いったい、人類学者は異文化に対してどのような視点を向け、またどのような方法を用いて研究してきたのであろうか。一方で日本の人類学は、民俗学との境界を低くしながら自文化を研究してきた歴史もある。すべての人類学者を俎上にのせることはできないので、ここでは代表的な研究者のみを取り上げている。関口由彦は、明治期に華やいだコロボックル論争を手がかりにアイヌ表象を読み解いていき、「人種」概念の恣意性を見抜いていた坪井正五郎の議論を問題にする。今でこそ馴染みはないが、コロボックル論争は明治期の論壇を二分するほどの高潮した議論を呼び起こし、「日本の学会が古代の遺物と民族学的資料を比較すべきことを痛感」した嚆矢であった（寺田 一九七五〈一九八一：六五〉）。その論争の一方の主役であった坪井の柔軟な思考を理解しようとしたのが、関口論文である。ブルーメンバッハなどの西欧の「人種学説」が導入され、「人種偏見」が学問の名で正当化されようとしていた時代、その議論に抗し、「人種」概念の曖昧さを説いていた坪井正五郎を評価したのが、関口論文である。関口が論じているように、坪井の再評価はなされる必要がある。

土方久功は芸術家であって、人類学の専門家からすればアマチュアにすぎない。しかし、土方の業績をみると、人類学史の一頁を飾るにふさわしい活動をしていた。「未開ロマン」に心を奪われ、ミクロネシア住民の世界へ感情移入していった土方ではあったが、他方では政策とは距離をとり、正確な記述を心がける報告者にならんとしていた。土方に対して、批判的であるとともにその意義を積極的に見つけ、土方の南洋に対する思いを描き出したのが三田牧の論文である。客観的な事実の記述に徹するアカデミズムを乗り越え、感性の世界から語りかけてくる土方久功に人類学研究の新しい視点を見出しているのが、三田牧である。

傑出したフィールドワーカーであり、「国際的人類学者」というにふさわしい業績を残した馬淵は、戦前ではいち早く機能主義を批判的に摂取し、戦後は誰よりも早く構造主義に眼を向けた人類学者であった。例えば、アメリカの人類学者で『社会構造』の著者、マードックが戦後まもなく来日した際、二人はレヴィ＝ストロースの『親族の基本構造』について論じあっていた。構造主義が日本で知れわたるかなり前のことである。筆者が大学院修士課程一年次（一九六五）のテキストはレヴィ＝ストロースの『構造人類学』（英語版）であった。それよりも、何より評価すべきことは、日本の人類学者のなかでもっとも野外調査に打ち込んできた経歴にある。台湾、インドネシア、沖縄と駆け巡った馬淵東一の業績はとうてい後塵の輩の及ぶところではない。その業績を検討したのが山路論文である。

中生勝美論文は、戦前の学問全体にわたって測り知れない影響を及ぼしたマルクス主義は人類学者にも及んでいたことを論じている。この論文では二人の人物が取り上げられている。学問分類で言えば村落社会学者として評価の高い有賀喜左衛門であり、そして歴史民族学者である石田英一郎である。マルクス主義陣営内におこった講座派と労農派の対立は、天皇制や地主制に関わって日本農村の性格規定をめぐる論争であった。この論争に対して、有賀は独自の立場を堅持していた。柳田国男とも関係が深く、民俗学の優れたモノグラフを綴っていた有賀の業績が思想史的に整理されている。有賀と対比されるのは、石田英一郎である。戦後の人類学を背負っていた石田は、戦前は左翼運動から転向することはなく、マルクス主義の立場に固執し、人類史の壮大な構想に想いを馳せていた。戦中から戦後にかけて、日本の学問に強い影響力を与えてきたマルクス主義をとおして、学知としての人類学を議論したのが、中生論文である。

角南聡一郎は物質文化からの接近を試みている。今までの議論では個々の人類学者が取り上げられていたが、角南聡一郎論文は物質文化を対象とし、その対象の客観化のため図象化の技術が発展していく歴史を追っている。博物学の興隆期、モノを図化するにあたって画工たちの果した役割は大きい。その後、近代に至って写真が登場し、日本でいえば鳥居龍蔵にその先駆を見ることができる。こうしたなかでも、写真には変えられない技巧としてモノを図化する営みは続けられてきた。角南は東京帝国大学人類学教室に雇用されていた画工、大野延太郎（雲外）の業績を紹介している。人類学の歴史を画工たちの貢献から辿った内容が、この論文である。

第三部は一転して戦後の人類学の再出発と展開を題材にしている。戦前と戦後の人類学はどう違うのであろうか。連続した側面をいえば、戦前には若手として活躍していた人類学者はおおむねは大学に復帰し、研究活動を再開している。学問上の出発点はウィーン学派の民族学者であった岡正雄、デュルケム派の宗教社会学者であった古野清人、マリノフスキーに学んだ秋葉隆、マルキストから転向し柳田国男のもとで民俗学を学び、満洲の建国大学に赴任した大間知篤三など、戦中に大東亜共栄圏構想に同調していた人類学者は、戦後の一時期の不遇な時代を経て、再びもとの専門家に立ち返った。復帰しえた原因は個々人によって事情が異なっている。その過程で、なかでもGHQの下部組織、CIE（「民間情報教育局」）の果した役割は大きかった。

そのCIEで働いていて、そこでもっとも居心地がよい思いをしていたのは石田英一郎と馬淵東一であった。アメリカ軍の占領政策をそっちのけにし、自己の学問的エゴを充足させることに心血を注ぎ、この機関を通して欧米の人類学の動向をいち早く入手し、戦後人類学の流れを方向づけたのは、この二人であった。馬淵東一が日本の人類学を世界に向けて発信していった背景には、この機関で習得した語学力と豊かな情報量とがあったし、石田は、この機関をあたかも事務室のように利用して機関紙、『民族学研究』の編集活動をしたばかりか、アメリカ流の人類学を取り入れ、その普及と教育を押し進めていった。

三尾裕子の論文は、杉浦健一、石田英一郎らが中心となり、東京大学で人類学が正規の講座として組織されていった過程を記述している。矢内原忠雄の指導力のもとで推進された人類学の専門講座設置の過程は、人文地理学や自然人類学との関係で複雑であった。三尾論文はその展開をよく整理している。この設立過程で重要なのは占領軍の機関CIEとの関係で、アメリカから新しい人類学の情報がもたらされたことであった。自然人類学と人文系学問の統合を目指した「綜合人類学」はアメリカでは優勢であった。その「綜合人類学」が東京大学のカリキュラム体制で試みられたのである。ちなみに、当時の日本の人類学教育体制について補足すれば、ほかに人類学の講座を設置していたのは南山大学と東京都立大学（現・首都大学東京）であり、南山大学は考古学も含め、歴史民族学が中心であった。東京都立大学は初期の段階では岡正雄の歴史民族学が影響力を持っていたが、しだいに社会人類学が態勢を整えていった。

ここで読者はいぶかしく思うかも知れない。谷口陽子が、日本の人類学史を離れ、戦後のアメリカ人の日本研究を取り扱っているからである。その理由は、戦後の日本人類学がアメリカの影響を受けて学術・教育体制を整えてきたことを三尾論文が論じたのに対し、当のアメリカ人が日本でどのような研究を志向してきたのか知ることは大切であると考えたからである。戦後すぐに出版されたベネディクトの『菊と刀』がたいへんな評判を取ったことはよく知られていて、『民族学研究』誌上（一四–四、一九五〇）でも討論が組まれたほどである。一方、アメリカでは一九四七年にミシガン大学日本研究所が創設され、有能な日本研究者が日本の農漁村の調査を試み始めていた。谷口の研究課題は二つある。第一に、米国人人類学者による戦前から戦中および戦後に至るまでの日本研究史を辿ること、第二に、日本人による日本社会研究の蓄積をアメリカ人がどのように参照や引用、あるいは利用したかについての検討である。アメリカ人の調査目的は新たな日本人像を提示することにあり、社会人類学的な濃密な調査を行っていた。興味深いことに、アメリカ人類学者は日本人の文献を引用していないにしても、柳田国男の民俗学、有賀喜左衛門の農村社会学は活用していたという。アメリカ人の日本研究ではベネディクトの『菊と刀』がステレオタイプ化した日本象を作り上げていたが、ミシガン大学の研究プロジェクトはその欠陥を克服するため、綿密な村落調査に基づく社会構造論を展開していたことに特色があった。

さて、次は日本人の調査の方法をめぐる問題が取り扱われる。最初に東京大学が検討されている。東京大学の人類学関係の業績のなかでもっとも輝いていた業績は、研究組織の規模、研究期間の長大さという観点からみても、一九五八年から開始したアンデス地帯学術調査である。この調査団の団長は何度か交代しているにしても、主導的役割を担ったのは、かつて京城帝国大学に勤務し、朝鮮、満洲での民族調査を手がけたことのある泉靖一であった。関雄二論文は、泉靖一に指導された東京大学アンデス調査団について回顧し、評価を与えている。その初期の段階では文化人類学のほかに河川工学、気候学、地形学、人文地理学、そして後には自然人類学、地理学、考古学、植物学などを加え、総合的な学術調査団として組織されていた。泉自身は元来、社会人類学者であったが、この調査では発掘調査に携わり、文明起源論的視点からの研究に関心を傾けていった。しかしながら、この調査団も学問の専門分化には抗うことはできず、活動単位も人類学と考古学とでは分離し、とくに考古学へと特化していった経緯がある。

このアンデス調査がおおがかりな総合調査を掲げて出発した時、京都大学でも同様な大規模な調査団による野外調査が組織されていた。田中雅一は京都大学の人類学を「探検」と「共同研究」という鍵概念で把握している。今西錦司を中心とした探検調査は青少年に対しては未知へのロマンティズムをかきたて、学界では俗に言う「京都学派」とでも呼ばれる学風を育ててきた。京都大学の人類学は共同調査という形式を踏まえていたことでも独特であった。今西の調査のなかでも、戦前のミクロネシア研究と満洲大興安嶺の探検はよく知られている。生態学的観点から満洲の調査は後に梅棹忠夫の研究を引き出していく。田中の論考から、京都大学の共同調査の歴史が整理できたことと思う。

読者はここで興味深い事実を知ったに違いない。東京大学と京都大学の例にしかすぎないが、共通点は共同調査という体勢をとっていたことである。ここで、椎野若菜が文部省科学研究費補助金による調査隊の編成方法を論じているので、参照してみたい（椎野 二〇〇八）。それは、日本人による海外学術調査のきわだった特徴は共同調査という形式を取るのが多いという指摘である。例えば、アフリカ調査の歴史を見ると、今西錦司、伊谷純一郎という優れた組織力の存在があり、文系と理系との学際性を柱にネットワークを作り、複合型の調査隊を編成していた。戦後まもない頃に行われた中根千枝によるインド調査など、個人による野外調査の意義を決して過小評価するわけではないが、日本の野外調査の大きな特徴は学術総合調査という形式をとった共同調査であったことにある。

ここで話は一転する。戦中戦後を通して弱小勢力でしかなかった人類学が市民権を得るまでに成長した背景にはメディアの存在がある。飯田卓は一八世紀から二〇世紀に至る視覚メディアの歴史を辿り、そこに描かれた民族誌の特徴を析出している。別の論文で、飯田は戦後学術調査がメディアの協力を得て実施され、またメディアを通して人類学などの学術調査の意義が広まったことを指摘している。その代表は京都大学調査団の記録映画で、東宝が制作した『カラコラム』（一九五六）である（飯田 二〇一〇）。学術調査以外にも、牛山純一のドキュメント番組、『日立ドキュメントすばらしい世界旅行』（一九六六―一九九〇）もまた人類学の普及に貢献した。飯田卓の言葉に従って「大衆アカデミズム」という表現を使えば、まさにその時期、人類学は大衆アカデミズムによって支えられていたのである。こうした側面も考慮して、民族誌の映像化の歴史を飯田論文は説いている。

最後を締めくくるのは、波平恵美子の提起した靖国問題である。靖国神社をめぐる最近の論調をみると、実に多様な立場からする発言が絶えず噴出してきている事実に出会う。ところが、近現代史の核心に位置する靖国問題は歴史学や法学、政治学などの分野の発言に比べて、人類学・民俗学では格段に少ない。人類学・民俗学が「死」という事象を扱う分野を抱えた学問であることを考えると、この事態は異常である。しかしながら、民俗学では皆無ではない。波平恵美子は靖国問題の研究史を整理してくれている。

明治国家がなぜ靖国神社を必要としたのか、この研究は歴史学などでは深い蓄積があり、国家の宗教政策のもとで新たに創出された「伝統」であるとの理解が共有されつつある。この理解を前提にしたうえで民俗学の成果をみると、その独自な議論が浮かぶ。岩田重則は戦死者個人の五〇回忌が家族を単位に営まれている事例を報告し、靖国神社には回収されない魂の供養を論じている（岩田 二〇〇三）。田中丸もまた、戦死者の慰霊を国家に還元することなく、家や村でおこなう死者儀礼の重要性を議論している（田中丸 二〇〇二）。これらの民俗誌的研究は靖国神社での英霊祭祀とは関係なく営まれる人々の民俗慣行の重さを気づかせてくれる。戦死は家族にとっては癒しがたい悲しみであるが、国家は別の論理で戦死に意味を付与しようとする。国家の名において戦死者祭祀を営んできた歴史のなかに複雑な靖国問題の核心がある。

人神神社を論じた小松和彦は、近年においておびただしく建設されている祈念・顕彰碑に着目し、そこに怨霊信仰の翳りを見出し、靖国問題の背景に慰霊・鎮撫を営む民間信仰の存在を説いている（小松 二〇〇六：文庫版序論およびプロローグ）。紙谷威広は、柳田国男の「人神考」を丹念に検証していくなかで、視野を靖国神社にまで広げ、英霊祭祀のための国家維持装置として靖国神社を位置づけている。紙谷の主張は、靖国神社の英霊祭祀には怨みを残して戦死した者への思いやりが欠けている、と論じることにある（紙谷 二〇〇八：二一九）。実は、この二人の論点には微妙な温度差がある。紙谷は英霊という語りが虚構であると見ているのに対して、小松に従えば、たとえ虚構であったにしても、遺族に対して慰霊の任務を国家が引き受けてきた以上、靖国神社の存在を全否定するわけにはいかない、ということになる。

この二人の民俗学者の議論の特色は国家制度の一翼を担ってきた靖国神社の政治性に重点を置いていないことにある。この方面では宗教学者や政治思想家などによる膨大な研究史が蓄積されている。ところが、人類学者にいたっては無関心であったし、そのことに対して波平の態度は厳しい。人類学の異文化研究は「自己と他者」の関係を問うことにあったのに、人類学者は自己を問う営みを忘れてきた。波平も認めるように、サイードのオリエンタリズム論はじかに人類学研究の基盤の脆弱さを曝け出したのである。その点を反省し、靖国問題はその難解な問題の解決に糸口をつけてくれるという見通しが、波平の戦略にはある。

波平論文の完成度はけっして高いとはいえないし、多くの論点を残している。それでも、いくつかの問題点を指摘し、諸々の専門領域と議論を共有しうる土俵つくりに望みを託している。その際、グランドセオリーに流されることなく、細やかな事実の集積を踏まえることが肝要である、と言う。例えば、波平は死者の不浄性の排除の過程を取り上げ、「招魂社」が「神社」になっていく過程を詳細に論じる必要性を述べている。戦死者の「慰霊」なのか、「追悼」なのか、「顕彰」なのか、靖国神社の性格規定は、歴史資料をもとにもっと明瞭にしなければならない。ここで、次のような事実を思い出してみたい。

二〇〇〇年代を迎えた日本では、この靖国問題は変化してきているように思える。果たして、紙谷が言うように、英霊祭祀という語りには戦死者への思いが欠けていると断じるだけで済むのであろうか。ここで、箕面忠魂碑訴訟の判決を取り上げてみたい。大阪箕面市が、小学校にあった忠魂碑を市の公費で移転し遺族会に土地を無償貸与した時、憲法に定める政教分離規定に違反する行為との意見が市民側から裁判所に上訴された。一九九三年、最高裁判所は市民側の上告を棄却し、結審した。その判決文では、忠魂碑は「戦没者記念碑的」性格を持ち、箕面市の行為は「専ら世俗的」と認定されたことに注目される。「顕彰」という目的を持ったにしても、「死者（英霊）」にかかわることであれば、それは人類学者や民俗学者は「宗教的」行為と考えるはずである。問題になるのは「専ら世俗的」という判断であって、戦前から連綿として行われてきた戦没者への慰撫・顕彰は世俗的行事として生き続けることが合法化されたことになる。遺族会の思いは連綿として、人々の慣習のなかに生存の余地を得たのであった。

この最高裁の判決とは別に奇妙に感じられるのは、小泉純一郎・元総理の靖国参拝の問題であって、その時に発表された「靖国神社参拝に関する所感」（平成一四年四月二一日）を読むと、この総理大臣の心の揺れを思い知らされる。

私の参拝の目的は、明治維新以来の我が国の歴史において、心ならずも、家族を残し、国のために、命を捧げられた方々に対して、衷心から哀悼を行うことであります（国際宗教研究所 二〇〇四：三〇〇）。

小泉の「心ならずも」という表現が何にかかるのか、文意を読み取ることは難しい。おそらく時代が戦中であれば、この表現は「非国民」呼ばわりされたことであろう。その言葉を「無念の死に方」だと解釈すれば、非業の死を遂げさせられた、これこそ「怨霊」の慰撫に対しての参拝になる。靖国神社は「英霊」祭祀から「怨霊」祭祀へと変化したのであろうか。小泉総理が八月一五日の参拝を取りやめ、一三日に参拝したことがあった。その時、かつて自民党に属していた大物議員はテレビ局とのインタビューで、一五日でなくてもお盆の期間に行ったので可としたいという主旨の発言をしていた。これでは、神道儀礼ではなくなり、仏教の盆行事になってしまう。筆者の身の回りでも、A級戦犯でも、死んでしまえばホトケでみな同等、という声を聞く。こうなると、神道あり、仏教ありで、さまざまな民間信仰の混交した状況に置かれた霊魂はいったい何者なのであろうか、靖国神社へ向ける普通の日本人の眼差しは大きく揺らいできているのであろうか。いや、この姿こそが、幕末・明治の「招魂社」時代の混沌とした戦死者祭祀であったのかも知れない。

波平はこうした問題が山積している靖国問題の推移を追跡しようとしている。靖国問題を論じることは、近現代の日本を問うことであり、異文化を研究する人類学者であるからこそ関心をもつテーマであるべきだ、と説いている。人類学者自身の属する国家の歩んできた歴史を内省することなしには、他者理解はおぼつかない。その意味で、多くの「靖国」問題の先行研究からみれば未完成のように見えるかも知れないが、波平論文の主旨を汲み取って欲しいと思う。

本書は杉浦健一の遺族の計らいで、貴重な論考を収録することができた。特別寄稿として寄せられた杉浦健一の講演原稿には、遺族の堀江千加子・堀江俊一による解説が寄せられている。戦後の東京大学で初代の人類学教授として赴任した杉浦は、戦前はミクロネシアの調査者として名を馳せ、戦後は人類学の理論研究に取り組んでいた。その業績は本書の三尾論文、飯髙論文、三田論文を参照してもらいたい。戦後の杉浦健一は、イギリス、フランスの人類学の成果を取り入れた多くの理論的概説書を出版している（杉浦　一九四八・一九五一・一九五二a）。戦前には南洋庁の嘱託としてミクロネシアでの調査を行っていた。その調査報告書を読むと、杉浦は実に丹念にパラオの親族組織、土地調査、生活習慣の調査をしていたことが分かる（杉浦　一九四一・一九四四）。この報告書で杉浦は、植民地統治に人類学が寄与すべき必要性を唱えていた。しかし、専門家でさえ手こずるような詳細な調査報告を読むと、日本の統治政策が進展していくなかでどのような方策を立てたらよいか、杉浦は具体策を見つけあぐねていたようである。

本書に収録した杉浦の講演原稿は、先に紹介した専門論文を骨子に、南洋統治のありかたを啓蒙的見地から分かりやすく説明した内容である。野外調査に携わりながら現地の文化を知るにつけ、現地住民と行政当局との溝を意識し、杉浦は植民地行政への人類学調査の応用の難しさを悟ったようである。植民地政策の実施と現地住民の狭間にたって調停者としての役割を探すが、実学的な学問として人類学を利用するのは困難であると考えるに至った杉浦健一の苦悩が伝わってくる。これを機会に杉浦健一の再評価が行われるのを期待したい。

こうした杉浦の研究を通してみると、昔も今も変わらない側面があるのに気づく。アカデミズムの世界で弱小勢力であったにしても、植民地統治時代だけでもなく、戦後においても行政的な分野に対して、実学という観点から見れば人類学は周辺的な学問に甘んじていたということである。あるいは、日本の人類学は時代に押し流されるばかりで、時代を読み切る力量のなさとともに、他の専門分野に向けた発信力のなさが、こうした周辺性に甘んじた原因なのかも知れない。

確かに多くの残された問題が本書には山積みされている。自然人類学系統の業績はほとんど触れていない。言い訳をすれば、編者を含めた研究集団の多くが文化人類学系統に属していたことによる。ほかにも是正すべき点は、多々あろう。例えば、佐々木高明は歴史民族学への関心が近年では低下したことを憂えているが（佐々木 二〇〇九）、実際に現在の我々にとってどのような意義があるのか見出せないので、この分野は本書では割愛している。しかしながら、一九七〇年代に国立民族学博物館が成立したことを時代の一区切りと考えれば、それ以前の日本の人類学の概要はひとまず書き上げたと思う。それ以後の新しい人類学の歩みは、理論的パラダイムにおいても、また学界での位置づけでも、本書が記述してきた歴史の世界とはおおいに異なっている。将来において、その検証が本書の成果を土台にして行われるなら、これに越した喜びはない。

注

1　このことは、当日の会場で配布されていたチラシによく表現されている。それによると、「博覧会前学術人類館展覧　世界人種地図対照図」と題し、地図入りで五〇の「人種」とその居住地が紹介されている。このチラシについては、山路（二〇〇八：四）に掲示しておいた。再度、図一―一として掲示する。

2　大正時代、「民族」という言葉の普及には、アメリカ大統領ウイルソンが提唱し、第一次世界大戦後の世界秩序を規定した「民族自決」という概念の登場が一役買っていることを考えねばならない。

3　「民族学研究室」ではなく、「土俗人種学研究室」という一風変わった名称が採用された背景は、「民族」という言葉の政治性を台湾総督府が忌避したからだろうと、馬淵東一は推測している（馬淵 一九七四：五四九）。台湾では「民族問題」を抱え、他方、ウイルソン大統領の「民族自決」という言葉が新聞紙上で脚光を浴びていた時代を考えると、その推測も納得がいく。

4　この議論については、本書八章で扱う。また、山路（二〇〇四・二〇一一）を参照。

5　例えば、馬淵 一九五四a〈一九七四：二四九―二七三〉・一九五四b〈一九七四：二七五―三四六〉・一九五四c〈一九七四：三四七―四六〇〉。

6　大正から昭和期にかけて多くの読者を集めた『新青年』（九巻一号）には山口海旋風「チカイの痩犬」という東南アジアの探検記が掲載されている。そのなかで、作者は移川子之蔵とともにボルネオ探検に行った話が出ている（山口 一九二八：二六〇）。この記事を読んで、台北帝大に人類学者の移川教授がいることを知り、馬淵は入学を決意した、と言う（馬淵他 一九八八：一六）。

7　民族研究所の活動は中生（一九九七）に詳しい。

8　西北研究所の活動は藤枝（一九八六）参照。

9　この時期の馬淵東一の代表的論文には「ブヌン族に於ける獣肉の分配と贈与」がある（馬淵 一九四〇〈馬淵 一九七四：九三―一七一〉）。これは、ブヌン族の父系氏族組織の解明とともに、母族（母の出身した氏族）と甥姪族（出嫁した女の子ども）との間に展開する呪術的関係を論じたもので、この議論が以後の馬淵の親族論の原点になった。

10　関敬吾がCIEについて語った文章に次の一節がある（関 一九八三：三―四）。「あるときわたしは、われわれの部のヘッドであった現在のワシントン大学の人類学部にいるJ・W・ベネットに呼ばれ、『ユイ』に関する報告にgood boys associationという言葉がある。これはどういう意味とたずねられた。日本語の原稿をみると、どこかの方言で『エーコ仲間』と書いてあるので、本来の意味を説明すると、それでは困るではないかと詰問された。そのころたまたま馬淵東一君がCIEに就職を希望していたので、同君を推薦すると採用された。それ以後大部分訳文は同君の校閲を経ていたようである。」

11　この「九学会連合」は一九四七年に日本民族学協会の提案で組織され、最初は六学会の連合であった。その後、新規加盟の学会、そして脱退などがあり、一九七〇年代には日本民族学協会、日本人類学会、日本言語学会、日本宗教学会、日本民俗学会、日本社会学会、日本地理学会、日本心理学会、東洋音楽学会が参加して九学会連合になっていた。対馬、能登、奄美、佐渡、下北、利根川などの地域を対象にして、それぞれの専門分野がつどって共同調査を行い、成果をあげたが、一九八八年に解散した。

12　アイヌをめぐる問題は現代でも同じである。首都圏に在住するアイヌには「差別や抵抗」では語りえぬ日常の生活がある。

アイヌといっても、「アイヌらしいアイヌ」もいれば、「日本人らしいアイヌ」もいて、各個人の生活は多様である。こうした個々人の生活設計を見なければ、「アイヌ研究」は成立するはずがない（関口二〇〇七、参照）。

13　戦前、オロチョン族の調査は関東軍の管轄下で行われていたと同時に、アカデミズムの世界でも詳細に行われていた。アカデミズム界では、赤松・秋葉（一九四一）のほか、泉（一九三六）、そして今西錦司が率いる京都大学探検隊の報告（今西編　一九五二）などがある。オロチョンの調査の問題点については、山路（二〇〇六）の簡単な紹介がある。

参照文献

赤松智城・秋葉隆
一九三七『朝鮮巫俗の研究』上、京城（東京）：大坂屋号書店。
一九三八『朝鮮巫俗の研究』下、京城（東京）：大坂屋号書店。
一九四一『満蒙の民俗と宗教』京城（東京）：大阪屋号書店。
秋葉隆
一九三三「王道国家論」『政界往来』四―五：九二―九六頁。
一九五四『朝鮮民俗誌』東京：六三書院。
朝倉敏夫
一九九七「村山智順の謎」『民博通信』七九、一〇四―一一一頁。
飯田卓
二〇一〇「戦後学術調査の黎明――京都大学カラコルム・ヒンズークシ学術調査隊」カラコルム／花嫁の峰　チョゴリザ刊行委員会編『カラコルム／花嫁の峰――フィールド科学のパイオニアたち』京都：京都大学学術出版会。
石川三四郎
一九七七『石川三四郎著作集』二巻、東京：青土社。

石田英一郎
一九六八『人間を求めて』東京：筑摩書房（石田英一郎一九七〇『石田英一郎全集』四、東京：筑摩書房、に所収）。
一九七〇『石田英一郎全集』四、東京：筑摩書房。
泉靖一
一九三六「大興安嶺東南部オロチョン族踏査報告」『民族学研究』三―一：三九―一〇六頁（泉靖一 一九七二『泉靖一著作集』一、東京：読売新聞社）。
一九五二「沙流アイヌの地縁集団におけるIWOR」『民族学研究』一六―三／四。
一九七〇「石田英一郎先生の思い出」（石田英一郎一九七〇『石田英一郎対談集――文化とヒューマニズム』二六五―二七五頁、東京：筑摩書房、に所収）。
稲田周之助
一九一二『政治学原理』東京：稲田周之助（政治学叢書、第三集）。
違星北斗
一九三〇『違星北斗遺稿　コタン』財団法人希望社出版部（後に、『違星北斗遺稿　コタン』東京：草風館）。
今西錦司・伴豊
一九四八a「大興安嶺におけるオロチョンの生態（一）」『民族学研究』一三―一：二一―三九頁。
一九四八b「大興安嶺におけるオロチョンの生態（二）」『民族学研究』一三―二：一四〇―一五九頁。
今西錦司編
一九五二『大興安嶺探検』東京：毎日新聞社。
岩田重則
二〇〇三『戦死者霊魂のゆくえ――戦争と民俗』東京：吉川弘文館。
岩村忍
一九四四「甘粛回民の二類型」『民族研究所紀要』第一冊、一一九―一六五頁。
上田萬年
一八九五「国語と国家と」『国語のため』富山房、（後に、久松潜一編『落合直文、上田萬年、芳賀弥一、藤岡作太郎集（明治

文学全集四四）』一九六八、東京：筑摩書房、に所収）。
内田智雄
一九五六『中国農村の分家制度』東京：岩波書店。
演劇「人類館」上演を実現させたい会
二〇〇五『人類館――封印された扉』大阪：アットワークス。
大間知篤三
一九四四a「神社奉祀の問題」『満洲日日新聞』（昭和一九年二月）（大間知篤三、一九八二『大間知篤三著作集』六、東京：未来社）。
一九四四b「ダウール族巫考――ハイラル郡を対象として」『建国大学研究院月報』四一、（大間知篤三、一九八二『大間知篤三著作集』六、東京：未来社）。
大山彦一
一九四三「オロチョン調査の旅」『建国大学研究学院月報』二五：二一―三頁。
岡正雄
一九四四「東亜民族学の一つの在り方」『民族研究所彙報』一、（後、岡正雄『異人その他』言叢社、一九七九：一〇八―一一三頁に所収）。
一九七九『異人その他』東京：言叢社。
小川正人
一九九七『近代アイヌ教育制度史研究』札幌：北海道大学図書刊行会。
紙谷威広
二〇〇八「柳田国男の〈人神考〉――日本人の神観念と「靖国神社」参拝問題への民俗学的視点から」『東京立正短期大学紀要』三六：二〇五―一七七頁。
菊地曉
二〇〇七「赤松智城論ノオト――徳応寺所蔵資料を中心に」『人文学報（京都大学人文科学研究所）』九四：一―三五頁。
喜田貞吉

金城勇
一九一〇『韓国の併合と国史』東京：三省堂、（『韓国併合史研究資料』三、東京：龍渓書舎、一九九五年に所収）。
一九一九a「『民族と歴史』発刊趣意書」『民族と歴史』一―一：一―八頁。
一九一九b「朝鮮民族とは何ぞや」『民族と歴史』一―六、（喜田貞吉一九七九『喜田貞吉著作集』八、東京：平凡社）。
二〇〇五「学術人類館事件と沖縄――差別と同化の歴史」演劇「人類館」上演を実現させたい会二〇〇五『人類館――封印された扉』『人類館――封印された扉』二七―七〇頁、大阪：アットワークス。
クライナー＆ヨーゼフ編
一九九六「日本民族学・文化人類学の歴史」クライナー＆ヨーゼフ編『日本民族学の現在』東京：新曜社。
京城帝国大学大陸文化研究会編
一九三九『蒙彊の自然と文化――京城帝国大学蒙彊学術探検隊報告書』東京：古今書院。
国立民族学博物館
一九九三『民族学の先駆者　鳥居龍蔵の見たアジア』吹田：国立民族学博物館。
小松和彦
二〇〇六『神になった人びと――日本人にとって〈靖国の神〉とは何か』東京：光文社。
国際宗教研究所
二〇〇四『新しい追悼施設は必要か』東京：ぺりかん社。
佐々木高明
二〇〇九「戦後の日本民族文化起源論」『国立民族学博物館研究報告』三四―二：二一一―二二八頁。
椎野若菜
二〇〇八「日本におけるアフリカ研究の始まりとその展開――国際学術研究調査関係研究者データベースを使って」『アジア・アフリカ言語文化研究』七五：九七―一〇七頁。
志賀重昂
一八八八a「〈日本人〉の上途を餞す」『日本人』一：一―四頁。
一八八八b「〈日本人〉が懐抱する處の旨義を告白す」『日本人』二：一―六頁。

シロコゴロフ、S・M（川久保悌郎、田中克己共訳）
一九四一『北方ツングース族の社会構成』東京：岩波書店。
シロコゴロフ、S・M（大間知篤三、戸田茂喜共訳）
一九六七『満洲族の社会組織』東京：刀江書院（後に、大間知篤三、一九八二『大間知篤三著作集』六、東京：未来社、に所収）。
杉浦健一
一九四一「民族学と南洋群島統治」平野義太郎編『大南洋』：一―四六頁。
一九四四「南洋群島原住民の土地制度」『民族研究所紀要』第一冊：一六七―三五〇頁。
一九四八『原始経済の研究』東京：彰考書院。
一九五一『人類学』東京：同文館。
一九五二a『未開人の政治と法律』東京：彰考書院。
一九五二b「沙流アイヌの親族組織」『民族学研究』一六―三／四：一八七―二一二頁。
鈴木二郎
一九六五「書評：『民族学ノート――岡正雄教授還暦記念論文集』」『民族学研究』三〇―三：二六一―二六三頁。
関敬吾
一九八三「岡さんの思い出――日本民族学会史の一齣」『民族学研究』四八―一：二―四頁。
関口由彦
二〇〇七『首都圏に生きるアイヌ民族』東京：草風館。
高木敏雄
一九一三「郷土研究の本領」『郷土研究』一―一：一―一二頁。
田中丸勝彦
二〇〇二『さまよえる英霊たち』東京：柏書房。
田畑久夫
一九九七『民族学者　鳥居龍蔵――アジア調査の軌跡』東京：古今書院。

中国農村慣行調査会
一九五二―一九五八『中国農村慣行調査』全六巻、東京：岩波書店。

朝鮮総督府古蹟調査委員会編
一九一七『朝鮮古跡調査報告――大正五年度朝鮮古跡調査報告』京城：朝鮮総督府（復刻：国書刊行会 一九七四年）。

坪井正五郎
一八八六「本会略史」『東京人類学報告』一：一―三頁。

一八九三「通俗講話　人類学大意（続）」『東京人類学雑誌』八八：四二四―四二八頁。

一八九五「人類学の部門に関する意見」『東京人類学雑誌』一一四：四六一―四六六頁。

一九〇三a「人種談」『東京人類学雑誌』二〇五号：二五五―二七二頁。

一九〇三b「博覧会と人類学」『大阪毎日新聞』（明治三六年三月二八日）。

一九〇四「世界競争と日本人種」『成功』五―三：二四―二七頁。

一九〇五a「人類学的智識の要益々深し」『東京人類学雑誌』二三一：二八四―二九二頁。

一九〇五b「人類学的智識の要益々深し（承前）」『東京人類学雑誌』二三二：四三三―四四三頁。

一九〇七『人類学叢話』東京：博文館。

一九〇八「日本における雑婚問題」『東京人類学雑誌』二七二：五五―五九頁。

寺田和夫
一九七五『日本の人類学』東京：思索社（一九八一 角川書店）。

東京大学総合研究資料館特別展示実行委員会
一九九一『乾版に刻まれた世界――鳥居龍蔵の見たアジア』東京：東京大学総合研究資料館。

鳥居龍蔵
一九一八「有史以前の日本」磯部甲陽堂、（鳥居龍蔵、一九七五『鳥居龍蔵全集』一巻、東京：朝日新聞社）。

一九二〇「日鮮人は〈同源〉なり」『同源』一号、（鳥居龍蔵、一九七七『鳥居龍蔵全集』一二巻、東京：朝日新聞社）。

一九二四「人類学及人種学上より見たる北東亜細亜」東京：岡書院、（鳥居龍蔵、一九七六『鳥居龍蔵全集』八巻、東京：朝日新聞社）。

一九五三『ある老学徒の手記』東京：朝日新聞社、（鳥居龍蔵、一九七七『鳥居龍蔵全集』一二巻、東京：朝日新聞社）。
中生勝美
一九八七「〈中国農村慣行調査〉の限界と有効性――山東省歴城県冷水溝荘を通じて」『アジア経済』二八―六：三三―四六頁。
一九九四「植民地の民族学――満州民族学会の活動」『ヘルムス』五二：一三五―一四三頁。
一九九七「民族研究所の組織と活動――戦争中の日本民族学」『民族学研究』六二―一：四七―六五頁。
二〇〇〇「内陸アジア研究と京都学派――西北研究所の組織と活動」中生勝美編『植民地人類学の展望』東京：風響社。
二〇〇六「日本占領期の社会調査と人類学の再編――民族学から文化人類学へ」末広昭編『地域研究としてのアジア』（岩波講座〈帝国〉日本の学知六）：一四四―一七七頁、東京：岩波書店。
中薗英助
一九九五『鳥居龍蔵伝――アジアを走破した人類学者』東京：岩波書店。
仁井田陞
一九四二『支那身分法史』東京：東方文化学院。
西村眞次
一九二六「『民族』第一巻所感」『民族』二―一：一二一―一三〇頁。
野間清
一九七七「中国農村慣行調査会、その主観的意図と客観的事実」『愛知大学国際問題研究所紀要』六〇：一―三七頁。
野村伸一
二〇〇一「村山智順が見た朝鮮民俗」『自然と文化』六六：四―八一頁。
福武直
一九四六『中国農村社会の研究』京都：大雅堂。
藤枝晃（述）
一九八六「西北研究所の思い出――藤枝晃博士談話記録」『奈良史学』四：五六―九三頁。
古島敏雄
一九五三「中国慣行調査第一巻を読んで」『歴史学研究』六六：五〇―五三頁。

古野清人
一九四三『大東亜の宗教文化』東京：文部省教学局編纂。
牧野巽
一九四四『支那家族研究』東京：生活社。
馬淵東一
一九四〇「ブヌン族に於ける獣肉の分配と贈与」『民族学年報』二、（馬淵東一、一九七四『馬淵東一著作集』一：九三一一七一頁、東京：社会思想社）。
一九七四「『南方土俗』景印本刊行に寄せて」『馬淵東一著作集』三：五四九―五五三頁（ただし、原文は一九七三年に執筆され、東方文化書局により『南方土俗』が復刻された時、収録されている。）
一九五四a「高砂族の分類――学史的回顧」『民族学研究』一八―一／二、（馬淵東一、一九七四『馬淵東一著作集』二：二四九―二七三頁、東京：社会思想社）。
一九五四b「高砂族の移動および分布（第一部）」『民族学研究』一八―一／二（馬淵東一、一九七四『馬淵東一著作集』二：二七五―三四六頁、東京：社会思想社）。
一九五四c「高砂族の移動および分布（第二部）」『民族学研究』一八―四（馬淵東一、一九七四『馬淵東一著作集』二：三四七―四六〇頁、東京：社会思想社）。
一九七四『馬淵東一著作集』二：三四七―四六〇頁、東京：社会思想社。
馬淵東一他
一九八八『馬淵東一座談録』東京：河出書房新社。
三尾裕子
二〇〇六「植民地下の〈グレーゾーン〉における〈異質化の語り〉の可能性――『民俗台湾』を例に」『アジア・アフリカ言語文化研究』七一：一八一―二〇三頁。
宮岡真央子
二〇〇七「日常生活を生きる困難と伝統文化の語り――台湾原住民族ツォウの伝統的首長をめぐる〈蜜蜂事件〉の事例から」『社会人類学年報』三三：一五一―一七〇頁。

安田浩
一九九二「近代日本における〈民族〉観念の形成」『思想と現代』三一：六一―七二頁。
山口海旋風
一九二八「チカイの痩犬」『新青年』九―三：二五二―二六二頁。
山田光子
一九六一『セレベスの挽歌』東京：東京信友社。
山路勝彦
一九八四「台湾タイヤル族の日常の生活圏と人間集団の分類」『関西学院大学社会学部紀要』四九：六三―八一頁（後、山路二〇〇八に収録）。
二〇〇六『近代日本の海外学術調査』（日本史リブレット六四）東京：山川出版社。
二〇〇八『近代日本の植民地博覧会』東京：風響社。
二〇一一『台湾タイヤル族の一〇〇年――漂流する伝統、蛇行する近代、脱植民地主義への道のり』東京：風響社。
山辺安之助
一九一三『あいぬ物語』東京：博文館。
尹建次
一九九四『民族幻想の蹉跌――日本人の自己像』東京：岩波書店。
領家穰
二〇〇八「社会学の方法論としての社会調査」『関西学院大学人権研究』一二：一三―三一。
ルクリュ、E（石川三四郎訳）
一九三〇『地人論』東京：春秋社。
無署名a
一九二五「編集者の一人より」『民族』一―一：九七―九八頁。
無署名b
一九五〇「学会消息　アイヌ民族綜合調査の計画」『民族学研究』一五―一：三四頁。

Shimizu,A.（清水昭俊）
1999 "Colonialism and the development of modern anthropology in Japan," Bremen,J.van & A.Shimizu eds., *Anthropology and Colonialism in Asia and Oceania*, Richmond: Curzon Press.

第一部

植民地における人類学

第二章　台湾原住民族研究の継承と展開

宮岡真央子

本稿は、日本人類学史のなかでも日本植民地統治期の台湾で展開したオーストロネシア語族系先住諸民族（原住民族）に関する研究史を対象に、その概要を述べた上で、一九八〇年代半ば以降の台湾においてその過去の研究成果がどのように評価・参照・利用されてきたのかという点について考察するものである。とりわけかつての被調査者であった原住民族の後裔が、自身の文化復興や権利の拡張のために日本統治期の研究成果を参照・利用するという側面に焦点を当て、それを日本人類学史の展開の一つのあり方としてとらえつつ、過去の研究の現代的な意義について論じる。

一　はじめに

日本人類学史を研究地域・研究対象別にとらえた場合、台湾研究、とりわけ現在の台湾で「原住民族」[1]と総称されるオーストロネシア語族系先住諸民族に関する研究史は、いくつかの突出した側面をもつ。一〇〇年を超える歴史、その間に関与した人の数の多さや経歴の幅広さ、書かれたものの量の膨大さ、そして現地社会に与えてきたインパクトの大きさなど。これらの点は、いうまでもなく台湾が過去に日本によって植民地として統治され、しかも原住民族諸社会の多くがそれにより初めて本格的に国家へ編入されたという歴史経験と密接なかかわりがある。

台湾原住民族研究史の回顧は、すでに一九九〇年代後半から現在まで着々と進められてきた。書誌情報はかなり整い、現在ではその概要を比較的容易に理解することができる（笠原編一九九七・二〇〇〇、日本順益台湾原住民研究会一九九八・二〇〇二）。また、後述するように未発掘資料の整理・出版も進められてきた。さらに、民族分類史についての検討（笠原 一九九七・一九九九、陳 一九九八、野林・宮岡 二〇〇九、山路 二〇一一：三五二―三九六）、物質文化研究の再評価（角南 二〇〇五）、植民地主義との相関性についての論考（山路 二〇〇四・二〇〇六、本書第八章山路論文）など、個別のテーマのもとで過去の研究成果を再評価する作業も一部進められつつある。

これら二〇世紀末から進められた台湾原住民族研究史に関わる研究は、日本の学界の要請によってなされたというよりは、むしろ現地社会との関わりのなかでおこなわれてきたという側面が強い。第三節で詳述するように、一九八〇年代半ば頃からの台湾社会の大きな変化を受け、その社会的関心、学術的動向に多少なりとも呼応する形で個々の研究がおこなわれてきたという点は、原住民族研究の近年の学史研究の特徴といってもよいであろう。たとえば、各民族集団のアイデンティティの形成過程と現状を考察する際には、過去にその集団が研究者や為政者によってどのように位置づけられてきたのかを振り返る作業が必須である。先に挙げた原住民族の民族分類史についての諸論考は、このような問題意識の下でおこなわれたものといえる。

過去の研究蓄積と現地社会との関係を考える際、上記のような研究は、過去の研究成果と現在の原住民族社会のあり方の間接的関係を示すものであるともいえる。すなわち先の例でいえば、現在の原住民族は過去の研究者による民族分類の経緯などを知らなくとも、その影響を受けながら自らの民族的アイデンティティを保持したり構築したりしているという点で、間接的関係にあるということである。しかしその一方、過去の研究成果や歴史文書は、より直接的にかつて調査対象とされた社会と関係しているという側面があることも見逃してはならない。現在の台湾原住民族社会では、主に知識人層が主導しながら、過去の研究成果を参照することによって自らの社会・文化をとらえ直したり、それをもとに自らの先住民としての権利を訴えたりする動きがしばしば起こっている。本稿では、このような側面に焦点を当て、過去の研究成果に対して現在の台湾原住民族がどのような意義を見いだしているのか、という点を中心に考察を進めることを試みたい。

以下では、植民地期台湾で展開した原住民族研究の流れを概観したうえで、第二次大戦後の台湾におけるその受容と評価のありようについて、特に近年の動向を中心に論述する。それにより、現代の台湾において日本統治期の原住民族研究の成果および現代の日本における原住民族研究に対して見出されている意義の一端を明らかにし、これまで日本人類学史において看過されがちであった日本の人類学者による研究成果の現地社会での継承と展開の一形態を提示することを目指す。またそれと同時に、今後の日本における原住民族研究のあり方や方向性を照らし出すことを企図するものでもある。

二　日本統治期の台湾原住民族研究の流れ

日本統治期の台湾原住民族研究は、大きく三つの時期に分類できる。植民地統治開始からまもなくの探険の時代（一八九六年―）、台湾総督府の調査機関によっておこなわれた網羅的な旧慣調査の時代（一九〇九年前後―）、そして台北帝国大学土俗人種学研究室を中心に本格的な学術研究がなされた時代（一九二八年―）である。以下、この三区分にしたがい、その概要を述べることとする。

探険時代の分類と命名

日本統治期初期の台湾原住民族研究を担ったのは、遠野出身の伊能嘉矩、徳島出身の鳥居龍蔵、京都出身の森丑之助、いずれも研究者というには十分な学歴をもたぬ若者であった。伊能と鳥居は、それぞれ人類学を学ぶために東京帝国大学の坪井正五郎の門戸を叩き、二〇代後半で植民地となったばかりの台湾に渡った。森は一八歳の若さで同時期に台湾入りし、当地で鳥居と知己を得て人類学的な調査を開始した。三者とも明治という新たな時代に生を受け、未知の世界に対する冒険精神と好奇心を旺盛に抱き、生命を賭して調査に臨み、豊富な調査記録を残した。

伊能嘉矩[2]は、一八八九（明治二二）年に岩手県尋常師範学校を中退後に東京へ赴き、教育関係の編集業務に従事していた一八九三（明治二六）年、東京帝国大学理科大学教授の坪井正五郎が主宰する東京人類学会に入会した。翌年四月には郷里の習俗であるオシラサマ信仰に関する報告をしている（伊能　一八九四）。その翌年、一八九五（明治二八）年四月一七日に日清戦争の講和条約である下関条約が締結され、日本による台湾領有が決定した後、彼の関心はにわかに郷土研究から台湾へと転回し、原住民族の調査研究を志すようになったものと思われる。伊能は政府関係者や諸先輩らに「余の赤志を陳べて先達の君子に訴ふ」なる文書を送り、台湾原住民族の調査研究の必要性と意義、自身の台湾渡航への支援を熱心に訴えた(3)。その結果、同年一〇月台湾に向けて東京を出発し、一一月一〇日に台湾の地を踏み、当日付で台湾総督府嘱託を命じられた。一八九六年からは、まず台北および宜蘭に居住する諸民族集団の調査に着手し、以来、この身分で一〇年余りを台湾で過ごした。

従来清朝政府は、原住民族を漢化および清朝への服従の有無によって「熟番」と「生番」とに分類していたが、伊能に始まる日本による分類もこれを踏襲した。「熟番」は「熟蕃」、昭和期からは「平埔族」、「生番」は「生蕃」または「蕃人」、昭和期からは「高砂族」と呼ばれた(4)。伊能が台北や宜蘭でまず調査をおこなったのは、この前者にあたる平埔族についてである。平地に居住し漢化して久しい平埔族であったが、伊能の調査当時はまだなおその固有の文化や言語をうかがい知ることができた。台湾総督府によって漢民族と同じ行政的扱いを施されるようになったこれらの諸民族集団は、その後漢化の度合いをさらに増した。その結果伊能の調査報告は、後にその存在自体が確認できなくなった集団や、すでに失われた言語や儀礼に関する記録が含まれる貴重なものとして後世に評価されるようになった。

一八九七年五―一一月には、全島的調査を実施した。伊能の歩いたルートは平野部が主であり深山には及ばなかったものの、原住民族全体を見渡す初めての調査であり、この報告書として一九〇〇年に『台湾蕃人事情』（伊能・粟野一九〇〇）が台湾総督府に提出された。これは台湾原住民族に関する初の民族誌であり、初の体系的民族分類が打ち出された書物であるといってよい。伊能が分類・命名した八つの民族集団それぞれについて、地理的分布・村と戸数と人口・社会組織・習俗・慣習・創世神話・生業という七項目が記され、その他清朝期の地誌類などの概説もおこなわれている。従来清朝政府は、原住民族を地域的まとまりで「～社」「～番」と呼びあらわし、文化的・社会的特徴による系統的な民族分類をおこなった形跡はない。台湾原住民族を人類学的・民族学的立場から文化的・社会的・言語的特徴に基づいて分類するという営為は、伊能を嚆矢として開始されたのであった(5)。なお、『台湾蕃人事情』を著した後の伊能は、フィールドワークよりも清朝期の各種文書を渉猟する手法へとシフトし、清朝期の対原住民族政策についてまとめた『台湾蕃政志』（一九〇四）をはじめとし、台湾史研究の著作を何冊も著した。晩年の伊能は歴史家というにふさわしかった（笠原 二〇〇四：五）。郷里の遠野へ戻った後の伊能は、台湾の歴史研究をライフワークとして継続する傍ら、再び郷土文化の研究に着手し、柳田国男とも深い交流があった。伊能の遺した台湾歴史研究の大作『台湾文化志』は、彼の死後、柳田の尽力によって出版されたものである（伊能 一九二八）。

一方、もう一人の坪井門下生であった鳥居龍蔵(6)は、小学校中退後に独学・自習で高等小学校と中学校の課程を学んだ後、一八八六年に東京人類学会に入会、一八九二年に上京してからは東京帝大人類学教室の標本整理係として坪井のもとで人類学を学んだ。一八九五年に東京人類学会の派遣で遼東半島の調査を経験した後、翌年五月に台湾の地を踏み五ケ月間の調査を実施したのを皮切りに、以来一九一一年までの五年間に計五回の調査で全島をほぼ網羅した。のべ調査期間は二年近くにおよぶ。鳥居の調査した内容は、坪井の総合人類学的な関心をより反映して、考古学的・形質的項目を多く含んだものであり、この点は伊能のそれとは大きく異なった。鳥居は記録のために自らガラス乾板写真機を携行し、膨大な写真記録を残したが、その過半は形質を把握するためのポートレートであった。鳥居の調査ルートは、離島や中央山脈の深山にも及び、調査に付随して台湾最高峰の玉山（当時の「新高山」）に日本人としての初登頂をも果たした。

鳥居の台湾研究における長編著作は、紅頭嶼（現在の蘭嶼島）に居住するヤミ（Yami 雅美族、現在「タオ（Tao 達悟族）」とも自称する）に関するモノグラフ（鳥居 一九〇二）と、同じくヤミに関する形質調査報告（鳥居 一九一二）、そして原住民族に関する総論である（鳥居 一九一〇）。前二者は東京帝国大学理科大学から単行本として刊行されたもので、後二者は『東京帝国大学理科大学紀要』に仏語で掲載された論文である。また、これらに先立ちヤミの写真集が同大学より単行本として刊行されている（鳥居 一八九九）。清朝とは全く接触のなかったヤミについての研究は、鳥居によって初めて着手されたといってよい。鳥居はこのほかにも三八編の調査報告や通信記事を著し、形質、言語、物質文化、考古学などを中心に多様な事項を書き記している。また、伊能が分類・命名したのとは異なる民族名称を提示したことも特筆されよう。

この鳥居の調査に助手・案内役・通訳として同行した森丑之助は(7)、上記二人に続いて原住民族研究を担った人物であった。森は、長崎商業学校で中国南方官話を学んだ後、一八九五年九月、陸軍通訳として台湾に渡った。一八九六年、軍に随行して東海岸へ赴いた際に、第一回目の調査に来ていた鳥居龍蔵と出会った。鳥居の第三、四回目の調査に同行して人類学調査の手ほどきを受け、一九〇〇年には鳥居の導きで東京人類学会にも入会した。以後、自らも写真機を携行して単独での調査を繰り返すようになり、自身の調査報告を新聞や雑誌に寄稿するようになった。一時期は東京の坪井のもとで人類学を学ぶことを志したが、結局は専門教育を受けぬまま総督府嘱託などの身分で中央山脈の原住民族居住地への訪問を繰り返し、地図作製、考古学・地質・植生調査などをも手がけた。大正期には、森の最も簡素な民族分類法が総督府によって部分的に修正されて採用されるなど、伊能に代わる原住民族研究の権威として知られるようになった。また、台湾総督府博物館の資料収集に携わったことでも知られ、その収集品は今日の国立台湾博物館に継承されている（李子寧他 二〇〇九：四八―五三）。

森は、各民族集団についての民族誌全一〇巻を出版する計画を擁していた。一九一七年にタイヤル（Atayal 泰雅族）に関する民族誌『台湾蕃族志』第一巻が台湾総督府臨時台湾旧慣調査会より刊行され（森 一九一七）、その続篇とも考えられるブヌン（Bunun 布農族）に関する調査報告文が雑誌に連載されたが（森 一九一六―一九一七）、計画はそれきり完遂されなかった。これは、東京大震災で資料が灰に帰してしまったためともいわれている。しかし、森が撮影した各民族集団の写真資料については、一九一五年に森自身の解説付きで台湾総督府臨時台湾旧慣調査会より『台湾蕃族図譜』（森 一九一五）として出版された。

この時代の調査研究は、まさに探検と呼ぶにふさわしいものであった。肩書きに台湾総督府や東京帝国大学という後ろ盾を有し、現地駐在の警察官や軍から多少の便宜や協力は得ていたものの、それぞれ身の危険を冒して当時大半の地域で首狩りの慣行が存続していた原住民族居住地に乗り込んでいったのであり、文字通り体当たりの調査研究であった。人類学的研究としての精度は粗く、理論とはほど遠い素朴な記述が中心を占めたが、それぞれに原住民族の民族境界を見極めようとし、独自の民族分類法と民族名称を考案した。彼らの研究が、原住民族の全体的・体系的理解のための礎となったことは間違いなく、それが現在にいたるまでの原住民族の枠組みを大きく決定づけたことも確かである。

総督府調査機関による網羅的記述

台湾総督府は、一八九八（明治三一）年より土地所有権確定のための土地調査事業を実施し、その過程で慣習法調査の必要性を認識、一九〇一（明治三四）年に民政長官・後藤新平によって臨時台湾旧慣調査会という調査機関が組織された[8]。京都帝国大学法学部教授の岡松参太郎を会長に据え、まず取り組んだのは清国の行政法、漢民族の土地慣行や旧慣などの調査であった。それらを終えた同会は、一九〇九（明治四二）年に原住民族調査担当の「蕃族科」を組織し、佐山融吉・小島由道ら補助委員四人および森丑之助・伊能嘉矩を含む調査員三二人を雇用して、原住民族についての網羅的な慣習調査に着手した[9]。

同調査会による研究成果は、『蕃族調査報告書』（全八冊）および『番族慣習調査報告書』（全八冊）という二つの調査報告書シリーズとして刊行された（小島他 一九一五―一九二二、佐山 一九一三―一九二一）。両者とも民族集団ごとに歴史伝承、社会組織、宗教信仰などの諸項目を総合的に記録しているが、佐山融吉が執筆した前者は神話・伝説に、小島由道が中心となった後者は社会組織や慣習法の記述に力点が置かれているという相違がある。また佐山はこれとは別に、上記調査の資料をもとに大西吉寿と共著で各民族集団の神話・伝説資料をまとめた『生蕃伝説集』を民間の書店より出版している（佐山・大西 一九二三）。

一九三〇年代以降、台湾では皇民化政策が推進され、生活の細部にわたって日本への同化が促されたが、大正期のこの時期はまだ各地で従来の生活様式が比較的存続していた。探検の時代の民族分類や命名をふまえて、臨時台湾旧慣調査会がこの時代に民族集団ごとの社会・文化に関する詳細かつ網羅的な調査をおこなったことで、結果的に原住民族の貴重な伝統文化が記録されることとなったのであった。

なお、これらの調査報告書は大正期の日本の知識人の間でも読まれた。とりわけ柳田国男や折口信夫らはこれらの調査報告書を刊行当時から精読しており、柳田は山人論において、折口はまれびと論において少なからぬ示唆・影響を受けたであろうことが、これまでに指摘・研究されている[10]。また、同会蕃族科の調査員の一人であり画家でもあった小林保祥は、その後も南部の原住民族パイワン（Paiwan 排湾族）の村に二〇年近く滞在し、『高砂族パイワヌの民芸』（小林 一九四四）なる著作を刊行したが、このときの序文を記したのは柳田国男であった。日本民俗学の創始者たちが、直接的に台湾原住民族の歴史や文化について論じることは皆無であったが、それが彼らの知的関心の枠内におかれていたことは間違いないであろう。

この時代の研究が一段落すると、台湾原住民族研究は空白期を迎える。大正末から昭和初期にかけてタイヤルやアミ（Amis 阿美族）を調査し、二冊の書を残した小泉鉄[11]を除けば目立った動きはみられず、一九二八（昭和三）年の台北帝国大学開学によって、日本統治期の台湾原住民族研究は成熟期を迎えたのだった。

台北帝国大学による学術研究

台北帝国大学文政学部史学科に発足した土俗人種学研究室[12]は、日本の大学史上初の文化人類学の専門教育機関であった。ハーヴァード大学で人類学を修めた移川子之蔵が主任教授として着任し、移川が慶応大学で教えた宮本延人が助手を務めた。発足と同時に東京帝国大学経済学部を中退した馬淵東一が入学し、台北帝大土俗人種学研究室の原住民族研究はこの三人体制によって進められた。また、同じ文政学部には言語学研究室も発足し、台湾で言語研究に従事していた小川尚義が教授として着任、一九三六年には浅井恵倫がその後任となった。そのほか、同大学には形質人類学の金関丈夫（医学部）、社会学の岡田謙（文政学部哲学科）なども教員として在籍し、卒業生には歴史学の中村孝志（史学科南洋史卒）などもいた。これらの研究者たちは、土俗人種学研究室が一九三一（昭和六）年に組織した南方土俗学会に集い、雑誌『南方土俗』に論文や資料報告を寄稿している。ほかにも宗教学の古野清人、東京帝大大学院在籍中に総督府嘱託を務めた生物学が専門の鹿野忠雄、同じく総督府嘱託で植物学が専門の瀬川孝吉、台南第一高等女学校教員を経て台北師範学校教授を務めた考古学・人類学の国分直一、法学の増田福太郎らも同教室と多少とも関わりつつ、それぞれ調査・研究をおこなった。昭和期に入り、台北帝大を一つの拠点として多様な分野から学術的な立場で原住民族研究が推進されるようになったのだといってよい。

土俗人種学研究室による研究成果として名高いのは、移川・宮本・馬淵の三名による大著『台湾高砂族系統所属の研究』（以下、『系統所属の研究』と略す）である（台北帝国大学土俗人種学研究室 一九三五）。これは、第一一代総督・上山満之進が退任時に寄贈した研究費をもとにおこなわれた調査事業で、一九三〇―三三年に、当時「高砂族」と呼ばれた原住民族の全居住地を対象として組織的調査が実施された。文化史学派であった移川の志向を反映し、台湾原住民族の口碑や系譜伝承の収集・分析に基づいて、九つの民族集団の構成、系統関係を明らかにし、エスノヒストリーを再構成しようとする研究であった。結果として、移動伝承や系譜のみならず、神話、社会組織、慣習法、土地制度など原住民族の社会・文化を理解するための豊富な口承資料が収集・整理・分析されることとなった。そして、従来は客観的基準から一つの集団として分類されてきた民族集団内部の主観的な自他の境界が明示された。「今日まで、これほど系統的な研究がほかに単独の著作として書かれたことはな」く、「以後の文化人類学の研究は同書の記述を前提にしなければ成り立たなくなった」と評価される[13]（笠原 二〇〇二b：四一）。

一方、言語学研究室でも同様に上山満之進からの研究費をもとに小川尚義と浅井恵倫が言語学的調査を実施し、その成果として『原語による台湾高砂族伝説集』が著された（台北帝国大学言語学研究室 一九三五）。同書は、台湾原住民族の一三の言語について語法概説、音声記号による口碑テキスト、逐語訳と自由訳、脚注が記され、巻末には比較単語集が付された大著で、原住民族諸言語に関する初の体系的な言語学的研究であった。

以上の両研究室の研究は、日本統治期の台湾原住民族研究の集大成といってもよい。これらの研究は、それぞれ『系統所属の研究』が学士院賞を、『原語による台湾高砂族伝説集』が恩賜賞を受賞しており、当時の日本の学術的水準からみても優れたものであったことがうかがえる。そして現在まで、両研究は台湾原住民族研究の「古典」「原論」「一大金字塔」と評価されており、質・量両面においてこれらを凌ぐものはいまだ現れてない（笠原 二〇〇二a：四〇・二〇〇二b：四一、月田 二〇〇二：五四）。探検の時代の分類、総督府調査機関による網羅的記述を経て、台北帝国大学を舞台にしたアカデミズムによって、台湾原住民族研究は専門領域による学術的研究の水準に高められ、後続の研究者の参照枠組みをなすようになったのであった。

三　台湾民主化以降の再評価

台湾史研究の隆盛

一九四五年、第二次世界大戦が終結すると、台湾原住民族研究の拠点であった台北帝国大学は廃校となり、台湾を拠点に活動していた研究者たちは、宮本延人や浅井恵倫など引き継ぎのために一部残留した例があったものの、彼らを含めて数年間のうちにはすべて台湾から撤退した。その後の台湾における原住民族研究の拠点は、中国国民党政府行政院の直下におかれた研究機関である中央研究院の民族学研究所や、台北帝国大学の敷地を継承して開校した国立台湾大学の考古人類学系が担うようになった。それらの研究機関には、日本の高等教育を修めた研究者も在籍したが、過半は中国大陸出身の人類学者で占められた。戦後の台湾社会全体が経験したのと同様、台湾における原住民族研究も、研究機関、研究主体、使用言語などの諸点にわたって大きな断絶を経験したといってよい。むろん、戦後台湾の人類学者たちは先行研究としての日本人による研究業績を参照してきたし、戦後も日台の研究者どうしの学術交流は連綿と続けられ、相互に影響を与えあってきたことはいうまでもない。しかしながらそれらは、人類学界という限られた分野での営みであった(14)。

一九九〇年代より、従来の人類学界にとどまらず、台湾学術界のより広い分野において日本人による原住民族研究の成果に注目がなされるようになり、日台の交流が活発化するようになった。そのきっかけは、一九八〇年代半ばからの台湾民主化要求運動の高まりとその帰結としての一九八七年の戒厳令解除、そして以降の急速な民主化、言論の自由化の進展であった。一九八〇年代末頃から、台湾ではそれまで公に語ることがタブーとされてきた台湾独自の歴史や文化に人々の関心が寄せられるようになり、台湾史研究が一種の社会ブームになったのである。また、民主化運動は原住民族が自らの権利を訴える社会運動にも発展し、原住民族の伝統文化や歴史が見直される機運も高まりをみせた。

一七世紀以後に中国南部から渡ってきた漢民族系移民の子孫が多数派を占める台湾社会の形成過程を振り返るという作業は、それに先だってその地に居住してきた原住民族、とりわけ平埔族との交渉の歴史を振り返るということを意味する。また、中国とは異なる台湾の独自性を考えた場合、原住民族は看過できない存在である。そして、台湾研究史、台湾原住民族研究史を紐解いた際、台湾を研究するという営みの原点が日本統治期の研究、とりわけ探険時代のそれに求められることに人びとの注意が向けられ始めたのである。

原点としての探険時代

台湾におけるこのような動きを多少とも察知しつつ、日本では一九八〇―九〇年代、鳥居龍蔵や伊能嘉矩の残した資料に関する研究が進展した。たとえば、遠野の伊能家に残された日記、原稿、草稿、書簡類などは従来遠野市立博物館に寄託保管されてきたが、そのなかから台湾調査の日記が一九九二年に翻刻出版され（森口編 一九九二）、遠野市立博物館で一九九五年に特別展「伊能嘉矩――郷土と台湾研究の生涯」が開催された（遠野市立博物館編 一九九五）。その後も、年譜や著作目録の整理・刊行（荻野 一九九八）、手稿の単語集の翻刻出版（森口編 一九九八）、所蔵写真の出版（日本順益台湾原住民研究会編 一九九九）、『台湾蕃人事情』の復刻などが続々と進められた。

台湾の側では、一九九六年に楊南郡によって伊能の平埔族関係著作と日記が翻訳出版され（伊能 一九九六a・一九九六b）、伊能への関心が一気に高まった。折しも一九九四年から、台北帝国大学の所蔵図書を継承した台湾大学図書館で、伊能が収集した文献や清朝期の文書の書写、伊能自身の草稿など四〇〇点余りの整理作業・マイクロフィルム化などが着手されていた。一九九八年には、台湾大学図書館新築に際して、その落成記念に特別展「伊能嘉矩と台湾研究」が開催され（国立台湾大学図書館編 一九九八）、同大学の考古人類学系でも伊能関係の原住民族に関する文物資料の目録が刊行された（胡家瑜・崔伊蘭編 一九九八）。台湾では、そのほかにも伊能に関する研究論文が主に歴史学や思想史の分野から多数著されるようになり、一九九〇年代、伊能研究が急速に進展したのであった(15)。

また、鳥居龍蔵関係の資料についても復刻や翻訳が進んだ。その一つが、東京大学総合研究資料館（現在の東京大学総合研究博物館）に移管されて保管されていた鳥居龍蔵撮影のガラス乾板写真の復刻プロジェクト（一九八八―一九九〇）である（鳥居龍蔵写真資料研究会編 一九九〇）。それらの写真はプロジェクト終了後に同資料館などで展示公開され、そのうちの台湾に関する映像資料は一九九四年から台湾各地で巡回展示されて大きな話題を呼んだ（宋文薫他 一九九四）。鳥居の撮影した被写体には現在政府に認定されている原住民族のみならず、すでにその文化の大半が失われたとされる平埔族や漢民族も含まれた。約一世紀前に撮影された台湾の人びとや風景の写真を、台湾社会は新鮮な驚きと感慨をもって迎えた。またその後、楊南郡によって鳥居の評伝、調査紀行文が翻訳出版され、鳥居龍蔵の人物像と研究の概要が広く知られるところとなった（鳥居 一九九六、中薗 一九九八）。

探検時代のもう一人の研究者である森丑之助については、森の撮影した写真集『台湾蕃族図譜』が一九九四年に台北で復刻出版されていたものの、その人物像や研究については不詳のままであった。それが一九九〇年代後半より上記の伊能や鳥居についての資料整理と再評価の動きに追随する形で着手された。日本で書誌学的研究がなされ、それと呼応しつつ台湾で楊南郡によって詳細な著作目録や評伝が著された（宮岡 一九九七a・一九九七b、笠原 二〇〇二c、森 二〇〇〇、楊南郡 二〇〇〇・二〇〇五）。これにより従来謎に包まれていた森の人物像と研究の全容は、ようやく明るみになったのであった。

探検時代の三名による研究は、その著作のみならず、映像資料、地図や当時収集された物質文化資料などの諸方面において、日本の影響を被る以前の台湾社会の姿を記録したものとして貴重視された。探検時代が、いわば台湾研究の原点として位置づけられ、評価されるようになったのであった。

伝統の記述の再認識と学術的評価

これら探検時代の研究者とその業績を振り返る作業に続いて、台湾総督府関係の書籍・文書の翻訳出版が台湾の政府機関により相次いで進められた。一九九七年、伊能が編者の一人を担った台湾総督府の対原住民族政策の沿革をまとめた『理蕃誌稿』が翻訳出版され、一九九九年には同じく伊能が清朝政府の対原住民族政策の沿革をまとめた『台湾蕃政志』（一九四七年の翻訳本のリプリント版）が台湾省文献委員会から出版された。そして、一九九六―二〇〇四年には臨時台湾旧慣調査会の小島由道らによる『番族慣習調査報告書』（全八巻）が中央研究院民族学研究所から順次翻訳出版された。[16]二〇〇七年からは同調査会の佐山融吉による『蕃族調査報告書』（全八巻）の翻訳出版が順次進められている。

また、伊能嘉矩、鳥居龍蔵、森丑之助の著作や評伝を次々に翻訳出版してきた楊南郡の仕事は、探検時代から次第に時代を下って昭和期の鹿野忠雄や総督府関係者の著作にまで至った（山根 一九九八、鹿野 二〇〇〇、水野他 二〇〇二）。その集大成ともいえるのが台北帝国大学土俗人種学研究室による『系統所属の研究』の翻訳出版で、先頃出版された（台北帝国大学土俗人種学研究室 二〇一一）。翻訳者の楊南郡自身によれば、各民族集団の詳細な口碑伝承とかつそれに対する馬淵らによる解釈・分析の翻訳は難解を極めたというが、同書に書き記された台湾原住民族の豊饒な伝承の世界とエスノヒストリーが、今後台湾の研究者の認識枠組みおよび原住民族自身の歴史認識やアイデンティティのあり方に与える影響は多大なものであろうことが予想される。

一九九〇年代以来の探検時代の研究者や研究業績の翻訳・紹介という動きが台湾研究の原点を再確認する作業であったとするならば、それにつづいて行われつつある大正・昭和期の著作の翻訳という営みは、日本統治期に記述された原住民族社会の伝統的な姿を再認識するための基礎的作業と位置づけることができるであろう。これらの動きをふまえて、さらに日本統治期の研究業績を学術的に再検討する動きも活発になりつつある。

その先駆的研究の一つが、先述の台湾における鳥居龍蔵撮影映像資料の展覧会や台湾総督府臨時台湾旧慣調査会報告書の翻訳出版事業に深く関与してきた人類学者・黄智慧によるものである。黄智慧は、これら日本統治期の資料の台湾社会への翻訳・提示といった営為に従事するかたわら、原住民族研究の学史回顧についてとりわけ各年代の宗教研究に焦点を当て、各研究者の言説と植民地政策との距離について「官・学」という対立軸を用いて整理分析した（黄智慧 一九九九・二〇〇六）。また、国立政治大学原住民族研究センターは二〇〇八年以来日本の原住民族研究者との学術交流を主目的とした研究フォーラムを毎年開催しているが、第二回目の二〇〇九年は「馬淵東一の学問と原住民族研究」というテーマが設定された。そこでは、日本からの参加者のみならず原住民籍の大学院生や若手研究者などを含む幅広い層の人びとが集い、『系統所属の研究』や馬淵の著作の読解による原住民族のエスノヒストリーの再検証、馬淵東一の研究の再検討などについて研究発表をおこなった。これまで台湾においては研究者の日記や評伝から人物像の把握がすすめられ、あるいは伝統文化の記述として日本統治期の記録が参照されてきたのであるが、これに加えて、日本統治期の研究成果について学術的な視点から本格的に吟味が加えられるという段階に入っているのだといえよう。

そして、台湾における再評価の動きに呼応・連動して、日本の原住民族研究においても、過去の研究資料の整理・分析や研究成果の再評価は今後も続くものと思われる。(17)

原住民族の権利保障と原住民族研究

以上のような一九八〇年代後半以来の台湾社会の変化とそれにともなう台湾認識の大きな変化に随行して、一九九〇年代以降、台湾原住民族をめぐる政治状況と原住民族研究をめぐる情勢も急速に変容しつつある。すなわち、先住民運動が一定の成果を上げ、かつての運動家たちが政府の原住民族政策部門の実務に携わるようになった。それにともなって原住民族の民族教育権や民族名での戸籍登記の権利、原住民身分を保障する法律などが続々と整備され、労働や教育の場でのアファーマティブアクションが強化されるなど、原住民族個々人をめぐる権利や福祉の状況は大幅に改善された。その一方、民族集団を権利主体とする土地権や民族自治、慣習法の取り扱いなどに関する議論は二〇一一年現在まで継続中である。また、二〇〇二年より個人は戸籍に自分がどの民族集団に属するかを登記する制度が発足し、従来法制度上では曖昧だった原住民族の下位単位としての個々の民族集団の枠組みが明確化されるようになった。これと相前後して、これまで台湾の政府に独自の民族集団とは認められていなかった人びとが政府に単独の民族集団として認めるよう訴え、それに対して政府が認定を下すという動きが二〇〇一年以来相次いで起こっている。その結果、台北帝大の

『系統所属の研究』で示され、戦後の台湾社会でも広く受け容れられてきた「九族」という分類法は大きく見直されることとなり、現在公定の原住民族は一四の民族集団にまで増加した。

このように原住民族が自らの権利を主張し、その保障の実現を模索する際に、その主張の根拠として人類学の研究成果が参照されるようになったことは、原住民族研究史上、注意すべきことがらであろう。政府が民族認定などの決定を下すにあたっては、当該民族集団からの主張・要求のみならず、専門家による委託研究報告をその客観的な判断材料としており、その報告書のなかで人類学による知見がしばしば参照されるのである。たとえば、二〇〇一年に初めて従来の「九族」に追加される形で民族認定を受けたサオ（Thao 邵族）の場合、国立政治大学民族学系教授の林修澈が民族認定に関する委託研究を担い、報告書では一九九七年当時人口二六三人だったサオの七つの父系クランについての二五の系譜資料のほか、各家庭で祀られる祖先の衣服を収めた籠（「公媽籃仔」）や「先生媽」と呼ばれる女性司祭など、サオの社会的・文化的な境界を示す調査資料が示されたが、同時に戦後台湾の研究者のみならず鳥居、馬淵、小川らがサオを民族分類上どのように位置づけていたかという点も重要な論点として提示された（林修澈 二〇〇一）。

また、国有地や国立公園の天然資源をめぐる原住民族の諸権利を国家や世論に対して訴える原住民族の運動家やその支援者が、その根拠として原住民族の慣習法の存在を主張するという動きも近年みられるようになった。たとえば二〇〇三年、ツォウの伝統的首長父子が、自身が借地権を保持する国有林の道路脇でその林から採取したと思われる蜂蜜を車に搭載していた男性からその蜂蜜の入ったバケツを取り上げたことで逮捕され、窃盗罪の判決を下されるという事件が起きたが、翌年その審判過程の是非を問う司法的手続きの場では、ツォウの伝統的首長の責務などを示す参考資料として、前節でもみた台湾総督府臨時台湾旧慣調査会による『番族慣習調査報告書　第四巻』（ツォウ篇に相当）の漢語訳版の該当部分写しが提出された（宮岡 二〇〇七）。そしてこの事件後、原住民族の慣習法を正当に評価せよという声が強まったことを受け、行政院原住民族委員会では二〇〇四年度より「原住民族の伝統的慣習の調査・整理および現行法制への取り込みに関する評価」を施策計画の重要事項に挙げるようになった。この政策下で、各民族集団の伝統的慣習法についての委託研究が人類学者や地理学者らによって二〇一一年現在まで進められている。これらの報告書では、過去の人類学者による伝統文化や慣習法についての研究成果が経年的に整理・分析されているが、そのなかで日本統治期の記録は重要な部分を占めている。先述のように『系統所属の研究』の翻訳版が出版された今日、伝統文化の参照枠組みもより増大した。今後ふたたび原住民族としての諸権利を争う法廷の場に、これら日本統治期の調査研究資料がその根拠として提示される可能性も少なくないものと思われる。

四　『系統所属の研究』から「伝統領域」へ

以上のように、日本統治期の原住民族研究の成果は、今日の台湾において原住民族の認定や権利の範囲を確定する際に参照されるべき学術的根拠としての意義を見いだされている。しかしそれのみならず、原住民族自身が原住民族の権利を主張する際にも、その主張の根拠として過去の原住民族研究の成果を参照・利用している。その一例として、ここでは原住民族の「伝統領域」をめぐるツォウ（Tsou/Cou 鄒族）の主張をとりあげ、『系統所属の研究』が現在の台湾原住民族の土地権回復の動きにどのように関わり、どのような評価を下されているかについて概観し、同書の研究の今日的意義について考察したい。

なお、「伝統領域 traditional territorial land」とは、原住民族の祖先が過去に狩猟採集や農耕を含む生活の場として利用してきた区域を意味する語として一九九〇年代より使われ始めた概念である。二〇〇一年には行政院原住民族委員会が台湾の地理学会に各地の「伝統領域調査研究」を委託し、全国的に原住民族居住地の周辺で「伝統領域」とされる土地についての地名や口碑伝承、境界線などの調査がおこなわれた（張長義他 二〇〇二）。また、原住民族の土地や天然資源に対する権利や自治権などの保障を宣言した「原住民族基本法」（二〇〇五年制定）および国有林とその林産資源について規定した「森林法」の修正条文（二〇〇四年制定）においても、「伝統領域」という語が用いられるようになった。前者は「伝統領域」を原住民保留地とならぶ「原住民族の土地」と位置づけ、それに対する原住民族の諸権利の保障を謳っている。また、後者では原住民族の「伝統領域」における国有林と林産資源をめぐる優先的権利が定められている。もっとも、これらの法文においても政府の公文書においても、目下「伝統領域」についての統一した定義はなされていない。[18]

ツォウと近隣民族集団との土地をめぐる相克

ツォウは、人口六千八〇二人（二〇一〇年末現在、行政院原住民族委員会による）の原住民族で、村落は中央山脈西側山麓地帯に南北に細長く広がって分布する。人口の過半は嘉義県阿里山郷に居住する「阿里山ツォウ（阿里山鄒族）」であり、タパグ（Tapangu 達邦）とトフヤ（Tfuya 特富野）という二集団が現在もそれぞれ男子集会所を維持し、それぞれホメヤヤ homeyaya と呼ばれる粟の収穫祭やマヤスヴィ mayasvi と呼ばれる首狩りの凱旋祭に由来する祭祀をおこなっている。南投県信義郷にはトフヤの分派である「ルフト（Luhtu（魯富都）」という集団二〇〇人弱が暮らし、これらは一括して「北ツォウ（北鄒）」とも呼ばれる。また、高雄県には那瑪夏郷にカナカナブ（kanakanavu 卡那卡那富）、桃源郷にサアロア（Saaloa 沙阿魯阿）という自称名と固有の言語をもつ二集団がそれぞれ数百人ずつ居住し、これらは「南ツォウ（南鄒）」と総称される。阿里山郷以外のツォウの居住地では、日本統治期に官憲の指導によりブヌンの集団移住があり、現在では人口を凌駕され、文化的にも大きな影響を受けている。以下の記述は、阿里山ツォウを中心としたものである。

ツォウの故地は台湾の最高峰である玉山（patongkuonu　日本統治期の「新高山」）と伝えられ、洪水の引いた後に父系出自集団ごとにそれぞれ山麓地帯へと下りた。そのなかには、山を西に下り、嘉義平野に達したことを伝える集団もあれば、中央山脈を南北に流れる荖濃渓の沿岸に滞在したという集団もあり、広い地域に分布していたことを伝える（台北帝国大学土俗人種学研究室　一九三五：二〇一）。また、それと関連してかつての狩猟活動範囲も非常に広く、北部や中央山脈東方にまで及んだ。玉山山麓から南方へと流れる楠梓仙渓および荖濃渓という二つの河川の上流域はどちらもツォウの主な狩猟場であった（台北帝国大学土俗人種学研究室　一九三五：二〇四）。

しかし、このツォウの分布・活動範囲は、隣接する民族集団による圧迫で次第に縮小され、現在に至っている。すなわち西側では、嘉義平原における漢民族の開拓移民人口の増加前進にともない、ツォウはそれに押しやられるように山麓地帯へと退却した。阿里山郷に隣接する漢民族の居住地域では、一八世紀以降にツォウとの間に交わされた土地契約文書八点が確認されている（松田　二〇〇一、汪明輝　二〇〇一b：一一九）。一方、東側では荖濃渓上流域は二〇世紀に至るまでツォウのトフヤとタパグの狩猟場とされ、勢力を維持してきた。荖濃渓西岸のヤヴァアヤナ（Yavaayana）という土地にはタパグの狩猟小屋があって絶えず狩猟に来ていたために、この地方へのブヌンの侵入は長らく妨げられ、ブヌンの一派であるイシブクン（Isi-bukun　施武郡）がその対岸に移住村を形成しえたのは「近々十数年前のこと」、すなわち一九二〇年代初頭のことであった（台北帝国大学土俗人種学研究室　一九三五：二〇六）。その後もツォウは「この広大なる狩猟地の放棄を欲せず」、依然ブヌンの移住村近くまで出猟を続け、この結果両者の間では頻繁に衝突が起こっていた（台北帝国大学土俗人種学研究室　一九三五：二〇六）。

植民地権力による干渉とその記録

このツォウとブヌンとの狩猟場をめぐる相克に大きな変化が生じたのは、一九三〇年代、日本官憲の介入によってであった。この時期、台湾各地で皇民化教育が推進されつつあった。原住民族の各村には官憲主導で「自助会」や「青年会」といった青年層を中心とした住民組織が設置され、当局の意向を反映しつつ、生活様式の日本化、近代化が推進されていた。かねてから紛争の火種であったこのツォウとブヌンとの狩猟場をめぐる確執は、とりわけツォウの居住地での開発上の「癌」ととらえられていた（安平 一九四〇：一九）。そして日本官憲の介入によって、一九三二（昭和七）年七月一日にツォウとブヌンの間でこの狩猟場の権利をめぐる取り決めが交わされた。少々長くなるが、それに関する当局の記録を引用しておこう（筆者不詳 一九三二：七―八）。

> 狩猟地の紛争解決
>
> 台南州達邦蕃人と高雄州施武群《ママ》蕃人は久しい間、両州界を流るる楠梓仙渓左岸の猟地に付、紛争を続け、昨年来一層露骨となったので、当居《ママ》は之が解決の要を認め、殊に台南州にては、理局の将来に着眼し、鋭意懇談説得に努めたる結果、達邦蕃人は飜然として悟り、遊猟生活より養耕生活に転じ官の指導により、幸福なる生活に入らんと決心し、紛争地は、男らしく無条件にて、施武群蕃に譲渡すべしと言明した。
>
> 於茲当局は期を失せず七月一日達邦駐在所に両州関係蕃人を召集し、台南州警務部長以下の関係職員、及高雄州の同職員立会し、警務局より瀬野尾警視出張して立会、幹部の訓授に次いで達邦蕃代表者の譲渡、施武群蕃代表者の宣言竝に挨拶あり、当局が久しく心痛した本件が、円満に解決したことは、同方面理蕃上誠に慶賀すべきである。
>
> 因みに本件の解決には台南州当局の尽力極めて大なりし事を併せて報道す。

ここで注意しておきたいのは、楠梓仙渓が当時の台南州と高雄州の行政境界を構成しており、ツォウの村は台南州の側に、ブヌンの村は高雄州の側に位置していたということである。ツォウに狩猟をやめさせ、水稲耕作などの定置農耕に専念させるというねらいは第一義にあったであろうが、それと同時に台南州に居住するツォウが越境して狩猟をおこない、その地の住人と紛争を起こすということが、ツォウを管轄する台南州当局にとっては問題視されていたものと考えられる[19]。

ともかく以上の記事にしたがえば、ツォウは日本官憲の指導に対して積極的に応じ、みずから進んで狩猟場の権利を放棄したかのように読める。しかし、ツォウの村に足を運んで移動伝承や土地をめぐる口承について詳細な聞き取り調査をおこなっていた馬淵らの記録によれば、その事情はかなり違ったものであったようだ。同書は、この一件を以下のように記している（台北帝国大学土俗人種学研究室　一九三五：二〇六）。

官憲の干渉によって両族の協定が成立し、楠梓仙渓を以て境界となすことに決せられたが、これは北ツオウ族にとって甚だ不利であり、彼等の内心では決して満足していないと見るのが至当であろう。

また、馬淵が一九五四年に著した「高砂族の移動および分布」と題された論文では、ブヌンの移動について述べた箇所で次のように記している（馬淵　一九五四b：一四八）。

猟場争いを中止せしめるため、官憲の干渉により、一応楠梓仙渓を以て北ツオウ族との境界と定められたのであるが、北ツオウ族は決して満足しておらず、荖濃渓流域の猟場所有権を主張するのである[20]。

馬淵や移川がツォウの村へ調査に訪れたのは、昭和五―七年のことであり、官憲主導で土地境界線の取り決めがなされたのは、まさにそれと同時進行の出来事であった。馬淵は直接的あるいは間接的にこの一件についてのツォウの語りを耳にしていたであろうと想像できる。そしてその馬淵の記述に従えば、ツォウは決して「飜然として悟り、遊猟生活より養耕生活に転じ官の指導により、幸福なる生活に入らんと決心し」た訳ではなかった。

しかしながら、その一方で『系統所属の研究』付録の地図「(三) 移動地図　ブヌン族」では、上にみた荖濃渓上流域が含まれる楠梓仙渓以東中央山脈に至る土地は、ブヌンがツォウから得た土地として、色分けして描かれている(図二―二)。また、「(一一) 系統別分布地図　ツオウ族・ブヌン族」では、両者の境界線が楠梓仙渓とされ、楠梓仙渓以東はブヌンの領域とされた(図二―二)。地図の上では、当局の干渉によって取り決められた境界線が、結果的に肯定され自明視されることとなったのである。ちなみにこれと対照的なのが、一九一八(大正七)年に刊行された臨時台湾旧慣調査会『番族慣習調査報告書第四巻』に付されたツォウの分布図である。そこではこの荖濃渓上流域の土地は、ツォウの領域として描かれているのであった[21](図二―三)。

ツォウによる「伝統領域」の主張における『系統所属の研究』の評価

以上の日本官憲の干渉によっておこなわれたツォウの狩猟場のブヌンへの「譲渡」という歴史的出来事は、現在ツォウの土地権を主張する知識人や運動家たちによって、ツォウの過去の広大な領域が縮小された事件として重要視されている。なかでもこれに早くから注目していたのが、原住民族の権利回復に関わる運動と研究にたずさわる代表的知識人の一人であり、ツォウ出身で現在国立台湾師範大学地理学系副教授の汪明輝(ツォウ名：Tibusungu'e Vayayana, Peongsi)である。汪明輝は、自身の修士論文を改稿した「Hupa：阿里山鄒族伝統的領域」と題する論文で、ツォウ語で猟場および土地を意味する「フパ hupa」という語とそれが指し示す範囲をツォウにとっての「伝統的領域／伝統領域 traditional territory」であると規定した(汪明輝　一九九二)。先に見た台湾原住民族の土地権をめぐって近年使用される「伝統領域」という概念の淵源の一つが、汪のこの研究であると考えることができよう。

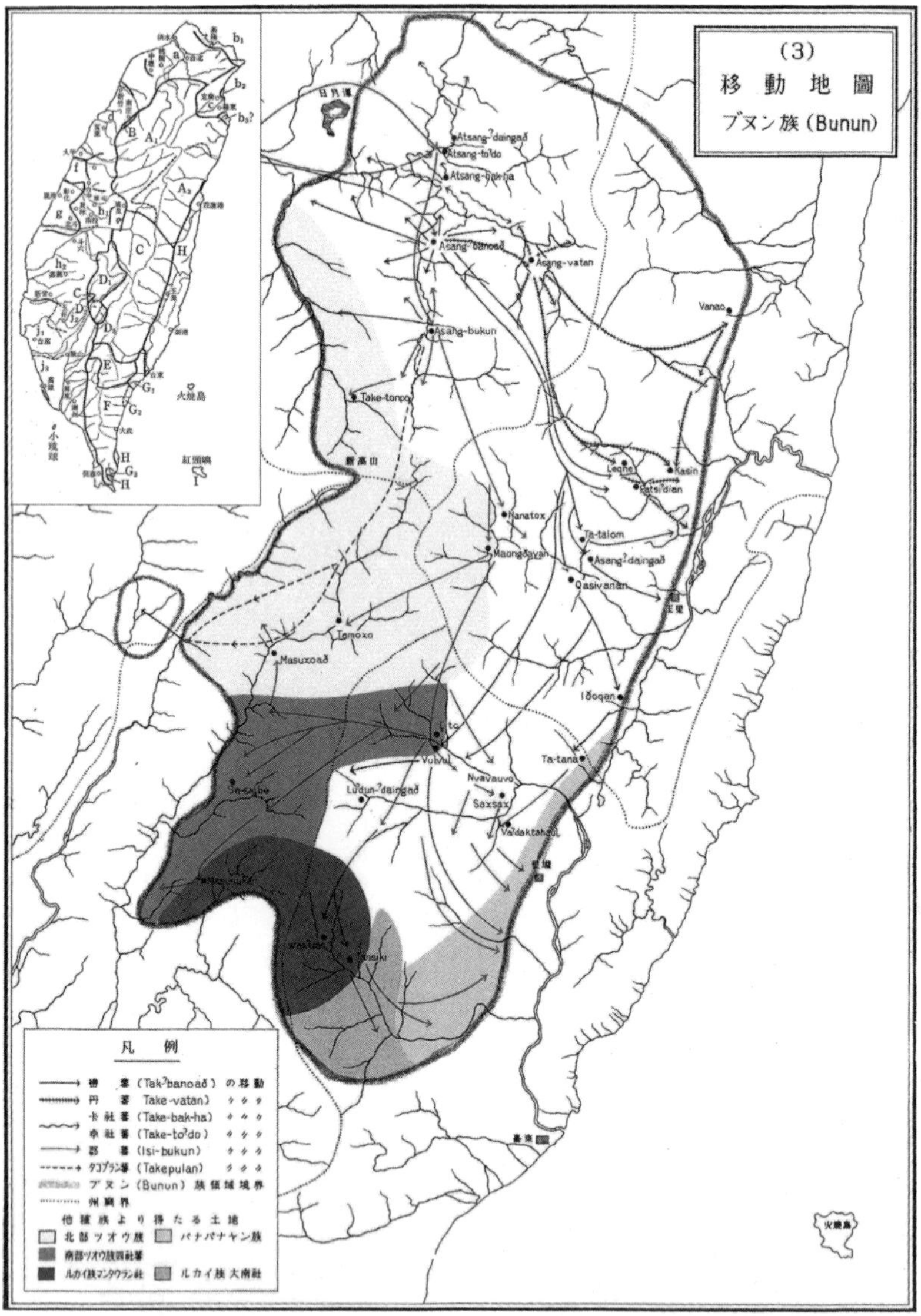

図　2-1『系統所属の研究』付録の地図「(3) 移動地図　ブヌン族」
（出典：台北帝国大学土俗人種学研究室 1935）
囲み部分は、馬淵東一による原住民族分布図（出典：馬淵 1954b）で、
図中の D_1、D_2、D_3 がツォウを、C がブヌンを示す。

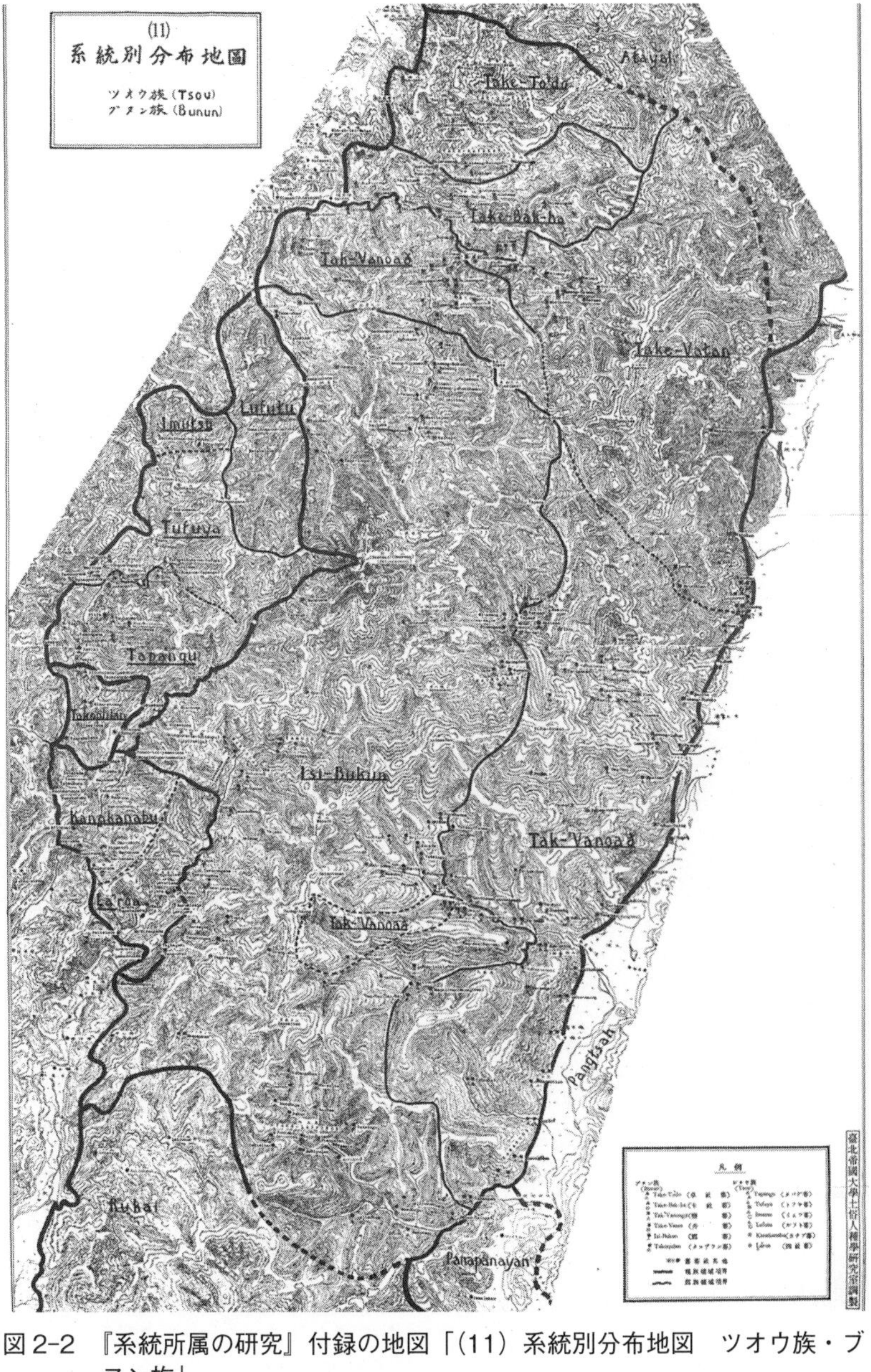

図 2-2　『系統所属の研究』付録の地図「(11) 系統別分布地図　ツオウ族・ブヌン族」
（出典：台北帝国大学土俗人種学研究室 1935）

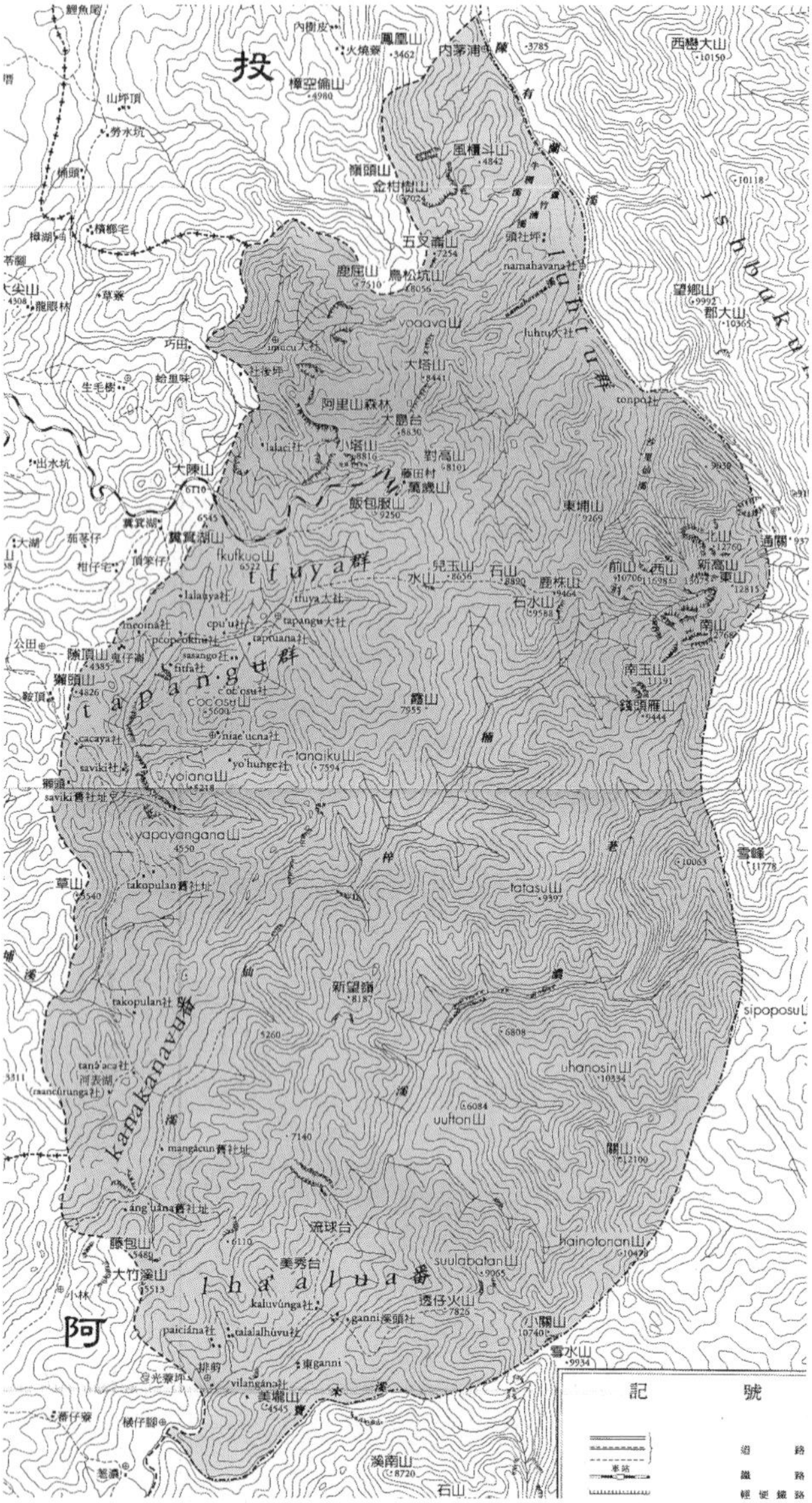

図 2-3　『番族慣習調査報告書第四巻』付録のツォウ分布図
（出典：台湾総督府臨時台湾旧慣調査会 2001）（中央研究院民族学研究所による中国語版で原書の地名のカタカナ表記をローマ字表記にあらためるなどして複製した図）

汪明輝は、社会地理学の立場から一貫してツォウの民族としての主体性構築を課題として研究活動を続けてきた。これまで、政府の委託研究などの機会を利用してツォウの村でたびたび会議を開き、土地権の回復や民族自治の回復について議論してその必要性を説く傍ら、村の年配者を対象とした地名や慣習法に関する調査に村の若い世代を動員するなどして人材育成にも励んできた(22)。その結果、阿里山のツォウの村には、その理念に共鳴し、汪と連帯して民族議会と自治実現の準備に携わってきた人が少なからず存在する。村に在住するこれらの人びとが、ツォウの土地に対する権利を政府や社会に対して主張する際にも、しばしば「伝統領域」という語は用いられてきた。たとえば、かつてツォウの狩猟場とされた現居住地北側の阿里山について、近年政府が企業を誘致して観光再開発を促そうとした際には、阿里山がツォウの「伝統領域」であることを根拠にその政策決定や開発の過程でツォウの参与と同意を前提とすべきだと訴え、大規模な抗議活動を展開した（野林・宮岡 二〇〇九：三〇七―三一一）。このツォウの人びとが想像する「伝統領域」の源流には、ツォウの運動をリードしてきた汪明輝の研究と思想があるといってよいだろう。

近年、汪明輝は行政院台湾原住民族委員会の委託で「原住民族伝統領域」に関わる大規模な調査研究事業を実施している。それに先だって台湾地理学会が委託を受けて実施した「伝統領域」研究では、行政区画によってその対象が区切られ、地方行政単位の管轄範囲ごとに地名や口頭伝承の記録を中心とした調査記録がなされたが、汪明輝が研究代表者となったこの委託研究では、調査研究は各民族集団別に実施され、それぞれ当該民族集団出身の研究者がその責任を負う形がとられた。汪明輝が意図したのは、それぞれの民族を主体とした「伝統領域」を明らかにするということであったという。その第一期の事業として、二〇〇七―二〇〇八年にサイシャット、ツォウ、ブヌンを対象にした研究がおこなわれ、先頃その報告書が完成した。

その報告書で汪明輝は、上記の日本官憲の干渉による荖濃渓上流域狩猟場の「譲渡」について述べたうえで、その結果ツォウの領域が大幅に縮小したことを示す図として、『系統所属の研究』付録の二つの地図を引用した（鄒族文化

芸術基金会 近刊a：一六五―一六七）。ここでこれらの地図は、植民地権力の介入による領域縮小をあらわすものとして位置づけられている。しかしそれと同時に同報告書では、上に引用した馬淵による記述を参照することで、これがツォウの本意ではなく国家権力の主導でおこなわれたものであることを強調し、この出来事を、「国家権利が族群（エスニック・グループ）あるいは部落（原住民族の村落社会）の権威を凌駕したことを象徴するもの」と位置づけた（鄒族文化芸術基金会 近刊a：一六四、カッコは引用者による）。

また、同書では『系統所属の研究』の移動伝承に登場する地名の実際の位置をフィールドワークで検証し、それを地図上にプロットすることで、ツォウの過去から現在に至る集落の分布と「伝統領域」の範囲が図化され、ツォウ自身による猟場所有の認識が示された。そしてさらには、この「伝統領域」の範囲にもとづき、ツォウが将来自治もしくは共同管理を主張する可能性のある範囲も地図上に示されたのであった(23)。

汪明輝の述べるように、植民地権力は、首長などの旧来の民族集団内部の権威を凌駕し、民族集団間の関係に介入にして土地の相克を解消しようとした。しかし、それを当事者たちがどうとらえていたかという点を、馬淵は調査し、書き記していた。この馬淵による克明な調査と詳細な記述を根拠として、今日の原住民族は民族集団内部の視点からの歴史認識、土地観を再構成しているのである。つまり、現代の台湾における先住民運動において、『系統所属の研究』をはじめとする原住民族研究の蓄積は、みずからの権利主張の根拠としての意義を見出され、その豊かな記述に対して肯定的な評価がくだされているると考えてよいであろう(24)。

五　おわりに

以上、日本植民地期の台湾原住民族研究について、その流れを概観し、現在の台湾における継承と展開のあり方およびそこで見出されている意義について論じてきた。ここでみてきたのは、過去の人類学研究の成果とその対象とされた社会の現在における関係のありかたの一形態である。植民地人類学の研究成果が現在の現地社会で読まれるという現象は、台湾に限って生じていることではない。そこでは、植民地主義を背景に展開した人類学研究の成果への批判、権力関係のもとでおこなわれた表象に対する反論なども多くなされていよう。植民地期の原住民族研究に対する現在の原住民族側の反応においても、そのような批判や反論が皆無とはいえない。たとえば、先述した鳥居龍蔵のガラス乾板写真の台湾における展覧会の図録には、鳥居龍蔵ら探険の時代に端を発する原住民族の分類と研究が、彼ら自身のアイデンティティのあり方に与えてきた大きな影響についての批判的論考が掲載されている（孫大川 一九九四）。日本語による研究業績の翻訳出版が今後さらに進めば、このような批判がより増えていく可能性は大いにある。ただし、目下の台湾の文脈に即していえば、植民地期の研究成果を、伝統文化や歴史の記録としてとらえ、詳細な読解・検討が進められているというのが主流である。そして上に見たように、日本統治期に研究され描出されたエスノヒストリーを参照・利用しつつ、原住民族自身による歴史・空間認識が再構成されつつもある。

このような現地社会での動きを、日本における台湾原住民族研究の後続のものとしてはどのようにとらえ、自らの研究と関連づけていけばよいのだろうか。

その方向の一つは、これまでなされてきた書誌情報の整理や未発掘資料の出版などと同様に、博物館資料や映像資料などを含め、日本の側で保有する台湾原住民族に関する研究情報の公開と共有をさらに進展させることであろう(25)。そして、もう一つの方向が、これもすでに冒頭において一部で進められているとして挙げたものだが、日本統治期の研究成果をもとに現在の台湾で通説となりつつある諸概念——たとえば民族分類や民族境界、親族制度や社会組織や土地制度をめぐる解釈、エスノヒストリーなど——について、今一度その由来や思想的系譜を再検討するという作業の継続であろう。むろん上記二つには、その成果が今後台湾で利用・参照されうるという前提がある。

台湾と日本とは物理的距離も近く、幸運にも学術交流はこれまで継続してなされてきた。今後も双方の研究成果は相互参照され往還をなして発展していくことが望ましい。原住民族研究が今後さらに開かれたものとなり、それが直接的であれ間接的であれ原住民族自身によっても参照・利用・継承されていくためにも、一〇〇年以上の蓄積をもつ日本の台湾原住民族研究がなすべきこと、なしうる課題はまだ少なからずあるものと思われる。

謝辞

本小稿は、二〇〇七―二〇一〇年に開催された国立民族学博物館共同研究会「日本人類学史の研究」の成果論文である。草稿に対しては同研究会の諸先生方から多くのご教示・ご批判をいただいた。とりわけ、代表者の山路勝彦先生からいただいた丁寧で親身なご助言と励ましによって本小稿の完成は可能となった。また、国立台湾師範大学の汪明輝先生には、ご自身の研究についてご教示いただいたばかりでなく、貴重な資料をご提供いただいた。各位に衷心深謝申し上げたい。

注

1　台湾のオーストロネシア語族系先住諸民族は、一九八〇年代の先住民運動の際に自らは「原住民族」であると名乗り、現在はそれが認められて一九九七年以来憲法にも明記されている。本稿では、この用法にしたがい、台湾のオーストロネシア語族系諸民族を「台湾原住民族」もしくは「原住民族」、またそれに属する個人を「原住民」と表記する。

2　伊能の経歴や著作目録についてはすでに幾度もまとめられ、研究の評価も進んでいる（江田 一九九五・二〇〇二・二〇〇四、江田・荻野・森口 一九九五、荻野 一九九八、笠原 一九九八・二〇〇四、後藤 一九九五、森口 一九九二、柳本 二〇〇五など）。以下の伊能に関わる記述もこれらを参照した。

3　この文書の全文は（荻野 一九九八：一一五―一一七）参照。

4　「平埔族」という呼称は、漢化した原住民族の総称として現在まで台湾で用いられている。「高砂族」は戦後国民党政府によって「山地同胞」もしくは「山胞」と呼び替えられるようになったが、注一に記したように現在は「原住民族」という総称となっている。なお「原住民族」という語は用いられる文脈により平埔族を含む場合と含まない場合とがある。本稿は平埔族をも含めたオーストロネシア語族系諸民族の総称としてこの語を用いている。

5　台湾原住民族の民族分類史については（野林・宮岡 二〇〇九）参照。

6　鳥居については（末成 二〇〇二a、土田 一九九〇、土田等 一九九〇、宮岡 二〇〇二、黄智慧 一九九四）を参照。

7　森丑之助については、（宮岡 一九九七a・一九九七b、楊南郡 二〇〇〇・二〇〇五）を参照。

8　同会成立の経緯や調査事業全般については、（中生 二〇〇〇）を参照。

9　同会蕃族科については、（黄智慧 二〇〇六、末成 二〇〇二b、馬淵 一九五四a、山田 二〇〇二a・二〇〇二b、黄智慧 一九九九）を参照。

10　台湾原住民族の文化の記述と柳田の山人論との関わりについては（鈴木 一九七七）、折口のまれびと論との関わりについては（池田 一九七九、保坂 一九八三）などでこれまで指摘がなされてきた。それらをうけて山本と関口は、それぞれ柳田・折口の思想的系譜を慣習調査報告書の本文と照らしながら詳述・考察している（関口 二〇〇九、山本 二〇〇五）。

11　小泉鉄については、（馬淵 一九五四a：九六―九七、本書第八章山路論文）参照。

12　台北帝国大学土俗人種学研究室および同時代の研究者については、（笠原 二〇〇二a、馬淵 一九五四a・一九七四b、山路 二〇〇四）を参照。

13　同書のための調査をもっとも多く分担したのは馬淵東一で、「高砂族分布範囲の五分の四以上の面積を担当した」という（馬淵 一九五四a：九八）。馬淵はこの調査を皮切りに台湾原住民族研究をライフワークとし、種々の社会人類学的研究をおこなった。馬淵の原住民族研究の内容および評価については、本書第八章の山路論文および（山路 二〇〇四、笠原編 二〇一〇）を参照されたい。

14　これに加え、日本統治期の研究蓄積が戦後台湾における原住民族に対する基本的な認識枠組みを提供してきたことも付言しておく。例えば後にも述べるように、台湾原住民族を九つの民族集団に分ける分類法は、学術界でも一般社会でも二〇〇〇年代に至るまで広く普及していたが、それは台北帝国大学の『系統所属の研究』による分類法とほぼ共通するものであった（野林・宮岡 二〇〇九）。戦後台湾人類学界における原住民族研究の回顧と展望については、（黄応貴 二〇〇二・一九九九）参照。

15　探険時代の三人の研究者のうち、現在の台湾でもっとも広く知られるのは、伊能嘉矩であろう。台湾の公共テレビ局による台湾の歴史的人物をテーマにした「台灣百年人物誌」というシリーズ番組で取り上げられた二五人のなかには植民地期の日本人三人が含まれた。一人は水利事業に貢献した八田与一、もう一人は第二代台湾総督府民政長官として前述の臨時台湾旧慣調査会を組織して各種調査事業を行い、かつインフラ整備を進めた後藤新平、そして残る一人が台湾研究の礎を築いた伊能嘉矩であった。伊能は原住民族研究のみならず台湾史研究のパイオニアとして評価されている。

16　翻訳書では、原書でカタカナ表記された現地語を現在各民族集団に普及している標準的ローマ字表記に置き換え、巻末にはそれらの索引を付すなどの配慮がなされており、研究者のみならず現地の人びとに利用されることをも想定していることがうかがえる。

17　たとえば、前述の二〇〇九年に台湾でおこなわれた馬淵東一の研究を回顧する研究フォーラムにおいて報告した日本人研究者による論文を中心に、日本で論文集が刊行された（笠原編 二〇一〇）。

18　「伝統領域」概念のはらむ問題点およびそこから了解される台湾における先住性の特徴については、別項で議論した（野林・宮岡 二〇〇九、宮岡 二〇〇八）。また（山路 二〇一〇：四六―四七）もあわせて参照されたい。

19　この狩猟場の取り決めがなされた後に、ツォウの村では隠匿銃器の押収が開始され、翌年九月に完了したという（安平 一九四〇：一七）。主要な狩猟場の権利を奪われ、猟銃を奪われることで、ツォウの狩猟活動はこれ以後次第に衰退したと理解してよい。

20　ここに引用した二つの文章のいずれにおいても、この「協定」が交わされたのは昭和六年七月と記されているが、先にみた官憲側の記録では昭和七年七月一日とされており、後者が正確だと思われる（安平 一九四〇：一九、筆者不詳 一九三二：七）。

21　この両者の分布図の違いについては、汪明輝氏よりご指摘・ご教示いただいた。

22　二〇〇一年に著された汪明輝の博士論文のテーマは「ツォウの民族発展――原住民族による主体性構築の社会、空間および歴史」である（汪 二〇〇一a）。汪の思想やこれまでの活動の経緯・内容については（汪 二〇〇六、川路 二〇〇六）参照。

23　この報告書でサイシャット、ツォウ、ブヌンという三つの民族集団の主張する「伝統領域」の範囲が、いずれも隣接民族集団の伝統領域の範囲と多かれ少なかれ重複したものとして描かれたという点は、注目してよいだろう（鄒族文化芸術基金会近刊a：三五五―三六九・近刊b：一七六―二〇三）。

24　もっとも、山路が論じるように、馬淵自身は当時の植民地権力による土地政策に対しては寡黙であった（山路 二〇〇四）。また、一九七〇年代にはツォウの土地制度を中心的事例の一つとして、「呪術的・宗教的土地所有権」という概念を提示したが（馬淵 一九七四a）、一九三〇年代当時はさして注意の払われなかった問題であった（本書第八章山路論文）。そして、馬淵によるツォウの土地所有についての記述には本来的な所有者である父系出自集団と土地との関係を示す具体的資料が欠落しているが、もし馬淵がより意識的に土地権の問題を書いていれば、土地の所有主体についてもっとリアルな説明が可能であったはずだとも山路は指摘する（山路私信）。

25　すでにおこなわれている例として、二〇〇九年に台北で開催された国立民族学博物館所蔵台湾原住民族関係資料の特別展覧会（野林 二〇〇九、野林編 二〇〇九）、言語学者・小川尚義と浅井恵倫の研究資料のデジタル化およびウェブ上での公開（三尾・豊島編 二〇〇五）などがある。

参照文献

池田彌三郎
　一九七九『池田彌三郎著作集』第七巻、東京：角川書店。
伊能嘉矩
　一八九四「奥州地方に於て尊信せらるゝオシラ神に就きて」『東京人類学会雑誌』九（九八）：三〇四―三〇九頁。
　一九〇四『台湾蕃政志』台北：台湾総督府民政部殖産局（一九九七、台北：南天書局より復刻）。
　一九二八『台湾文化志』東京：刀江書院。
伊能嘉矩・粟野伝之丞
　一九〇〇『台湾蕃人事情』台北：台湾総督府民生部文書課（二〇〇四、東京：草風館より復刻）。
江田明彦
　一九九五「伊能嘉矩論文目録」遠野市立博物館編『伊能嘉矩――郷土と台湾研究の生涯』七六―一一五頁、遠野：遠野市立博物館。
　二〇〇二「伊能嘉矩の研究」日本順益台湾原住民研究会編『台湾原住民研究概覧――日本からの視点』東京：風響社。
　二〇〇四「伊能嘉矩年譜」伊能嘉矩・粟野伝之丞著『台湾蕃人事情』：一四―三四頁、東京：草風館（一九〇〇年台湾総督府民政部文書課発行の復刻版）。
江田明彦・荻野馨・森口雄稔
　一九九五「伊能嘉矩年譜」遠野市立博物館編『伊能嘉矩――郷土と台湾研究の生涯』遠野：遠野市立博物館、六六―七五頁。
汪明輝（tibusungu'e vayayana, peongsi）（森岡ゆかり訳）

二〇〇六「台湾原住民族運動の回顧と展望――加えてツォウ族の運動体験について」『立命館地理学』一八：一七―二八頁。

荻野馨
一九九八『伊能嘉矩・年譜・資料・書誌』遠野：遠野物語研究所。

笠原政治
一九九七「幻の〈ツァリセン族〉――台湾原住民ルカイ研究史（その一）」『台湾原住民研究』二：二一―六〇頁。

一九九八「伊能嘉矩の時代―台湾原住民初期研究史への溯沿」『台湾原住民研究』三：五四―七八頁。

一九九九「〈ルカイ族〉の誕生以後――台湾原住民ルカイ研究史（その二）」『台湾原住民研究』四：九八―一一九頁。

二〇〇二ａ「台北帝国大学」日本順益台湾原住民研究会編『台湾原住民研究概覧――日本からの視点』：三九―四〇頁、東京：風響社。

二〇〇二ｂ「系統所属の研究」日本順益台湾原住民研究会編『台湾原住民研究概覧――日本からの視点』：四〇―四二頁、東京：風響社。

二〇〇二ｃ『文化人類学の先駆者・森丑之助の研究』（科学研究費研究成果報告書）。

二〇〇四「解説　伊能嘉矩と『台湾蕃人事情』」伊能嘉矩・粟野伝之丞著『台湾蕃人事情』：一―一三頁、東京：草風館（一九〇〇年台湾総督府民政部文書課発行の復刻版）。

笠原政治編
一九九七『日本の台湾原住民研究文献目録（一九四五―一九九六）』（台湾原住民研究別冊一）』東京：風響社。

二〇〇〇「台湾原住民関係文献目録（一）」『台湾原住民研究』五：一七七―二〇〇頁。

二〇一〇『馬淵東一と台湾原住民族研究』東京：風響社。

川路祥代
二〇〇六「台湾原住民「知識人」ディブスング・エ・ヴァヴァヤナ・ペオンシ（汪明輝）の思想」『南方文化』三三：一―一九頁。

黄応貴（何彬訳、末成道男監訳）

二〇〇二「戦後台湾人類学の台湾南島民族研究の回顧と展望」日本順益台湾原住民研究会編『台湾原住民研究概覧――日本からの視点』：三二一―三四〇頁、東京：風響社。

黄智慧（木村自訳）
二〇〇六「日本植民地期における台湾原住民族宗教研究のながれ――『官』『学』両伝統の形成と軋轢」『台湾原住民研究』一〇：九八―一四八頁。
小島由道他
一九一五―一九二二『番族慣習調査報告書』（全八巻）台北：台湾総督府臨時台湾旧慣調査会／台湾総督府蕃族調査会。
後藤総一郎
一九九五「伊能嘉矩の人と学問」遠野市立博物館編『伊能嘉矩――郷土と台湾研究の生涯』：二一―二三頁、遠野：遠野市立博物館。
小林保祥
一九四四『高砂族パイワヌの民芸』東京：三国書房。
佐山融吉
一九一三―一九二一『蕃族調査報告書』（全八巻）台北：臨時台湾旧慣調査会。
佐山融吉・大西吉寿
一九二三『生蕃伝説集』台北：杉田重蔵書店。
末成道男
二〇〇二a「鳥居龍蔵の研究」日本順益台湾原住民研究会編『台湾原住民研究概覧――日本からの視点』：二一三―一七頁、東京：風響社。
二〇〇二b「統治初期の研究組織」日本順益台湾原住民研究会編『台湾原住民研究概覧――日本からの視点』：三二―三四頁、東京：風響社。
鈴木満男
一九七七『美麗島見聞記――東アジア政治人類学ノート』東京：思索社。
角南聡一郎
二〇〇五「日本植民地時代台湾における物質文化研究の軌跡――雑誌『南方土俗』と『民俗台湾』の検討を中心に」『台湾原住民研究』九：一三一―一五四頁。

関口　浩
　二〇〇九「折口信夫と台湾原住民研究」『成蹊大学一般研究報告』第四三巻第四分冊：一―二九頁。
台北帝国大学言語学研究室
　一九三五『原語による台湾高砂族伝説集』東京：刀江書院（一九六七、東京：刀江書院、一九九六年、台北：南天書局より復刻）。
台北帝国大学土俗人種学研究室
　一九三五『台湾高砂族系統所属の研究』東京：刀江書院（一九八八、東京：凱風社、一九九六、台北：南天書局より復刻）。
陳文玲
　一九九八「「サイシヤット」の民族名称に関する一考察」『台湾原住民研究』三：一七八―一九六頁。
月田尚美
　二〇〇二「浅井恵倫の研究」日本順益台湾原住民研究会編『台湾原住民研究概覧――日本からの視点』：五三―五七頁、東京：風響社。
土田滋
　一九九〇「鳥居龍蔵略年譜」鳥居龍蔵写真資料研究会編『東京大学総合研究資料館所蔵 鳥居龍蔵博士撮影写真資料カタログ第一部（東京大学研究資料館標本資料報告第一八号）』：一六―二一頁、東京：東京大学総合研究資料館。
土田滋・姫野翠・末成道男・笠原政治
　一九九〇「鳥居龍蔵の台湾調査」鳥居龍蔵写真資料研究会編『東京大学総合研究資料館所蔵 鳥居龍蔵博士撮影写真資料カタログ第一部（東京大学研究資料館標本資料報告第一八号）』：二二―三〇頁、東京：東京大学総合研究資料館。
遠野市立博物館編
　一九九五『伊能嘉矩――郷土と台湾研究の生涯』遠野市立博物館。
鳥居龍蔵
　一八九九『人類学写真集　台湾紅頭嶼之部』東京：東京帝国大学理科大学（一九七六『鳥居龍蔵全集』第一一巻：三二九―三五六頁、東京：朝日新聞社に再録）。
　一九〇二『紅頭嶼土俗調査報告書』東京：東京帝国大学理科大学（一九七六『鳥居龍蔵全集』第一一巻：二八一―三二八頁、

東京：朝日新聞社に再録）。

一九一〇『人類学研究・台湾の原住民（一）序論（Etudes Anthropologiques. Les Aborigènes de Formose. (1r Fascicule.) Introduction)』東京帝国大学理科大学紀要第二八冊第六編（一九七六『鳥居龍蔵全集』第五巻：一―七四頁、東京：朝日新聞社に翻訳再録）。

一九一二『人類学研究・台湾の原住民（二）ヤミ族（Etudes Anthropologiques. Les Aborigènes de Formose. (2e Fascicule.) Tribu Yami)』東京帝国大学理科大学紀要第三二冊第四編（一九九六『鳥居龍蔵全集』第五巻：七五―一二〇頁、東京：朝日新聞社に翻訳再録）。

鳥居龍蔵写真資料研究会編

一九九〇『東京大学総合研究資料館所蔵 鳥居龍蔵博士撮影写真資料カタログ第一―四部（東京大学研究資料館標本資料報告第一八―二〇号）』東京：東京大学総合研究資料館。

中生勝美

二〇〇〇「ドイツ比較法学派と台湾旧慣調査」『歴史と民族における結婚と家族――江守五夫先生古稀記念論文集』：三七五―四〇〇頁、東京：第一書房。

日本順益台湾原住民研究会編

一九九八『台湾原住民研究への招待』台北：南天書局。

一九九九『伊能嘉矩所蔵台湾原住民写真集』台北：順益台湾原住民博物館。

二〇〇二『台湾原住民研究概覧――日本からの視点〈縮刷版〉』東京：風響社。

野林厚志

二〇〇九「文化資源としての博物館資料――日本統治時代に収集された台湾原住民族の資料が有する現地社会での意義」『国立民族博物館研究報告』三四（四）：六二三―六七九。

野林厚志編

二〇〇九『百年来的凝視』台北：順益台湾原住民博物館。

野林厚志・宮岡真央子

二〇〇九「台湾の先住民とは誰か――原住民族の分類史と〈伝統領域〉概念からみる台湾の先住性」窪田幸子・野林厚志編

『「先住民」とはだれか』：二九三―三一七頁、京都：世界思想社。
保坂達雄
一九八三「まれびとの成立――折口信夫と同時代」慶応義塾大学国文学研究会編『折口信夫　まれびと論研究』（折口信夫没後三十周年記念出版 一）：三五―六七頁、東京：桜楓社。
松田吉郎
二〇〇一「清末日本統治初期「阿里山蕃租」関係について」『契約文書与社会生活――一六〇〇―一九〇〇』：一七三―二二四頁、台北：中央研究院台湾史研究所籌備処。
馬淵東一
一九五四ａ「高砂族に関する社会人類学」『民族学研究』一八（一・二）：八六―一〇四頁（『馬淵東一著作集　第一巻』：四四三―四八三頁、社会思想社）。
一九五四ｂ「高砂族の移動および分布　第一部」『民族学研究』一八（一・二）：一二三―一五四頁（『馬淵東一著作集　第二巻』：二七五―三四六頁、社会思想社）。
一九七四ａ「中部台湾および東南アジアにおける呪術的・宗教的土地所有権（邦訳）」『馬淵東一著作集　第二巻』：二〇一―二四四頁、社会思想社。
一九七四ｂ「あとがき」『馬淵東一著作集　第三巻』：五六七―五八九頁、社会思想社。
三尾裕子・豊島正之編
二〇〇五『小川尚義 浅井恵倫 台湾資料研究』東京：東京外国語大学アジア・アフリカ言語文化研究所。
宮岡真央子
一九九七ａ「森丑之助の著作目録及び若干の解説」『台湾原住民研究』二：一八九―一九九頁、日本順益台湾原住民研究会。
一九九七ｂ「野人の文化人類学――森丑之助の生涯と研究」『南方文化』二四：一二三―一三七頁、天理南方文化研究会。
二〇〇二「『鳥居龍蔵全集』」日本順益台湾原住民研究会編『台湾原住民研究概覧――日本からの視点』：二六四―二六五頁、東京：風響社。
二〇〇七「日常を生きる困難と伝統文化の語り――台湾原住民族ツォウの伝統的首長をめぐる〈蜂蜜事件〉の事例から」『社会人類学年報』三三：一五一―一七〇頁、東京都立大学社会人類学会。

二〇〇八「先住性のリアリティをめぐる一考察——台湾の先住民族ツォウの土地権を事例に」『七隈史学会』九：七七—九五頁。
森丑之助
一九一五『台湾蕃族図譜（全二巻）』台北：臨時台湾旧慣調査会（一九九四年、台北：南天書局より復刻）。
一九一六—一九一七「ブヌン蕃地及蕃人（一）—（一〇）」『台湾時報』八三：二八—三三頁、八四：一二—一六頁、八六：三九—四四頁、九〇：二五—三〇頁、九二：二一—二七頁、九三：二一—二七頁、九五：三二—三七頁、九六：一〇—一四頁、九八：二二—二七頁、九九：二〇—二六頁。
一九一七『台湾蕃族志　第一巻』台北：台湾総督府臨時台湾旧慣調査会（一九七九年、台北：南天書局より復刻）。
森口恒一編
一九九八『伊能嘉矩　蕃語調査ノート』台北：南天書局。
森口雄稔編
一九九二『伊能嘉矩の台湾踏査日記』台北：台湾風物雑誌社。
安平政吉
一九四〇「台湾高砂族の犯罪と刑罰（五）——ツォウ族の刑事慣習と、現在的非行制裁」『台法月報』三四（七）：一—一九頁。
柳本通彦
二〇〇五『明治の冒険科学者たち——新天地・台湾にかけた夢』東京：新潮社。
山路勝彦
二〇〇四『台湾の植民地統治——「無主の野蛮人」という言説の展開』東京：日本図書センター。
二〇〇六『近代日本の海外学術調査』東京：山川出版社。
二〇一〇「南庄事件と〈先住民〉問題：植民地統治台湾と土地権の帰趨」『関西学院大学社会学部紀要』一〇九：二三—五〇頁。
二〇一一『台湾タイヤル族の一〇〇年——漂流する伝統、蛇行する近代、脱植民地化への道のり』東京：風響社。
山田仁史
二〇〇二a「『蕃族調査報告書』」日本順益台湾原住民研究会編『台湾原住民研究概覧——日本からの視点』：一三五—一三六頁、東京：風響社。
二〇〇二b「『番族慣習調査報告書』」日本順益台湾原住民研究会編『台湾原住民研究概覧——日本からの視点』：一三七—

二三八頁、東京：風響社。
山本芳美
二〇〇五「柳田国男と台湾原住民研究（第三三回南島史学会 第八回台湾地理学会 連合国際学術検討会論集――シンポジウム〈台湾原住民〉研究の回顧と現状）」『南島史学』六五・六六：一六三―一五二頁。
楊南郡（笠原政治・宮岡真央子・宮崎聖子共編訳）
二〇〇五『幻の人類学者森丑之助――台湾原住民の研究に捧げた生涯』東京：風響社。
筆者不詳
一九三二「狩猟地の紛争解決」『理蕃の友』第一年八月号：七―八頁。
山崎柄根（楊南郡訳）
一九九八『鹿野忠雄伝』台北：晨星出版。
中薗英助（楊南郡訳）
一九九八『鳥居龍蔵伝』台北：晨星出版。
水野遵他（楊南郡訳）
二〇〇二『台灣百年花火』台北：玉山社出版。
台北帝国大学土俗人種学研究室（楊南郡訳）
二〇一一『台湾原住民族系統所属之研究』台北：南天書局。（台北帝国大学土俗人種学研究室 一九三五『系統所属の研究』東京：刀江書院）
台湾総督府臨時台湾旧慣調査会原著（中央研究院民族学研究所編訳）
一九九六―二〇〇四『番族慣習調査報告書』（一―五巻、全八冊）台北：中央研究院民族学研究所、（小島由道他 一九一五―一九二二『番族慣習調査報告書』台北：台湾総督府臨時台湾旧慣調査会／台湾総督府蕃族調査会）。
二〇〇一『番族慣習調査報告書　第四巻　鄒族』台北：中央研究院民族学研究所（小島由道他 一九一七『番族慣習調査報告書 第四巻』台北：台湾総督府臨時台湾旧慣調査会）。
二〇〇七―二〇一一『蕃族調査報告書』（第一・二・六・七冊）台北：中央研究院民族学研究所（佐山融吉 一九一三―一九二一

『蕃族調査報告書』台北：台湾総督府臨時台湾旧慣調査会）。
台湾総督府警務本署・台湾総督府警務局編（陳金田・宋建和・呉萬煌・古瑞雲訳）
一九九七―九九『日拠時期原住民行政志稿』（第一―四巻、全五冊）南投：台湾省文献委員会。
伊能嘉矩（温吉編訳）
一九九九『台湾番政志』（第一・二巻）南投：台湾省文献委員会。
伊能嘉矩（楊南郡訳）
一九九六ａ『平埔族調査旅行――伊能嘉矩〈台湾通信〉』台北：遠流出版。
一九九六ｂ『台湾調査日記』（上）（下）台北：遠流出版。
宋文薫他
一九九四『跨越世紀的映像――鳥居龍蔵眼中的台湾原住民』台北：順益台湾原住民博物館。
汪明輝
一九九二「Hupa：阿里山鄒族伝統的領域」『地理研究報告』一八：一―五二頁、国立台湾師範大学地理学系。
二〇〇一ａ『鄒族之民族発展――一個台湾原住民族主体性建構的社会、空間与歴史』台北：台湾師範大学地理研究所博士論文。
二〇〇一ｂ「鄒族領域変遷史」王嵩山・汪明輝・浦忠成著『台湾原住民史　鄒族史篇』：六七―一二五六頁、南投：台湾省文献委員会。
李子寧他
二〇〇九『百年物語――台湾博物館世紀展蔵専輯』台北：国立台湾博物館。
国立台湾大学図書館伊能嘉矩与台湾研究特展専刊編輯小組編
一九九八『伊能嘉矩与台湾研究特展専刊』台北：国立台湾大学図書館。
林修澈
二〇〇一『原住民的民族認定』台北：行政院原住民委員会。
胡家瑜・崔伊蘭編
一九九八『台大人類学系伊能蔵品研究』台北：国立台湾大学出版中心。
孫大川

一九九四「面対人類学家的心情――『鳥居龍蔵特展』罪言」『跨越世紀的映像――鳥居龍蔵眼中的台湾原住民』五三―五五頁、台北：順益台湾原住民博物館。
森丑之助（楊南郡訳）
二〇〇〇『生蕃行脚――森丑之助的台湾探検』台北：遠流出版。
張長義他
二〇〇二『原住民伝統土地与伝統領域調査研究』台北：行政院原住民族委員会。
鳥居龍蔵（楊南郡訳）
一九九六『探検台湾――鳥居龍蔵的台湾人類学之旅』台北：遠流出版。
鹿野忠雄（楊南郡訳）
二〇〇〇『山、雲与蕃人――台湾高山紀行』台北：玉山社。
黄応貴
一九九九「戦後台湾人類学対於台湾南島民族研究的回顧与展望」徐正光・黄応貴編『人類学在台湾的発展――回顧与展望篇』：五九―九〇頁、台北：中央研究院民族学研究所。
黄智慧
一九九四「鳥居龍藏的生涯」『跨越世紀的影像』：二一―三三頁、台北：順益台湾原住民博物館。
一九九九「日本対台湾原住民族宗教的研究取向――殖民地時期官学並行伝統的形成与糾葛」徐正光・黄応貴編『人類学在台湾的発展――回顧与展望篇』一四三―一九五頁、台北：中央研究院民族学研究所。
郷族文化芸術基金会
近刊a『九六年度原住民族伝統領域土地調査後続計画成果報告Ⅰ』台北：行政院原住民族委員会。
近刊b『九六年度原住民族伝統領域土地調査後続計画成果報告Ⅱ附録』台北：行政院原住民族委員会。
楊南郡
二〇〇〇「学術探険家森丑之助」『生蕃行脚――森丑之助的台湾探検』：二九―一一三頁、台北：遠流出版。

第三章　植民地期朝鮮の日本人研究者の評価
――今村鞆・赤松智城・秋葉隆・村山智順・善生永助

朝倉敏夫

植民地期朝鮮には数多くの日本人研究者が渡った。文化人類学・民俗学分野でも、赤松智城、秋葉隆、今西竜、今村鞆、善生永助、高橋亨、鳥居龍蔵、三品彰英、村山智順などがあげられる。しかし、彼らの研究に対しては、これまで韓国ではもちろん、日本においても、あまり実証的な検討がなされずにきた。一部の研究者は、その経歴さえも明らかにされずに評価されてきた。しかし、一九九〇年代後半から、彼らの研究に対する関心が日韓両国において高まり、多くの研究がだされてきた。このうち本稿では、京城帝国大学教授であった赤松と秋葉、朝鮮総督府の嘱託であった村山と善生、そして秋葉や村山に大きな影響を及ぼした今村の五人についてとりあげた。

彼ら五人のなかでは、今村が一番早く一八七〇年、それからしばらくして一八八五年に善生、翌年の八六年に赤松、さらに二年後の八八年に秋葉、そして九一年に村山が生まれている。朝鮮に渡ったのは、やはり今村が一番早く一九〇八年であり、四三年に此の地で亡くなっている。次いで赴任順に、村山が一九一九年から四一年まで、善生が二三年から三六年まで、朝鮮総督府で嘱託として勤務、秋葉が二六年から四六年まで、赤松が二七年から四一年まで、京城帝国大学に勤務し、朝鮮に滞在した。少なくとも、彼ら五人はおよそ一〇年間、いずれも植民地期朝鮮において、ほぼ同時代を生き、同時期に朝鮮の社会と文化を研究した。

本稿では、この五人についてのこれまでの評価をふまえて、彼らについての近年の新たな研究を概観することで、これらの研究から分かってきたことを整理し、植民地期朝鮮における日本人研究者についての研究動向を明らかにした。そして、彼らに対する研究の評価がどのように変化したのかを辿ってみることにより、研究の評価ということについても考察してみた。

一　はじめに――これまでの評価

戦後の韓国においては(1)、植民地期の日本人研究者による研究に対しては、その研究目的が日本の植民地政策のためにあり、研究方法が官憲によるものであったと批判・否定されてきた。印権煥は、一九七八年に刊行された『韓国民俗学史』で次のように述べている。

彼らの資料収集やその研究はどこまでも統治資料を得ようという政治的目的があり、そのうえ非科学的な間接調査によるものであり、学者の研究といっても周辺の低級文化民族についての民族学的考察がその主目的であったので、これを韓国民俗学の主流に含めることはできない（印 一九七八：六四）。

ことに村山については、韓国のシャマニズム研究の重鎮である金泰坤が一九七一年に発表した「日帝が実施した朝鮮民間信仰資料の問題点」という論文で、次のように記している。

「朝鮮総督府嘱託」ということの外に、彼についての人的事項（経歴）がいまだ公式的に知られておらず、彼がどのような過程を経てこの地位にいるようになったのか、また彼がどのような秘密身分をもってこの仕事をしていったのか知るべき道がない。当時民俗学に関心をもっていた老学者たちから聞いた言葉に依れば、村山は多年間大邱警察部長を歴任し、朝鮮総督府に起用されたという言もあるが、この言葉を全的に信じることはできない。ともあれ村山は当時朝鮮事情に敏感な諜者的官吏であったことは間違いない（金泰坤　一九七一：二七二）。

一方日本においても、近年まで村山の経歴は知られていなかった。一九八七年刊行の『文化人類学辞典』（弘文堂）においてさえ、「生没年不詳。当時その前歴は警察署長であったという風聞があるだけで経歴は不明」とある。警察にいたという風聞は、後述する今村鞆の経歴と混同していると思われる。

また、文芸評論家の川村湊は、一九九六年に刊行された、その著『「大東亜民俗学」の虚実』において、秋葉の業績に対しては賞賛しているにもかかわらず、村山に対しては批判的な評価をしている。

今村鞆の植民地主義的民俗学の衣鉢を継いだのが、村山智順である（川村　一九九六：四九）。彼はその著書の中では調査資料ということに徹し、自らの解釈や理論的な見解を語ることを禁欲していたように思える。（中略）理論的な展開や解釈学的研究は得手ではなかったという事情も推測することができる（川村　一九九六：五〇）。偏向したプリズムの視覚から眺めた民間信仰の世界というべきものなのである（川村 一九九六：五二）。欧州留学から帰ったばかりの秋葉隆もまた新進気鋭の社会学者だった。彼にとって、朝鮮というフィールドはほとんど〝処女地〟だったが、欧州でマリノフスキーやラドクリフ＝ブラウンなど最新のイギリス文化人類学、社会学に学んだ方法論を身につけており、それまでの今村鞆や村山智順のような〝素人〟学者とは違った、学問的な理論、方法論を朝鮮の民俗学の世界に持ち込んだという意味での功績は大きい。（中略）彼は村山智順のような警察や官庁に頼る調査研究ではなく、実際に現場へ赴き、『朝鮮巫俗の研究』では全朝鮮の九十数カ所を回ったといっている（川村 一九九六：七八）。それは総督府中心の「植民地民俗学」とは一線を画するものだが、しかし、植民地政策とは全く無関係といえないところに、植民地での最高研究、教育機関としての京城帝国大学における朝鮮文化研究のジレンマがあったといわざるをえない（川村 一九九六：七八—九頁）。

こうした評価は、一般の人に伝えられたばかりでなく、学界においても、植民地期の日本人研究者のなかでは、京城帝国大学を経て、戦後も学界の中心的な役割を果たした秋葉にのみ、専ら光があてられた。一九九六年の日本民族学会編『日本民族学の回顧と展望』（日本民族学協会）には、「朝鮮の宗教民族学的・社会人類学的研究は京城帝国大学法文学部における秋葉隆の赴任によって、他方には、そのころ新進の宗教民族学者であると同時にデュルケミアンの赤松智城との結びつきによる共同研究によって始まった」と、京城帝国大学、ことに秋葉中心の評価がなされている。また、二〇〇〇年に刊行された『日本民俗大辞典』（吉川弘文館）にも、秋葉だけが「秋葉隆」という独立した項目を立ててとりあげられているのに対し、今村、赤松、村山、善生は「朝鮮民俗学」という項目のなかで言及されるだけであった。

二　近年の評価

しかし、こうした誤解や不公平な評価が、近年の研究によって見直されてきた。その嚆矢となったのが、崔吉城の研究である。崔は、一九八八年から巨文島での植民地期からの文化変容を共同調査したモノグラフをまとめるともに（崔 一九九二）、植民地期の日本人研究者の研究・調査について概観し、「これらの資料はたとえ朝鮮総督府の調査であっても、初めてわが民族に対する行政の力によって行われた大規模な調査であったことに意義がある」（崔 一九九四：二六―二七）と朝鮮総督府の仕事に対しても肯定的な評価を下す。そのうえで「つまり目的は異なったとしても、現在の我々はこれを重要な資料として綿密に検討し利用すべきだと主張し、依拠できる資料とするためには資料批判が先行されるべきだと明言したのである」（崔 二〇〇〇：一八六―一八七）。そして「植民地状況による調査研究を、単にその歴史性により受け入れないとする感情論を脱却して、きちんとした資料批判を経た後に学問的価値を受け入れることは、韓国研究をする上でも、実り多いものになる。マリノフスキーが言うように、『産湯と一緒に赤子も流してはいけない』のである」（崔 二〇〇〇：二〇七）と論じている。

韓国側からは、こうした崔吉城の論に対して反論・異論がないわけではない。金成禮は、秋葉の研究について植民地談論にすぎないと批判しながら、その目的と方法に内在する支配イデオロギーの実体を捉え、資料だけを評価することの危険性を喚起している（金 一九九〇）。

また、南根祐は、この秋葉をめぐる崔吉城と金成禮との議論をふまえ、秋葉の「巫俗伝統論」に先だって提示された村山と、その端緒をなした今村の両者が、朝鮮の民俗事象をどのように表象し、その伝承主体としての朝鮮人をいかに他者化したか、「朝鮮民俗学」を貫流している他者化の戦略に焦点を絞り、「植民地主義民俗学」論の課題を提起する。

そして、「戦前、日本帝国の『朝鮮地方』に成立、展開した『朝鮮民俗学』と植民地主義との関わりについては、今後、柳田民俗学との関係をも含めて綿密な再検討が必要である。そのさいに、注意すべきは、従来のような単純な二項対立の構図、すなわち『内地人』の『朝鮮民俗学』は植民地主義による支配の同化論であり、一方の『朝鮮人』の『朝鮮民俗学』は民族主義による抵抗の異化論である、という図式的な捉え方から脱却することである。それをもって、当時の『内なる朝鮮』における複雑な『自己』認識と『他者』認識の在り方、この両者の間を行き来する『朝鮮民俗学』のダイナミズムは捉えきれないからである。このことに注意を払いながら、今後『朝鮮民俗学』の政治性の問題を追及していきたい」（南 二〇〇一：五二）と述べている(2)。

ともあれ、崔吉城の研究を出発点として、日韓両国の研究者によってより実証的な調査・研究されはじめている。以下、今村、赤松、秋葉、村山、善生の五人の研究者について、その後、どのように評価されてきているかを概観してみよう。

今村鞆

今村の年譜と業績については、崔吉城が一覧としてまとめている（崔 一九九四：一〇一―一〇八）。これによると、今村は「渡韓して忠清北道警察部長を始め江原道警察部長、平壌警察署長、済州警察署長などとして職務と趣味に関わりのあるものを調査したという。彼は朝鮮民俗学会とも関係を持った人なので韓国民俗学研究史からはずしてはいけないと私は思う。彼は最初の著書の『朝鮮社会考』（一九一二）を出版して以来代表的な『朝鮮風俗集』（一九一四）と『朝鮮漫談』等を出版した。彼は朝鮮民俗学の最初の人であり前二書は〝朝鮮民俗学の出発の書〟ともいわれる」（崔 一九九四：一〇）とある。

また、林慶澤が「植民地統治とアカデミズムの間――朝鮮総督府嘱託今村鞆の活動を中心に」において、今村のライフヒストリーをまとめ、その代表作『朝鮮風俗集』の内容を紹介し、今村と朝鮮民俗学との関係について論じている（林 二〇〇二）。

今村の研究については、崔吉城だけでなく、川村湊が「警察部長としての今村鞆の朝鮮風俗の研究は、そうした『職務の必要』から生まれてきたものであった」（川村 一九九六：四九）、林慶澤が「『朝鮮風俗集』の中に李朝の刑事警察とか朝鮮人の犯罪、朝鮮人に対する官命の効果、朝鮮人の迷信と主教、朝鮮の迷信業者などの項目があるのは、まさに今村の職務と関係が深いものと判断できるだろう」（林 二〇〇二：一〇七）と言うように、「職務」という言葉がよく使われる。ここでの「職務」は、警察の職務であることはいうまでもない。

このことをもって南根祐にいたっては、今村を揶揄するかのように、次のように評価している。「本来の警察および衛生事務の業務のほかに、『鮮人』のあらゆる生活の営みに対して、その一挙手一投足を取り締まっていた朝鮮警察の創設時代に、今村は、警察部長という職務上の『必要』に応じて、なおかつその『おいそがしい』仕事の合間を縫って、『趣味』の一環として朝鮮の風俗・習慣の調査に携わることになったのである」（南 二〇〇一：三六）。「韓国人にとって、今村の朝鮮迷信論を最後まで読み抜くには、相当な忍耐が必要になる。上記したような偏見に満ちた『鮮人』の描写――もちろん、今村にはそれが『面白』半分の『趣味』にすぎないことであったろうが――とともに、韓国民俗学の常識とはあまりにもかけ離れた朝鮮民俗論とつきあわなければならないからである」（南 二〇〇一：三八）。

その一方で、今村の研究に対する肯定的な評価もある。崔吉城は「彼の研究を全体的に見ても最も大きい貢献と思われることは『李朝実録風俗関係資料撮要』（一九三九）『高麗以前の風俗関係資料撮要』（一九四〇）『李朝各種文献風俗関係資料撮要』（一九四二）は朝鮮文化の文献資料への基礎資料の抜粋したものとして朝鮮文献資料への入門書となっている。これらは戦後国書刊行会の復刻版を始め、韓国での海賊版が繰り返し出版されていることからもその基礎資料的な利用性が分かる。この点で戦後の韓国学への基礎資料になったことは否定できない」（崔 一九九四：一一一一三）と述べている。

また、今村が南方熊楠に宛てた書簡をもとに、趙恩馤は、今村こそが熊楠において朝鮮との接点であることを明らかにした。そして、「確かに、総督府の資料は政治的な目的から作られていたことは認めざるをえない。しかし、当時の資料は今となっては、その時だからこそ調査できたものであるし、失われつつある朝鮮の伝統を惜しみながら守ろうとした朝鮮人研究者たちの実績も含まれていたことを忘れてはいけない。朝鮮の民俗学が、植民地政策に対する反動として立ち上がったことであったとしても、それがきっかけとなり、今の韓国民俗学の土台となっていることを認めるべきであると考える」（趙 二〇〇四：一〇〇）と述べ、崔吉城の意見に同調している。

赤松智城

赤松は、山口県徳山市に、明治期の浄土真宗本願寺派の指導僧赤松連城の孫として生まれた。一九二七年から京城帝国大学教授となり、朝鮮、満州、モンゴルの宗教を研究し、秋葉とともに実地調査を行った。秋葉との共著『朝鮮巫俗の研究』（上・下、一九三七・一九三八）と『満蒙の民族と宗教』（一九四一）は、東アジアにおけるシャマニズム研究の代表的業績である。

赤松は朝鮮から帰国後、学者としてではなく僧として生涯を終えたが、彼が創刊に携わった『宗教研究』に、その追悼文が掲載されている（羽渓 一九六〇）。また、その思い出も京城帝国大学で秋葉、赤松に師事した泉靖一によって書かれている（泉 一九六九b）。

しかし、菊地暁の言葉を借りれば、秋葉に比して「奇妙に取り残された感がある。（中略）その名はつとにしられているものの、その経歴がいかなるものであり、そこからいかなる学問的実践が立ち上げられたかについて、共有された理解は何一つないといっても過言ではない」（菊地 二〇〇七：一）という赤松の評価に対して、突破口を開いたのが全京秀の研究である。

全京秀は「赤松智城の学問世界に関する一考察――京城帝国大学時代を中心に」において、「特に赤松智城が残した研究業績と彼の研究活動の過程に見られる時代的な制約に関心をもち、赤松智城が活動した時代の仲間と先後輩たちとの学問的な関係を中心に整理する」（全 二〇〇五：一五九）。

次いで「『宗教人類学』と『宗教民族学』の成立過程――赤松智城の学史的意義についての比較検討」において全京秀は、宗教学界と民族学界で活躍した赤松智城の業績を、宇野円空、古野清人、杉浦健一といった同時代の学者たちの業績と比較することによって、現在の学界ではほとんど忘れ去られている彼の学問を調べる。そこで「赤松こそ普遍的な宗教現象としての『神聖観念論』の発見に忠実だった学者であり、何らかのナショナリズムが彼の宗教研究に影響したという用例を発見することはできない。宗教と宗教研究が政治の道具とされる傾向を肯んじようとしなかった努力の跡を見て取れる人物である」（全 二〇〇八：一一二）と評価する。そして、人生の終わりに近づき、「赤松はひとり住職として、宇野は弟子たちとともに政府主導の軍事システムに総動員される時がやってきた」という場面をとらえ、「赤松智城は宗教のために僧服を、宇野円空たちは戦争のために軍服を着たのだ」（全 二〇〇八：一二五）と結論づけている。

一方、日本側では、菊地暁が赤松の生家・徳応寺の資料調査から得られた知見を紹介し、彼の学問形成、とりわけ京城帝大赴任以前の宗教学／人類学との接点を中心に眺めるとともに、彼の植民地／人類学をめぐるいくつかの仮説的な見通しを述べている（菊地 二〇〇七）。そのなかで「最初期の論文から、デュルケーム、モース、ユベールといったフランス社会学の業績が参照されており、当初から宗教人類学的志向を確認できる。赤松智城の宗教学／人類学は、スタート時点から既に相対主義的な比較宗教学への志向を有し、現地調査の導入という契機を除けば、理論的・方法論的な断絶は認め難く、初発の宗教本質論という課題が時と共に次第に対象を拡大し、議論を精緻化させていく、といった様相を呈している」（菊地 二〇〇七：六）と評すように、赤松の研究は西欧の近代的な学問に基づくものであった。このことは、「赤松智城がフランス宗教社会学の積極的な紹介者であったことも鑑み（例えば『輓近宗教学説の研究』同文館、一九二五）」（川瀬 二〇〇二：一二六）、「赤松に代表される初期宗教学の担い手たちは、僧侶や仏教関係者（宇野、赤松などが代表）であった。彼らは同時に欧米に留学し、当時の欧米の最先端の宗教学理論を吸収した『近代的な宗教研究者』であった」（岡田 二〇〇八：七七）と、ほかの研究者も認めるところである。

秋葉隆

秋葉の経歴や研究成果は、辞典にもとりあげられており、よく知られている。一九二四年社会学および民族学研究のため、仏・独・英・米各国に留学し、とくにイギリスで社会人類学者マリノフスキーに師事し、機能主義の影響を強く受けた。一九二六年京城帝国大学助教授として赴任し、第二次世界大戦終了まで、朝鮮半島各地の社会構造と宗教の調査研究に従事し、さらに足をのばして、当時の満州国や蒙古とくに大興安嶺東北部オロチョン人社会を調査した。これら調査を通して、学部学生であった泉靖一の研究指導を行い、この関係は戦後にまで及んだ。終戦によって引き揚げた秋葉は、九州大学を経て、愛知大学の教授として迎えられ、『朝鮮巫俗の現地調査』（一九五〇）、『朝鮮民俗誌』（一九五一）を刊行するとともに、地元の三河文化研究を開始し、同大学に総合郷土研究所を設立し、初代所長となった。

そのためもあって彼の死後、島本彦次郎の「秋葉隆博士の生涯と業績」（一九五六）、泉靖一「秋葉隆先生」（一九六九）、村武精一「末弟子から見た〈秋葉隆像〉」（一九七七）など、その同僚や弟子たちによって、彼の人となりや業績を示す論考が出ている。

また、日本の文化人類学者を紹介する『文化人類学群像③日本編』（アカデミア出版会 一九八八）にも朝鮮研究者としてはただ一人取り上げられ、「秋葉隆の朝鮮研究を貫く方法論的な基本となったものは、本人が繰り返し強調している、『深化的方法（intensive method）』につきるといえよう。（中略）一九三〇年代の初頭から続々と発表された論考は、婚姻形態、巫俗、民間信仰、同族部落にまたがっており、これらを同時に並行して、朝鮮社会の全体像を描きながら相互連関のもとに取り上げてきた。秋葉がもっとも精力を注ぎ、そのライフワークになった巫俗研究では、（中略）赤松智城教授との共著による『朝鮮巫俗の研究』（一九三七）および『朝鮮巫俗参考図録』（一九三八）は、今日なお巫俗研究者にとって欠かせない基礎的な研究となっている」（伊藤 一九八八：二一三―二一五）と高く評価されている。(3)

こうした秋葉の研究に対しては、崔吉城もその業績への評価を紹介しているが（崔 一九九四）、崔はさらに、資料批判を通して、その学問と植民地観を分析するとともに（崔 二〇〇〇）、秋葉が植民地主義とアカデミズムの間でどのように対応したか、特に戦争期において植民地主義と民族学の関係をどのように考え、どのように行動したかを価値中立的に考察している。「一九三一年の満州事変と一九四一年の大東亜戦争の開戦、特に大東亜戦争期において秋葉は『内鮮一体』と『大東亜共栄圏』を積極的に肯定し、言動した。（中略）彼は総督府に直接関係は少なかったが、当時植民地政策の為に放送・講演（総督府、農村運動）、執筆などによって協力した」（崔 二〇〇二：七〇）という事実を踏まえ、「初期において人類学者として研究の対象の国という意識が強かったが次第に朝鮮を支配する日本民族としての意識が強くなったのである。つまり学者から支配者軍国主義者への変化があったような過程が見えてくる。しかしそれは実は最初から学者と支配者側の意識は共存したのかもしれない」（崔 二〇〇二：八三）とし、彼の植民地主義をよくあらわした著書『大東亜民族誌――北方篇』（一九四四年、北沢書店）を通して、なぜ植民地主義に染まっていたのか、その背景を考察する。こうした崔吉城の論考は、人類学者としての側面だけでなく、秋葉の人間としての植民地観について再考するものである。

秋葉隆が朝鮮の社会・文化を総体的に理解するうえで展開したものに「二重組織」論がある。これは、後年の韓国研究者たちにより継承され発展的に考察されたが、近年、板垣竜太はその再考を提示している。すなわち、秋葉が「人類学というディシプリンをもって出会ってしまっていたにもかかわらず、論じ得なかったことを明るみに出し、それと正面から向き合うことは今日的な課題でもある」と言い、秋葉の提示した「二重組織」論のなかの「西洋文明」と「伝統」という用語に着目し、「つまり、ここで問われなければならないのは、どのように『西洋文明』と秋葉が述べているようなものが、朝鮮社会に『無視することはできない』ほどに存在していたか、である」「ここで『伝統』と称されているものが、歴史的に形成されてきた動態的なものであるという視点が欠落している」という二つの限界を指摘する。そして、「ただ限界を指摘するだけでなく、その限界から問題を立て直し、新たな朝鮮社会像を描き出していくことは今日的な課題であり、まずはそこに本書の作業を位置づけることができる」と述べている（板垣 二〇〇八：二三―二六）。

村山智順

村山は新潟県で生まれるが、幼くして母を亡くし、日蓮宗法布山妙広寺に入り、その住職の村山智全のもとで育つ。幼少の頃から優秀であった村山は、一高から東京帝国大学で社会学を学び、卒業とともに朝鮮総督府嘱託として朝鮮に渡る。朝鮮総督府での調査事業に従事するが、一九四一年に帰国し、朝鮮奨学会に勤務する。四三年に師である智全が亡くなると、身延山で修行し、四五年に故郷の妙法寺の住職となる。五八年に再び東京に戻り、六八年に亡くなる。

総督府での仕事の後、僧籍に入り学界から身を引いた形になったため、それまで生没年さえ不明とされていた村山の経歴を筆者が明らかにし（朝倉 一九九七）、未刊行であった村山智順の『朝鮮場市の研究』を世に出し、その「解題」を書いた（朝倉 一九九九）。また、民俗学者である野村伸一が村山智順所蔵写真選を公開し、「村山智順論」を論述している（野村 二〇〇一）。

村山には『朝鮮の独立思想及運動』（一九二四）『朝鮮の群衆』（一九二六）『朝鮮の服装』（一九二七）『朝鮮人の思想と性格』（一九二七）『朝鮮の鬼神』（一九二九）『朝鮮の風水』（一九三一）『朝鮮の巫覡』（一九三二）『朝鮮の占卜と予言』（一九三三）『朝鮮の類似宗教』（一九三五）『部落祭』（一九三七）『釈奠、祈雨、安宅』（一九三八）『朝鮮の郷土娯楽』（一九四一）などの著作がある。これらのうち、青野正明が『朝鮮の類似宗教』『部落祭』『朝鮮の巫覡』『朝鮮の占卜と予言』を資料批判した論考をだしている（青野 一九九五・一九九六・一九九七・二〇〇一・二〇〇八）。

これらを村山の執筆順にあげていくと、『朝鮮の巫覡』については、古典文献、各地の警察署からの報告、現地調査により、「村山は『緒言』において、当時の警察当局による巫俗取締まりに対しての慎重論を述べ、巫俗の『監視』及び『充分なる講究と慎重なる考慮』の必要性を主張しているのである」（青野 一九九七：六九）。『朝鮮の占卜と予言』の資料は、古典文献、新聞記事、各地の警察署からの報告などであり、「『朝鮮の占卜と予言』で示された『予言』にかかわる判断材料は、その後の統治政策の中で対『類似宗教』政策へと結びついていったことを指摘することができる」（青野 二〇〇八：一四一）。『朝鮮の類似宗教』では、「村山は、日本の《文明》の下で『類似宗教』が『漸衰の一路』を辿るという判断を示すことにより、禁圧策の有効性を提唱することになった。政策決定過程は不明であるが、この発表の直後から民衆宗教に対する禁圧が激化していくのである」（青野 一九九五：一九五）。そして『部落祭』では、各道の道知事に依頼した調査の報告、現地調査三〇例を資料とし、「『部落祭』の政策的利用に関して村山は明確な説明や回答を避けている」（青野 一九九六：一一七）と、それぞれの著作から村山の研究方法と植民地政策との関係を分析している。

村山の研究方法については、崔吉城も「筆者は村山智順の調査報告書の中の『朝鮮の巫覡』『部落祭』などに収められている調査地に行って、部分的に対照調査を行った結果、その調査資料は事実に基づいていることが分かった」（崔 一九九四：一九）と、村山が現地調査をしなかったという寝も葉もない批判に対し、これを実証的に覆している。

また、筆者は村山の『朝鮮場市の研究』の「解題」において、「村山はドイツの社会学・経済学を勉強したことがうかがえる」（朝倉 一九九九：二九二）と指摘したが、川瀬もまた「ちなみに村山の『朝鮮の巫覡』では、『第六章巫覡の需要』という章題にも現れているように、機能主義的な意味で巫覡の存在の必要性を考察している」（川瀬二〇〇二：一二六）、「これは宗教社会学的な宗教の見方であろう。付言すれば、デュルケムを鼻祖とする当時のフランス宗教社会学の機能主義的宗教観の影響が濃厚である」（川瀬 二〇〇二：一一六）と指摘しており、村山が素人学者ではなく、西欧の社会学、ことに宗教社会学、および機能主義に通じていたことも証明される。

一方、村山の植民地観については、野村は「発表された文章をみると、その朝鮮民衆との個人的な距離は残念ながらさほど密接なものではなかった」「その民衆観はあくまでも、植民地という制約だらけの生活環境の下でのひとつの側面でしかなかったのであり、ここから出発したことは村山にとって大きな制約になったのではないかということである」という印象を記した後、「それは研究者村山智順と総督府の嘱託としての匿名性とのあいだの苦悩ではないかとおもわれる」「この匿名性は当事者にとって、そうなまやさしい状況ではない」（野村 二〇〇一：六六―八一）と論じている。

善生永助

善生は、一九一〇年に早稲田大学専門部政治経済学科を卒業し、『財政経済時報』編集長、毎日新聞『エコノミスト』記者を経て、一九二三年より朝鮮総督府調査課嘱託となり、三五年まで調査事業を担当する。それ以後、満鉄、日本拓殖協会、満州国務庁の嘱託を経て、一九四一年に帰国。京都帝国大学より農学博士の学位を授与される。戦後は昭和女子大で教鞭をとった。そのため、昭和女子大学から刊行された「善生永助博士：教官の面影をしのぶ（四）」（『昭和学報』四一、一九六二）、「栄えある叙勲」（『昭和学報』五五、一九六七）、「善生永助監事逝去」（『昭和学報』

一〇〇、一九七一）などで、その人となりを知ることができる。また戦後、『朝鮮学報』に多くの論文が掲載されており、六三号（一九七二）の彙報に訃報が掲載されている。

善生の研究は、人口や姓氏、産業、各地域の経済や文化など幅広きに渡っているが、商業・流通に関する研究については、碓井和広がまとめている（碓井 一九九一）。そこで碓井は、善生が『東洋』一九二六年五月号に記した「内鮮融和に対する母国民の反省」という論文に基づき、彼の思想について触れている。それによると、善生は「日本の海外への進出状況および朝鮮半島の重要性をあげながらも、両国民の関係はよろしくない。朝鮮は植民地ではないのだから、母国本位、母国人偏重の政策をとってはならず、投資家も朝鮮人の利益を犠牲にしてはならない。このような状況を打開するとともに生活本位の経済政策が必要である。それゆえに前提となる、生活実態の詳細な把握を可能にするような諸調査を実施すべきである」（碓井 一九九一：一六五―一六六）と考えており、「当時としては、少数派に属していた」（碓井 一九九一：一六六）と指摘する。

また、善生の主要文献である『朝鮮の市場』（一九二四）、『朝鮮人の商業』（一九二五）、『市街地の商圏』（一九二六）、『朝鮮の市場経済』（一九二九）の概要を紹介し、前三者は「統計資料の収録部分が極めて多く、総督府の名で実施した幾つかの調査を計画したり、その調査や既存の調査結果をもとに編纂するのが、彼のこれらの書での実質的な役割であったようである。しかし、『朝鮮の市場経済』は、その三冊と異質な所があり、統計資料ばかりでなく文献を用いながら自身の考察を加味した、朝鮮の商業・流通に対する総論的な研究がなされている」（碓井 一九九一：一六九）と評している。

文化人類学の立場からは、一九八〇年代から一貫して植民地期における日本の調査について研究し、二〇〇二年に「日帝の朝鮮調査に関する研究」と題した博士論文を提出した朴賢洙が、「日帝に依る村落調査活動」という論文において「善生永助と村落社会調査」について言及している。(4) そこで「彼は大部分の調査で官の組織を利用して資料を収集したが、彼の最も大きな関心事であった同族ムラ調査においては現地調査方法も相当に使用したようだ。『朝鮮の聚落』下篇のためには一六六五の著名な〝同族部落〟に関する資料を直接収集したという。また実地踏査もしたという。しかし彼の報告書に現れた内容を見ると特定のムラについての詳細な説明もあるが、彼が言う実地踏査とは視察程度に終わったことがわかる。彼の調査方法が今日の視点から見ると立派な民族誌を作成するには未熟なものであっても、彼の報告書は植民地学界の現地視察を誘発した」（朴 一九八二：五三―五四）と指摘する。

また、林慶澤が、善生の調査報告書の中で最も中心となっている『朝鮮の聚落』に焦点を当てて、生活状態調査や部落調査と植民地統治との関係についての考察を行っている。林は「本稿では氏の作成した代表的民俗誌の内容を検討・分析し、氏の学問的立場と政治的立場を結びつける作業を行いたいと考えている」（林 二〇〇六：一六八）といい、「結論的に、善生の調査研究は善生自身が否定したとしても、隠蔽したとしても、もしくは本人がまったく意識しなかったとしても、それとはかかわらず、当時の植民地状況ならびに統治方針と密接な関連を持っており、また彼が提示した朝鮮農村の社会文化変動の方向性が、それ以後に実施される内鮮融和論と農村振興運動に直接的に繋がっていたことを否定しえない」（林 二〇〇六：一九二）と述べている。

これに対し、太田心平は全く異なる視点から、善生の植民地観について興味深い意見を述べている。善生は総督府が発行していた雑誌『朝鮮』にデータ集を多く載せているが、そこには特異にも善生が自分で作った詩が多く添付されていることに、太田は着目する。そして「朝鮮に於ける農村部落の経済」（『朝鮮』二一八号、四六頁）にある「蚊ばしら」という詩において、善生が朝鮮の人びとを「同胞」と呼ぶことから、「朝鮮では依然として日本人より貧しい暮しが見られると糾弾し、朝鮮の人びとも日本人と同じように扱おうとする『内鮮一体』政策の虚実を笑っているように私には読めました」（太田 二〇〇四）といい、その貧しい生活をすまなく思うことをうかがわせていると感じとる。

三　京城帝国大学と朝鮮総督府

以上、植民地期の日本人研究者五人についての近年の評価について概観してきた。このことにより、まずは一人一人の研究者の経歴と業績についてほぼ明らかにされた。次に、アカデミズムの京城帝国大学と「素人学者」の朝鮮総督府という単純な二分法では評価がなされないことも分かってきた。たとえば、朝鮮総督府の調査はすべて警察などによる資料を用いたもので、現地調査が全くなされなかったような言説があったが、村山や善生の研究から決してそうではないことが検証された。さらに赤松の「宗教人類学」、秋葉の「深化的方法」だけでなく、村山の「機能主義的方法」、善生の「資料収集と統計調査」など、彼らの研究は当時においては最新の近代的な研究方法によって行われていたことが指摘された。

さらに、植民地支配に対する態度も、必ずしも京城帝国大学による研究がアカデミズムにたったものであり、朝鮮総督府の研究が植民地支配という目的のためだけにあったという単純な評価も再考されなければならないことが確認された。

秋葉にあっても「学者から支配者軍国主義者への変化があった」という崔吉城の指摘や、村山にあっても「研究者村山智順と総督府の嘱託としての匿名性とのあいだの苦悩」という野村伸一の指摘を待つまでもなく、植民地支配という社会環境のなかで植民地支配に対してどのような態度をとったのか、一人の研究者のなかにおいてさえ変化もあれば苦悩もあり、当時の研究者の植民地観について一概に評価することはできない。

また、研究の評価は、どのようなコンテクストにおいて読み取ろうとするのかによっても違いが生まれてくるという難しさももつ。「心田開発」についての赤松智城の意見を例に、その評価の違いをみてみよう。

「心田開発」とは、一九三一年朝鮮総督に赴任した宇垣一成が、戦時期総動員体制直前に国民統合を図るべく企図された政策の一つであり、「朝鮮人民の精神をcultivate（開墾・文明化）する」という文化帝国主義的な志向性をもつものであったと説明される。(5) この「心田開発」について朝鮮総督府中枢院編『心田開発に関する講演集』（一九三六年二月発行）のなかで赤松智城は「然しそれ（朝鮮仏教の浄化――引用者註）と又相伴ふて朝鮮固有の信仰、例へば檀君とか或は天人というやうな信仰をもそこに考慮して、つまり仏教と民間の信仰とが互いに並立して、而も調和することが可能であり、又これを可能ならしめるやうにすることがよいのではないかと思ふのであります。唯しかしそれは一の理想か空想であると言はれるかも知れないけれども、私は種々の信仰が並立し調和して居ることの実例を、現に我が日本内地の仏教徒に於て見るものであります」と述べている。

この赤松の言に対し、川瀬は「一見もっともそうだが、この理論は、日本の神々を朝鮮に押しつけても矛盾しないという理論に簡単に結びつくのは明白であろう。決して『悪意』ではないことが、『暴力』になる――これこそが『使命』を伴った『文化帝国主義』の重要なポイントであろう」（川瀬　二〇〇二：一一五）と、赤松が心田開発を擁護していたと解釈する。

一方、菊地は同じ部分を引用し、「むしろ、智城の発言は植民地権力に対して一種の批判的距離をキープしていたのではないか」（菊地　二〇〇七：一〇）、「智城にとって、巫俗と仏教の混淆、あるいは巫俗における仏教的要素を指摘することは、巫俗を弾圧する植民地権力にその暴力を思い止まらせるための一つの方便なのである」（菊地　二〇〇七：一一五）と、川瀬とは異なる解釈をしている。

いずれの解釈が正しいのか。川瀬は植民地期における日本人研究者のおかれた立場を赤松の言を引用することで論証しようとしており、菊地のそれは植民地支配に対する赤松個人の思いに踏み込んで解釈しようとしているのである。植民地期における研究の評価については、まずは、その時代的背景、研究者のおかれた社会的立場などを勘案しなければならないが、評価する側がどのようなコンテクストで、それを評価するかによっても解釈が違ってくる。また、私自身もそうした間違いをおかしている可能性もあるが、ミスリーディングもありうるし、一部のみを引用することで、その全体的な主張をあやまって読者に与えてしまう危険性もある。

さて、京城帝国大学と朝鮮総督府の単純な二分法で分けることはできないと述べたが、もちろんこの両者の間には本質的に機関としての違いがあったことは否めない。

このことは善生の言からも知ることができる。旗田巍たちと行った朝鮮総督府の調査事業を振り返るシンポジウムで善生は、「私は調査資料は学術研究とちがい、施政の参考、或いは研究の資料になるものを、できるだけ早く、多く世の中に紹介するのがよいと考え、上司の了解と激励の下に、ドンドン出す方針で最初から掛かっておりました」（善生ほか 一九六三：二二）と言う。そして「京城大学の方から特にこういう点を気をつけてほしいというようなことはございませんでしたか?」という旗田の問いに「そういうご希望があったら勿論それを考慮に入れてやったんですが、それよりは一年に二〜三冊も資料を出すことを良く思わない」（善生ほか 一九六三：二六―二七）と述べている。

その結果、朝鮮総督府において仕事をした善生は、満州、日本での仕事を合わせてであるが、「著書三一冊、論文二二八篇という大変厖大なお仕事を残し」（善生ほか 一九六三：二〇）、村山もまた民俗学関係の「著書を揃えて調べ、『朝鮮の鬼神』以下七部の書名を連ね（中略）頁数合わせて五三一七頁」（朝倉 一九九七：一〇）という業績を数えている。

一方、京城帝国大学では、「赤松先生はあまり多くの労作を残されず」（泉 一九六九b）、秋葉も「朝鮮のシャーマニズムの研究が一段落してから、先生の興味は、ゆっくり理論的側面と学生の指導に志向しはじめ」（泉 一九六九a）、『朝鮮巫俗の実証的研究』や『朝鮮民俗誌』は、帰国した後、日本で出版されたものである。

村山、善生が、朝鮮総督府に在籍する間に、その使命として数多くの調査資料を生産したのに対し、秋葉、赤松は、京城帝国大学においては研究のみならず教育にも従事せざるをえなかったこともあり、植民地期当時における著作・論文の生産量は、はるかに朝鮮総督府が京城帝国大学を凌いでいた。それぞれの機関において、それぞれの研究者は与えられた使命と任務に忠実に精励していたが、朝鮮総督府においては、それがゆえにかえって偏った評価がなされてしまったのは皮肉である。先人の残してくれた調査資料を、実証的に評価するとともに、いかに自らの研究に活かしてゆくのかを探ることが、私たちにとっての課題となろう。

四　五人の関係

一人一人の研究者についての研究が進展したことにより、彼ら五人の関係についても新たな知見を得ることができるようになってきた。これに加えて、近年は、植民地期朝鮮において撮影された映像資料に対する民俗学的・人類学的分析がなされるようになった。例えば、「村山は『調査資料』を出すにあたって、写真も収集し、そのうちのかなりのものは調査資料に掲載された。大半は自身で撮したものとおもわれるが、なかには明らかに他者から譲られたものも含まれている。六冊の市販のアルバムに、キャビネ版のものから証明写真ていどのものまで、大小さまざまな大きさの白黒写真が並べられている」（野村 二〇〇一：七〇）とある。このアルバムは、村山が物故した後、慶応大学に寄贈され、それを野村が分析している[6]。また、秋葉も「『朝鮮巫俗の研究』に、現地調査がわかるように地図とともに総計二〇八枚の写真を収めている」（崔錫栄 二〇一〇：九四）とある。そして、崔吉城はこれらの写真をはじめ植民地期朝鮮において撮影された映像資料をとりまとめて『映像が語る植民地朝鮮』（民俗苑 二〇〇九）を刊行した。ここでは、これまでの研究と写真資料に基づいて、秋葉を中心に彼らの関係について明らかにしてみよう。

秋葉隆と赤松智城

秋葉と赤松は二人の共著があることからも自明であるが、崔吉城の本に収録された「〈写真一二二〉現地調査する秋葉」という写真にも赤松が一緒に写っており、共同で研究調査をした関係にあったことが確認できる。

京城帝国大学で秋葉と赤松に師事した泉靖一は二人の人柄について、「秋葉先生が晩学で、老大家の風貌があり、温和であったのにひきかえ、赤松先生は若くて秀才、気鋭であって戦闘的であった」（泉 一九六九b）と記している。こうした対照的な二人の関係は、「秋葉先生のこのようなパーソナリティは、多くの人びとに愛されたのであるが、京城帝国大学時代における宗教学者赤松智城教授と農村社会学者鈴木栄太郎助教授との交流は、とくに印象ぶかい。赤松氏とは多くのフィールド、朝鮮各地および満蒙にいたる民族文化と宗教の共同調査は、私たち社会人類学者にとっても、うらやましいかたちの学問と友情の交流であった」（村武 一九七七：一八四）という。

秋葉隆と村山智順

野村伸一が「特に、一九三一年、村山と秋葉は済州島調査を試みていて、西帰浦の神房朴奉春からポンプリを聞き、書き留めている。こうした資料の一部も『朝鮮の巫覡』には掲載されている」（野村 二〇〇一：七五）と指摘するように、秋葉は村山とも一緒に調査に行った。

二人は、個人的にも親しくつきあっていたようであるが、そればかりでなく学問的にも協力関係をもっていた。崔吉城も「江原道江原面別神クッの現場写真は秋葉が撮ったものだ。村山は京城帝国大学民俗参考室の写真を借りて報告書に利用した」（崔 二〇〇九：一五三）、「秋葉がほぼ全的に協力関係にあった人は村山智順である。総督府調査資料を共有するなど秋葉が村山から多くの資料と情報を受けたものと考える」（崔 二〇〇九：二〇三）と、秋葉と村山が相互に写真や資料を貸借したと指摘する。

この二人の学問的関係について、崔吉城は「巫堂の入巫動機は特に秋葉の重要な理論的土台となった。ところでそれを村山の分類から影響を受けた点は注目される」（崔 二〇〇九：一五三）。「村山智順は秋葉とどのような関係であったのか。村山の巫堂入巫過程の分類がほぼそのまま秋葉のものと一致する。秋葉は村山の調査報告書（『朝鮮の巫覡』）などを利用した。村山が民間信仰、たとえば降神巫、世襲巫、学習巫、呪術士などの区分なしに広い意味の〝巫覡信仰〟と言ったのに、秋葉は李能和の『朝鮮巫俗考』から〝巫俗〟という用語を引用して使用したが、村山が分類した霊威成巫、世襲成巫、生業成巫、其他成巫の分類をそのまま利用した」（崔 二〇〇九：二二三）と分析している。

秋葉隆と善生永助

崔吉城の『映像が語る植民地朝鮮』の表紙を飾る写真の一枚に、一九三八年三月五日「今村鞆翁七旬祝賀宴」の席での写真がある（崔 二〇〇九）。これは赤松、秋葉、村山の三人が、宋錫夏、孫晋泰、金斗憲という朝鮮人研究者とともに今村を囲んでいる。上着を脱いで酒宴の最中に撮ったものであるが、全京秀の論文にはもう一枚、同じ宴の席で正装してとった記念写真が掲載されている（全 二〇〇五：一七三）。善生は「今村さんは先輩であられましてよく私の所におみえになりました」（善生ほか 一九六三：二六）と述べているが、この席には出席していない。これは善生が一九三六年には朝鮮を離れ満州に向かっていってしまったためと考えられる。

ただ、善生は朝鮮総督府の調査事業を振り返るシンポジウムにおいて「私、朝鮮を調査していて、役所の調査ですからどうしても行政区画に重きをおくことになる。所がそれを京城大学の秋葉さんは社会学の立場からどうであるとか批判されました。我々の調査は社会学とか政治学・経済学にとらわれず、今日の朝鮮の知識、今後どうすべきであるという問題点を明らかにし、それで政治家が政策をたてていくようにさせるということでしたから心外でした」（善生ほか 一九六三：三五）と述べているところから、秋葉との関係は微妙なものがあったように思われる。また、村山については同じシンポジウムで「私と村山智順氏と松田甲という漢学の先生と、嘱託はその三人だけです。（中略）松田氏が老齢でやめられてからは私と村山氏と二人に助手がつくという貧弱なものでした」（善生ほか 一九六三：二四）と同じ職場にいたという事実については語る以外、互いに相手の研究について語ったものは見られない。

五人の関係は、今村を先輩として仰ぎ、ほぼ同年代の四人は、秋葉と赤松、善生と村山は、それぞれ職場を共にしていた。そのなかで、秋葉と赤松は欧米留学の経歴を有し、秋葉と村山は東京帝国大学社会学専修の先輩・後輩にあり、赤松が明治仏教界の名僧赤松連城師の令孫として生まれたのに対し、村山は農家に生まれ寺に養子に入ったという違いはあるものの、両者は僧籍にあるという点で、秋葉、赤松、村山の三人は、それぞれに共通点ももっていた。秋葉が「老大家の風貌があり、温和であった」ことを考えれば、秋葉を中心に赤松、村山との交際があり、善生はそれとは少し距離をおいていたと推察される。

五　おわりに

植民地期朝鮮の文化人類学・民俗学分野における日本人研究者についての研究は、日本と韓国の両国で行われている。その背景と今後の課題をあげておこう。

日本側では、文化人類学・民俗学分野だけでなく、他分野における植民地期研究者の研究もうまれてきた。たとえば朝鮮総督府や京城帝国大学に勤務していた松田甲や高橋亨についての研究がある。松田については、その著書『日鮮史話』（一九七六年、原書房）などが復刻され、その中に養女の松田ゆきにより「著者について」（一九七六）が著されていたが、近年、権純哲によって「松田甲の『日鮮』文化交流史研究」（二〇〇八）が出された。高橋亨についても、川瀬貴也によって「植民地期朝鮮における朝鮮仏教観――高橋亨を中心に」（二〇〇四）が出されている。また、農村社会学の鈴木栄太郎については、その著作集『Ⅴ朝鮮農村社会の研究』（一九七三、未来社）に朝鮮時代の業績が収録されており、その評価として有賀喜左衛門の「鈴木栄太郎の朝鮮研究」（一九七三）などがあったが、近年、中生勝美が「鈴木栄太郎の朝鮮農村研究――調査地再訪ノート」（二〇〇四）、本田洋が「村はどこへいった――『朝鮮農村社会踏査記と韓国農村共同体論の位相』」（二〇〇七）で新たに検証している。今後、植民地期朝鮮の日本人研究者についての全体像に接近していくためには、これらの研究者の研究も含めて考察していく必要があろう。

韓国側では、植民地期朝鮮の日本人研究者についての研究が起こってきた背景に、自国の学史研究が盛んになってきた流れがある。そうした中で、民俗学に関連しては、李能和（李鐘殷外共著 一九九四）、宋錫夏（国立民俗博物館 二〇〇四）、孫晋泰（韓国歴史民俗学会 二〇〇三）、金孝敬（崔錫栄 二〇〇六）など、植民地期における韓国人研究者の研究が進んでいる。また、文化人類学においては、全京秀の『韓国文化人類学の百年』（全 一九九九）が刊行されている。[7] 韓国で自国の学史を研究する過程においては、植民地期の研究も避けて通るわけにはいかない。これらの研究から、日本人研究者への関心が生まれてきた。

また、韓国での近年の研究は、日本語で書かれた論文が数多く出されている。その背景には、これらの研究が日韓両国の研究者が共同で行ってきたことがある。中生勝美の植民地人類学の研究や、崔吉城の映像人類学の研究、国立民族学博物館における共同研究などを通して、日韓両国の研究者が互いに情報提供を行っている。[8]

研究の評価は、その研究者が、いつの時代に、どのような立場にあったか、また評価する人間が、どのような立場において、どのようなコンテクストで評価するのかによっても、違ってくる。その意味でも、植民地期朝鮮の人類学的研究については、それぞれ立場の異なる日韓両国の研究者による共同研究によって議論を重ねていくために、今後もさらに推進していかなければならないと考える。

注

1　孫晋泰、宋錫夏など植民地朝鮮に生きた韓国人研究者による同時代の日本人研究者に対する評価については、川村湊（川村一九九六、五二――八頁）や南根祐（南 二〇〇一：五一―五二）が言及しているが、本稿では、戦後の新しい研究動向を概説するのが主な目的であるため省略する。

2　南根祐のこうした指摘は、これまでの研究を新たな議論へと展開するものであり、柳田民俗学と朝鮮、「比較民俗学の問題」と日朝同祖論、「比較民俗学」の政治性について、「『朝鮮民俗学』と植民地主義――『遠距離砲』としての『比較民俗学』」（『国立歴史民俗博物館研究報告』一〇六号、一八三―一九七頁、二〇〇三）で論じている。しかし、その立場は、秋葉、村山、今村の研究の目的と方法に内在する支配イデオロギーを問題視し、それらは朝鮮総督府の植民地政策に直・間接的に服した御用民俗学、すなわち「植民地主義民俗学」であるとするものである。

3　秋葉隆の「深化的方法（intensive method）」については、崔錫栄も「一九三〇年代には、秋葉によって現地調査の方法についての反省があり、社会の全体構造のなかで朝鮮の巫俗を研究しようとする動きがでてきた。一九四五年八月以後、韓国人による巫俗研究は、一九五〇年代と六〇年代にかけて行われたが、韓国の人類民俗学における現地調査の方法は秋葉が提起した、〈深化的社会学的方法〉と一定の関わりをもっていたことは事実であり、そういった点から〈秋葉流〉の韓国巫俗の研究が再現されたといえる」（崔錫栄 二〇一〇：九四―九五）と評価している。

4　朴賢洙は、人類学と植民主義の関係において、日本帝国により遂行された朝鮮の社会と文化に対する調査と研究の展開過程を調べ、その特殊性を明らかにしている。そして、日本帝国による植民地研究は、地理的近接性と文化的類似性によって、日本のそれらの研究の延長線上で捉えることができた。そのため土地およびこれに関連する制度、民事法的慣例、民俗学的対象に関する調査が、こうした延長線上において進行され、統治政策上の〝内地延長主義〟を裏付けたと指摘している。

5　南根祐は「心田開発運動」と村山智順の民間信仰四部作との関係について論じ、その研究は「心田開発運動」として展開された「皇民化政策の文脈で読むとき、はじめてその実体にアプローチすることができる」（南 二〇〇一：四九）と述べている。

6　野村伸一は、これらの写真について「わたしは、これらの写真に、当時の朝鮮人の息づかいを感得することができなかった。それは現場性の欠如というか、まつりや儀礼、鬼神に関する証拠写真であることはあるが、そこには本来あったはずのひとまとまりの物語が無いとおもわれた。その上、写真には簡単なメモがあるだけで、十分にその背景が読み取れないものが多かったのである」と評しつつも、「わたしは個々の写真をみつめていくうちに、村山がたいへんな労力を注いで朝鮮文化をみわたし、それなりの体系を築こうとしたことを認めざるをえなかった」（野村 二〇〇一：七〇―一）と述べている。

7　この本は、一九九七年から九八年まで五回にわたって『韓国学報』（一志社）に連載した「屈折と跛行の韓国文化人類学百年」と一九九八年度の韓国人類学界創立四〇周年に関連し、韓国人類学の未来を展望した論文からなる。日本において、岡田浩樹・陳大哲訳で、二〇〇四年に『韓国人類学の百年』と題して風響社から出版された。

8　中生勝美は全京秀とともにトヨタ財団の支援を受けて、二〇〇二年に「日本の植民地主義と東アジア人類学」というフォーラムを開催、崔吉城は二〇〇六年に「植民地朝鮮と映像」というシンポジウムを開催、国立民族学博物館では二〇〇六年から共同研究会「人類学における韓国研究の再検討」（代表：朝倉敏夫）、日本学術振興会の二〇〇八・九年度二国間交流事業共同研究「人類学における韓国研究の検討と展望」（代表：朝倉敏夫）を開催し、日韓両国の研究者の交流を図っている。

参照文献

青野正明
一九九五「朝鮮総督府の対民衆宗教政策」『聖和大学論集』二三：一八九―二〇二頁。

一九九六「朝鮮総督府の神社政策――一九三〇年代を中心に」『朝鮮学報』一六〇：八九―一三二頁。

一九九七「朝鮮総督府の対巫俗政策」『聖和大学論集』二五：六五―七五頁。

二〇〇一『朝鮮農村の民族宗教――植民地期の天道教・金剛大道を中心に』東京：社会評論社。

二〇〇八「朝鮮総督府による朝鮮の『予言』調査」『桃山学院大学総合研究所紀要』三三（三）：一二九―一四二頁。

朝倉敏夫
一九九七「村山智順師の謎」『民博通信』七九：一〇四―一一一頁。
一九九九「解題」村山智順『朝鮮の場市研究』二七四―二九四頁、東京：国書刊行会。
有賀喜左衛門
一九七三「鈴木栄太郎の朝鮮研究」『未来』八三：二一―一一頁。
泉　靖一
一九六九a「秋葉隆先生」東京新聞（一九七一『泉靖一著作集』六：一〇―一二頁）。
一九六九b「赤松智城先生」東京新聞（一九七一『泉靖一著作集』六：一二―一三頁）。
泉靖一・村武精一
一九六六「朝鮮」『日本民族学の回顧と展望』二五八―二六五頁、日本民族学協会。
板垣竜太
二〇〇八『朝鮮近代の歴史民族誌――慶北尚州の植民地経験』東京：明石書店。
伊藤亜人
一九八八「秋葉隆」綾部恒雄『文化人類学群像（③日本編）』二一一―二二三頁、東京：アカデミア出版会。
林　慶澤
二〇〇二「植民統治とアカデミズムの間――朝鮮総督府嘱託今村鞆の活動を中心に」『フォーラム　日本の植民地主義と東アジア人類学――第一次ソウル会議』一〇三―一〇九頁、ソウル大学比較文化研究所。
二〇〇六「植民地朝鮮における日本人の村落調査と村落社会――朝鮮総督府嘱託善生永助を中心に」『韓国朝鮮の文化と社会』五：一六七―二〇二頁。
羽渓了諦
一九六〇「赤松智城博士を悼む」『宗教研究』三三（四）一二九―一三二頁。
碓井和広
一九九一「朝鮮総督府嘱託善生永助の調査研究――朝鮮流通研究文献・資料（一）」『札幌学院商経論集』七（二・三）：一六三―一七八頁。

太田心平
二〇〇四「討論文」（李大和「朝鮮総督府の風俗調査とその意図――善生永助の同族部落研究を中心に」精神文化研究院学術祭）。
岡田浩樹
二〇〇八「植民地期における『宗教』の対象化と近代――植民地期京城帝国大学宗教学赤松智城を中心として」『韓国研究センター年報』八：七七頁。
川瀬貴也
二〇〇二「植民地期朝鮮における『心田開発運動』政策」『韓国朝鮮の文化と社会』一、一〇三―一二八。
二〇〇四「植民地期朝鮮における朝鮮仏教観――高橋亨を中心に」『大巡思想論叢』（大韓民国・大真大学校・大巡思想研究所）第一七号：一五一―一七一頁。
川村　湊
一九九六『「大東亜民俗学」の虚実』東京：講談社。
菊地　暁
二〇〇七「赤松智城ノオト――徳応寺所蔵資料を中心に」『人文学報』九四：一―三五。
権　純哲
二〇〇八「松田甲の『日鮮』文化交流史研究」『埼玉大学紀要（教養学部）』四四（一）：五五―八九。
島本彦次郎
一九五六「秋葉隆博士の生涯と業績」『朝鮮学報』九：三〇三―三二二頁。
善生永助・安藤彦太郎・小沢有作・旗田巍・宮田節子
一九六三「〈シンポジウム〉日本における朝鮮研究の蓄積をどう継承するか⑤朝鮮総督府の調査事業について」『朝鮮研究月報』一二：一一〇―三六頁。
崔　吉城
一九九四「日本植民地時代の民俗学・人類学」『日本植民地と文化変容』三―三二頁、東京：御茶の水書房。
二〇〇〇「日帝植民地時代と朝鮮民俗学」中生勝美編『植民地人類学の展望』一七一―二一〇頁、東京：風響社。

二〇〇二「植民地朝鮮の民族学・民俗学」『世界の日本研究二〇〇二――日本統治下の朝鮮：研究の現状と課題』：六七―九四頁、国際日本文化研究センター。
崔　錫栄
二〇一〇「朝鮮植民地期における巫俗に対する現地調査方法の系譜」上田崇仁ほか編『交渉する東アジア』：八一―九七頁、東京：風響社。
趙　恩馪
二〇〇四「南方熊楠と朝鮮――今村鞆との関係から」『熊楠研究』六：九五―一〇八頁。
全　京秀
二〇〇五「赤松智城の学問世界に関する一考察――京城帝国大学を中心に」『韓国朝鮮社会の文化と社会』四：一五六―一九二頁。
二〇〇八「『宗教人類学』と『宗教民族学』の成立過程――赤松智城の学史的意義についての比較検討」『季刊日本思想史』七二：一〇七―一二九頁。
中生勝美
二〇〇四「鈴木栄太郎の朝鮮農村研究――調査地再訪ノート」『人文研究　大阪市立大学大学院文学研究科紀要』五五巻八分冊：三一―四三頁。
南　根祐
二〇〇一「『朝鮮民俗学』と植民地主義――今村鞆と村山智順の場合」『心意と信仰の民俗』：三三一―五四頁、東京：吉川弘文館。
野村伸一
二〇〇一「特集　村山智順が見た朝鮮民俗」『自然と文化』六六：四―八一頁。
本田　洋
二〇〇七「村はどこへいった――『朝鮮農村社会踏査記と韓国農村共同体論の位相』」『韓国朝鮮文化研究』一〇：四五―七三頁。
松田ゆき
一九七六「著者について」『日鮮史話（四）』東京：原書房。

村武精一
一九七七「末弟子から見た〈秋葉隆像〉」『社会人類学年報』三：一七九―一九五頁。

国立民俗博物館
二〇〇四『石南宋錫夏』上・下、国立民俗博物館。

金　成禮
一九九〇「巫俗伝統의 談論分析――解体와 展望」『韓国文化人類学』二二：二一一―二四三頁。

金　泰坤
一九七一「日帝가 実施한 朝鮮民間信仰資料의 問題点」『石宙善教授回甲記念民俗学論叢』：二六九―二八三頁。

朴　賢洙
一九八二「日帝에 依한 村落調査活動」『文化人類学研究』第二輯：三六―五九頁。

李鐘殷外共著
一九九四『우리 文化의 뿌리를 찾는 李能和研究――韓国宗教史学을 中心으로』集文堂。

印　権煥
一九七八『韓国民俗学史』悦話堂。

全　京秀
一九九九『韓国人類学百年』一志社。

崔　吉城
一九九二『日帝時代一漁村의 文化変容』上・下、亜細亜文化社。
二〇〇九『映像이 말하는 植民地朝鮮』民俗苑。

崔　錫栄
二〇〇六「金孝敬의 〝巫堂이즘〟에 関한 基礎的研究」『韓国民俗学 日本民俗学』Ⅱ、国立民俗博物館。

韓国歴史民俗学会
二〇〇三『南滄孫晋泰의 歴史民俗学研究』民俗苑。

第四章　朝鮮総督府調査資料と民族学
――村山智順と秋葉隆を中心に

崔　吉城

村山智順と秋葉隆は二人とも東京帝大社会学専攻を卒業した社会学者であり、植民地朝鮮においてほぼ同じ調査研究を行った人でもある。ただ村山が七年ほど先に朝鮮に来て調査活動し、その後から秋葉がきて研究調査をはじめたので、約一〇年間二人が時期的にダブっている。ただ村山は植民地機関の中心である総督府に、秋葉は植民地教育機関のセンターである京城帝国大学で仕事をした点が似て異なる点である。二人が影響しあったことは想像でき、特に村山から秋葉への影響は大きかったと思われる。しかしその関係が明確にされていない。一般的に学術教育機関としては京城帝国大学に対して、朝鮮総督府は植民地支配の機関とされて、分離独立的に思われるが、二人は調査研究において情報を共有し、場合によっては連携協力関係にあった。秋葉隆の巫俗研究は村山の『朝鮮の巫覡』と同様なもの、あるいは似ているものが八割ほど占めているといえる。

一　はじめに

朝鮮総督府は調査を行い多くの資料を発行した。それが植民地政策にどのような位置付けされたかは未だに定かではない。つまりその調査が普遍的な、学術的に行ったとはいえなくとも、今村鞆の氏名に関する調査（今村　一九三四）、善生永助の姓氏に関する研究（善生　一九三四）などは一九三九年創氏改名のための政策的な調査とは無関係とは言えないだろう。また墓地政策の問題点から村山の朝鮮の風水に関する調査が行われたことなど政策と関連があったと思われる。[1]ただどの程度直接、間接的に関わったのか、また採択されなかった調査資料も多かったはずである。それは現在の科学研究費による研究やそのほかの研究においても言えることであろう。しかしこれらの膨大な資料は朝鮮の民族学・民俗学などに重要な基本資料にもなっていて、最近では多く翻訳されるなど重要視されている。近代科学として民族学的な調査研究は西洋宣教師などによって行われたが、その基本文献資料の整備などは日本人によって成し遂げられてから本格化したといえる。たとえば今村鞆の基礎文献資料集は朝鮮民族学の草分けであった。[2]

韓国では戦後その資料に関して一部の研究者によっては植民地施政用の資料として無用論を主張して、日本植民地時代の調査資料や日本人の研究には否定的だったが近年肯定的評価へ変化しつつある。それは日本植民地朝鮮における資料や研究が現在の研究においても参考になり、継承して発展すべきであるという認識からであろう。私は以前『朝鮮の風水』『朝鮮巫俗の現地研究』（以上、崔吉城訳）『朝鮮の類似宗教』（張相彦と筆者の共訳）などを韓国語で翻訳し、目下『朝鮮の巫覡』の韓国語訳（近刊）を終えながら感じたことは多く、朝鮮総督府調査資料を再検討すべきと痛感した。

本稿では植民地統治の拠点ともいえる朝鮮総督府が実施して得られた資料がどのように民族学的に利用されていたかについて考察する。特に一九三〇―四〇年代に朝鮮で活躍した二人の調査研究者に絞って植民地朝鮮における民族学史あるいは民俗学史の学問的理論化をする上で重要な意味を持つのではないかという問題意識を持って注視したい。一九三〇年朝鮮総督府では村山智順が中心に全国警察を通して朝鮮巫俗に関する調査を行い、膨大な資料を集めた。そしてその資料は二年後『朝鮮の巫覡』として出版された。その調査の最中に秋葉隆がそこに加わったようであり、調査資料の内容や学説的に村山と秋葉が共通することが多く、その独創性やオリジナリティが誰のものであるか不明な点が多く、朝鮮総督府の調査が京城帝国大学の秋葉と共有したことが分かる。それが個人的なことか、制度的なことかは別として、二人によって民族学的な分析が行われたことに注目したい。

植民地朝鮮の民族学における村山智順と秋葉隆はその時代の代表的な民族学者といえる。二人は学説的に関連が深いと思われる。植民地朝鮮における民族学の代表的な学者としては京城帝国大学の秋葉を挙げることに異議はないであろう。私もそれは十分認識している。それに比して朝鮮総督府の嘱託であった村山智順についてはよく読まれながらも、評価が高くない。特に日本では秋葉隆の研究に比べて村山智順はほとんど知られていないが、二人は研究を協力したようである。東京帝大の同窓、先輩後輩関係であることとは別にして、学問の協力は十分あったと思われる。本稿では学説史的に考察して、それぞれの研究成果を見ていきたい。

村山智順に関しては朝倉敏夫（朝倉 一九九七）と野村伸一（野村 二〇〇一）によって年譜と業績が一覧できるようになった。村山は一八九一年生まれ、一九一九年七月に東京帝国大学文学部哲学科（社会学専修）を卒業した。東京帝大を卒業した時が二八歳で、その年、朝鮮総督府の嘱託として朝鮮に赴任した。彼が朝鮮に滞在した時期は、一九一九年から一九四一年である。二〇年ほど、総督府の枠組に従って仕事をつづけた。一九四一年、帰国後、新潟の実家である妙広寺の住職となり、一九六八年、享年七七歳で逝去した。

村山は警察署、各級官公署の役人、小学校の教員を通して質問紙による調査資料、および古文献、新聞記事から資料を収集し、そして直接現地調査したことも多い。一九二五年『朝鮮の習俗』(3)という案内書をはじめ、一九二七年最初の報告書『朝鮮の服装』を書き、一九二九年『朝鮮の鬼神』、一九三一年『朝鮮の風水』、一九三二年『朝鮮の巫覡』、一九三三年『朝鮮の占卜と預言』、一九三五年『朝鮮の類似宗教』、一九三七年『部落祭』、一九三八年『釈奠・祈雨・安宅』、一九四一年に『朝鮮の郷土娯楽』などを著した。衣食住、鬼神にまつわる在来の宗教観、風水、部落慣行、あそびと多方面にわたり、調査を行った。これらの調査研究はばらばらのものではなく、一貫している。村山は朝鮮の巫覡の中で巫覡の機能として娯楽芸能の機能を主張している。それが『朝鮮の郷土娯楽』とつながっている。彼は植民地のセンターとも言われる総督府の嘱託、係長として日本政府の政策に賛同したこともあった。一時的ではあったが雑誌『朝鮮』の編集者になった村山は「南京の陥落を祝福し」と「編輯後記」（一九三八年一月号）に記している。

秋葉隆は一八八八年に生まれ、一九二一年三三歳で東京帝大を卒業し、イギリス留学などを経て一九二六年に京城帝国大学教員として赴任した。二人は先輩後輩関係であり、親しく家族ぐるみで付き合ったという。秋葉が三歳上であり、大学は村山が二年上である。二人が京城で出会ったのが一九二六年としたら村山は朝鮮に来てすでに七年経過していることになる。秋葉が村山にいろいろと世話になったことは十分想像できる。

二　朝鮮総督府調査と村山智順・秋葉隆（一）

朝鮮総督府の嘱託である村山智順は一九三〇年警察を通して巫俗調査を行った。彼は文献資料と共に現地調査も多く行なっている。そしてまとめや分析も行って『朝鮮の巫覡』（一九三二）を出した。本書の資料は警察による調査資料だけによるものではない。彼自身の現地調査に依るものも多い。それ以外に京城日報、歴史的文献資料、李能和、赤松、秋葉、金東弼の諸氏の引用や協力によるものが基礎となっている。そしてそれに村山自身が直接調査したものに基づいて立論している。彼の調査と著述が警察による調査といえ、当時の京城帝国大学の民族学者の秋葉がそれを多く利用している。

植民地の行政府と警察がセットになって行った調査なので悪い印象を与え、朝鮮総督府の調査資料はあまり信用されず、また植民地主義者のように思われやすい村山智順が行った現地調査資料の収集や理論もあまり検討されなかった。しかし筆者は研究資料として史料価値がその印象によって左右されるべきではないと思っている。当時の警察は末端の行政機関ともいえるほどネットを張っていたし、情報を持っていたので警察による資料収集は、その精度において問題があるとは思わない。

以下、村山の『朝鮮の巫覡』をテキストにして重要なポイントと秋葉との関連性を考究してみたい(4)。

巫称の「巫堂」について

一九三〇年調査によって朝鮮半島の巫俗が南と北で異なり、特徴があることが明らかになった。巫業者が最も多いところは京畿と全南だ。人口十万当り一五〇人以上の密度を見せる地方は京城一円である。一〇〇―一五〇人までの密度を見せる所は安城、八〇―一〇〇人の所は楊州、広州、龍仁、水原などである。次に全南の巫覡密度は人口十万あたり一五〇人以上が木浦、海南、珍島、一〇〇―一五〇人は済州道、宝城、高興だ。全国的に巫女の密度を地域的に観察すればその分布状況は概して気候や経済的に良好な地域にその密度が高い。したがって巫女の密度は人口密度と比例しているといえる。

「巫堂」が通称ということが分かった。ただ南部地方では主に巫女をタンゴルといって、男巫を才人と呼ぶ所が多い。中部地方ではほとんど巫堂を巫女、男巫を拍手と呼ぶ。西北地方ではほとんど巫女と呼んで、男巫を卜術と呼ぶ所が多い。きわめて概括的に話せば北部地方にあることが南部地方にないということではなく南部地方のものが中西部地方でも見ることができることだ。

村山は『朝鮮の巫覡』の序頭において「巫覡の称呼」についてまとめている。つまりそこで全国的に一番多く使われている巫の通称は무당（Moo tang）と分かった。巫称は数種に止まらず、その分布が雑然混交して、地方的にその分野を定めることは困難であるが、概観すれば무당（ムーダン）が通称である（村山 一九三二：四〇—四一）。ただ重要な文献記録には무당（ムーダン）という称呼がない。それは巫堂という巫称がまだ定着していないか、あるいは全く朝鮮語の俗語であって、記録語になっていないからなのであろうか、また文字通り巫覡の住所または祈祷所を呼ぶのに「巫堂」と称したからであろうか。ここで村山は李能和の論考（「朝鮮巫俗考」『啓明』一九号）を引用して[5]、巫堂については、王宮内に出入りする巫女を国巫堂等の文献を辿り「巫女が神を祀る家という巫堂」であると主張した。つまり村山は李の説を受け入れたのである。

僧侶の住所又は祈祷所たる佛宇、道場に對して巫覡のそれを「巫堂」と呼んだことは既に高麗時代に於て之を見出すことが出来る。高麗の末葉、恭譲王の三年、政堂文學鄭道傳の上疏中には次の如く『殿下即位以来、道場高峙於宮禁法席常設於仏宇道殿之醮無時巫堂之事煩瀆』（高麗史）と正しく巫堂の文字を使用して巫覡の祈祷所（乃至住所）の意味をあらはしているのである。叉同じく恭譲王の朝に上疏した金子粋の疏文に拠れば『國中設立巫堂既為不経所謂別祈恩之處又不下十余所四時之祭以至無時別祭一年（以下略）

日本で寺僧を僧侶や尼僧などの称呼があっても民間では普通「お寺様」「お坊さま」「ぼんさん」、僧尼の住所又は祈祷所である建物たる寺坊を以て僧尼と称呼としたと同様に、朝鮮でも巫、覡等の立派な称呼があるにもかかわらず彼らの住所又は祈祷所たる巫堂をそのまま巫覡の称呼として俗称したものではなかろうか。また高麗におけるが如く、国巫、国巫堂、巫堂巫の名称を普及せしめる有力な動機となったものであると考えられる(6)。

秋葉はこの説に「朝鮮の巫称に就いて」（一九三二）という反論を書いた。論文末に「一九三〇年一一月二二日・京城にて脱稿して」と記している。上記の村山説が載った『朝鮮の巫覡』が出版されたのが一九三二年三月であり、これよりは秋葉の論が一年先に出たのである。秋葉の論文では李能和説に反論するだけで、村山の朝鮮の巫覡や総督府の資料については一切触れていない。それは秋葉が村山の上記の論を知らなかったか、無視しているかのようである。秋葉は朝鮮総督府の調査資料を知っていたにしても、まだ発行されていないから引用しなかったはずである。

秋葉は「臨地調査」を行っていないのに「従来の調査旅行だけで得た吾々の資料を記述することから仕事を始める」といい、ムーダン（Mudañ）は巫堂であろうかと疑問を投げ掛けて李能和説に反論する。「臨地調査」を行わないのに「吾々の資料」というのは、上記の総督府の調査資料を含むということであろう。村山は『朝鮮の巫覡』で李能和説を引用して立論した巫女の堂から「巫堂」と主張したのに対して、秋葉が反論するのはなぜであろうか。悪く言えば秋葉は村山から聞いたことを先取りし、朝鮮ではなく、日本で発表するので、甘く考えたのではなかろうか。秋葉は次のように書いている（秋葉　一九三二：（『韓国巫俗論集』一九九二：一八七―二〇六から再引用））。

> 朝鮮巫俗考の著者李能和氏は、夙に民俗の熱心なる文献的研究者として、私の尊敬する学者であり畏友でもある
>
> （略）
>
> 李能和氏は「我語女巫を呼んで巫堂と曰ふ。蓋し女巫の神を祀るの所を堂と曰へばかり」と云って、高麗史恭譲王三年、政堂文學鄭道傳の上疏に『殿下即位以来、道場高く宮禁に峙ち、法席常に仏宇を設けられ、道殿の醮時無く、巫堂の事煩瀆なり』と論じているが、まことに尊敬すべき暗示ではある。併しながら玆に巫堂とあるのは明らかに道殿に対立するものであって、それは何等巫そのものを意味したものではないことは言う迄もない。而して此のことは同

じく恭譲王の朝、金子粋の上疏の中に「國中巫堂を設立す。（略）」[7]

秋葉は、注⑫で「終りに朝鮮巫俗研究の先輩鳥居・李能和両氏の高説に対する失言を謝す」と書きながらも、ムーダン（Mudan）とは「巫家の神堂を巫堂と呼んだらしい一つの方言をも知らないし、又巫家そのものを巫堂と言う慣習をも知らない」（秋葉　一九三一：二〇六）と李の説を否定する。しかしそれは村山の説明には一言も言及していない。これは村山の意見を無視したことなのであろう。『朝鮮の巫覡』が出版されたほぼ同じ頃にこれらの文が出たので、李の説を肯定した村山と秋葉はそれぞれオリジナリティがあるといえる。以前から鳥居などムーダンの語源については巫称に関心があり、また総督府の一九三〇年八月の調査でも重要な項目であり、その結果が村山のまとめでも重要な項目であったことを、秋葉が直接的、あるいは間接的に知ったようである。

巫になる動機

村山の『朝鮮の巫覡』のなかで最大のオリジナリティのあると思われるテーマはシャーマンになる動機である。一般の人が巫になることを「入巫」「成巫」という。それは降神あるいは接神してから学習や修業などを経て一人前の巫になることを言う。シャーマニズムの研究においてはその動機によって脱魂型、憑依型などに分類するなど重要な基準ともいえる。村山も早くからその動機に関心を持っていた。朝鮮の巫俗において巫になった人は生活状況上、生計が困難であるために巫業に従事する動機が最も多くて、先祖代々両親から受け継ぐ世襲巫が二番目で、神秘的なインスピレーションを受けて憑依によって巫になる霊感巫が三番目に多い。その他勧誘によって巫になった人、神の恩恵を受けるためにまたは誠実に労働したくない人が巫になる場合も少なくないという。「巫覡業者となったものが第一を占め、祖先父母より世襲的にこれを業とするものが第二に、神秘的な霊感によって成ったものが第三に位し」（秋葉　一九三一：

表4－1　村山智順と秋葉隆の用語の対照

村山智順	秋葉隆
巫俗　　巫病	巫俗　　巫病
世襲成巫、霊感成巫、生業成巫	世襲的入巫、降神的入巫、経済的入巫

（出典：村山智順 1932『朝鮮の巫覡』、赤松智城・秋葉隆 1937『朝鮮巫俗の研究』上、赤松智城・秋葉隆 1938『朝鮮巫俗の研究』下、秋葉隆 1950『朝鮮巫俗の現地研究』）

（『韓国巫俗論集』一九九二：二〇六）としている。「霊感成巫と世襲成巫と生業成巫」の分類は朝鮮巫俗の全体を把握した重要なものである。

秋葉は一九三一年にこの「朝鮮巫人の入巫過程」で村山智順の三分類を「世襲的入巫、降神的入巫、経済的入巫」としている。しかしここでも村山のことを引用していない。秋葉が一年前に総督府の調査資料を参考にしたのか、あるいは村山が秋葉の論文を参考にしたのかだが、そのオリジナリティは村山にあると思われる。

「朝鮮巫人の入巫過程」を一九三八年に再収録した赤松智城と秋葉の共著の『朝鮮巫俗の研究』においては、「入巫過程を全般的に亘って考察するならば、昭和五年朝鮮総督府が全鮮警察署の報告によって得た統計を私の入巫類型によって再整理してみると次の如くなる[8]」という記述から、秋葉が朝鮮総督府の調査資料を利用したことが明らかになる。したがって秋葉は巫称に関する論文もその資料を利用したことに間違いない。

秋葉がシャーマニズム（巫俗）に関心を持ったのは一九三〇年代からである。秋葉隆の研究の中で理論的に重要な「降神巫と世襲巫」の区分、家祭と洞祭において巫俗と儒教の二重組織に関する独創的な理論はどこから出たものであろうか。「巫俗」という用語（村山一九三二：二一九）は李能和の「朝鮮巫俗考」からであろう。「巫病」は「巫に成るものは神の意思によって各種の苦痛が与えられる病患」（村山一九三二：四九五）という文章を使用している（表四―一参照）。

表4－2　村山智順の調査した長興のタンゴル制（1930年11月調査）

新月里	節家（巫夫　節卜同　三七歳、巫女（右母）李看村　六一歳）賎民
分土里	鄭家（巫夫　鄭江同　三六歳、巫女　（右妻）金丁禮　三八歳）賎民
道庁里	朴家（巫夫　朴章玉　四五歳、巫女（右妻）車北女　四二歳）賎民
会真里	朴家（巫夫　朴成淑　三一歳、巫女　（右妻）孔愛順五〇歳）賎民
同	鄭家（巫夫　鄭基洙　四九歳、巫女（右妻）崔ミル錦四九歳）賎民
逢亭里	趙家（巫夫　趙明学　五一歳）賎民
新上里	金家（巫夫　金永順　五三歳、巫女（右妻）朴昌任　四八歳、 長男（巫夫　金士川　二八歳、巫女（右妻）李今順　二二歳）賎民

村山は、全羅南道長興郡、大徳面には14部落の中で6つのタンゴル家があると『朝鮮の巫覡』に記した。
（出典：村山智順1932：482）

巫団

村山は巫になる動機が地域と社会階級によって異なっている点に注目した。特に朝鮮半島南部に多く存在している世襲巫は両親先祖代々巫業を受け継いできたので、その子孫もやはり巫業者になるのだ。巫女の大部分がその巫業を修練する所は家庭で両親から習得したり、神霊によって山野で修業したり、または先輩にある程度見習したりする。多くの人は個人的に授業をするが、時によっては特定の過程を経てこれに合格して巫女になる。こういう成巫のための授業する機関として巫女を養成する所もある。この成巫機関は〈神庁〉、〈卜庁〉、〈学習庁〉等と呼ばれる。

それについては警察の報告に基づいたと思われるが、現地調査によって具体化されている。全羅南道、光州地方では今はないが町に一ケ所は神庁があった。神庁とは巫人の集会所で祭事、相談、研究などをする場合にも使われる。全羅南道、羅州には神庁が現存している。神庁が不浄にふれる恐れがあると現存する所から移転して新築したのだ。中央後方に霊廟があって、その中に〈先生案〉と呼ばれる昔の先輩巫の人名録が安置されている。ここで巫になろうとする人の入門祭をおこなう。入門祭とは新巫が旧巫になる〈奉神祭〉という式典だ(9)。

村山は全羅南道のタンゴル制の数例を詳しく記述している。これは巫女と信者との間に結ばれた信仰団体、宗教団体である。こういう制度は上古からすでに存在したことだろうと考えられる。記録によって痕跡を探すことができる。仏教寺を中心にした信仰組織からタンゴル制度の起源を考察した。

村山智順は昭和五（一九三〇）年一一月に全羅南道の世襲巫のダンゴル組織に関して直接に現地調査した[10]（村山一九三二：四八二）。これはおそらく主に警察の報告による内容（『朝鮮の巫覡』：一五七―一六四）を参考にして直接現地調査を行ったものであろう。それにタンゴルと称する一種の宗教社会、即ち巫信仰に依って結合された、巫と信巫者との団体があることを看逃してはならない。この巫教社会の現存するところは表四―二の如くである。村山は次のようにその重要性について触れている。

現在あのところこの巫団制度の存在するのは、南鮮殊に全羅南北両道一円及び忠清南北道慶尚南道の一部であるから、これが朝鮮全体に渡って普及していた巫団制度であったか否かは即断を許さないが、この制度は朝鮮における巫の需要から考察して極めて興味あるものである（村山　一九三二：四七五）。

この情報は秋葉にも伝わり、共有したのであろうか、秋葉がその翌年一九三一年一一月一六日全羅道タンゴル調査・長興神庁などを訪れ、より詳しく調査をした（秋葉　一九五〇：図録二四、二五）。村山は一〇月には済州島に秋葉とともに調査旅行の後で訪ねたことになる[11]。

秋葉は一九三二年『社会学』五号に「朝鮮の巫団」を寄稿した。しかし『朝鮮巫俗の研究』（下）に再掲載した論文、「一一章　巫の社会生活」〈巫と村落〉の注二六に「村山智順・朝鮮の巫覡　四八一―四八二頁」と記している。これを推測してみると『朝鮮の巫覡』が発行される前に脱稿したものと思われる。しかし秋葉は警察による総督府（村山）調査資料の情報を知って、さらに村山からのタンゴル巫に関する重要な情報をもらって追跡調査を行ったと思われる。

表4-3　村山と秋葉の巫団調査日程対照

	村山　一九三〇年一一月調査		秋葉　一九三一年一〇月調査	
一	光州	特約関係	水原（京畿）	才人庁
二	海南	タンゴル巫朴家	海南	巫夫契、朴得春
三	長興	タンゴルのリスト	長興	巫団の先生案
四	羅州	巫と宅との一つの信仰団体	羅州	神庁、
五	順天	祈祷区域、巫へ給与		

（出典：村山智順 1932『朝鮮の巫覡』、赤松智城・秋葉隆 1937『朝鮮巫俗の研究』上、赤松智城・秋葉隆 1938『朝鮮巫俗の研究』下、秋葉隆 1950『朝鮮巫俗の現地研究』）

なぜ秋葉はそれを引用や付記もせず自分のアイディアで調査したように書いたのであろうか。おそらく資料の総括や整理段階で秋葉が何らかの形で関与したからであろう。一緒に行ったか、あるいは村山から情報を得て現地調査を行なって多少深化をさせたのだろうか。間違いなく秋葉は総督府の警察調査資料を利用したようである。その点に就いて秋葉は明確にしていない。ただ後に引用はしている。世襲巫に関するオリジナリティといえば村山にあるだろう。逆に秋葉からアドバイスを受けたこともあったかもしれないが、秋葉は総督府資料に基づいて巫俗研究がより早く深まったようである。村山と秋葉の巫団、タンゴル制度に関してはほぼ共通のアイディア、認識であったのである。秋葉は一九二七年赴任して以来、村山の研究から多くの資料や情報を得てシャーマンの研究へ進んだようである。

二人の論文を対照して表で見せると上の如くである（表四―三）。村山は巫と信者との関係から巫の需要に注目していたが、秋葉は巫団を秘密結社的に見た。総督府（村山）の情報に基づいて秋葉が現地調査を行なったと思われる。ただ秋葉がその事情に就いては触れていないので秋葉のオリジナリティのように思われるが、それは当時共同作業が私的、公的に行われたせいではないかと考えられる。筆者は、村山と秋葉の巫の実名の長興のタンゴルのリストと海南の朴得春を探すことによって、現地調査をしてタンゴルと信者関係、タンゴル同士の内婚によるネットワークを明らかにした。

三　朝鮮総督府調査と村山智順・秋葉隆（二）

儀礼の分析

村山は巫儀に関して赤松智城の研究を引用した。赤松は宗教学からシャーマニズムに関心を持っていた（全京秀二〇〇八：一二六）。村山は小祈祷と大祈祷に分けて、この例を大祈祷として挙げた。「大祈祷の実際は京城大学教授赤松智城氏が、京城地方に行はる代表的巫儀の一つである〈薦新賽神の行事〉を発表されて居るが、これはよく巫儀の実際を写して余りなきものであるから、大祈祷実際の一例として左に摘録するであらう」（村山 一九三二：二八八）として「以上は主として現在京城の一老巫女（元韓国宮廷にも出仕せる者）の口伝に依る金東弼君の報告に基づき、且つ自分の実見調査に照らして、薦新賽神の次第を摘記したものである」[12]（圏点は崔吉城）とクッ（巫儀）を観察して、金東弼の記述に基づいて全体の段階を詳しく紹介して説明した（村山 一九三二：二八八）。

一九三八年、この一六頁の部分はそのまま、まったく同じ文章で赤松・秋葉の共著『朝鮮巫俗の研究』の「第五章 薦新賽神の行事」に掲載されている。それは「一種の季節祭であると共にまた家族の祖先崇拝の一形式をも示す重要な巫祭」（赤松・秋葉 一九三八：一三四）という文章であり、儀礼説明の終わりの文章である「以上は主として現在京城の一老巫女（元韓国宮廷にも出仕せる者）の口伝に依る金東弼君の報告に基づき、且つ自分の実見調査に照らして、薦新賽神の次第を摘記したものである」（圏点は崔吉城）という一文もまったく同様である。ただ、特徴の一つは「仏事床」とそのお供え、「帝釈」など仏教の影響があるという指摘、帝釈の儀礼の服装と歌は僧侶のものと同じという指摘、〈念仏として南無阿弥陀仏〉が唱えられること、長生き、子供授かり、富者になることへの祈り、極楽への希望などが書き加えられたことが特色である。清浄な神聖感に包まれてクッに参加した人に大きく慰安と歓喜を与えていると書き加えている。

二人が「実見」したということから同じ文が載っているのはおそらく事実であろう。一緒に儀礼を見たはずである。しかし二人が儀礼を聞いて採録する能力はなかったと思われる。二人とも金東弼の助力に依らざるをえなかったであろう。[13] 赤松や村山がこのようなクッの巫歌などを聞き取れるとは私の調査経験からは不可能であると思うからである。村山は金東弼の協力を記しているが、赤松は論文には記していない。したがって金が作成した文章を二人とも利用したに過ぎないであろう。当時植民地支配者として調査をする研究者が朝鮮の巫俗などを研究しようとすると、李能和などの先駆的な研究、そして優秀な朝鮮人の助手によらなければよい成果を出せなかったといえる。この村山（一九三二）の記述の薦新祭の巫儀は、赤松・秋葉の共著『朝鮮巫俗の研究』（上、一九三七）の京城十二祭次（巨里）の内容とほとんど同じである。これはおそらく二人とも韓国語ができず金東弼の資料を利用したからであろう。

巫祖の伝承

村山は巫になる信仰を物語る伝説として壇君出生伝説、真智霊御伝説、美女奉仕伝説、崔瑩祠處女奉仕、錦城山祠祭祀を説明し（村山　一九三二：一四九—一五二）、巫病と関わる巫祖伝説を現地調査と文献によって論じている。また済州島で収集した神話「初公縁起」と「神僧都縁起」を収録している（村山　一九三二：四九五—五二〇）。これが秋葉の目玉研究テーマの「巫祖の伝承」になっている。この論文は一九三三年朝鮮総督府機関紙である『朝鮮』（二一六号）に掲載されている。文末には「昭和八・四・六、京城にて」と記されている。ここでは『朝鮮の巫覡』が引用されている。

朝鮮の巫覡の著者村山智順氏の調査によれば、全羅南道羅州邑内及び其付近の巫家は、皆項王帝（男神）公心軒（女神）と称する主神を奉じ、通例白紙に米を入れたものを其神体として居るが、此の男神は朝鮮上代の王子であり、女

表4-4　村山と秋葉の翻訳対照

	村山本	秋葉本	内容
초공본푸리	初公縁起	初公本解	
양두부처	夫婦	二組の夫妻	夫婦が正しい
무슨본푸리냐	脱落	完全	
후박	カボチャ	厚朴	南瓜
원천강	元天降	袁天綱	

（出典：村山智順 1932『朝鮮の巫覡』、赤松智城・秋葉隆 1937『朝鮮巫俗の研究』上、赤松智城・秋葉隆 1938『朝鮮巫俗の研究』下、秋葉隆 1950『朝鮮巫俗の現地研究』）

神は其娘であったと云はれ、「王女が年頃になった頃、精神に異状を呈し、いろいろ医薬に手を尽くしたけれども癒されず、果ては神がかりの状を呈して祈祷などをするやうになった。この所行に驚いた父王は王女を一室に入れ、幕を垂れて外部と遮断し、侍女をして之を監視させて置いた。処が王女は決して祈祷をやめず、遂にはこの室に出入りする侍女達迄も、何時しか王女の感化を受けて祈祷法を習得し、病気災厄等のある機会にそれを実行して見ると、立所に病気は平穏し、災厄は解消する。そこで三年の後、王は王女の監禁を解いて、その意に任せたが、この侍女達が祈祷法を他の女達に伝へ、かくてこの祈祷法は全鮮に伝播した」と云ふ話がある（村山　一九三二：五一九―五二〇）。

村山は、こうも書いている。

附記、この本プリは昨秋同学秋葉城大教授と著者とが、済州島旅行の際初めて知った、本プリの暗誦者西帰浦の神房朴奉春氏の口述を当地普通学校長川原勘次氏及び同訓導李大志氏に採録してもらったので、プリはこのほか猶ほ天地ポンプリ、逮使ポンプリ、世経ポンプリ、天主王ポンプリ、明晋国生仏祖母ポンプリ、門前ポンプリ、軍雄ポンプリ、七星ポンプリ等多数に存在するのである（村山一九三二：五一九―五二〇）。

これらの巫歌はハングルで採録されたが、村山は翻訳の「初公縁起」と日本語とハングルの対訳本の「新僧都縁起・신중도푸리」の二篇を載せている。秋葉は全部ハングルと日本語を対訳して載せている。「秋葉本」は当然「村山本」を参考にしたはずである。前者に訳されなかったものが訳されたことがあるが、あえて間違ったところもある。村山本が意訳とすれば、秋葉本が直訳で、註もつけている。ハングル本は敬語体が両方とも敬意度が異なる。二つの本は異なる人によって訳されたようである。

四　おわりに

村山智順と秋葉隆は朝鮮総督府の調査資料に基づいて立論している。二人とも東京帝大の社会学専攻を卒業した社会学者であり、植民地朝鮮においてほぼ同じ調査研究を行った人でもある。村山が七年ほど先に朝鮮に来て調査活動していて、後から秋葉がきて研究調査をはじめたので、約一〇年間、二人が時期的にダブっている。ただ村山は植民地機関の中心である総督府に、秋葉は植民地教育機関のセンターである京城帝国大学で仕事をした点が似て異なる点である。二人が影響しあったことは想像でき、特に村山から秋葉への影響は大きかったと思われる。しかしその関係が明確にされていない。一般的に学術教育機関としては京城帝国大学に対して、朝鮮総督府は植民地支配の機関とされて、分離独立的に思われるが、本稿で分かるように調査研究において情報を共有し、場合によっては連携協力関係であったようである。

私は自分の論文が数人によって数回引用という形式なしで使われて独創性が侵害されたこともあり、遺憾に思い、以前から研究論文などは考察検証すべきだと痛感しており、学説史的読みが必要と思っていた。本稿では『朝鮮の巫覡』を主にして研究上の独創性を考察してみた。村山がこの著を出したのは直前に出した『朝鮮の鬼神』に次ぐものである。彼は文献研究や新聞からの記事を資料化したが、社会学的なアンケート調査も行っている。それが一九三〇年、朝鮮総督府管轄の警察を通して調査したものである。詳しいことは分かっていないが、夏にはほぼまとまったようである。その回答をまとめながら関心の高いところへ確認するための調査を行った。特に巫の宗教団体といえる巫団、タンゴル制度に関心をもって全羅南道地域を旅行したのがそれである。

また村山は日本と朝鮮でシャーマニズムに関心があることからもそれに注目した。シベリアおよびモンゴルのシャーマン研究の権威者のバンジャロフ（一八四六）はシャーマンには司祭（Priest）、医巫（Medicine-man）、予言者（Prophet）の職能があると述べている。また朝鮮においては鳥居龍蔵、李能和などの研究が出ていた。村山はそれらを参考にして巫団のタンゴル、成巫過程、巫儀、巫の四つの機能、[14]巫祖伝説などの資料を整理して論じた。巫の機能についてはバンジャロフを参考にして、朝鮮の民間における三職能以外に異なるものを一つ添付するならば娯楽、芸能者の職能があると朝鮮巫俗の特色を主張した。

村山より七年ほど遅く朝鮮に来た秋葉隆は京城帝国大学赤松智城と共同研究で朝鮮巫俗の研究を始めた。朝鮮人協力者の金東弼によって情報を得て、儀礼をみたり調査したりしたようである。秋葉の巫俗研究は全体的に村山のものとダブっている。全く同様なものは文章で一六頁、巫歌二篇、写真四枚であり、[15]秋葉の理論と内容は全般的に村山の朝鮮の巫覡と同様なもの、あるいは似ているものが八割ほど占めているといえる（表四―五）。村山の文献を引用しても、秋葉は引用した事実を明記しない傾向がある。

秋葉は巫俗研究の刺激を受けたことを今村鞆の『朝鮮風俗集』からと言っているが、実際は村山と赤松からだと思われる。[16]彼より先に朝鮮に来て巫俗信仰を調査研究している同学の先輩から協力を得ており、影響されるのは当然であろう。村山の朝鮮総督府の調査資料を共有して利用した。その意味で彼の学問も大分朝鮮総督府の調査によったものであ

表４-５　村山の朝鮮の巫覡と秋葉の理論と内容の対照表

村山智順 『朝鮮の巫覡』	赤松智城・秋葉隆 『朝鮮巫俗の研究』 （上、下）	秋葉隆 『朝鮮巫俗の現地研究』
第一章 巫覡の分布	巫祖伝説	序説
第二章 **巫覡の称号**	**巫の呼称**と種類	巫祖の伝説
第三章 成巫の動機と過程	入巫過程	**巫の呼称**と類系
第四章 巫行神事	巫俗の神統と聖所（赤松）	入巫過程
第五章 巫祷の儀式	薦新賽神の行事（赤松）	巫祭（一）
第六章 巫覡の需要	家祭の行事	巫祭（二）
第七章 巫覡の影響	村祭の行事	巫装・巫具・巫楽
第八章 巫具と巫経	巫装と巫具	巫の家族生活
第九章	巫歌と巫経	巫の社会生活：巫団、タンゴル制度
第十章	巫の家族生活	結語
第十一章	巫の社会生活	
第十二章	巫俗と道仏二教との関係（赤松）	

（出典：村山智順 1932『朝鮮の巫覡』、赤松智城・秋葉隆 1937『朝鮮巫俗の研究』上、赤松智城・秋葉隆 1938『朝鮮巫俗の研究』下、秋葉隆 1950『朝鮮巫俗の現地研究』）

る。村山がシンガポール陥落を祝ったような態度は秋葉にも共通であった。

　彼らの巫俗研究は朝鮮半島全体の文化を調査したものとして大きい意味がある。戦後朝鮮半島は南北に分断され朝鮮半島全体の調査は不可能である。彼らによって巫俗は一つの社会現象として考究されてきたが、戦後韓国のナショナリズムにより伝統文化に注目した上、国文学者による研究が盛んになり、社会学的研究は軽視されていた。

注

1　『朝鮮の風水』（朝鮮総督府一九三一）の第二部「墓地の風水」第一章「朝鮮の葬墓」で村山智順は一九一〇年の植民地政策として行った「墓地規則」と「衛生法規」が朝鮮に合わなかったことから風水を考えたと言う。
2　『朝鮮風俗集』（一九一四）、『歴史民俗朝鮮漫談』（一九二八）、『扇、左縄、打毬、匏』（一九三七）、『李朝実録風俗関係資料撮要』（一九三九）『高麗以前風俗資料撮要』（一九四〇）などは重要な資料である。
3　全八二頁のうちに五一枚の図版を添えた小冊子の案内書。
4　崔錫栄（二〇一〇：九二）は「朝鮮植民地期における巫俗に対する現地調査方法の系譜」で、「秋葉は村山の『朝鮮の巫覡』を参照した」という。
5　村山智順 一九三二：一九。
6　村山智順 一九三二：四九―五一。
7　秋葉隆 一九三一（『韓国巫俗論集』一九九二：一八七―二〇六から再引用）。
8　秋葉隆 一九三八：六四。村山智順 一九三二。なお、秋葉隆 一九五〇：六四、および村山智順 一九三二：五二―九一を参照。「朝鮮総督府が全鮮警察署の報告に基づいている」とある。
9　野村伸 一二〇〇一：七四。
10　光州、海南、長興、順天、羅州の調査について、村山は「以上昭和五年十一月調査」と付記した（村山智順 一九三二：一六一、四八二、四九八、参照）。
11　野村伸 一二〇〇一：写真№21。済州島の三姓穴の前、中央の人が秋葉。
12　村山智順 一九三二：三〇四。以上一六頁が摘記されている。
13　『朝鮮巫俗の研究』（上）の序文には、こう書いてある。「巫歌の採録及び翻訳に当っては各篇首に記せる口伝者を始めとして、金東弼、李大志、張鴻植、文学士孫晋泰、文学士権稷等の諸君に負う所極め多く、校正には特に文学士柳洪烈君の労を煩はしたので、茲に深く感謝の意を表したい。」

14　バンザロフ&ミハイロフスキー著、白鳥庫吉・高橋勝之訳『シャーマニズムの研究』（一九四〇年九月、文求堂、一九七一年（復刻）、新時代社、四五―五六頁）に巫女の職能に対して記述されている。なお、マリア・チャプリカは次のように言う。(1)As a priest, he knows the will of the gods and so declares to man what sacrifices and ceremonies shall be held; he is an expert in ceremonials and prayers. Besides the communal ceremonies at which he officiates, he conducts also various private ceremonials. (2) As medicine-man, the shaman performs certain ceremonies to expel the evil spirit from the patient.(3) As a prophet, he foretells the future either by means of the shoulder-blade of a sheep or by the flight of arrows.(Czaplicka, M.A 1914 : 191-202).

15　江原道江陵の祭り写真の三枚を村山が借りたことは明記されている。

16　表四―六のように現地調査などが場所や時期などがダブっている。

参照文献

赤松智城・秋葉隆
一九三七『朝鮮巫俗の研究』上、京城：大阪屋号書店。
一九三八『朝鮮巫俗の研究』下、京城：大阪屋号書店。

秋葉隆
一九三一「朝鮮の巫称に就いて」『宗教研究』八、日本宗教学会、（『韓国巫俗論集』一九九二：一八七―二〇六、から再引用）。
一九三八「朝鮮の巫団」『社会学』第五輯、日本社会学会編、岩波書店、（『韓国巫俗論集』一九九二：一三六―一五六、から再引用）。

朝倉敏夫
一九五〇『朝鮮巫俗の現地研究』天理：養徳社。

表4－6　村山と秋葉の現地調査と時期の対照

	村山智順	秋葉隆
一九一九	朝鮮総督府・嘱託／東大卒業	
一九二一		東大卒業
一九二四		「遊牧民の購買婚姻に就いて」 『社会原力の理論』社会学研究会
一九二六		京城大学赴任 「非常時型の社会形態」DK 放送
一九二七	慶尚・江原道調査を行う状況 『朝鮮の服装』『朝鮮人の思想と性格』	「博物館巡礼」『民族』
一九二八	『朝鮮の習俗』	江原端午祭調査『朝鮮民俗誌』：一六三 「奠雁考――朝鮮婚姻風俗の一研究」『民族』
一九二九	『朝鮮の鬼神』	「Intensive Method について」『社会学評論』
一九三〇	八月　警察を通して統計「昭和五年羅州監督長朴判石に就て調査」（朝鮮の巫覡』：一六一 咸鏡北道吉州、巫覡某氏（五四才） 一〇月慶尚南道河東郡、全羅南道羅州、巫女パン氏巫女のお母さんは一六才に精神病　海南邑大興寺、 王女巫祖神一一月　全羅道タンゴル調査（野村伸一）	「性の禁忌と其の解放」『社会学雑誌』、中山太郎著「日本巫女史」『東京朝日』
一九三一	一〇月　済州道調査済州道 〈本解説〉朴奉春氏の口述 『朝鮮の風水』	一〇月済州島調査一一月全羅道タンゴル調査・長興神庁（秋葉、『朝鮮巫俗の現地研究』「朝鮮巫人の入巫過程」 ――昭和六・五・一八・京城にて―― 「徳物山都堂祭」『民俗学』

一九九七「村山智順氏の謎」『民博通信』七九：一〇八―一一〇頁。

今村鞆
一九一四『朝鮮風俗集』京城：斯道館。

一九二八『歴史民俗朝鮮漫談』京城：南山吟社。

一九三四『朝鮮姓名氏族に関する研究調査』京城：朝鮮総督府中枢院。

一九三七『扇、左縄、打毬、匏』京城：朝鮮総督府中枢院。

一九三九『李朝実録風俗関係資料撮要』京城：朝鮮総督府中枢院。

一九四〇『高麗以前風俗資料撮要』京城：朝鮮総督府中枢院。

善生永助
一九三四『朝鮮の姓』京城：朝鮮総督府。

崔吉城
一九七七「韓国巫業集団における血縁・婚姻関係――東海岸地域のタンゴルを中心に」『東洋文化研究所紀要』第七一冊：二六三―二九六頁、東京：東京大学東洋文化研究所。

二〇〇三「植民地朝鮮の民族学・民俗学」国際日本文化研究センター編『世界の日本研究二〇〇二：日本統治下の朝鮮――研究の現状と課題』：六七―九三頁、京都：国際日本文化研究センター。

二〇〇九『映像が語る植民地朝鮮』ソウル：民俗苑。

崔錫栄
二〇一〇「朝鮮植民地期における巫俗に対する現地調査方法の系譜」上田崇仁・崔錫栄・上流水久彦編『交渉する東アジア』：八一―一〇〇頁、東京：風響社。

全京秀
二〇〇八「「宗教人類学」と「宗教民族学」の成立過程」『季刊日本思想史』七二：一〇七―一二九頁、東京：ぺりかん社。

野村伸一
二〇〇一「村山智順が見た朝鮮民俗」『自然と文化』六六：四―八一頁。

バンザロフ＆ミハイロフスキー（白鳥庫吉、高橋勝之訳）

一九四〇『シャーマニズムの研究』東京：文求堂、（新時代社、一九七一年、復刻）。
村山智順
一九三一『朝鮮の風水』京城：朝鮮総督府。
一九三二『朝鮮の巫覡』京城：朝鮮総督府。
Choe Kilsong（崔吉城）
2009 "the Ethnology and Folklore of Colonial Korea", in Matsuda Toshihiko ed., *Japanese Studies around the World 2002 : Korea under Japanese Rule*, pp69-102, Kyoto : International Research Center for Japanese Studies.
Czaplicka, M.A.
1914 Shamanism in Siberia, Oxford : Clarendon Press.

第五章　南洋庁下の民族学的研究の展開
――嘱託研究と南洋群島文化協会を中心に

飯高伸五

本章では、まず日本統治下の南洋群島を舞台に、統治政策の展開と軌を一にして民族学的研究が発達していった過程を概観する。次いで、南洋庁嘱託という身分にあった土方久功と杉浦健一および南洋群島文化協会の野口正章によるパラオ社会に関する記述を検討していく。土方は、物質文化の記述に徹することで伝統文化をサルベージする一方で、当時未刊行の日記や断片的地方誌のなかに変化に関する記述を残した。杉浦は、応用人類学を表明しつつも、氏族制度に基づいた在来の土地制度に関する記述に紙幅を割いた。その高度に専門的な内容は、当時の為政者が容易に理解できる内容ではなかった。野口は、南進論や同化主義的言説が色濃く反映された論調を一貫して保持していたが、アマチュアならではの率直さで、伝統的首長と行政村長との齟齬など、リアルタイムで進行する現地社会の変化を生き生きと記述した。これらの研究は単なる過去のテクストとしてではなく、現在のフィールドとの関連から検討される必要がある。土方の研究は貴重な伝統文化の記述としてパラオ社会に受容・流用されており、杉浦の研究は現代のパラオで頻発する土地訴訟を理解するための基礎資料となる可能性を持っている。野口の視点は、アメリカ人による戦後の政治人類学的研究に連なる視座を持っている。当時の民族学的研究を検討するには、フィールドとテクストの間を絶えず往来する作業が必要となってくる。

一　はじめに

日本の南洋群島統治

日本は一九一四年から一九四五年まで約三〇年間にわたり、グアムを除く赤道以北のミクロネシアを統治していた。第一次世界大戦の勃発とともに、日本は当時ドイツ統治下にあったミクロネシアを海軍の軍政下においた。日本のミクロネシア領有が国際社会に容認されると、一九二二年にはパラオのコロールに南洋庁が設置され、国際連盟下の委任統治領としての施政が始まった。以後、一九三五年の国連脱退を経て、太平洋戦争の敗戦に至るまで日本統治は継続した。当時の日本で南洋群島と呼ばれたこの地域には、現地人人口を凌駕する日本人移住者が送り込まれ、マリアナ諸島での製糖業をはじめ、域内でのカツオ漁やマグロ漁などの漁業、主要な島々への入植および農地開拓など帝国の経済開発の一翼を担わされた。軍国主義が色濃く影を落とした一九三〇年代後半以降は、南洋群島はニューギニアや東南アジアなど外南洋方面への足場として位置づけられ、軍事化が進んだ。そして、太平洋戦争期には戦場となり、日本人の軍人および民間人のほか、アメリカ兵、現地社会にも甚大な被害をもたらした。

日本人移住者の入植、かれらによる経済開発、そして帝国の軍事化。これら統治政策の展開のなかで、当時「島民」

と総称された南洋群島の現地人――比較的開化が進んでいると認識されたマリアナ諸島のチャモロと、「カナカ」という蔑称で呼ばれた、それ以外の地域に住む人々とに大別された――は異化されると同時に同化された。「島民」は日本国籍を与えられずに、日本人と同等の政治的権利を享受することはなかったが、「島民」子弟は公学校での日本語や修身の授業を通じて文化的同化を余儀なくされ、皇民化が進んだ一九三〇年代以降は総動員体制のなかに組み込まれていった〔今泉　一九九六〕。また、「島民」は自給自足でその日暮らしの生活を営む未開人と認識される一方で、安価で過酷な労働の担い手として搾取された。パラオ諸島のアンガウル島の燐鉱採掘では、主要な労働力として「島民」の契約労働者が使役され、コロールやガラパンなどの都市部においても「島民」は日本人移住者よりもはるかにやすい賃金で雇用された。

問題の所在

本章では、統治政策においてミクロネシアの人々に対して向けられた、この相反するベクトル――日本人とは全く異なる未開人としての異化と帝国の発展に寄与しうる集団としての同化――を背景として、南洋群島における民族学がいかに発達していったのかを検討する。まず軍政期から日本統治期終焉までの民族学的研究の展開を概観したうえで、とりわけ南洋庁嘱託という立場の研究者によっておこなわれた民族学的研究と、南洋庁長官が会長を兼務した南洋群島文化協会という組織でおこなわれた研究に焦点を当てる。前者に関しては在野の芸術家であった土方久功および戦後東京大学教授となった杉浦健一の研究をとりあげ、後者に関しては協会の機関誌『南洋群島』の編集者であった野口正章の叙述をとりあげる。前者が専門的な民族学的研究である一方で、後者はアマチュア的な叙述である(1)。ここでは、社会文化的に多様な南洋群島のなかでも、統治の中心地であったパラオに関する研究をとりあげる。

オリエンタリズム批判以降の潮流として、一九八〇年代以降の欧米における人類学批判では、植民地状況下の権力関係や資本主義経済の浸透など、伝統社会をとりまく現実を捨象して、西洋とは異なる他者像を構築してきた人類学的言説が批判にさらされた（e.g. Cooper 1988）。帝国日本の知のあり方を批判的に検討した文化研究では、南洋群島の民族学が、植民地状況下の社会変化を記述から切り捨てて「島民」という他者を構築していったこと、そうした民族学的営為が南洋群島統治のみならず南進政策や大東亜共栄圏の構築、ひいては現地人の戦時体制への動員とも不可分であったことなどが論じられた（冨山 一九九六、坂野 二〇〇五、全 二〇〇五）。同時に、人類学史の研究では、帝国の拡張とともに、外地の他者研究として日本の人類学が発達していった過程が、日本の文化的自画像との関連から検討された（Shimizu 1999；遠藤 一九九九、小松 二〇〇一）。

これらの研究は、当時の民族学的営為の政治性を露わにし、近代日本の自己認識と他者認識の一端をあきらかにした点で意義深いものの、とりわけテクスト分析を中心とする文化研究では、民族誌の記述から植民地政策や国家イデオロギーに荷担した民族学者の姿を一義的に導き出そうとする傾向がある。しかし、個々の民族学的営為と統治政策との距離感は一義的ではない。同時に、政治的なコンテクストの分析に加えて、テクストに書かれた内容を慎重に吟味することではじめて当時の民族学的営為があきらかにされよう。本章では、個々の民族学的研究と当時の統治政策との距離感に留意しながら、異化と同化の双方のまなざしが向けられた南洋群島の人々の植民地状況下の現実のなかから、何が記述されたのか、あるいはされなかったのかを具体的に検討していく。

また、南洋群島の民族学は、欧米の人類学から影響を受けつつも、統治地域の周縁性を反映するかのごとく、欧米人類学のような組織的な比較研究や研究者間の分業体制を発達させることはなかったという指摘がなされている（Shimizu 1999：160）。これは南洋群島が帝国の周縁であり、大学などの高等教育機関が設置されるような環境になかったこととも関係してくる。それだけに南洋群島における民族学的営為は一枚岩ではなく、専門的な民族学者から芸術家、著述家、軍人、そして現地滞在のアマチュアなど多様なエージェントによって、十分に組織化されることなく担われていた。本章では、専門的な民族学的研究とアマチュアの叙述を比較検討しつつ、当時の民族学的営為の多様性、アマチュアの記述に秘められた限界と可能性をも検討していく。

こうしたテクストとフィールドとの関係性の検討、および民族学的営為の多様性の検討は、先行研究で十分に解明されてこなかった論点である。これらの検討に基づいて、本章の最後では、現在のフィールドに改めて目を向けて、現在の時点からみて当時の研究はどのように評価することができるのか、あるいは現在の現地社会でいかにして受容・流用されているのかを検討し、人類学による他者性の構築に対するテクスト・レベルでの批判を超えて、フィールドから日本の人類学史の一端をあきらかにしていく。

二　南洋群島統治と民族学的研究の展開

当時の民族学的研究の内容を具体的に検討するまえに、日本統治期以前の南洋群島をめぐる研究の状況、日本海軍の軍政期におこなわれた研究、南洋庁下でおこなわれた研究、帝国日本の拡張期におこなわれた研究をそれぞれ概観しておく。すでに清水昭俊が、日本統治下の台湾、朝鮮における民族学の展開と比較しつつ、南洋群島における民族学の展開を整理しているが（Shimizu 1999）、ここでは当時の政治経済的状況や統治政策との距離感に留意しながら再度整理していく。

日本統治期以前

日本では、江戸期の漂流民の記録や明治期の南進思想のなかに、のちに南洋群島とよばれる島々への文化的認識の萌芽をみいだすことができる。日本人にとってのオセアニアを「発見」した江戸期の漂流民は概して太平洋島嶼民を「色が黒く醜い」人々ととらえていたが（石川 一九九二：三八九）、衣食住や生業に関する詳細な記述も残している。明治期初期の南進思想においては、旧士族の窮迫という社会問題の解決策として、南洋・南方への経済的進出が構想された（矢野 一九七五）。この時期、横尾東作の南洋公会（一八八五）、田口卯吉の南島商会（一八九〇）などが設立されると同時に、『東京経済雑誌』や『東京地学協会報告』では航海日誌や貿易の展望に関する記事が掲載された。一八八四年にマーシャル諸島の日本人漂流民殺害事件に際して現地に派遣されたとされる鈴木経勲は、[2]のちに著した『南洋探検実記』のなかでマーシャル諸島の「土人」の未開性を強調しつつも、自然や衣食住、首長制に関する記述も残している（鈴木 一九八〇）。

南洋・南方に関する経済的な関心とともに、人類学や博物学の専門誌では南洋群島に関する情報も掲載されるようになった。例えば、東カロリン諸島のクサイ（コスラエ）島に立ち寄った軍艦の乗組員からの聞き書き[3]（山田 一八八七a・一八八七b）、トラック（チューク）諸島で貿易をしていた日本人に対して坪井正五郎がおこなった現地の「土俗」に関する聞き書き（坪井・志賀田 一八九三）、浅草公園に歌謡興行にきたという「南洋サイパン土人」に対しておこなわれた名前や慣習に関する聞き取り（阿部 一八九四）、カロリン諸島民の物質文化の図版などが掲載されている。もっとも、現地に関する情報源は二次的なものにとどまっていた。

一方、当時ドイツ統治下にあった南洋群島では、統治政策の転換とともに組織的な学術調査が実施されていた。ドイツはアフリカにおける植民地政策の失敗を受けて、「科学的植民地主義」（wissenschaftlicher Kolonialismus）として積極的な社会改良や経済開発を実施した（Hardach 1997：234）。南洋群島では、椰子植林、コプラ生産、燐鉱採掘などの経済開発が実施されると同時に、統治を効果的に進めるべく、慣習法や土地制度の調査がおこなわれた（高岡 一九五四）。これに呼応して、ハンブルグ民族学博物館（Museum für Völkkunde Hamburg）の調査遠征に参加した

A・クレーマー（Augustine Krämer）による民族学的調査が実施された（e.g. Krämer : 1919, 1926）。ハンブルグ民族学博物館の南洋調査遠征の成果は二五冊にもわたり（*Ergebnisse der Südsee-Expedition 1908-10*）、その記述の一部は後にHRAFにも翻訳され、現在の研究でも基礎資料として参照されている。

軍政期

南洋群島に関するドイツ語文献は、日本統治期を通じて参照され続ける基礎的な情報源となった。一方で、日本海軍による南洋群島占領の時点で、日本人の学者による研究は皆無であった。このため、占領後間もなく、文部省専門学務局は東京、京都、東北の各帝国大学、高等師範学校、高等農林学校、高等商業学校の教員による調査隊を組織し、現地の「風土文物」に関する情報を収集した（文部省専門学務局 一九一六）。松村瞭、長谷部言人ら形質人類学者は、帰国後『人類学雑誌』に調査報告を寄稿している。とくに松村が東京帝大理学部の紀要に寄稿した現地人の写真集（Matsumura 1918）は、画像資料が限られていた当時の貴重な資料である。しかし、この調査に参加したのは、医学、植物学、動物学、海産物学、農林学、形質人類学など、自然科学の研究者が大半で、民族学者らによる社会文化に関する調査はおこなわれなかった。

社会文化に関する情報収集は、占領に参加した軍人や、かれらの情報提供者となった現地滞在の日本人貿易商によっておこなわれた(4)。南洋協会から出版された『南洋の風土』（南洋協会 一九一六）は、海軍占領下で各島の守備隊が収集した「風俗・習慣」に関するレポートをまとめたものである。序文を記した「南洋老人」が、二代目臨時南洋群島防備隊司令官の東郷吉太郎であることからも（Shimizu 1999 : 138）、軍政との密接な関係性がうかがえる。ポナペ（ポーンペイ）島の占領に関わった柳田国男の実弟・松岡静雄は、各島の守備隊を通じて配布した質問票でデータを収集しつつも、ドイツ語文献を駆使することによって、のちに『ミクロネシア民族誌』を著した(5)。軍政期に収集されたデータは、一九三〇年代後半以降の総動員体制のなかで再発見され、再度出版されたものもある。例えば、一九三九年に南洋庁から出版された『南洋群島に於ける習俗慣習』（小楠　一九三九）は、軍政期の各支庁からの報告をもとにして編纂されたものである。

これらの研究は、軍政との密接な関係のもとで行われた情報収集に基づいているものの、植民地統治以前の社会文化の再構成に主眼を置いており、具体的に統治政策上の諸問題に対処しようとする問題関心は乏しかった。序文などでは、「島民」に対する効果的統治、産業発展に向けた施策などの応用的関心が記述されてはいるが、その内容は各支庁の管区ごとに人々の慣習、婚姻、信仰、生業などに関する一般的な記述にとどまっており、統治上の関心と記述内容とは連動していなかった。情報の収集は、民族学者などの専門家によるものではなく、占領に参加した軍人、現地滞在の日本人によっておこなわれており、ドイツ語文献などに依拠していたという点でも特徴的である。

南洋庁下の研究

専門家による現地調査に基づいた研究が本格的におこなわれるのは、南洋庁が設立され、日本統治が安定期に入って以降のことであった。とりわけ一九三〇年代以降は、統治上の応用的関心と連動したさまざまな研究が、現地の関連機関によっておこなわれるようになった。例えば、南洋庁法院は、近代的な所有の概念を獲得しつつあった「島民」の土地相続、財産相続などの民事訴訟に対応するための調査をおこなった。法院の裁判官を中心に組織され、土方や杉浦ら南洋庁嘱託の研究者も関わった旧慣調査委員会では、日本の民法や社会制度との類比のもとで「島民」の慣習法の調査が支庁ごとにおこなわれた。その調査結果をまとめた『南洋群島島民旧慣調査報告書』（南洋庁　一九三九）には、氏族の由来に関する伝承、首長位称号の名称および序列などの民族学的記述、日本と南洋群島における親族カテゴリーの相違に関する法学的記述など、専門的な内容を含んでいる(6)。また、インフォーマントの個人名、かれらとの質疑応答も一部描写されており、その記述スタイルは独特である。

この時期、南洋庁嘱託という身分にあった研究者は、統治政策と関連したテーマの調査研究にあたった。東京美術学校出身の芸術家である土方久功は、民族学の専門教育を受けてはいなかったが、長期の現地滞在に基づいた民族学的記述を多く残した。土方は、一九二九年から南洋庁嘱託としてパラオの「島民」子弟の通った公学校で彫刻の指導にあたった。翌年いったん職を辞してヤップ離島のサタワルで創作活動にはいるが、一九三九年に再び嘱託としてパラオの南洋庁物産陳列所に勤務した（世田谷美術館 一九九一：一七二）。当時の公学校教育では、工芸などの実用教育が重視されており、物産陳列所主催の品評会では「島民」に彫刻や編み物の出品が求められた(7)。土方の物質文化研究は、こうした教育政策の一環でもあった。土方は、画家、彫刻家として多くの作品を制作した。一九三九年には南洋群島文化協会（後述）の東京出張所で土方が収集した「南洋土俗品」の展覧会が開かれている(8)。また同年一二月には、東京府美術館の新古典派協会展に、土方が現地滞在中に制作した彫刻作品が出品された（丸山 一九七九：一九四）。

東京帝国大学出身の杉浦健一は、同大学で宗教学を学び、民族学に傾倒していった。杉浦は、一九三八年から同大学理学部人類学教室に勤務すると同時に、南洋庁地方課の嘱託として旧慣調査とりわけ現地社会の土地制度の調査を進めた（泉 一九五四：二六七）。南洋庁は、日本人移住者の入植可能な官有地を確保するとともに、近代的な土地所有の概念を現地社会に移植することに大きな関心を抱いていた。すでに一九二三年からサイパン島を皮切りに、官有地と島民有地の境界を画定する作業が実施されたが、一九三三年以降は島民有地の細部調査が進められ、「島民」から任命された村吏や巡警の補助のもとで、所有者、面積、地目、境界などが画定されていった。杉浦は報告書のなかで、伝統社会における近代的所有の観念の導入という応用的関心に言及してはいるが（杉浦 一九四四：一六八）、その記述は氏族組織に基づくパラオとポナペの土地制度に関する高度に専門的な内容で、為政者が即座に応用できるようなものではなかった。

現地関連機関による研究のほか、南洋群島には中央からも著名な学者が訪問するようになった。植民政策学者の矢内原忠雄は、国際的な非政府組織である太平洋問題調査会の共同研究項目「太平洋における属領並にその住民」の調査を依頼され、一九三二年に南洋群島各地を踏査した。矢内原は、日本人移住者の流入によって、土地を賃貸売買する「島民」が増加しつつあることに警鐘を鳴らしたが、それを日本統治下南洋群島の固有の問題としてではなく、貨幣経済の浸透に伴う伝統社会の崩壊過程という一般論の観点から対象化した（矢内原　一九三五：三六五）。

公的な組織や中央の学術機関による研究のほかに、現地在住の個人やサークルによる小規模な研究もおこなわれるようになった。秋葉隆らに民族学を学んだ安藤喜一郎は、一九三〇年代初頭という比較的早い時期に、長期の現地滞在の経験をもとにして、パラオやヤップの親族組織、慣習法、性生活などを記述した書籍を出版している（安藤　一九三三）。馬淵東一は『南方土俗』に同書の書評を寄稿し、マリノフスキーの機能主義人類学の影響が色濃い著作と位置づけている（馬淵　一九三三：三九）。また、南洋庁パラオ医院内にはパラオ民俗瑣談会というサークルの事務所が設けられ、現地勤務の医者らが現地社会の民俗に関する勉強会をおこなっていた。その機関誌『女酋』には土方久功も寄稿したことがある[9]（戸塚（編）一九三一）。一方、日本では、日本に留学した「島民」からの聞き取りをもとにした研究もおこなわれた。北村信昭と宮武正道は、天理小学校に留学していたパラオの首長の息子エラケツに対して、神話伝説および民謡の聞き取り調査をおこない、その成果を二度にわたり奈良の東洋民俗博物館から出版している[10]（北村　一九三三、宮武　一九三二）。

帝国日本拡張期の研究

一九三〇年代後半以降、皇民化政策が強化されるのと軌を一にして、南洋群島の統治政策は文化政策にも重点を置くようになっていった。もともと経済界の組織であった南洋協会南洋群島支部は[11]、一九三七年に南洋群島文化協会として独立した。同協会は南洋庁地方課内に設置され、協会会長は南洋庁長官が兼務した。一九三五年から協会が発行していた機関誌『南洋群島』には、南洋庁長官ら行政の要人のほか、経済界の要人、軍人、土方や杉浦らの民族学者、現地滞在の日本人、現地を訪れた各界の著名人、ごくまれに内地観光を体験した「島民」などさまざまな立場の人々が寄稿した。[12] もともと編集部は東京におかれていたが、一九三九年にパラオのコロールに移転した。その当時雑誌の編集にあたっていた野口正章は土方ら民族学者との親交も深く、自らも紀行文や民芸品に関する小冊子などを出版した（野口 一九四〇・一九四一a・一九四一b・一九四二）。

日本統治期末期には、南洋拓殖株式会社、南洋興発株式会社などの国策会社による調査研究活動も活性化した。南洋拓殖の調査課には海軍大佐の上条深志が課長として勤務しており、海軍軍政期の調査データを再活用しながらヤップ島およびパラオ島に関する報告書を記している[13]（上条 一九三八・一九三九）。南洋興発は松本信廣、八幡一郎、杉浦健一、中野朝明らが参加した南洋群島・ニューギニア方面への調査遠征に資金を提供し、現地の「土俗品」の収集整理を依頼した。収集品の図版はのちに遠征に参加したメンバーからなる「南の会」によって出版された（南の会（編）一九三七・一九四〇）。南洋興発は、京都帝国大学の今西錦司らを中心とする京都探検地理学会の調査にも資金を提供した。同会はもともとヒマラヤ登山を実施する予定であったが政情不安から断念、その後、マリアナ諸島の製糖業を担っていた南洋興発が、京都帝大の木原均にサトウキビの品種改良を依頼したことなどをきっかけとして、調査資金が提供された。同会は一九四一年にポナペ島の生態学的研究をおこなった。調査隊には今西のほか、中尾佐助、川喜田二郎、梅棹忠夫ら総勢一〇人が参加した（今西（編）一九四四：五〇二）。

また、時局が喫緊するなかで「島民」に対する同化主義的言説や日本人の自己同一性に関する論評も流布するようになった。例えば、前述の野口は、マリアナ諸島のチャモロは文明に覚醒し、日本国籍の取得を望んでいると描写している[14]（野口 一九四一a：三二―三七）。また、日本人移住者と現地人との混血児の養育にあたっては、「日本人としての種」を重視すべきであると主張している（野口 一九四一a：八五）。一方、自然人類学者は、日本の南方進出に伴う「混血児」の増加を、優生学的な観点から日本人の純血性の攪乱として問題視した。例えば、長谷部言人は、外地生まれの「混血児」は世代を重ねるごとに現地人と一体化してしまうため、皇民化が困難になると指摘した（坂野 二〇〇五：四四五）。

国策遂行のための調査機関として一九三八年に設立された太平洋協会では、転向左翼の平野義太郎らが中心となって太平洋地域の調査研究を進めていた。一九四一年に出版された『大南洋――文化と農業』には、南洋群島を対象とした民族学的研究が多く掲載された（太平洋協会（編）一九四一）。序文では「大東亜共栄圏の不可分の重要要素たる大南洋熱帯圏」の科学的研究の必要性が説かれ、西村眞次による太平洋地域の概説からはじまり、泉井久之助、中川善之助、杉浦健一らによる南洋群島に関する論考のほか、鹿野忠雄や岡田謙らによる台湾に関する論考も収録された。加えて、村上直次郎による日本の南洋移民に関する論考、八幡一郎による日本の古墳に関する論考が掲載された。ここには、南洋・南方進出の機運の高まりとともに、日本と当該地域との密接な文化的関係を示そうとする編集側の意図がうかがえる。

三　南洋庁嘱託の民族学者の研究

これまでは南洋群島における民族学的研究のコンテクストを検討してきた。それでは民族学者らはテクストのなかで何を書いたのか。その記述はどれほど植民地状況下の現実を記述していたのか、あるいはしていなかったのか。以下、パラオに関する記述を検討していく。当時のパラオは大きな社会変化を経験していた。一九三五年の時点で日本人移住者は現地人を凌駕して六千五〇〇人を超え、コロールは南洋群島随一の都市となった。また、統治の中心地として「島民」に対する同化政策が重点的に進められ、公学校への就学率はほかの支庁管内の公学校と比べて非常に高かった（須藤 二〇〇〇：三二六）。人々はコロールでの就業のほか、バベルダオブ島の食品加工工場、アンガウル島の燐鉱採掘所などで現金収入を得る機会をえた。こうした植民地状況下の社会変化が進行するなかで、民族誌に何が描かれたのかを探ってみる。

土方久功の物質文化研究

既述のように土方は、南洋庁嘱託として当初は公学校で「島民」子弟の彫刻指導にあたり、のちに南洋庁物産陳列所でパラオ時代を過ごした。土方は、氏族組織、移住伝承、伝統貨幣、踊りと遊戯、宗教・信仰など多岐にわたる領域で記録を残したが、職務上はとくに物質文化研究に重点があった。ここでは、物質文化に関する土方の論考として、一九四四年に太平洋協会から出版された『太平洋圏――民族と文化』に掲載された、「伝説遺物より見たるパラオ人」（土方 一九四四）をとりあげる。

この論考のなかで土方は、パラオ人は周辺の「マライ人とインドネシア人とネグリトーとメラネシア人とポリネシア人との混雑したものであると云う程度にしかわかっては居ない」とことわりを入れながらも、パラオ人の伝説口碑をもとにして太平洋の民族集団の動きの一端をみるという大枠の目的を述べている。そして、パラオの四つの異なる起源神話、いくつかの村落における人の渡来に関する伝説を記述したうえで、パラオ人を土器人、石器人、木器人に分類し、前二者を過去のパラオ人、後一者を現在のパラオ人に直接連なる人々ととらえた（土方 一九九〇：二一―二〇）。

土方は、パラオの各地にみられる山腹の段状の丘陵（*ked*）――過去のパラオ人の村落址でもある――からは例外なく土器が出土していることに言及し、その時代の人々が土器を中心とした文化の持ち主であったと仮定している。(15)

そして口頭伝承や各村落の地質から、特定の村落で制作された土器が交易を通じて流通していたとする一方で、良質の土がない地域でも「粗悪な土」で「手当たり次第に」土器を作っていた時代があったであろうと述べている（土方 一九九〇：二二）。石器に関しては、比較的古い年代のものを過去の石器人の文化ととらえ、現在廃村となった村落址にみられる遺物の記述に紙幅を割いている。例えば、鼻がない人面像は人間の頭蓋をもとにしており、「野蛮」な時代の遺物である一方で、顔の輪郭や鼻がはっきりと描かれている人面像は、超自然の状態を脱し、神への畏敬の念が現れているという(16)（土方 一九九〇：二七）。

木器に関しては、切妻造りの集会所アバイ（*a bai*）を建造し、一般的な家屋には母屋と台所を構え、木製の食器を使用している現在のパラオ人をその担い手であるととらえ、さまざまな食器の形態やそこに施される模様のパターン、アバイの梁絵に描かれる模様やストーリーのスケッチを掲載した。土方によれば、単純な模様のパターンでも、パラオ人の説明に寄れば「殆ど皆何等かの現実を図様化したもの」であることがわかるという（土方 一九九〇：五六）。土方は、アバイの梁絵の彫刻をモチーフに「島民」子弟への彫刻指導をおこなっていたが、アバイに連続的なパターンを持った荘厳な装飾が施される理由を以下のように述べている。

彼等はこう云うかに見える。第一に、我々の絵は我々の神聖なバイを美しく賑わしく飾る装飾でなければならない。第二に、バイは我々の唯一の図書館であり、其処に入ったならば昔の神々の事が見られ、祖先の事が見られ、パラオ中で起こった事件が、あらゆる教訓と参考とが、歴史と日常生活とが見られなければならない。だから我々の絵は、或種の記号でなければならない。だから我々の絵は、事物の確かな概念をとらえること、それを単純に露骨に表現すること、其の上装飾的であると云う条件を忘れないこと、になるのである（土方 一九九〇：五八）。

土方は未開社会としての南洋に一種のロマンを追い求めていたという評価がなされてきた（e.g. 岡谷 一九九〇）。この一節は、冒頭を除いてパラオ人の語りであるかのような直接話法による表現がとられてはいるが、土方の研究のスタンスがよく表現されている。「バイは我々の唯一の図書館」という表現に象徴されるように、土方は神話伝承の時代からの伝統社会の再構成、あるいは西洋との接触やそれに続く植民地化による変化を被る以前の伝統社会の保存に腐心していた。パラオで進行していた伝統社会の崩壊に土方は失望していたが（本書所収三田論文）、パラオのアバイにはそうした変化以前の過去が濃縮されていたため、土方を引きつけてやまなかったのである。

この論文は、太平洋協会という国策遂行を補助する調査機関によって刊行された叢書に収録されてはいるが、帝国拡張の機運のなかで当時の研究者がしばしばおこなったような、外地と日本との類似性の指摘に対しては、土方は極めて禁欲的であった。ここで土方は、民族集団の動きをさぐるという冒頭で掲げた目的よりもむしろ、モノとしての土器、石器、木器の記述、これらモノと口頭伝承との関連の記述などに徹している。土方にとって何よりも肝要だったのは、学界への理論的貢献や政治体制への貢献ではなく、具体的な記述を通じた伝統文化のサルベージであった。土方が彫刻を指導していた「島民」が公学校での教育を通じて日本語を習得していたこと、勤務先の物産陳列所が日本人の産業育成のために設立された組織であったことなど、同時代の情勢に関して、土方はすくなくとも民族誌のなかでは概ね沈黙を保っていた。

しかし、土方が目下進行する伝統社会の崩壊や劇的な社会変化を全く記述しなかったわけではない。例えば、ゲヤウル――燐鉱採掘がおこなわれていたアンガウル島の伝統名[17]――における起源神話を記述する際には、かつて神が座した石積が、燐鉱採掘とともに破壊されたことに言及している（土方 一九九〇：一一三）。また、アバイに関しては、その形態が現在のように荘厳な様式に統一されたのは、西洋から鉄の刃物が導入されて以降のことであろうとも述べている（土方 一九九〇：四九）。パラオ人の部落組織を論じた別の論文では、西洋との接触以降の人口減少による氏族名や首長位称号の忘却、それによる称号の序列の変化などにも言及し、かれが再構成しようとした理想型にはほど遠い現実がほのめかされている（土方 一九九〇：一三四）。こうした変化への視点は、当時未刊行でのちに全集に収録された「断片的地方誌」（土方 一九九〇）や、近年になって刊行されはじめた日記（土方 二〇一〇）などから多くを読み取ることができる。そこには、日本人移住者への土地賃貸売買をめぐるトラブル、「島民」経営の小店の売上、鉱山労働者の徴用などの出来事が断片的ながらも記録されている。土方は民族誌とは別のかたちで変化を記録しているのである。

杉浦健一の土地制度研究

土方が現地に長期間滞在し、現地人との密接な関係のもとに研究活動をおこなっていたのにたいして、杉浦はイギリス機能主義の社会人類学理論の影響を強く受けた学者であった。民族研究所刊行の紀要には、南洋群島における土地制度や親族名称に関する論文を発表したほか（杉浦 一九四四・一九四五）、パラオの双分組織（杉浦 一九三八）、パラオとポナペの伝統的首長制の比較（杉浦 一九四九）、トーテミズムなどに関する論文も発表している（杉浦 一九四〇）。南洋群島での調査の経験は、戦後刊行された『未開人の政治と法律』（杉浦 一九四七）や『原始経済の研究』（杉浦 一九四八）などにもいかされている。

嘱託としての調査の重点は、現地人の土地制度の調査にあった。杉浦は一九四四年の『南洋群島原住民の土地制度』の冒頭で、「後進諸民族に於ては新旧両文化の接触混乱の解決の中心課題は土地の私有権設定と家族本位の相続制度を確立するか否かと云うことにかかっている」と述べ（杉浦 一九四四：一六八）、近代的所有の移植という統治政策上の要請に沿った応用的関心を表明している[18]。そして、統治の成功例としてニュージーランドのマオリを、失敗例としてアメリカ合衆国の先住民をあげている。続いて、杉浦は社会組織の静態的な描写にとどまらず、その実際の働きにおける融通性に留意する必要性を説いている。こうした視点は、当時のイギリス人類学でいえば、ラドクリフ＝ブラウンのようなアプローチへの批判を暗示するとともに、個人の動因に注目するマリノフスキーの影響を読み取ることができる（中生 一九九七：五九）。

杉浦の記述の大半は、パラオの母系的な親族組織との関わりからみた、錯綜した土地利用および土地相続の実際にあてられている。その記述における専門性の高さはむしろ、為政者が楽観的に考えていた近代的な所有観念の導入がいかに容易ではないかを物語っている。実際、冒頭の応用人類学的な立場の表明とは裏腹に、杉浦はパラオの土地制度の詳細を記述するにあたって、安易な所有権の確定に対する警鐘を以下のようにならしている。

土地所有権を明確にしてやること必ずしも悪くはないが、無理に土地制度の文明国化を行うことは生活の全面に激変を起し社会混乱を招く恐れがある。パラオに於いては土地に応じて、使用、収益並びに支配、管理に関する習慣に相違がある。従って利用権、使用権、管理権、支配権と云う様に区別して、利用主体や利用慣行を吟味せぬと彼等の土地制度は十分に了解出来ない（杉浦 一九四四：一八〇）。

そして、パラオにおいては、母系的氏族ごとに使用、相続権が定められ、個々の家族に利用権が認められている屋敷と田畑が最も重要な土地とみなされており、森林、丘陵地帯、マングローブなど村落単位で共同利用されている土地とは明確に区別されていると指摘している。杉浦によれば、文明の影響をうける以前のパラオの伝統的土地制度においては、母系的氏族に属する屋敷、それに付随する田畑、そして屋敷に居住する戸主の保持する首長位称号の三者が密接に関連づけられていた。この「三位一体」によって、村落空間は整然と整備され、序列化された母系的氏族に基づいた社会生活が営まれたという（杉浦 一九四四：二二八）。

杉浦は整然とした村落空間を再構成すると同時に、母系的社会に内在する緊張関係によって、人々の実践においては土地をめぐる関係が柔軟に構築されていること、近年の変化がそうした柔軟性に拍車をかけていることに注意を喚起した。土地の使用、相続権は母系的氏族に責任があるが、実際の社会生活は父子関係に基づく家族集団[19]によって営まれている。このため、本来の相続人としてのオイと居住者としての息子との間にしばしば争いが起こり、後者が優位となれば、父から子への相続がおこなわれることもある[20]。西洋との接触以降の人口減少や植民地統治によって、氏族の組織力が弱体化した近年では、系譜の順位が正しく守られておらず、正統な相続人よりも「前戸主並にその息子等と常に最も親しくしている母系氏族員が次の戸主となる様な便宜主義の妥協」（杉浦　一九四四：二三六）が多くなったという。

母系的社会における土地制度に関するこれらの民族誌的記述を経て、最後に、杉浦は南洋庁の土地調査で用いられた土地のカテゴリーに言及する。杉浦は、官有地と民有地という区分は統治上の要請からおこなわれたもので、部落有地と氏族有地とに大別される伝統的な土地の区分とは合致しないことを確認したうえで、民有地のうち原住民有地を構成した五つの区分――部落有地、氏族有地、氏族長有地、家族有地、個人有地――ごとに現状と対策を述べている。氏族有地に関しては、日本人移住者への土地の賃貸・売買によって、氏族成員間で土地をめぐる争いが頻発している現状に言及しながら、将来的には氏族有地の家族有地化、個人有地化が進んでいくと予測する一方で、家族本位の生活と合致する「小単位の双系家族単位」での土地相続が現状に適合するとしている（杉浦　一九四四：二五七）。氏族長有地に関しては、氏族長の存在感は弱まっているとはいえ依然として大きいため、称号や氏族長に属する土地はなるべく「母系の正当順位」にしたがって相続すべきであるという見解を示している（杉浦　一九四四：二五九）。

杉浦は冒頭で応用人類学を表明し、最後に行政上用いられた土地のカテゴリーごとに現状と対策を述べてはいるが、かれが紙幅を割いた記述の中心は、母系的氏族に基づいたパラオの土地制度にあった。その専門的な民族誌的記述は、為政者が理解可能な言語であったとはとうてい思えない。むしろ為政者が植民地化の過程で黙殺してきた現地社会の論理を民族誌のなかに描くことで、安易な政策提言では解決できない社会問題の核心に迫ろうとしているかの如くである。土地の賃貸・売買がおこなわれるようになるにつれて、土地紛争が頻発している現状はむしろ当然であると述べているくだりには、そうしたスタンスがよく現れている（杉浦 一九四四：二五六）。

四　南洋群島文化協会の野口正章

アマチュアの記述の限界と可能性

つぎに、専門的な民族学的研究とは異なる観点として、南洋群島文化協会の野口正章が何を描いたかを検討しておく。野口は長崎県五島の出身でもともと中学校の教師であった（川村 二〇〇一：五）。その後上京し、南洋群島文化協会の東京支部で機関誌『南洋群島』の編集に関わり、雑誌の編集部がパラオのコロールに移転したのに伴い、一九三九年三月、同地に赴任して編集責任者をつとめた。自らも『南洋群島』に現地報告を寄稿したほか、雑誌『海を越えて』（拓殖奨励館のちに日本拓殖協會）や『植民』（日本植民通信社）などにも寄稿しており、戦前、日本人の海外殖民関係のメディアへの関わりを一貫して続けてきた人物であった。かれは民族学者としての素養はなく、概して南進論を背負った論調が支配的ではあるが、その記述にはアマチュアならではの可能性も秘められている。

野口の記述の中心は、南洋群島の日本人社会であり、かれらの現地での生活模様、日本人の入植村の歴史と現状、喫緊する時局のもとでの物資不足、神社の建立時の賑わい、役所での生活の様子などをエッセイ調に描いている（野口 一九四一a・一九四一b）。かれの論調は、一九三〇年代末の内南洋から外南洋への進出の機運が多分に反映されており、南洋群島が有事に備えての軍事的価値を持ち、「唯一の純熱帯地」としての産業的価値を持っていると主要することをはばからない（野口 一九四一a：一六―一七）。こうした野口の論調は、南洋庁長官が会長を兼ねる組織として南洋群島文化協会が設立されたことを考慮すれば、極めて当然である。

同時に、野口は現地在住の学者との交流を通じて、南進論には回収されない幅広い見地を獲得していった。例えば土方久功のほか、南洋庁法院の石川音次や中川善之助らとの親交が深く、かれらの論考をたびたび雑誌『南洋群島』に掲載している。自身の文章では、変化に直面する現地社会の様子を生き生きと記述することもあった。とくにかれが赴任していたパラオに関しては、日本化が進む現実のなかで、いかに「島民」が変化への適応を迫られたのかを、当時の専門的研究からは抜け落ちていた独特の観点と手法で描いている。

例えば、土方との親交から生まれた『群島の島民と其の文化』（野口 一九四〇）のなかで、野口は南洋群島における民芸品の産業化を日本の産業振興政策との関連から記述している。土方が南洋庁嘱託としての自らの研究活動のコンテクストを捨象したのに対して、野口はそうした土方の民族学的営為のコンテクストを率直に記述している。例えば、パラオのアバイ人形、アバイ彫りといった民芸品が、土方の発案によって確立され、産業化が進んだものであることを明確に述べている（野口 一九四〇：六七、七一）。

伝統的首長制と村吏制度との齟齬に関する記述

なかでも、ドイツ統治期からパラオに滞在していた貿易商の加藤末吉[21]からの聞き取りに基づくという、伝統的首長と行政村長との齟齬に関する記述は、民族誌的資料としてみた場合の独自性がある。すでに土方や杉浦の民族誌のなかで、南洋庁下の伝統的首長の処遇は断片的に記述されているが（土方 一九九〇：一三四、杉浦 一九四四：一二六）、野口はパラオ人の個人名をあげながら人間関係を具体的に描写しつつ、また直接話法――一次資料に基づくものではなく、野口の想像力が投影されているが――を用いて、伝統的な政治組織と植民地下で導入された政治制度との狭間に立つパラオ人の葛藤を描いている（野口 一九四一ｂ）。

野口の記述によれば、コロールでおきた政治的混乱は以下のようなものであった。日本海軍による占領から三年後、当時のコロールの大首長が死んだ。その後、新たに大首長の称号アイバドルを継承した人物は、高齢で日本語が話せなかったために、南洋庁下の行政職である村長に任命されなかった。かれに代わって村長に任命されたのは日本語が話せる比較的若年のエラケツという人物であった(22)。伝統的首長ではない自分が行政村長に任命されたことで困惑するエラケツの心情を、野口は以下のように描写している。


（略）島民は、役所からの御命令は私を通じて伝えられるが、島民社会の、一般のことがらはアイバドルから指図される。

それでは万一、お役所向きのことと、島民社会だけのことと、かちあったような場合には、一般島民も困りますが、それよりも、第一、私が困ります。島民としての身分に於きましては、私も当然、アイバドルの支配に従わなければならないものであるからです。

こういうことをなさいましては、折角お役所のお仕事を、円滑になさるためにおこしらえになった新しい制度が、意味をなさなくなると思うのでございますが、如何なるものでございましょうか（野口 一九四一b：一五七）。


このくだりは、エラケツの発言として直接話法で記述されてはいるが、その内容はむしろ統治システムに精通した日本人の発言であるかのようである。パラオ人の名を借りて、野口あるいは情報提供者の加藤が、南洋庁の統治システムに対して抱いていた批判的な見解がここには示されていると考えられる。

しかしこの後、野口の記述は、かれの一般的な論調でもある南進論を背負った同化主義的言説へと回収されていく。エラケツは上記の心情を吐露した後、役人から職務を遂行するように叱咤激励され、アイバドルからも励ましをうけ、状況を受け入れる。同時に、伝統的首長の権威・権力の弱体化が不可避のプロセスであるといわんばかりに、当初は威信回復を目論んでいたアイバドルが、かつてのように自らの指揮でアバイやカヌーを普請できなくなった現状を諦観する様子が描かれている。また、コロールがほとんど日本人の都市と化した現実に言及しながら、かれらがこれから生き抜いていくには、「日本人と同じように働かなければいけない。働いてお金をかせがなければいけない」という。そして、最後には捨て鉢のように、「アバイがこわれたらもう壊れたままにして置け。船小屋が腐ったら腐ったでいいではないか」と述べるに至る（野口　一九四一b：一六四―一六五）。

野口の記述の落ち着く先は、南洋庁お墨付の組織である南洋群島文化協会のもとで編集・執筆をおこなうエージェントとしての制約を超えるものではなかった。しかし、現地滞在の日本人情報提供者の目を通じて、嘱託の民族学者たちとは別の観点と手法で、リアルタイムで進行する現地社会の動態を描き出したことは注目に値する。自らが感情移入したであろう直接話法の信憑性には疑問符をつけざるを得ないが、個人名をあげながら生き生きとリアルタイムの変化を描こうとしている点は現在からみても新鮮味がある。

五　おわりに――南洋群島の民族学的研究の現代的意義

以上、日本統治下の南洋群島における民族学的研究の展開を検討してきた。南洋群島の民族学的研究は統治政策の展開とともに発展してきたことは確かである。一方で、南洋群島の人々は日本統治時代を通じて異化のまなざしを受け、法的にも日本人とは区別された。かれらは日本の統治地域の拡張とともに遭遇した他者であり、文明からは隔絶した原初の世界の人々として描かれる傾向あった。しかし他方で、日本人移住者が流入し、さまざまな開発が進むと、近代世界への包摂、ひいては日本への文化的同化に呼応した研究もおこなわれるようになった。

軍人らによっておこなわれた軍政期の研究では、現地在住の日本人を通じて情報収集がおこなわれたが、調査項目は漠然としたものであった。その後、南洋庁下では統治政策上の要請を背景として、応用的な関心をもちつつも高い専門性の民族学的研究がおこなわれた。同時に、南洋庁と蜜月の組織であった南洋群島文化協会では、一九三〇年代後半以降の南進熱を背負った文化活動が実施された。しかし、個々の研究が即座に統治政策を担っていたというような短絡的な関連づけはできない。また、テクストに書かれた内容が、植民地状況下の現実をそのまま反映しているとも想定できない。ここでは、南洋庁嘱託という身分にあった土方久功と杉浦健一による民族学的研究、そして南洋群島文化協会の野口正章の叙述を検討し、それぞれの研究の統治政策との距離感に留意しながら、かれらが植民地状況下の現実から何を描いたのか、描かなかったのかを検討してきた。最後に、かれらの記述は現在どのように評価できるのか、その現代的意義に触れながら、改めてフィールドとテクストの関係性を探っていきたい。

文化研究の先行研究では、伝統のサルベージに専心する土方の姿勢は、南洋群島の統治者である日本の存在を捨象して「島民」を徹底的に他者化することで、自らもその一端を担っていたはずの植民地支配の次元を隠蔽しているという批判がなされてきた（e.g. 冨山 一九九六）。こうした批判はポスト植民地期の知的潮流のなかでよく用いられてきた論調で、知の政治性を露わにするという点で有意義なものであった。しかし、本章で検討したように、土方は変化に盲目だったわけではない。当時未出版の日記や断片的地方誌のなかに土方が残した変化の記述は、現時点で再発見されるべき価値を持っている。同時に、土方の作品および民族誌は、戦後のパラオで高く評価されていることにも留意するべきである。一九九〇年代になって英訳された民族誌は、伝統社会の貴重な記録として重宝されており、土方のおこなった彫刻指導は現在ストーリーボードないしイタボリと呼ばれる民芸品の発展に大きく寄与したと極めて肯定的に評価されている。パラオ国立博物館でも土方の作品が所蔵されており、人々の間では「ヒジカタ・センセー」と呼ばれることもある。当時の民族学を評価するのは、何も日本側の研究者に限られたことではない。現地社会における受容・流用のあり方にも目を向けながら、土方の仕事を評価していく必要がある。

同様に、文化研究の先行研究は、杉浦の応用人類学的な立場に注目して、その研究を南洋群島統治ひいては大東亜共栄圏の構築に連接する営みとして批判的にとらえてきた（e.g. 坂野 二〇〇五、全 二〇〇五）。たしかに杉浦の応用人類学的な立場表明からはそうした点もよみとれる。しかし、冒頭の立場表明とは裏腹に、母系的氏族に基づく複雑な土地制度の記述に紙幅を割いている杉浦の態度は、安易な政策提言を避け、土地の私有制度の導入がいかに困難であるかを暗示している。実際、杉浦は論文のなかで、貨幣経済が浸透し、日本人移住者に土地が賃貸売買されるにつれて、母系的氏族の成員同士が土地をめぐって争いを繰り広げているパラオの現状を当然のなりゆきと達観さえしている。土地訴訟は現在に至るまでパラオで深刻な社会問題となっている。[23] 杉浦の記述は、土地をめぐる争いを即座に解決してくれるような処方箋ではないが、パラオにおける土地訴訟のメカニズムを正確に理解するための基礎資料としての価値も持っている。

野口の記述に関しては、これまでほとんど知られておらず、評価されることもなかった。南洋群島における民族学を検討するにあたって、南進思想を背負った非中立的で非学術的な記述として、かれの記述を切り捨てることはたやすい。しかし、ここで野口の記述をとりあげたのは、それが植民地状況下の変化を民族学者とは別のかたちで生き生きと記述しているからであった。アマチュアならではの率直さと感情移入によって記述された行政村長エラケツの戸惑いは、戦後アメリカ人類学のなかで注目された論点とも深く関連がある。アメリカ統治期初期の研究では、日本統治下の行政村長が統治者との交渉を専らとするだけで、必ずしも地域社会で権威を保持していなかったこと、さらにはアメリカ統治時代になってかつての権力乱用を告発されることもあったことなどが指摘された（Barnett 1949：180）。一九六〇年代以降の政治人類学的研究では、伝統的首長と選挙で選ばれる新しいリーダーとの併存状況に注目があつまった（e.g. Hughes and Lingenfelter eds. 1974）。野口の記述に帝国主義をみいだすことはたやすいが、新旧のリーダーの併存が引き起こす混乱に注目したその視座は、戦後の政治人類学的研究に連なる論点の萌芽として再発見することもできる。

日本統治下南洋群島の民族学を検討することは、フィールドとテクストの間を絶えず往来する作業となろう。当時のテクスト内容のみを分析し、伝統のサルベージ、応用人類学的立場、南進論的論調などを見いだして批判することはたやすい。しかし、それではポストコロニアル批判の名のもとに、当時の民族学的研究が残した遺産の実証的な検討を怠ってしまう可能性もある。植民地統治下のフィールドの現実とテクストに書かれた内容とを照らし合わせ、またほかのテクストとの関係性にも留意しながら、民族誌に書かれた内容を検討することではじめて、当時の民族学を評価することができよう。また、現在のフィールドとの関係を探り続ける必要もある。土方の仕事がパラオ社会に受容・流用されているように、調査から七〇年以上が経過した現在でも、当時の民族学的研究が残したものは現地社会にとって過去の遺物とはなっていない。現在のフィールドの状況を参照しながら、過去の民族誌の記述の可能性あるいは問題点を探っていく作業は、今後も絶えず継続していく必要がある。そういう意味では、植民地状況下の民族学的研究を対象化する作業は、単に過去志向の作業ではなく未来志向の作業ともなろう。

注

1　土方は、民族学の専門教育を受けていなかったという点では、アマチュアの著述家であるが、その記述は後生の民族学・人類学の分野で高く評価されていることに鑑みて、ここでは民族学に造詣の深かった者として対象化する。

2　高山によれば、鈴木経勲の現地社会に関する記述のなかには、信憑性に欠ける記述が多々あり、マーシャル諸島を実際に訪れたかどうかは極めて疑わしいという（高山 一九九五）。

3　現地の地名の片仮名表記は日本統治期に慣例となっていた表記方法を用い、初出部分にのみ括弧内に現在のミクロネシアで採用されている地名の片仮名表記を併記した。

4　海軍への情報提供者となった現地滞在の日本人のなかには、トラック諸島で貿易に成功し、現地の伝統的首長の娘と結婚した森小弁などの人物がいた。森小弁に関しては、Ｍ・ピーティー（Peattie 1988）、高知新聞社（一九九八）、小松和彦（二〇〇一）に詳しい。

5　この民族誌は民族学者・岡正雄の兄が経営していた岡書院から一九二七年に出版され、後に岩波書店から再版された（松岡 一九四三）。

6　裁判官として旧慣調査をおこなった奥野彦六郎は、戦後すぐに日本民族学協会の機関誌に戦前の研究成果の一部を寄稿している。奥野はマーシャルやポナペなど南洋群島の東部の移住伝承をもとにして、出身地を同じくする人々がやがては同族とみなされる現象、すなわち「同生地族」の形成を検討した（奥野 一九五〇）。

7　物産陳列所は、一九三〇年に南洋群島の産業振興を目的に設置された。その設立趣意は以下のようなものであった。「群島内に於ける各種の生産物、並に各地熱帯産物を蒐集陳列して、彼我比較研究の対照《ママ》たらしめ、一面地方産業の販路開拓及び商品の取引仲介斡旋を為し、以て群島産業の啓発を図り、地方文化に資する」（南洋庁長官官房 一九三二：三九四、南洋庁物産陳列所 一九三八）。「島民」は民芸品などを制作することで産業振興の一端を担うことが推奨された。品評会はかれらの作品を発表する機会であった（飯高 二〇〇五）。

8　このとき展示された「南洋土俗品」は、東京帝大理学部人類学教室でも展示され、後に同教室に寄贈された（丸山 一九七九：一九四）。

9　『女酋』第二号は、琉球大学付属図書館矢内原忠雄文庫にて閲覧可能。下記ＵＲＬ参照。http：//manwe.lib.u-ryukyu.ac.jp/yanaihara/details.php?clsid=10&bid=214&image_id=&current_id=1&fac=1（二〇一一年四月二五日アクセス）。

10　聞き取りをおこなった当時を回顧した北村信昭は、戦後以下のように述懐している。「天理小学校の宿直室に起居するエ

11　君（エラケツ君：筆者）を訪ね、小さな机に島の地図を拡げては、パラオの民俗を聴取採録した。独特の訛りのある日本語で、ぽつりぽつりと口述するエ君の話を筆記することの楽しみを私は今もなつかしく思い起す」（北村 一九五四：七）。

12　一九一五年、日本海軍による南洋群島占領の翌年に設立された南洋協会は、南洋・南方での邦人の経済活動の発展を企図した組織で、台湾および南洋群島のほか、シンガポール、フィリピン、ジャワ、ダバオ、スマトラにも支部を置いていた（南洋協会 一九三五）。南洋協会は、商品陳列所を経営していたほか、各種の講習会などを企画、運営していた。

13　南洋群島の現地人に親日感情を植え付けるために組織された日本本土への観光旅行のこと。一九一四年から一九四一年までほぼ毎年組織され、合計六〇〇人から七〇〇人の南洋群島島民が参加したと推定される。かれらは、二、三週間の滞在期間中、皇居遙拝、靖国神社参拝、軍事施設や文化施設の見学などをおこなった（飯高 二〇〇九）。

14　上条は南洋庁地方課、熱帯産業研究所、南洋新報社、南洋貿易など現地の官民双方の組織に所属する人々とともに、外南洋に関する有志の研究会も組織していたという（野口 一九四一a：一九八—二〇一）。同研究会は、パラオの小学校や公会堂などで公開講演も開催していた。

15　一九三五年に発表された「南洋群島開発十カ年計画」では、「島民」に国籍取得の道を開こうとする方針も打ち出されていたが、実現されることはなかった（今泉 一九九四：八〇）。

16　土方は、パラオにおいて土器はいたるところから出土しているため、「特に土器を使用した時代ということは或いは適当ではないかも知れぬ」ということわりも入れている（土方 一九九〇：二二）。

17　その他、石柱、穴石、「神の家」を模した石像、男根石と女陰石などにも言及している。石柱に関しては、長谷部言人や八幡一郎によるマリアナ諸島の石柱遺跡の研究にも触れながら、バベルダオブ島北部の石柱群とパラオ各地に残された石柱は、現在とは異なる建築様式をもつ過去の集会所の柱であるとしている（土方 一九九〇：三四）。

18　土方の民族誌における地名表記は、日本統治期の行政文書などで慣例となっていた表記ではなく、より現地語の発音に即した片仮名表記、あるいは伝統名の片仮名表記が用いられている。そのほか、文中に現地語の語彙が頻出するという特徴がある。これは土方が現地語に精通していたことを示している。

別の論文でも杉浦は、人類学的な観点から簡単な政策提言をおこなっている。例えば、南洋群島の在来の政治制度である伝統的首長制と南洋庁が導入した行政制度との齟齬を指摘し、「村の第一位氏族長であって、全責任を負う実力はない」首長を末端の官吏に任命するのではなく、村落全体をカバーしている年齢集団を介した統治のほうが効果的であると提言している（杉浦 一九四一：一八六）。

19　杉浦は父系家族集団という用語を用いているが、ここでは父と子の一世代の関係に基づく居住集団であることに留意し、父子関係に基づく家族集団と表記する。

20　杉浦は人々の心理的次元に言及しながら争いの動態を以下のように述べている。「前戸主なる父が第一位氏族長或は部落の有力者であると、その部落の隣人等は前戸主の息子に対する尊敬や同情を持っているので、次に来る新戸主は正統の権力はあってもやりにくい。斯くて息子が父のあとを父系に依って相続する様なことも起る」（杉浦 一九四四：二三六）。

21　本文中では「加藤さん」と表記されている。加藤末吉の述として雑誌『南洋群島』にパラオでの生活に関する談話が連載されたこともある。加藤末吉は恒信社、南洋貿易株式会社などに勤務した経験があり、野口が聞き取りをおこなった当時は個人商店を経営し、現地人とコプラや高瀬貝の取引をしていた。また、流暢なパラオ語を話すことができたという（野口 一九四一b：一二八）。

22　北村信昭と宮武正道が聞き取りをおこなった前述の天理小学校の留学生「エラケツ」と、ここで行政村長に任命されたエラケツとは全く別の人物である。

23　現代の土地訴訟でも、南洋庁の調査で作成された土地台帳が参照されているが、その内容に誤りがあっても文書としての権威を持っているため、問題を複雑化させることもある（飯高 二〇〇七）。

参照文献

阿部正功
一八九四「南洋サイパン島の土俗」『東京人類学雑誌』九（一〇二）：四六二―四六四頁。

安藤喜一郎
一九三三『南洋風土記』東京：拓殖公論社。
飯髙伸五
二〇〇五「品評会、国連デー、ベラウ・フェアー――ミクロネシア・パラオにおける文化イベントの系譜」『日本オセアニア学会 NEWSLETTER』八三：一―一〇頁。
二〇〇七「パラオ共和国の土地台帳――残された植民地資料の現地社会への影響に関する試論」『日本植民地研究』一九：三四―四一頁。
二〇〇九「日本統治下パラオ、オギワル村落におけるギンザドーリ建設をめぐる植民地言説およびオーラルヒストリーに関する省察」『アジア・アフリカ言語文化研究』七七：五―三四頁。
石川榮吉
一九九二『日本人のオセアニア発見』東京：平凡社。
泉　靖一
一九五四「故杉浦健一教授と人類学・民族学――追悼と評伝」『民族学研究』一八（三）：二六六―二七二頁。
今泉裕美子
一九九四「国際連盟での審査に見る南洋群島現地住民政策」『歴史学研究』六六五：二六―四〇、八〇頁。
一九九六「南洋庁の公学校教育方針と教育の実態――一九三〇年代初頭を中心に」『沖縄文化研究』二二：五六七―六一八頁。
今西錦司（編）
一九四四『ポナペ島――生態学的研究』東京：彰考書院。
遠藤　央
一九九九「表象のたたかい――ミクロネシア、パラオをめぐるオリエンタリズム」春日直樹（編）『オセアニア・オリエンタリズム』八三―一〇三頁、京都：世界思想社。
岡谷公二
一九九〇『南海漂泊――土方久功伝』東京：河出書房新社。
小楠安太郎（編）

一九三九『南洋群島に於ける習俗慣習』南洋庁。
奥野彦六郎
一九五〇「ミクロネシアにおける『同生地族』の形成」『季刊民族学研究』一四（三）：二〇〇―二一〇。
上条深志
一九三八『パラオ島誌』コロール：南洋新報社。
一九三九『ヤップ島誌』コロール：南洋拓殖株式会社。
川村　湊
二〇〇一「野口正章『外地』解説」野口正章『外地』（日本植民地文学精選集［南洋群島編］２）一―六頁、東京：ゆまに書房。
北村信昭
一九三三『南洋パラオ諸島の民俗』奈良：東洋民俗博物館。
一九五四『エラケツ君の思い出』奈良：ミクロネシア民俗会。
高知新聞社（編）
一九九八『夢は赤道に――南洋に雄飛した土佐の男の物語』高知：高知新聞社。
小松和彦
二〇〇一「南洋に渡った壮士・森小弁――『南洋群島』以前の日本・ミクロネシア交流史の一断面」篠原徹（編）『近代日本の他者像と自画像』一九五―二三三頁、東京：柏書房。
坂野　徹
二〇〇五『帝国日本と人類学者――一八八四―一九五二』東京：勁草書房。
杉浦健一
一九三八「パラオ島に於ける集落の二分組織に就て」『人類学雑誌』五三（三）：二七―三七頁。
一九四〇「パラウに於ける所謂トテミズムに就て」『人類学雑誌』五五（四）：一七―二八頁。
一九四一「民族学と南洋群島統治」太平洋協会（編）『大南洋――文化と農業』東京：河出書房、一七三―二一八頁。
一九四四「南洋群島原住民の土地制度」『民族研究所紀要』一：一六七―三五〇頁。
一九四五「ミクロネシヤに於ける親族名称」『民族研究所紀要』三（下）：一―九一頁。

一九四七『未開人の政治と法律』東京：彰考書院。
一九四八『原始経済の研究』東京：彰考書院。
一九四九「ミクロネシア原住民の政治組織――民主的なパラオ島民と封建的なポナペ島民」『人文』三（一）：二八―五二頁。
鈴木経勲
一九八〇（一八九二）『南洋探検実記』東京：平凡社。
須藤健一
二〇〇〇「ミクロネシア史」山本真鳥（編）『オセアニア史』三一四―三四九頁、東京：山川出版社。
世田谷美術館
一九九一『土方久功展――南太平洋の光と夢』東京：世田谷美術館。
太平洋協会（編）
一九四一『大南洋――文化と農業』東京：河出書房。
高岡熊雄
一九五四『ドイツ内南洋統治史論』東京：日本学術振興会。
高山　純
一九九五『南海の大探検家鈴木経勲――その虚像と実像』東京：三一書房。
坪井正五郎・志賀田順太郎
一八九三「トラック島土俗」『東京人類学雑誌』八（九〇）：四七五―四八七頁。
戸塚皎二（編）
一九三一『女酋　第二号』コロール：パラオ民俗瑣談会。
冨山一郎
一九九六「熱帯科学と植民地主義――『島民』をめぐる差異の分析学」酒井直樹ほか（編）『ナショナリティの脱構築』五七―八〇頁、東京：柏書房。
中生勝美
一九九七「民族研究所の組織と活動――戦争中の日本民族学」『民族学研究』六二（一）：四七―六五頁。

南洋協会
　一九一六『南洋の風土』東京：春陽堂。
　一九三五『南洋協会二十年史』東京：南洋協会。
南洋庁
　一九三九『南洋群島々民旧慣調査報告書』南洋庁。
南洋庁長官官房
　一九三二『南洋庁施政十年史』南洋庁長官官房。
南洋庁物産陳列所
　一九三八『南洋庁物産陳列所案内』コロール：南洋庁物産陳列所。
野口正章
　一九四〇『群島の島民と其の文化』コロール：南洋群島文化協会。
　一九四一a『今日の南洋』東京：坂上書院。
　一九四一b『パラオ島夜話』東京：建設社出版部。
　一九四二『外地』東京：海洋文化社。
土方久功
　一九四四「伝説遺物より見たるパラオ人」太平洋協会（編）『太平洋圏——民族と文化　上』東京：河出書房、六三一—七一四頁。
　一九九〇『土方久功著作集1　パラオの社会と生活』東京：三一書房。
　二〇一〇『土方久功日記Ⅰ』（須藤健一・清水久夫編）吹田：国立民族学博物館。
松岡静雄
　一九四三（一九二七）『ミクロネシア民族誌』東京：岩波書店。
馬淵東一
　一九三三「書評　安藤喜一郎氏著『南洋風土記』」『南方土俗』二（四）：三九—四〇頁。
丸山尚一

一九七九「土方久功年譜」『同時代三四　特集土方久功』一八七―二二四頁、東京：法政大学出版局。
南の会（編）
一九三七・一九四〇『ニューギニア土俗品圖集』（上・下）東京：南洋興発株式会社。
宮武正道
一九三二『パラオ島の伝説と民謡』奈良：東洋民俗博物館。
文部省専門学務局
一九一六『南洋新占領地視察報告』東京：文部省専門学務局。
矢内原忠雄
一九三五『南洋群島の研究』東京：岩波書店。
矢野　暢
一九七五『「南進」の系譜』東京：中央公論社。
山田鉎太郎
一八八七a「クサイ島の住民　二」『東京人類学報告』二（一一）：七五―七八頁。
一八八七b「クサイ島の住民　三」『東京人類学報告』二（一二）：一一〇―一一二頁。
全　京秀
二〇〇五「阿片と天皇の植民地／戦争人類学」『先端社会研究』二：一二七―一五九頁。
Barnett, Homer G.
1949 *Palauan Society : A Study of Contemporary Native Life in the Palau Island*. Eugene. : University of Oregon Publications.
Cooper, Adam
1988 *The Invention of Primitive Society: Transformations of an Illusion*. London : Routledge.
Hardach, Gerd
1997 Defining Separate Spheres : German Rule and Colonial Law in Micronesia. In H. Hiery and J. MacKenzie（eds.）*European Impact and Pacific Influence : British and German Colonial Policy in the Pacific Islands and the Indigenous Response*, pp. 231-258. London and New York : Tauris Academic Studies.

Hughes, Daniel and Sherwood Lingenfelter（eds.）
1974 *Political Development in Micronesia*. Columbus：Ohio State University Press.
Krämer, Augustine
1919 *Palau：Ergebnisse der Südsee-Expedition 1908-10, II, Ethnographie, B, Mikronesien, Bd.3, Teilbd. 2,* Hamburg：Friederichson and Co.
1926 *Palau：Ergebnisse der Südsee-Expedition 1908-10, II, Ethnographie, B, Mikronesien, Bd.3, Teilbd. 3*, Hamburg：Friederichson and Co.
Matsumura, Akira
1918 *Contributions to the Ethnography of Micronesia*（*Journal of the College of Science* 40（7））. Tokyo：Imperial University of Tokyo.
Peattie, Meattie
1988 *Nan'yō：The Rise and Fall of the Japanese in Micronesia, 1885-1945*. Honolulu：University of Hawaii Press.
Shimizu, Akitoshi
1999 Colonialism and the Development of Modern Anthropology in Japan. In J. Van Bremen and A. Shimizu（eds.）*Anthropology and Colonialism in Asia and Oceania,* pp. 115-171. Richmond：Curzon.

第二部

異文化の記述と方法

第六章　近代日本人類学とアイヌ／コロボックル人種表象
——坪井正五郎の人種概念の検討から

関口由彦

「人類学上の問題で、明治時代を湧かした最大のテーマ」であったと言われるのが、日本の「石器時代人」が何者であるかをめぐる「コロボックル論争」であった。この論争において、一方のコロボックル説を唱えて立役者となったのは、東京人類学会ならびに東京帝国大学人類学教室を主宰した坪井正五郎である。彼の論争への関わりは、自説の確立のみならず、人種に関する自らの理論を提唱・普及するというものであったと考えられる。本稿は、そのような坪井の〈人種〉概念について検討する。坪井の〈人種〉論は、「歴史」、「言語・風俗習慣」、「体格」の検討から、諸〈人種〉の生成変容を伴う関係性、すなわち「系図分類」を目指すものであった。その際、人為性を避けるために「知れる限りの」人種的特徴が取り上げられる。「体格」が人類全体において連続する差異を示すとともに、「言語・風俗習慣」は多様な生成変容を伴うために、多層的な広がりと境界をもつことになる。それは、従来の「単配列分類」としての人種概念を「多配列分類」へと転換させていくという方向性をもつ。無数の人種的特徴に基づいて、諸〈人種〉間で異同を示そうとする総合的比較の視座は、「人間其者」を対象とする坪井の「人類学」構想に共鳴するものであろう。「コロボックル風俗考」において、豊富な図版とともにコロボックルの生き生きとした生活のありようそのものを「想像」を交えつつ示そうとしたことは、常により多くの人種的特徴を対象化しようとし続ける未来への志向でもあった。このように進められた〈人種〉論は、当時の支配的言説であった諸人種に対する「文明」／「野蛮」の価値づけを回避していくことになる。

一　はじめに

本論文の目的は、近代日本人類学における「アイヌ人種」表象の一端を明らかにするために、東京帝国大学人類学教室の中心であった坪井正五郎の〈人種〉概念を検証し、彼の「アイヌ／コロボックル」研究に見られる〈人種〉表象を浮き彫りにすることである。アイヌ民族は、日本の人類学が最初に出会った他者であり（坂野 二〇〇五：一七九）、内なる他者として、「明治初期の人類学アカデミーを確立させたトピックの中心にあった」（木名瀬 二〇〇一：五五）のであり、アイヌ研究は、「日本に於ける人類学の発展の一因をなしている」（日本民族学会 一九六六：二三九）。したがって、その人種表象の再考は、日本人類学の初期の発展そのものを部分的になぞるものとなるだろう。

第一節では、坪井正五郎の著述『人類学講義』（坪井 二〇〇五b）の中からその〈人種〉概念について検討し、人種的特徴の総合的比較によって諸人種の「系図」の再構成を目指す坪井の視座を確認する。第二節では、その〈人種〉概念の具体的検討として、コロボックル論争における坪井の主張を再考する。そこでは、日本石器時代人民をアイヌとは異なる人種であるとするコロボックル説の主張が、自説の確立とは別に、もう一つのたたかいを展開していたことを明らかにする。その主張は、「日本人」というアイデンティティの確立のために周辺人種を他者化するという、従来のオリエンタリズム批判の対象からは一線を画するものであったといえる。オリエンタリズム批判の的になる「人種」概念が、境界の明確で不変の本質的特徴を共有する集団を意味するのに対し、坪井の唱える〈人種〉論は、「多配列分類」へと向かうことによって、そのような枠組みを越え出るものだったのである。そのことは、本章が坪井の人種論に着目する理由となっている。

二　坪井正五郎の〈人種〉概念再考

本節では、坪井正五郎の『人類学講義』（坪井 二〇〇五b）の中の〈人種〉概念について、理論的に検討する。その際、それがそもそもどのような「人種」の取り扱いを批判するものとして生み出され、どのような理論的展望を持つ概念であったのかということに注目したい。

「人種」の連続性／不連続性――連続する「体格」、不連続の「風俗習慣」

まず坪井は、西洋が多様な他者と出会う大航海時代以降の西洋の人間分類のあり方が、恣意的な基準（言語、容貌体格、皮膚の色）に依拠するものであったことを指摘している。

此の時分から段々世界の人類を別つて見やうと云ふことが始つたが、何を基礎にして別けると云ふことは人々違つて居る、或は言語に依つて別ち、或は容貌体格、或は皮膚の色等に重きを置いたと云ふやうに、基礎は種々違ふ、又どの位のものは何れへ入れやうと云ふ見解も種々異なつて居りましたが兎に角世界中の人間を分類して見やうと云ふことは多くの人が考へたのであります（坪井 二〇〇五b：四二）。

坪井は、このような恣意的な人種分類を批判的に捉えなおし、科学的な人種分類の確立を目指していたといえる。そこでまず坪井は、各人種の身体的特徴について論じていく。その議論の要点は、「中間物」へのまなざしにある。坪井にとって、人類の身体的特徴は「中間物」の存在によって連続するものであり、そのため、身体的特徴に依拠すると人種の境界は存在しないことになる。つまり、そこでは、人類全体の連続性が述べられていくのである。

種々研究した結果初めに思ふて居つた程には諸人種の間に境界の無いものであると云ふことが分つて来た（中略）皮膚の色や容貌に於てもいろいろの中間物が有つて何處から何處までを何人種とすると云ふ様なことは、人々が勝手にするだけの話で、天然自然にはシッカリした界のあるものでないと云ふ事が知れて来た（坪井 二〇〇五b：四六）。

そこで世界の人類を幾つかに別つと云ふことは、詰り幾つかの中心を置くと云ふ様に考へる事は出来るが、世界の地図を色別にして、政治上の国境を示すと云ふやうに明に人種分布の界を定めることは出来るものでないと云ふことが知れた、それ故に初めは世界の人類を幾つに分けやうかと云ふことを考へたのが、それが値打の無いやうになつた、どの位の相違を人種の別と認めるかと云ふ事は学問上の値打ではない、寧ろ感情問題である、骨を折つて調べても詰らぬものだと云ふやうに帰着して、其後は人種特徴の事は昔ほどには論ぜられない様になつたのであります（坪井 二〇〇五b：四六―四七）。

身体的特徴に注目した場合、人類は「中間物」の存在によって連続したものとなり、したがって、世界地図を色分けするように、身体的特徴という基準によって人類を複数の人種に分けることはできない。これが、坪井の主張であった。たしかに、皮膚の色の違い、身長の違いといったものは存在する。しかし、「多くの例を列べて見れば、其の間に連続があると云ふことは事実である」（坪井 二〇〇五b：一一〇）と、坪井はいう。坪井にとって、身体的特徴に関する多くの事例が知られていなかった時代に「人種」の区分がされていたことは仕方のないことであり、そのような区分は学問の発展とともに解消されていくものと考えられた。

世界中の人類の中で種々の性質の極端を取つて見ると随分違ひがある、併ながら今日では悉く中間物の存在が認められるやうになつたのであります。古く欧羅巴人が自分等の白色と、地中海を隔てゝ南のズット先きに居る亜非利加土人の黒色とを見て、少くとも色の点で別種であると考へたのは無理はない。丁度黒板の黒と白墨の白との違ひのやうに明かに違ふ。又身長に付ても、欧羅巴人が丈の極く低いものを見て、是は別種類のものであると云ふことを考へたのも無理はない話である。又欧羅巴人の毛の波立つて居るのと、南方亜非利加土人の毛の縮れて居るのとを見て、別種のものと思つたのも無理はない。故に古い時分に欧羅巴人が世界中の人類中には種の違ひが認められると云ふを言つたのも尤ものこと、言はなければならぬ。其の時分の材料だけで言へば数種あると云ふ方が尤もらしいのであります（坪井 二〇〇五b：一〇九—一一〇）。

このように身体的特徴に依拠すれば、人種分類は不可能であり、連続する身体的特徴のグラデーションの中にいくつかの中心を置くことができるだけである。また、坪井は、そのような連続する差異がいくつかの点で存在する一方で、無数の類似点が存在することを的確に指摘している。

此の違ひも数へるほどの点に於てしかない。然るに一致して居る点はどうかと云ふと数へ挙げることは出来ない。欧羅巴の或る地方の者は色が白い、亜非利加のネグロは色が黒い。是は色に於て極端の差であるが、欧羅巴人の身体の骨の数も、ネグロの身体の骨の数も変つたことはない、歯の数も変つたことはない、心臓肺臓の形、神経の枝別れ等も変つたことはない、細かい点に数へ挙げられない一致があつて、僅かなる点に度合の違ひがある。斯う云ふのが事実である（略）（坪井 二〇〇五ｂ：三一六―三一七）。

要するに、身体的特徴をめぐる坪井の議論は、差異を示す事例を数多く比較検討することでその連続性を主張し、さらに検討すべき特徴の数を増やすことで類似性の方が無数に存在することを主張するものであった。少数の連続する差異と、無数の類似性の指摘が、ここでの坪井の議論の核心である。

次に、坪井は言語、風俗習慣の検討に移り、それらが「中間物」をもたないことを論じる。これは、前述の先天的特質としての身体的特徴とは異なる性質である。

斯の如く生れつきの性質、先天的の性質に付て言つて見ると、世界中の人類に見る相違は極端の間には差があるが、悉く中間物を以て繋がるものであると云ふことが分る。其の他の人種的性質、言語であるとか風俗習慣であるとか云ふものは、段が付いて居つて中間物が無い。英吉利語と日本語とは違つて居る。其の間の言葉などはない。（中略）言語或は風俗のみから判断するならば、人は数種であると云つて差支ない。日本語と英吉利語は種を異にするものと云つて一向差支ない。日本の風俗と西洋の風俗とは種を異にするものと云つて差支ない（坪井 二〇〇五ｂ：一一六）。

言語や風俗習慣という「人種的性質」に依拠すれば、そこには「中間物」が存在しないため、人類は複数の人種に区別されることになるという。

多様な特徴に基づく総合的な比較――生成変容への視座

ここで、坪井の議論の出発点に戻ることにしよう。そもそも坪井は、人種の分類基準の恣意性を問題にし、各分類基準の性質について論じてきたのである。坪井の問題意識は、人種分類のあいまいさにあると言ってよい。

所で、世界中に種々の人間が居る、それを幾つかに分けるかと云ふことは昔から様々に調べた人が沢山ありますが、今日の所ではまだ一定して居らぬ。一体人種と云ふのは人類中の小別であつて、或る性質を通じ有する人類の団体と云ふより外ない。所謂或る性質とは何であるか、是が人々の考へに依つて違ふのであります。（中略）何を土台として分けると云ふことは人々に依つて区々である（坪井 二〇〇五b：一二四―一二五）。

坪井は、上述の人種的特徴（身体的特徴、言語・風俗習慣）の性質を踏まえたうえで、あいまいさのない人種分類のあり方を追究していく。その際、坪井は、人種分類のあり方を「常識分類」「人為分類」「類集分類」「系図分類」の四つに分け、最終的に「系図分類」の正当性を提唱する。その議論を順に見ていくことにしよう。

まず、「常識分類」に関しては、根拠のない人びとの一般的な先入見に基づくものとして拒絶している。

次に、「人為分類」は、たった一つの恣意的な基準によって人種分類をおこなうものであり、基準が分類をおこなう者によってバラバラであるという「人為」性が問題とされる。

色で分つことが出来るならば背の高さで分つことも出来る、頭の広い狭いで分つことも出来る、又実際ある事でありますが歯の形に依つて分つことも出来る。若し人間を形に依つて分つことが出来るならば、手の形でも足の形でも世界の人種を分類することが出来る。斯様なのを総称して人為分類と云ふ。今世間で云ふ白色人種黄色人種、それから澳地利などで言つて居る有色人種、斯様な勝手な土台を置いて人間を分つのが人為分類である（坪井二〇〇五b：二二八―二二九）。

「人為分類」がたった一つの恣意的な基準を用いるのに対し、「類集分類」は複数の基準を用いる。しかし、この場合も、その基準の「人為」性が問題となり、基準の設定の仕方によっては、実際に出自の異なる人びとを一つのカテゴリーにまとめあげてしまうことが可能である。言い換えれば、坪井は、人種分類における人為的な操作可能性を拒絶していると言えるだろう。

それから類集分類、是は人為分類のやうに一つのもので言ふのでなくして、言葉の上から見ても、風俗の上から見ても、歴史の上から見ても、体格の上から見ても、一つ基から出たと思はれる者は一つ部類に入れ、或点は似て居るが大多数の点で違つて居ると云ふ者は別の部類に入れる。さう云ふやうに類を以て集める、斯う云ふのである。所が此の如く類を以て集めると云ふのは必しも天然自然の血統の関係を示すとは云ひ難い、幾ら似て居つても血統上の関係が無いと云ふ事も随分ある（坪井二〇〇五b：二二九）。

そして、上記三つの人種分類の問題を踏まえたうえで、坪井がその正当性を提唱するのが「系図分類」である。先の三つの人種分類が、基準の設定の仕方によって何通りもの分類を生み出してしまうという恣意性をもつのに対し、最も妥当な分類となり得ることを主張する。それは、「諸種族の正しい系図」（坪井 二〇〇五b：一三二）を求めようとするもので、生成変容する人種的特徴を時間的スケールの中で捉えることを目指したものである。

では、この「系図」はどのようにして再構成されるのだろうか。その「方法」として坪井が論じるのは、「歴史」の検討、「言語」「風俗習慣」「体格」の比較である。

「歴史」の検討とは、アメリカにおける「欧羅巴人」や「黒人」の来歴を知ろうとする時のように、知られている歴史に基づいて、諸人種の由来を明らかにしようとすることであるという（坪井 二〇〇五b：一三三―一三四）。さらに、歴史記録に残っていない過去に遡るためには、「言語」や「風俗習慣」の検討に依らなければならない（坪井 二〇〇五b：一四六）。しかし、坪井によれば、「如何なる言語でも風俗習慣でも絶対的に変らないものではない」（坪井 二〇〇五b：一四九）ため、それよりも古い「系図」を明らかにするためには「体格」に依らなければならないのである。

〔言語・風俗習慣は――引用者注〕さう云ふ風に変化して来るのでありますから、諸種族の間に存する極く極く古くからの関係は、言語に依つて知ることは出来ない。歴史よりも古い所まで遡るとは言へるけれども、それも程度問題で、或る所までは達するがそれから先の事は分らない。（中略）そこで言語や風俗で分らない古い時代の事は、到底知る途は無いかと云ふと、是は又知る途があります。それは即ち体格上の調査であります。体格と云ふものは固より絶対的に変化が無いとは断言出来ないが、言語風俗が変る程に変るものでない（坪井 二〇〇五b：一五〇―一五一）。

坪井の提唱する「系図分類」は「歴史」の検討および「言語」「風俗習慣」「体格」の比較によって再構成されなけれ

ばならず、この時、諸人種が持つとされる人種的特徴とは、変容する「言語」「風俗習慣」と、変容しにくい「体格」である。ここで重要なことは、〈人種〉の「系図分類」をおこなう者はこれらのあらゆる要素を、その変容を考慮に入れたうえで、総合的に扱わなければならないということである。そうでなければ、「人為分類」や「類集分類」に陥ってしまうということである。

是まで多くの学者が試みた所の人種別は多く或る一方に偏して何に依つて分つと云ふやうに其の分つ土台を定めて掛つて居るのでありますが、系図調をする時分には何に拠ると云ふ其の拠り所でなくて、どう云ふ事をしやうと云ふ目的を達する方法と云ふものを考へて掛らなければならぬ。系図調をすると云ふのが目的であるのだから、或る場合には言語に拠つても宜しい、或る場合には体格に拠つても宜しい、或る場合には風俗習慣歴史、何に拠つても宜しい。何に拠りて調べなければならぬと云ふことはないのであります（坪井 二〇〇五b：一五二）。

これらのことから、坪井にとって、〈人種〉は、まず「体格」によって区別され、さらに「言語」「風俗習慣」によって区別されるものである。

大別の方から云つて見れば、世界の人類を大きく分つ時分には体格に依る。さうして幾つかの分ちの出来た中を、今度は風俗習慣言語に依つて分つ。其の中の別を立てるのには歴史を拠とする。さうでありますから大別小別で分類の基礎は違つて居るが、目的は一貫して居る。斯くて世界諸地方の人類の相互の関係を明かにすることが出来るのであります（坪井 二〇〇五b：一五二—一五三）。

ただし、この区別は、決して固定的なものではなく、「体格」（身体的特徴）の異なる者同士で言語・風俗習慣が伝わることがあるなど、多様な方向性をもつ変容可能性にひらかれたものである。坪井は、「日本で生れた子供を直ぐにイギリスへ伴れて行つて育てれば、日本語を知らず英語を達者に話す者になるに相違ない。イギリスの赤児を日本へ伴れて来て育てれば、英語を知らないで日本語を話す様に成るであらう」（坪井 二〇〇五b：一五一）と述べている。そのような変容可能性を考慮に入れた時間的スケールの中での「系図」の再構成こそが、坪井による〈人種〉概念の核心となる。この場合、〈人種〉集団内には「言語」「風俗習慣」といった人種的特徴の多様な生成変容があるため、個々の人種的特徴が形成する境界は多層的なものとなり、個々の境界がぴったりと一つに重なり合うことはないということである。個々の人種的特徴の境界線は、一つに重なり合うことなく多重化している。

もはや、坪井の捉える〈人種〉が境界の明確で不変の本質的特徴を共有する集団を意味するものではあり得ないということは明白であろう。そこには、多様な差異と類似を示す人間集団＝〈人種〉が生成変容する現実への認識が示されている。そのことは、そもそも坪井が、多様な特徴をもつ全体としての「人間其者」を捉えようとする学問として、「人類学」を構想していたことと無縁ではないだろう(1)。

坪井の〈人種〉概念は、多様な差異を増殖させながら生成変容していく流動性を帯びた人間集団のあり方を構想するものであった。その〈人種〉は、「人間其者」へのまなざしにもとづき、「体格」という属性において人類の連続性を示し、「言語・風俗習慣」という属性において多様な生成変容を生じさせるものであり、自己／他者の境界に流動性をもたらすものであったと言えるだろう。次節では、以上のような坪井の〈人種〉概念が、「コロボックル論争」という具体的な事例研究の中でどのように肉付けされていたかを検討しよう。

三　コロボックル論争再考——坪井の〈人種〉概念を中心に

本節では、日本の「石器時代人」をアイヌとするか、アイヌ以前に居住していた〈人種〉とするかをめぐる「コロボックル論争」を材料として、そこに既述の坪井〈人種〉論がどのように表現されていたのかを検討する。それによって坪井〈人種〉論の具体的内容を浮き彫りにしていくことが、本節のねらいである。

論争の概観

コロボックル論争は、「人類学上の問題で、明治時代を湧かした最大のテーマ」であったと言われる（寺田一九八一）。コロボックル論争に見られる坪井の〈人種〉論を検討する前に、議論の前提として、論争の概観をおこなっておきたい。この概観は、一般的とされている学説史に依拠したものである。論争の発端は、渡瀬荘三郎による研究（渡瀬 一八八六）であった。渡瀬は、北海道の竪穴（穴居跡）を伴う石器時代遺跡・遺物がアイヌによるものか、それともアイヌの伝説中の、アイヌより以前に北海道に先住していたコロボックルによるものかという問題を提起したのである。

白井光太郎（白井 一八八七a・一八八七b）は、土器・石器を用い、竪穴に居住し、貝塚を遺したのは、アイヌであり、内地にも存在する石器時代遺跡を遺したのも彼らであると主張した。それらの遺物がコロボックルの遺したものであるとするアイヌの伝説は、信じるに値しない「無稽臆説」であるとされる。これに対して、坪井（坪井 一八八七b・一八八七d）は、コロボックルが内地に広く居住して日本人と交通し、土器・石器を製造して、竪穴に居住し、貝塚を遺したと主張する。アイヌの伝説に関しても、これに反する証拠が見つからないかぎり、退けるべきではないとする。

一八八八年には、坪井と小金井が合同で北海道調査旅行に出る。その結果、坪井はコロボックル説への確信を深め（坪井 一八八八・一八九〇a）、反対に、小金井は、日本石器時代人をアイヌとする説を主張する（小金井 一八八九a・一八八九b）。その後、さまざまなアイヌ説が提唱されるが（佐藤 一八九〇、山中 一八九〇）、むしろ、それらが「坪井の理論をしだいに巧妙で精密なものに成長させていった」（寺田 一九八一：六〇）という側面があることは否み難い。だが、一九七一年の鳥居龍蔵による北千島調査において、穴居し、近年まで土器を作っていた北千島アイヌの存在が確認された（鳥居 一九〇一）。しかもそこにはコロボックルの存在に関する伝説がなかった。これらのことは、アイヌの祖先が石器時代人であることの証左とされる。

小金井は、一九〇三年の講演において（小金井 一九〇三a・一九〇三b）、この鳥居の千島調査結果を自説にとって決定的な証拠として取り上げる。これにより、以後、アイヌ説が優勢を占めていく（濱田 一九〇二・一九〇三）。そして、一九一三年に、ほぼ一人でコロボックル説を担ってきたと言っていい坪井が死去することで、コロボックル論争は、アイヌ説の勝利で幕を閉じることになる。次項以降の議論は、こうした学説史に見られる論争の勝敗の是非を問うものではないが、少なくとも、坪井の〈人種〉概念の再検討は、ここでの概観を越える様相を呈することになるだろう。その意味で、この論争には、まだ未発掘の学的資源が眠っていると言っておきたい。

ここで、コロボックル論争に対する近年の批判的評価について触れておこう。木名瀬（木名瀬 一九九七）によれば、コロボックル論争では、どちらの陣営においても、社会進化論的に捉えられた「人種交替」（優勝劣敗）がなされたことを想定する論理構造を抱える。アイヌは、身体も文化も包括した「人種」というカテゴリーによって位置づけられ、日本人との関係において永続する絶対的な差異化（「劣敗」というスティグマの付与）がおこなわれる（木名瀬 一九九七：四）。また、坂野（坂野 二〇〇五）によれば、欧米の研究者からの眼差しを意識せざるをえなかった当時の人類学者は、先住民族（アイヌ／コロボックル）を劣位の他者として取り扱うことで、自己が観察対象であることを忘却することができた。そして、その取り扱いにおいて、「かれら」（先住民族（アイヌ／コロボックル））に石器や土器、食人風習といった「未開」の表徴を与えることで、そうした「未開」と一線を画する「われわれ」（日本人）が可能となったのである（坂野 二〇〇五：九〇）。

木名瀬も坂野も、コロボックル論争に関わった当時の人類学者たちが、望ましい「われわれ」という自己アイデンティティの確立のために、社会進化論的に劣った他者の存在を必要とし、その他者のカテゴリー化に不変の「人種」という概念を用いたということを主張している。これは、当時のアカデミズムにおける支配的言説を考察するのに重要な視点であることは間違いない。ただし、坪井の論じる〈人種〉は、そのような言説の枠組みを超え出る可能性を秘めていたのではないだろうか。このことを詳細に検討することが、本論文の主要な目的となる。

もう一つのたたかい――坪井〈人種〉論の実践のために

以上の論争の概観を踏まえたうえで、坪井〈人種〉論の具体的な表現としての論争を見ていくことにしよう。ここでの議論を先取りすれば、この論争の中で、坪井には、日本石器時代人をアイヌ以前の人種としての「コロボックル」とする自説の確立というたたかいとは別に、もう一つのたたかいがあったと考えられる。それは、人種をめぐる自らの理論的スタンスを具体的な素材を用いて実践し、その研究のスタイルを普及するというものであった。

まず、坪井は、「日本石器時代人」／アイヌ／コロボックルという人種の比較・分類をおこなうにあたって、依拠すべき分類基準としての人種的特徴の数を可能なかぎり増やそうとしていたと考えられる。これは、「人為分類」がたった一つの人種的特徴を基準として比較・分類をおこなっていたのと対照的であり、坪井には、数多くの人種的特徴を取り扱おうとする志向があったといえる。

論争の開始当初の渡瀬（渡瀬　一八八六）による問題提起と、その後の白井（白井　一八八七a・一八八七b）による批判的な検証とアイヌ説の提唱において、検討の対象とされた人種的特徴は、「縄紋土器石斧石鏃」の使用、「貝塚」「穴居」である。白井は、「扨然ラバ果シテ此コロボックルナル土人ガアイノノ説ク所ノ如ク我北海道ニ居住シテ縄紋土器石斧石鏃類ヲ使用シ貝塚ヲ築キ穴居ヲ構ヘ之ヲ今日ニ遺セルモノナルヤ将又此等ノ土器石斧石鏃ノ類ハアイノジンノ祖先ノ製造使用セル」（白井　一八八七a）ものなのかを追究しようとしていたのである。ここで注目すべきことは、白井が、樺太アイヌの冬季の穴居について指摘していたことに対して、坪井は、「よしやアイノが似寄りの穴に住んだとてコロボックルの有無に重大な関係は有りません」（坪井　一八八七b：九五）と述べていることである。白井は、穴居という人種的特徴をほかの人種との差異として論じていたのに対し、坪井は、穴居を異なる人種のあいだにある同一の人種的特徴として述べている。つまり、白井が人種的特徴の差異について論じているのに対して、坪井は人種的特徴の異同について論じていたのである。坪井にとって、石器時代人＝コロボックルとアイヌは多くの異なる人種的特徴と同一の人種的特徴の両方を持つものとして捉えられていたため、たとえ穴居という特徴が同一であっても、両者が一つの人種であるとは言えないのである。

坪井が白井の議論を受け入れられなかったのは、そもそも白井の議論が少数の人種的特徴に基づくものだったからではないだろうか。坪井は、ここで、自らの研究の方向性を以下のように語る。

コロボックル説は未だ証拠だてられたのでは有りません只実らしく思はる、と云ふばかりです夫故に此事を明にするは甚面白い事で先づ貝塚及び貝塚より出づる諸種の遺物を研究して当時生活の有様を考へアイノの性質風俗習慣を詳にして嘗て貝塚及び貝塚より出づる如き物品を製造した痕跡が有るか無いかを憔め貝塚や其中に有る様な器物の出づる痕跡は北方向何所迄有るかを極め今尚是等を作り或は嘗て作たと思はる、人民が居るかどうかを探り尋ぬるのが肝要な事で有りまする（坪井 一八八七b：九六）。

「性質風俗習慣」による詳細な全体的比較をアイヌと石器時代人の間でおこない、そのうえで北方の諸人種との比較をおこなうことが主張されている。この主張は、論争における坪井の研究スタンスとして貫かれていくことになる。

また、この論理のあり方は、この後の論争で、白井が「脛骨扁平」（白井 一八八七b：一四六）という身体的特徴を取り上げたことに対して、坪井が、「私ハコロポックグルの脛骨も亦扁平で有たと信じます」（坪井 一八八七d：一七一）と答えているところに繰り返されている。この後、坪井は、石器時代人＝コロボックルの「風俗習慣」として、「模様」「耳飾り」「宗教的遺物」といった要素の検討へと進んでいく（坪井 一八九六a・一八九六b・一九〇四a・一九〇四b・一九〇六a・一九〇六b・一九七一b）。

次に、坪井は、「アイヌ」という同じ名称で呼ばれる集団内部の差異に目を向けていく。これは、「常識分類」の拒絶であると言って良いだろう。坪井は、樺太アイヌと北海道アイヌの人種的特徴の差異について指摘している。

諸君は北蝦夷図説に穴居の事が有るのを見てアイノは元穴居したものだと思はれるかも知れませんが彼は北蝦夷即ちカラフトの土人の穴居の事で北海道本島土人に関した事ではござりません、本島土人もカラフト土人も等しくアイノの名を以て呼びますから同種類の様に聞えますが容貌風俗共に異た点がござりまして決して一所に論ずべきものではござりません、カラフト土人が穴居したと云ても其隣の本島土人迄を穴居の仲間にする訳はござりません。（中略）研究し様と云ふ点は竪穴は本島アイノと同種類の人民が作たものか別の人民が作た者かと云ふに在て人種には構はず只アイノと云ふ名で呼ばれた者の作たので有るか否かと云ふに在るのではござりません（坪井 一八八八：三九三―三九四）。

樺太アイヌが穴居していたとしても、北海道アイヌが穴居していたことにはならない。なぜなら、両者の間には人種的差異が存在するからである。だからこそ、北海道アイヌが穴居しないならば、石器時代人をアイヌ以外の人種としなければならないというのである。ここでは、「アイヌ」という一般的カテゴリーを用いず、数多くの人種的特徴の差異にきちんと向き合っていくべきことが主張されているのである。

また、坪井は、アイヌ説の小金井（一八八九ａ・一八八九ｂ）が千島アイヌ、樺太アイヌ、北海道アイヌを同一の人種であるとしているのに対して、その証拠が述べられていないことを指摘する（「三部人種の同一か否かは解からぬ」（坪井　一八九〇ａ：一六九））。小金井は、三者が同一であり、千島アイヌと樺太アイヌが穴居していたことから、北海道の石器時代遺跡はアイヌのものであると主張するが、坪井は、三者の「人種」的同一性が証明されていないことを指摘し、そのため「色丹、樺太の土人が竪穴に住居すればとて北海道に在る凡ての竪穴を彼等の所為とする事は出来ません」（坪井　一八九〇ａ：一七四）と述べる。坪井にとって、「人種」の比較は「体格」「風俗習慣」「歴史」の面から総合的に検討されなければならないものであり、小金井がそのような検討をおこなっていないことを指摘していたのだと考えられる。

さらに、坪井は、北千島の石器時代人が千島アイヌであることを認めていたが、南千島以南の石器時代人（＝コロボックル）との人種的同一性については認めていなかった。つまり、千島アイヌがコロボックルであるとは認めなかったのである（鳥居は、この点を認めていた（鳥居　一九七六））。

小金井氏は以上の事実〔鳥居の調査報告――引用者注〕を次の通りに判断されました。北千島には南千島以南同様石器時代の古物遺跡が有る。北千島土人が二百年前までも石器時代の人民で有つて今尚ほ明かに其事を語り伝へて居る所から見ると南千島に存する石器時代古物遺跡も彼等の手に成つた事は疑無い。北千島土人の間に先住者の話しの無いのは彼等自身の祖先が取りも直さず石器時代人民で有るので別に先住者の話しの有らう筈が無いからで有る。斯かる判断を下すに付て最も肝要なのは北千島の石器時代古物遺跡と南千島以南の夫等と同一と認むべきかどうかと云ふ事の研究で有ります（坪井 一九〇三e：四二七）。

そして、北千島の石器時代人と南千島以南の石器時代人とが人種的に同一であるかどうかは、単に「土器」「貝塚」「竪穴」という特徴の類似性だけでは明らかにできないのである。

或る石器時代人民と他の石器時代人民と同一種族で有るとの事は、単に等しく石器を作る、土器を作る、貝塚を作る、竪穴を作ると云ふ様な事を以て決定されるべきものでは有りません。（中略）北千島土人は嘗て石器土器骨器を製造し使用した、南千島以南の古代住民も石器土器骨器を製造し使用したと云ふ事は違有りません。併し等しく石器土器骨器を製造使用し、若くは竪穴貝塚を作つたの故を以て彼等を同種族で有ると断ずるのは殆ど烏と鳶とを混同するに似て居るでは有りませんか。（中略）類似の石器時代遺跡は近傍丈でもアジヤ大陸の東北部にも有る、アリユート諸島にも有る、北アメリカ大陸の西北部にも有る。他を差し置き北千島の遺跡を以て特に南千島以南のものと同一で有る言はうとならば、先づ両地方遺物の一致を証明しなければ成りません（坪井 一九〇三e：四二七―四二八）。

坪井は、ここでも、数多くの人種的特徴の詳細な検討を求めていたのである。

先験的「人種」論の拒絶――「知れる限りの」人種的特徴の比較へ

以上のように、坪井は、石器時代人＝コロボックルという説を提唱しつつ、同時に、人種の比較にあたって依拠すべき分類基準としての人種的特徴の数を増やそうとしていたのであり、そのような全体的比較によって、樺太アイヌ／千島アイヌ／北海道アイヌといった区分や、北千島石器時代人／南千島以南の石器時代人といった区分をおこなおうとしてきたのである。この数多くの人種的特徴を詳細に検討しようとする姿勢はまさに、「常識分類」や「人為分類」といったものを乗り越えようとする坪井の〈人種〉論の表れであると言えるだろう。そして、坪井は、この論争において、石器時代人＝アイヌという論理そのものを批判するだけではなく、アイヌ説を提唱する者たちの研究姿勢それ自体を問題化していくのである。坪井は、この論争の論点の一つとして、アイヌが石器を用いなかったことを主張するが、それにもかかわらず、アイヌが石器を用いていたという事例を広く求めようとしている。「尚北海道で慥にアイノが石斧石鏃類を作て居たとか用いて居たとか云ふ事を御見聞された方は本会迄御通知有ん事を願ひます」（坪井 一八八八：三九二）、と。このような発言が、坪井のどのような研究姿勢に由来するものであったのかを見ていくことにしよう。

坪井は、小金井が土偶「一個」を調べ、その形態とアイヌの身体的特徴に関する一つの類似点を述べていること――「若林勝邦君ノ友誼ニ由リテ人類学教室所蔵ノ奥州瓶ケ岡ヨリ掘出シタル土偶一個ヲ験シタルニ恰モ「アイノ」男子ノ如ク両眉連続シテ一字形ヲナシタルハ余ノ説ニ符合ス」（小金井 一八八九ｂ：三九）――に対して、もっと多くのものを例示することを求め（坪井 一八九〇ａ：一七六）、さらに、自説に都合の良い類似点だけではなく、相違点にも目を向けるべきことを指摘している。

「両眉連続シテ一字形ヲナシタルハ余ノ説ニ符合ス」と記さる、ならば「衣服帽子アイノノ風俗ト異リテ余ノ説ニ符合セズ」との事も御記し有り度し、申す迄も無き事乍ら最初から石器時代の遺跡はアイノの手に成つたので有らうと云ふ様な考が有つては不知不識引例が偏頗に成つて兎角アイノの風俗習慣に類似した点計りが目立つて来るでござりませう、（中略）更に多くの事実を集め更に広く材料を採り公平不偏の判定を下されん事誠に希望する所でござります（坪井 一八九〇a：一七六）。

坪井は、石器時代人＝アイヌという前提をもって、その両者の類似点ばかりに目を向けるような研究姿勢そのものを批判している。そのような姿勢は、坪井が考える総合的比較とはまったく異なるものである。あくまで、「私は本邦石器時代の遺跡をコロポックグルのものと為度抔との念も無く徒に小金井氏に反対しやう抔との念もござりません、唯思ふ所は本邦石器時代の遺跡の由来を明に為度と云ふ事でござります」（坪井 一八九〇a：一七六）、というのが坪井の研究姿勢であった。

これに対して、アイヌ説を主張する小金井の議論は、一定の集団を先に措定しておいて、その次に共通の特徴を取り出し、その特徴を「人種」的特徴とするものである。そこには、ある一定の集団を先に前提としてしまうという問題がある。そして、先験的に措定した集団を跡付ける人種的特徴は、少数のものにならざるを得ない。

併ながら其の色々の形状の中にも最も大切なのは此の脛骨の形状であります、と云ふのは茲に掲げた中では此の脛骨の扁平と云ふことが一番広く且つ多くあります、一番コンスタントであります、それでありますから天然人種の四肢の骨にある徴候の中では一番大切な徴候であります、其他の形状に至っては比較的不同であって一の人種の中にも能く形を具へたのもあり又さうでないのもある、比較的に脛骨の扁平と云ふことは是れはコンスタントの徴候である、それだけ一番大切な徴候と言はなければならぬ（小金井 一九〇三b：一八〇）。

小金井は、「脛骨の扁平」という身体的特徴が最もコンスタントに見出される特徴であるがゆえに石器時代人の大切な人種的特徴とするが、これは集団の方を先に措定しておいて、その後で共通の特徴を探し出すことである。これは、個々の人種的特徴自体に注目して、その境界の多重化する分布に目を向けていこうとする姿勢ではない。坪井がそもそも、石器時代人の身体的特徴に基づいて、その集団的同一性そのものを疑っていたのとは対照的であろう。小金井は「貝塚人骨」とアイヌ人骨の比較をおこなったが（小金井 一八九〇a）、そもそもそのようなカテゴリー分類が恣意的なものであり、「貝塚人骨」を一括りのカテゴリーとすることはできない、と坪井は批判しているのである（坪井 一八九一）。

第一の暗点は中里村貝塚を他の石器時代貝塚と同種の遺跡と見做されし事（中略）上膊骨測定表を見るに第二号即ち武蔵荏原郡大森のものと第五号即ち中里村貝塚のものは指示数が他よりも多く殊に中里村の人骨は本邦人骨と殆と同様、博士は「上膊骨の扁平（云々）此特異ナル現象テノ敢著シカラサル場合モナキニ非ス」とて是等二骨は真に他の石器時代人骨と同種のもなるかと念を押さる、が順序で有らうかと思ひます（坪井 一八九一：二二六—二二七）。

アイヌ説の論点を一つひとつ批判的に検証してコロボックル説の確立を目指すことと同時に、坪井は、一定の研究姿勢および方法の確立をも目指してきたと言えよう。すなわち、それは、「知れる限りの」あらゆる人種的特徴の比較を目指すというものである。換言すれば、坪井の方法とは、無数の人種的特徴の異同に関する総合的比較である。それは、以下のように論じられる。

私は或る一地方のアイヌの土俗と或る一地方に於ける考古学上の事実とを比べて類似点の有無を軽々しく論ずるので

は有りません。知れる限りのアイヌの土俗と知れる限りの考古学上の事実（勿論日本の主要なる石器時代住民に関する）とを比べて相互の間に縁故の存在が認められないと云ふ判断を下すので有ります（坪井 一九〇三c：二四八）。

「知れる限りの」人種的特徴に基づく人種研究を目指すことは、一集団としての石器時代人＝アイヌといった先験的な前提をもつことを否定するものであり、個々の人種的特徴自体の多層的な分布を明らかにし、総合的な比較によって人種の異同を検討しようとするものであった。それは、言葉を換えれば、「人為」性の否定であろう。坪井は、アイヌ模様と石器時代人が用いた模様の比較研究において、アイヌ説の論者が両者の類似点ばかりに注目するといった人為性を否定し、「全体の比較に因って考説の是非を判ずる」ことを求める（坪井 一八九六a：一七二）。そして、「アイヌ模様の図版が五十枚」と「貝塚模様の図版が百二十五枚」を用いて総合的な比較をおこない、両者の異同を検討したうえで、人種の相違を論じているのである。

これに対して、濱田は、コロボックル論争の解決のために、石器時代人の模様とアイヌ模様の比較をおこない、両者の類似性から石器時代人＝アイヌという説を支持し、また両者の間に少なからず存在する相違については、アイヌ模様が日本人との接触によって変容してきたことを主張する。そして、模様の比較および身体的特徴の検討から、石器時代人とは古代のアイヌのことであり、その人種的特徴を今なお色濃く残すのが千島アイヌであるという人種論を展開する。

北千島アイヌは其の体質上略ぼ蝦夷アイヌと同一なるも、彼等が比較的近世まで石器使用の人民たりしことは、已に群司氏鳥居氏等の報告によりて明白なりとす。而して彼等は実に日本石器時代人民の遺棄と見るべく、現今蝦夷アイヌのいたく日本化されしに係らず、比較的アイヌの原始的状態を保存せしものなり。然らば彼等は其の紋様に於いても日本石器時代人民の紋様を比較的よく保存するなからんや。不幸にして彼等が製作せし内耳の土器に於いては紋様を附すること殆ど之れなしと雖も、女子の帯留等に於いて果然アイヌの紋様よりも一層の類似を日本石器時代人民の紋様に有せるを見る。（中略）北千島土人が日本石器時代アイヌの後裔の一部分にして、現今の蝦夷アイヌよりも、石器の使用に於いても能く故態を存せしのみならず、紋様の点に於いても其のミッシング、リングたるを示すものたるを確信せんとす（濱田　一九〇三：八六―八七）。

このような濱田の議論に対しても、坪井は批判を向けている。濱田は、コロボックル論者が石器時代人≠アイヌということを先に前提としてしまっていることを問題にするが、坪井は、そのような批判がアイヌ論者、そして濱田自身に当てはまることを指摘していく。

所謂コロボックル論者の中に石器時代人民とアイヌとは別種族で有ると極めて掛かつて、其立脚地から両種模様の異同を解釈しやうとする者が有るならば、濱田氏の指摘を待つ迄も無く、私に於ても之を不穏当で有ると評します。併し之は所謂コロボックル論者に向つてのみ云ふべき事では有りません。アイヌ論者に対しても同一の注意を与ふべきものと思ひます。（中略）私は模様研究を人種論の材料に使はうと思つて居るので有るし、濱田氏は人種論の方は他に極めて置いて其極めた人種論を本として模様の事を論じやうとして居られるので有る。私は模様を用いて人種の事を考へるので有るし、濱田氏は模様は用いずに人種の事を考へて後に模様に付いての説を述べられるので有る。模様研究に価値を置く事に於て濱田氏と私との間には斯かる相違が存するので有ります（坪井　一九〇三b：八九）。

濱田に対するこのような批判の根拠として、坪井は、アイヌ模様と石器時代模様の類似の「実例」が示されていないことを問題にする。「肝要な実例を挙ぐる煩労をとつて居られず、誠に物足らぬ様であります。（中略）例を示さずして両種模様の比較を読者の想像に任すと云ふのは「適当」の事とは考へ難い」（坪井 一九〇四ａ：一二五―一二六）、というのである。そして、濱田のいう両者の模様の類似が、ごく「少数」の事例でしかないことを指摘する。

〔濱田が類似しているとする〕渦線は実に両種の模様中に見るを得ます。若しも渦線と云ふものが他種族の模様中に余り例を見ないと云ふ程に珍しいものならば、其両種の模様に通じて存する事は研究に価するかも知れませんが、他種族の模様中にも往々見るもので有る以上は、特別に注意するにも及ぶまいと思ひます。それもアイヌ模様に於て沢山見る、石器時代模様に於ても屢ば見ると云ふ様な次第ならば、渦線其者は珍しく無くとも、嗜好の一致と云ふ点で何分かの参考に成らぬとも限りません。事実どうで有るか、両種模様に於ける渦線存在の割り合はどんなものかと調べて見ました所、其結果は次の通りで有りました。アイヌ模様百十二例の中五、即ち二十二分の一、石器時代模様四百六十七例の中四十、即ち十二分の一、何れも少数で有つて、決して目立つエレメントとは云はれません。百分比例で示せば石器時代の方は八、五で比較的多いが、アイヌの方は僅に四。只これ計りの一致が何で両種模様の関係を称する助けに成りませう。（中略）他種族の模様にも類例の多いものが、石器時代模様とアイヌ模様とに通じて有つたとて、どうして夫れが特に両種模様の類似を説く材料に成るので有りませう。（中略）「ヌキ紋様」の事を調べて見ませう。アイヌ模様百二十例の中五、即ち二十二分の一、石器時代模様四百六十七例の中四、即ち百十七分の一、これが「ヌキ模様」存在の割り合で有りますが、こんな少数なものを本として説を立てるのは危い事では有りませんか（坪井 一九〇四ａ：一二六―一二七）。

坪井は、濱田がごく少数の類似する事例を取り上げているにすぎないという。これは、石器時代人＝アイヌという自説を前提にし、それに適する事例を挙げていることへの批判である。

濱田氏は元来「アイヌ説に立脚地を置いて此の両者（即ちアイヌ及び石器時代人民）紋様の関係に就いて解釈を試むとす」とて筆を執られたので有ります。換言すればアイヌと石器時代人民とは其の人種を等しくする、アイヌは石器時代人民の後裔で有ると仮定して置いて其上で模様の関係を説かうと約されたので有ります（坪井 一九〇四a：一二九）。

さらに、坪井は、土器模様とアイヌの木彫模様の類似性を指摘する山中笑（一八九〇）に対しても、同様の論理に基づく批判をおこなっている（坪井 一八九〇b：三六四）。

終わらない論争——継続すべき「事実」の収集

このように、アイヌ説に対する坪井の批判は、日本石器時代人をアイヌとする各論点への批判であると同時に、一定の人種論を先験的に前提としたうえで、自説に合う少数の人種的特徴についてのみ検討するといった研究姿勢そのものへの批判であった。坪井にとって、人種論とは、「知れる限りの」あらゆる人種的特徴を網羅した総合的比較によって議論されるべきものだったと言える。現状において「知れる限りの」人種的特徴を取り扱おうとする姿勢は、調査・研究の進展とともにそれ以上の人種的特徴を対象化しようとする未来への志向でもある。そのような志向をもつ坪井には、現状の限られた手がかりから論争の終結を宣言する小金井の研究姿勢自体を受け入れることができない。「事実」は収集されつづけなければならないのである。

学術上の研究は真理を探り事実を明かにするのが主意で急いで結末を告げやうとあせるには及びますまい。今日は斯うで有らうと思つて居る事が明日にも如何なる発見が有つて左様では無からうと云ふ事に成るかも知れません。（中略）私は自分の持説と云ふものを押し通さうとも思つて居らず、小金井氏の持説と云ふものを排けやうとも思つて居りません。私は現在の智識を拠とすれば如何に考へるのが合理的で有らうかと云ふ事を研究して居るのであります。小金井氏は氏の説と云ふものが有つて鳥居氏の調査に由つて夫れが全然確められた即ち動きの無いものと定まつて仕舞つたと云はれる。（中略）問題に対する根本的の考へに於て私は氏と一致する事が出来ません。私はまだまだ研究の余地が有るに拘らず氏が斯かる断言を敢てして此肝要にして且つ趣味の深い仕事から手を引かれたのを惜しみます[2]（坪井　一九〇三e：四二五—四二六）。

「事実」の収集を継続し、「知れる限りの」人種的特徴を扱おうとする志向に基づいて、既述のように、坪井は石器時代人＝コロボックルの生活全体の再構成を試みることになる（坪井　一八九三a・一八九三b・一八九三d・一九七一a・二〇〇五a）。「コロボックル風俗考」（坪井　一九七一a）において、その目的を坪井は次のように述べる。

コロボックル風俗考の主意。コロボックルの風俗は第一、アイヌの伝へたる口碑、第二、本邦石器時代の古物遺跡、第三、未開人民の現状の三種の事柄に基いて考定すべきものなるが、之を為すの主意たるや、単に本邦古代住民コロボックルの生活の有様を明にするのみならず、此人民と他の人民との関係、此人民の行衛迄も明にせんとするに在るなり（坪井　一九七一a：五一）。

この論考の目的としてのコロボックルの生活の再構成は、「此人民と他の人民との関係、此人民の行衛迄」といった「系図分類」へと進んでいくためのものであった。そして、コロボックルの日常生活が以下のように「想像」を交えて描かれる。

前々より述べ来りしが如き衣服を着、飲食を採り、竪穴に住ひ、器具を用いたる人民、即ちコロボックル、の日常生活は如何なりしか、固より明言するを得る限りには非ざれど試みに想像を画きて他日精査を為すの端緒とせん。（中略）彼等は朝起きて先づ火焚き場の火を熾にし、食物調理を為し、飲食を終りたる後は、或は食物原料採集に出掛け、或は器具製造に従事し、日中の時を費したる後、各々又我が火焚き場の傍に集り座して且つ談じ且つ食ひ、飽けば即ち横臥して漁猟の夢抔を結びしならん。男の仕事は鳥獣魚の捕獲、住居の建築、石器の製造、舟の製造、発火等を主とし、女の仕事は植物性食物原料及び貝類の採集、編み物、織り物、紐類、土器の製造、調理、小児保育等を主とせしなり（坪井 一九七一a：九〇）。

コロボックルの日常生活の再構成に「想像」が付け加えられることは、一見すると、「事実」を重んじる坪井の研究姿勢に反するようであるが、ここには、現状で「知れる限りの」人種的特徴を扱いながら、なお将来にわたって「事実」を収集しつづけようとする志向が表れていると言えるだろう。たとえば、坪井は、「土偶中には足の指を示したるものと然らざるものと有り。前者は素足の形にして後者は穿き物の構造は未だ詳ならず」（坪井 一九七一a：五八）と述べており、この「風俗考」全体の中で不明とされる部分は少なくない。ここでは、「知れる限りの」人種的特徴に「想像」が加えられて、コロボックルの生活全体が描かれているのである。ここからは、未だ研究の途上ではあるが、多様な特徴をもつ全体としての「人間其者」を捉えようとする志向が見出される。その志向は、未来に向かって継続される――「終りに臨んで読者諸君に一言す。余は以上の風俗考を以て自ら満足する者に非ず、尚ほ多くの事実を収集総括して更に精しき風俗考を著さんとは余の平常の望みなり」（坪井 一九七一a：一〇〇）。

この「風俗考」において扱われる人種的特徴は、「身体装飾」「衣服」「冠り物」「覆面」「遮光器」「飲み物」「食ひ物」「調理法」「飲食法」「住居」「竪穴」「屋根」「住居の工事」「室内の有様」「器具」「石製の利器」（「打製類」「磨製類」）、「利器以外の石器」（「石棒」「錘り石」「凹み石」「石皿」）、「骨器」「角器牙器」「土器」（「容器」「土製装飾品」「土偶」「土版」）、「貝殻器」「植物質器具」「日常生活」「漁業」「鳥獣捕獲」「他の食料採集」「製造」「美術」「分業」「貿易」「交通」「道路」「運搬」「人事」である。これらの無数の人種的特徴が組み合わされたコロボックルの生活そのものが、豊富な図版による「想像図」として描き出される。その「想像図」を通して読者の眼前に広がるのは、坪井が多くの言葉をもってしても未だ表現しきることのできない生き生きとした生活のありようそのものである。こうした無数の人種的特徴に基づく総合的比較によって、日本石器時代人が日本人でもアイヌでもないことが主張されるのである（坪井一九七一a：九七）。

ここで、坪井による絶えざる「事実」の収集という研究姿勢がもたらしたものの一つについて述べておきたい。それは、「石器時代人民必シモ野蛮ナラズ」（坪井 二〇〇五a：一四）という知見である。坪井は、石器という「利器原料ノ如何ハ未ダ以テ之ヲ使用スル者ノ開否ヲ判断スルニ足ラザルナリ」（坪井 二〇〇五a：一五）、と述べているのである。坪井にとって「事実」の収集は諸人種の「系図分類」のためであり、その「系図」は個々の人種的特徴の生成変容と多層的な広がりを示すものにすぎず、「文明」／「野蛮」といった価値づけとは無縁のものであったと言えよう。人種的特徴の一つである石器の使用は、あくまで「利器原料ノ如何」を示しているだけで、「野蛮」という価値づけとは無縁である。坪井は、「石器時代人民ト云フヲ以テ唯野蛮ノ一種族ニ関スト速断スル勿レ」（坪井 二〇〇五a：二四）と警句を発している。

この点は、小金井が、「「アイノ」人進化ノ度如何ヲ省ミレハ尚現今ト雖モ未タ石器時代ヨリ上ニ進越セス只他人種等ト交通スルニ依テ鉄器ヲ得之ヲ使用スルノミナレバ其以前ハ石器ヲ用ヒシコトハ甚タ真影アリ亦タ之ト共ニ散布セル土器ヲ用ヒタリトスルモ例ニ違フコトナシ」（小金井 一八八九b：三八）と論じていたことと対照をなす。小金井は、アイヌの「進化ノ度」が、石器時代人が文明人との交通によって鉄器を得たという程度であるという価値づけをおこなっていた。だから、鉄器を得る以前には、石器を使っていたのであろうと論じ、自説のアイヌ説の肯定材料とする。つまり、小金井にとって、アイヌが石器時代人であるということは、アイヌの「進化ノ度」を示すものでもあったのである。そして、坪井は、このような小金井の議論のあり方自体を否定し、次のように述べる。

　小金井氏の所謂石器時代とはドウ云ふ事でございますか、（中略）所業の点で言はる、ならば何時の何所の人民と比べて如何なる点が類似して居るのか御示あらん事を願ひます（坪井 一八九〇a：一七二―一七三）。

　坪井が問題にしているのは、あくまで「所業の点」、すなわち数多くの人種的特徴に基づいてアイヌと石器時代人――「所業の点」から人種的特徴を明確に示すことのできる存在――を総合的に比較することであって、小金井のように「進化ノ度」の価値づけをおこなうことではなかったのである。したがって、坪井による人種の総合的比較の視座は、当時、支配的な言説として存在していた「文明」／「野蛮」の価値づけを拒否するものであったと言えるだろう。

コロボックルは「エスキモー」か？――諸人種の「系図分類」を目指して

　これまで見てきたように、鳥居の北千島調査報告に基づいて小金井が論じるような、北千島アイヌの石器・土器の使用、穴居の実践といったことから北海道の石器時代人をアイヌとする議論に対しては、坪井は、その研究姿勢を含め、同意することができなかった。坪井にとって、日本石器時代人とは何者かという問題をめぐる論争は、現状において決着できる問題ではなかったのである。

それでは、坪井は、その議論をどのような方向に展開しようとしていたのであろうか。坪井が進んだ先は、石器時代人＝コロボックルと北方諸人種との比較であり、それによる「系図」の再構成であった。坪井のまなざしは、論争当初から北方諸人種との比較に向けられていた（坪井　一八八八）。その比較の対象は、まず樺太、色丹に居住する「アイヌ」であった。

〔北海道にアイヌとは異なる〕別人種が居たとすれば其人種は何所へ行たで有らう絶へて仕舞たか、何所かに居るか、カラフト土人シコタン土人は今も穴居すると云ふ、然れば此疑点を明にするはカラフト、シコタン両所の土人に就ての穿鑿に勝る事は無い、私は此穿鑿を為し遂ぐるの好機に相遇せん事を希望致します（坪井　一八八八：四〇三）。

ところが、小金井は、上記のように人種の変遷を捉えようとする坪井に対して、時間的変容を考慮に入れていないという批判を向けている。

坪井氏は現今のアイノとそれから石器時代の遺跡遺物に付ての研究の結果を能く比べて見て違って居るから即ち一の相違の箇条として数へ挙げられて居るけれども、坪井氏はそこの所で時と云ふものを全く考の外に置いて居らる、。（中略）此の時の間には随分人間の風俗習慣の上には著い変化のあり得べき時である、私の考では先刻申したやうに日本人がアイノの体質の上に変化を来したと云ふばかりでなく、矢張りアイノの生活の状態の上にも著しい働を為して居るといふことを私は信じて居ります。（中略）若しも変ったとすれば石器時代の研究に依って得たところの成績と比べて見て違ふから人種が違ふと論結することは出来ない（小金井　一九〇三b：一八二―一八四）。

しかし、坪井がそもそも「系図分類」の遂行において、人種的特徴の変容を考慮に入れていたことは、先に検討した坪井の〈人種〉理論からも明らかであろう。変容する「言語」「風俗習慣」と、変容しにくい「体格」を考慮に入れて、諸人種の「系図」を再構成することが坪井の眼目であった。上記の小金井による批判に対して、坪井は次のように反論する。

時が経つ間には無論風俗習慣に多少の変化を生ずるに違ひ有りません。又一種族が他種族に接すれば其影響を受ける事も有るに違ひ有りません。これは小金井氏と同様、否総ての常識有る人と同様、私に於ても慥に認めて居る所で有ります。問題は此事柄が石器時代住民論の解釈に当て嵌められるかどうかと云ふ点に在るので有ります。（中略）私は固よりアイヌの風俗は古今全然同一で有るとは考へません。併しながら石器時代遺跡遺物に関する研究結果をアイヌ土俗に比較するに当つて、古代の有様の明瞭で無い今日、現状を以て比較の材料とするのは実際上妨げの無い事と信じます（坪井 一九〇三c：二四七―二四八）。

ここから、既述のように、坪井は現状で「知れる限りの」人種的特徴の検討を主張していくのである。アイヌの人種的特徴の「古代の有様」が明らかでない以上、現状で知られているものを比較の材料とせざるを得ないというわけである。そして、もし、人種的特徴の変容について論じるなら、「過渡時代の徴候」が認められなくてはならないとする。

石器時代住民の物とアイヌの物との間に連絡が有り、過渡時代の徴候が認められるならば此所に始めて今日のアイヌは往古の石器時代住民の後裔で有らうかとの考へも生じませうが、連絡更に無く過渡時代の徴候更に認められないのに何で両種族が同一のもので有るとの説が立ちませう。何所が石器時代住民即アイヌ説の根拠と成るので有りませう（坪井一九〇三c：二五〇）。

「過渡時代の徴候」が認められないにもかかわらず変容を論じることは、自らの先験的な「人種」論を前提としたものにすぎず、そのような研究姿勢に対する坪井の批判は厳しい。

坪井は、言語・風俗習慣の変容を考慮に入れた上で慎重な比較をおこない、それによって諸人種の「系図」を作成しようとする。その比較の対象は、さらに、「エスキモー」へと向かう。

日本諸地方に石器時代の跡を遺したる人民にして、体格風俗、日本人とも同じからずアイヌとも同じからずとせば、此人民は何者なりしか、其行衛は如何との二疑問次いで生ずべし。余は本編の諸所に於て現存のエスキモの好く此石器時代人民に似たりとの事を記し置しが、古物、遺跡、口碑を総括して判断するに、アイヌの所謂コロボックルはエスキモ其他の北地原住民に縁故近き者にして、元来は日本諸地方に広がり居りしが、後にはアイヌ或は日本人の為に北海道の地に追ひ込まれ、最後にアイヌの為に北海道の地より更に北方に追ひ遣られたるならんと考へらる（坪井一九七一a：九七）。

そして、コロボックルと「エスキモー」の類似点を以下のように列挙する。

「コロボックル」ト「エスキモー」トノ一致ノ点中殊ニ趣味有ルモノヲ挙グレバ次ノ如シ。男子鬚髯無ク女子ト容貌ヲ等ウス。女子入レ墨ヲ以テ身ヲ飾ル、男子遮光器ヲ用ウ。男女共筒袖股引ヲ着ス。男子ノ服ハ胸ノ部開ク事短ク、女子ノ服ハ胸ノ部開ク事長シ。利器ノ原料トシテハ石、及ビ獣骨獣牙ノ類ヲ用ウ。小人形ヲ造ル。漁業に銛ヲ用ウ。

住居ノ敷ヲ堀リ凹ム。軽クシテ荷ヒ易キ舟ヲ有ス（坪井 二〇〇五a：二二二―二二三）。

ただし、もし坪井がコロボックルとエスキモーの類似点のみを列挙したのであれば、いくら多くの人種的特徴を挙げたとしても、それは「類集分類」にしかなり得ず、坪井が批判していたアイヌ説の論者が自説に都合の良い石器時代人とアイヌの類似点のみを列挙していたことと同じ問題を孕むことになる。その「人為」性は否めないことであろう。しかし、注目すべきは、坪井が両者の相違点にも言及していることである。

「コロボックル」ト「エスキモー」トノ相違ノ点モ亦注意セザル可カラズ。甲ハ種々ノ土器ヲ造レドモ乙ハ更ニ造ル事無シ。甲ハ唐草ノ如ク連続セル模様ヲ好メドモ乙ハ之ヲ好マズ。甲ノ製作品中ニハ絵ト名ヅク可キモノ殆ト皆無ナレドモ乙ノ製作品中ニハ其例決シテ稀ナラズ。甲ハ種々ノ織リ物編ミ物ヲ有スレドモ乙ハ之ヲ有セズ（坪井 二〇〇五a：二二二）。

このように坪井は、コロボックルとエスキモー（イヌイット）の異同に目を向けていたのである。それは、個々の人種的特徴自体の広がりに着目し、その多層的な境界の構成を認識していたということである。「人種」関係の想定が先にあるのではなく、個々の人種的特徴自体の広がりがまず検討されるべきであるということである。例えば、坪井は、「耳飾り」の比較検討をおこなっている（坪井 一九〇六a・一九〇六b）。そこでは、日本石器時代の耳飾りが諸外国のものと比較され（坪井 一九〇六b：二九三―二九四）、さらに、この耳飾りの類似性が、コロボックルとエスキモーの関係性を示す一事例として用いられていく（坪井 一九〇六b：二九四）。

坪井はまず、個々の人種的特徴自体の多層的な広がりを研究することから、〈人種〉関係の議論へと進んでいくという道筋を辿る。重ねての引用となるが、「木彫模様は木彫模様土器模様は土器模様で益研究を重ね」ることから〈人種〉関係、すなわち「系図分類」を明らかにし得ると、坪井は考えていた。そして、この耳飾りを含む、上述の人種的特徴の異同の比較から、両者の関係性を次のように述べる。

「コロボックル」ト「エスキモー」トノ関係ヲ約言スレバ左ノ如シ。「エスキモー」ハ最モ好ク「コロボックル」ニ似タル人民ナリ。然レドモ総テノ点ニ於テ同様ナルニハアラズ。未ダ「エスキモー」ヲ以テ純然タル「コロボックル」ノ後裔トハ断定スベカラズ。或ハ「コロボックル」ト他種族ト混交シテ「エスキモー」ヲ生ジタルヤモ知ルベカラズ。或ハ一大種族ノ一部、先ヅ分カレテ「エスキモー」ノ本ヲ作リ、他部我ガ日本ノ地ニ入リテ「コロボックル」ノ本ヲ作リタルヤモシルベカラズ。両者関係ノ真相果シテ如何ナリシカ未ダ明言スル事能ハズト雖モ、本州、北海道、其東北ニ横ハル諸島、北亜米利加ノ北端、「グリーンランド」、地理学的ニ連接シテ彼我交通ノ途有ルヲ思ヘバ、両者ノ間ニ何等カノ親密ナル関係ノ存スベキハ実ニ疑ヒヲ容レザルナリ（坪井 二〇〇五ａ：二二一―二二三）。

坪井にとって、石器時代人とは何者かという問題は、いまだ解決し得ない問いである。論争は容易に終結し得るものではない。今後も、数多くの人種的特徴の総合的比較によって、諸人種の「系図」を探究していかなければならない。坪井は、その途上にあった。上述のように、一時は、両者の相違点として挙げられていた土器使用の有無についても、その後の研究の進展とともに、「ベーリング海峡附近のエスキモーが現に土器を作つて居るとの事実」（坪井 一九〇三ａ：一七四）を確認することになる。それによって、「私はコロボックルとエスキモーと相類して居るとの説が一層強く成つたと信ずるので有ります」（坪井 一九〇三ａ：一七七）という認識に至っている。その一方で、足立（一九〇七）の研究により、石器時代人の頭蓋がアイヌの頭蓋ともエスキモーのそれとも異なるという結果が出た時、坪井は「チュクチ」の頭蓋との比較を指示してもいる（足立 一九〇七：二六四）。その研究は進展しつつあった。

四　おわりに――多配列人種分類へ

坪井の〈人種〉論は、少数の人為的に選び出された人種的特徴に基づく分類を否定するものであった。それは、「歴史」「言語・風俗習慣」「体格」の検討から、諸〈人種〉の生成変容を伴う関係性、すなわち「系図分類」を目指すものであった。その際、人為性を避けるために「知れる限りの」人種的特徴が取り上げられる。その中で、「体格」は変容しにくいものであり、人類全体において連続する差異を示すと同時に、それ以上に存在する無数の類似性を示すものであった。これに対して、「言語・風俗習慣」は、不連続ではあるが、多様な生成変容を伴うために、個々の要素は、多層的な広がりと境界をもつことになる。これらの人種的特徴は諸〈人種〉間で異同を示すのであり、個々の人種的特徴がたった一つの境界にぴったり重なり合うことはない。無数の「知れる限りの」人種的特徴に基づく総合的比較の視座は、「人間其者」を対象とする坪井の「人類学」構想に共鳴するものであろう。この〈人種〉理論を確立することが、コロボックル論争における坪井のもう一つのたたかいであった。坪井は論争において、比較すべき人種的特徴を拡張し、自説に合う少数の人種的特徴のみを扱おうとする人為性自体に批判を向けた。先に人種関係を措定し、その後で人種的特徴を扱おうとする先験的な人種論に対し、「知れる限りの」個々の人種的特徴の広がりを検討することから〈人種〉関係を導きだそうとしたのである。現状において「知れる限りの」人種的特徴を取り扱おうとする姿勢は、調査・研究の進展とともにそれ以上の人種的特徴を対象化しようとする未来への志向でもあった。「コロボックル風俗考」において、豊富な図版とともにコロボックルの生き生きとした生活のありようそのものを示そうとしたことは、一つの到達点であったと言えよう。このように進められた〈人種〉の総合的比較は、当時の支配的言説であった「文明」／「野蛮」の価値づけを回避していく。そして、コロボックルを「エスキモー」と比較する「系図分類」の試みは、いまだ発展途上であったと言える。「系図分類」は、個々の人種的特徴の多様な生成変容を前提としたものである。それは、「過渡時代の徴候」を明らかにすることで変容を扱うという方法論をともなったものであった。「系図分類」の試みにおいて、コロボックルとエスキモーの人種的特徴の異同が総合的に比較されていった。

最後に、坪井の〈人種〉概念をまとめておこう。ある人種の「知れる限り」対象化された人種的特徴としての「言語・風俗習慣」といった人種的特徴は、集団内部においても多様な生成変容に開かれているため、複数の境界を生じさせ得る。坪井が「一大種族ノ一部、先ヅ分カレテ『エスキモー』ノ本ヲ作リ、他部我ガ日本ノ地ニ入リテ『コロボックル』ノ本ヲ作リタルヤモシルベカラズ」と述べているような事態——集団内部における境界の生成——が起こり得る。言い換えれば、それらの人種的特徴は、一つの集団によって同質的に共有されるわけではない。また、人種的特徴は、個々の集団間における排他的な違いを示すものではなく、異同を示す。つまり、類似と差異の双方を示しているのである。複数の〈人種〉の間で類似する人種的特徴が存在するからこそ個々の人種的特徴ごとの多層的な境界が生じるのであり、従来の人種概念でイメージされるような個々の人種的特徴のすべてがぴったり重なり合う唯一の境界というものを形成しないのである。

以上のような坪井の〈人種〉概念のまとめから、ロドニー・ニーダムの「多配列分類」（ニーダム 一九八六、吉岡 二〇一〇）が想定するような特性（人種的特徴）の配列に基づいて、〈人種〉の分類をおこなっていたと言えるだろう。坪井の言う〈人種〉の区分は、多配列分類においては、一つの多配列クラスに組み込まれる可能性があり得るものなのである。それを図示すれば、図六—一のようになる（x、y、zは人種的特徴を表わす）。

A人種＝	x	y		…
B人種＝		y	z	…
C人種＝	x		z	…

図6-1　多配列人種分類

つまり、従来の人種概念が排他的かつ同質的に人種的特徴を共有するという「単配列分類」――坪井はこれを「人為分類」および「類集分類」と言っていた――に陥っていたのに対し、坪井は、〈人種〉を多配列分類によって分類し得る概念として構想し直していたと言えるのである。

坪井は、先に人種関係を前提して（集団間の境界を措定して）、その後で自説に合う人種的特徴を取り上げること（集団間に唯一の境界をもたらし得る特徴を選び出すこと）を拒絶し、まず、個々の無数に存在する人種的特徴自体の広がりを探究しようとする。その無数の人種的特徴の全体としての「人間其者」を捉えようとする研究姿勢が生み出したものが、上記の〈人種〉概念であった。その結果、〈人種〉は、多層的な境界をもつことになり、その内部にも複数の境界が生成する可能性を抱えることになった。このような〈人種〉概念は、自己と他者を明確に隔てるものではなく、また、自集団の輪郭の確立のために他集団を定義するといった先験的な集団の措定によって作られるものでもない。だからこそ、「文明」／「野蛮」という価値づけで自己と他者を区別しようとするものでもない。それは、無数の人種的特徴に関する「事実」を収集し続けようとする研究姿勢がもたらしたものと言えるだろう。

注

1　坪井は、同書において、「人類学」という学問の必要性を次のように述べていた。「或る言葉を用ひ、或る心を備へ、或る身体を有つて居る人間其者を調べやうと云ふ考が生じて来たのであります、そこで言語学は言語学として発達し、心理学は心理学として発達して居るが、それ等を通じて目的を人間と云ふ者に置いて、ツマリ種々の方面で調べた事を人間と云ふ所に纏めて調べやうと云ふことを思ふ人が出て来た、そこで又古い研究に戻つて、全体人類はどう云ふものであるか、どうして起つたものであるかと云ふ様な事を再び研究するやうになつた。……斯様にして人間の研究が元に戻つて、人類に関する完全なる研究をすると云ふ様に成つたのが即ち我々の謂ふ所の人類学である、故に定義を下して見ると、人類学は人類の理学で、其の研究するものは人間の本質、世界の人類は現在如何なる有様であるか、人間はどうして世の中へ出て来たものであるか、さう云ふ事を研究するものである、是が人類学であります、人類は身体を有つて居るが、身体即ち人類とは云へぬ、身体の研究は解剖学で司るが此の学問では身体の事しか分らぬ、心理学は人の心のことを調べる、けれども人は心を備へて居るが、心ばかりが人と云ふではない、さう云ふ風に或る性質或る部分に付てはそれぞれ緻密の研究をする為には、人類学と云ふ特別の学問を置く必要があるのです」(坪井 二〇〇五b：四八―四九)。

2　同様に、坪井は、鳥居の北千島調査報告に対する小金井の誤読を指摘した箇所で、「小金井氏は何故に終結を急がれるので有りませうか。何故に他人の所説を曲げて引用してまでも終結を急がれるので有りませうか」(坪井 一九〇三e：四三〇)と訴えている。

参照文献

足立文太郎
一九〇六「下総余山貝塚発見の骨」『東京人類学会雑誌』二一(二四六)：四八六頁。

一九〇七「本邦石器時代住民の頭蓋」『東京人類学会雑誌』二二（二五三）：二五九―二六五頁。

木名瀬高嗣
一九九七「表象と政治性――アイヌをめぐる文化人類学的言説に関する素描」『民族学研究』六二（一）：一―二一頁。

二〇〇一「アイヌ『滅亡』論の諸相と近代日本」篠原徹編『近代日本の他者像と自画像』五四―八四頁、東京：柏書房。

小金井良精
一八八九a「北海道石器時代ノ遺跡ニ就テ」『東京人類学会雑誌』五（四四）：二一―七頁。

一八八九b「北海道石器時代ノ遺跡ニ就テ」『東京人類学会雑誌』五（四五）：三四―三九頁。

一八九〇a「本邦貝塚より出たる人骨について」『東京人類学会雑誌』六（五六）：四一―四六頁。

一八九〇b「アイノ人四肢骨ニ就テ」『東京人類学会雑誌』五（五三）：三二一―三二七頁。

一九〇三a「日本石器時代の住民」『東洋学芸雑誌』二〇（二五九）：一五一―一六三頁。

一九〇三b「日本石器時代の住民（承前）」『東洋学芸雑誌』二〇（二六〇）：一七七―二〇五頁。

一九〇四『日本石器時代の住民』東京：春陽堂。

二〇〇五「日本石器時代の住民論追加」山口敏編『日本の人類学文献選集　近代編二　小金井良精』一五一―一六八頁、東京：クレス出版（初出は一九〇四年）。

坂野　徹
二〇〇五『帝国日本と人類学者　一八八四―一九五二年』東京：勁草書房。

佐藤　蕃
一八九〇「アイヌノ口碑ヲ駁シ并セテ本邦石器時代ノ遺物遺跡ハアイヌノ物ナルヲ論ス」『東京人類学会雑誌』五（四七）：一二二―一二九頁。

佐藤傳臓
一九〇二「コロボックルに関するバチェラー氏の意見」『東京人類学会報告』一七（一九七）：四五三―四五六頁。

白井光太郎
一八八七a「コロボックル果シテ北海道ニ住ミシヤ」（M・S）『東京人類学会報告』二（一一）：七〇―七五頁。

一八八七b「コロボックル果シテ内地ニ住ミシヤ」（神風山人）『東京人類学会報告』二（一三）：一四五―一四七頁。

坪井正五郎
一八八七a「太古の土器を比べて貝塚と横穴の関係を述ぶ」『人類学会報告』一（一）：一一―一四頁。

一八八七b「コロポックグル北海道に住みしなるべし」『東京人類学会報告』二（一二）：九三―九七頁。

一八八七c「削り掛けの種類及び沿革、図入」『東京人類学会報告』二（一三）：一三〇―一四〇頁。

一八八七d「コロポックグル内地に住みしなる可し」『東京人類学会報告』二（一四）：一六七―一七二頁。

一八八八「石器時代の遺物遺跡は何者の手に成ったか」『東京人類学会雑誌』三（三一）：三八二―四〇三頁。

一八九〇a「北海道石器時代の遺跡に関する小金井良精氏の説を読む」『東京人類学会雑誌』五（四九）：一六八―一七七頁。

一八九〇b「縄紋土器に関する山中笑氏の説を読む」『東京人類学会雑誌』五（五四）：三六二―三六八頁。

一八九〇c「重ねてアイヌ木具貝塚土器修繕法の符号は貝塚土器のアイヌの遺物たるを証する力無き事を述ぶ」『東京人類学会雑誌』五（五四）：三六八―三七一頁。

一八九一「小金井博士の貝塚人骨論を読む」『東京人類学会雑誌』六（六一）：二二五―二三〇頁。

一八九三a「日本全国に散在する古物遺跡を基礎としてコロボックル人種の風俗を追想す」『史学雑誌』四（四〇）：一七三―一八八頁。

一八九三b「日本全国に散在する古物遺跡を基礎としてコロボックル人種の風俗を追想す（承前）」『史学雑誌』四（四一）：一七九―一八六頁。

一八九三c「石器時代の遺跡に関する落後生、三渓居士、柏木貨一郎、久米邦武、四氏の論説に付きて数言を述ぶ」『史学雑誌』四（四二）：二六一―二六七頁。

一八九三d「コロボックル所製器具図解」『史学雑誌』四（四四）：四七九―四八七頁。

一八九六a「アイヌ模様と貝塚模様との比較研究」『東京人類学会雑誌』一一（一一九）：一七一―一七三頁。

一八九六b「アイヌ模様と貝塚模様との比較研究（前号ノ続）」『東京人類学会雑誌』一一（一二〇）：二一五―二一七頁。

一九〇〇「主要なる石器時代人民とエスキモーとの類似」『東洋学芸雑誌』一七（二二六）。

一九〇二a「コロボックルに関するバチェラー氏の意見について」『東京人類学会雑誌』一七（一九七）：四五六―四六〇頁。

一九〇二b「コロボックル論に関する濱田氏の疑問に付いて」『東京人類学会雑誌』一七（一九八）：四九二―五〇〇頁。

一九〇三a「コロボックル、エスキモー相類説根拠を増す」『東京人類学会雑誌』一八（二〇三）：一七三―一七七頁。

一九〇三b「日本石器時代人民の模様との異同」『東京人類学会雑誌』一九（二一三）：八八－八九頁。

一九〇三c「日本石器時代人民論」『東洋学芸雑誌』二〇（二六一）：二四五－二五一頁。

一九〇三d「日本石器時代人民論」『東洋学芸雑誌』二〇（二六三）：三三一－三三五頁。

一九〇三e「日本石器時代人民論」『東洋学芸雑誌』二〇（二六五）：四二五－四三〇頁。

一九〇四a「日本石器時代人民の模様とアイヌの模様との異同（承前）」『東京人類学会雑誌』一九（二一四）：一二五－一三〇頁。

一九〇四b「日本石器時代人民の模様とアイヌの模様との異同（第二一四号の続）」『東京人類学会雑誌』一九（二一六）：二二〇－二二八頁。

一九〇六a「日本石器時代人民の耳飾り」『東京人類学会雑誌』二一（二四一）：二五一－二五六頁。

一九〇六b「諸人種耳飾り分類上日本石器時代人民所有品の位置」『東京人類学会雑誌』二一（二四二）：二九一－二九四頁。

一九七一a「コロボックル風俗考　第一回～第十回」斎藤忠編『日本考古学選集二　坪井正五郎集　上』五〇－一〇〇頁、東京：築地書館（初出は一八九五年）。

一九七一b「コロボックルの宗教的遺物」斎藤忠編『日本考古学選集二　坪井正五郎集上』一七〇－一七五頁、東京：築地書館（初出は一八九九年）。

二〇〇五a「石器時代総論要領」山口敏編『日本の人類学文献選集　近代篇一　坪井正五郎・E・Sモールスほか』九－二四頁、東京：クレス出版（初出は一八九七年）。

二〇〇五b「人類学講義」山口敏編『日本の人類学文献選集　近代編一　坪井正五郎・E・Sモールスほか』東京：クレス出版（初出は一九〇五年）。

寺田和夫
一九八一『日本の人類学』東京：角川書店（初出は一九七五年、東京：思索社）。

鳥居龍蔵
一九〇一「北千島に存在する石器時代遺跡遺物は抑も何種族の残せしもの歟」『東京人類学会雑誌』一七（一八七）：五－一一頁。

一九〇二「千島土人の土俗」『東京人類学会雑誌』一七（一九〇）：一五七－一五九頁。

一九〇五「小金井博士著『日本石器時代の住民』」『東京人類学会雑誌』二〇（二二七）：二五八－二六〇頁。

一九七六「コロボックルに就て坪井、小金井両博士の意見を読む」鳥居龍蔵『鳥居龍蔵全集3』五三一―五三九頁、東京：朝日新聞社（初出は一九〇三年）。
二〇〇五「千島アイヌ」山口敏編『日本の人類学文献選集　近代編一　坪井正五郎・E・Sモールスほか』六五―一六二頁、東京：クレス出版（初出は一九〇三年）。
ニーダム、ロドニー
一九八六『人類学随想』江河徹訳、東京：岩波書店。
日本民族学会（編）
一九六六『日本民族学の回顧と展望』東京：（財）民族学振興会。
濱田耕作
一九〇二「日本石器時代人民に就きて余か疑ひ」『東京人類学会雑誌』一七（一九八）：四八九―四九一頁。
一九〇三「日本石器時代人民の紋様とアイヌの紋様に就て」『東京人類学会雑誌』一九（二一三）：八三―八七頁。
八木奘三郎
一九一六a「坪井博士とコロボックル論」『人類学雑誌』三一（三）：七八―八三頁。
一九一六b「坪井博士とコロボックル論（続）」『人類学雑誌』三一（四）：一二六―一三一頁。
山中　笑
一八九〇「縄文土器はアイヌの遺物ならん」『東京人類学会雑誌』五（五〇）：二〇六―二一三頁。
吉岡政徳
二〇一〇「比較主義者ニーダムの比較研究」出口顯・三尾稔編『人類学的比較再考』国立民族学博物館調査報告九〇：七九―九六頁。
渡瀬荘三郎
一八八六「札幌近傍ピット其他古跡ノ事」『人類学会報告』一（一）：八―一〇頁。

第七章　土方久功は「文化の果」に何を見たか

三田　牧

土方久功は、南洋群島（日本統治下ミクロネシア）についてすぐれた民族誌や論文を発表した人物である。しかし彼はいわゆる「学者」ではなく、彫刻や詩、絵画など多彩な表現手段を持つ芸術家であった。「南」にロマンを抱き、南洋群島に旅立った土方は、その後一三年にわたり、パラオとサタワルで生活を送る。本章では、土方の南洋認識が長い南洋滞在のうちにいかに変容したかを追うことで、当時、少なからぬ数の日本人研究者が陥っていたであろう、「南洋未開幻想」の一つの軌跡を把握することを第一の目的とする。また、同時代の研究者杉浦健一や清野謙次と比較することで、土方論文の特徴を浮き彫りにし、彼がアカデミズムとどのような距離をとったかを明らかにすることを第二の目的とする。

本章では、土方の日記、詩、論文、随筆を参照にこれらの課題を検討し、以下のことを明らかにする。まず、土方がミクロネシア人の生活によりそい、彼等の生の在り様を学ぶなかで、「文明」によっていやおうなく破壊されてゆく「未開」の姿を見たこと。また、土方においては「未開人（彼等）」と「文明人（自己）」の境界がぶれることはなく、あくまでも「未開」にロマンを抱き続け、それを詩や絵画などを通して表現したこと。その一方で、論文や民族誌においては徹底した報告者の姿勢をとることで、大東亜共栄圏という思想を支えるような壮大な仮説や、研究成果の実践的利用に距離を保ち続けたこと、である。また、戦争に「文明」の野蛮を見た土方が、「未開人」の恐れを知る態度や、言葉の要らない交感の世界に、「文明」を救う道を見出したことを指摘する。

一　はじめに

『文化の果にて』という小さな美しい装丁の本がある。一九五三年に出版されたこの本には、南の島に暮らす人々をモチーフにした木彫レリーフや絵、詩、そして随筆が収められている。この本の作者は土方久功。日本統治下ミクロネシア（南洋群島）に暮らし、島の人々の生活や文化に強い関心を持ち、そこで見聞きし、感じたことを彫刻、絵画、詩、随筆、民族誌など多彩な方法で表現し続けた人物である。

日本の文化人類学史に位置づけるには、土方は少し異色の存在である。彼自身、学者を名乗ったことは一度もなかったし、文化人類学の研究史に寄与することにも関心はなかった。しかし日本人による南洋群島研究において土方の功績は大きく、その存在を無視することはできない。

本章では、日本植民地主義という文脈において土方の仕事をとらえることを試みる。例えるならば、エドワード・サイードの言うオリエンタリズム（サイード　一九九三）の日本版、つまり日本から南に向けられた未開幻想が、十数年に及ぶ南洋滞在を経て、土方の中でどのように変化していったのか、日記や詩、随筆などをもとに考えたい。さらに、土方の民族誌的な研究が、同時代の日本の文化人類学者の研究と比較してどのような特徴をもつか、ここでは杉浦健一や清野謙次を参照にして考えたい。

土方は、東京美術学校彫刻科を卒業後、一九二九年に南洋群島の中心地、パラオ諸島に渡航する。当時パラオの島々にはパラオ人の子どものための学校（公学校）があった。土方は南洋庁嘱託としてそれらの学校に数カ月ずつ滞在し、木彫を教えた。そしてそのかたわら、滞在地周辺を精力的に歩き回り、村々の人から伝承を聞き取ったり、生活道具のスケッチをしたり、遺跡の記録をとったりと、思いつく限りの「調査」をおこなった。

しかし土方は、日本の影響を強く受け始めていたパラオに飽き足らず、一九三一年一〇月、より「未開」を求めて、中央カロリンの小島、サタワルに渡航し、そこで約七年を過ごした。サタワルは日本人はおろか物資を運ぶ船さえもめったに訪れない「辺境」で、そこには「文明」の論理に支配されない世界観が息づいていた。著書『流木』の中で土方は、サタワルの人々の暮らしに網の目のように張り巡らされたタブーを糸口に、彼らの文化を見事に描き出している。

一九三九年、パラオに戻った土方は、パラオの変貌振りに目を見張る。激増した日本人移民、美しい丘陵地を切り開いて暴力的に進められる開墾……。パラオは切り刻まれ、「文明」に飲み込まれようとしていた。土方は南洋庁嘱託として南洋庁物産陳列所の仕事に従事するが、戦時色が深まる一九四二年、パラオを後にする。そして一九七七年に亡くなるまで、パラオにもサタワルにも一度も戻ることは無かった。

パラオ語やサタワル語を自在に操り、島の人々の生活のすみずみまで分け入っていった土方ほど、パラオやサタワルの人々と深く関わった日本人は稀だろう。筆者はパラオを調査地としているが、土方を記憶するパラオの人にも会ったことがある。特別な存在としてではなく、「ごく身近な知り合い」といった感じで土方を語るその人の口調に、土方の在り方がパラオの人々にとって自然なものであったことを感じた。また、筆者が働いていたパラオの国立博物館で、パラオ人の同僚がカセットテープに吹き込まれた歌を聴いて大笑いしていたことがある。「どうしたの？」と聞くと、「発音が面白いんだ！」と言う。それは土方がパラオ語の歌を歌った録音テープだった。日本統治下のパラオで、パラオ語を話せる日本人は稀だった。「面白い発音」であるにせよ、そもそもパラオ語を話す日本人の存在自体が、おもわず笑い出したくなるような、親しみを感じさせるものだったのではないだろうか。

日本を飛び出した時の土方は、南にロマンを求めた数多くの芸術家たちの一人でしかなかった。しかし一三年にわたる南洋生活を通して、彼は島の人々の文化、あるいは「生の在り様」を理解しようとし続けた。

島の人々の暮らしに参加し、人々を観察する身の置き方は、文化人類学者のそれによく似ている。しかし彼はアカデミズムとは一線を画し、また理性のみならず感性を自由に働かせ、見聞きし感じたことを作品に結実させていった。このような彼の活動を全体として眺めた時、土方久功の存在のユニークさが見えてくる。土方久功は「文化の果」に何を見たか。本論では日記、詩、随筆、論文をもとに考えたい。

二　「未開」への憧れ

一九二八年二月一五日、土方の日記[1]には、「青い海に浮かぶ」という長い詩が綴られている。一部引用しよう。

私が生れた東京よ
私が育った東京よ
繁華な都会よ、雑踏の巷よ

親しい友達よ、骨肉よ
お別れの時が来たようだ
（略）
そこで私の血は常夏の南へと憧れる
その南の青い海の只中に浮かんでゐる小さな島は
私の為に暫くの好もしい生活と、それから
私の為に静かな墓地とを用意してくれるだろう
そこでは大王椰子の木が高く天にかざして
すこしの風にその高い葉先をさらさらと鳴らすだろう
そこでは乾いた砂地に何処までも　何処までも
その太い根をぶすぶすと突刺して蛸の木が育つだろう
そこで私は裸かの黒ん坊達を見るだろう
そこで私は黒ん坊の若い娘達と知合ひになるかもしれない
そして若しもその娘の顔形が不思議にも美しかったなら
その娘は若しかすると彼女のおぢいさんから
スペイン人の血を貰ったかもしれない
私達は綺麗な泉のほとりか、椰子の木の葉蔭で
金色の水々しいパパイアか、滴るマンゴーの甘露を吸って
暑い昼時を休み、まどろむかもしれない

そんな時　私達はお互の生れについて話し合ったり
或はお互の知識を交換したりするかもしれない
（略）（土方　一九二八・一九九一ａ：一八〇―一八二）

当時の土方には日本を逃げ出したい理由があったようだ。長年にわたる家族の不和と両親の死、それにともなう家族の瓦解、また日本の美術界や社会の閉塞状況（岡谷　一九九〇、土方　一九九一ａ）。土方はこれら彼を包む影からもがき出るようにして、強い太陽光の下にある南洋に赴くのである。

ではなぜ南洋なのか。当時日本の美術界では、ヨーロッパで流行していた原始芸術（primitive art）の取り込みがなされていた。土方は、わざわざヨーロッパに行って「ヨーロッパ＋アフリカ」を持ち帰って先端とする日本の風潮を批判し、「まっすぐ南洋原始に飛び込んで『日本＋原始』を作った方が立派じゃないか」（土方　一九九一ａ：一九四）と述べている。また、土方は、先史考古学や先史文化に関する本を興味本位に読み漁っていくうち、「夢のような土人ではなくて、もっときたならしい現実の、本当の土人」（土方　一九九一ａ：一九一）に関心を持つようになった。そしてそのなかでもわざわざ「南洋の土人」を選んだのは、「ただただ私が暑いのが好きだからである」（土方　一九九一ａ：一九一）と述べている。

この詩には、心地よい南の島、「裸の黒ん坊」との交流、そして美しい「黒ん坊の娘」との恋の予感などが夢想されている。それは当時の日本人が夢に描く、「南の楽園」そのものだっただろう。「南洋土人」との出会いを夢見て、一九二九年三月、二八才の土方久功は、南洋群島パラオに旅立った。彼自身は意識していなかったかも知れないが、それは大日本帝国による異民族支配の前線に身を置くことを意味してもいた。

南洋群島とは、日本統治下ミクロネシアの当時の呼称であり、グアムを除くマリアナ諸島、カロリン諸島、マーシャル諸島が含まれる。土方が身を置いたパラオはカロリン諸島の西端、サタワルは中央に位置する。

ミクロネシアの植民地化は、一六世紀、スペインがグアムの領土権を宣言したことにはじまる。小林泉によると、ミクロネシアの多くの地域は資源に乏しく、宣教師を除いて西欧列強による関心をあまりひかなかったが、一九世紀に入ると、宣教師のみならず、捕鯨船や貿易船、軍艦がミクロネシアを行き来し、島々を割拠するようになった。その結果、一八八五年にドイツがマーシャル諸島のヤルートを領有し、翌年、イギリスがギルバート諸島を占領した。そしてスペインがマリアナ諸島とカロリン諸島の領土権を主張した。しかし一八九八年、アメリカとの戦争によってスペインはグアムを失い、さらにグアム以外のマリアナ諸島とカロリン諸島をドイツに売却することになる（小林　一九八二）。

一九一四年、第一次世界大戦に参戦した日本はドイツ領ミクロネシア（グアムを除くマリアナ諸島、カロリン諸島、マーシャル諸島）を占領し、ヴェルサイユ講和条約を経て、国際連盟の委任統治領としてこの地を統治する権限を得た。国際連盟の委任統治とは、「欧州戦乱の結果、従前支配した国の統治を離れた植民地及領土にして、近代激甚なる生存競争の下に未だ自立し得ない人民の居住するものに対し、該人民の福祉及発達を図る主義の下に創設せられたる方式」（南洋庁　一九三二：六五）であり、資源、経験、地理的条件などから最も適していると思われる先進国がこの人民の後見にあたる、というものである。後進の帝国主義国家、日本は嬉々としてこの任務に就いた。

スペインやドイツによる統治がキリスト教の布教や、コプラやリン鉱石など限定的資源の開発にとどまったのに対し、日本による統治は数多くの日本人移民の流入や、学校教育の普及、幅広い資源の開発などによって島の人々の暮らしに強い影響をもたらした。とくに、一九二二年に南洋庁本庁が置かれたパラオ（現地名はベラウ）のコロール島は南洋群島の「首都」となり、日本から多くの人々が移住した。土方がパラオに暮らし始めた一九二九年にはパラオ人人口六〇四三人に対し、パラオ在住日本人人口は一八一五人であった（南洋庁　一九三二）が、土方がパラオに戻った頃の一九三八年[2]には、パラオ人人口六三七七人に対し、日本人人口は一五六六九人にのぼっていた（南洋庁　一九三八）。

インフラ整備が進められたコロール島の目抜き通りは美しいマンゴー並木で、百貨店や郵便局、商店が軒を連ねた。それは日本人のための町であり、コロール島ではパラオの人々は日本人の中にうもれるようにして暮らすようになっていった。

さて、南洋群島の人々の法的な地位は「島民」というもので、「日本人」とは明確に区別されていた。土方が「土人」「未開人」と何のためらいもなく述べていることからもうかがえるように、当時の日本人にとって南洋群島民は「未開で劣った存在」という認識が一般的だった。[3]『南洋群島教育史』には、南洋群島民を「之から人とならうとする未開無智の者」（南洋群島教育会　一九三八：一七一）であり、日本人の子どもたちと同じように教育することは不可能だ、とする記述がある。そこで「島民」の子供たちには、日本語の教授を主眼とし、算術、理科、地理などの基礎的な知識の教授とともに、農業や手工芸など実用重視の教育がおこなわれた（南洋群島教育会　一九三八）。その上に、道徳や日々の教育において日本の価値観や天皇制イデオロギーなどが教え込まれていった。[4]

教育システムは少しずつ変遷しているが、南洋庁が置かれた一九二二年以降は、満八才以上の「島民」の子供は、公学校において三年間の義務教育と、優秀な者はさらに二年の教育を受けていた。そのため土方がパラオに初めてやって来た時、若者の多くは日本語で日常会話ができた。しかしその親たちの世代では日本語を解する人は少なく、パラオの人々はパラオ語を用いて暮らしていた。また、一歩コロール島を出て、パラオ本島（バベルダオブ島）やペリリュー島、アンガウル島などに行けば、日本人は植民村など限られた場所に居住する場合が多く、日本の影響はコロールに比べれば限定的といえた（図七―一）。

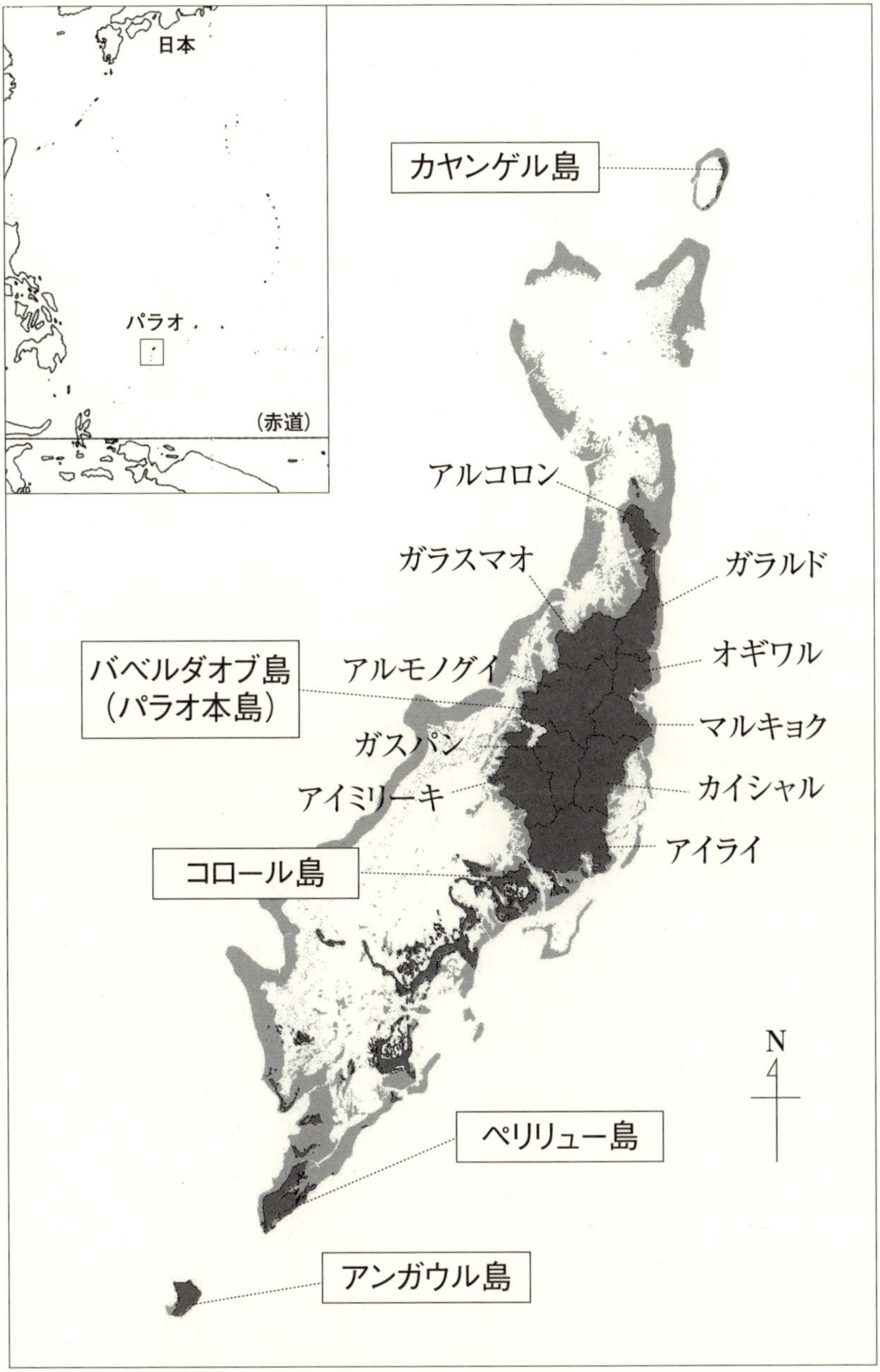

図 7-1　パラオ地図(南西諸島を除く)と日本時代の地名

三　「未開」との出会い

さて、一九二九年三月一九日、土方はパラオのコロール島に上陸した。間もなく南洋庁を訪問し、仕事の紹介を依頼するが、南洋庁長官が不在で返答できないとのことで、土方はしばらくの間、仕事のあても無く、パラオの建築物や木彫などを写生して過ごすことになる。

土方は、日本でも知人を介して南洋庁に仕事の問い合わせを試みていたが、あまりに時間がかかるのにあきれ果てていた。また、自分の履歴書が大してアピールするところの無いものであることも自覚していた。土方は次のように書いている。

で、履歴書は止めにして、ともかくも出かけて行って膝づめ談判することにし、破調の時は土人の仲間に入れてもらおうという寸法にしたのである。それどころではない。実をいえば、この最後の土人の仲間入りというのが、私の最初からの希望なのであった（土方 一九九一a：一九三）。

この「土人の仲間入り」という夢は、その後どのように展開しただろう。

土方がパラオ人の社会に入り込んでゆくにあたって、強い武器となったのがパラオ語である。土方はもともと言語習得能力に秀でていたが、彼にパラオ語を教えたのは、杉浦佐助という大工だった。

土方がパラオに来て間もない頃、杉浦佐助が彫刻の弟子入りを志願して訪ねてきた。パラオに長く暮らした杉浦佐助は、ブロークンなパラオ語で会話ができた。土方は杉浦に彫刻を教えることに同意し、杉浦からはパラオ語の手ほどきを受けると共に、その他さまざまな助力を得ることとなる。杉浦佐助に出会って数日後の一九二九年四月一〇日の日記には、さっそく片言のパラオ語を使ってパラオ人と会話を試みたことが記されている。

この日、土方はコロール島の端にあるガルミヅ集落を歩いていた。すると、パラオ人の老人に呼び止められる。

〔爺さんは〕[5] 日本語が全然わからにくせに何かもごもご云って居る。私もこんな鄙びた所にア・バイ〔*a bai*：集会所〕などあろうとも思はなかったが「ガラケル、ア・バイ〔ア・バイはどこですか〕」とやって見る。すると以外《〔ママ〕》にも爺さん左手の道をさして「テヤン、ア・バイ〔ア・バイはこっちです〕」とやる。私は又右の道をさして「ガラケル、テヤン〔こっちの道は、どこ?〕」とやると、爺さん、「テヤン〔こっち〕?」と繰りかへして右手と首とを横にふって居る。それから、爺さんが「タバコ」と云ふ。ハハア、タバコがほしくてついて来たのだなとわかる。二本やって、それから椰子の実をとってくれと云ふ。椰子の実?　けげんな顔をして居るので「アリウス〔*a lius*：椰子の実〕!」と云ってやると爺さん手まねでア・バイ迄行って帰りに此の家に寄れと云ふ（土方一九二九ａ）。

ア・バイまで行って帰ってくると、さっきの爺さんは家におらず、椰子の実のことを尋ねると女が「チサイ〔小さい〕」「チサイ」と繰り返すのだった。土方はこう記す。

椰子の実はだめ。いつでも此の式だからいやになる。けれども彼等がそれほど横着だとかずるいとか考へてはあたらない。彼等の間には約束の履行などと云ふ必要は全くないのだ。少なくとも時間の観念と来たら全く問題にならないのだから私達のように都会で仕上げられて時間で動いて居る人間、いつでも時計と相談して行動して居る人間とは道徳的にまるで標準乃見当が違って居るのだ（土方 一九二九ａ）。

内心いらいらしつつも、もっともらしく解釈をつけて自分の心をいさめる土方の姿がここには見える。このようなパラオ人との「ずれ」の感覚は、パラオについて間もない頃の土方の日記にしばしば記されている。しかし土方には、彼らとの「ずれ」を、彼らの論理として受容しようとする気構えがあった(6)。

一方で、この頃土方は日記に次のような詩(7)を書き付けている。

一九二九年五月一七日

（略）

彼女が、あの土人の娘が私に恋してる?

いや、そんな事はないだろう

少くとも彼女は

自分がアウゲル・ペラウの娘であることを知ってる位ひには

自分達が日本人と同じではないことを感じて居るだろう

だが本当の所

あの娘の伏せた目が

何を考へ、何をもくろんでいるのかは

あの女の心だって知らないのかもしれない……

（略）（土方 一九二九b）

土方にとって、「土人の娘」は、「日本人」である私に恋をしてはいけない存在だったのだろうか。「土人」と「日本人」の間には確固とした境界があって、それは越えてはならないものなのに、土人の娘はそれを越えてしまいかねない不思議議な力をもっている……、そんな風に読める詩である。

南洋群島に向った頃の土方は、南に憧れた幾人もの芸術家の一人でしかなかったが、通りすがりの旅人にしかならなかった多くの芸術家たちとは異なり、土方は島の人々の暮らしを内側から理解する道を模索することになる。約束の履行や時間の概念に支配された「文明人」である私をとりあえず傍らに置き、「彼等」のペースに身を任せてみよう、という覚悟で土方は南洋での生活に入ってゆくのだった。

四　「未開」の現実

一九二九年六月二四日、南洋庁から辞令を受け、土方は、公学校でパラオ人の子どもたちに木彫を教えることになる。当時南洋庁は、パラオ全土の子供達が通えるよう、パラオ各地に公学校をおいていた。[8] 土方は各学校所在地に二、三カ月ずつ滞在しながらこの仕事に従事することになる。

公学校で働きはじめてからの土方の日記は、公学校での活動の記録と、空き時間にパラオ人と共に調査に出た記録でうめられてゆく。例として、一九二九年一一月一日から十日間の日記の内容を紹介しよう。[9] この頃土方はバベルダオブ島（パラオ本島）のガラルド公学校で木彫を教えていた。日記に頻出する「子供たち」とはその生徒のことで、「子供たち続き」とあるのは子供たちが木彫の作業の続きをした、という意味である。記載中、傍線を引いた部分はパラオ人名、二重線を引いた部分は地名である。

一一月一日　朝子供たち続き。午後、歯ぐきが腫れてグヅグヅ。寝て了ふ。〔アマラエルによる忌み物（食）の伝承について調査ノートあり。〕

一一月二日　朝子供たち十時半迄やって後山にカプトゥイ〔?〕を切りに行く。午後シゲベルトをつれてア・バイ・ラ・アラップ〔アラップの集会所〕にパタパタ。

一一月三日（日曜）明治節　九時から学校にて式。式後運動会。三時前に切り上げ、トカイに案内して貰って裏のアケヅ〔段々丘陵〕をアウロンから登って一廻りして来る。杉浦〔佐助〕君が来て居たので晩皆で□□氏の家にビールをもって行って飲む。〔手書き地図、人面石などについて調査ノートあり。〕

一一月四日　朝、子供たちブロットコ〔?〕のパイパー・ナイフ。午後、子供たち平彫続き。夕方、竹□氏家でビール。夕飯。後、□元氏と三人、ボートにてガビングル〔?〕の先に釣りに行く。釣れず。帰りて桟橋にて釣る。二匹つれたら雨になったので帰り、竹□氏の家にてさしみにてビール。

一一月五日　朝、子供たち続き。午後、平彫。晩、子供たちが多勢来たのでデレボン、シュワール、シヅカ[10]と釣りに行く。

一一月六日　朝、子供たち続き。午後、子供たち続き。

一一月七日　朝、子供たちア・バイ人形に移る者三、四。午後□元氏の家に行きアバイ〔集会所〕の絵をうつす。□元氏の家にて夕食。バス〔入浴〕。昼、トカイがコデップをつれてくる。次の次の土曜日にアコールへ行く約束をする。

一一月八日　朝、子供たちア・バイ人形。マスキュー〔ジュゴン〕がとれたので、竹□氏と皆で買ひ、杉浦君に料って貰ふ。明日でルバク達中[11]三人が交代することになったので、晩に三人を呼んだが、アマザライツルだけしか来ない。晩、□元氏の家でマスキューのすき焼き会。大嶌さんが出て来たので一緒に会食。ヨシテル、シヅカ宿。

一一月九日　朝、子供達続き。午後コーンレイへ行くはずだったが、アマザライツルがマルキョクに行かなければならなくなったのでやめ。午後トカイを誘ってアコールに行く。コーゼップを訪ねて。汐が満ちて居るのでアケヅ〔段々丘陵〕の頂上伝ひに行く。足は大分ひっかきむしったが眺めはなかなかいいし、途中□々興味があって愉快に行く。コーゼップの家は出来上がって居ないので、ア・イムツールの家に宿る。

一一月一〇日（日曜）〔アコールの手書き地図、石、神話等について調査ノートあり。〕（土方 一九二九c）

この日記でまず目を引くのが、パラオ人の個人名が頻出することである。それまで「島民」「土人」と集合的に漠然ととらえられていたパラオの人々が、土方にとってひとりひとりの個人として認識されるようになっていたことがわかる。パラオの子供らと釣りをし、親しくなったパラオの人々と遠征に出る、土方の日常が見えてくる。

この日記からは、土方が子供に彫刻を教える時間の合間を見ては精力的に村々の調査に出ていることがわかる。日曜にはたいていパラオ人を伴って遠出をし、遺跡や神話の調査をしている。この調査テーマは、たまたまこの時土方が滞在したバベルダオブ島北部が、人面石など石の文化的遺物が多くみられる地域であったことも関係しているだろう。これらの石については伝承も多く残されている。そのため土方のこの時の関心は、石製文化遺物の形や配置をスケッチし、おおよその大きさを測り、その伝承を聞き取ることに向けられている。土方のこの調査記録は、後に論文や雑誌記事などとして発表されてゆく(12)。

このようにパラオの調査に情熱を傾けたものの、土方にとってパラオは少し物足りなく感じられていった。というのも、南洋庁本庁が置かれたパラオは南洋群島の中心であり、強く日本の影響を受けていたからである。パラオに滞在しはじめた頃、土方は早くも次のように述べている。

一九二九年六月三日

パラオに来てから二ヶ月半になります。私は此処の土人達の総べてのもの――習俗、用器、伝説、遺物等に少なからぬ興味をもって居たので、こちらに来たら片っぱしから調べてみたいと思って居ました。其れは自分で乗り込んで来てやれば一通りの事位ひは骨折りさへすれば調べられる位ひに思って居たのですが、さて、来てみるとなかなか何うしてとても其んなに簡単には行くものでありません。若い者は皆日本語が出来る。この事は非常に重宝でもあると同時に案外役に立たないのです。と云ふのが、若いもの達は桃太郎や、はなさか爺の話をしって居ても古いパラオの話はちっとも知らない様なことになって居るのです。で今ではパラオの事――昔の本当のパラオの事を幾分づつでも伝え得るものは極少数の老人達だけなのです。通訳をして貰へばいい？　娘達の云ふのをおききなさい。「年寄達は古い六けしい言葉で話すからわからない。」言葉さへがどんどん亡びようとして居るのです。そんなあんばいで、若いもの達にはパラオの古い言葉は既に六けしいものになって居り、其上話し位は一通り出来るにしても日本語の知識は又殆ど無いと云っていい――無理もない小学五年だけの知識、それも、日本語を覚える為の二年間の無駄と、家に帰っては全然パラオ語で、復習一つしないと云ふマイナスがあるのですから。只々日本語で話が出来ると云ふだけで全くの小供の様な知識しか持っては居ないのです。そんな訳で通訳なんて云ってもあまりあてにならない上、興味のない事ですから進んでやってくれる様なものはないのです（土方 一九二九b）。

パラオは一九世紀からスペイン、ドイツ、日本による影響を受けてきた。スペインはキリスト教の布教、ドイツはキリスト教の布教と共にコプラのプランテーションやリン鉱石の発掘などをおこなった。両者ともスペイン人やドイツ人が数多く移民してきたわけではなく、日本ほどの影響力はなかったが、キリスト教のようにパラオの人々に広く浸透したものもあった。

日本は、スペイン、ドイツに比べはるかに強い影響を及ぼした。例えば学校教育においてパラオ語を抑圧し、日本語の習得を徹底したのもその一例である。そのせいで若い世代へのパラオ語の継承が上手くいかず、かわりに中途半端な日本語が横行している様は土方が描写する通りだったのだろう。

また、南洋庁は、パラオの人々が伝統的なやり方で選んだ村々の第一位ルバック〔チーフ〕を「村長」に任命し、南洋庁の命令を通達したが、その一方で、日本語が堪能で南洋庁にとって都合のよい者に権力を与えた。その結果、パラオのルバックの権威が弱められた（Abe 1985 : Rechebei and McPhetres 1997）。

日本人移民の流入と共にコロール島が日本人町と化したことは先述したが、この「町」の暮らしは市場経済によって動いていた。パラオの人々も貨幣を有していたが、それは市場経済とは異なる論理で効力を発する貨幣だった。例えば結婚や葬儀において妻側のカブリール〔母系出自集団〕と夫側のカブリールの間でやりとりされるのがその貨幣であるが、それは鼈甲の皿や、女性が首に飾る石である。ひとつひとつの皿や石には由来があり、その由来こそが価値となる。そして価値の高いパラオの伝統貨幣を有することは、そのカブリールの名誉となる。一方で、日常生活は女性によるタロイモ栽培と男性による漁撈によって支えられており、基本的には自給自足であった。そのため、日本時代になって店でものを買うようになったことは、パラオ人にとって大きな変化だった。公学校に通う子供達は高学年になると、日本人の家で「練習生」として家事手伝いをし、その報酬（一日五銭）で衣類や菓子などを買ったという[13]。また、パラオではリン鉱石採掘、ボーキサイト採掘、パイナップルのプランテーション、鰹節製造など、さまざまな産業が興ったが、パラオ人がその末端で働き、賃金を得ることもあった。

村々にはパラオ人の警察官、「巡警」がおかれ、パラオ人どうしのもめごとの解決などにあたった。また、パラオでは罰則、あるいは刑務所を「カルボース」と呼ぶ（これはスペイン語 *calabozo*〔牢獄〕から来ている）。例えば日本時代はパラオ人が酒を飲むことが禁じられており、違反するとカルボース送りとなった。

その他にも日本の影響によって変化したことは無数にあるが、「日本人」という侵入者によって、「パラオ人」が「島民」と呼ばれ、従属的な存在として生きることを余儀なくされたことこそが、最大の変化だったことは言うまでもない。

土方にとって、パラオの人々が古い文物を捨て、新しい生活に入ってゆく様は歯がゆいものだった。そこで一九三一年八月、土方は「昔ながらの島民本来の組織、生活状態」（一九九一b：二三九）を求め、パラオ南西諸島の旅行に出る。

当初土方はパラオ南西諸島のトコベイ（Hatohobei）島に関心を持っていたが、同船したスペイン人宣教師がこの島に多大な影響力を行使しているのを目の当たりにし、すっかり落胆してしまった。後（一九三九年）にトコベイ島を再訪した土方は、この時（一九三一年）のトコベイ訪問について、日記の中で回想している。

一九三九年一〇月三日
八年前に私は此の島を探して来たのであった。パラオから初めて此の離島をまわって来た時、そして此の島にまで来た時に、私は此の美しい、然し本当に取残された様な島と、島人とを見た時、実に謂れない悲しさで胸がふさがったのであった。私は此の島を、これより何うにも動かしたくなかった。変えたくなかった。
その当時、此の島は既に絶滅の一歩前にまで来ていたのであった。島には二百人足らずの人間が居たが、子供と言っては、唯一人の五歳程になる子供が、全く二百人からの島人の中の、唯、唯一人の子供だったのである。(14)私は本当に此の悲しい島と島人とが、此の儘絶滅しても、これより少しでも手を加えて、無益な現象を此の島と島人とに起こさせ度くなかった。

否、このまま絶滅させてしまうことが、彼等の、何と云おう、名誉を傷つけないで、彼等を彼等なりに全うさせることである。

併し時はどんどん総てを進行させ、潮はどんどんと容赦なく此の絶海の孤島にも押寄せる。そして弱者は常に常に、強者の意思によって歪められて行く。此の時、既にスペイン坊主が、遠くこの離れ島に入って来て、島人等をかきまわしていたのであった。何でも私が行った時にも、一緒に行っていたが、カトリックに於ては唯一回の結婚をのみ認めるものであるという訳で、再婚三婚している島民等を集めて、現在の夫婦を引分けて、再び昔のつれあいに戻らせる為に、坊主自身が大立ちまわりで、返り結びの神になって居たのを思い出す。私にはそれが彼等の為よりも、更に更に、どれだけ私自身の為に悲しいことであったろう。あの時スペイン坊主が入って居なかったならば、私は今のようには決してなって居なかったであろう（土方 一九三九ｂ・一九九一ｃ）。

この、明快な「文明」批判において、土方は、「ミクロネシアの人々は文明によって歪められてゆくよりは、むしろ絶滅した方が彼等の名誉のためにはよい」と、やや極端な物言いをしている。

土方にとっては、「文明に汚されない」島の人々の暮らしこそが大切なのであって、委任統治の理念であった「怠惰で未開な人々を文明人である我々が後見し導く」といった思想には同調していなかったことが、この文章からははっきりわかる。たとえ日本語を覚えることやキリスト教徒になることを島の人々自身が進んで受け入れていたのだとしても、それは「彼等の為」よりも、「私自身の為に悲しいことであった」のだ。

結局土方が行き着いたのは、中央カロリンに位置するサタワル島（土方の表記ではサテワヌ島）であった。「パラオを出てから十八日かかってわがサテワヌ島に着いたのでした。ヤップ離島の終点である、その島に上陸したまま、延々七年間と云う月日を送ったのでした。そして、その島こそは僕が探していた、ほとんど汚されていない唯一の島だったのです」（土方 一九九一ｂ：二四一）。

サタワルでの七年間についてはここでは触れないが、「裸で跣で土人の暮しをする」（土方 一九九一ａ：二三五）夢が実現したのはこの期間である。小さな島で潮と風のリズムに沿って暮らし、島の人々の食べるものを食べ、彼等の言葉を話し、彼等の生を学び、彫刻をする。そんな暮らしから生まれた土方の著書『流木』には、生活に張り巡らされた禁忌を手がかりに、島の人々の世界観が描かれている。後で述べるように、土方が「未開人」の生を支配するものが「恐れ」であると考えるようになったのは、このサタワルでの日々においてだったかもしれない。

五　変貌した「未開」

一九三九年一月、土方はサタワルからパラオに戻ってきた。まっすぐ日本に帰らなかったのは、まだ広いミクロネシアの島々をまわってはいなかったからである（土方久功ｂ 一九九一）。やがて土方は、南洋庁の嘱託として、南洋庁物産陳列所という博物館のような組織で、日本統治下ミクロネシアの文化を見たり、物を収集したりするという、願ってもない仕事に就いた。

さて、八年ぶりにコロール島に上陸した土方は、その変貌ぶりに目を見張る。一月二八日の日記にはこのような詩が記されている。

八年の月日がたった……

○昔の「ホレヨル」[15]よ、お前も決して例外では居なかった
丘は崩され、丘は崩され、家が建ち、一面に日本の家が立った
たった八年前にいつでも、そして何処ででも鳴いた
ああ、あの昔鳴いた銀鳩の声が懐かしいよ。何処へ逃げて行ったかしら
○ああ、広々とした「ドショヘル」の「アケヅ」[16]よ、青かった青かった「アケヅ」よ
今は家にさへぎられ、家にさへぎられて、見はらしもない
まだ家のない処は沖縄の人達に掘りかへされて、葱やなっぱの畑となり
掘りかへされた赤土の丘には、一本の悲しい蛸の木も残っては居ない
○土人等と土人の家々よ。いつも閑かな歌を歌った若者達よ
昼も夜も、そこから土人らしい恋の歌や又流行歌が漏れて来た家々よ
殊には夕方家々の石畳に蹲まって笑ひさざめいた娘達よ
椰子の葉かげから圓かな月が上ると、歌と一緒に心ゆく迄踊って踊った娘達よ
○土人等よ、土人の家々よ、昔のお前達のゆたかさは何処へ行ったのか
どの家に行っても其処には新らしい茣蓙が敷かれ
篭から総ごと出された見ごとなバナナと、もぎたてのパパイヤと密柑と
それらは今は町の店々に禮々しく並べられて人々に買はれるのを待って居る（土方 一九三九ａ）

先述したように、土方が一九三一年にサタワルに旅立った後もパラオの日本人移民はどんどん増加し、土方がパラオを再訪した頃にはパラオ人人口の約二倍の数の日本人がパラオに暮らしていた。一口に「日本人（邦人）」といって

も、そこには植民地である朝鮮半島の人々や台湾の人等も含まれていた。また、日本からの移民の約半数は、一九世紀末に日本に組み込まれたばかりの沖縄の人々で、彼等は生活習慣のちがいなどからしばしば異色の存在とみなされ、「沖縄人」と呼ばれていた。パラオ、とりわけコロール島は、コスモポリタンな様相を呈していたといえる。また、開発はコロール島に日本人町を出現させたばかりでなく、美しい丘陵を切り開いて畑がつくられ、燐鉱石やボーキサイトの採掘のために島が掘り返された。

土方は、変化してゆく人々の生活を克明に記述していく。

例えば旧慣をふまえない南洋庁の土地政策がひきおこしている混乱や、イヅベール〔コロール大酋長〕の葬儀に見た「伝統」の崩壊について、日記にまとまった記録を残している。(17) 遠藤央（一九九九）は、土方は、日本支配下にあるパラオの状況や、多様な口頭伝承を記述することによって、「無垢のパラオ文化」を記述したいという思いとは裏腹に、現実のパラオが単純にはひとつにくくれず、外部文化の影響を受けた動態的な存在であることを表現していると指摘している。土方の未開幻想は、すでに半ば崩壊していたが、ここにきて、日本植民地主義によって、パラオの文化や昔ながらの人々の暮らしが潰されようとしていることをはっきりと認識するのである。

一九四二年、『流木』のはしがきに、土方は次のように述べている。「過渡期とは、最も困難な、かつ危険な状態なのである。考えなければならない所である。要はいかに上手に、彼らに大きな犠牲をはらわせずに、彼らを救いあげてやるかにある。」（土方　一九七四：三）

今や土方は、より未開を求めてミクロネシアをさまよう無責任な旅人ではなく、避けようの無い変化の中にあって「彼ら」の犠牲をいかに少なくおさえるかを真剣に考えるようになっていた。一九三九年三月二日の日記に、「土人と文明」と添え書きされた次のような文章がある。

是れも私が既に老人達に何度も話した言葉で、私はそれとなく若い者達が——それも時代で致し方ないとしても、無鉄砲にそれも進んで飛びこんで行く所の文明なるものは決してそんなまやさしいものではなくて、殊に衣食に恵まれた者達が彼等の衣食を犠牲にしてまで飛び込んで行くだけのものでは□々なく、殊に老人等に於てなら、昔のように長老制度の中にのんびりと気ままに余生を送り得る方がどれほどよく、自然でもあるか……と云ふ事にここ迄引摺られて来て丁って今老人達はそれを馬鹿らしく思ひ当たって居るのだ（土方 一九三九ａ）。

「文明」とは生易しいものではない。「未開人」がこれまでの生活を捨てることは懸命ではないが、もしそうせざるを得ないのなら、いかに上手くこの過渡期を乗り越えさせてやればいいだろう……。この頃土方が考えていたのは、このような実践的な問いだった。

失望することは多々あったものの、この滞在でも土方は、パラオ人の友人達とよく遊び、彼等の文化について学び続けた。仲のよい友人であるパラオ人女性、ゲルールたちとガルミヅ集落に遊びに行った日のことについて、土方は「ガルミヅ行き」という文章を残している。

彼等はこの日、ガルミヅ集落に行く約束をしていたが、ゲルール達はなかなか出発しない。土方は彼女達ののんびりしたペースに付き合っている。

それから……ゲルールは思い出したように「檳榔実《ア・ブーク》を咬むか？」と言う。私もただ自然に「あ」と答えると、彼女は直ぐにア・ブークを割って石灰をふりかけ、蒟醤の葉に巻いてくれる。私はそれを咬むと、ああ、それは十年前の味がする！。

（中略）

今では若い者達は一人残らず日本語がわかるのだけれど……それは、わかると言ふ程度ではあるが……パラオ語で話してやることは私達の間を、そのことだけでずっと近しいものにしてくれるのだ。そしてまた一つ上がア・ブークなのだ。ア・ブークを咬む人、それは土人達の中にめりこんでいる極めて僅かな人々に過ぎない。そして反対にア・ブークを咬む人ならば……そのことだけで少しも分け隔てをする必要のない人と言う極印になる——だから、私が檳榔実《ア・ブーク》を咬んで口を赤くし、時々赤い唾をはいていれば、私が何一つ喋らないでも、彼等は心置きなく冗談を放ち、それからどんどんパラオ語で話しかけて来る。そして私達はガルミヅのことなど忘れたように、そんな馬鹿なことを言っていつまでも遊んでいる。それに私はよく知っているが、若しも口先きでどんな風に言っていても、彼等の心が其処になければ、決してその口先きの様にはならない。それが彼等の、言はば内規なのだから……長上に向って断ることが非礼である、自己を抑へる程に義理にかまってはいられないから……私は特に催促したりなどしない。それは彼等にその心があれば彼等はちゃんとそれだけのことをするのだから（土方 一九五三）。

ここにはパラオ人の行動とその背後にある感情をよく理解し、彼等が心置きなく話しかける友人「ア・ブークを咬む人」として自分を位置づける土方がある。パラオに来た当初に感じた「ずれ」も、彼等の論理を知った現在では「ずれ」とは認識されなくなり、土方はパラオ人たちと心地よい関係をむすんでいる。

しかしその一方で、土方にはパラオ人を相変わらず「未開人」と見なし、はっきりと自己と区別するまなざしも持ち合わせていた。それを端的に示すのが、「土人の心理」と添え書きされた一九三九年三月二日の日記である。

この日アンガウル島に滞在していた土方は、バイ〔集会所〕で、パラオ人のマアス〔年配の女性〕達の食事に相伴し、その後、若い娘達の踊を眺めていた。すると、他の建物に集まっていたルバック〔年配の男性〕たちが土方をやや強引に自分達の集まりに招き入れた。そして、その日の朝、ルバックたちが土方からタバコを貰ったお礼に、あとで立ち寄るように言ったのに、なぜあなたは立ち寄らなかったのか、と土方を責めた。

私には老人達が私を特に歓迎してくれることがわかった。そして老人達の言葉の中には *mahas*〔マアス：年配の女性〕達やそれから娘等の私に対する歓迎に小さなやきもちに似た響が聞かれるので私の〔老人達が怒っているのはパフォーマンスだという〕自信は間違はなかったとはっきり知れた。「そんな変なことがあるかって」所が心境小説家が一生懸命に各人の各立場に於ける各言動を検索する様な事実が未開人の日常生活の中には突に込入って織り込まれて居るのだ。それは彼等同士の応待と彼等の蔭口とを常に聞いて居るものでなければ決して理解されないと同時に、目の前にと云ふより自らの耳で、彼等の互の応待を見、彼等の一分後の蔭口とを聞いたならば誰でも其の不思議な心理を驚かずに居られないだろうし、その驚きを繰返して後に彼等の心裏を極めて自然に理解するだろう。未開人の間に永く尊敬を得なければならないものは決して自分の正体をさらけ出すようなことをしてはならない。自分のうちの一部を必ず大切に隠して居なければならない。愛情を云々するものは、誠を云々するものは必ずこれに反対するだろう。併し私が常に云ふ様に未開人とあっては彼等の心底の奥の奥にこびりついて、彼等を引ずり廻して居るものは“*madakt*”〔恐れ〕なのだ。よい意味と悪い意味とを問はず“*madakt*”のない處では彼等は単なる野蛮人でより外ないのだ（略）（土方 一九三九a）。

ア・ブークを咬み、パラオ語で会話を楽しみつつ、土方は「決して自分の正体をさらけ出すようなことをしてはならない」と自己を律していたということだ。それは、もしパラオ人やサタワル人に“*madakt*”〔恐れ〕がないならば、「単なる野蛮人でより外ない」という人間理解に裏打ちされた信念である。

実に一三年の年月をかけて島の人々の暮らしに入り込み、彼等の言葉を解し、彼等を支配する世界観や習慣についてよく学んだ土方は、「未開人の心の中心にあるのは *madakt*〔恐れ〕である」という理解を得た。この *madakt* という支柱がなくなったなら、そこには、理解という架け橋を拒絶する「自己」と「他者」の深い断絶が顔をのぞかせてしまうのである。この断絶を消し去り、「未開人」を「文明化」することによって理解可能なものに変換することが、国際連盟の委任統治理念の欲望であった。これに対して土方は、「彼等」と「自己」の間にある深い裂け目ゆえに彼等にロマンを抱き、魅せられた。そして急速に変化してゆく彼等の暮らしに「文明」の暴力を見、彼等の犠牲をいかに少なくするかに心を悩ませるようになっていったのだった。

六　土方久功とアカデミズム

土方は、民族学的調査の成果を少しずつ発表しはじめていたが、とくに一九三九年に日本に一時帰国し、東京の研究者達[18]と交流してからは、精力的に学術的な研究報告を書きあらわしていく[19]。

土方の調査は、まさに文化人類学者がおこなうフィールド調査のお手本のようなものだ。しかしそれを論文として発表するとき、「学者」とは少し異なる土方の身の置き方が顕在化する。ここでは土方と同時代の研究者、杉浦健一および清野謙次を参照に、土方の論文の特色を考えたい。

杉浦健一は、戦中は民族研究所に所属し、戦後は東京大学教養学部の文化人類学の初代教授となる人物で、戦中および戦後間もない頃の日本人類学の中枢を担った人物の一人である[20]。一九三九年、彼が土方に会った頃は東京帝国大学理学部の副手として人類学教室に所属していた。

ここではパラオ人の信仰について書いた、杉浦の論文と土方の論文を比較したい。題材とするのは、杉浦健一著「パラオ島民の宗教──巫術的司祭者を中心として」（一九三九）と、土方久功著『過去に於けるパラオ人の宗教と信仰』（一九四〇）である。

杉浦の論文では、まず序説において、パラオの宗教について研究することの学問的意義が二点述べられている。第一に、パラオでは神と社会組織との関係が明白であるため、宗教の社会的機能が整然と理解でき、神、信者集団、司祭者の社会機能的研究をするために適していること。第二に、司祭者の巫術的特色が明白で、南方アジアにおいても北方アジアに比すべき性質を持った巫術を明らかにすることができるということである。

杉浦は、神話伝説上の神と、司祭者によって実際に宗教儀礼を受ける神を区別し、後者を家の神、氏族の神、部落の神に分けている。そして家の神は家族を、氏族の神は氏族成員を、部落の神は部落民をその氏子とすると述べる。このうち部落神は部落の有力な氏族の神である場合が多く、部落神と氏族神を祀るのは *korong* と呼ばれる巫術的司祭者である。家の神には色々あるが、氏族神を勧請することもある。家の神は家の代表者が祀る。家では、自分の氏族の霊魂 *bladek* をも祀っている。杉浦はパラオの神観念と霊魂観念を区別していて、後者には死者の霊魂 *delep* への恐れと、自分の氏族の霊魂 *bladek* による守護への信仰があると述べる。このうち、*bladek* を祀るのは家人、*delep* に対するのは呪師（易者）であるとする。また杉浦は、氏族の先祖とされ禁食される魚をトーテム魚と位置づけている。

杉浦の論文の特徴は、信仰と社会組織が有機的に連関していることを示すという目的に向って、全てのデータが方向付けられていることである。それは、機能に着目することで、社会を一つの有機体として描き出せるという方法論的信念に基づいた書き方である。

では、土方の論文はどうか。土方は、霊魂と肉体を二元論的にとらえるパラオ人の認識から論を始める。そして、一切の理解し得ないものの原因を霊魂の仕業とする霊魂崇拝が、パラオ人の信仰の奥底にあるのではないか、と仮定する。

土方は、小神（悪神）、家の神、大神（部落神）、地方神、共有神（神話伝説の神）などに神々を分類し、神々とは少し別な観念として、ブラヅク（祖先霊）を位置づけている〔杉浦の表記では *bladek*〕。このブラヅクは取り扱いが悪いと祟ることもあるため、病気などの理由がこのブラヅクのせいにされるという。そして、各部落に何人か、ブラヅクと交渉し得る者があり、それは半職業的な神官（コロン〔杉浦の表記では *korong*〕）とは別の存在であるとする。

この神々の分類は杉浦の機能的な分類と異なり、並列的である。また土方は、トーテムにこだわりをみせており、信仰と社会組織の機能的関連性についても関心を示しているが、その解明はあいまいに終わっている。この論文の中で土方は、各部落の禁忌食をてがかりに、トーテミズム的な信仰、すなわち特定の動植物と祖先（神）との関係を見出そうと試みている。論文では、幾人かのパラオ人にトーテムの説明をして、「このようなものがパラオにあるか?」と聞き、「トーテムのようなもの」としてパラオ人が挙げた観念を複数記録している。そして多様な事例を挙げ、実際には神と禁食動物の関係は混乱しているとし、それらをトーテムと呼ぶのをためらう。しかし最終的には、氏族の禁食魚をパラオのトーテム祖先神として「一応」認めている。

また土方は、信仰と祭祀の関係について興味深い指摘をしている。パラオの神々には動物神のような小さな神々がいて、それらには「恐れ」を基本とした信仰が向けられている。すなわち、「私に悪意を向けないでください」といった、消極的な祈りが捧げられる。それに対し、大神（善神）には祟られる恐れが無いので普段は省みられないが、祭祀の場では「より幸福になれますように」といった、積極的な祈りが捧げられる。ここで土方は、いくつかの実例を挙げて、人々の「恐れ」が悪神を作り出した可能性を述べ、「未開人の間には恐れの観念が非常に大きいと思われる」という自説を展開する。彼は次のように論じる。

一体、未開人の間には此の「恐れ」の観念が非常に大きいと思はれます。パラオばかりではなく、ヤップ、トラックの離島あたりの者でも、彼等の通常の話の中に此の「恐ろしい」と云ふ言葉が実に多く聞かれるのであります。パラオ語ではマダクツ〔*madakt*〕と云ひますが、神乃至霊魂は勿論、長老は勿論、兄とか年上のものとか云ふと直ちにマダクツであります。不思議もマダクツ、暗がりもマダクツ、孤独も、病気も、死も、蛇鰻等何となく気味の悪い動物もマダクツ、役所もマダクツ、外国人もマダクツ、敵もマダクツなら単なる他人さへもがマダクツなのでありますーー勿論日本語に於ても古代に於ては「かしこし」と云ふ言葉が恐ろしの意にも、おそれおほいの意味にも使はれて内容的にもはつきり分岐して居なかつた様に、此のパラオ語のマダクツも亦おそろしと、おそれおほしとの二つの意味が含まれて居るのでありますが、兎も角日常普通の会話中に実にしげしげと此のマダクツといふ語が聞かれるのであります。それで私は斯ういふ土人の心理を「恐れの心理」と考へ度いのであります。そして前に述べて来ました様な霊魂乃至霊魂的悪神に対する彼等の態度をも私は「恐れの信仰」と解してよいと思ふのであります（土方一九四〇：三七―三八）。

土方の論文の特徴は、膨大な数のエピソードを参照しながら、推論に推論を重ね、だんだんに論を形成してゆくような語り口である。それは、対象物の部分を少しずつ紙になぞってゆくうちに、なんとなく全体像が浮かんでくるような感じである。論旨は明快ではないが、部分部分にひらめきを見ることがある。例えば、「恐れの信仰」などはその例である。

また、パラオにおけるトーテムを探し出そうとするなかで、土方は、あくまでも現実の複雑さ、事象の絡まり合い具合を大切にしようとする。その結果、きわめて歯切れの悪い考察をすることとなる。これは、杉浦健一が「民族学と南洋群島統治」という論文において、パラオの社会生活を解説した以下の記述とは対照的である。「氏族は同じ母から生れた同族であるとの意識の下に、土地・財産を共同で持ち、地位・身分は之によって定まり、必ず一つの氏神を信奉し、氏族共同体の集団表象としてのトテムを持ち、同一氏族員内の婚姻を禁止してゐる。斯かるものを一言で云へば、トテム的母系氏族と云はれる。」（杉浦　一九四一：二〇）ここでは何の迷いもなく、パラオの氏族がトーテムと関連付けられている。

パラオ人の多様な生活の現実を論理の定式にはめこむ杉浦の学者的論述姿勢は、研究対象を図式化し、その図式を自由に操作する発想につながってゆく。杉浦は、日本の版図内に生活する異民族を統治するにあたり、民族学の成果を大いに利用するべきだという立場に立っていた。「民族学と南洋群島統治」（一九四一）という論文において杉浦は、さまざまな具体的提言をしている。例えば、パラオの伝統的な政治の仕組みや土地利用の観念をいかに利用するべきか、とか、統治者への尊敬を引き出すためにパラオ人の礼節の概念である *sus* を利用するべきだ、などといったことを述べている。そして、パラオ人の労働意欲の低下の原因を、社会生活の急速な変容によって共同労働の重要性が低下しつつあることに求め、職業訓練によって新たな労働意欲を向上させるべきだと助言している。

この論文の結論において、杉浦は言う。未開人の社会は今や世界的に見ても変化すべき事態に到達しており、彼等に変化する社会に適応できるだけの用意をさせることが最も必要である。そしてそれは職業教育によって実現されねばならない、と。そして、その職業教育においては、高等の技能を教えるのではなく、「文明人の手足となつて働き、それによって経済的独立の出来るだけのことをすればよい。」（杉浦　一九四一：四五―四六）と言うのである。

杉浦のように、当該社会の文化を理解した上でそれを統治に応用するべきだという態度は、土方にも見られる。一九四三年出版の『流木』のはしがきに、土方は次のように書いている。

しかるにこれらの未開人たちは、すでに述べたような、長い長い年月が堅く結んできた網目をほぐしてやらなければ、とうてい急速に開花することができないのである。それをほぐしてやることが日本人の義務となった今日である。しかしながら、これはあくまでも根気よくほぐしてやらなければならないのであって、網を切ったりやぶいたりしてやりさえすれば、いきなり日本人のわれわれの所にまで浮かび上がってくると考えたら、それは大間違いなのであって、道程のない到着はあり得ず、飛躍するにはそれだけの力が蓄貯されていることが絶対に必要なのである（土方　一九七四：一二―一三）。

しかし、そうはいっても土方の著作は、あくまでも現地の人々の生について詳しく報告したもので、それを操作可能な形に図式化して実践に応用していく方向にはなかなか向かわない。このような土方の姿勢は、一九四一年に雑誌『太平洋』に掲載された「パラオ本島コンレイの石棺に就いて」という土方の短い報告書と、それに寄せられた清野謙次の補足文に興味深い形で現れている。

この論文は、土方がパラオのバベルダオブ島北部、コンレイ集落で発掘した石棺と、その内部に埋葬されていた人骨についての簡単な報告書である。土方は見たこと、聞いたことを報告し、墓の主などについていくつかの想像をめぐらしているが、その想像は、あくまでもパラオの歴史的文脈内にとどまっている。そこに人類学者であり考古学者でもある清野謙次が、「土方氏の『パラオ発掘石棺の報告』に追加す」という文章を寄せることで、土方の論文の意味は大いに変容してしまうのである。

清野は次のように述べる。「人も知る如く土方氏は多年日本領南洋の島民の風俗習慣に就きて研究せらるる篤学の士である。ただ日本の考古学には余り深く通じて居られないので同氏の報告には此石棺の発見が日本考古学に及ぼす意義に就きて記して無いのが残念であった。其れで、おこがましくはあるが、私は同氏報告の末尾に筆を執って、いささか之れが解説を試みることとした。」（清野　一九四一：八五）そして、土方の発掘したパラオの石棺が日本の古墳における石棺と形状が似ていることを根拠に、次のような仮説を立てるのである。「最も可能性に富むのは此形式の石棺が南洋に起源を発し、南洋群島で形式の整ふ所まで発達した後、日本へ其製作法が輸入せられて日本で製作使用せられた事

である。」（清野 一九四一：八九）

このような仮説を付与されることで、土方の報告は、パラオと日本の文化的共通性を示唆し、大東亜共栄圏というアイディアを支持するような「発見」に書き換えられてしまっているのである。

土方の論文はいずれも、調査に基づいた詳細な報告に最小限の推論を付加したものである。後年彼は、当時の日本の人類学者の研究方法についてふれ、「学者の仕事は、島の人々の考えを重視せずに自分の頭でものを書いてしまう」と語っていたという（須藤 一九九一）。自分の頭で考えた仮説や図式に現実の人々の生をはめ込むことを戒め、「報告者」であることに、土方は誇りを持っていた。

このような姿勢は自然にアカデミズムとの距離となり、その結果として土方は、アカデミズムと植民地主義の共犯関係に手を染める度合いも少なかったといえよう。

土方の論文は時に断片的で脈絡を欠く。しかしあくまでも現場に誠実で、正確を期している。遠藤央は、土方の記した「断片」的事象が、「パラオの口頭伝承の記録」として今日のパラオ人にとって大きな意味を持っていると指摘している（遠藤 一九九九）。また、筆者も、土方の正確な記述に助けられたことがある。例えばパラオの村の名前、Ngeremlengui の発音がなかなかできなくて苦労したが、土方のカタカナ表記に従って、「ガルムルグイ」と発音してみたところ、よく通じた。そして「ガルムルグイ」からよりパラオ語に近い発音に修正してゆくことは簡単だった。（ちなみに Ngeremlengui を当時の日本人はアルモノグイと呼んでいた。）また土方は細部を丁寧に記述しているため、筆者がパラオ人高齢者から聞き取った過去の出来事の背景を、土方の記述に発見することもしばしばある。「土方さん」は、死してなお、当時のパラオについて多くのことを教えてくれるのである。

七　おわりに――戦争という破壊のあとに

一九四二年三月、パラオで友人となった小説家中島敦とともに土方はパラオを後にする。ちょうど太平洋戦争勃発を受けて、日本の兵士たちがパラオで目立ちはじめた頃だった。その後土方は、短期間ボルネオで現地人の慣習等に関する調査をおこなった。それは日本の新しい占領地の統治を円滑にするための調査であった（岡谷　一九九〇）。ここで体調を崩した土方は、一九四四年三月に日本に帰国したが、時をほぼ同じくする一九四四年三月末、パラオは最初の空襲を受けたのである。戦時中は、パラオにおいても多くの人命が失われ、町や村が破壊された。そして戦後、日本人が去り、アメリカ人がパラオの統治者として現れた。そして、パラオの人々はまたしても大きな変化に向き合うことになったのだった。

土方は、戦後一度もミクロネシアを訪問することはなかった。しかし彼は若い日々の鮮烈な記憶をもとに、詩や随筆、民族誌、物語を書き、彫刻をし、絵を描き続けた。彼のミクロネシアの記憶は、一九二九年から一九四二年という限定された期間に得られたものだったが、その後さらに長い年月を経て彼の中で深化していったのである。

戦争という巨大な破壊を目の当たりにし、土方は「黒い海」という詩を書いている。

（略）
私たちは斯ういう文明と「文化」とを
はっきりと区別しなくてはいけない
例えば焼豆腐に穴をあけたような建築物が

たとえ天に届いたにしても　それは文化ではない
たとえ原子学がどこまで発達したにしても
それが爆弾として使用される限りは文化ではない
文化とは精神の高さであり
ずっと低い文明時代にも高度に発達した文化を
歴史はちゃんと証明している
（中略）
ああ　人間は何故
たった一つの言葉をしか発展させなかったのだろうか
私には何かもう一つの言葉が必要のように思う
私たちが花や鳥たちに向いあっている時に
それほどではなくても　人間お互い同志にしても
現在実用されている言葉とはちがった
言わば非実用な……
今では黙っていることが　一番わかり合えるような
言わば心の奥の奥を語り合う場合に
適確に用いられるような　もう一つの言葉が欲しいと思う
（それこそは戦争とか殺戮　征服などという
残虐とは正反対な

心と心とで触れ合うような世界を導く言葉）
原子学が　人間が発見した第二の火であるならば
今こそ　その第二の火を正しく生かす為に
もう一つの言葉を発明しなければいけない時が来ているのではないか……（土方　一九五六b）

ここで土方が嘆いているのは、「恐れ」を知らない「文明」とそれによる破壊である。そしてその対極におかれるのが、「恐れ〔*madakt*〕」を知る人々の生活、すなわち「未開人」の「文化」なのだった。そして文化とは、ここでは「精神の高さ」と位置づけられている。

土方は、「文明」が破滅の道をたどらないために、「今では黙っていることが　一番わかり合えるような」もう一つの言葉が必要だ、と言う。「黙っていることが一番わかり合えるようなもう一つの言葉」、それは土方の詩「サカビヅ」の中に出てくる「交感の言葉」のことではないだろうか。この詩の中で土方は、パラオ人女性サカビヅとの、決して恋愛関係ではない友達ぶりを次のように書いている。

（略）
意味もなく目的もなく融け合い　濡れ合って
例えば流れが流れるように
いわば自然な在り方の中に
ただただ意識だけが呼びあい
ただただ二人居るというその意識が

「幸福」に続いているとでも言おうか
何をささやくでもなく　約束するでもなく
たしかめあうことすらもない
話していても黙っていてもいい
ただ二人でいるという意識を
二人いることによって確かに感じ
その感じが直ちに充足と幸福とであるような
言い得べくんば宿命のような――
それを私は今までにも何度となく
空想し予想したことだろう
女と男、男と女でなければ有り得ない
意味も目的もない心での交感
（略）（土方　一九五六b）

言葉の要らない「交感」の世界。それは、言葉による「理解」とは異なる、他者との共存のあり方だ。この詩に、「文明＝男性」「未開＝女性」という隠喩を読みとることもできようが、この詩にうたわれているのは両者の共存であって、男性による女性の支配ではないだろう。

彼の愛したパラオは、戦争によってひどい破壊をこうむった。人々は空襲の合間をぬって食糧を探し、飢えに耐える生活を送った。地上戦があったペリリュー島とアンガウル島においては、それまでのパラオの人々の暮らしの痕跡の一切が消え去ったといっても過言ではないような破壊を蒙った。この戦争下のパラオを土方は見ていない。そして、先に紹介した「黒い海」という原爆を連想させる詩に書かれているのは「戦争は文明による野蛮な破壊行為だ」という大きくて漠としたメッセージであり、自らも身をおいたパラオが、日本の植民地であったがゆえに蒙った破壊については語っていない。

ともかくも、戦争という破壊を経て土方がたどり着いたのは、「恐れ」を知らない「文明」にこそ「野蛮」は潜むという確信だった。そして「未開人」の文化に「文明人」は学ぶべきだと考えた。それは一種のロマンティシズムと言えるかも知れない。土方は南洋に行く前も、行って後も、南洋と「未開」にロマンを抱き続けた。現実を見なかったのではない。土方は決して美しくはない「彼等」の生活を知り、彼等の思考、彼等の信仰、彼等の生き様に可能な限り近づ

写真 7-1　セベロングル（1970 年）
（世田谷美術館所蔵）

写真 7-2　南島閑日 A（1967 年）
（世田谷美術館所蔵）

こうとした。しかし土方は、「彼等」を「未開人」として自己の対岸に置く視点を崩すことはなかった。それは土方が「彼等」にロマンを抱き続けたことと表裏一体の関係にある。

土方のミクロネシア観は、民族誌や論文、詩、随筆、彫刻、絵画、そして日記などさまざまな形で表出されてゆく。民族誌や論文には、現実の詳細な記録が禁欲的に綴られている。詩には、ロマンティックな夢想が満ちている。ミクロネシアの人々を題材にした絵画（写真七―一）や木彫（写真七―二）には、明るい生命感がある。そして日記の延長線上にある随筆には、土方の感じたことが、他の表現形式よりも率直に書かれている。

冨山一郎は、土方の民族誌的語りにおいては、ミクロネシアの植民地状況と無縁ではない調査者（自己）の実践が書き込まれ、観察主体としての自己と他者との境界線が不安定であるが、詩においては「原始」「娘」「自然」などの言説により本源的で変る事のない「島民」が描かれ、民族誌ではなしえなかった自己と他者の分離が完遂されている、と指摘している（冨山　一九九六）。この冨山の指摘に同意しつつも、筆者はそのような土方の在り方を今日的視点から批判するだけでは、土方の実践を十分理解できないと考える。

土方において、ミクロネシア人たちが、親しい友人も含めて「未開人」であり、自己とは異なる存在であるという信念がぶれたことはない。そして自分が南洋庁の嘱託であり、「未開人」の暮らしを破壊しようとする日本植民地主義の文脈上に在る人間だということも土方は自覚していたはずである。その上で、彼は「未開人」が、「彼等らしい生」を生きることを、はかない望みと知りつつも望んでいた。詩や芸術作品において、本源的な「島民」が描かれるのは、「未開」がすでに大きく変化していることを知りつつも、それが変化しないことを、土方が夢見ていたからである。彼の詩集の一つは『青蜥蜴の夢』と題されているが、土方は詩、絵画、彫刻などの芸術作品においては自由に「夢」を表現しているのである。

しかしその一方で、民族誌や論文においては、彼はあくまでも現場に忠実な報告者であろうとした。そこに夢が入り

写真 7-3　マルキョクのア・バイ前に立つパラオ人と日本人役人
ア・バイにはパラオの人々の歴史が描かれている。
(Belau National Museum 所蔵)

込む余地はなかった。それは、学術論文に「大日本帝国」の夢を書き込んだ、いく人もの研究者たちとは明らかに異なる態度である。

後年、土方は次のように述べている。

この最後の――土人の中にめりこむことによって、私は南洋に賭けたと言ってもいいだろうか。裸で跣で土人の暮しをする。「土人」になれた訳ではないが。しかし一方、それ故に、いつ内地に帰るようになるかも知れない――現に私は戦争になって南洋を引きあげて帰ったではないか――その為にか、調べるものは調べ、集めるものは集め、教わるものは教わり、そして大工さんを相手に彫刻をする。多分、私には、何かじみた、あくと臭いの強い素人彫刻が出来るかも知れないし、そして学者にはなれないけれども一九三〇年代の南洋、ミクロネシヤ人の、つけやきばではない、報告者にはなれるはずだと云うところに……（土方 一九九一a：一三五）。

「文化の果」に土方が見たのは、「文明（自己）」によって暴力的に変容してゆく「未開（彼等）」の姿であり、彼にはそれをどうすることもできなかった。だが、そうではあるが、「永遠の未開」に夢を見た土方の実践の一つが、パラオに今日も残っている。

土方は公学校の子供達に木彫を教える時、ア・バイ（集会所）の壁に描かれた絵をお手本にするよう言ったという（岡谷　一九九〇）。ア・バイの絵は、パラオ人の神話であり、伝承であり、彼等の歴史である。文字を持たなかったパラオの人々は、ア・バイの絵を手がかりに、口承で「歴史」を伝えてきた（写真七―三）。しかし日本統治時代には、そのような慣習の継承も徐々にあやぶまれはじめていたと考えられる。

土方は、子供たちに板切れをもたせ、ア・バイの絵を手本として神話や伝承を彫らせた。それは、土方にとっては、「文明化」の中でパラオの子供たちに彼等の文化を継承させるための、ささやかな抵抗だったかも知れない。それらの作品はやがて「イタボリ」と呼ばれ、日本統治下のパラオで土産物として普及していった。そして日本統治時代が終わって六〇年以上の年月を経た今日も、イタボリ（ストーリーボードとも呼ばれる）は、パラオの代表的工芸品としてさかんに製作され続けている。

土方は、パラオの子供たちにイタボリ製作を教えることで、パラオの神話や伝承、そしてそれらを絵に描くというパラオ文化の継承に貢献したといえるだろう。それは、いわゆる学者ではなく、「永遠の未開」にロマンを持ち続けた芸術家であったからこそ、成し得た仕事だったかもしれない。

謝辞

パラオの博物館で日本統治時代の歴史と文化について展示を作成した時、初めて土方久功氏の作品にふれた。それは、戦後、パラオにできたこの博物館に土方氏が寄贈したものだ。その後、大阪の国立民族学博物館に三年間勤務し、土方氏の残した膨大な資料に接することができた。本論文では土方久功氏の日記について「国立民族学博物館・研究アーカイブズ・土方久功アーカイブ」を利用した。これらの作品、資料にひきあわせてくれた両博物館と、本論文を書く機会を下さった山路勝彦先生にお礼申し上げる。最後に、パラオについて豊かな知見を残して下さった「土方先生」に感謝の気持ちを伝えたい。

注

1　土方久功は学生時代（一九二二）から、死の直前（一九七七）まで日記を書き続けた。現在この日記は国立民族学博物館のアーカイブズから閲覧できる。また、国立民族学博物館調査報告として、順次刊行が予定されている。

2　土方がパラオを再訪したのは一九三九年であるが、この年の人口統計は数字が信用できないため、前年を例とした。ちなみに土方がパラオに戻ったのは一九三九年一月五日である。

3　例えば当時の日本人の記述には、「怠惰」「性的放縦」といった表現が特徴的に見られる（冨山　一九九六、坂野　二〇〇五）。

4　日本による教育については拙著（三田　二〇〇八、Mita 2009）にまとめた。

5　〔　〕は筆者による説明。日記の引用に際しては、片仮名＋漢字で書かれた書体を平仮名＋漢字に改め、旧字も現代漢字に改めた。□は判読不能箇所である。また、土方は現地語を表記するために独自の表記法を用いることがあるが、引用する場合は片仮名で出来るだけ近い発音を記す。以下、引用文については同様の方針をとる。

6　坂野徹は、サタワル島の人々の仕事観について書いた土方の文章について、土方においては「怠惰」が「改善」すべきものとは捉えられていないことを指摘している（坂野　二〇〇五）。このような姿勢は、当時の聖職者や教育者とは対照的である。

7　この日記に書きつけられた詩は、「断片」というタイトルで『青蜥蜴の夢』（土方　一九五六b）に収められている。

8　コロール島にはコロール公学校、バベルダオブ島（パラオ本島）にはマルキョク公学校、ガラルド公学校、ペリリュー島にはペリリュー公学校、アンガウル島にはアンガウル公学校があった。記録では確認できていないが、パラオの高齢者の記憶によると、日本統治時代の末期にはバベルダオブ島にガラスマオ公学校ができたという。

9　ここでは日記の内容を正確に引用するのではなく、概要を記すに留める。

10　おそらく日本名をもったパラオ人の子どもだろう。当時日本名を持つパラオ人の子どもは珍しくなかった。本名でなくても、公学校で日本人教師が呼びやすいように日本名をつけることが多くあった。

11　ルバク（あるいはルバック）とは年配の男性を尊敬した呼称であるとともに、タイトルを持つ男性をも指す。ここでは後者の意味と考えられる。

12　石遺物や神話伝承の調査は、土方久功の著作、『過去に於けるパラオ人の宗教と信仰』（一九四〇）、『パラオの神話伝説』（一九四二）、「伝説遺物より見たるパラオ人」（一九四四）、「パラオ石神並に石製遺物報告」（一九五六ａ）などに生かされた。

13　日本統治下におけるパラオの子供の暮らしについては拙著（Mita 2009）に詳しい。

14　土方ももちろん認識していただろうが、子供達が不在だったのはコロール島などの学校に通っていたためと考えられる。また、当時、少なからぬ南西諸島の人々が、コロール島に近いアラカベサン島などに移住していた。この当時南西諸島の子供達はこのような移住村や、学校の寄宿舎、親戚の家などでも暮らしていたと考えられる。

15　コロール島の意味。

16　段々丘陵の意味。

17　これらの一部は、「パラオの重要断片的地方誌」として、『土方久功著作集一』（土方　一九九〇）に収められている。

18　例えば東京帝大の八幡一郎、杉浦健一、長谷部言人らとは、日本滞在中にしばしば面会している。

19　パラオでの調査をもとに書かれ、この頃公表された土方論文の主だったものには、『過去に於けるパラオ人の宗教と信仰』（一九四〇）、『パラオ島民の部落組織』（一九四一ｂ）、「パラオ本島コンレイの石棺に就いて」（一九四一ａ）、『パラオの神話伝説』（一九四二）、「伝説遺物より見たるパラオ人」（一九四四）などがある。

20　杉浦健一については本書所収の飯髙論文を参照にされたい。

参照文献

飯高伸五
二〇一一「南洋庁下の民族学的研究の展開──嘱託研究と南洋群島文化協会の活動を中心に」山路勝彦（編著）『日本の人類学──植民地主義、異文化研究、学術調査の歴史』一七五─二〇八頁、西宮：関西学院大学出版会。
遠藤央
一九九九「表象のたたかい──ミクロネシア、パラオをめぐるオリエンタリズム」春日直樹（編）『オセアニア・オリエンタリズム』：八三─一〇三頁、京都：世界思想社。
岡谷公二
一九九〇『南海漂泊──土方久功伝』東京：河出書房新社。
清野謙次
一九四一「土方氏の『パラオ発掘石棺の報告』に追加す」『太平洋』四（八）：八四─九一頁。
小林泉
一九八二『ミクロネシアの小さな国々』東京：中公新書。
サイード、E　（板垣雄三・杉田英明（監修）今沢紀子（訳））
一九九三『オリエンタリズム』東京：平凡社。
坂野徹
二〇〇五『帝国日本と人類学者──一八八四─一九五二年』東京：勁草書房。
杉浦健一
一九三九「パラオ島民の宗教──巫術的司祭者を中心として」『民族学年報』一：一〇七─一五四頁。
一九四一「民族学と南洋群島統治」平野義太郎（編）『大南洋──文化と農業』一七三─二一八頁、東京：河出書房。
須藤健一
一九九一「民族誌家・土方久功のミクロネシア研究」世田谷美術館（編）『土方久功展──南太平洋の光と夢』：二一八─二三五

頁、東京：世田谷美術館。

冨山一郎
一九九六「熱帯科学と植民地主義――『島民』をめぐる差異の分析学」酒井直樹・ブレット・ド・バリー・伊豫谷登士翁（編）『ナショナリティの脱構築』：五七―八〇頁、東京：柏書房。

南洋庁
一九三二『南洋庁施政十年史』コロール：南洋庁長官々房。

一九三八『南洋群島要覧』コロール：南洋庁。

南洋群島教育会
一九三八『南洋群島教育史』東京：南洋群島教育会。（復刻版：一九八二年『南洋群島教育史』東京：青史社）。

土方久功
一九四〇『過去に於けるパラオ人の宗教と信仰』コロール：南洋群島文化協会。

一九四一a「パラオ本島コンレイの石棺に就いて」『太平洋』四（八）：七八―八三頁。

一九四一b『パラオ島民の部落組織』コロール：南洋群島文化協会。

一九四二『パラオの神話伝説』東京：大和書房。

一九四四「伝説遺物より見たるパラオ人」太平洋協会（編）『太平洋圏・民族と文化』上：一―八四頁、東京：河出書房。

一九五三『文化の果にて』静岡：龍星閣。

一九五六a「パラオ石神並に石製遺物報告」『民族学研究』二〇（三―四）：一〇三―一五五頁。

一九五六b『青蜥蜴の夢』東京：大塔書店。

一九七四『流木＝ミクロネシアの孤島にて』東京：未来社、（一九四三『流木』東京：小山書店）。

一九九〇「パラオの重要断片的地方誌」『土方久功著作集 一』：二五一―三二〇頁、東京：三一書房。

一九九一a「わが青春のとき」『土方久功著作集 六』一七一―二三六頁、東京：三一書房。（一九六八「わが青春のとき――自伝と回想」谷川健一（編）『青春の記録 八』東京：三一書房、に未発表原稿を加えたもの）。

一九九一b「僕のミクロネシア」『土方久功著作集 六』：二三七―二六三頁、東京：三一書房、（初出：一九七四『どるめん』二）。

一九九一c「南方離島記」『土方久功著作集 六』：二六五―二九二頁、東京：三一書房、（未発表原稿）。

土方久功：アーカイブズ資料
一九二八「土方久功アーカイブ（日記一二）」大阪：国立民族学博物館。

一九二九a「土方久功アーカイブ（日記一二）」大阪：国立民族学博物館。

一九二九b「土方久功アーカイブ（日記一三）」大阪：国立民族学博物館。

一九二九c「土方久功アーカイブ（日記一四）」大阪：国立民族学博物館。

一九三九a「土方久功アーカイブ（日記二五）」大阪：国立民族学博物館。

一九三九b「土方久功アーカイブ（日記二六）」大阪：国立民族学博物館。

三田牧
二〇〇八「想起される植民地経験――『島民』と『皇民』をめぐるパラオ人の語り」『国立民族学博物館研究報告』三三（一）：八一―一三三。

Abe, G.
1985 *An Etnnohistory of Palau under the Japanese Colonial Administration.* (A Dissertation presented to the Department of Anthropology and the Faculty of the Graduate School of the University of Kansas.)
Mita, M.
2009 *Palauan Children under Japanese Rule：Their Oral Histories,* Osaka：National Museum of Ethnology.
Rechebei, E. and S. McPhetres
1997 *History of Palau: Heritage of an Emerging Nation,* Koror: Ministry of Education, Republic of Palau.

第八章　馬淵東一と社会人類学

山路勝彦

この論文では、馬淵東一という一人の人類学者に焦点が当てられている。昭和初期に野外調査をおこない、以後、四〇年以上にわたって台湾、インドネシア、沖縄で活躍してきた人類学者、本人の好む言葉で言えば社会人類学者である。おびただしい英語論文の執筆から判断されるように、その学問的業績は海外から高く評価され、常に学史上の最前線を歩んできた。昭和初期、戦中期、そして戦後へと時代の移り変わりとともに方法論も変化してきたが、変わらなかったことは野外調査に執着していたことである。いったい馬淵は何を見てきたのであろうか。時代の流れを追いながら、馬淵の軌跡を辿るのが本論の目的である。

一　はじめに

大正末から昭和の初めにかけては日本の人類学の揺籃期であった。現在の日本文化人類学会の前身、日本民族学会が成立したのは昭和九（一九三四）年であるが、それ以前に同好会的な雑誌、『民族学』が柳田國男、岡正雄らによって大正一四（一九二五）年に創刊されている。この時期、東京の動きとは別に、植民地でも人類学の研究が産声をあげていた。京城帝国大学では宗教学の赤松智城、人類学の秋葉隆が中心となり、後にこの大学の卒業生であった泉靖一を交え、人類学研究が着手された。他方、昭和三年には台湾では台北帝国大学が誕生し、土俗人種学という名称の講座が史学科に付設されたことで新しい人類学研究が開始された。アメリカ帰りの移川子之蔵を主任教授とし、宮本延人を助手としたこの教室に入学した最初で最後の学生が馬淵東一であった。

人類学には、植民地を舞台に生まれ、育ってきたという背景がある。植民地主義と切っても切れない関係にあることは確かだ。台湾という土地に人類学が登場したことを考えれば、そのような関係は言える。しかし、問題にすべきは、そうした背景において、異文化理解はどのように試みられてきたのか、省察することである。西欧で開化した人類学ならば、とりもなおさず進化論、機能主義、構造主義などの学説史が問題の焦点になろう。日本の人類学も西欧の理論を受け入れてきた以上、このような学説史を考慮しなければならない。とはいっても、日本においても独創的な視点で研究や調査をおこなってきた人たちも存在している。ここでは、馬淵東一を論じてみたい。馬淵こそは、野外調査で業績を残した日本最初の人類学の専門家の一人であった。どういう観点から対象に向き合ってきたのであろうか。以下はその考察である。

二　研究の開始

大正から昭和にかけて、当時の文人にもっとも大きな影響を与えていた著作は、モルガンの『古代社会』であった。馬淵東一もまたモルガンを通して社会経済史に関心を持ち、親族組織の研究に魅了されていた。その萌芽は、大学一年の終わりに移川子之蔵や宮本延人と一緒に行った紅頭嶼（蘭嶼）のヤミ（タオ）族の調査に見ることができる。ヤミでは駐在所教員の代理として子どもたちに授業をしたり、暇を見つけてはヤミのカヌーのスケッチを楽しんだりしていたが、その時の野外調査帳を見ると、たどたどしいながら系譜関係図を書きながら親族名称の使われ方を調べていた様子が分る（馬淵 一九二九〈馬淵東一アーカイブ一一八〉）。

だが、馬淵はモルガンの親族研究に最初から最後まで懐疑的であったようである。その理由は二つある。一つは海外の文献、とりわけイギリスの社会人類学の文献に接していて、理論的な精緻さがないと判断していたこと、第二には野外調査をすればするほど、教科書的に整除された知識では現実は解読不明に陥ること、これら二点であった。後に、馬淵はモルガンへの批判を分かりやすく説明していて、その体系的に見えたモルガン説がきわめて恣意的に設定されていることを論じている。親族名称の類型を考える時、クロウ・オマハ型の名称はきわめて厄介である。母方の親族名称を一代繰り上げ、例えば、日本語でイトコに相当する人たちを格上げしてオジ、オバと呼んで世代を斜行する名称体系がオマハ型の特徴であって、その鏡像をなすかのように反対の型、すなわち父方の傍系親族に対して世代を格上げして称呼する型がクロウ型である。モルガンが情報を得ていた一九世紀には、すでにこの型の親族名称は知られていた。しかし、モルガンはアメリカ人としての常識から判断し、それらを変則的事例と判断し、十分に考慮しなかった（Morgan,L.H.1871：166-189）。かくして、クロウ・オマハ型の名称はモルガン『古代社会』では除外された。この

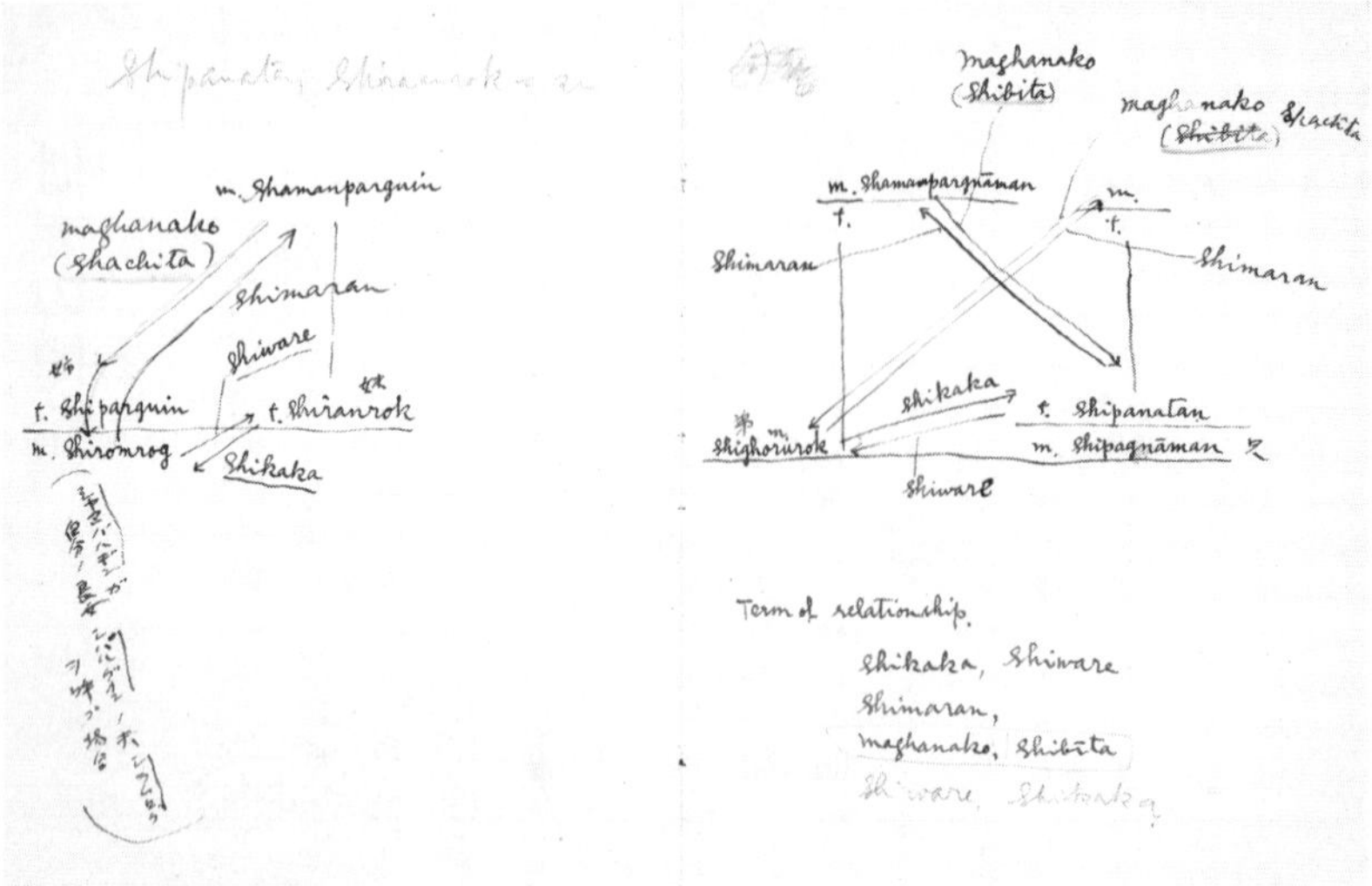

図8-1　馬淵東一のフィールドノート（1）
馬淵は台北帝大の一年次の春休みにヤミ族の共同調査に随行している。まだ使い走りの手伝いであったが、当時流行していた社会経済史理論にも関心を抱いていたようである。ヤミの調査ノートは簡単な走り書きにすぎないにしても、馬淵の親族名称研究への萌芽が見られる。
（出典：馬淵東一 1929『馬淵東一アーカイブ』No.118（ヤミ）、国立民族学博物館所蔵。）

点を馬淵は厳しく批判する。もしモルガンが「変則例」を入念に分析したら『古代社会』は書かれなかったし、モルガンの学説は世にもてはやされなかったであろうと皮肉り、「理論を性急に求め」たため「現実のデコボコを無視」していると誤りを指摘している（馬淵 一九六四〈一九七四a：五一五〉）。

馬淵は若い時期から、こうした変則的事例への省察を怠らなかった。実際に、台湾で調査をしてみると、一つひとつの習俗を取り上げてみても村ごとに異なっている状況に遭遇したのである。それが地域差によるものなのか確定するには、広範囲にわたっての見聞を必要とする。学生時代の馬淵は、アミ族の調査でこうした多様な変差に関心を持ったようである。臨時台湾旧慣調査会の『蕃族調査報告書』（阿美族、卑南族）によれば、アミ族では、人が死んだ際、遺体の扱いは地域ごとに違っていたことが報告されている。例えば、「南ニ頭ヲ向ケ顔ヲ西ニ向」ける土地も

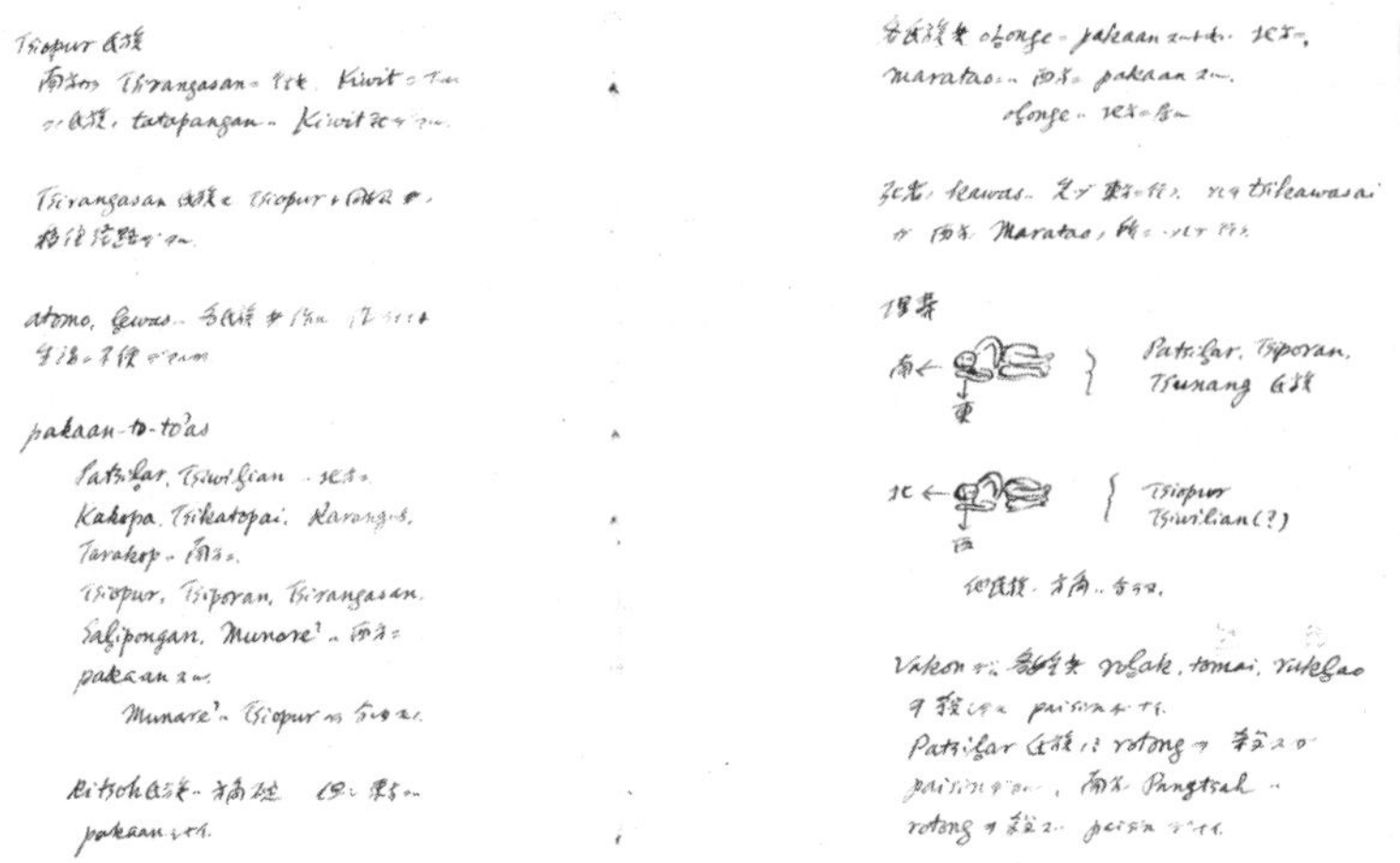

図8-2 馬淵東一のフィールドノート（2）
馬淵は大学卒業後、嘱託の身分で台湾東海岸全域を歩き、アミ族の調査をしている。フィールドノートは簡単な記述でしかないが、一つひとつの村落を回るなかで、同じように見える習俗でも村ごと氏族ごとに違うことに気づいていた。この体験が、その後の馬淵の調査での基本となり、地域差を重視する態度を生み出していった。このノートには、遺体の埋葬方法を記した図があり、頭や遺体の向きが村や氏族ごとに違うのに配慮し、訪れた村々で同じ聞き取りを繰り返し試みている。こうしたスケッチがフィールドノートにはそこかしこに記録されている。
（出典：馬淵東一 1932『馬淵東一アーカイブ』No.114（Pangtsa' Ⅱ）、国立民族学博物館所蔵。）

あれば、馬蘭村のように「頭ヲ西ニ向」ける村もあった（臨時台湾旧慣調査会 一九一三：六二、四八）。馬淵は昭和七年春、台湾東海岸に点在するアミ族の村々を訪れ、氏族の発祥伝説とその分布調査をおこなっている。この調査自体は簡単な聞き取りであったが、その時の野外調査帳を見ていて興味が湧くのは、どの村に行っても遺体の向きを聞き取っていて野外帳には図入りで記していることである（馬淵 一九三二：馬淵東一アーカイブ一一四）。

遺体の置き方が村ごとに、そして氏族ごとに違いがあることを発見した馬淵は、以後、地域的変差には細かい注意を払うようになる。訪れた村々で重複を厭わずに同じ質問を繰り返し、回答を得ていく手法は、石橋を叩いて渡る慎重な性格がもたらしたものだとしても、後に見るように、地域差の激しい沖縄での研究におおいに役立ったのである。沖縄の諸儀礼では東と西、上と下、海と陸など一連の双分的な分類方式が対をなして見られるが、地理的条件などでその組み合わせは一貫しておらず、村々で多くの変差を生み出している。この現象をもとに馬淵は「変移的双分観（shifting dualism）」という概念を唱えている（Mabuchi, T. 1968〈馬淵　一九七四c：四五二〉）。この概念は、若き馬淵が台湾を歩き回りながら地域差の重要性に気づいた経験に基づくものである。

三　フィールドワークと知識人類学

戦前の人類学者のなかでもっとも野外調査に精勤していたのが馬淵東一であった。その足跡は台湾山中のほぼ全域に及んでいる。人類学を移川子之蔵、言語学を小川尚義に学んだ基礎に立っているとはいえ、その業績のほとんどは自己の野外調査から得た知見に基づいている。台北帝国大学土俗人種学教室が実施した「台湾高砂族の系統所属」の調査研究は、まったく素人受けしない民族史（エスノヒストリー）の集積である。しかし、この大著こそが当時の人類学界全体のなかでもっとも貴重な業績であり、日本が世界に誇れる人類学研究の指針でもあった。老人の記憶をもとに系譜を何代かにわたって遡り、複雑に入り組んだ親族関係を整理しながら、現在の村に住みつくまでの祖先たちの移住経路を辿り、それぞれの世代で起きた出来事を記録していくという試みは、地味であるにしても、もっとも基礎的な研究であり、かつ多大な努力を必要とする仕事である。調査日数のうえでは馬淵東一が四二五日、宮本延人が一二九日、移川子之蔵が八八日をかけて台湾を踏査していて、刊行された大著の約八割が馬淵の調査に基づいていることを考えれば、この調査に注ぎ込んだ馬淵の並々ならぬ意気込みが感じ取られる。

この調査の報告書、『台湾高砂族系統所属の研究』（以下、『系統所属の研究』と略す）は本編五六二頁、資料編一三二頁と、二冊からなる大著である。この著書の基本的立場は「高砂族（現在の呼称では原住民族）」を九個の民族集団、当時の学術用語では「種族」に分類することから始まっている。台湾の民族（種族）分類に関しては、すでに領台初期から伊能嘉矩や森丑之助らによっておこなわれていた。台湾総督府は行政的立場から台湾の民族構成を把握しなければならないという切実な事情があり、嘱託として起用された森は総督府行政の任務を帯び、台湾山中を隈なく歩き、七族分類を提示していた。森の業績は総督府の行政資料としては有効であったにしても、その調査には緻密さが欠けていた。本格的な学術調査は台北帝国大学の成立まで待たねばならなかったのである(1)。

『系統所属の研究』での民族分類に従えば、台湾諸族はアタヤル、サイシャット、ブヌン、ツォウ、ルカイ、パイワン、パナパナヤン、パングツァハ（アミ）、ヤミの九個の民族群に分かたれる。これが、戦中・戦後を通じて最近に至るまでの定説であった(2)。このことを考えると、本書がもたらした貢献は大きかったといえる。しかしながら、本書を読む時、いくつかの点で注意が必要とされる。最初にこのことを問題にしておきたい。

第一に、本書の大枠は「民族（もしくは「種族」）」の分類でありながら、その判定基準には問題が残るにしても、記述の中心は実はそこにはないということである。本書の記述を吟味すると、「民族（もしくは「種族」）」を構成する下位集団としての「部族」「氏族」、あるいは「地域集団」に焦点を合わせて記述し、それぞれの移動拡散を論じられていることが分かる。言い換えると、「民族」や「種族」という研究上の分析枠組よりも、日常生活での「生活圏」の実態を把握し、何世代にもわたって伝承されてきた日常の知識を基に人々の歴史を再構成し、記述を進めたことに本書の特徴がある。人々の持つ日常的な知識の体系化、すなわち、これは地域住民の視点を通して事物の解釈を導き出す営みであり、いわば「知識人類学」の提唱にほかならない。

後に、馬淵は「民族」（「種族」）と「部族」との違いを明確にしている。種族とは、「文化の一層基本的な類同姓を標準とする研究者側の客観的分類に基づくもの」（馬淵 一九四一〈一九七四ａ：二四五〉）である。これとは対称的に、「部族」とは、当事者の主観に基づいて形成された「We group」の範疇を超えるものではなく、「同族、同系統或は同類意識が伴っていて、同じ方言が語られ、内婚的傾向」が強い（馬淵 一九四一〈一九七四ａ：二四四〉）。『系統所属の研究』が目指したのは、当事者の主観的言説に基づいた資料を収集し、整理することにあった。

第二に、伊能や森に比べて、分析用語が飛躍的に鋭くなったことを言わねばならない。例えば、「部族」といえども、タイヤル族とブヌン族、パイワン族などでは構成原理がそれぞれまったく異なっていた(3)。こうした相異に配慮することが調査に当たっては必要であり、それゆえ各社会の詳しい社会構造が明らかにされねばならなかった。老人から祖先の系譜を聞き出し、文化史的に歴史を辿る調査であったが、この調査を通じて社会人類学的な手法の必要性が生み出されていったのである。

四　親族研究への道

学生時代にヤミ（タオ）、セデック（当時はタイヤルの一部）、アミ（パンツァッハ）、タイヤル（アタヤル）、ツォウなどで野外調査の経験を積んでいた馬淵が、本格的に台湾諸族の調査に取り組んだのは、昭和六年に大学を卒業し、嘱託として土俗人種学研究室に勤務して以後のことである。幸運なことに、元台湾総督の上山満之進が寄進した資金によって土俗人種学研究室では組織的な調査が企てられ、この企画に馬淵東一も参加することになった。昭和六年から七年にかけて馬淵は、アミ、パイワン、ルカイ、ブヌン、セデック、タイヤル、プユマ、ツォウと台湾山中を一人で駆け回っていた。このなかでも、馬淵がとくに関心を引いた社会はブヌン族とツォウ族であった。

一つの村に滞在した日数は数日ほどで長期滞在はすることがなかったが、実にこまめに馬淵は歩き回っていた。ある村で老人たちから系譜の聞き取りをし、親族関係を確認しながら親族名称を尋ね、加えて呪術や儀礼などの関連する事柄を調べ、一段落がついたら次の村へ向い、同様な聞き取り調査をするということの連続が、馬淵の調査スタイルであった。昭和一〇年頃の台湾では皇民化運動のため多くの伝統行事が廃止されたが、その直前のブヌン族の呪術的世界はいたって豊かであったため、数日の滞在で野帳がいっぱいになるほどの成果をあげることができた。

ブヌン族を廻り、各地での系譜の聞き取り調査から馬淵が見出した世界は、整然とした父系氏族体系を持ち、かつ外婚規定を維持していて親族関係が濃密な社会であった。ここで調査を終えれば、変哲もなく記号化された親族関係の分析的記述しか残らなかったに違いない。しかし、丹念に親族名称を聞いていくと、不思議な現象に馬淵は出会ったのである。母族（自己の母の出身した氏族の成員）をマダダイガズ（本義は祖先）と呼び、甥姪族（自己の氏族の女性が出嫁して生れた子ども）をロッケ（小鳥）というほか、世代や年齢を無視して、甥姪族は母の属す氏族成員に対しては「祖父母」「おじ、おば」、逆に母族の成員は甥姪族に対して、自己と同じ世代であっても「子」という親族名称を使ったりしていた（馬淵 一九三四：二一〈馬淵 一九七四ａ：七〇〉）。これは人類学者がオマハ型と呼んでいる親族名称のことであり、モルガンが親族研究をした際、変則的として無視した名称であった。

ブヌン族のオマハ型親族名称の論文を発表した翌年、アメリカの人類学者のミードの論文に接した馬淵は驚きを隠せなかった(4)。ポリネシアのマヌス島では、オマハ型とは鏡像をなすクロウ型の名称が見られ、かつ姉妹の女系子孫は兄弟の男系子孫に対して祝福または呪詛し妊娠を統制し得る力を持つという事実を知ったからである。マヌスでは、兄弟と姉妹の間にはタブーはないが、それぞれの下位世代は特殊な関係におかれている。ミードはこう書いている。すなわち、「父の姉妹の娘はパティエン patieyen と呼ばれるが、その原義は父の姉妹である」と。これは、ブヌンとは正反対のクロウ型の名称である。なぜこの名称が使われるかと言えば、父の姉妹の女系子孫は母の兄弟の男系子孫に対して霊的に優位な関係にたち、祝福すると同時に、多産や不妊を引き起こす呪詛する権利を持つからである（Mead, M. 1934：221, 235, 355)。

このミードの着想を得て、馬淵はブヌンの再調査を試みるため、昭和一〇年にブヌン、ツォウの調査に出かけている。その調査の結果として手にした情報は母族の霊的優位という内容であった。父系制のブヌン族では「禁忌の粟」（フーラン hu:lan）にまつわる特別な慣習があって、収穫した初穂で炊いた食事を共有できる範囲は同一大家族の人間に限られているという禁忌が厳重に守られていた。これと並んで、ブヌンには興味深い信仰があった。カニト（qanito）と呼ばれる霊魂の存在で、それは両肩にいて、右肩のカニトは温和で愛情深く物惜しみしないのに対して、左肩のカニトは荒々しく憎しみ怒り易く吝嗇な性質を持つとされていた。人々が日常生活で気遣うべきことは、とりわけ母族の右肩霊魂を満足させ、左肩霊魂を怒らせないことであった。母族のカニトは甥姪族の吉凶禍福を著しく支配すると信じられていたからである。馬淵によれば、「母族による祝福は単に祝福の言葉のみでも幸福を齎らす（中略）。母族の呪詛は殊に効果著しく、疾病のみならず死をも齎しうる」とされていた（馬淵　一九三八〈一九七四c：一二三〉、および一九四〇〈一九七四a：一四八―一四九〉)。

母族の甥姪族への霊的優越、この信仰の発見こそが、馬淵の将来を決定づけた。それは、ブヌン族はミードの報告と鏡像関係にあることを確信させ、以前に遭遇した親族名称が、クロウ型の親族名称と正反対のオマハ型の親族名称であることを確認させたのであった。母族が甥姪族に対して霊的に優位な関係にたつことの発見、これがその後の馬淵の研究課題の中心になり、四〇年間にわたって探求され続けた。

五　社会人類学と純学術的研究

馬淵の学問的軌跡を辿っていくと、おおよその流れに気づく。『系統所属の研究』のために調査をおこなっていた段階ではさまざまな流派の研究動向に関心が向けられていた。師匠である移川子之蔵からは文化史学派の人類学を学び、歴史的方法の重要性を知っていたし、デュルケム『宗教生活の原初形態』の翻訳者であった古野清人が台湾調査に来た時、世話係をしていて深い面識があり、古野を通してデュルケム学派の社会学にも関心を寄せていた。一方で、ブヌンの親族研究を掘り下げていくなかで社会と宗教との関係に研究の照準を定めるようになって、しだいにイギリス人類学への傾斜が強まっていった。

昭和一〇年前後、馬淵はよく『民族学研究』誌上で書評を書いている。なかでもイギリスのエヴァンズ＝プリチャードとの出会いには感銘を受けたようである。エヴァンズ＝プリチャードの著書、*Witchcraft, Oracles and Magic among the Azande* が出版されたのは一九三七年のことで、すかさず馬淵はその紹介を試みている。それは書評の域を超えた抄訳とでもいうべき長編の内容で、いかにその著作に傾倒していたのか、馬淵の熱情が伝わってくる〈馬淵一九三七：九五―一一四〈馬淵 一九七四c：三一九―三三五〉〉。妖術、託宣、呪術という行為がアザンデ族の思考の深奥でいかに結びついていて、人々の観念や行動はその特定の社会的文脈のなかで解釈しなければならないという、社会人類学の基本を馬淵はこの時期には会得していた。昭和一四年と一五年に馬淵は再びブヌン族の調査をおこなう。この時の主題は、狩猟で得た獣肉について親族間での分配方式を聞き取ることであり、一方で絵暦を題材にしてブヌン族の儀礼生活を詳細に聞き出すことにあった。かつて『系統所属の研究』で取り組んでいた系譜調査は背後に後退し、かわって呪術と儀礼、その社会的関連、こうした方面に力点が移っていくのを見ることができる。そして、母族の霊的優位の議論も、資料的には充実していった。

馬淵のこうした研究を見ていくと、一つの特徴が浮かんでくる。それは、純学術的立場で一貫しているということである。あるいは、政治的事柄、とくに植民地の統治政策から距離をとる立場である。ここで、馬淵に先行して野外調査をおこなっていた小泉鉄と比較してみたい[5]。小泉鉄は民間の人類学者とはいえ、メーンの『古代法律』の翻訳者であり、慣習法研究に関心を持ち、大正末から昭和初期にかけて長期間、タイヤル族やセデック族、アミ族の調査をおこなっている。その成果は『民族』誌上に論文として発表され、また単著として『台湾土俗誌』『蕃郷風物記』が公刊され、人類学者としての地位を築きつつあった。小泉は数々のエピソードを残すほど性格的にはそうとうな異端者であり、台湾訪問時に時の総督・伊沢多喜男に冷たくあしらわれたのを怒り、人生最期に至るまで伊沢に対する恨みを忘れなかった。総督府の同化政策に対する小泉の批判は厳しかった。アミ族とタイヤル族との調査を通して、小泉はこう言う（小泉　一九三三：三二六―三二七）。

敬神の風といふ。然し蕃地に神社を建立し蕃社の祭に代ふるに神社の祭事を営んだからといって、決して敬神の念は起るものではない。而もその神様は今迄彼等には因も縁もなかった神様である。――それにも拘らず訓令なるものは頻りに蕃地の駐在所に向って、迷信を打破せよ、風俗を改良せよ、と要求する。然し生活と調和しない教育が邪魔者であるように、生活に根拠を置かない信仰と風俗とはその生活を破壊し、それを紊乱するに過ぎない。仮令、蕃人に日本服を着せた処で何になるか、――。

小泉の研究の主眼は、タイヤル族、セデック族、アミ族などにおいては慣習法に基づいて独自の自治機関を持っていることを立証することにあった。その主張の核心は次の言葉に表れている（小泉　一九三三：三〇九）。

蕃社という彼等の集団は、各部族に依って組織の内容を異にしてはいるが、それが一個の自治体として発達し来った共同生活態であるということには変わりない。

「自治体」「共同生活態」を強調する小泉は、その裏づけとなるタイヤル族やセデック族での伝統的な土地所有を論じ、村落がその所有主体であり、慣習法の世界が人々の行動を制御していることを明らかにしようとする（山路 二〇一一）。そのうえで、小泉はこのような結論を導く（小泉 一九三三：三一一）。

若しも統治機関を全然彼等の手より奪ひ、自治を破壊し、これを官憲の手に握らうとするのを目的とするならば、それは大きな誤りである。

昭和初期に出版された小泉の『台湾土俗誌』は、日本で最初の本格的な民族誌である。一方、台北帝国大学を卒業し、山地での調査に明け暮れた馬淵東一は、当然、本書を精読していた。馬淵はその書評を『南方土俗』に寄稿している。タイヤル族の社会組織について示唆に富むと評価しつつ、ブヌン族やパイワン族についての記述の過誤を指摘している点は、さすがに野外調査の蘊蓄が読み取れる。ただ、馬淵の書評で気になる点は、小泉の著作末尾に収録された「蕃人統治の問題」および「蕃人の生活と統治」についての論評である。馬淵は、本書は推薦に値するとして、こう言う（馬淵 一九三三：七八）。

高砂族の現状についての主要なる諸問題を論じて居り、特に理蕃事業に関心を有せらるる諸子に推薦する次第である。

「理蕃事業」について馬淵はあまり論じなかったが、それだけにこの一文は気がかりである。小泉の過激な総督府政策への批判に対して、馬淵が賛意をおくって書いたのか、それとも書評者として当たり障りがないように外交辞令を発したのか、詳しくは分らない。ただ、留意しておくべきことは、昭和期になって、「集団移住政策」など総督府の政策が台湾山中の至るところで加速度的に実施されていったことである。

集団移住を実施するため、総督府は昭和五年より「蕃地開発調査」をおこない、それ以後漸次、タイヤル族やブヌン族は平地近くに移住させられた。もちろん、この移住政策は総督府にもタイヤル族やブヌン族にも過酷な負担を強いた。昭和八年から始まったブヌン族丹大群の移住は、不足しがちの予算のため、多くの困難に直面しながらの実施であった（亀鶴生　一九三四：一二）。この移住政策とともに進行したのは生活改善運動であり、数多くの祭儀をおこなってきたブヌンの伝統は衰退の道を辿った。例えば、骨架に飾った鹿の耳を射る「マナク・タイガ（耳打ち祭り）」は何日間も続き、派手な飲食を伴う男たちの祭儀であった。総督府はその浪費を省くため、廃止を決めた。その政策決定は生活改善運動を進める総督府の意向を象徴するものであった（山路　二〇〇四：一九七―一九八）。

こうした急激な社会変化が生じていた情況下でも、馬淵は伝統的習俗を探求し続けていた。変化を知るためには伝統を知らねばならないと馬淵は常日頃から語っていたので、それは、それでよい。問題になるのは、小泉鉄が追及していた課題、すなわち土地所有権と自治機関とに関する議論が、馬淵の論考では手薄であったということである。部族の移住経路の確定という台湾の実情に合わせた課題を除けば、ほかは氏族組織と婚姻関係、親族名称の用法、そして呪術、儀礼と信仰の問題が調査の焦点になり、一言で言えば親族と儀礼との関係を中心に据え、まさに当時の社会人類学の最先端の課題を馬淵は分析的に取り組んでいたのであった。これに比べて、土地制度を含め、生活の全体的構造を明らかにする調査は充分ではなかった。総督府の政策は土地所有権の問題提起の機会を促していたのに、小泉を除いては人類

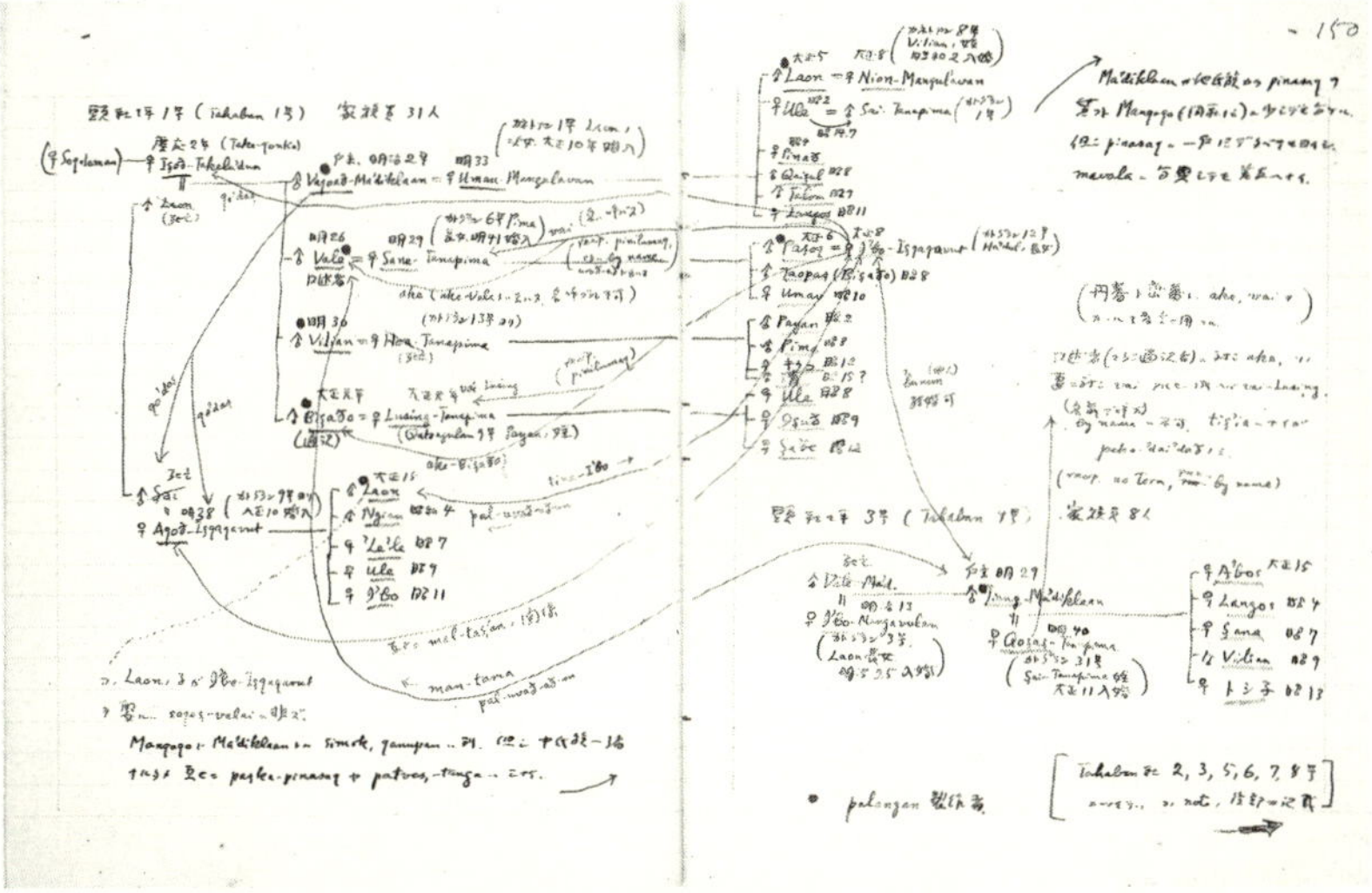

図8-3　馬淵東一のフィールドノート（3）

馬淵の最大の学問的貢献は『台湾高砂族系統所属の研究』のための基礎的調査をほぼ台湾全土で実施したことにある。個人の系譜を辿り、家系図を作り、具体的に祖先の偉業を聞き出すことで正確なエスノヒストリーを作成する試みは画期的な仕事であった。系図は個人や家族の歴史であり、アイデンティティの拠り所となる。こうした馬淵の地道な調査は現在では先住民社会からも評価されるようになってきている。さらに、昭和10年代になると、馬淵は精力的に調査をこなし、ブヌン、ツォウで本格的な社会人類学的調査を試みていた。この図（昭和15年のノート）からは、『台湾高砂族系統所属の研究』以来の手法を踏襲し、一つのブヌン族の家系図を作成することからはじまり、一人ひとりの関係を辿って親族名称の使われ方を実地に確認するという手堅い手法が窺える。親族関係者が互いにどのような親族語彙を使うか、図では矢印の曲線で示されていて、調査は具体的な状況を念頭においてなされていたことが分かる。親族研究に対する馬淵の執着が垣間見られる一齣であって、親族研究を構造的に把握しようとする、当時として斬新な方法であった。（出典：馬淵東一 1940『馬淵東一アーカイブ』No.88（Bunun:Tak-banuaδ（Ⅰ）」、国立民族学博物館所蔵。）

学の研究課題にはしなかった、と言ってもよい。

『系統所属の研究』では、移住経路についての伝承は濃密に記録されている。この記載は重要である。とはいえ、土地所有の問題が深められているとは言えない。馬淵は、確かに土地がさまざまな伝承と結びついていると指摘している（馬淵　一九三五ａ〈馬淵　一九七四ａ：二二五〉）。

移動を語る系譜にはその祖先が該地方への最初の到着者或いは開拓者なることを縷々伝えて居り、これは土地に対する権利の主張と緊密に結びついている。（中略）この種の系譜には祖先達の土地探検、異族との交渉、冒険などを語る口碑が縷々結びついて居り、これらの歴史的知識は土地問題等の論争に際し恰も証拠書類の如くに常に引合いに出され、しかもそれが相当効力をもつ。

あるいは、ブヌン族「群蕃」の記述では、このように言う（台北帝国大学土俗人種学研究室　一九三五ａ：一五九―一六〇）。

「自分達の祖先が見つけたのであるからこの地は自分達の氏族のものだ」と云う主張は縷々口にされるところであって、それ故どの氏族が最初に進出したかと云うことは土地所有権の問題と密接な関係を有し、（中略）然らばかくの如き移動を促した原因は何であったか。（中略）ブヌン族の生活にとって必要なものは、その輪耕地に適当な休耕地を含める耕作地と、祭祀用、贈答用並びに自家用の獣肉を供給し得る広大な狩猟地とであって、（下略）。

馬淵は移住と土地所有の伝承について注意を喚起していたが、それ以上の具体的な事例を基にした分析はしていなかった。さらに、小泉に対する遠慮なのかも知れないが、自律的な自治機関としての存在を強調していなかった。それに対して、小泉は自治的で自立的な社会像を見つけ、それが総督府の政策で破壊されつつあると考え、生活を支える慣習法の意義を強調していた。この意味で、小泉の調査には政治的含蓄が多く含まれているのを読み取ることができる。研究史を学ぶにあたって当事者の研究課題を俎上にのせる以外に、何を研究課題にしなかったのか、この方面の検討は欠かしてはいけない。小泉との比較で言えば、馬淵は親族と儀礼という個別的な主題を深く分析したが、時の政治的状況は研究課題から遠ざけられていた、と言える。

確かに、馬淵にはブヌン、ツォウの呪術的土地所有に関しての論文がある。その精気に満ち溌剌とした内容の論文は多くの読者の感動を誘う。ただし、その論文は戦後になって発表されたものである。この論文は興味深いので、詳論しておく必要がある。その論文の骨子は、かつてツォウ族には「猟場の持主」と「耕地の持主」という二重の所有権が認められていたという内容である。ある氏族の猟場である森林を別の人間が許可を得て開墾し耕地にした場合、「猟場の持主」と「耕地の持主」との二重の所有関係が発生したからである。それぞれの猟場にはツォウ族の信仰する神々がいて、開墾を許可された「耕地の持主」は「猟場の持主」を敬い「貢租」を出さなければならなかった。他方、「猟場の持主」が「耕地の持主」の土地を開墾する時は、酒宴を開いて「耕地の持主」のため饗応しなければならなかった（Mabuchi, 1970〈馬淵 一九七四b：二〇七―二一五〉）。かくして、ツォウ族の土地所有は二重の意味を持つ。とくに重要なことは、耕地の所有権を譲渡したあとでも、土地との呪術的関係が維持されていたため、「猟場の持主」にも「呪術的・宗教的所有権」が確保されていたことである。

呪術的関係を伴って複雑に交差したツォウ族の土地所有について、馬淵は『系統所属の研究』執筆時にいくらかは情報を得ていた[6]。しかし、こうした情報を組み立て、土地所有権について理論化することは、当時はまだ思い至らなかったようである。とはいえ、慣習法について関心を深めつつあった馬淵が、さらなる調査地を求めて活動の場を広げる機会がそれほど遠くないうちに到来したことは、幸運であった。馬淵は昭和一二年に帝国学士院の嘱託になり、一五年頃からインドネシア慣習法の研究に乗り出す。台湾とインドネシアは、両者が同じオーストロネシア語族に属すということで、馬淵にとっては格好の比較の対象であった。昭和一八年に台北帝国大学南方文化研究所の助教授になった直後、馬淵はインドネシアのセレベスにあった海軍マカッサル研究所慣行調査部に嘱託として出張する。ここで、トラジャ族を中心に調査活動を終戦までおこなう。

馬淵のインドネシア調査は記録に残されていないので確認しようもないが、セレベス調査にはおおいに失望したかもしれない。もし馬淵が東インドネシア諸島にいたのなら、馬淵のその後は変わっていたと思われる。東インドネシアにはブヌン族に比肩しうる事例がそろっている。例えば、ロティ島では母族と甥姪族との関係は植物の慣用句で表現され、母族は「根」であり、甥姪族はそこから「種」を貰うことで存続することができる（Fox,J.1980：115 -120）。この親族慣行はまさにブヌン族と同じであり、当時、馬淵がこの情報を知りえていたなら、小躍りして喜んだに違いない。

しかしながら、セレベスでの調査は馬淵に新たな光を与えた。インドネシア滞在の短期間、馬淵はオランダ語の習得とともにインドネシア諸民族の慣習法研究に没頭していた。ライデン学派の慣習法研究を学び、ヨセリン・デ・ヨングらのオランダ構造主義に接し、新しい学問の体得に励んでいた。後にフランス構造主義が登場した時、いち早くその理論に注目したのは馬淵であったが、その素養はライデン学派によるインドネシア慣習法研究に多くを負っていた。さきに見たツォウ族の呪術的土地所有権をめぐる論文は、戦後になってライデン学派の業績を検討するなかでもたらされた成果であった。

ライデン学派のなかでも、ファン・フォレンホフェンやテル・ハールの著作は馬淵の熟読対象であった。いずれもインドネシア全域にわたって慣習法に基礎をおいた共同体の比較研究をし、親族組織と土地所有について深い造詣を持っていた二人で、その業績は馬淵を魅了させた。ライデン学派の法共同体研究から馬淵が学んだことはたくさんある。例えば、東インドネシアのティモルには、後來の王族諸侯に対して、先住民はなおかつ在来の土地に対して宗教的な役割を持ち、播種儀礼では「土地の守護神」に対して供物を捧げる役目をもつという慣習があった〈馬淵　一九六九ｂ：一〇〇〈馬淵　一九七四ｂ：一二八―一二九〉〉。この慣習はツォウ族の事例ときわめて類似している。馬淵は戦後しばらくして「呪術的・宗教的土地所有権」という概念を設定し、ツォウやインドネシアの事例を含め、広く比較研究への道を切り開いていく。その研究途上でライデン学派から受けた衝撃は、馬淵にとってきわめて大きかった。さきに見たツォウ族の呪術的土地所有権をめぐる問題も、インドネシア慣習法研究という光を得て輝きだした。土地所有と呪術的関係、いやそれよりも土地に生きる人々が先祖とのつながりなくしては生活を営まれないという呪術的世界の重要性、こうした事柄はインドネシア慣習法研究がもたらした成果であった。

戦後の発表になるが、馬淵東一にはインドネシアでの双分制を論じた論文がある。国王統治下のアンボン島では社会〈身分〉制度の分類様式が人体の各部位に喩えられ、かつ双分的観念のもとで世界が整序され分類されているという内容であった〈馬淵　一九六九ｂ〈馬淵　一九七四ｂ〉〉。この双分制の議論の出発点は、インドネシアで精力的に研究を進めてきたライデン学派、すなわちオランダ構造主義者の成果を熟読したことから始まっていた。戦後、誰よりも早くレヴィ＝ストロースの構造主義に着目した馬淵が沖縄で活動を始めた時、種々の儀礼などに見られる双分制の研究に目標の一つをおいていたが、その視点はライデン学派のインドネシア研究から大きな示唆を得ていたのであった。インドネシアでの調査ノートを公表することはなかったにしても、戦中から戦後にかけての馬淵のインドネシア研究は、この意味でたいへん重要な意義があった。ただし、植民地を舞台に研究活動をしていたオランダ人研究者、そしてオランダの植民地統治について示唆的発言は見られるものの積極的に議論を展開することはなかった。

六　沖縄からの発信

馬淵の戦後はＧＨＱ傘下のＣＩＥ（民間情報教育局）に勤務した後、東海大学や東洋大学を経て昭和二八年には東京都立大学の社会人類学担任の教授に就くようになった。この期間、馬淵は思いもかけず柳田国男と出会ったことにより、沖縄研究への道が開かれた。その出会いは馬淵にとってまったく予期せぬ出来事であった。

戦後の人類学を立て直すため、日本民族学協会はアイヌ民族綜合調査を企画し、泉靖一や杉浦健一らが中心になって昭和二六年に調査を実施した。その時、馬淵も当初は調査員の一人として参加する予定であったが、突然、調査隊からはずされた。失意の馬淵を救ったのが柳田国男であって、折から柳田が企画していた沖縄調査の一員に選ばれたのである。この時の気持ちを馬淵は「干天に慈雨を得たの思い」と表現しているくらいだから（馬淵　一九六九ａ〈馬淵　一九七四ｃ：五三九〉）、そうとうに感極まったに違いない。それまで、馬淵は日本での民俗調査はしたこともなく、ただ柳田の『妹の力』を読んだくらいで日本民俗学には関心を持っていなかったので、この柳田の誘いには驚いたに違いない。しかし、柳田国男の胸中には、渡りに船とばかり馬淵を仲間に引き込む戦略が練られていたのであった。

昭和二〇年代、『先祖の話』をはじめ、数々の名著を発表していた柳田は、日本人の南方渡来説を立証すべき「海上の道」構想を立て、稲作儀礼の研究に熱をいれていた。昭和二六（一九五一）年七月には、三笠宮を囲み、松平斉光とともに、柳田國男、折口信夫らが中心となって「にひなめ研究会」が発足している。この会には、石田英一郎、岡正雄、秋葉隆らの人類学者も加わり、第一回は、昭和二六年七月一〇日に柳田國男が「新嘗祭の起源について」という論題で発表をおこなっている。そして、第五回は昭和二七年一月二五日に、馬淵東一によって「高砂族に於ける新嘗祭」が報告されている（松平　一九五三：二五三―二五六）。

一国民俗学を強く意識していた柳田国男が「にひなめ研究会」に参加したのは異例のように思える。柳田はこの研究会で「稲の産屋」を論じている〈柳田　一九五三〈柳田　一九六八〉〉。フレーザーの『金枝篇』に見る穀霊信仰に心奪われた柳田は、宇野円空の著書『マライシアに於ける稲米儀礼』に深く魅了され、穀母が穀霊を生み育てる信仰の幅広い分布に関心を払っていた。それだから、沖縄において稲積をシラと呼び、しかもそれは産屋の意味でもあると理解した柳田は、沖縄研究に深入りしていくと同時に、沖縄周辺地域で類似の穀霊信仰が見出されるかに関心を寄せていく。その時、柳田が出会ったのが馬淵東一であった。馬淵は、セレベスでは三つの稲積を作り、それらは「父」「母」とともに、その間に生れた「子ども」であったと報告したのである(7)。

日本人の渡来源を求めて沖縄民俗の研究に打ち込んでいた柳田は、「一国民俗学」の成立をめざして奮闘していたと同時に、その一方で「にひなめ研究会」で多くの人類学者と交わっていた。その目的は「比較民俗学」の方途を考えることではないにしても、稲作儀礼の比較検討をしながら「一国民俗学」の外枠部分を見定める構想を練っていたと思われる。それだから、柳田国男が心血を注いで完成させた『海上の道』は、おそらくは馬淵東一に出会わなければ不本意な作品になっていたに違いない。反対に、日本の民俗はおろか、沖縄の民俗のことも眼中になく、ただ台湾とインドネシアを歩き続けてきた馬淵東一も、この柳田との出会いがなければ、その後の研究生活はおおきく変わったものになっていたに違いない(8)。

柳田の知遇を得た馬淵東一は昭和二六年末から、毎週少なくとも一日は民俗学研究所に通い、沖縄の民俗関係の書物をむさぼるように読破していった〈馬淵　一九六九ａ〈馬淵　一九七四ｃ：五四〇〉〉。昭和二九年度には文部省科学研究費による「南島文化総合調査研究」が実施され〈鎌田　一九七八：一〇五〉、大藤時彦、関敬吾、桜田勝徳、大間知篤三、酒井卯作などとともに、馬淵も沖縄調査に参加する。馬淵の課題は姉妹が兄弟を霊力で庇護するというオナリ神信仰の研究で、ミードのマヌス島民研究、台湾ブヌン族の呪的・霊的研究の延長線上にあった。念願のかなった馬淵が最初に訪問した調査地は宮古島で、そこに一カ月ほど滞在し、その後、数日ほど八重山を訪れている。帰途に滞在した八重山ではオナリ神の伝承は聞くことができ、初期の目的は達せられた。しかしながら、柳田の『族制語彙』や『妹の力』を読む機会を得て、ポリネシアとの類同性に心を奪われ、オナリ神信仰に異常なる熱意を燃やしていた馬淵が宮古島で知り得たことは、この島ではその痕跡すら見られなかったという落胆するような結果であった。それでも、馬淵は宮古島で一カ月近く滞在していた。いったい馬淵はそこで何をしていたのであろうか。

転んでも只では起きない馬淵のことである。オナリ神信仰の不在には失望したであろうが、砂川、友利、宮国、狩俣と主な宮古島の村々での滞在は馬淵に幸運をもたらした、と言える。最初の訪問地、砂川での聞書きの結果は、ブヌン族の調査で慣れ親しんできた整然とした父系氏族体系とはまったく異なっていた。フィールドノートの第一頁には、この村の複数の聖地（ウタキ〈御嶽〉）の名称を列挙しながら、生れた子どものウタキへの帰属方式が書き込まれている（馬淵 アーカイブ 一九五四ａ）。

御嶽ノ所属ハ父方御嶽ニナルカ母方御嶽ニナルカ一定セズ、神クジデ決メル、即チ――子供生レテ八日（一〇日）目ニ、父方母方双方ノ氏神（御嶽ノ神）ノ名ヲ紙片ニ書イテソノ紙片ヲ丸メ、膳ニノセテ振ル。落チタ方ヲ採リ、コレニヨリ御嶽ノ所属ガキマル。

馬淵が見出したのは、父母双方のウタキの神の名前を書いた紙を丸めて膳に乗せ、振って落ちた方のウタキに子どもは所属するというから、ブヌン族の氏族組織とまったく異なった選系出自の存在を発見していたことになる。宮古での調査が進むにつれ、ほかにも馬淵は重要な情報を得ていた。神くじで父方母方のいずれかに所属を決めるが、長男だけは父方に属すという方式である。これと類似の帰属方式はポリネシアにも見られ、アメリカの人類学者の間ではステムリネッジ stem lineage という命名がなされてもいた（Sahlins, M. 1957:298）。後に馬淵は宮古の再調査をおこない、確かな聞き取りのもとで、その事実を再確認している。けだし、馬淵は「根幹不動枝葉動揺式（父系）リニジ」と茶目っ気たっぷりの名称をそれに与えたのであった（馬淵 一九六五〈一九七四ａ：三七八〉）。

宮古の調査はこのように副産物が多かった。砂川の氏子帰属方式を聞いた時の馬淵の表情は分からない。それ以上に、後に非単系出自の議論として社会人類学を賑わせた問題を、その調査時にすでに馬淵が理解していたとは思われない。とはいえ、友利、宮国、狩俣と宮古各地を廻った馬淵は、先々で氏子帰属の問題を確認していたから、砂川での聞書きには新鮮な驚きを感じていたに違いない。フィールドノートに克明に系譜図を描き、子どもの所属を確認していくという方法は台湾調査の延長線上にあるが、台湾とは違う世界の発見が以後の馬淵を沖縄に没頭させていく契機になった。

一九五〇年代から六〇年代にかけて欧米の人類学は、オセアニア地域を中心として非単系出自の調査で沸騰していた。オセアニアでは、父系、母系という単系出自に基づかないで集団帰属を決める方式が随所に存在している。父母のいずれか一方を選択する出自方式、すなわち選系出自の発見は、モルガン以来の単系出自論を覆すもので、社会人類学の親族理論に革新をもたらす成果として注目されたのである。同じ頃、馬淵は沖縄の宮古島で同様な認識に立とうとしていた。瓢箪から駒と言えば言いすぎかもしれないが、馬淵には幸運の女神がついていた。

一方、八重山では、調査の最大の目的であったオナリ神の習俗が豊富に聞くことができた。石垣に着くや否やまず聞き出したのはマムリ・サジ mamuri-sazi（守り手拭）の習慣であった（馬淵東一アーカイブ 一九五四ｂ）。これは航海守護のため姉妹から兄弟に与えられた白い手拭のことである。以後、八重山の調査は順調に進み、これに続く竹富島や石垣市四箇での聞書きは伊波普猷の報告を確認する密度の高い内容であった。八重山では、「種取り」と呼ばれ播種儀礼に際して、「食初」の儀礼がおこなわれていた。それは、農耕の事始にあたり、悔初を以て豊穣を予祝し、また、神霊に備えるとともに、人間もそれを分けて食べ、豊かな稔りを願う儀礼であった〈馬淵 一九五五〈馬淵 一九七四c：一二四〉〉。この儀礼に深くオナリ神が関与すると聞いて、馬淵は心が躍った。オナリ神の報告は続く〈馬淵 一九五五〈馬淵 一九七四c：一二五―一二六・一三九・一四〇〉〉。

戸主の姉妹や父の姉妹を招待しなければならない。大食初はこれらの姉妹や父方伯叔母のいわば立会いのもとで分け食べられるのであるが、最初に包丁を入れるのは彼らのうちの一人、原則として戸主の姉妹、特にそのうちでの年長者である。

（航海や旅立ちの時）姉妹から兄弟に与える手拭（ティサジ）はマムリ・サジ（守り手拭）と呼ばれ、芭蕉または木綿の白布が正式であった。

黒島では遠く旅するとき、本人の姉妹をブナリ・ガン（姉妹神）としてこれに供物をもたせ、巫女頭をしてこの姉妹に向って航海安全を祈願させる習俗があった（下略）。

こうして、姉妹が兄弟を霊的に庇護し、祝福すべき地位に立つというオナリ神の研究は人類学者、馬淵東一によっても探求され、民俗学と人類学の接点をなす議論として位置づけられた。だが、馬淵の報告には弱点があった。その後、姉妹がいない場合の代用は誰が務めたのかという議論、さらには女司祭者である神人職の継承をめぐっての議論、これらの点について詳細な調査をしたとはいえ、ミードがマヌス島で得た情報、姉妹の女系子孫が兄弟の男系子孫を祝福し、かつ呪詛するという伝承を完全には得ることができなかった。姉妹が兄弟を祝福する話は沖縄で聞けるにしても、呪詛する伝承ははっきりと聞き出せなかったのである。わずかに、竹富島では、「毎年のように播種祭の食初めに姉妹が招かれなかったので、怒って呪詛し、そのため竹富島では灌漑水が得られなくなった」〈馬淵 一九五五〈馬淵一九七四c：一四一〉）という伝承があるくらいで、呪詛の例は容易に聞きだしがたい状況であった。

呪詛する事例が沖縄でほとんど聞けなかったという調査結果は、だいぶ馬淵をいらだたせたようである。マヌス島では、姉妹の系統は兄弟の系統を祝福し同時に呪詛する存在であった。祝福しかつ呪詛することの含意は、姉妹の系統が兄弟の系統を制御することを意味し、兄弟の系統に対してその妊娠と出産、言い換えると生命の存続そのものを管理する権限を持つということである。この意味で、母族が甥姪族に対して祝福しかつ呪詛するブヌン族の伝承は、マヌスと同じ原理に立っている。それは、インドネシアのロティ島調査をしたフォックスにならって言えば、「生命の流れ」と表現される現象である（Fox, J. 1980）。これに対して、沖縄では、兄弟の系統の存続のため生命の管理者としての役割を持ったオナリ神が登場するわけではない。オナリは兄弟の庇護者であっても、兄弟の系統を制御する権能は与えられていなかった。要するに、沖縄とマヌスは鯨と魚のように類似しているが、基本的には別個の習俗と理解した方がよい。クロウ・オマハ型の親族名称の生成を呪術的信仰との関連から類型化を目指した初期の目的は、その延長線上で沖縄のオナリ神信仰をブヌン族やマヌス島民に関連づけて説明するに至った。しかし、その説明は性急すぎた。結局、馬淵のオナリ神研究は壮絶な失敗作であった。

馬淵の沖縄研究に対する貢献は、さまざまな分野で強調しておかねばならない。日琉文化の系統についても馬淵は早い段階で論じている。日本本土の民俗と沖縄の民俗との関係では、両者との間に共通する事柄が多いとしたうえで、なおかつ次のように語っている。その発言は、非常に複雑な言い回しでなされていた（馬淵　一九五一〈馬淵　一九七四a：五一九〉）。

しかし、それにも拘らず、両者の間にはかなりのひらきもあって、沖縄文化という亜型の存在を考えぬわけには行かない。（中略）日本本土との比較ばかりでなしに異文化との比較が必要であり、（下略）。

この馬淵の発言のなかで重要な語彙は「亜系」という言葉であり、それは万華鏡のように見る方向によって怪しく光を発する両義的性格が込められている。古代日本と同時に台湾やオセアニアを比較の対象に考えよというのだが、そのどちらかに片寄ることで沖縄の位置づけは異なってくる。

古代日本との関係で沖縄文化を論じたのは、折口信夫であった。「古代日本」の鏡として沖縄の民俗を位置づける折口の日琉同祖論は、あまりにも詩的であった（折口 一九三五：二一七）。折口信夫は大正一〇年と一二年に沖縄に行っている。

行って見ると、物好みの心が敏活にはたらき出し、同時に、古代の姿の宛もそのまゝを髣髴させるほど残っているという気が、見る物さはる物に対して起ったことであった。

柳田国男もまた、日琉同祖論の展開に大きな役割を果していた。沖縄の民俗研究が柳田の生涯のうちでも重い比重を占めていることはもはや贅言を要しないが、一言だけ柳田の言葉を引用すれば、「沖縄の発見といふことは画期的の大事件であった」ということになる（柳田 一九三二〈柳田 一九八〇：三一六―三一七〉）。

柳田がなぜ「沖縄の発見」と発言したのであろうか。折口は、その解説を試みている（折口 一九三五：二一七）。

柳田先生が行かれるまでは、沖縄人をば、単に言語の上においてのみ、同種と見、支那人の子孫と考へるのが世間では固より、一部学界の常識になっていた。それが、先生が、旧日本人の早い時期の分派であり、寧、此等南島を経て、旧日本の地に這入って来たのが、我々の祖先だ、と凡瞪明せられた。これは正しい事であり、日琉相互にとって、此ほど幸福な言明はなかった訣である。功利観を含まない学問が、却てどれほど、底力を持って、世間を明るくするかゞ察せられるであろう。

折口に従えば日琉同祖論は世間の常識を打ち破る考えであった。実学にはほど遠い学問ではあったが、「支那人の子孫」という俗説を覆すことで、沖縄と日本本土に住む人々に明るい道のりを照らしてくれるという信念が折口にはあった。この信念を吐露する折口の脳裏には、おそらくは明治以降、沖縄に対してさまざまな蔑視を投げかけてきた本土住民への抗議がよぎったことであろう。その時代とは、広津和郎（一九二六）、あるいは久志芙沙子（一九三二）の小説が世に出て物議を醸し出していた頃であった。

柳田自身もまた、折口と同じ心情を打ち明けていた。沖縄と日本の民俗は同根であり、「離島の文化の必ずしも孤独でないこと」を立証しえたと考えていた（柳田　一九四七：一一二）。日琉同祖論を語る時の柳田は情熱にあふれていた。「測り知られぬほどの大いなる希望の種」をもたらしたと、深い感情移入を込めて語るのである（柳田　一九五五〈柳田　一九六八：八八〉）。

折口や柳田の沖縄研究に多大な影響を及ぼした伊波普猷が、沖縄の言語や民俗が古代日本の姿を留めているとして、「天然の古博物館」と表現したのはよく知られている（伊波　一九四二：一〇）。伊波はまた、明治政府による「琉球処分」を評価して、「一種の奴隷解放」とみなし、積極的に沖縄人を日本国民として統合する政策に賛辞を送っていた。伊波の言葉を使えば、「半死の琉球王国は滅亡したが、琉球民族は蘇生して、端なくも二千年の昔、手を別った同胞と邂逅して、同一の政治の下に幸福な生活を送る」ようになった、ということである（伊波　一九四二：三五）。

すでに気づかれたことと思うが、折口、柳田、伊波が沖縄について語る時、その発言に通底して見られるのは「幸福」「希望」という情念にかかわる言葉の多様さである。その背景には、戦前に頻発していた沖縄人への蔑視観に対する憤りの感情がうごめいていたことが推量される。異民族視され、日本本土では就職などでの差別をこうむってきた沖縄人の反発を代弁するかのようであり、沖縄と日本本土との共通性を強調することで、両者に同じ日本人としての共感を呼び起こすことに発言の狙いがあったのではないだろうか。柳田や折口、そして伊波が「日琉同祖論」を問題にする時、学問上の客観的事実の積み重ねの背後には情念の世界が潜んでいた。

明治・大正期の『沖縄毎日新聞』にはしばしば現地からの生の声が紹介されている。日本人でありたいとする声である。これらの叫びは、明治政府の同化政策が効を奏した結果と見ることもできる。あるいは太田朝敷ら言論人の活動の影響と考えることができる。しかしながら、次の『沖縄毎日新聞』に掲載された記事は、別の考えを必要とする。「琉球人の叫び（続）」（大正三年一〇月九日）と題したその記事は、こう言う。

若しも人種問題にして、大和民族、琉球民族と強いて区別さるゝことあらば、それ以上に不愉快なることは、吾人にとりては他になかる可し。

伊波文学士の〈忠君愛国と郷土研究〉を沖縄誌上に見ることを得たる予の喜び実に察すべき也。

これは、伊波の論文が一読者の心を掴んだ瞬間を表現した文章である(9)。日本人としての認同（アイデンティティ）を日本人自身によって打ち消され、憤慨していたその読者は、伊波の持論、すなわち日本と沖縄との文化の同一起源説に心を打たれ、「喜び実に察すべき也」と感嘆の声をあげている。この時代、日琉同祖論を説く民俗学者の発言は多くの沖縄人に共感を与えていたのであった。

馬淵東一が沖縄研究を始めた頃、その研究がたんに知的好奇心を満たすばかりではなく、人々に共感をもたらす社会運動の役目を果たしていたことを認めている。伊波普猷の『孤島苦の琉球史』（大正一五年）および『日本文化の南漸』

〈昭和一四年〉の題目はきわめて政治的な含蓄に富んだ表現である。その暗示する側面に注意を払うと、当時の学界の雰囲気を馬淵は敏感に感じ取っていたことがよく分る。沖縄研究は「一種の水平運動」であった、というのである（馬淵 一九七一〈馬淵 一九七四a：五二七―五二八〉）。

このような系統［日琉同祖のこと＝筆者注］に属する沖縄人が不当に軽視され閑却されているのを訴える、という合意を汲み取ってよいのではあるまいか。伊波のやや後輩になる若干のベテラン研究者たちに筆者が接した限りでは、そのような含意が沖縄出身の研究者たちの間にひろく存したのではないかと考えられる。もちろん、民俗研究は請願運動でもなければ政治演説でもないが、ひめられた一種の〈水平運動〉のような流れが特定の組織なしに生じ、この流れにおいて民俗研究が展開され、かつ、持続されたといってもよいであろう。

民俗学者の沖縄研究はこうした情念の世界に駆り立てられて進んでいった。しかしながら、戦後の沖縄研究はいささか違った視点から出発していた。一九五〇年、日本民族学協会は『民族学研究』一五巻二号で沖縄特集を組んでいる。最近における沖縄研究を概観し、沖縄の人と文化に関する人類学・民族学・民俗学・社会学・言語学的研究の成果を集約することが企画の目的であった。この特集の巻頭で石田英一郎は、従来の沖縄研究が日琉同祖論に固執するあまり、見落としてきた議論が多いことを指摘している（石田 一九五〇：一）。

もとよりこの研究の到達した日琉の緊密な近親性という結論は、もはや疑を挿む余地なきまでに立証されたものであろう。けれども、両者の同祖同系を強調するのあまり、沖縄人自身のエートノスの全体的把握や非日本的な要素の究明について、なお見落とされていた点や誤った解釈が残されていないだろうか。

大藤時彦もまた、日琉同祖論について批判的であった（大藤 一九五〇：八八―八九）。

沖縄に見られる民俗が尽く日本のそれを説き明す鍵であるとは断定出来ず、ましてや日本の古型を示すものとも云えない。沖縄は小なりと云え、かなりの年月を我が国と離れて独立国家としての政治の下にあったのである。従ってその民族構成が両者に於て大体同一であったとしても自然条件なり、社会条件の差異は当然そこに異なれる民俗を胚胎せしめた筈である。

石田や大藤の提言はその後、沖縄研究でしだいに重みを増していく。この過程は、沖縄研究においては、馬淵が感得していた「水平運動」を思わせるような社会的発言は影を潜めていくことを意味していた。同時に、柳田が見せた情緒的な共感は沖縄研究から遠のいていく。とりわけ、馬淵東一が沖縄研究に導入した社会人類学的方法が定着していくにつれ、緻密な調査が繰り返され、客観的資料を通しての分析が重視されていくことによって、この傾向は強まっていく。そして、日本との関係をひとまず括弧にくくり、あるいは東アジアを展望においた研究が現れたりした。方法的には、機能主義であれ、構造主義であれ、沖縄研究自体は独自の領域として設定され、アフリカ研究やオセアニア研究と同じように、それ自体で完結した研究領域を確立していく。馬淵の論文「琉球世界観」の研究は、まさにその代表であった。沖縄的条件を考慮にいれてはいるが、その手法は構造主義に範をとったもので、沖縄の諸儀礼に構造化された双分制を見出した論述は、確かにレヴィ＝ストロースの説くような人間精神の普遍性を探求した内容と言えないわけではない。そうしてみると、馬淵が日本文化の「亜系」とみた沖縄は、今や人類文化の比較研究への展望を切り開く礎ともなった、と言い得るのかも知れない。

しかしながら、いま少し、馬淵の議論は煮詰めておく必要がある。馬淵が細心の注意を払って家屋の配置構造や儀礼の過程に双分制を見出したと考えた時、その根拠は地元民の言説に基づいて提起されたのか、それとも研究者の方法論的操作の結果なのか、吟味しておかねばならない。馬淵は細心の注意を払って島々の儀礼の地域差に配慮し、「変移的双分方式」という概念を設定し、議論を進めている。けれども、この点に関する馬淵の方法は、断片化された事実を繋ぎ合わせたパッチワークのような手法が目立ち、明確ではない。例えば、八重山の赤マタ黒マタ祭儀では、赤／黒、右／左、東／西という対立軸が見出されるにしても、その事実だけが赤マタ黒マタ儀礼の全体像を構成しているのではないし、その二項対立の図式を描いただけでは八重山文化の奥深さは掴みきれない。

話を転じてみたい。東京都立大学を定年退職し琉球大学に赴任した馬淵は、琉球大学の定年の三月三一日まで再びインドネシア調査をおこなっている。バリ島を調査した馬淵は、そこで地元民の説く双分制に心を奪われたはずである。バリ島では、村落自体が小宇宙をなしていて、ダヤ（dayak、上、陸、北）とクロット（kelod、下、海、南）とが対をなして語られ、日常生活のなかで二項対立的な思考様式がはっきりと村人には意識されている。当然、演劇を含め生活のさまざまな局面において二項対立的に世界を認識する民間哲学がバリ島にはあり、その詳細を馬淵は聞きだしていたはずである。その時、馬淵は沖縄とバリとの構造的同一性を考え、両者の文化の基底に潜む不可視の精神構造を見出していたのであろうか。それとも、両者の文化には質的な大きな違いがあると考え、文化相対主義の立場に身を置いてしまったのであろうか。

話を少しずらして見たい。沖縄ではピキと呼ばれる親族関係用語があって、その性格づけに関して厳しい論争が巻き起こったことがあった。それは沖縄の親族組織が非単系出自なのかという議論に直結し、沖縄研究者の間ではその概念規定をめぐってさまざまな意見が出されていた。その時、馬淵は、次のように語ったことがある。すなわち、「学術上の概念規定では厳密さを眼ざしながらも、民俗語彙の解釈には融通性や柔軟性が望ましいでしょう」と（馬淵一九六五〈一九七四a：三七六〉)。この表現にうかがえる馬淵の姿は、人一倍、野外調査を重視する経験主義者であって、この立場からすれば、レヴィ＝ストロース流の不可視な構造を読み取る構造主義の論法には耐え難さを覚えていたに違いない。こうしてみると、野外調査者としての馬淵の眼には、バリの文化は沖縄と著しく異なって映っていたように思える。

沖縄は研究史を通覧すると、実に多くのことを教えてくれる。沖縄には、石田が見たような独自の「エートノス」があるかも知れない。大藤が言うように、「独立国家」を構成していたことは紛れもない事実であるから、王朝が築きあげてきた独自の「エートス」の存在は否定できるものではない。最近の「琉球史ブーム」は、沖縄の創り上げてきた歴史的世界を再考させるものがある。しかしながら、柳田や折口が説いたような日本文化との深い関係は否定されたわけではない。沖縄に古代日本文化の足跡を見つけようとする試みは、けっして間違ってはいない。比嘉春潮の沖縄歴史を語る言葉はいぜんとして説得力がある。比嘉春潮の沖縄史は、沖縄は日本本土の一分枝という前提から描かれている（比嘉　一九五九）。沖縄の習俗に古代日本を見ながら、日本での出産のケガレは触穢思想の展開によって歴史的に作り出されたにすぎないと論じた民俗学者の牧田茂の議論（一九八一）は、いぜんとして光彩を放っている。沖縄に日本文化の原郷を見る谷川健一の研究からも、ほとばしるような熱気が伝わってくる。谷川の沖縄認識、すなわち「日本の中でも最も日本的な原型を含有して」いて、しかも「特殊な歴史風土」のもとで育まれてきたという認識（谷川　一九八一）は、再考すべき見解であると思う。こうした流れに立つ時、オナリ神研究はマーガレット・ミードのマヌス島民との比較研究よりも、綿密に考証された倉塚華子の古代日本研究に触発されることの方が大きいと思われる（倉塚　一九七九）。伊勢斎宮の説話のなかに出てくるヤマトタケルとヤマトヒメとはオイとオバの関係であり、タケルはオバの霊力で窮地を脱することができたと語るこの伝承こそ、沖縄のオナリ神信仰と直結していると判断されるからである。谷川の表現を使えば、沖縄では歴史と民俗、言語と文化などが絡み合い、「多面体の結晶のようにさまざまな角度に光を反射している」（谷川 一九八一：三〇五）。この谷川の主張は、人々が抱く認同（アイデンティティ）の議論にも当てはまるに違いない。沖縄人の認同は単一ではなく、さまざまなレベルで複数の絆に関係づけを求めるということであり、沖縄独自の歴史をたどり、独自の「エートス」を見せながら、古い日本文化に通底する神話的世界もまた維持し続けてきたことを認識しておく必要がある。馬淵のなした業績を発展させる道筋は、こうした歴史を照射しながら、沖縄人の複雑に屈折した認同のありかたを見極める研究である。馬淵が日本文化の「亜系」と表現した沖縄文化は、裾野の広がりを持った豊かな世界であったことを、馬淵の業績をふり返って、再度思わざるを得ない。

七　おわりに

馬淵東一が逝去してからすでに三〇年以上の歳月がたっている。この期間、人類学の研究動向はたいへん様変わりしている。馬淵が心血を注いできた親族研究は一九九〇年代以降、すっかり寂れ、事ある毎に口にしていた「オナリ神の類比と対比」という馬淵の研究構想は今では人の注目をひかなくなった。現在の台湾研究では「原住民（族）」運動に関わる政治学的議題が話題を集め、文学作品の出版とともに、工芸品や芸術品についての復興運動とその評価が研究対象になったりしている。沖縄研究でも民俗学・人類学的な調査は敬遠され、むしろ歴史学研究が脚光を浴びている。例えば、沖縄県立博物館・美術館は最近、琉球王国の歴史を展示することを試み、東アジアにおける琉球王国の存在に光を当て、見事な色彩で描かれた図録も出版している（沖縄県立博物館・美術館 二〇〇八b、二〇〇九）。人頭税や地割制、王朝下の身分制度などの社会構造は捨象され、東アジアという地政学的条件が肯定的に位置づけられ、かつ優雅な装飾で整えられた琉球王国の威容が登場している(10)。これに比してみると、どうみても基層文化に焦点をおく民俗学・

人類学的研究は沖縄では分が悪い。かつて「琉球弧」というイメージを逆手に取ることによって、だからこそ日本を相対化する位置を与えられていた「南島論」も、今では活気がない。おまけに、最近ではカルチュラル・スタディーズも参入し、民俗学・人類学的な視点をもった研究はおおいに揺ぶられている。人類学者を驚かせた最近の沖縄研究は沖縄県立博物館・美術館から多く発せられている。なかでも、美術館開館を記念して発行された『沖縄文化の軌跡──一八七二─二〇〇七』は、芸術品ばかりか日常の姿をも混ぜ、近代沖縄の歩みを視覚的（ビジュアル）に紹介した書物で、沖縄におけるモダニティの意味を考えさせられる。(11)

これらの新しい動きについて論じているからといって、筆者は民俗学・人類学の今後を否定しているのではない。ただ、いつの時代にあっても学説史はきちんと整理していかなければならない、と思っているだけである。なぜなら、学問はそれぞれの時代に規制され、時代性を帯びたものであって、現在の時代を読み込むのにあたっても、過去の解釈と評価が不可欠だからである。一つの例を挙げておきたい。ニューギニア研究で著名なストラサーンは最近、入門的な親族論の概説書を出している（Strathern.A. & P.J.Stewart 2010）。日本の人類学者には縁遠く聞こえるかも知れないが、最近のアメリカでは親族研究が再び人気を取り戻しているということで、ストラサーンは「はしがき」の冒頭の第一句で「親族（研究）が人類学で復活した」と高らかに宣言している。その著書の内容は学説史の整理にある。この著作が伝達する意味は、いつの時代でも過去の業績を評価した学説史をおろそかにしてはいけない、という教訓である。戦前、戦中、戦後を駆け抜けた馬淵東一は、今では若い研究者の関心を引くことはないかも知れないが、やがていつか再び馬淵東一論が沸き上がってくるに違いない。その時の礎になることを期待して、本稿を閉じたい。

注

1　『系統所属の研究』の成果は、その後学術論文として学会誌などで公表されている。（馬淵 一九五四ａ・一九五四ｂ・一九五四ｃ）を参照。

2　二〇〇〇年代に至ると「正名運動」、すなわち「名乗りを正す運動」が盛んになり、この九族分類に再考が加えられ、サオ、クヴァラン、タロコ、サキザヤ、セデックが新たに政府によって承認され、現在では一四の民族が登録されている。

3　ちなみに言うと、部落連合に基づいた「地域社会」が重視されるタイヤル族、父系氏族社会を持つブヌン族、首長制のもとで階層制が見られるパイワン族では、それぞれ部族や種族の存在意義が違っていた。馬淵（一九五四ｂ・一九五四ｃ）の見解を要約すると、次のように理解される。
①タイヤルは多数の部族に分かれ、近接する諸部落で攻守同盟を作っていた。
②ブヌン族は卓社蕃、卡社蕃、丹蕃、巒蕃、群蕃、タコプラン蕃からなり、「積極的な政治的な封鎖性を示さない共に、政治的統一性もまた少なくとも一応は希薄な状況」にあった。
③パイワン族は「部族組織を存せず、政治的にも一面、部落的自立性の傾向が強い。しかもそれは単純な部落的排他性ではなく、近隣部落とは通婚・交易等を通じて親密であるのに対し遠隔部落とは猟場係争や首狩行為によって仇敵関係にあるかと思えば、他方では遠交近攻の傾向も少なからず認められ、且つそこには酋長家（頭目家）の親族婚姻関係も関与して、事態は著しく錯綜している。」

4　馬淵東一はミードの書籍が出版されるや、いち早く書評を書いている（馬淵 一九三五ｂ〈一九七四ｃ：二六三―二六六〉）。当時のことについては、「異常な興味と同時に一種の焦燥感を以てこれを熟読」（馬淵 一九六八〈一九七四ｃ：一九五〉）したと回顧している。昭和七年夏、ツォウ族調査の終了直前に、母方中氏族の呪詛と霊能を偶然に聞いた馬淵が、ミードを読んで焦燥感に駆られ、ブヌンでの母方氏族の霊的優越を確認したのは、昭和一〇年の調査の時であった。昭和一四、一五年の調査でも、祝福及び呪詛に関する霊的優越を聞き出している。

5　小泉鉄の議論については、山路（二〇〇四および二〇一一）を参照。

6　台北帝国大学土俗人種学研究室（一九三五a：二二二―二二三）には、四社平埔の諸部落について古老の伝承を記録している。それによると、「以前には毎年旧暦十二月と旧正月に四社蕃が蕃租を取りに来た。旧十二月には牛や豚を殺し、酒を出して馳走し、来たものには一人につき鍋一つ、または鎌一つ、或は反物・塩などを適当に与えた。旧正月には赤羅紗の着物を作って四社蕃の各社の頭目に与えた。この付近は昔四社蕃への土地であったから蕃租をおさめるのであって、また彼等が首狩りに来ない様にする意味でもあった。」なお、伊能嘉矩も「阿里山蕃租」という項目をたてて紹介している（伊能　一九〇四：四六〇―四六三）。臨時台湾旧慣調査会（一九一八：二二二―二二三）も同じ伝承を伝えている。

7　大藤時彦（一九七七：一八）はこの時の光景を語っている「特におもしろいのは、この〈稲の産屋〉という論文の中にも資料として採り上げてあります馬淵東一教授が持ってきた資料なんです。セレベス島でニホを三つ作る。母のニホと父のニホと、その真ん中に小さい子供のニホというのを作る。つまり具体的にその母の間に生れた子供という形式を取っておる。」これについて、馬淵もこう語っている（馬淵　一九五三：二四三）。「オランダ人宣教師ヴンスドレヒト氏の論文〈中央セレベスのバダ族における農耕〉（中略）の中からここに転載した写真は、母稲をかたどる稲積に配するに父稲及び幾つかの子稲を以てした点が興味深い。」

8　馬淵が語る沖縄との出会いは偶然であった。馬淵自身の言葉を採録しておきたい。「筆者が日本民俗学の諸成果に関心をもち出したのは、ようやく戦後になってからのことで、それまでは沖縄のオナリ神についても全く知るところがなかった。従って、オナリ神の研究を手がけた当初から、なんらかの意味での通文化的な比較が含まれてきたわけである」（馬淵　一九六八：一九三）。「沖縄のオナリ神について知ったのは、一九五〇年前後に、柳田國男先生の『族制語彙』を偶々手にしたことによる。ついで『妹の力』は筆者に大きな感銘を与え」た、と言う（馬淵　一九六八：一九七―一九八）。「柳田翁からお座敷がかかったのです。それまで私の調査フィールドが台湾それにインドネシアだったのですから、恐らく『海上の道』をめぐる柳田翁も構想がそこにあったと、後になって思い合わされた次第でした。」（馬淵他　一九八八：三二一）

9　引用文中の伊波文学士「忠君愛国と郷土研究」の所在は分からない。外間守善の解説『伊波普猷全集』一一巻の「著作目録」によると、「郷土と忠君愛国」（『おきなは』一九一四年一〇月号）なる論文題目が記されているが、この目録解説者も未見のようである。

10　琉球王国の歴史の概説は高良倉吉（一九九三・一九九八）によって知ることができる。もっともこうした「琉球王国ブーム」は沖縄だけに限られたものではない。近年に新設された九州国立博物館（二〇〇六）は、開設記念特別展として「うるまちゅら島 琉球」を催し、華やかな王朝文化を紹介している。

11　沖縄県立博物館・美術館（二〇〇七）の作品は「文化史」のジャンルかもしれないが、表象人類学の作品でもある。この図録から沖縄が歩んできた「近代」を映像で知ることができる。さらに、沖縄県立博物館・美術館（二〇〇八ａ）は『沖縄県立博物館・美術館　美術館収蔵品目録』を公表している。美術品とともに民俗文化も視覚対象として収集された図録は歴史的にも人類学的にも価値がある。

参照文献

石田英一郎
　一九五〇「沖縄研究の成果と問題：巻頭のことば」『民族学研究』一五―二：一頁。
伊能嘉矩
　一九〇四『台湾蕃政志』台北：台湾総督府民生部殖産局。
伊波普猷
　一九四二『古琉球（改訂版）』東京：青磁社（服部四郎・仲宗根政善・外間守善編一九七四『伊波普猷全集（一巻）』東京：平凡社、所収）。
大藤時彦

一九五〇「日本民俗学と沖縄研究」『民族学研究』一五―二：八六―九一頁。
一九七七「柳田國男先生と比較民俗学」『民俗学研究所紀要（成城大学）』第一集：一―二〇頁。
沖縄県立博物館・美術館
二〇〇七『沖縄文化の軌跡――一八七二―二〇〇七』沖縄県立博物館・美術館。
二〇〇八a『沖縄県立博物館・美術館　美術館収蔵品目録』沖縄県立博物館・美術館。
二〇〇八b『甦る琉球王国の輝き』那覇：沖縄県立博物館・美術館。
二〇〇九『琉球使節、江戸へ行く――琉球慶賀使・謝恩使一行二〇〇〇キロの旅絵巻』那覇：沖縄県立博物館・美術館。
折口信夫
一九三五「地方に居て試みた民俗研究の方法」柳田國男編『日本民俗学研究』東京：岩波書店。
亀鶴生
一九三四「平地移転と職員の苦心」『理蕃の友』三―二：一二頁。
鎌田久子
一九七八「南島研究」大藤時彦編『講座日本の民俗一（総論）』東京：有精堂。
九州国立博物館
二〇〇六『うるま ちゅら島 琉球』博多：九州国立博物館。
久志芙沙子
一九三二「亡びゆく琉球女の手記」『婦人公論』昭和七年六月号）。
倉塚華子
一九七九『巫女の文化』東京：平凡社。
小泉鉄
一九三三『台湾土俗誌』東京：建設社。
台北帝国大学土俗人種学教室
一九三五a『台湾高砂族系統所属の研究』（本編）東京：刀江書院。
一九三五b『台湾高砂族系統所属の研究』（資料編）東京：刀江書院。

高良倉吉
一九九三『琉球王国』東京：岩波書店。
一九九八『アジアのなかの琉球王国』東京：吉川弘文堂。
谷川健一
一九八一『琉球弧の世界』（谷川健一著作集六）東京：三一書房。
比嘉春潮
一九五九『琉球の歴史』東京：沖縄タイムス社。
広津和郎
一九二六「さまよへる琉球人」『中央公論』大正一五年三月号（後、一九九四『さまよへる琉球人』東京：同時代社）。
牧田茂
一九八一『神と女の民俗学』東京：講談社。
馬淵東一
一九三三「書評：小泉鉄『台湾土俗誌』」『南方土俗』二―三：七七―七八頁。
一九三四「ブヌン、ツォウ両族の親族名称（一）」『南方土俗』三―二：一一―四五頁（馬淵東一 一九七四a『馬淵東一著作集』一：六一―九一、東京：社会思想社）。
一九三五a「高砂族の系譜」『民族学研究』一―一（馬淵東一 一九七四a『馬淵東一著作集』一：二二一―二三五頁、東京：社会思想社）。
一九三五b「書評：ミード女史『アドミラルティ諸島に於ける親族』」『民族学研究』一―二（馬淵東一 一九七四c『馬淵東一著作集』三：二六三―二六六頁、東京：社会思想社）。
一九三七「イヴァンズ・プリチャード『アザンデ族の妖術、託宣及び呪術』」『民族学研究』三―三：九五―一一四頁（馬淵東一 一九七四c『馬淵東一著作集』三：三一九―三三六頁、東京：社会思想社）。
一九三八「中部高砂族の父系制に於ける母族の地位」『民族学年報』第一巻（馬淵東一 一九七四c『馬淵東一著作集』三：九―六五頁、東京：社会思想社）。
一九四〇「ブヌン族に於ける獣肉の分配と贈与」『民族学年報』二（馬淵東一 一九七四a『馬淵東一著作集』一：九三―

一七一頁、東京：社会思想社）。

一九四一「山地高砂族の地理的知識と社会・政治組織」『民族学年報』三、（馬淵東一　一九七四ａ『馬淵東一著作集』一：二三七―二七五頁）。

一九五二「沖縄研究における民俗学と民族学」『民間伝承』一六―三（馬淵東一　一九七四ａ『馬淵東一著作集』一：五一七―五二二頁、東京：社会思想社）。

一九五三「バダ族の母稲、父稲、子稲（写真解説）」（にひなめ研究会、一九五三『新嘗の研究』第一輯：二四二―二四五頁、（馬淵東一　一九七四ｂ『馬淵東一著作集』二：五八一―五八五頁、東京：社会思想社）。

一九五四ａ「高砂族の分類：学史的回顧」『民族学研究』一八―一／二、（馬淵東一　一九七四ｂ『馬淵東一著作集』二：二四九―二七三頁、東京：社会思想社）。

一九五四ｂ「高砂族の移動および分布（第一部）」『民族学研究』一八―一／二（馬淵東一　一九七四ｂ『馬淵東一著作集』二：二七五―三四六頁、東京：社会思想社））。

一九五四ｃ「高砂族の移動および分布（第二部）」『民族学研究』一八―四（馬淵東一　一九七四ｂ『馬淵東一著作集』二：三四七―四六〇頁、東京：社会思想社））。

一九五五「沖縄先島のオナリ神（二）」『日本民俗学』三―一（馬淵東一　一九七四ｃ『馬淵東一著作集』三：一二三―一四五頁、東京：社会思想社）。

一九六四「モルガン『古代社会』の内幕」『東京都立大学人文学報』四〇、（馬淵東一　一九七四ａ『馬淵東一著作集』一：四八五―五一六頁、東京：社会思想社）。

一九六五「波照間島その他の氏子組織」『日本民俗学会報』五七、（馬淵東一　一九七四ａ『馬淵東一著作集』一：三六三―三七九頁、東京：社会思想社）。

一九六八「オナリ神をめぐる類比と対比」、金関丈夫博士古稀記念委員会編、一九六八『日本民族と南方文化：金関博士古稀記念論文集』平凡社、（馬淵東一　一九七四ｃ『馬淵東一著作集』三：一九三―二二三頁、東京：社会思想社）。

一九六九ａ「柳田先生と戦後の沖縄研究」『定本　柳田國男集　月報一五』（馬淵東一　一九七四ｃ『馬淵東一著作集』三：五三九―五四二、東京：社会思想社）。

一九六九ｂ「インドネシア慣習法共同体の諸様相」、岸幸一・馬淵東一編『インドネシアの社会構造』（馬淵東一　一九七四ｂ

『馬淵東一著作集』二：二〇一―二四四頁、東京：社会思想社）。

一九七一「沖縄民俗社会研究の展望」馬淵東一・小川徹編『沖縄文化論叢』三〈民俗編Ⅱ、原題は「解説」〉、平凡社（馬淵東一一九七四ａ『馬淵東一著作集』一：五二三―五七〇頁、東京：社会思想社）。

一九七四ａ『馬淵東一著作集』一、東京：社会思想社。

一九七四ｂ『馬淵東一著作集』二、東京：社会思想社。

一九七四ｃ『馬淵東一著作集』三、東京：社会思想社。

馬淵東一他
一九八八『馬淵東一座談録』東京：河出書房新社。

馬淵東一アーカイブ資料
一九二九『馬淵東一アーカイブ』一一八（ヤミ族）、国立民族学博物館蔵。

一九三二『馬淵東一アーカイブ』一一四（Pangtsa'）、国立民族学博物館蔵。

一九四〇『馬淵東一アーカイブ』八八（Bunun-'Tak'banuaδ I）、国立民族学博物館蔵。

一九五四ａ『馬淵東一アーカイブ』二（宮古一）、国立民族学博物館蔵。

一九五四ｂ『馬淵東一アーカイブ』六（八重山）、国立民族学博物館蔵。

松平斉光
一九五三「あとがき」（にひなめ研究会一九五三『新嘗の研究』第一輯：二五三―二五六。

柳田國男
一九三二「郷土生活の研究法」刀江書院（柳田国男一九八〇『定本　柳田國男集』二五、筑摩書房）。

一九四七「編纂者の言葉」柳田国男編一九四七『沖縄文化叢説』中央公論社。

一九五三「稲の産屋」（にひなめ研究会、一九五三『新嘗の研究』第一輯（柳田國男、一九六八『定本　柳田國男集』一（「海上の道」）東京：筑摩書房。

一九五五「根の国の話」『心』八―九（柳田国男一九六八『定本　柳田國男集』第一巻、東京：筑摩書房）。

山路勝彦
二〇〇四『台湾の植民地統治――〈無主の野蛮人〉という言説の展開』東京：日本図書センター。

二〇一一『タイヤル族の一〇〇年——漂流する伝統、蛇行する近代、脱植民地への道のり』東京：風響社。
臨時台湾旧慣調査会
一九一三『蕃族調査報告書』（阿美族、卑南族）台北：臨時台湾旧慣調査会。
一九一八『番族慣習調査報告』第四巻、台北：臨時台湾旧慣調査会。

Fox,J.
1980 "Obligation and Alliance：State Structure and Moiety Organization in Thie, Roti," Fox.J. ed., *Flow of Life：Essays on Eastern Indonesia,* pp98-133, Cambridge：Harvard Univ. Press.
Mead,M.
1934 *Kinship in the Admiralty Islands.*（Anthropological Papers of the American Museum of National History. vol.34. pt2 , N.Y.：The American Museum of Natural History, pp183-358.
Morgan,L.H.
1871 *Systems of Consanguinity and Affinity of the Human Family,* Washington：The Smithsonian Institution.
Mabuchi Touiti（馬淵東一）
1968"Toward the Reconstruction of Ryukyuan Cosmology," Matsumoto,N. & T.Mabuchi eds., *Folk Religion and the Worldview in the Southwestern Pacific,* Tokyo：The Keio Institute of Cultural and Linguistic Studies, Keio Univ.（馬淵東一　一九七四「琉球世界観の再構成を目指して」馬淵東一　一九七四c『馬淵東一著作集』三：四二五—四五三頁、東京：社会思想社に所収）。
1970"Magico-Religious Land Ownership in Central Formosa and Southeast Asia,"『中央研究員民族学研究所集刊』第二九期、（馬淵東一　一九七四「中部台湾および東南アジアにおける呪術的・宗教的土地所有権」馬淵東一　一九七四b『馬淵東一著作集』二：二〇一—二四四頁、東京：社会思想社）。
Sahlins, M.
1957"Differentiation by Adaptation in Polynesian Societies," *The Journal of the Polynesian Society*, 66-3:291-300.
Strathern, A. & P.J. Stewart

2010 *Kinship in Action : Self and Group*, Boston : Prentice Hall.

第九章　マルクス主義と日本の人類学

中生勝美

日本の文化人類学は、一九三〇年代に日本民族学会を創設し学知の体制を整えてきた。戦前の人類学者は、多かれ少なかれ社会主義思想やマルクス主義に感化されている。本稿では、日本資本主義論争へ違和感から、対抗言説としてマルクス主義を念頭に置きながら社会調査によって日本の農村社会論を打ち立てた有賀喜左衛門と、治安維持法で服役した経歴を持つ石田英一郎の二人に焦点をあてて、マルクス主義が単なる政治的な運動ではなく、知的な世界に大きな影響力を持った時代に、如何に人類学へ影響を与えたのかという問題を検討した。

一　近代日本とマルクス主義

日本の人類学史をまとめているると、戦前の多くの人類学者が、何らかの形でマルクス主義に関心を持ち、そこから人類学をはじめるきっかけになっていることに気がつく。民俗学の分野では、一九三〇年代に治安維持法で検挙された知識人が、転向後に柳田国男の下で民俗学を学んだ一群の人たちがいる。そこで日本民俗学では、マルクス主義との関係が論じられている（鶴見　一九九八、福田　一九九〇）。けれども、かならずしも社会主義運動に深く関与しなかったものの、戦前の人類学者の回想には、多かれ少なかれ社会主義思想やマルクス主義に感化されたことに触れている。

政治学者の丸山真男は、「マルクス主義の影響というのは、コミンテルンや共産党の政治的影響をもってはとうていはかり得ない規模を持った一種の知的な運動としてのそれであった」という知見を述べている（古在・丸山　二〇〇二：二〇六）。そしてマルクス主義の世界観が、哲学と科学と革命運動とが「三位一体」をなしており、「マルクス主義」を歴史的対象として論ずる場合に、三者の区別が混同し、そこから議論の混乱を引き起こすと指摘する。さらに戦前は、次の二つの要因で混乱を助長したという。その原因は、まずコミンテルンを中心とした国際共産主義運動が、世界観や科学の次元でも、正当根拠の判定者になっていたことがある。次に大日本帝国の権力は、「思想問題」という象徴的名称で社会科学の研究を実践運動と同じ次元で取り締まり、帝国にとって「危険性」と「安全性」の尺度から取り扱ったので、国家権力が学問と思想と党活動を無差別に弾圧した（古在・丸山　二〇〇二：二〇五）。日本におけるマルクス主義と人類学の問題を考える場合、特に後者の思想弾圧を受けて転向した知識人の受け入れ先として、柳田国男の研究会と、渋沢敬三のアチックミューゼアム（後の日本常民文化研究所）などがあり、マルクス主義に影響を受けた研究者は、日本民俗学や社会経済史の分野で研究を継続することができた。

戦前は「社会科学」という言葉自体がマルクス主義を表していたように、社会を総合的に分析し、人類史を発展段階的に説明する仮説として、マルクス主義は大きな影響力を持った。さらに、第一次世界大戦から第二次世界大戦の間の戦間期は、ロシア革命、共産主義革命の高揚期でもあり、丸山が指摘するように、マルクス主義が知的な世界に大きな影響力を持った時代であった。

そして革命運動の延長線で、反戦活動をするためだけでなく、国家の情報を分析する上で、軍や国家の情報機関で分析される基礎原理となり、日本では満州の経営に携わった南満州鉄道株式会社の調査部で調査の基本原理となった。さらにアメリカでもドイツから亡命したフランクフルト学派の社会主義者たちが第二次世界大戦の時に情報機関の中心的役割を果たしていた（Katz 1989：中生 二〇一〇：九九―一〇〇）。コミンテルンの情報機関も、ゾルゲ事件で逮捕され処刑されたリヒャルト・ゾルゲがフランクフルト学派の研究者と深いつながりがあったように、学術から国策、情報まで幅広い分野でマルクス主義の社会分析は影響力を持った。

本稿のテーマは人類学であるが、どのように民俗学と差異化をすれば良いのだろうか。民俗学が日本の事例を扱い、民族学あるいは文化人類学が海外の事例を扱うと分類したら、両者は明確に区別できるのであろうか。日本民族学会の会員を「文化人類学」とするならば、民俗学と差異化できるのであろうか。『日本民俗学のエッセンス』に扱われている石田英一郎は、東京大学に文化人類学コースが創設された時の初代教授であるし、石田こそ人類学の代表的な研究者といえるのだが、民俗学で取り上げられるのは不適切であろうか。民話研究の関敬吾は、通常民俗学に分類されるが、現在の文化人類学会の前身である日本民族学会の会長にも就任していたことがあり、所属学会の区分で人類学者と民俗学者を区別できない。民族学・民俗学・社会学・人類学は、いわば一九二〇年代から三〇年代にかけて学問の体制が整ってきたのであり、学会の創設時に、同じ研究者がさまざまな隣接領域にかかわっていた。そこで本稿では、「人類学」を隣接分野も含む幅広いものとしてとらえたいと思う。

また、社会主義の理論的指導者で、治安維持法で収監中に、日本の社会経済史的関心を持ち、その分野で著作をものしている福本和夫などは、どのように位置づければよいのだろうか。社会運動から、民衆の生活に関心を寄せた赤松啓介、日本資本主義講座が引き起こした論争に距離を保ちながら、小作の社会関係について論じた有賀喜左衛門など、社会の実態把握と社会調査の親和的な関係は、一九三〇年代のマルクス主義運動と深い関係がある。

丸山真男は、マルクス主義が大規模な知的運動として把握することの重要性を説いている。この見解は、戦前の民俗学・民族学・人類学の研究者にも当てはまると思う。そこで本稿は、一九二〇年代から三〇年代にかけて、いかにマルクス主義が知識人の間で影響力を持ち、それが広義の意味での人類学の理論に反映していったのかということを検証することを目的としたい。

二　人類学におけるマルクス主義の系譜

マルクス主義と人類学の親和性は、マルクスがモルガンの『古代社会』を読み、原始社会のノートをとって社会進化論の枠組みから、マルクスの原始共同体への関心、資本主義に先行する社会形態への関心に発展し、当時の民族学、民族誌を参照しているので、理論的には全く無縁ではない。人類学の分野でも、モーリス・ブロック（Bloch, Maurice）が『マルクス主義と人類学』という著作をものしている（ブロック　一九九六）。また一九二五年から一九二七年の中国革命の高揚期に展開されたアジア的生産様式論争がスターリンによって一九三〇年代に中断されたけれど、一九六四年にモスクワで開かれた国際人類学・民族学会議でアジア的生産様式論の再検討を呼びかけたマルクス主義者たちの中に、人類学者のモーリス・ゴドリエ（Godelier, Maurice）も入っていた（福冨編　一九六九：二）。

ヨーロッパにおいて、マルクス主義が人類学に与えた影響は、理論的な側面だけで、実際の社会運動から人類学を始めた研究者は見当たらない。イギリスでは、ラドクリフ＝ブラウン（Radcliffe-Brown, Alfred Reginald）がクロポトキン（Kropotkin, Petr Alekseevich）の『相互扶助論』から比較社会学に関心を持ったことが、多少はマルクス主義と関係がある（Fortes 1963：viii）。フランスでは、マルセル・モース（Mauss, Marcel）が若い時に社会主義運動の活動家であった（ビルンボーム 一九七四：九六―九八、蔵持 一九八五：一四〇）。一般にデュルケーム学派は左翼思想に共感を持つものが多く、マルクスの影響を受けている。

ヨーロッパにおいて、日本のように社会主義運動を強力に弾圧したのは、帝政ロシアである。ロシアでは、ナロードニキ出身の人類学者であるシュテルンベルグ（Sternberg）がいる。彼はサハリン流刑の八年間でギリヤークやツングース系諸民族の調査をおこない、刑期を終えてペテルスブルグへ戻った後、人類学民族学博物館に招かれ一九一八年にはレニングラード大学民族学部門の初代教授になった。彼が流刑中に発表したギリヤークの婚姻制度はエンゲルスに取り上げられ、モルガンの『古代社会』にも影響を与えたことで有名になった（黒田 一九八七：三五八、Grant 1999）。ロシアでは日本と同様に政治思想による弾圧が、人類学を始めるきっかけになる場合があったけれども、アナーキズムの思想家として著名なクロポトキンは、若いころ地理学を専攻していて、軍隊時代にシベリアの奥地探検をして地誌を書いていて、これが『相互扶助論』に民族誌的データが豊富な要因である（クロポトキン 一九七九）。

共産主義国家として中国を比較すると、民俗学や民族学は、[1]社会主義運動と無縁である。中国民俗学は、中華民国初期の文学革命と呼ばれる一九一九年の五・四運動から生まれた（直江 一九六七：二四一―二四四）。中国民俗学の草創期は、新文化運動の進歩的文化人、および外国人宣教師によって設立されたミッション系の学校によって指導され、文学革命の一環として口頭文芸の収集から民間信仰、物質文化の研究が主流になった。

さて、マルクス主義の影響は、日本の場合どうだったのであろうか。日本の人類学者の中には、戦前に社会主義運動に関わり、治安維持法で逮捕され、出獄後に人類学を志した人たちがいる。しかし、そこまで政治運動に深く関わっていないが、若い時代にマルクス主義の古典を読むことで人類学への関心をもった人たちもいる。日本では、明治時代の近代国民国家建設と同時に国家意識を形成し、中国とロシアとの戦争によるナショナリズムの高揚という歴史を経て、大正時代（一九一二―一九二五）は、民主主義や自由主義思想が流行した。この時期、ロシア革命の影響もあり、日本ではマルクス主義、社会主義の思想が強い影響力を持ち、マルクス、エンゲルス、レーニン、クロポトキンの著作が翻訳された。特に旧制高校の学生や大学生は、社会主義の文献に関心を持っていたので、廉価な文庫本で翻訳書が多く出版された。

しかし、一九二五年に公布された治安維持法で、社会主義運動は厳しく取り締まられ、多くの知識人が逮捕、拘留された。彼らはマルクス主義思想を放棄する転向声明を出すことで釈放されたのだが、そうした彼らを受け入れたのは、民俗学の柳田国男であった（鶴見 一九九八・二〇〇〇）。

柳田は大学の教育職につかず、民間の研究者として民俗学を独立の学問に確立した人物である。柳田は私的に研究会を組織し、そこで日本各地の民族誌作成に関心のある一般の人々や大学生と民俗調査を計画していた。柳田のもとに集まった研究者の中で、社会主義運動で逮捕され、転向した経験があるのは、橋浦泰雄、比嘉春潮、大間知篤三、守随一、関敬吾である（福田 一九九〇：一四〇）。この中の大間知と守随は、満洲へ渡り、大間知は建国大学、守随は南満州鉄道株式会社の調査部で社会調査を続けた。石田英一郎は、転向せずに刑期満了し、柳田の研究会に出席して人類学を学び、ウィーン大学で民族学を正式に学んだ。石田以外に、赤松啓介（本名は栗山一夫）も社会主義運動から民俗学にはいった。赤松は柳田の民俗学を学びながら柳田批判を展開した（福田 一九九〇：一五五―一五六）。

ヨーロッパでは、日本のように社会主義運動をきっかけにマルクス主義から人類学へ関心を向けることはなかったと言えるだろう。遅れて国民国家を建設した日本の場合は、ヨーロッパの諸制度を急速に輸入し、大正デモクラシーの時代に流行した自由思想の一環としてマルクス主義の文献が読まれ、人類史の著作を通じて人類学の知識が広まった。

福田アジオは、柳田自身がマルクス主義に対して批判的であったことを指摘している。福田によると、柳田民俗学は農民が貧困である原因を探り、農村・農民の発展の方向を明らかにしようとした主張が、貧困の状態に置かれた日本人民を解放する変革の道を明らかにしようとするマルクス主義と共通の目標を持っていたので、社会主義運動家に受け入れやすかったと分析している。国家による激しい弾圧で、社会主義思想を持った人たちは転向を迫られたが、その後に柳田の目指す「経世済民」の学としての民俗学を受け入れるのに、心理的葛藤はなかったと分析している（福田 一九九〇：一四四―一五〇）。マルクス主義思想や社会主義運動が人類学や民俗学を始めるきっかけになっている点が、日本の人類学の顕著な特色である。

三　日本資本主義論争と農村調査――有賀喜左衛門

有賀喜左衛門は、研究者として最終的に農村社会学、あるいは社会経済史として位置づけ、人類学のカテゴリーから外れるかもしれない。しかし、柳田国男との関係、雑誌『民族』『民俗学』の編集、さらに調査に基づく民族誌を、渋沢敬三が主催するアチックミューゼアムから出版されている点で、本稿では有賀を取り上げたいと思う。

有賀は、一九三一年から岩波書店より刊行された『日本資本主義発達史講座』（以下『講座』と略する）を契機に始まる日本資本主義論争に違和感を持ち、農村の小作制度の実態を調査して、論争している講座派と労農派の双方に与しない「第三の道」となる論文「名子の賦役」を発表している。この論文の前提として、一九三三年一月から翌年二月にかけて『法律新聞』に分載された「捨子の話」が出発点になっている。最終的に、小作制度の研究は『日本家族制度わっていないが、マルクス主義理論に間接的に影響を受けた研究者と位置付けられる。

制度について、家族制度という社会的な側面に焦点を当てた民族誌を作成しているので、必ずしも社会主義運動にかか

と小作制度』に結実した。有賀はマルクス主義と一定の距離を保ちながら、日本資本主義論争の中心テーマである小作

有賀喜左衛門の足跡

有賀喜左衛門は、一八九七年に長野県上伊那郡朝日村に生まれた。生家は地主であった。一九一五年に仙台第二高等学校一部乙類（独法科）に入学し、渋沢敬三は同級生、岡正雄が二年下級生だった。一九一八年京都帝国大学法学部に入学したが、経済学部で河上肇の資本主義経済の講義だけを聞き、トルストイ、ツルゲーネフの小説、クロポトキンの自叙伝などを読んでいた。一年で京都帝国大学を退学し、東京帝国大学文学部に移った。この年、朝鮮独立運動に関して好意的に評論した柳宗悦の「朝鮮人に想ふ」に感銘を受け、卒業論文は朝鮮美術をテーマに選んだ。卒業論文作成のため、一か月余り慶州から平壌まで旅行して、美術を生んだ民衆の生活の理解の必要性を感じていた。その後大学院に進学するも、研究の方向性がみつからなかったが、一九二四年に岡正雄を通じて柳田国男を紹介してもらい、雑誌『民族』の編集委員になっている。一九二五年には渋沢敬三のアチックミューゼアムの同人となっている。一九二七年には雑誌『民俗学』の編集委員となり、民俗学や人類学関係の論文を発表し始めた。

有賀の回想によれば、大学卒業後は研究の方向性が見つからず、戯曲を書いたりドイツの音楽理論を読んだりして試行錯誤の日が続いた。そして高校から面識のあった岡正雄と民俗学の話をしてフレーザーの本を読み、柳田国男に紹介されて、『民族』という雑誌を手伝ったという。当時は日本と朝鮮と中国の仏教美術の比較を考えていたが、まず日本をやろうとして柳田のところへ行き始めたのだという。有賀は、東京大学に在籍していたころ新人会に顔を出したこともあったが、自分の考えにあわないと思い参加しなかった。しかし『資本論』を読んで面白いと思ったが、唯物史観に

はどうしても共感が持てず、アナーキズムのほうに心酔した時期もあり、マルキシズムは一種のシンパにすぎなかったと述べている（北川編 二〇〇〇：一三―一四）。

有賀が社会学に関心を持ったのは、雑誌『民族』の編集者に田辺寿利からフランス社会学を勧められて、デュルケームを読み始めたからである。そこで社会構造や生活構造に関心を持った（北川編 二〇〇〇：一五―一六）。「名子の賦役」を書いた後に、渋沢敬三のアチックミューゼアムの共同研究に参加して、岩手県二戸郡石神の大家族を三年調査し、アチックミューゼアムの彙報として『南部二戸郡石神村に於ける大家族制度と名子制度』（有賀 一九三九）を出版した（北川編 二〇〇〇：二〇―二二）。有賀にとって、このモノグラフ作成の経験が、最終的な『日本家族制度と小作制度』に結実して行く上で重要だった。

有賀の研究の出発点は、柳田から学んだ方言から社会構造を分析する手法である。特に柳田が一九二九年に出版した「野の言葉」の論文は（後に『家閑談』に「オヤと労働」という名前になって収録された）、有賀の家族制度と小作の研究の出発点になっている。これは親類の方言が「オヤコ」と「イトコ」の二つが代表的であると取り上げたもので、この論文より有賀は方言から社会構造を解釈する方法に注目した。そして「捨子の話」を書き、次に小作という言葉の解釈から「名子の賦役」の論文を書いたのだと述べている（北川編 二〇〇〇：一七）。

また有賀は、この論文を書いた動機として、一九二九―三〇年頃に盛んだった講座派と労農派の論争に影響され、双方が小作制度の解消という議論をしていても、全く日本の習俗からかけ離れた議論なので、実地に農村へ行き、小作制度を考えようとしたと述べている（北川編 二〇〇〇：一八）。その基礎として、有賀自身が小さいながらも村の地主で、小作人と仲良く、実家に帰省した時に彼らから話を聞いていた原体験が（北川編 二〇〇〇：一五）、この議論への違和感を深めたのであろう。

有賀は、自らの小作研究を、日本資本主義論争で講座派と労農派のどちらにも与しない「第三の道」と位置付けているが、古在と丸山が当時の論争は、多くの知識人が関心を持っていたと述べるように、有賀も間接的に影響を受けている。そこで、有賀は小作制度や日本社会の理解について講座派と労農派が日本の実状からかけ離れていると批判しているけれども、そこでの議論は、有賀の研究に具体的にどのような影響を与えていたのであろうか。これまでの有賀研究では、有賀が論争を批判して「第三の道」を選択したとして資本主義論争を検討していないので、本稿では論争の流れをまとめたうえで、有賀の家族制度と小作制度の立論と比較してみよう。

日本資本主義論争

一九二九年の世界経済恐慌をはさんで、大正デモクラシーから戦争とファシズムの時代に大きく転換する時代に、日本の資本主義を、いかにマルクス主義的に分析し理解するかという問題について、学界や言論界で大きな論争がひきおこされた。これは講座派と労農派の日本資本主義論争と呼ばれるものである。その論争は、極めて党派的で政治的な性格のものであったが、当時の知識人に大きな影響を及ぼした。その論争の前提として、日本における共産主義運動のヘゲモニーをいかに握るかという政治的な闘争でもあった。まず一九二二年に創立された日本共産党が、政府の弾圧で一度解体し、一九二六年に再建されたが、その過程で合法的大衆組織を通じての変革を主張する分派がうまれ、機関紙『労農』を発行して共産党批判を展開した。その論争の過程でコミンテルンの特別委員会が開催され、日本共産党代表団とコミンテルン指導部で日本問題を討論した「日本問題に関する決議＝二七年テーゼ」が発表された。この二七年テーゼをめぐり、共産党と労農派が自派を有利にするため解釈論争を展開した（大石一九八二：一一―一二）。

論争は戦略的規定だけでなく日本資本主義の歴史と現状把握をめぐって展開された。その中心的問題は、天皇制国家の階級的性格、ないしその絶対主義勢力の階級的＝物質的基礎をめぐる問題、日本資本主義の現段階の矛盾の特質をめぐる問題であった。野呂栄太郎は、論争のさなかに未熟さを痛感した党の理論戦線を強化するため、組織外のマルクス主義者に理解ある社会科学者を動員して、『日本資本主義発達史講座』を刊行した。これに対して、合法的無産政党の党外研究団体となった「労農」派、および共産党批判を展開する「解党派」が『講座』のいくつかの論稿を厳しく批判した（大石 一九八二：一二）。前者を講座派、後者を労農派と呼ぶ。

講座派は、日本資本主義には強い封建性が残存し、経済構造、特に農業面に寄生地主的土地所有下の半封建的生産関係が支配的で、それを物質的基礎とする天皇制の独自性と権力へゲモニーを確認し、革命の目標を天皇制打倒と農業革命の遂行にもとめ、革命の性質をブルジョア民主革命と規定した。それに対して労農派は、日本資本主義における封建的要素を重視せず、農業生産関係における封建性の残存は支配的でなく、天皇制は政治上でも遺制化して、ブルジョアジーが全権力を握っているとみなした。だから天皇制に対する闘争や農業革命を二次的なものとし、戦略目標を帝国ブルジョアジーを打倒し、社会主義革命を実現すると規定した（小山編 一九五三：一八）。しかし、この論争の背景には、世界の革命運動を推進するコミンテルン（国際共産党）の指導で作られた「日本共産党綱領草案」、いわゆる二七年テーゼをめぐって、共産党内部で戦略上の対立が表面化し、労農派と共産党の論争が起きた（小山編 一九五三：一九―二二）。この論争は、単に共産党内部の論争ではなく、一九二九年以降、国家権力により共産党は激しく弾圧され、組織が破壊されていたので、労農派は天皇制との闘争を避け、合法性を利用した活動を継続しようとした外圧への対応という側面もあった。

野呂栄太郎は、『日本資本主義発達史』をまとめ（野呂 一九三〇）、自分の理論を構築するとともに、論敵であった猪俣津南雄との論争過程で、日本資本主義の実証的研究、特に農業問題の研究を痛感した。そして共産党の外郭的研究団体「プロレタリア科学研究所」（一九二九年一〇月創立）や野坂参三が主催した「産業労働調査所」の調査・研究活動が拡充・強化された。そして「共産党シンパ事件」（一九三〇年）を契機に、大学等を辞職した学者たちが、マルクス主義理論の動向に関心を示しつつ、日本資本主義の歴史分析を行おうとした（大石 一九八二：一四）。

プロレタリア科学研究所では、日本資本主義研究会、農業問題研究会、中国問題研究会、世界情勢研究会、法及国家理論研究会、ソヴェート科学研究会、教育問題研究会、エスペラント研究会などを運営し、一九三〇年にはいくつかの研究会による共同研究の必要性が生まれ、さらに歴史分析だけでなく現状分析の必要性も強調された（大石一九八二：一六―一八）。このような背景で、一九三一年春に野呂が『講座』の準備を計画し、小さな出版社では当局による左翼弾圧でつぶされることが懸念されたので、岩波書店から出版することになった（大石一九八二：一三）。

日本は一九三一年に満洲事変を起こし、中国大陸を侵略し始めた。そこで一九三二年五月に、国際的緊張関係が高まる中、日本の革命運動に新しい方針がコミンテルン執行委員会で決議された。これが「日本の情勢と日本共産党の任務に関するテーゼ＝三二年テーゼ」である。これで「労農派」「解党派」の主張が退けられ、出版が始まっていた『講座』の主要部分が、三二年テーゼを理論的に基礎づける結果となった（小山編一九五三：一三）。

岩波書店は『講座』を学術的であることと合法的範囲をでないことを編集者の野呂に要望し、了承されたのだが（大石一九八二：二四）、出版には検閲での削除、伏せ字、出版差し止めが続出した。しかし読者からは出版当初から大きな反響があり、労農派から『講座』への批判が始まった。

論争のテーマは大きく分けて、日本資本主義段階論争、農業問題＝小作料論争、幕末生産段階論争（マニファクチュア論争）、幕末土地問題論争、「日本資本主義分析」論争、日本農業問題論争で、その他派生的問題の小論争に農業上の諸問題として「徭役労働」論争、「経済外的強制」論争、「農業資本主義化」論争があった。

論争の初期段階で、日本資本主義の性格が農業生産関係の歴史的性格を如何に捉えるかによって異なるので、農業問題、とくに小作料を巡る論争が活発になった。野呂やプロレタリア科学研究所の論客は、日本農業の封建制を規定するが、労農派の猪俣は農業の半封建的性格を否定した。現物小作料は、単に「中世期の扮装をつけた」貨幣地代の一種にすぎなく、高利地代こそが日本の封建的、前資本主義的なもので、特殊の寄生地主的土地所有の搾取形態の表現であるとする。この論争に対して、「日本経済研究会」から野呂たちの小作料を封建的物納地代とする見解を批判して、封建的農村と資本主義下で貨幣経済が浸透する農村を混同していると批判する論文が発表された（小山編 一九五三：五四—五五）。つぎに櫛田民蔵は「わが国小作料の特質について」という実証的な論文を発表した。これは、小作料を半封建的生産＝搾取関係と見る見解を批判して、小作料は物納制であっても、観念的には貨幣化されており、封建地代からは区別されるべきと主張している。そして小作料の高率制は封建的従属関係と「経済外的強制」によってもたらされるかを検討している。そして小作料の封建性を主張する見解を批判し、封建地代でもなければ資本主義地代でもなく「前資本主義的地代」として、小作人組合運動の圧力による小作料の引き下げと政府の中小農保護政策を過渡的資本的への方向と位置づけている（小山編 一九五三：五六—五九）。これらの見解に対して、野呂とプロレタリア科学研究所の論客は、彼らの主張に反論を加えているが、および共産党の政策を正当化するための政治的な意図を、マルクス主義の理解という抽象的なレベルで反論しているにすぎない。

「日本資本主義分析」論争でも、日本の小作制度を資本主義発展のための基礎となるかどうかとか、小作料の資本転化の問題、封建的残存などのテーマで論争が展開されているが、ロシア・ドイツ・フランスの事例を挙げて、抽象的な議論に終始している。

一九三三年からマニファクチュア論争と同時に農業論争も展開された。前半は、前述した櫛田の批判が中心だったが、『講座』が刊行され始め、講座派は積極的に「半封建地代」論を展開した（小山編 一九五三：一三六）。講座派は櫛田の第三地代を否定する論文と、櫛田の反論、そして日本の自作農が封建的でも資本的でもなく、封建的要素を残しながら資本主義経済に入り込んでくる「過小農」であることを論証しようとした。これに対して櫛田は、生産＝搾取関係の特殊性を把握することが問題で、そのため流通過程の契機から考察する必要があると主張したので、講座派はさらに反論するため日本農業の生産関係を具体的に解明する必要が生じた（小山編 一九五三：一四〇）。

平野義太郎は、近代的土地所有と封建的土地所有を比較し、生産過程における諸関係により区別することを明確にした。前者は土地を任意に資本投下することを制約する土地所有が除去されることで、農業そのものが資本主義的に経営されることが絶対条件になるのに対して、後者は農民からの余剰労働の搾取が身分的従属関係に基づき、経済外的強制によって行われるとすると区別した（小山編 一九五三：一四一）。

平野の「半封建地代論」により経済外的強制の有無が論争の焦点となった。平野に反論した労農派の論客に、有賀と関係している土屋喬雄がいる。土屋は経済外強制の有無をとりあげ、半封建地代が本質的な封建地代でないとする論文を発表していることが重要である（小山編 一九五三：一五〇）。農業上の問題に関する小論争として「徭役労働」論争は、有賀の研究に密接な関係がある。この論争は地代＝小作論争から派生した議論で、講座派農業論を基礎づける重要なテーマであった。これは櫛田が「農業史家の参考として残存するにすぎない」と軽視したのに対して、野呂が批判を加えていた。そして山田盛太郎が現物年貢と徭役年貢を封建地代の二形態ととらえ、後者を原始的な形態で、典型的な農奴制型の従属関係であるとして、江戸時代の薩摩藩鹿児島郡谿山郡、さらに近年の岩手県九戸郡大野村の名子制度に言及した。また山田が徭役労働を全国的で労働地代の典型であるとするのに対して、岡田宗司は、徭役労働を例外的特殊性で、小作争議は小作料や土地取上げをめぐる争いばかりであるのに、徭役労働をめぐる争議は起きていないと反論している（小山編 一九五三：一七五）。

小林良正は、資本論の徭役労働の言葉から、特殊小作こそ労働地代の残滓であるばかりか、半封建土地所有を典型的に体現したものだと主張した。そこで、名子小作の分布状態を示し、名子が地主の手作業経済の漸次不必要になるに従い「刈り分け」小作へ移行し、刈り分け小作が大正初期に青森・岩手で最も広範におこなわれていたとして、岡田を批判した。また平野も名子制度が全国的な半封建的小作慣行の原型であるとする論文を発表し、相川春喜も賦役＝労働地代の残存に関する府県別・地帯別概括表を作成し、徭役が全国に存在し、労働地代が次の生産物地代に転換する形態をとるため刈り分け小作や永小作の解消形態を取らざるを得ないと結論する（小山編 一九五三：一七六―一七七）。

こうした講座派からの批判に対し、労農派からの反駁として、土屋喬雄は岩手県二戸郡の実地調査に基づき、名子制度が変化して形骸化している地域は多くあるとし、名子制度が現物年貢の根底を制約するものでないと主張した。これに対して講座派の論客の一人で、大正以来の農民運動に豊富な体験を持つ弁護士の布施辰治が、岩手県二戸・九戸を調査して、土屋報告と異なると批判した。布施の土屋批判は、土屋が血縁別家や譜代奉公人の「カマド」分家以外は名子制度と認めないようだが、名子制度の本質が土地の独占的大所有と隣接の他部落境界との峻別のため、集落の定住者が一地主の大土地所有に依存せざるをえないので、半封建的農奴支配を本質とする名子制度そのものは崩壊していないと主張した（小山編 一九五三：一七九）。

土地所有＝農業生産関係が封建的であるか否かの基準を、地主・小作人の間にある「経済外的強制」の有無に置くかで講座派と労農派が対立した[2]。講座派は経済外的強制の存在が必須であったので、土地取上権や伝統や習慣に姿を変えて現存することを主張した。これに対して労農派は流通的契機で近代化を主張したので生産関係における規定的概念である経済外的強制はほとんどふれなかった。そこで当初は労農派が生産関係を見ないという批判に重点がおかれたが、講座派が経済外強制について土地取上権として貫徹するとか、直接的強制から関係の力に転化をしながら本質的に存在すると主張した（小山編 一九五三：一八一―一八四）。労農派の反論、および講座派の再反論は、いずれも抽象的な理論にとどまり、最後は袋小路に入り込み、実証的な研究には結び付かなかった。

講座派と労農派の論争そのものは、一九三六年六、七月、講座派を中心に一斉検挙されたため、論争は突然中断した（小山編 一九五三：一二九）。しかし、この論争こそが、最初に丸山が指摘したように、戦前のマルクス主義思想が、哲学と科学と革命運動とが三位一体となっていたので、純然とした学術的研究が、コミンテルン・共産党の政治闘争に巻き込まれ、かつ治安維持法による国家の思想弾圧が更なる沈黙を強いる結果になった。

講座派を鋭く批判した土屋喬雄は、講座派の歴史分析を「政治から与えられた特定のテーゼに合わせて分析することは、一つの政治的活動であって、ひとえに真理の把握のみを直接目的とする自主・独立の科学的活動ではない」という意識で、講座派の批判論文を書いたと述べている（土屋　一九八四：六二）。講座派の見解は、戦後も受け継がれ、一九五〇年半ばまで日本の社会科学学界で支配的であったのは、日本共産党に対する若いインテリの同情が強いために、日本共産党に結びついた講座派が正しいと信仰的に考えていたと土屋は見ている（土屋　一九八四：六七）。しかし、一九五六年にソビエトの日本研究者のリーダーであったエイドウスの『日本現代史』の翻訳が出版され、明治維新を不完全ながらもブルジョア革命であったと記し、ソビエト科学アカデミー東洋学研究所編の『日本近代史』も明治維新ブルジョワ革命説を採用したので、講座派は急激に支持を弱めた（土屋　一九八四：六八―六九）。

有賀の小作制度研究の展開

有賀は、「名子の賦役」を書く頃、資本主義論争が盛んだったが、それらの見解には疑問を持っていた。論争の両者は、唯物史観というマルクスが建てた作業仮説に拠ればよかったが、自分はそれと別の作業仮説を作り上げねばならなかったので苦しんだと述べている（有賀　一九六九：四四五）。

しかし丸山と古在が述べているように、当時の知識人の間で、日本資本主義論争は深く影響を受け、講座派と労農派の論争は広く読まれていたことを考えるならば、有賀自身が納得できないながらも、関心を寄せて読んでいたのではないかと思われる。

特に「名子の賦役」は、第二高等学校の同級生だった土屋喬雄の推薦で『社会経済史』に掲載された。同紙に掲載する研究者からは、いい論文だといわれたものの（北川編　二〇〇〇：一九）、ほとんど社会的には相手にされなかったと有賀は述べている（有賀　一九六六ａ：三―四）。有賀は。自らの小作慣行の研究について、次のようにまとめている。

（前略）この方法によって当時主として経済的関係として捉えられていた小作慣行の社会的意義は広汎に究明されると私は考えたのであり、これと関連させて日本の政治や経済の構造の基本的性格を明らかにすることができると見た。当時の学界はマルクス主義を中心とする西洋の社会科学の方法論や考え方が一般的に支配的であったから、私のようにそれとは角度のちがう考え方は多くの人から高く評価されなかった。しかし私は私の考え方を、農村以外の、武士、商人、寺社などの社会にも、日本の政治構造にも十分に適応し得ることを感知したし、主従関係と結びついて成立した同族団の基礎単位となった家は、西洋の家族と甚しいちがいのあることに眼をつけて、全体社会との関係において、これらの問題に取り組むべきであると考えた（後略）。

岩本由輝は、有賀の養子＝捨子論が柳田国男の着想を発展させたものだと指摘している。柳田は、一九二〇年に『赤子塚の話』を刊行し、この中で一九一七年の全国の棄児総数三三〇人中、長崎県が一二四人と集中していることに言及し、棄児は赤ん坊の押し売り、断り聞かずの養子の申し込みという側面を指摘した。さらに柳田は、農業労働組織である「イエ」における嫡子＝総領＝親方の労働指揮権に着目し、オヤコが労働組織で指揮する者とされる者の関係を示す言葉であり、捨子が拾われて受け入れられる余地が多かった段階で、拾われた捨子はその「イエ」の「コ」として家長とオヤコ関係を結び、労働力として扱われたとする。有賀は柳田のこの着想を基礎にしたのであるという（岩本二〇〇〇：一二七―一二九）。

有賀の「捨子の話」では、柳田の著作を直接引用しているわけではない。この論文では、冒頭に実際の捨子の事件から説き起こし、「徳川禁令考」や、民法規定から捨子の取り扱いに関する変遷を追い、年季奉公も捨子同然という展開から、奉公人と主人の支配保護、人身売買、親方子方の関係、産婆と嬰児、元服親・宿親と宿子という身分関係、そして地主小作について、具体的な事例を挙げて分析している。小作に関して、経済的な負担以外に、身分的な従属関係を強調しているのは、当時論争で「経済外要因」について議論されていたことを意識していたのではないかと思われる。

「捨子の話」の中から、とくに小作に重点を置いて執筆したのが「名子の賦役」（有賀 一九三三―四）である。この論文の副題に「小作料の原義」とあるように、当時、講座派と労農派が激しく日本資本主義について論争をしていた小作料の性質をめぐる重要なテーマであった。論文は序論、名子の名称、名子の分類、賦役の種類、賦役と物納小作料、賦役と刈分け、刈分けと検見と定免、賦役の本質、賦役の年季と、最初は民俗語彙から始まるけれども、経済史関係の資料を分析している。

有賀が依拠した名子の分類は、岩手県を調査した木村修三の（一）血族の分家によるもの、（二）主従関係によるもの、（三）土地家屋の質流れによるものという三分類で、分析事例を『郷土』などの民俗学資料に求めている。特に主従関係に奉公人と捨子を含めており、「捨子の話」からも引用しており、柳田の親子関係における子の意味を、労働組織の一単位を意味する説を支持して、「オヤコが社会組織における身分関係と同時に労働組織におけるコの地位を示す」として、柳田の着想を発展させたことを示している（有賀 一九六九：二三四―二三七）。

『日本家族制度と小作制度』の構成は、「名子の賦役」の論文構成とほとんど同じである。前者の構成で後者にないのは、第一章の家族制度と小作制度だけであり、二章以下は順番も「名子の賦役」とまったく同じである。

有賀が「名子の賦役」を発表した一九三三年から『日本家族制度と小作制度』を発表した一九四三年の一〇年間で、有賀の最も大きな変化は、一九三五年から渋沢敬三のアチックミューゼアムの共同研究に参加して、岩手県二戸郡石神の大家族を調査したことである。この報告書はアチックミューゼアムの彙報として『南部二戸郡石神村に於ける大家族制度と名子制度』を出版したが、その序には、次のように調査の動機を記している（有賀 一九六七：一九）。

昭和九年七月東北旅行から帰った渋沢敬三君によって初めて石神という小さな村の名と多少の見聞とが我々の間にもたらされた。石神村の発見といえば事々しいが、この部落が渋沢君によって初めて見出された動機はやはり石神という注意をひく名前のためであったということも私にとっては少なからぬ興味がある。なぜかといえば日本の民俗学的研究にとっては、柳田国男先生の『石神問答』以来、「石神」という言葉はいろいろな意味でクラシカルな響を持っているからである。しかし渋沢君のもたらした石神村の生活資料は、意外にも石神信仰のそれではなくて、大きな家を持っている斎藤家の大家族と名子制度に関する若干であった。このことは私に石神村についての共同調査に参加させる動機となり、「石神」は意外な方向に発展する運命を与えられた。

一九三四年九月に渋沢は民家調査を担当する今和次郎を連れて再訪し、有賀は斎藤家の大家族制度と名子制度を担当することになり、経済史の調査で土屋喬雄とともに一九三五年七月三一日から八月六日まで石神に滞在し、一九三六年一月に単身で再調査に訪れて、一九三八年一二月に刊行した『農村社会の研究――名子の賦役』で石神集落の斎藤家に従属する名子の実態について言及した[3]（岩本 二〇〇〇：一三四）。この本で、本分家の互助集団を大家族形態と規定したのに対して及川宏が批判し、この集団を家単位の互助組織としての同族団と規定すべきと指摘された（及川 一九三九）。有賀はこの批判を受け入れて改訂に着手し、『日本家族制度と小作制度』を発表するにいたった。

有賀が石神で大家族制度と名子制度を担当するようになったのは、「名子の賦役」の論文を書いていたことと関係しているが、有賀が社会調査に関心を持ったから柳田から距離を置いたことは興味深い。

柳田民俗学が確立されようとした一九三〇年代前半に、有賀は一九三三年刊行の『郷土調査要目』で「民俗」の項目を担当している（竹内 一九八八：六）。この項目作成で柳田からの示唆はあったが、有賀の独自性が生かされていた。

柳田からの直接の影響と、柳田に紹介してくれた岡正雄の影響で、この時期、有賀は民族誌を読むようになった。さらに、雑誌『民族』の編集にかかわっていたフランス社会学を専攻する田辺寿利からしきりにデュルケームの社会学を勧められ、マルセル・モースの「贈与論」や「エスキモーの地縁的移動」という論文に影響された（北川編 二〇〇〇：一五・二〇）。

有賀は民族誌を読むうちに、フレーザーのような広く比較研究するのは学問が深くならず、民族誌として特殊研究をすることで学問は深くなると思うようになったと述べている（北川編 二〇〇〇：一一）。その後、有賀は柳田から完全に離れていき、木曜会にも姿を見せなくなった。有賀が岩本に直接語った言葉で「山村生活調査とか海村生活調査とかいっても、柳田さんは個別の村の調査結果を項目ごとにバラして並べて、これが日本の山村だとか、海村だとかいっているだけで、あれじゃムラの生活構造なんかわかりっこないんだ。ムラの生活構造を知るにはモノグラフィックな調査をやらなければ駄目なんだ」と言われたと紹介している。岩本は、柳田が民族誌的な村落調査の意味を解さないことに我慢できなくなって離れたと指摘している（岩本 二〇〇〇：一二四）。

有賀が石神の民族誌を書くときに念頭に置いたのは、マリノフスキーのトロブリアント諸島の研究やラドクリフ＝ブラウンの『アンダマン島民』で、民族誌を書くことを通じて、文献資料だけで書いた「名子の賦役」のテーマを深く実体験として理解できるようになったと言っている（北川編 二〇〇〇：一三）。

『南部二戸郡石神村に於ける大家族制度と名子制度』の凡例には、石神の調査が、土屋喬雄との共同執筆の予定であり、経済史は土屋が担当したので、古文書資料に関しては必要最小限度しか触れていないと断っている（有賀 一九六七：三六―三七）。土屋は、日本資本主義論争の賦役＝労働地代について、有賀と共同調査をした資料をもとに短い論文を発表したが、完成稿には至らなかった(4)。

土屋の石神調査ノートには、表紙に「昭和一〇年七月一八日」の日付が入っているが、ノートの中に日付があるのは「昭和九年石神斎藤家家族」と「昭和一〇年八月五日写、橋本鉄五郎家の屋敷」とあり、一度目にアチックミューゼアムのメンバーと共同で訪問した時と、その後、有賀と行った時を一緒に記録している。最初に訪問した時に書こうとしていた論文は「岩手県二戸石神村斎藤家における名子制度」という表題で、次のような構成だった。

第一章　概論
一　村勢概観
一　位置
二　面積広裏
三　官民有地反別
四　民有地地積細別
五　広狭別による土地所有者数
六　耕作面積並びに耕作戸数
七　戸数及び人口
八　職業別による現住戸数
九　重要農林産物生産高
一〇　納税
二　村勢の史的考察
一　本村の成立
二　本村成立当初の人的構成
三　経済的変遷――生産、交換、交通上の諸変化

四　貢租関係の変化

第二章　斎藤家名子制度の史的発展
一　斎藤家略歴
二　同家産業の史的考察
三　同家の本村に於ける地位の史的考察
四　同家の他村に対する関係
五　同家召使及び名子の変遷
六　特に地租改正以後如何なる程度の影響を受けてきたか

第三章　斎藤家各名子制度の現況
一　同家の家族構成
二　同家の社会的地位
三　同家の産業
四　召使及び名子の家族構成
五　召使及び名子の同家に対する関係
1　その隷属の程度
2　その労務提供の状況
3　その生活の実状

六　本制度に関する同家の意見
七　本制度に関する召使び名子の意見

第四章　結論
一　本制度は如何なる意味において封建的か
二　本制度は如何なる程度において非封建的なるモデファイされているのか
三　本制度は将来も永続すべき可能性を有するか
四　本制度は崩壊に向かひつつあるか
？ママ
五　岩手県の名子制度一般との比較——その特徴に関する暫定的考察

土屋が有賀と一緒に調査を始めた時は、すでに資本主義論争で講座派批判の論文を立て続けに発表していた時期と重なる。調査ノートの最初に、このような論文の構成を書いており、このテーマに従った聞き書きや、古文書の筆写をしていた。有賀の初版には、共同執筆ができなくなったことだけを書いており、著作集に収録するときにも、当時の事情を明かしていない。そこで土屋の経歴を調べてみたが、日本資本主義論争で日本共産党側の講座派を批判したにもかかわらず、一九四二年の東条英機政権の閣議決定で、「自由主義者、あるいは左翼的大学教授は病気その他の目立たない理由で休職にするか、あるいは占領地域の要員として占領地域にだすこと」という通達を出したので、土屋は病気による休職扱いになっていた。土屋は敗戦まで休職したのであるが、この間、「渋沢栄一伝記資料」や「大正十年府県別小作慣行調査集成」上下の編纂をしていた（土屋 一九七三：八四–八六、土屋編 一九八三）。これらの事情を考慮すると、石神の経済史は、病気休職という理由で執筆できなくなったのである。だから土屋の分担部分を、有賀が引き継いだ。有賀は、石神のモノグラフを作成した経験が、最終的に『日本家族制度と小作制度』へ発展させることができた。

有賀は、『日本家族制度と小作制度』の中で、史的唯物論的な分析を白川村の大家族の具体的な事例から批判している。赤木清がモルガン的な通文化比較の図式で白川村の大家族の原始性を主張したのに対し、有賀は日本の家を歴史の中で位置付けなければ通文化的比較はできないと批判した。さらに白川村の大家族を近世の諸条件から特殊な形態をもつもので、奈良時代の家と結びつけることにも反対した（有賀 一九六九：四四八）。

『日本家族制度と小作制度』では、赤木清がヨバイ婚を母系制の遺制であり、共同労働を原始的共産的共同体遺制として、白川村の場合だけが人間労働の健全性と創造性があり、その他の封建関係では創造的精神が全くあらわれず、ドイツの建築家タウトが絶賛した民家建築も、前者において発揮されたものと結論付けている。赤木の単純な原始礼賛に対して、有賀は創造的精神が原始的協同体のみに現れるものではなく、白川村の特殊な生活条件により生みだされ、特異な家族形態＝生活組織を成立させたものとして、労働組織や婚姻習俗など、詳細な民族誌データにより反論している（有賀 一九六六ａ：三一四―三一五）。

小作制度の議論については、講座派批判を軸に議論を展開している。有賀が晩年に「第三の道」と表現しているが、土屋との密接な関係から、土屋の主張を擁護し、土屋が批判した講座派の平野義太郎や山田盛太郎の議論を批判している。

例えば平野義太郎が、日本の小作料が高率であるのを、封建的貢租が小作料の中に転入された結果と主張したのに対し（平野 一九三四：三四）、有賀は小作料が必ずしも貢租と直接関係なく、小作料を決定するのは小作関係の内部と外部の契機であり、内部的には地主と小作人との関係で、生活上の関係が基準になったとしている。そして従来の小作料率を議論する講座派と労農派の議論を暗示して、「日本村落の性格やそれに規定される小作関係を考えずに、ただ外面的な小作料のみを問題にしてきた」と批判している。そして古い大地主の没落は新興中小地主の出現など、日本の資本主義的経済に影響され、小作料が高率なのは新たに生じた比較的小さな地主に多くみられ、彼らはいわゆる封建的関係をかなぐり捨てた人々だとする（有賀 一九六六ｂ：六八六―六八八）。

山田盛太郎の『日本資本主義分析』で大野村の晴山家の名子制度や鹿児島藩の門割制度の賦役を徭役労働の典型としている主張に対して、有賀は依拠した事例を検証している。有賀は、晴山家の事例が家屋敷・田畑山林の貸与を金高に換算する対比を、単に換算したのみで実際に金納が行われたわけでなく、地頭の親方子方の身分関係で生じたものでヤトイと区別されるべきだとか、鹿児島藩の門割に関して山田が依拠した資料を再分析して、山田がこれらを徭役労働＝労働地代の典型だとする主張に反論を加えている。山田の典型に対する反論は、土屋も展開しているが、有賀の批判はそれを補充するものだった（有賀 一九六六ｂ：六〇四―六〇七）。

対抗言説としてのマルクス主義と有賀理論

有賀は、『日本家族制度と小作制度』の新版のまえがきで、「マルクスのような偉い学者に盾を突く気はなかったが、日本の学者の論説は日本人の生活をふまえての研究ではないということをしだいに強く感じるようになった」と述べている（有賀 一九六九：二）。

有賀の立場は、自分の小作制度研究を日本資本主義論争の講座派にも労農派にも属さない「第三の立場」としている（永野 二〇〇〇：二一七）。当時の論争からは顧みられなかったと述べているが、当時の一般的な知識人の状況からみれば、有賀もこの論争に関心を持っていたといえる。永野由紀子は、有賀の「第三の立場」をマルクス主義と民俗学の系譜ととらえ、地主は支配する側で絶対的な悪の存在、これに対して小作人は地主に支配される同情すべき存在か、覚醒以前の無知蒙昧な輩という一面的なマルクス主義の見方に、有賀が民俗学の系譜を継承しつつ親方子方関係として地主小作関係をとらえる独自の理解を深めていったと指摘している（永野 二〇〇〇：二一八―二一九）。これは従来の有賀喜左衛門研究の一般的な理解である。

また河村望は、『日本社会学史研究』で資本主義論争と有賀社会学を分析している。河村は、有賀の研究を「名主と名子の関係で、封建的労働地代にもとづく関係ではなく、オヤカタ・コカタという擬制的な血縁関係であり、複合大家族を再生産単位とする家独自の血縁組織原理の中で把握されるべきであるものであるとしたことは、有賀の研究における画期的成果であった」としており、「複合大家族の解体と単婚小家族の成立、子方百姓の独立という近世における重要な変化を（中略）『左翼科学者』にたいする批判の論拠」としていたと指摘している（河村　一九七五：一九二―一九三）。従来の有賀研究で、河村を例外として、日本資本主義論争との関係に着目してこなかったので、本稿では、日本資本主義論争の農業、とくに小作や「経済外強制」についての論点をまとめてみた。そこには、講座派にも労農派にもマルクス主義という前提があるので、その前提に基づいてロシア・ドイツ・イギリスなどの事例と日本の状況を対比するなど、必ずしも日本の現状を分析対象としていない論考が目立っていた。

有賀は、日本資本主義論争で、講座派の図式的な地主小作制度のとらえ方を、実証的な経済史研究とフィールドワークで得られた実体験に基づいて批判している。そして、マルクス主義に対抗する理論に腐心したとしているが、本書の結論部分で「一般性は特殊性を通じて、特殊性は一般性を通じて追求しなければならないということは、科学研究における基礎理論考えられるのであって、（中略）後者（＝特殊性）がはなはだしく欠けていることに気づかなければならない」として（有賀　一九六六b：七〇六）、理論を先行するあまり、実例を軽視、あるいは実例を理論に合わせて解釈し、さらに日本の小作制度を西洋流の概念で規定する見解に強く反対している。(5) その意味で「日本の学者の論説は日本人の生活をふまえての研究ではない」とする有賀の批判は当然である。

有賀と関係が深い土屋喬雄は、日本資本主義論争の論客として論争に加わっており、有賀の「名子の賦役」を『社会経済史』に掲載したり、渋沢敬三が企画した岩手県石神の共同調査に行ったりして、有賀との共著でアチックミューゼアムの報告書を作成する計画であったなど、単に旧制高校の同級生だったというだけでなく、研究面でもかなり深い関係であったことが分かる。

そこで、日本資本主義論争は、有賀の小作制度と家族制度研究に対して、対抗言説としての骨組を与えたと言える。平野義太郎が展開した「半封建地代論」から経済外的強制の有無が論争の争点になったが、経済外強制を日本の小作制度の封建的性格と位置付けており、これも公式的なマルクス主義の解釈で終わっている。有賀は、経済外強制に名子制度、そして大家族制度を見ていたのであり、この部分の分析にマルクス主義的な方法論では限界があるので、柳田国男の民俗学を用いて分析しようとしたのが、有賀の農村社会学の特徴である。

また労農派の議論に、小作争議を小作の性質を判断する実証資料として用いているため、小作争議に至らない一般的な小作の社会的性質を分析するには限界がある。有賀が石川県鹿島郡高階村の調査で聞いた小作料をめぐる地主と小作人の交渉は、対立図式からかなりはずれる。当地では、明治以前から年貢小作を隠匿する「シャッポ被った田」があったが、日露戦争の増税で、そうした隠し田も摘発されて減少した。そこで地主は小作料を引き上げようとしたが、小作人との間で争いになった。しかし、第一次世界大戦の好景気により、農地を捨てて都市に出る小作人が増加し、地主側は小作料の引き下げを余儀なくされた（有賀 一九六六a：七五—七六）。

このように、地主と小作の関係が、単に搾取という見方では割り切れない現実があるにもかかわらず、資本主義論争は農村の現実を見ていないので、有賀は民俗学の報告と自らのフィールドワークで、小作の実態と労働組織からみた親方子方関係という柳田の着想を敷衍して、独自の研究を展開してきた。

有賀がマルクス主義の枠組みでの議論の中でもっとも違和感を持ったのは、唯物史観、つまりアジア的—古典古代的—封建的—ブルジョア的—共産主義的という五段階をへて人類の歴史が必然的に進化するという考え方である。

さらに、現在では日本資本主義論争が、単なる学術論争ではなく、コミンテルンの二七年テーゼと三二年テーゼをめぐる日本共産党の内部の権力闘争という政治的な性質が強かったことが分かっているし、例えば山田盛太郎のように、コミンテルンの方針の変化に応じて、自らの主張を変えていくように、決して純然たる日本社会の性質を深める学術論争ではなかったことも、有賀は早くから気が付いていたのであろう。

有賀の理論は地主側のイデオロギーの擁護に過ぎないという批判もある。鳥越皓之は、有賀自身が幼少からの地主としての経験が無縁でないと指摘する（鳥越 一九九四：三六五）。確かに、地主として農民の生活に深くかかわったこと、柳田民俗学への関心から、自覚的に農村の社会組織に関心をむけたことが、有賀の農村社会研究の出発点になっている。しかし、地主側イデオロギーの擁護のための研究という批判は、有賀の研究の本質的な部分を理解していない。また政治闘争にありがちな敵対構造の創出による批判は、学術的議論になじまない。

戦後になり、講座派からも柳田農政学を再評価する動きがでている。例えば、柳田の『時代ト農政』が日露戦争後の農村における急激な階層分化や独占資本への癒着で、肥料、種子、苗木、農具の購入を通して資本に隷属しなければならない現状を憂慮し、いたずらに精神協同体の必要性を説く報徳主義を批判した柳田を再評価している（福冨 一九七八：二一一‐二一三）。地主小作関係論に関しても、小作料米納制の習慣が、商品経済の浸透、地租の金納化、地主の地代取得者としての地位への寄生に伴う地主小作関係の共同経営者関係喪失という側面から、地主・小作・国家より維持される必要性がなくなり、金納制に解消されるという柳田の指摘は、講座派も労農派も説明できていない（福冨 一九七八：一七二‐一七五）。このように、福冨正実は、地主研究が柳田国男から有賀喜左衛門に継承されて発展した民俗学から、「自己流に解釈した世界史的一般法則への安易な公式主義に安住していた『講座派』理論や『労農派』理論のゆがみを鋭く突いている」と指摘する（福冨 一九七八：一七二‐一七五）。さらに講座派は一般的に西洋的類型をアプリオリに典型的と決め、それに合致しない日本型の過渡的生産関係を「封建的」と規定した（福冨 一九七八：一九四‐一九五）。

日本資本主義論争の講座派と労農派への反論が、有賀の主著である『日本家族制度と小作制度』の根底に流れており、その方法論として柳田民俗学と石神をはじめとする日本各地でのフィールドワークの経験であった。これは地主と小作人の関係を経済関係のみに抽象化して扱うのではなく、ムラの生活事象全体で位置づけ、その内面的関連で小作関係の持つユイの意義を解明しようとしたのが、「名子の賦役」以来一貫して続く有賀の基本着想である。その基本概念は「生活組織」であり、モースの「贈与論」に示唆された「全体的相互給付関係」の概念であった（竹内　一九八一：二）。

戦後になって、藤田五郎は経済史から有賀の業績を日本資本主義の発達の中に位置づけた。藤田は「経済外的強制」を「領主的強制」と「部落的強制」に二分し、前者を政治学的範疇に、後者を社会学的範疇に属すとして、後者の社会的強制を有賀の研究成果に依拠すべきたとしている（藤田　一九七〇：二四―二五）。藤田は、「階級史観」と対比させた「共同体史観」という概念を建て、有賀が日本的性格を解明しようとする時勢に沿ったものであるが、その中で最も科学的で地に着いた研究書だと評価している（藤田　一九七〇：五五）。有賀は、日本資本主義論争で自らの研究は全く反響がなかったと言っているが、論争の政治性が色あせた時、有賀の実証研究は、反対に古典的な研究として後世に残ったといえよう。

四　石田英一郎

石田英一郎は、学生運動に深く関わり、戦前に治安維持法で逮捕された経験のある人類学者である。すでに鶴見太郎の著作でも、マルクス主義に関わった民俗学者の代表として取り上げられている。また戦後、東京大学の文化人類学コースの主任教授となったので、石田に関する著述は複数ある（山口 一九七九、杉山 一九八八）。

マルクス主義と石田英一郎の文化史研究との関係についての分析は、杉山晃一が最も優れていると思う。石田英一郎のマルクス主義に関する業績は、エンゲルスの訳書『反デューリング論』や、論文「唯物史観と文化人類学――とくに文化構造と人間性の問題をめぐって」がある（杉山 一九八八：三二四）。『反デューリング論』は、戦後、フランスとロシアで起きたアジア的生産様式の論争で重要な文献でもあり、これを翻訳していることは重要である。

しかし石田は、有賀とは対極的に、まったくフィールドワークに基づいた議論をせず、抽象的な理論から人類文化史を研究する方法論をとった。石田のマルクス主義も、社会運動からではなく、やはり理論から入った。石田の足跡とマルクス主義について、筆者が入手した新たな資料を紹介しながらまとめていきたい。

石田英一郎の足跡

石田英一郎は、一九〇三年大阪に生まれ、高校時代からマルクス主義の研究会に入り、一九二四年に京都帝国大学経済学部へ進学して、在学中に学生社会科学連合会（略して学連）に参加した。一九二五年、父の死にともない男爵を継承した。その同じ一九二五年に学連参加者の三三人が治安維持法で逮捕され、石田は押収された日記の中に皇室を疑問視する表現によって不敬罪でも起訴されたが、大正天皇の崩御により不敬罪は大赦となり、一度保釈された。一九二八年に三・一五事件に連座して逮捕され、石田は転向せずに刑期を満了した一九三四年まで大阪刑務所に服役した。

石田は、マルクス主義への関心からだと思われるが、在学中にロシア語の勉強をした。その時の教師が、柳田国男と交流を持つニコライ・ネフスキー（Nikolai Aleksandrovich Nevskii）だった。ネフスキーは一九一五年に来日して、卓越した語学力により沖縄・宮古島の民俗、アイヌ説話の研究をしていた。石田はネフスキーから柳田国男と折口信夫の名や、フレーザーの『金枝篇』を知った。彼は収監されている間、モルガンの『古代社会』やフレーザーの『金枝篇』を読んで人類学の基礎を築いた。

石田は出所後に、岡正雄や柳田国男と知り合い、一九三七年にウィーンへ留学して民族学を学び、シュミット(Schmidt, Wilhelm)の下で「馬の文化史」をテーマに内陸アジア遊牧文化の起源について研究した。一九三九年に帰国して、四〇年から帝国学士院東亜諸民族調査室の嘱託となり、一九四一年夏にサハリンのオロッコ、一九四二年の夏に中国内蒙古のムスリムを調査した。一九四三年に民族研究所の嘱託を経た後、四四年に西北研究所に次長として赴任している。石田は、張家口にいる間、全く調査に関心を示さなかったという。当時石田はどこに行くにも特高や憲兵の尾行がつきまとい、かつ定期的に憲兵隊へ出頭し活動報告をせねばならなかった(鈴木二郎談)。戦後は、中国から引き揚げたのちに雑誌『民族学研究』の編集をしていたが、GHQの下部組織である民間情報局(Civil Information and Education Section、略してCIE)の嘱託として働いたのち、東京大学に文化人類学コースを創設する初代教授として迎えられた(鶴見一九九八:一七一―一八六、杉山一九八八:三二三―三二五)。

一九六四年に東京大学を定年退職したが、その前年に東北大学文学部付属日本文化研究施設教授となり一九六七年まで勤務した。その後埼玉大学教養学部教授となるが、一九六八年に多摩美術大学の学長となり[6]、わずか半年で肺がんのため亡くなった。

京都帝国大学学生社会科学連合会

一九一七年のロシア革命の影響、さらに翌年七月の米騒動で、日本でも社会運動が高揚した。一九二二年に小さな研究団体として学生社会科学連合会が組織され、東京大学、早稲田大学の雄弁会が学外の左翼運動家の指導を受けて街頭デモや学内集会を組織した。しかし一九二五年以前には、当局が学内活動に加入することなく、学生が学外での非合法活動で検挙されても警察は大目に見ていた。そこで学連は全国的に組織化が進み、東大、早稲田、明治の大学のみならず、一高、三高、五高など各地の主要な高等学校を包括して二〇数校に達した（ミッチェル 一九八〇：六八―六九、我妻編 一九七六：六九）。さらに学生連合会は、一九二四年九月に全国代表者会議が開催され、四九校、一五〇〇名の会員となった。関西では京都、同志社、大阪外語を中心に関西連合会が結成された（我妻編 一九七六：七〇）。

一九二五年一一月末に、軍事教練反対のビラが京都の同志社大学にまかれた事件を通じて、京都府警は、非合法の日本共産党が学連を通じて工作している疑いを持ち、同年一二月一六日、全国から司法、警察官僚を集めて会議を開き、治安維持法を最初に適用して学連を消滅させる決定がされた（ミッチェル 一九八〇：七一）。石田は学生運動の影響を受けて、マルクス主義に深くのめり込むことになった。

一九二三年末に、社会科学研究会が全国の高校に組織され、東大新人会が高等学校班に連絡を取り、学生連合会に統合された。東大新人会から菊川忠雄が第一高等学校に派遣され社会思想研究会を作った（杉山 一九七二：五四七）、成績優秀で教授からの信頼が厚い学生を獲得する目的で石田英一郎を説得し、研究会に参加させた。これによって、男爵の家の息子であり、石田のような優等生が研究会に入るのなら、世間でいうような悪いものでないと語られたという（住谷 一九六九：一六五）。

石田は、河上肇を慕って一九二四年に京都帝国大学経済学部へ進学して、在学中に京都大学社会科学研究会に参加した。これは別名「学生社会科学連合会」と言った。一九二五年に、当時共産党のイデオロギー指導者であった福本和夫を京都大学に招き、講演会を開催した。福本は、公式社会主義、特に河上マルクス主義が弁証法を欠如しているとして、京都大学の河上肇、山川均、櫛田民蔵を論駁したので、石田は福本に心酔し、河上に対して決別宣言をした（住谷 一九六九：一六一）。

福本和夫は、一九二二年から文部省の派遣でパリに二年半留学し、マルクス主義の歴史の見方、経済学の方法論、マルクス主義政党の組織問題について研究して、一九二四年八月に帰国し、山口高商で教鞭をとっていた。福本はフランスから帰国後、雑誌『マルクス主義』に留学成果を投稿していた。また帰国後、京都大学で日本経済史と農業問題を研究しようと大学院に交渉したが、文部省が大学院入学を許可せず、山口高商に勤務することになった。こうした経緯があり、京都大学の学友会からの依頼ということで、進化論講座の第二部、社会進化論の講演を依頼された。福本は、フランスで研究した上述した三つの研究テーマのうち、第一の「社会の構成並びに変革の過程」について講演をした。この内容は、弁証法的唯物論に立脚した歴史の見方、つまり科学的社会主義の人生観、宗教観、世界観、社会観、歴史観の成り立った由来と、その基本的な構造、組み立てを明らかにしようとしたものだった。京都大学の草稿が、後に同題名で処女出版として刊行された。二日に及ぶ講演会には、河上肇をはじめとする教員も出席したが、福本は河上が唯物史観をまったく理解していないことに驚いたという（福本 二〇〇四：一五―四四）。

講演会の後に学生との座談会があり、石田英一郎も出席している。福本自身が述べている講演内容と、上述の住谷が福本講演をまとめたものとには多少の違いがあるけれど、結果として福本が河上肇を筆頭にする京都のマルクス主義は、理論的に欠陥があると非難し、石田は福本の講演で福本の説くマルクス主義理解に心酔して、その後、河上に決別を宣言し、京都大学時代は教授と人的接触さえも絶ち、理論的指導をほとんど受けなかったというのは、潔癖症である石田の性格をよくあらわしている（杉山 一九七二：五四七）。

石田の福本理論への傾倒ぶりは、社会科学研究会で唯物史観に関する研究発表に表れている。河上肇と櫛田民蔵も列席した研究会で、この時の模様を住谷は次のように記している（住谷 一九六九：一六二）。

マルクスの「経済学批判の序文」の「唯物史観の公式」における、下部構造と上部構造の問題であり、哲学的には、「彼の社会的存在では、彼の意識を決定する」というマルクス主義思想の核心的な問題と取り組んだものであった。石田さんはこの唯物史観の公式に、決定されるという被制約性を持っている観念形態――イデオロギーのところでマルクスは、法律的・政治的・宗教的観念形態というように一々掲げているのに「経済的意識形態」乃至は「経済的観念形態」を挙げていないのはどういう理由でしょうか、と問い質している。さらに、唯物史観では、自然的環境というものを、観念の決定者として採り容れてよいですか、御意見をお伺いしたいというのであった。

石田の発表は、福本の『経済学批判の方法』（福本 一九二六）を踏まえての発表ではないかと思われる。福本はこの本で河上肇の『資本論略解』を批判したと解説している。河上は、この批判で満身創痍となり、全面的に書き換えて『資本論入門』を出版した。また、福本の『経済学批判の方法』について、河上門下の櫛田民蔵から、方法論は後回しにすべきで資料の蒐集編成が急務という趣旨の反論があった（福本 二〇〇四：五一─五四）。こうした福本の発表内容から考えるならば、石田は、恩師の河上と櫛田の前で、河上批判の急先鋒である福本の著作に基づく研究発表をしたのではないだろうか。だから、この研究会では緊張感があり、出席者は深い印象を残したと思われる。

このほか、研究会では「ロシア共産党史」やスターリンの「レーニン主義の基礎」を紹介した。一九二五年には父の死にともない男爵を継承したが、同年六月に研究会の仲間の大田遼一郎と中国へ渡り、北京で五・三〇事件後の北京大学生と交流し、劉少奇、中江丑吉、鈴木言一を訪れている。(7) 一九二六年一月一五日に、石田は出版法違反の嫌疑で社会科学研究会員一三名とともに拘引された。この時、京都大学の河上肇、同志社大学の河野密、山本宣治、関西学院の河上丈太郎も家宅捜索や拘引をされた（高桑 一九五五：一一七）。石田は治安維持法違反と不敬罪で起訴され、いったん保釈された一九二七年春に、日本共産党から派遣された水野成夫と上海に潜行した。中共中央部を指導していたコミンテルンの極東方面指導者、ボイチンスキーが上海にいたので、水野たちが合流した。しかし、一九二七年四月一二日に蔣介石の反共クーデターが起きたので、水野たちは漢口まで逃れるのに、石田も同行した（杉山 一九七二：五四七）。

一九二五年に学連参加者の一三人が治安維持法で逮捕され、一度釈放された。しかし石田は押収された日記の中に皇室を疑問視する表現によって不敬罪にも問われた。一九二九年、大正天皇の崩御で不敬罪と出版法違反は特赦となり、全員が治安維持法の有罪を宣告された。石田は、不敬罪は問われなかったものの、治安維持法違反で一九三四年まで留置された(8)。石田は一九二八年三月一五日の第二次日本共産党事件にも連座して、その罪も加えられている。検察庁での尋問や公判廷での質問で石田の意思は一貫していた。山口昌男は、石田の正々堂々とした供述を「みずからの正しさを主張して全く小気味よい」と評している。それは、石田が、いつ、どこで、どのような会合が行われたか、その時誰が集まったかを明快に供述しており、取り調べの検事に向かい「国家権力で思想を取り締まらなくても、マルクスならマルクスの学説のどこが間違っているのか、正々堂々と証明してくれたどうです。バカでなければ、誰も誤った説なんかについてゆかないでしょう」と述べている（石田 一九七〇a：三六）。これを、山口は「お坊ちゃんのこっけいな発言としてではなく、実に真面目な発言に聞こえるのは、石田の性格に基づく一貫した態度ゆえと思える」と、石田の性格の潔癖性を示す言葉と捉えている（山口 一九七九：六四）。

石田の潔癖症は、生涯変わることはなかったが、石田自身、マルクスの議論に不明な点が多くあった。石田は次のように述べている（石田 一九七〇a：三五—三六）。

> 学生の私にとって『資本論』はやはり難しすぎたようだ。労働価値説から地代論にいたるマルクスの経済学説は、河上博士などの解説に助けられて筋道だけ理解できても、その証明力という点では最後まで納得いかなかった。（中略）マルクスの経済学説が誤りであろうとなかろうと、人による人の搾取という歴史的現実の存在は、厳として動かすべくもない。マルクスの剰余価値説でこの事実が解明できぬなら、他のよりすぐれた経済学説が、もっと説得力のある解釈をくだすだろう。われわれは現に目前に横たわる恐るべき大衆の貧困と、これをもたらした階級的搾取及び支配の撤廃のために戦うのだ。

当時の学生運動が、社会的不平等への怒りと、共産主義革命への幻想よりマルクス主義に傾倒していったことは一般的な傾向である。石田が『資本論』に取り組みながら、不明な部分を理解するために、河上肇の講義を手掛かりにしたと書いているけれども、福本和夫の講演を聞いてから、福本の著作を頼りに『資本論』をはじめとするマルクス主義の理解を深めようとしていったのではないだろうか。

今西錦司は、石田英一郎と西北研究所で所長、次長の関係で面識があり、そして戦後は東京大学と京都大学で人類学の主任教授であったという縁から、石田に対して、自らの学問姿勢と対比をしている。つまり、今西は自分がセオリー・メーカーであったのに対し、石田がセオリー・フォロアーであったと指摘している（今西 一九七一：一一三）。石田の理論は、マルクス・シュミット・クローバーというように、依拠する理論の枠組みで人類史・文化史を構築してきた。その傾向は、すでに大学時代から顕著である。そして、石田の言葉にもあるように、マルクスの理解は、直接マルクスの著作によるのではなく、福本和夫の解説によって、マルクス主義的方法論を理解していったのだと言える。

福本は、前述したように、マルクス主義の歴史の見方、経済学の方法論、マルクス主義政党の組織問題の三つのテーマでフランス留学の成果をまとめていた。福本が石田と出会った時は、まだ非合法活動に参加しておらず、山口高商の助教授という身分であり、新進気鋭のマルクス主義研究者であった。

石田は師である河上肇と決別宣言をするくらい福本和夫に心酔した。特に福本が講演した「社会の構成並びに変革の過程」の内容が、科学的社会主義の人生観、宗教観、世界観、社会観、歴史観の成り立った由来という、いわゆる社会科学全般に及ぶ問題をあつかっていたので、その後の石田の民族学、民俗学への問題関心の発展を示唆する内容だった。また、福本が、京都大学での講演をする前後から共産党活動へ参与し始めており、潔癖症の石田は、マルクス主義の師と定めた福本がたどった道を、同じように突き進んだのではないだろうか。この点は後述する。

西北研究所の文献研究

石田の研究スタイルは、現地調査に基づくものではなく、基本的に文献研究だけである。しかし、東京大空襲で原稿を焼失したものの、帝国学士院の嘱託時代から「漢化した回教徒の研究」をテーマに、華北と内蒙古のイスラーム教徒の民族誌を書いていた。石田は、一九四八年の佐口透論文「中国ムスリムの宗教的生活秩序」の解説として、当時の調査写真を掲載しており、[9]西北研究所での研究分担としてイスラーム教を担当していたことが窺える。当時の石田を知る藤枝は、蒙古平原に近い、埃っぽい張家口の町を、毎日アイロンをあてたワイシャツに蝶ネクタイをして、靴に埃が付くと神経質に払っていたと述べている（原山・森田　一九八六：七四―七五）。

戦後、石田はイスラーム関係の論文を発表しておらず、回教徒の調査経験は石田の研究に影響を及ぼしているとは思えない。基本的に文献研究だった石田は、北京の輔仁大学で教鞭をとっていた民俗学の直江広治を訪ね、直江の助力で借り出したフランス語やドイツ語の民族誌を張家口に持ち帰って読んでいた。藤枝も、石田が執筆した回教徒の調査は、西北研究所に来る以前の帝国学士院時代の資料に基づいて書いていたもので、実地調査にはまったく関心を示さず、文献ばかり読んでいたと証言している[10]（原山・森田　一九八六：七五―七六）。

当時、石田は柳田国男の古稀記念論文を執筆しており、規定の枚数を大幅に上回ったので、単行本にする計画で執筆に専念していた。石田は張家口にいる間に『河童駒引考』を脱稿したが、内容が世界の民間伝承の比較であったので「戦争完遂には不急不要の書である」という理由で日本出版会の審査を通過せず出版できなかった（石田　一九七〇b：一―三）。この本の新版の序文では、戦時中に戦争と縁遠い古代文化史の研究に沈潜していたのは「著者のひそやかなレジスタンスでもあった」と回想している（石田　一九七〇b：五）。戦時中の「民族学」調査が、直接間接に軍部への協力になったことは、帝国学士院時代に思い知らされており、このことが西北研究所時代、調査することを一層消極的にさせたのではないかと思う。

しかし、西北研究所の蔵書は、西域の地方誌を中心に、かなり漢籍資料が充実しており、これらの基礎資料を読み込むことで、『河童駒引考』の基礎資料としていた。石田が主観的に国策への抵抗で実地調査を拒否して文献研究に打ちこんだつもりであっても、広い意味では当時の西北工作とは無縁ではない。

西北研究所が設立する以前の蒙古善隣協会調査部は、「歴史上より観たる西北ルート」という報告書を、西北ルートに関する紀行文、漢籍、諸民族文献に現れた新疆地方の都市・駅站でまとめた。この資料は、戦後、関係者によって復刻されている(11)（蒙古善隣協会　一九六二）。この仕事は、駐蒙軍から善隣協会に依頼されたもので、ロシア領内を通過するシルクロードの歴史的ルートを歴史資料から復元している(12)。

西北研究所で同僚だった藤枝晃は、西北研究所の所員となることを、自分は文献学者だから、文献がないところには赴任しないと一度断っている。しかし、その後事情が変わり、藤枝が西北研究所へ赴任することになってから、蒙古善隣協会図書館の蔵書を確認するため、蒙疆政府の知人に十数冊の書名を問い合わせたことがあった。その返答は、善隣協会の図書部が照会した八割近くを所蔵しており、その蔵書の豊富さを意外に思い、特に西域地誌のコレクションの多さに驚いたという（藤枝談）。石田が『河童駒引考』の執筆で参照した漢籍資料は、前述した善隣協会調査部が「歴史上より観たる西北ルート」を作成するときに、北京の書籍店から大量に購入した西域の地方誌である。石田は、文献研究に専念することでが「ひそかなレジスタンスだ」と思っていても、その文献自体がソ連軍の動向をさぐり、シルクロードのルートを推定するための基礎資料として蒐集された西域地誌だった。石田の『河童駒引考』も、広い意味で日本の軍事戦略の傘下にあったといえる。

民間情報局時代

石田英一郎は、論争の名手であったと評価されている。さらに、石田は座談会などで議論をまとめる才能にも秀でていた。特に、戦前に岡正雄がウィーン大学へ提出した学位論文を、戦後になって連合軍経由で入手し、岡に返還した後、「日本民族＝文化の源流と日本国家の形成」という座談会を企画して、大きな反響を呼んだ。

清水昭俊が指摘しているように、日本でウィーン学派が流行したのは、戦後になってからである（清水 一九九五：二一三）。清水が指摘しているのは「日本民族＝文化の源流と日本国家の形成」という座談会の公表と、[13]歴史・言語・考古・形質人類学などの学会からの反響である（石田 一九五八）。戦後は、皇国史観を克服しつつ、唯物史観に立つ研究者によって新しい日本史が書き始められていた時に、東アジアの文化史という視点で日本を描こうとした点で、皇国史観と異なる歴史観として注目された。特に、江上波夫が唱えた大陸北方系騎馬民族の部族連合体が日本へ侵入して大和において征服王朝を樹立したという仮説は、ジャーナリズムによって大々的に取り上げられた（江上 一九八六：三二四―三二七）。ウィーン学派の文化圏説は、日本民族起源論に応用され、天皇制の文化史的位置づけを展開して、戦前のタブーを打ち破ったという意味で社会的注目を集めた。

日本民族学会の雑誌『民族学研究』は、戦後、すぐにＧＨＱの下部組織にある民間情報局の管理下に置かれていた。そこで編集作業をしていた石田は、その仕事と同時に、座談会の司会者としてまとめる能力を高く評価されて、民間情報局の顧問教授に採用された。

アメリカの公文書館に、民間情報局への採用過程に関する石田の文書が保存されている。[14]この文書は、プライバシーにかかわる部分があるとして、機密扱いになっていたが、筆者はアメリカの情報公開法に基づき一年がかりで申請し閲覧することができた。この資料によると、石田英一郎を採用するように民間情報局が申請したのだが、明確に書いてはない「別の機関」から採用に関して異論が出され、石田の戦前の治安維持法違反と日本共産党へ入党していた前歴が問題視された。そこで、石田は過去の治安維持法違反での入獄と非転向を認めながら、出獄後、日本共産党との関係は一切ないことを強調して採用に至っている。以下は、この文書の中で、石田と共産主義運動との関係を書いている部分である。

採用面接　一九四九年六月八日
部門　世論及び社会調査部門（Public Opinion & Sociological Research Division）
職位　教授領事（Prof. Consulate）
賃金　月給七四九〇円
特記事項　就職書類は一九四九年五月二七日に提出された。

出願機関：世論及び社会調査部門
責任者：ベネット博士（Dr. J.W. Bennett）

義務と職責
一般的
世論及び社会調査部門におけるアドバイス、および占領とその政策に関係する日本人の生活と世論の社会学的側面を調査するプロジェクトに参加し、分析し、報告書を作成。

特殊
一　世論及び社会調査部門の陸軍民間部門（DAC）(15)の人事部に利用できる日本語の社会調査資料を助言し、要約を用意し、同資料の文献目録を作成すること。

二　世論及び社会調査部門の陸軍民間部門の人事部に利用できる資料を、占領とその政策に関連する日本人の生活と世論を社会学的側面から調査する企画に参加し、立案、分析、報告すること。

石田の委嘱された仕事は次の通り。

一　民間情報局の企画する社会調査に関する助言（二〇%）。

（a）土地改革が農村社会の指導者と社会組織に及ぼした影響、（b）経営と企画の自由化に基く財閥解体と経済の非中心化、（c）労働、商売、政治的・法的強制組織に内在するオヤブン・コブンシステム解体のための効果的プログラム立案、（d）行政と労働運動の社会組織、（e）GHQの各部門と占領軍第八師団から要求された他の社会調査。

二　次に述べる技術的問題の実施をめぐる責任（四〇%）。

（a）一般的調査技法と特殊な調査企画の実施をめぐり、調査員への準備作業と授業の開講、（b）日本語参考文献の作成と要約を翻訳する資料の推薦、（c）当該部門の副部長が指示したインタビュー、あるいは観察のため個人、グループを手配、（d）資料収集の基礎スケジュールの立案と実行①世論調査のアンケート、②統計資料、③集中的な個人、グループ調査のスケジュール、④グループや個人の観察リスト、（e）調査の日程と調査実施を調整するための準備、（f）事前調査と調査の参加、（g）アメリカ人の調査分析官によって要求された問題を回答し解説するための調査結果の分析と報告。

三　上述の調査を実施するための監督（二五%）。

四　民間情報局に雇用された他のアドバイザー、GHQや第八軍担当者の部門、さらに社会学やそのほかの分野の日本人専門家、及び日本政府の関係する部門との調整役（一五%）。

以上のように、世論及び社会調査部門が石田を雇用しようとしたのは、単なる調査アシスタントではなく、調査をするための指南役であり、その内容は、占領軍の日本改革政策全般であった。しかし、石田の雇用申請は、世論及び社会調査部門の上位機関である民間情報局から簡単に受理されなかった。一九四九年一二月一六日の部門間備忘録(INTRA-SECTION MEMORANDUM)で「日本人採用者、石田英一郎を雇用することへの反対意見に関する当該部門の意見概要」という文書には、一九四九年九月二七日付で「日本国籍の採用者を雇用しないように勧める」という表題の文書を明示し、これに対する反論を次のように展開している。

(a) 石田は若い時に共産主義運動に関わったが、すでに二五年前のことであり、その後の一五年間は共産党の活動にかかわったことがない。

(b) 彼の経歴に関する我々の得た資料によれば、彼は共産主義者でもなければ、共産主義の活動に「参加を隠匿した意図」もなく、共産主義者でもない。

(c) 一五年から二五年前に、日本の思想警察の記録に共産主義者であると記載されているが、卓越し国際的に知られた日本人学者を排除することは、占領を窮地に陥れる。

この文書に添付して、石田を雇用する必要性と、石田が二〇代の若い時に共産主義活動により収監された事実を認めながら、その後は共産党の活動から距離を置いており、共産主義者であるという証拠はないと反駁している。そして参考資料Aに石田の逮捕歴と政治的な待遇を詳細に述べている。これは、本人が書いた文書には出ていない。(16)

(a) 一九二五年一二月一日、彼は出版法違反の容疑者として捜査された。古い日本の出版法は、訓令第九三号の概念に違反していた。占領下の圧力で、出版法は保留・廃止となった。

(b) 一九二六年一月一五日、彼は治安維持法違反の容疑者として逮捕され、一九二六年八月二八日まで収監された。彼は七カ月収監されていたが、この訴追に対して彼には判決が下されていない。治安維持法は「訓令第九三号一b（二）によって特に廃止された。[17]

（c）一九二六年一〇月二九日、彼はA級警察監査と指定された。警察監査は訓令第九三号一b（一）によって廃止された。

（d）一九二九年一二月一二日、彼は治安維持法により禁固刑六年の判決を宣告された。訓令第九三号一b（一）参照。

（e）一九三四年五月一三日、彼は仮出所し、日常生活に戻った。

（f）一九三五年六月一日、彼はA級共産党員に分類された。訓令第九三号一b（二）一b（三）参照。

（g）一九四二年一〇月二八日、彼は思想警察の保護観察課からB級共産党員として監視を解除された。訓令第九三号一b（二）一b（三）参照。

石田の採用を要望する最終的な結論で、石田の戦前の活動は、リベラリストとしての活動であり、石田が拘留された容疑は、すべて占領政策によって廃棄された法律であるので、石田を民間情報局で雇用するにはなんら問題がないというものだった。

石田が共産主義者でないと説明する文書の中に、石田が釈放後、どのように人類学とかかわるかについて詳細に述べている文書がある。その部分を翻訳すると、次のようになる。

（a）一九三四年に釈放以来、石田氏は日本の民族学・民俗学・伝統的古典学の権威である柳田国男に雇われた。日本の知識人に精通する者は、誰もが柳田博士《ママ》が共産主義者でないことは明白である。柳田博士が共産主義者を雇った可能性はわずかにある。柳田博士が石田氏の行為に対して完璧に認識していたとしても、彼は刑務所から釈放された石田を調査員として喜んで迎えたはずである。

（b）石田氏は一九三七年から一九三九年までウィーン大学へ留学し、シュミットとコッパーズ博士のもとで博士号を取得した。この二人は世界的に卓越したカトリックの民族学者である。さらに民族学界に通暁している者ならば、シュミットとコッパーズが博士号を認めた者は、共産主義やマルクス主義に意味はないと認めている。シュミットとコッパーズは、政治的にも社会科学理論としても共産主義とマルクス主義を否定していると示唆している。シュミットはバチカンと親しく、戦時中はバチカンですごした。世界文化の中の川の精霊（＝河童のこと）の分布を扱う石田氏の学位論文で、エンゲルスやルイース・モルガン、その他経済決定論者の著作にみられるマルクス主義の社会科学的精神と完全に背馳する。さらに、我々はこのテーマで共産主義者の著作に包含する内容を見つけることはできない。

（c）石田は一九三九年に日本へ帰国し、帝国学士院で人類学の調査員になった。

（d）石田のネットワークは人類学者全体に及んでいる。個人的に面識のあるのは、前日本銀行総裁の渋沢敬三で、彼は幣原内閣の大蔵大臣を歴任しており、渋沢財団の責任者であり、政治的経済的に排除された学者を庇護している。渋沢男爵とすべての日本の民族学者は、若いころ石田氏がマルクス主義者であったことを周知している。彼らは、石田氏が共産主義者ではなく、彼を親しい友人であり共同研究者として受け入れている。

（e）これらの確信は、石田氏が日本民族学会の機関紙『民族学研究』の主任編集者に投票で選んだ事実で裏付けされている。

（f）一九四七年に、石田氏は雑誌『展望』に、学術的なマルクス主義批判の論文を発表している。この論文で石田氏は、共産主義の愚かな人々へ怜悧な意見を確信的に議論している。しかし、彼が若い時のマルクス主義活動を示唆することはなく、学術雑誌の現実的な論文は、公的な関与を否定しており、石田氏が共産主義者と関係を断つか、あるいは民族学界を混乱させるために深く考え抜かれた陰謀である。しかし、この論文が彼の科学的観点をあらわしていることは間違いない。

この文書は、日本民族学会の内部事情に精通し、柳田国男と石田の関係にも詳しいので、おそらくハーバート・パッシン（H. Passin）が作成したものだと思われる。またアメリカ公文書館の石田文書の中に、日時が明示していない文書で、世論調査部と上級機関のやり取りを記録したものがある。この翻訳は次のとおりである。

占領本部と軍務部門（service group）よる付随的な命令は、石田氏が「若い時に政治的な組織に指示されていた個人的な活動歴と、完璧な警察記録の記入が欠落している」ということだった。当該部門によって検証された利用可能な資料では、政治的な活動や組織的関係など申請すべきことはなかった。石田氏は、要求された書類はすべて記入したと述べている。当該部門は、ペイニー女史を通じて、占領本部と軍務部門に彼（石田）が必要な事実を申告していない証拠となる文書を我々に示すよう要望した。占領本部と軍務部門はこの要求を拒否した。それに、彼が周知の事実である記録を隠そうとしたなどはあり得ないことである。彼の人生で、刑務所に収監されたのに続いて、彼は経歴の質問と調査項目に記入せねばならなかったが、このような事例で彼の過去の事件を隠して得られるものは何も期待できない。

総合人類学への転向とマルクス主義の限界

当時、連合軍内部では、中国大陸で中国共産党による共産主義国家建国を目前にした共産主義への警戒感が顕著な時期であった。民間情報局で期待された石田の仕事は、農地改革の影響調査や、占領政策に関係した世論調査であったが、実際の報告書や、調査に関わった人たちの回想からは、石田がどのようにアドバイスをしたのか分からない。しかし石田の出勤簿を見ると、かなり律儀に出勤していたことがわかる。

ただ、石田が民間情報局で実際やったことは、図書館でひたすらアメリカ人類学の著作を読むことであった。特に、クローバーへの傾倒は大きく、依拠する基本理論を戦前のマルクス、そしてシュミットの文化圏説からクローバーに変化させている。このように、人類史の普遍化からアメリカ的なイデオロギーの普遍化に変化したきっかけが、民間情報局図書館でアメリカ人類学関係書籍を読んだ結果であった（住谷・坪井・山口・村武 一九八七：一六九）。

石田が依拠する人類学理論が、ウィーン学派の文化伝播論からアメリカの総合人類学に変わったことについて、次のような二つの評価がある。一つは、戦前から勉強したウィーン学派の文化史論の延長であるとするとらえ方である。山口昌男は、石田の「クラウゼとその文化構造論について」（石田 一九四三）を評価して、この議論が、戦後のクローバーの構造論と変わらないと指摘している。つまりクラウゼの文化構造論は、対比、平衡からなる構造よりも相対という意味を持っており、クローバーの文化積分論に近い考えだったので、戦後、石田がクローバーに接近する考え方がもともとあったという見方をしめしている（住谷・坪井・山口・村武 一九八七：一九三）。もう一つは、一種の知的転向であるという見方である。石田は、民間情報局での読書によって、アメリカの文化人類学の基本原理を理解した。その後、東京大学に人類学のコースを創設するとき、「文化人類学」という名称が、あまりにアメリカ的であるという批判に対して、至上原理であるかのように総合人類学確立の必要性と必然性を説いた。石田の性格から見て、たとえGHQの民間情報局にいたとしても、占領軍という外圧に左右されたとは思えないが、至上原理のような抽象的の高い観念に対して意外にもろく、政治的転向ではないが、一種の知識人の転向の型であると山口昌男は指摘する[18]（住谷・坪井・山口・村武 一九八七：一七三―四）。

さらに、民間情報局のパッシンは、自らのセクションで石田をアドバイザーとして採用しようとして、多くの反対にあった。それにも関らず、パッシンが石田を採用したのは、石田の学識の広さと日本民族学会での人脈、人望であった。石田は学会誌『民族学研究』の編集後記に、戦時中の民族調査を報告書にして投稿するよう呼びかけている（石田一九七二：三八五）。これは、戦争という状況で行われた調査でも、学術的価値の高いものは、出版する価値があるという趣旨で呼びかけたものだった。しかし一九五〇年八月には、パッシンの自宅に日本人の南方軍政に関わった司政官や軍政関係の人たちがパッシンの自宅に呼ばれて東南アジアの統治、特に宗教製作や宣伝などのヒヤリングを行っており、日本の軍政統治の問題点を理解するため、呼び出された日本人にメモを持参させてヒヤリングを行っていた[19]。そこで東南アジアの現地事情を把握するため、戦時中に日本人が東南アジアでおこなった民族調査は、GHQが欲していた情報であった[20]。

石田は、マルクスの唯物史観を一種の文化論として重視している。唯物史観は近代資本主義社会の分析を基礎にして、文化の構造を動かす内在的な基本要因を物質生活の生活過程から明らかにしようとする最も体系的な作業仮説だと評価する。石田の唯物史観理解の特徴は、「上部構造」が「経済的基礎構造」の上に立ちながら相対的独立性を保ち、逆に基礎構造に影響を及ぼすので、唯物史観は単なる経済決定論ではないことである。次に唯物史観における社会進化論の位置づけである。石田は資本主義社会に先行する進歩の四段階（アジア的、古代的、封建的、近代ブルジョア的）を提起しただけで、世界共通の一線的進化の系列として決めてかかる史学者の態度を批判する。だから進化論から切り離して、唯物史観を文化構造理論として評価し再検討する必要を強調している（杉山一九八八：三二一―三）。

石田は、一方で一九四九年に「民俗学と歴史学」という論文を書き、その中で民俗学を批判しながら柳田を高く評価している。これは当時の歴史学の流れで、人類学、民俗学、民族学とは葛藤や行き違いがあり、『河童駒引考』や日本民族の源流の座談会に対してマルクス主義史学は対応できなかった（住谷・坪井・山口・村武一九八七：一五七）。このことに対して、石田が文化史、人類史を研究する上で、マルクス主義は限界があると見切りをつけていたのだろう。石田の文化人類学の研究対象はあくまで「文化」で、その内容によって、価値、技術、社会、言語の四範疇に類別し、相互関係に結ばれた「複合的全体」を形成すると考えた（杉山 一九八八：三二九）。

しかし、石田のマルクス主義を出発点にしたことによる人類学研究の限界もあった。石田は大正時代に学生時代を送ったので、新カント派はプチ・ブルジョア的なイデオロギーだという批判が強かったから、ウェーバーを読む機会を逸したと言っている（住谷・坪井・山口・村武 一九八七：一六〇）。さらに、石田はエスニックの問題関心が欠落していると指摘されている。これを、住谷はフィールド・ワーカーでないからという理由にしている（住谷・坪井・山口・村武 一九八七：一六三、一六六）。しかし、帝国学士院の嘱託時代は、まさにエスニシティと関係が深い中国回民のフィールド・ワークをおこなっており、西北研究所時代でも、基本的に張家口ではエスニシティの問題は触れている。ウェーバーはエスニシティについての論考を『経済と社会』の中でも展開しており、いわば石田にウェーバー的問題意識がないことが、エスニックの問題関心を欠落させた要因ではないかと考えられる。

また石田は、理論を作る研究者ではなく、依拠する理論に基いた研究をするタイプであった。若いころのマルクス主義は、ある意味で生涯影響を受けたわけだが、これはマルクス主義の著作自体からの影響というよりは、その解釈をした福本和夫の影響が大きいのではないだろうか。今までに、石田英一郎研究では、福本和夫の影響について、あまり言及されていない。しかし、近年福本和夫の著作集が刊行され、福本自身の自叙伝も出版されているので、徐々にマルクス主義だけではなく、福本の問題関心の全体像が分かってきた。

福本は治安維持法で収監され、獄中で「日本ルネッサンス史論」の着想を得ている。彼が三二年テーゼと封建派の明治維新封建革命論のあやまりを、根源にまでさかのぼって批判することであることは、鶴見太郎によっても指摘されている（鶴見 一九九八：一四二）。その後、一九四一年に福本が出獄してから、柳田国男を訪問し、郷里の鳥取県東伯郡下北条村に帰郷後、実地調査によって郷土誌を作成している（鶴見 一九九八：一四一―一五七）。戦後、福本は、日本の民間芸能や技術史について論文を書き、『カラクリ技術史』『捕鯨史』などの研究は渋沢敬三も支援している。このことからも、福本和夫のマルクス主義理解は、経済や党組織論だけでなく、社会的な見方も含まれていたので、文化史への展開は不可欠であり、必ずしも政治活動を禁止されて転向した結果とは言えない。今回は、福本の初期の著作と石田英一郎の文化史研究への影響を詳しく検討することはできなかったが、この点は比較検討する価値があると思う。

五　おわりに――結論と課題

大学で専門的に人類学を学ぶ機会が限られていた戦前の研究者たちは、はたしてどのような経路をたどって人類学を学び始めたのだろうか。この観点から人類学史を整理すると、日本の特色が明らかとなる。戦前の人類学者の場合には大きく分けて社会主義運動、登山あるいは探検、そして宗教学がそのきっかけとしてあった。本稿では、主として社会主義運動が、どのように人類学を学ぶきっかけになったのかという観点で日本の人類学史を検討した。

転向者と柳田民俗学については、これまで著名な民俗学、人類学者が集まっていたので、研究が蓄積されている。しかし、渋沢敬三とアチックミューゼアムについては、あまり注目されてこなかった。例えば、日本常民文化研究所に入ったマルクス主義に造詣の深い戸谷敏之という研究者がいた。彼は一高の丸山真男の一年先輩で、丸山が大学へ進学した頃、読書会で指導を仰いだり、ヘーゲルの読書を勧められたりしたのだという。しかし戸谷は、東大経済学部の進学が決まっていたが、治安維持法違反で起訴され、遡って一高卒業取り消しとなり、法政大学予科に入り直した。そこで当時助教授だった大塚久雄のゼミに加わり「イギリス・ヨーマンの研究」を書き、大塚経済史学の形成に寄与したと言われる。戸谷は法政大学卒業後、日本常民文化研究所に入り、マルクスとウェーバーとシュンペーターを総合した視点から同研究所の資料を使って農業経営史を中心とする研究をしていたが、一九四四年三月に応召してフィリピンに出征し、四五年九月に戦死した[21]（古在・丸山 二〇〇二：二二一―二二二）。戸谷敏之は、アチックミューゼアムから『社会経済史料雑纂』第一輯、第二輯（アチックミューゼアム編 一九三八）をまとめ、江戸時代の古文書から、日本の社会経済史の基本資料を整理している[22]。

マルクス主義と人類学といえば、人類学的民族誌のデータとマルクス・エンゲルスの著作との関係を論じ、また社会運動からの転向という政治的な問題などで議論される。しかし、丸山真男が指摘したように、戦前はマルクス主義が単なる政治的な運動ではなく、知的な世界に大きな影響力を持った時代だったのである。石田英一郎のように、学生運動に身を投じて治安維持法で刑務所に服役していた人類学者もいた。その反面、有賀喜左衛門のように、マルクス主義とは距離を置きながらも、資本主義論争への違和感から、社会調査によりマルクス主義を対抗言説として自らの学的基礎を築いた研究者もいた。一九三〇年代に学知として実態を整えてきた人類学、民族学、民俗学は、そうした意味で、海外の人類学の歴史とはかなり異なり、日本ではマルクス主義に影響を受けながら知的世界を構築した歴史があることを明らかにしてきた。

注

1　中国の場合、漢族を研究対象にする場合は「民俗学」、少数民族研究を「民族学」と呼んだ。

2　「経済外強制」については、すでに講座派の中心人物であった野呂栄太郎が、小作制度の封建的搾取形態「経済外強制」に基づくとして、日本の土地所有関係の特質を分析している（野呂 一九八三：一五〇）。

3 渋沢敬三の石神訪問に同行したメンバーは次の通り。土屋喬雄、有賀喜左衛門、早川孝太郎、今和次郎という社会経済史、民俗学、民家建築の専門家と、農林省の技術者である渡辺保治、および人類学教室に所属していた木川半之丞が撮影を担当したとある（渋沢 一九九二：二二六）。

4 一橋大学図書館に所蔵された土屋喬雄文庫には、ペン書きのノートがある。このタイトルは「岩手縣二戸郡荒沢村名子制度研究、（別タイトル：岩手縣二戸郡荒澤村石神齋藤家ヲ中心トスル名子制度ノ研究）」（土屋 一九三五）で、共同調査の原稿を一部執筆していたことがうかがえる。

5 例えば、刈分小作を西洋流の分益小作ということを、全くちがった性格の慣行としている（有賀 一九六六b：六六一）。

6 多摩美術大学の芸術人類学研究所主催で、二〇〇六年六月三日に「石田英一郎の夢：芸術人類学研究所の旅立ち」というシンポジウムが開催された。

7 北京の満鉄事務所に勤務していた伊藤武雄は、北京大学の学連と連絡を取るため、石田が北京に来たことを書いている（伊藤 一九六四：六四、一〇〇）。

8 有賀のところで述べた日本資本主義論争のところでも、石田の名前が出ている。それは一九三〇年に企画された『日本通史』の編纂に、野呂栄太郎は執筆者の候補を挙げたが、その中に石田英一郎の名前もあり、執筆を承諾したとある（大石 一九八二：二〇）。

9 『民族学研究』、一三巻四号、一九四九年。

10 石田英一郎は、西北研究所に関連する文章を、前述した西川一三の『秘境西域八年の潜行』、の前書き以外は、百霊廟での短いエッセイ「蒙古草原に憶ふ」しか残していない（石田 一九七〇b：三一六—三二〇）。ただし、石田英一郎の夫人が、ウィーンと張家口時代の思い出を随筆に書いている。その内容は、張家口での日常生活で、西北研究所についての言及はない（石田 一九九五）。

11 前書きによると蒙古善隣協会が一九四〇年一一月に駐蒙軍の委嘱により研究し、軍司令部の内部関係者のみ配布されたものである。

12　この報告書を作成した意図は、どこにも書かれていない。西スニトの特務機関に勤務していた小中勝利氏によると、シルクロードを通ってソ連領から張家口までラクダによる交易が戦時中も続いており、彼らと四方山話をしながら、どのあたりでロシア軍の移動にぶつかって足止めをされたかという情報を得ていた。北支那方面軍司令部の報告では、厚和特務機関が包頭の駱駝運送に従事する商人の個人名をすべて調べており、この証言を裏付けている（北支那方面軍司令部 一九三九）。ロシア軍の動きを察知するため、駱駝商人の通行ルートを歴史資料で復元する必要があったと思われる。

13　『民族学研究』一三巻三号、一九四九年。

14　アメリカ公文書館、RG331,Box5870。

15　Department Army Civilian のことだと思われる。

16　政治犯の裁判資料には、次のように石田の裁判の流れを記録している。石田は別名を「花房一郎」と名乗り、予審終結決定は一九二六年九月一二日、地裁判決が一九二七年五月三〇日、そして再逮捕の時は予審終結決定が一九二八年八月三一日、控訴院判決が一九二九年一二月一二日だった（小森編 一九八一：六六二）。GHQに提出した政治活動の判決で、一九二九年一二月一二日の治安維持法の判決日のみが一致している。その点からも、民間情報局から提出された石田の政治活動履歴は、もっとも詳細な資料である。

17　原文はSCAPIN（Supreme Command for Allied Powers Instruction Note）で、本稿は連合国最高司令部の「訓令」と訳しておくが、それ以外に「覚書」「指令」と呼称されることがある。

18　岡千曲によると、父の岡正雄は、石田英一郎のことを、いつも師がいなければ研究できない人類学者という批判をよく聞かされたという。山口昌男の石田評価は、大学院時代に人類学の師であった岡正雄が口にしていた石田批判が脳裏にあるのだろう。

19　アメリカ公文書館、RG331,Box5872（17）。

20　一九六四年に石田が東京大学を定年退官し、東北大学に移った年、東京大学の大学院生・研究生が自主的に何回か「石田英一郎先生を囲む会」を開いた。この会は院生と石田の座談会で、よく文化人類学とは何かという問題について議論をしていた。この会に出席していた河野本道と小西正捷の両氏からそのときの話を聞いた。両氏の記憶に若干の違いがあるが、二人の記憶の共通点として、社会思想の話から、石田は治安維持法では非転向を貫いたけれど、GHQでは転向をしてしまったとふいに涙ぐんだことがあったという。その後、小西は石田から手紙を受け取り、石田はそこで、戦後の文化人類学の復興を、仮面をかぶってやっていたとの意の自責の念を吐露していた。これは、石田が民間情報局に採用されたとき、共産主義者ではないと誓約したことの屈辱感から出た言葉ではないだろうか。

21　戸谷敏之の経歴について、戦後、戸谷の遺稿をまとめた宇佐美の紹介がある（宇佐美 一九五一）。戸谷は日本常民文化研究所で肥料史（戸谷 一九四一、一九四三ａ）、経済史（戸谷 一九四三ｂ）と農業経営（戸谷 一九四九）の論文を書いていた。大塚久雄の指導で経済史の基本を学び、イギリスのヨーマンの研究をまとめたが（戸谷 一九五二）、大塚自身は、戸谷との議論が大塚史学の輪郭を形成したことを認めている（大塚 一九五一：一三七）。

22　宮本常一は、戸谷敏之から深い影響を受けたという（住谷・坪井・山口・村武 一九八七：二九七）。

参照文献

有賀喜左衛門
一九六六ａ『有賀喜左衛門著作集Ⅰ　日本家族制度と小作制度　上』東京：未来社。
一九六六ｂ『有賀喜左衛門著作集Ⅱ　日本家族制度と小作制度　下』東京：未来社。
一九六七『有賀喜左衛門著作集Ⅲ　大家族制度と名子制度――南部二戸郡石神村における』東京：未来社。
一九六九『有賀喜左衛門著作集Ⅷ　民族学・社会学方法論』東京：未来社。
有賀喜左衛門、中野卓編
一九八〇『文明・文化・文学』東京：お茶の水書房。
アチックミューゼアム編
一九三八『社会経済史料雑纂』第一輯、第二輯、東京：アチックミューゼアム。

石田英一郎
一九四一「邦領南樺太オロッコ族に就いて（一）」『民族学年報』三巻、三四三―三九〇頁（『石田英一郎全集』五巻所収）。
一九四三「東干に対する若干の考察」『回教圏』七巻四号、九―三〇頁（『石田英一郎全集』五巻所収）。
一九五六「唯物史観と文化人類学――とくに文化構造と人間性の問題をめぐって」『東洋文化研究所紀要』第九冊、一―一二頁（『石田英一郎全集』二巻所収）。
一九五八「九年後に」岡正雄他『日本民族の起源』東京：平凡社。
一九六一「序文」西川一三『秘境チベットを歩く』東京：芙蓉書房。
一九七〇ａ『石田英一郎全集』四巻、東京：筑摩書房。
一九七〇ｂ『石田英一郎全集』五巻、東京：筑摩書房。
一九七二『石田英一郎全集』八巻、東京：筑摩書房。
石田布佐子
一九六九「夫英一郎との日々」『展望』一二五号：一六七―一七五頁。
一九九五『空白の時期』東京：私家版。
今西錦司
一九七一「文化人類学の責任」『石田英一郎全集月報』八巻、東京：東京大学出版会。
伊藤武雄
一九六四『黄竜と東風』東京：国際日本協会。
岩本由輝
二〇〇〇「有賀喜左衛門研究と柳田国男」北川隆吉編『有賀喜左衛門研究――社会学の思想・理論・方法』東京：東信堂。
宇佐美誠次郎
一九五一「戸谷君のこと」戸谷敏之『イギリス・ヨーマンの研究』東京：お茶の水書房、一二五―一三六頁。
内田穣吉
一九四九『日本資本主義論争』上巻、東京：新興出版社。
江上波夫

一九八六「わが生い立ちの記——学問の探検」『江上波夫著作集』別巻、東京：平凡社。

エンゲルス、岡村繁訳
一九四八『反デューリング論 —— オイゲン・デューリング氏の科学の変革』東京：彰考書院（Engels, Friedrich, *Herrn Eugen Dührings Umwälzung der Wissenschaft*）。

及川宏
一九三九「同族組織と婚姻及葬送の儀礼」『民族学年報』二輯：一—四〇頁。

大石嘉一郎
一九八二「『日本資本主義発達史講座』刊行事情」『日本資本主義発達史講座刊行五十周年記念復刻版 別冊一解説・資料』東京：岩波書店。

大塚久雄
一九五一「戸谷敏之氏の論文『イギリス・ヨーマンの研究』に就いて」戸谷敏之『イギリス・ヨーマンの研究』東京：お茶の水書房、一三五—一四四頁。

河村望
一九七五『日本社会学史研究』下、東京：人間の科学社。

北川隆吉編
二〇〇〇『有賀喜左衛門研究——社会学の思想・理論・方法』東京：東信堂。

菊川忠雄
一九三一『学生社会運動史』東京：中央公論社。

蔵持不三也
一九八五「モース」綾部恒雄編『文化人類学群像』一〈外国編①〉、東京：アカデミア出版。

黒田信一郎
一九八七「シュテルンベルグ」石川栄吉等編『文化人類学事典』東京：弘文堂。

クローバー（A.L.Kroeber）松園亀男訳
一九七一『文明の歴史像——人類学者の視点』東京：社会思想社（*An Anthropologist looks at History*, University of California

Press,1963)。
クロポトキン・P著、高杉一郎訳（Kropotkin, P. A.）
一九七九『ある革命家の手記』上・下巻、東京：岩波書店（*Memoirs of a revolutionist*）。
小島恒久
一九七六『日本資本主義論争史』東京：ありえす。
小森恵編
一九八一『昭和思想統制史資料』別巻（上）東京：紀伊国屋書店。
小山弘健編
一九五三『日本資本主義論争史』上巻、東京：青木書店。
古在由重・丸山真男
二〇〇二『哲学徒の苦難の道――丸山真男対話編　一』東京：岩波書店。
塩沢君夫
一九七〇『アジア的生産様式論』東京：お茶の水書房。
清水昭俊
一九九五「民族学と文化人類学――学会の改称問題によせて」『民博通信』七〇号、八―一七頁。
渋沢敬三
一九九二『渋沢敬三著作集　犬歩当棒録・東北犬歩当棒録』第三巻、東京：平凡社。
庄司興吉
一九七五『現代日本社会科学史序説――マルクス主義と近代主義』東京：法政大学出版会。
杉山晃一
一九七二「(石田英一郎）年譜」石田英一郎『石田英一郎全集』第八巻、東京：筑摩書房。
一九八八「石田英一郎」綾部恒雄編『文化人類学群像』三〈日本編〉、東京：アカデミア出版。
住谷一彦・坪井洋文・山口昌男・村武精一
一九八七『異人・河童・日本人』東京：新曜社。

住谷悦治
一九六九「京大生時代の石田君」『展望』一二五号：一五九―一六六頁。
永野由紀子
二〇〇〇「有賀社会学における「第三の立場」から見た日本の近代化――マルクス主義の系譜と民俗学の系譜」北川隆吉編『有賀喜左衛門研究――社会学の思想・理論・方法』東京：東信堂。
高桑末秀
一九五五『日本学生社会運動史』東京：青木書店。
竹内利美
一九八一「『農村社会の研究』と有賀先生の研究の途」『昭和前期農政経済名著集第二〇巻　月報』東京：農山漁村文化協会。
一九八八「初期研究の出発点――郷土調査項目・民俗」柿崎京一・黒崎八州次郎・間宏編『有賀喜左衛門研究――人間・思想・学問』東京：お茶の水書房。
土屋喬雄
一九三五「岩手縣二戸郡荒沢村名子制度研究」［手稿］（一橋大学図書館所蔵）。
一九七三「社会科学五〇年の証言〇二一　土屋喬雄　資本主義再論争のために」『エコノミスト』一九七三年一二月四日号、八二―八八頁。
一九八一（一九三七）『日本資本主義史論集』東京：象山社。
一九八四「私の履歴書」日本経済新聞社編『私の履歴書　文化人一七』東京：日本経済新聞社。
土屋喬雄編
一九八三（一九四二―三）『大正十年府県別小作慣行調査集成』上下、東京：象山社。
鶴見太郎
一九九八『柳田国男とその弟子たち　民俗学を学ぶマルクス主義者』京都：人文書院。
二〇〇〇『橋浦泰雄伝――柳田学の大いなる伴走者』東京：晶文社。
戸谷敏之
一九四一『徳川時代に於ける農業経営の諸類型――日本肥料史の一齣』アチックミューゼアムノート第一八、東京：日本常民文化研究所。
一九四三a『明治前期に於ける肥料技術の発達――魚肥を中心とせる』日本常民文化研究所ノート第二八、東京：日本常民文化研究所。
一九四三b『切支丹農民の経済生活――肥前国彼杵郡浦上村山里の研究』東京：伊藤書店。
一九四九『近世農業経営史論』東京：日本評論社。
一九五二『イギリス・ヨーマンの研究』東京：御茶の水書房。
鳥越皓之
一九九四「有賀喜左衛門――その研究と方法」瀬川清子・植松明石編『日本民俗学のエッセンス――日本民俗学の成立と展開（増補版）』東京：ぺりかん社。
直江広治
一九六七『中国の民俗学』東京：岩崎美術社。
中生勝美
二〇〇六「日本占領期の社会調査と人類学の再編――民族学から文化人類学へ」末廣昭編『帝国の学知』第六巻、岩波書店。
二〇一〇「コミンテルンの情報組織と一九三〇年代の上海――ゾルゲと尾崎秀実を中心に」『人文研究』創刊号、八七―一〇三頁。
野呂栄太郎
一九八三（一九三〇）『初版　日本資本主義発達史』下巻、東京：岩波書店。
原山煌・森田憲司
一九八六「西北研究所の思いで――藤枝晃博士談話記録」『奈良史学』四号：五六―九三頁。
平野義太郎
一九三四『日本資本主義社会の機構――史的過程よりの究明』東京：岩波書店。
ビルンボーム（Birnbaum, Pierre）宮島喬訳
一九七四「社会主義から贈与へ」アルク誌『マルセル・モースの世界』東京：みすず書房（“Du socialisme au don”, *L'Arc* 48）
福田アジオ

一九九〇「日本の民俗学とマルクス主義」『国立歴史民俗博物館研究報告』二七集：一三七—一六五頁。
二〇〇九『日本の民俗学——「野」の学問の二〇〇年』東京：吉川弘文館。
福本和夫
一九二六『経済学批判の方法論』東京：白揚社。
二〇〇四『革命運動裸像——非合法時代の思い出』東京：こぶし書房。
二〇〇八『福本和夫著作集　第七巻　カラクリ技術史；捕鯨史』東京：こぶし書房。
二〇〇九『福本和夫著作集　第九巻　日本ルネッサンス史論』東京：こぶし書房。
福冨正美
一九七八『日本マルクス主義と柳田農政学——日本農政学の伝統と封建論争（一）』東京：未来社。
福冨正美編訳
一九六九『アジア的生産様式論争の復活——世界史の基本法則の再検討』東京：未来社。
藤田五郎
一九七〇（一九四七）『藤田五郎著作集　第一巻　日本近代産業の生成』東京：お茶の水書房。
ブロック・モーリス（Bloch, Maurice）山内昶・山内彰訳
一九九六『マルクス主義と人類学』東京：法政大学出版会（*Marxism and anthropology: the history of a relationship*, Oxford University Press, 1983）。
北支那方面軍司令部
一九三九『包頭駝運事情』陸支密受第三〇〇五号、方軍地資第一〇号。
ホブズボウム（Hobsbawm, E. J）市川泰治郎訳
二〇〇六『共同体の経済構造——マルクス『資本制生産に先行する諸形態』の研究序説』東京：未来社（Introduction by Hobsbawm, E. J Karl Marx, *Pre-Capitalist Economic Formations*, London: Lawrence & Wishart, 1964）。
ミッチェル・リチャード・H（Richard H. Mitchell）奥平康弘、江橋崇訳
一九八〇『戦前日本の思想統制』東京：日本評論社（*Thought control in prewar Japan*, Cornell University Press, 1976）。
メイヤスー・Cほか、山崎カヲル編訳

一九八〇『マルクス主義と経済人類学』東京：柘植書房。
蒙古善隣協会
一九六二（一九四〇）『歴史上より観たる西北ルート』出版地不明：出版社不明。
柳田国男
一九八九『柳田国男全集』一五巻、東京：筑摩書房。
山口昌男
一九七九『石田英一郎――河童論』東京：講談社。
我妻栄編
一九七六『日本政治裁判史録　昭和・前』東京：第一法規出版。
Diamond, Stanley ed.
1979, *Toward a Marxist Anthropology : Problems and Perspectives,* The Hague, Paris New York ; Mouton Publishers.
Fortes, Meyer
1963, “Preface” in Fortes, M. ed., *Social Structure : Studies presented to A.R. Radcliffe-Brown,* New York : Russell& Russell Inc.
Grant, Bruce
1999, foreword, in Sternberg, Lev Yakovlevich, *The Social Organization of the Giliyak,* The American Museum of Natural History.
Katz, Barry M.
1989, *Foreign Intelligence: Research and Analysis in the OSS,* Harvard University Press.

第一〇章　モノを図化すること

——図化技術とその教育からみた日本人類学史と植民地

角南聡一郎

本章は、日本人類学史の一部を担った物質文化研究のうち、モノを図化する技術とその教育の浸透に留意し、研究史をふりかえる。当初、モノを図化することの担い手は、本草学における絵師や、博物学、図案学における画工たちであった。こうした担い手と人類学との関係についても検討をおこなう。近代において写真が登場したにもかかわらず、モノを図化することがなぜ必要とされたかについても考える。

一　はじめに

人類学のテーマの一つに物質文化研究がある。日本の人類学史を考察するうえでも、特に初期段階では重要なテーマと考える。学史上では、渋沢敬三が主催したアチック・ミューゼアムの活動が重要である。物質文化研究では、芸術学、建築学の方法を基本としながらも、民族資料・考古資料などモノ資料を客観化するために独自の手法を確立している。本研究では、人類学における物質文化を図化することの発展史を、方法や周辺分野との関連に留意しながら検討してみたい。

具体的に述べるなら、日本の人類学史において物質文化が研究されるなかで、画像・実測図などの画像を手がかりとして、どのような意図で記録がなされたかを考えるものである。

まず、江戸時代の本草学における物質文化記録方法に注目する。加えて蘭学における解剖図や美術解剖学と本草学の表現方法を比較検討する。続いて、近代以降の博物学の移入にともなう表現方法の変化について考察する。また近代教育システムにおける図画教育の意味についても考える。

東京帝国大学理学部人類学教室の画工、大野雲外（延太郎）に注目し、人類学教室の物質文化に対する記録方法について検討する。また、考古学における図画から実測図への変遷過程について、京都帝国大学考文学部古学研究室を例に概観する。

日本の人類学史という点から台湾を例として、植民地時代に日本人研究者が開始した物質文化研究の動向と戦後におけるその影響について振り返る。また、以上のことから、写真が主流となっていくなかで、なぜ画像が用いられ続けたかについて考えてみたい。

本研究では、現在ではまったく個別の学問として存在しているかのような、日本の考古学と人類学の間柄であるが、日本の人類学の研究史のうち物質文化研究というジャンルの変遷過程を考察するためには、両者の関係の成立過程を紐解く必要があると考えられる。そもそも、考古学とは物質文化を無視しては成立しえない学問である。それらのものは基本的に過去に製作され使用されたので、製作者・使用者といったヒトと直接関わることができない。そこで、現代の人間行動パターンから過去を類推するといった手段がしばしば用いられるようになった。モノからコトへの過程で、実験や民族誌は重要な情報であった。

日本における物質文化研究の発展史については、考古学では比較的盛んに回顧されている。また、日本民俗学、特に民具学においては、物質文化研究が蓄積されてきた（名久井 一九八八）。しかし、これは日本というエリアに限定されたものである。

広義の物質文化研究ということになれば、建築史や美術工芸史におけるモノを対象とした研究も包括することができるだろう。しかし、日本民族学、文化人類学においては物質文化研究の研究史について、近年はほとんど省みられることはない。そこで本稿では、日本における人類学、考古学、民俗学を中心として、建築史・美術工芸史も一部含んで、考古学と人類学の学史を往還しながら、図化することの歴史に焦点をあてつつ論じてみたい。

二　モノ図化の歴史

そもそも、人類がモノを図化することを始めたのは、いつか、それは正確にはわからない。しかし、旧石器時代後期には、スペインのアルタミラ洞窟（Cave of Altamira）などのような壁画が残されているので、その歴史はかなり古くまで遡ることが可能である。アルタミラ洞窟の壁画は、野牛や馬、イノシシ、鹿などが点描法や陰影法などにより描かれている（吉原 二〇〇八：一〇）。

この世の中に存在するユークリッド空間（euclidean space）の「モノ」は、すべて次元を三つ用いてあらわすことができる。これを二つの次元のみで表現しようとするのが、平面空間化＝図化・画像化の作業である。図化・画像化とは、三次元で表現された「モノ」の情報を、「モノ」が存在する場にいない第三者に対して伝達・説明する目的でなされる。人類は原始・古代から「モノ」の図化という作業に重きを置いてきた。前述した洞窟壁画や絵画土器のようなものは広く全世界で認められる。このような図化の歴史は主に理工系の分野で紐解かれてきた（ブッカー 一九六七）。

また、石像・木像などのように、三次元の情報をそのまま三次元で表現しようとするものもある。しかし、当初はこれらの多くは宗教的意図で製作され、写実的な意図よりも観念を抽象化することにあった。

紀元前三〇〇〇年頃、農耕社会が成立した古代エジプトで、ナイル川の洪水によって荒らされる農耕地を整理する為に土地を測ったのが、測量の始まりといわれている。紀元前後にはギリシャの数学者ユークリッド（Euclidean）らにより、測量術から直定規とコンパスによる直線と円からなる幾何学（geometry）へと発展した。測量と関連して紀元前六世紀の前半にはギリシャの哲学者・アナクシマンドロス（Anaximandros）が世界図を作り、これをもとに地理学者・ヘカタイオス（Hecataeus）が世界地図を描いたことが知られる。当時の貿易範囲である地中海沿岸やカスピ海、そしてアフリカ北部やエジプト、アラビアなどはかなり正確に描写がなされている。このように地形の測量と図化もまた空間を平面に変換する技術であった。

その後、一四―一六世紀のルネッサンス期に幾何学から透視図法が編み出されることとなる（岩谷 二〇〇六、松岡 二〇〇五）。透視図とは、線遠近法（linear perspective）とも呼ばれ、人間の視覚によって捉えられた立体空間像を、おおよそ自然なかたちで平面上に再現するための図法である。これらは一五―一六世紀に工房技術者、建築家、軍事分野、航海術の分野などで研究され発展した。透視図法は一六世紀になり芸術において花開いた。数学的な画法の考え方は、初期ルネサンス期、ウンブリア派最大の巨匠であり数学者でもあった、ピエロ・デラ・フランチェスカ（Piero della Francesca）などにより早くから起こっていた（瀬分 二〇〇七、Field 1993, 1997）。作画の必要性から、機械は科学者たちを画法幾何学の手法の発展に導いた。それは言葉による記述よりも格段効果的であった。その後、一五世紀イタリアのルネッサンス期には、画家と数学者、建築家の間には極めて重複する領域があった。例えば、ルネッサンス期のレオナルド・ダ・ヴィンチ（Leonardo da Vinci）は画家としてだけでなく、彫刻家、建築家、科学者としても著名であることが良い事例である。このように、現代におけるモノの図化の直接的源流は、ルネッサンス期の建築と絵画の双方に求めることができるのである。また、モノそのものではないが、人体を詳細に図化するという点で、医学における解剖図や測量学による測量、地図といったものも、ルネッサンス期に大きな進展をみせ、その後の西洋医学の礎となっていくものである。ここでは、モノを科学的に観察するために、図化・記録することが必要とされたのであった。

その流れを汲んで一八－一九世紀にヨーロッパにおいて図法幾何学（省略して図学と一般的に呼ばれる）が成立する。図面が単なる思考の手段から、実用の段階まで達したのはこの頃であった。

三　日本におけるモノの図化史

では日本の場合はどうだろうか。考古学者・佐原眞は考古資料を中心に世界の事例と比較を試み、日本原始絵画の位置づけを試みている。それは次のようなものである。一つの視点から観察して描いたとみられる絵を一視点画、複数の視点からの観察結果を総合して一つの絵に表現したとみられる絵を多視点画とする。縄文画、弥生画、古墳画は多視点画が中心である。遠近法的表現は、すでにヨーロッパ旧石器時代にあり、西アジアのジェムナットナスル期に見られる。日本では、弥生画の中に、梯子・櫂などを遠近法的に描いたものがある。一五－一六世紀、ヨーロッパで遠近法が成立すると、一視点画は完成の域に達し、絵画の主流を占めるようになった。ヨーロッパ世界以外では、多視点画が久しく残り、現代に及んでおり、西洋画が到来したところでは、一視点画が多視点画を圧倒するに至っている（佐原一九九三：四〇八)。

中世には絵巻物などにおいても画中にモノが描かれるが、あくまで背景としてモノを描いたに留まるものである。この頃にはモノの設計図という発想にまでは至っていなかった。しかし、建築物の造営には設計図が用いられており注目される。日本で最初に設計図が作られたのはいつか、明確なところはわからない。現存する最古の遺品は、奈良時代の東大寺講堂・三面僧坊と食堂を描いた「東大寺殿堂図」であるとされる（濱島 一九九二：一三）。これは平面配置図であり、立面図や断面図は室町時代の事例が知られることから、少なくともこの頃には平面図に加えて用いられるようになっていたことがわかる。現在のような設計図の形となるのは、近代以降の西洋建築による手法の流入以降であった。しかしながら、建築・土木における測量や尺度の発展は、モノを科学的視点から計測し数値化するという意味も図化の源流であり得た。

そもそも図という語は建築に由来するものである。建築史の立場からは、図という用語の語源についての研究がいくつか認められるが、ここでは簡単に紹介するにとどめたい。現在では図と図面はほぼ同義語として用いられるが、無論そのニュアンスには違いがある。表題を示す場合には、「何々図」というように「図」を使い、日常生活には「図面を出す」などと図面を使う場合が多い。しかし、意味はほとんど変わらない（西 二〇〇七：二）。

当初は図という語が用いられ、次に図面（ずおもて）が使用され、それが図面（ずめん）とも読まれるようになり、いつしか図と図面は同じ意味となった（西 一九八一：二五九―二六〇）。

日本にポルトガル人とオランダ人が到来し、その影響を受けて一六世紀後半から一七世紀前半にかけて生まれた絵画、彫刻、工芸品などの南蛮美術・紅毛美術がある（西村 一九四六）。絵画に関しては、宗教芸術と福音伝道と密接なつながりがあり、西洋からの影響が強いものであり、洋風画と称される。

つまりキリスト教の伝来に伴い、一六―一七世紀に宗教画として写実的絵画がはじめて日本にもたらされたといえる。具体的には天正年間末（一五九二―一五九三）頃に日本耶蘇会（イエズス会）が設置した画学舎において、一〇名から二〇数名の者が慶長五（一六〇〇）年まで、油絵画や銅版画、彫刻、楽器などの製作に専門的に従事しており、イタリア人聖職者・ジョヴァンニ・ニコラオ（Giovanni Nicolao）が主として指導に当たった。学生のうち水彩画と油絵を学ぶ者がそれぞれ八名ずつ、銅版画を修練する者が五人いたこと、主として彼らが天正遣欧使節のもたらしたヨーロッパ製の原画を模写していた（成瀬 二〇〇二：七）。聖画を書く画学生を養成することが設置目的であった。ここは、日本で最初の美術学校であったといえる。

蘭学がもたらした科学書の挿図により、写実的な西洋画の影響が日本にも本格的にあらわれた。その引率者は本草学者でもあり多彩な側面を有した平賀源内であった。源内に師事し、秋田蘭画の中心的な存在だったのは、角館出身の画家・小野田直武である。小野田の名は医師・蘭学者の杉田玄白が翻訳した『解体新書』の挿図を作成したことでよく知られている。そもそも『解体新書』は、ドイツ人・クルムス（J. Kulmus）の解剖書（Anatomische Tabelle）の蘭訳本（俗称ターヘル・アナトミア一七三四年刊）を日本訳したものである。さらに日本ではじめて腐食銅版画を製作した司馬江漢も、秋田蘭学の継承者であった。秋田蘭画派の佐竹曙山は、その著作『画図理解』において透視画法の解説をおこなっている（今橋 二〇〇九）。しかしながら、秋田蘭画は江戸時代後期には消滅してしまい、西洋画の本格的な移入は近代を待たなくてはならなかった。

その後、絵画の在り方に変化が生じるのは、日本において本草学が盛行する江戸時代後半期である。本草学（Materia Medica）とは中国で発達した医薬に関する学問である。本草とは「本草石之寒温」、即ち「草石の寒温（薬の性質）に本（もと）づく」に由来する語である。そもそも、歴代皇帝が不老不死の薬を開発するべく、各地でその素材を採取させたことに始まる。これは自然に存在する、動物、植物、鉱物などを対象としたものであった。これらを集め分類がおこなわれた。つまり万物の分類ということが、本草の発展を通しておこなわれていった。それは中国における漢方薬の進展を意味していた。

日本の本草学の起源は奈良時代にまでさかのぼる。中国から本草学に関する書物の輸入があり、『本草和名』（九一八）のように本草の和名を漢名と対比した書物が編纂された。『本草綱目』（一六〇七）の輸入を契機に本格的な本草学の研究は開始された。このことにより本草学者が登場する。林羅山『多識篇』（一六一二）は『本草綱目』を抄出した作品、貝原益軒『大和本草』（一七〇八）、田村藍水『琉球産物志』（一七七〇）、稲生若水『庶物類纂』（一七三八）もまたそうである。魚介類・鳥類・植物などを図鑑として編纂する作業は、大名などのあいだで流行し、極密の魚介図譜・禽獣図譜などが製作された（上野 一九八九）。このような写実的図は美術的にも評価が高い。

中世以降に日本へ知識として伝わった書物は主に知識としてのものであったが、近世になると日本に存在する何に相当するかが問題とされるようになる。そこでモノの情報を出来るだけ正確に伝え理解を促すために、図が必要とされるようになる。

最もわかりやすいのが百科事典の登場であろう。正徳二（一七一二）年頃、寺島良安によって百科事典『和漢三才図会』がまとめられた。これは、明の王圻編『三才図会』をもとにしたもので、両者ともに絵入りの解説がなされている。一方で『厚生新編』は、蘭学者・大槻玄沢らが、江戸幕府の命で文化八（一八一一）年から四半世紀以上を費やして訳したもので、底本はフランスの『日用百科事典』(1)の蘭訳本であり、無論解説のための挿図がある。挿図の存在は視覚情報が重視されるようになったことを顕著に示している。二つの事典の翻訳は我が国で西洋と東洋双方からの影響を受けながら、学問や図に対する認識が発展したことを示すものであろう。

このように近世における蘭学の発展における、図化の果たした役割は重要である。そもそも、蘭学の日本への伝播は西洋医学を日本に持ち込むこととなったが、西洋医学の中では、人体の詳細な図により医学知識が教育されており、西洋的リアリティーを追求した図化が、日本人に与えたインパクトは強烈なものではなかったかと考えられる。このように教育の中で図の役割は非常に重要な位置を占めていた。この頃の絵師の生業として、本草書や医書の挿図を作成することがあった。これは、絵師により写実的な表現方法を追及することを促すこととなった（今橋 一九九五）。

本草学からの派生として「好事家」が誕生し、変わったモノや珍しいモノが蒐集されるようになるが（国学院大学日本文化研究所編 二〇〇八）、この中には縄文土器や石鏃など出土考古資料も含まれていた（鈴木 二〇〇三）。これらが珍しいモノ、変わったモノであることを強調するためにも、より正確な図をもって表現されることが求められた。時には中国で誕生した金石学の手法である拓本も用いられた。[2]金石学自体、金石の時代考証を目的とするものである。拓本もより正確に刻まれた文字の形を記録するために生み出された方法であった。これまでの指摘もあるように、金石学に考古学の源流の一部を求めることが可能であると同時に、物質文化研究の源流をも見出すことが出来る。

また、近代には西洋から博物学が日本へと伝えられる。博物学とは動物、植物、鉱物といったものを対象とする。ナチュラル・ヒストリーという英名が示すように、自然の歴史を解明しようとするものであり、人類もその範疇に含まれる。一見すると本草学と類似するが、本草学の目的はあくまで薬の素材を究明することであり、両者の目的は異なっていた。

博物学は西洋において大航海時代以降、大きな役割を果たすことになる。それまでのヨーロッパ世界とは異なる自然・文化を位置づけることで、博物学は発展をみることとなる。そしてそのように異なったモノを記録し伝えるために、図化がなされることとなる。ここでの活動は職業的画家の独壇場であった。[3]つまり、ボタニカルアート（Botanical Art）などにつながる動物や植物の写実的絵画はまさに、博物学によって確立されたものである。

フィリップ・フランツ・フォン・シーボルト（Ph.Fr.von Siebold）は、南ドイツのヴュルツブルク（現在のドイツ連邦共和国バイエルン州ヴュルツブルク市）に生まれた。彼の一族は、祖父・父をはじめ多くの大学教授をだした医学界の名門だった。その後、ヴュルツブルク大学に学んだ。シーボルトは、大学で医学をはじめ動物学・植物学・民族学などを修めた。代表的著作には『日本』（原著『Nippon』一八三二―一八五一の間刊行）がある。一八二三年から一八二九年まで長崎の出島で日本人医師や学者達と交流をしながら、西洋植物学、医学、薬学などを教育した。その一方、オランダ政府からは、日本の国情、交易条件、政治制度、日常生活に関する情報の収集という使命を受けていた。シーボルトは日本の植物、動物、種子、日用品、芸術品、模型などを蒐集することに精力を注いだ。『日本』には、考古資料も収められている。本草学者・木内石亭らの収集物が転載されているが、以前は輪郭のみで描かれていた勾玉に稜線が加えられたり、須恵器に線描による影表現が施されている（桜井 二〇〇三：七五）。

シーボルトは日本で収集したモノをオランダに送った。現在もこれらの資料はオランダに保管されている。収集されたものはシーボルト・コレクションと言われ、そのコレクションは国立民族学博物館、自然史博物館、国立植物園とライデン大学図書館に分野別に収蔵されている。現在は、シーボルトが住んでいた伝統的なカナルハウスであるシーボルトハウスに、コレクションから厳選された約八〇〇点が公開されている。

シーボルトのように、民族学の教育を受けた西洋人が、日本の物質文化を収集し博物学的図化をしたことは、非常に興味深い。当時はまだ、西洋からすれば観察される異文化の一つにしかすぎず、西洋の植民地のごとく彼らにとって珍しいものが、収集の対象となっていたことを物語る事実である。

日本考古学における図化技術の系譜を検討した桜井準也によれば、考古学における図化資料は近世中期に出現し、一九世紀までには簡略な写生図的な「多視点図」であったが、一九世紀になると透視図法によるものや比較的精緻な図が現れる。そして、一九世紀後半になると石板印刷など新たな印刷技術の導入によるリアルな「細密図」へと変化し、二〇世紀になって現在に繋がる実測図が成立することになる（桜井 二〇〇三：七六）。実測図は図の「描き手」と「読み手」の間で共通のコードが存在しなければ読解は不可能であり、実測図の存在は研究者間での一定のコードや記号の共有が前提となってくるのである（桜井 二〇〇三：七六）。その後リアルにモノを表現する役割は写真へと移行していった。そのあたりの事情は後述する。

四　西洋と日本の図化教育史

技術教育は、フランスの学校で始まったとされる。その背景は以下のようなものである。フランスは一八世紀の市民革命後、革命を原因として国家の公共事業を指導する技術者・官僚がいなくなった。革命政府は、道路や橋の計画、要塞の計画をすることが出来なくなった。政府はこれら公共事業を計画し指導する専門家を新しく養成しなければならなくなった。これにより一七九四年、二つの学校、エコール・ノルマル（高等師範学校）とエコール・ポリテクニーク（高等工芸学校）が造られた。教員を再教育するための学校と、技術者・官僚を養成する学校である（堀内 一九九七）。

エコール・ノルマルの教育の中心は、生産のための技術教育であった。数学者・モンジュ（Monge, Gaspard）は技術教育で理論と実際を結合することを意図した。教育の一部に技術教育科目があった。技術教育科目には、数学、図法幾何学、物理学、化学があった。モンジュは製図がデザインの中心になると考えていた。一七九五年、エコール・ノルマルでのモンジュの講義録が「図法幾何学」として出版された（モンジュ 一九九〇）。モンジュは、エコール・ポリテクニークに移り、ここで技術教育システムを完成させた。一七九七年、彼はこの学校の校長になる。二〇世紀初頭にかけて、ここは技術教育だけでなく、多くの科学者を育て、ヨーロッパの科学の中心になった（梶山 一九九八）。単に公共事業のためだけでなく、図法幾何学は成立当初から軍事利用されていたことも忘れてはならない。画法幾何学の原型は、モンジュがメジエールの工兵学校で教鞭を執っていたときに考案され、教授されていた。しかし、それがフランスの技術的実践・技術知のあり方に大きなインパクトを与えたのは、フランス革命のさなか、画法幾何学がエコール・ポリテクニクの中心的な教育科目に据えられ、また、エコール・ノルマルでモンジュが画法幾何学の講義をおこなったことによってであった。革命以前にあっては、将来の工兵技師にのみ教えられていたにすぎなかったものが、革命を経て、ほとんどの主要な技師へと、そしてさらには、職人や労働者もが習得するべきものとして提示されたのである（中村 一九九九：二―三）。

その後、欧米において一般化した技術者教育は、明治時代に入ってから日本にも移入される（茅原 二〇〇七）。一八七七年、政府は近代的教育機関として東京大学と工部大学校を設立した。この二つの教育機関の中に製図学の科目を設けた。一八八六年になると、政府は日本の高等・中等・初等の教育制度を定める。この時、政府は世界に先駆けて技術学校（College of Engineering）を大学として認めた。工部大学校は東京大学の工学部となる。外国人教師により始まった東京大学理学部および工部大学校での製図学の教育は、卒業生により広められる。旧制高等学校が設けられると、この卒業生が図画科の教師となり製図学の教育を担当した（原 一九七五）。

無論、前章でみたように江戸時代の私塾における絵画教育も、限定されたものではあるが、職業的画家（絵師）に西洋的画法の普及には重要な役割を果した。

明治時代の著名な洋画家・高橋由一は、日本橋に私塾天絵楼（のち天絵舍、天絵学舎）を創設し、後進の指導に当たった。ここで、後述する本多錦吉郎同様に幾何・遠近法・投影画法などとともに、人体解剖学を教えた(4)。

また近代には図化教育も学校教育の中ではおこなわれるようになった。例えば、明治時代末期の尋常小学校の教科書には、製図方法の実例が提示されている。ここで、一般の人々も遠近法や展開図などの西洋的なモノの図化方法を理解していくこととなる。

五　考古学研究史にみるモノの図化

形質人類学者・考古学者である清野謙次は『日本考古学史・人類学史』の中で次のように述べている。「私が誰に頼まれたという訳もなく、日本に於ける人類学の勃興を志して、その学史資料の蒐集を始めたのは、大正時代の中頃であった。（中略）また、人類学の研究範囲が学界に於て未だ決定的でないことも、学史を編むのに不便な時代であった。本書の『序説』で述べたように、私は結局、明治中期におこなわれた坪井正五郎人類学の範囲に於て研究資料を蒐集したのであったが、それでは余り広汎であり、網羅しては著述も非常に大冊となるので、他の部門にわたるものは大いに削減することにせざるを得なかった」（清野　一九五四：二三）。

当初、清野は坪井の総合人類学すべての範囲の学史を記そうと志したことが窺える。結果として、考古学を中心とした部分だけが上梓され、坪井人類学における物質文化研究の軌跡は明らかにされることはなかった。その反面、本書は考古学が人類学も含んだ物質文化研究の回顧で主導権を握る契機ともなった。

また、近年、考古学では坪井の人類学的研究についても研究史が深化され、次のような理解が一般化している。

「坪井の考古学的な研究は、『古跡古物』から当時の社会の有様を復元するという性格を有していた。そのため、対象物に対する用途や機能の説明がより具体的に重要な意味を持っておこなわれた。時間軸や学問的な手続きを超越した、直感的とも感じられる説明も、人類学という大きな目的のなかでは無理なくおこなわれていたのである。（中略）坪井の人類学は、本州列島において考古学的分野へ偏向せざるを得なかったが、北海道などの周辺地域では『口碑』や『伝聞』を求めた土俗学的な調査が展開された坪井が『斯かる研究には現存の未開野蛮人民に関する智識が必要で有る』と述べた土俗学的な調査や研究は、坪井人類学において考古学的研究と同様な価値を持っている」（中島　一九九六：九）。

ここで重要なのは近代考古学にかかわるコミュニケーションの成立には大きく二つの方向性が存在していた事である。すなわち、エドワード・モースから坪井正五郎へと続いてゆく、西洋的近代知により先史社会を進化主義的に紐解こうとする「考古学」と、近世以来の「好古」ないしは「収古」といった言葉で表される、日本の伝統を再確認する事で、文化財として制度化をはかっていった解釈学の伝統を引き継ぐ「考古学」である（山内二〇〇〇ａ）。

前者は、西洋起源の博物学の系統を引き、後者は本草学の系統を引くものと理解できる。つまり、近代における図化の系譜には、少なくとも二つの流れがあったことがわかる。

日本の初期人類学においては、写真に先んじて図が物質文化の表現方法で中心的存在であった。東京帝国大学理学部人類学教室では、専属の画工が雇用され資料の図化をおこなうようになった。画工は大野延太郎（雲外）であった。大野は東京帝国大学理学部人類学教室・画工・石板画の技師であった。大野の雇用により、人類学教室の成果報告の場であった『東京人類学雑誌』の挿図、実測図は飛躍的に写実化された（図一〇―一～図一〇―八）。それは、幾何・遠近法・投影画法などを踏まえた図であったからだ。大野のこうした技能は図画教育を受けた人物の影響が大であったと考えられる。そこに物質文化を図化することの近代化を紐解くヒントが隠されている。

東京帝国大学理学部人類学教室の画工の存在は、生物学出身の坪井正五郎による人事であった。生物学での図画の有効性を考古資料・民族資料にも応用していく方針を確立させた意義は大きい。この方向性は実測図による資料の客観化・記号化の意味と重なる部分が多いと考えられる。他方で坪井は江戸の知識人としての側面も有していたことは良く知られることであるが、『看板考』などにみられる本草学的に資料を集めて分類する手法は、まさに本草学と博物学の遭遇を抱合した著作であるといえよう。

こうした背景を持つ坪井が画工を採用した理由は以下のようなものだったと考えられる。

「人類学的な研究をよりわかりやすく説明し、視覚的に訴えうるうえで効果的だったのが大野のような画工による記

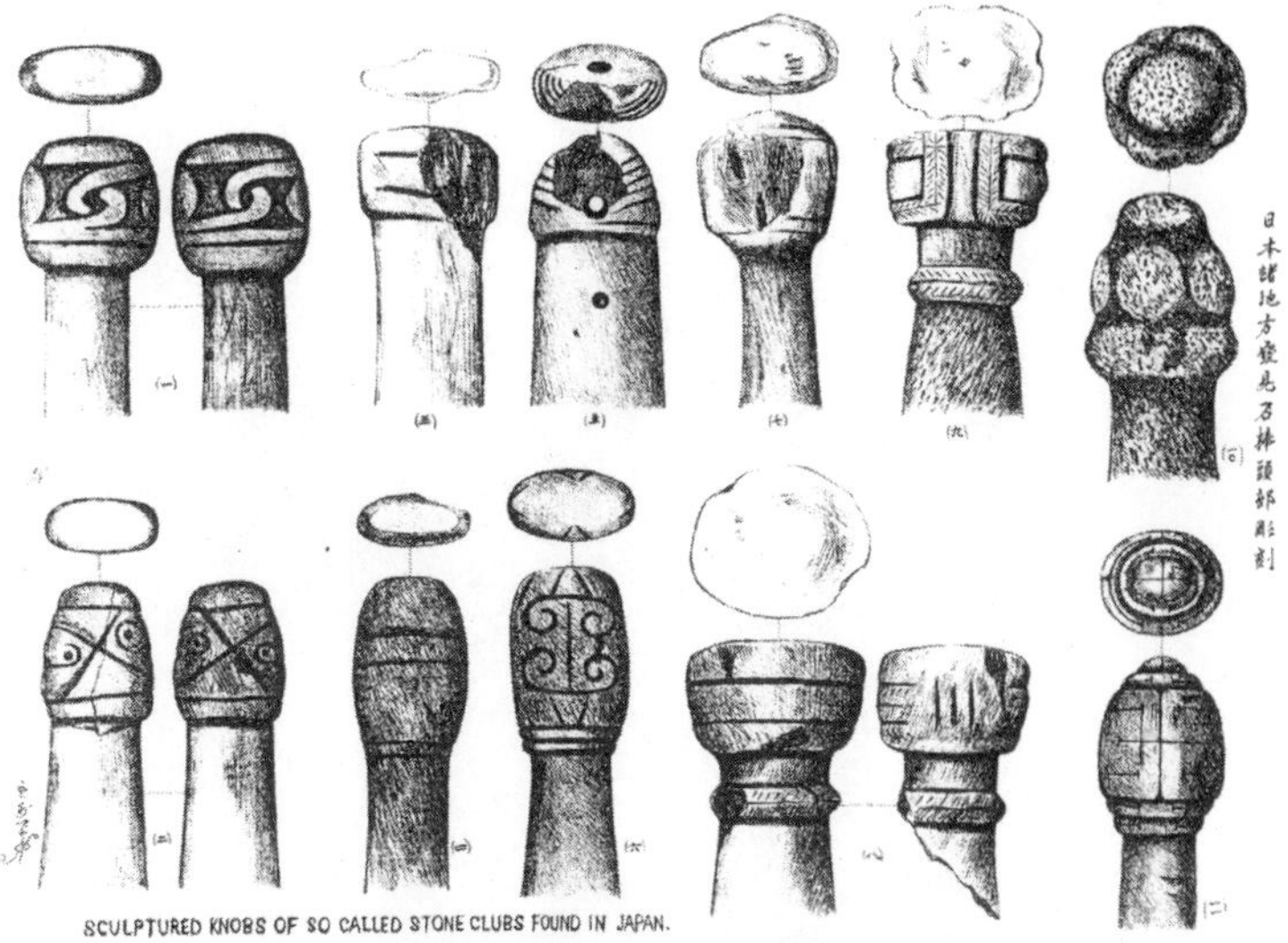

図 10-1 大野画「日本諸地方発見石棒頭部彫刻」
（出典：NO（大野延太郎）1896b）。

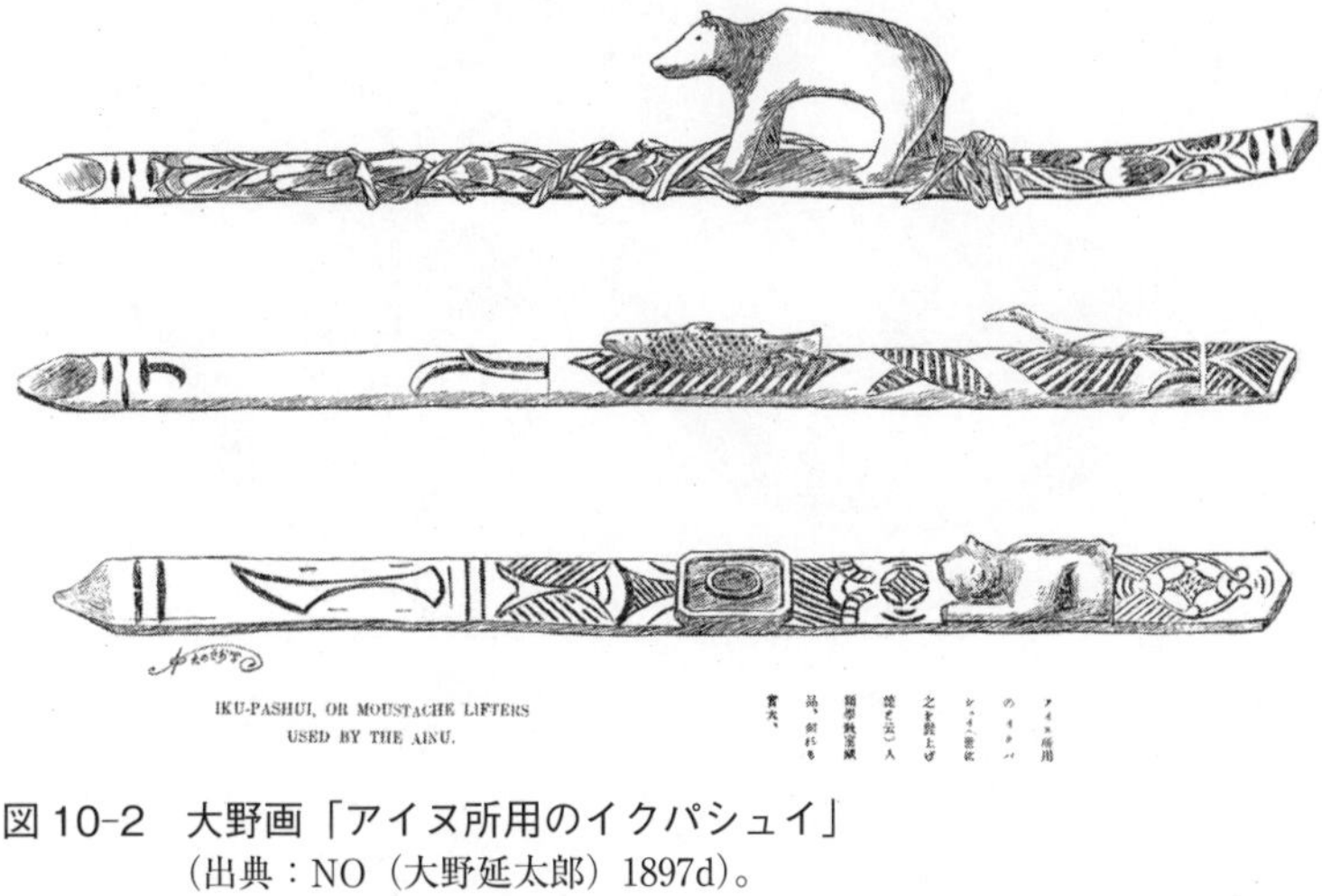

図 10-2 大野画「アイヌ所用のイクパシュイ」
（出典：NO（大野延太郎）1897d）。

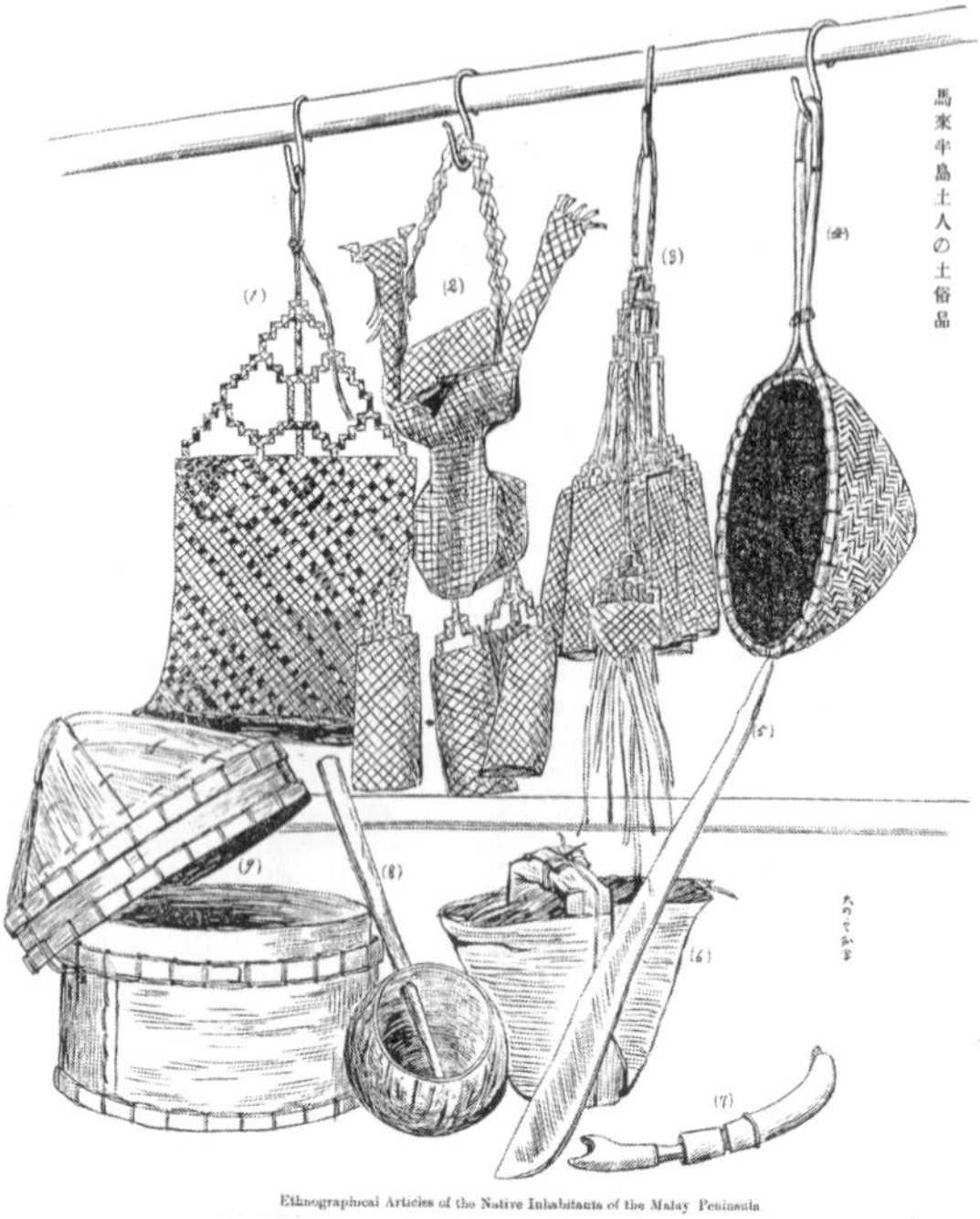

図 10–3　大野画「馬来半島土人の土俗品」
（出典：NO（大野延太郎）1898a）。

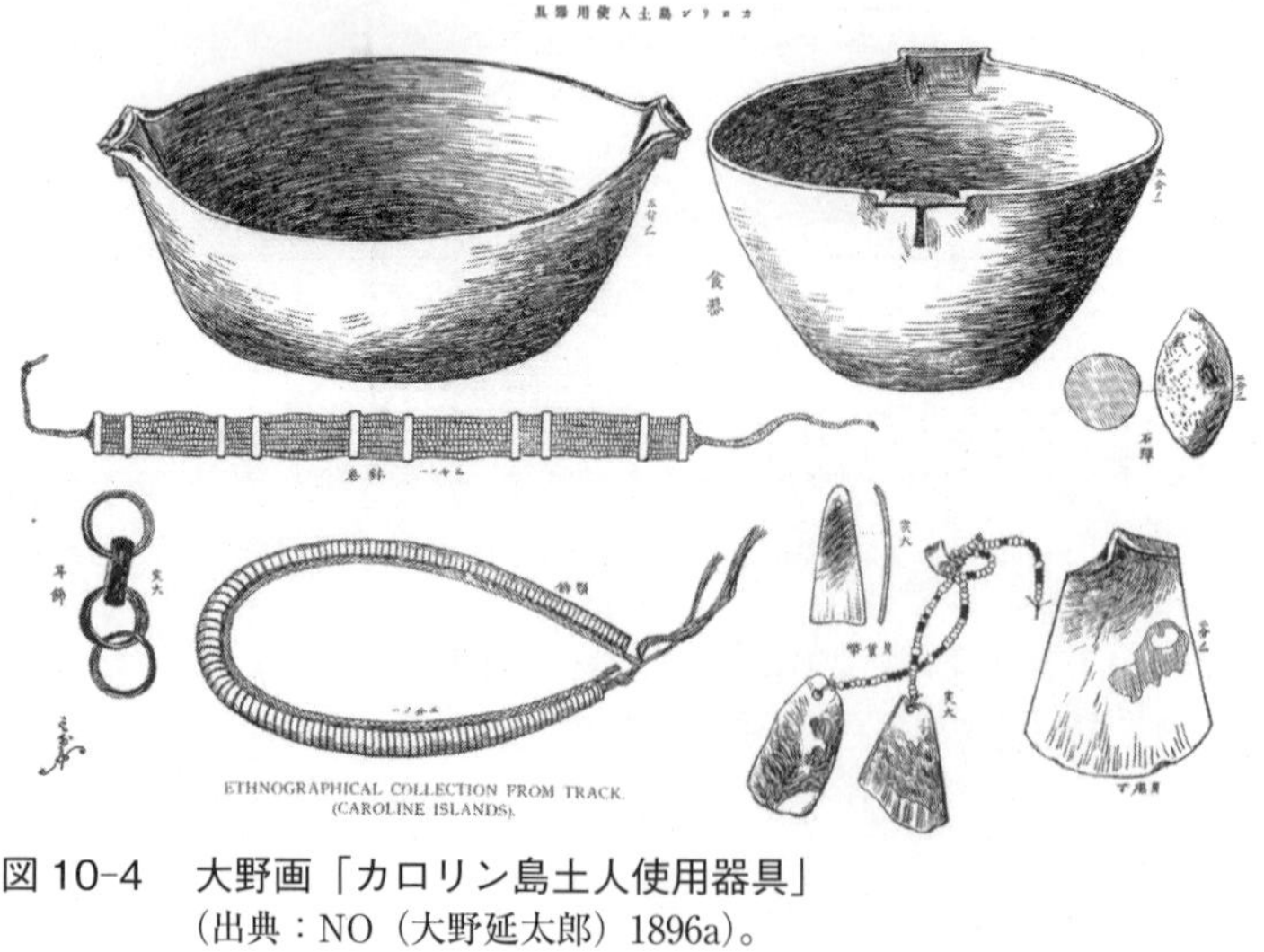

図 10–4　大野画「カロリン島土人使用器具」
（出典：NO（大野延太郎）1896a）。

図 10-5　大野画「東部台湾平埔蕃婦人」
（出典：NO（大野延太郎）1897a）。

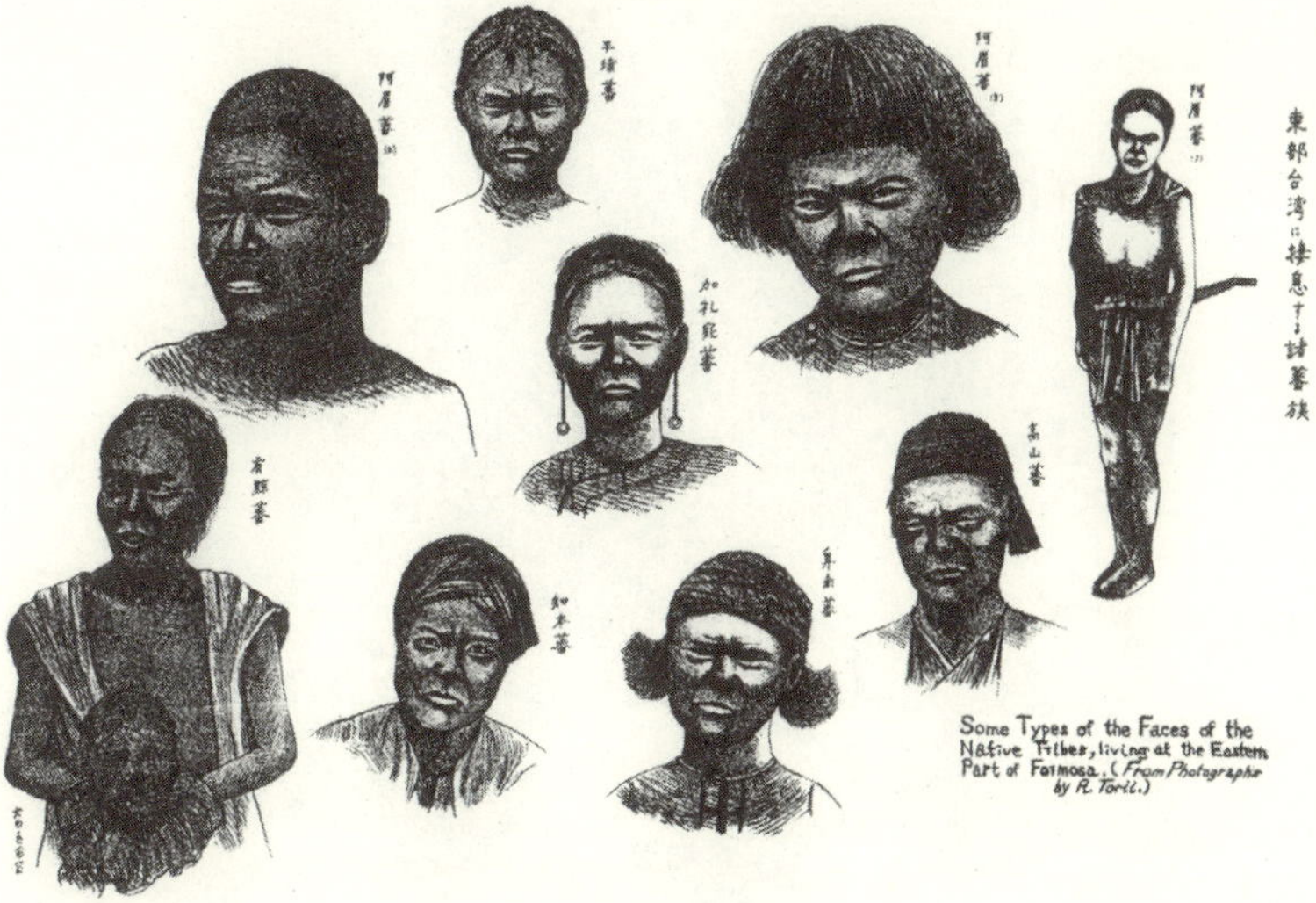

図 10-6　大野画「東部台湾に棲息する諸蕃族」
（出典：NO（大野延太郎）1896c）。

図 10-7　大野画「紅頭嶼土人ノ住居」
（出典：NO（大野延太郎）1898b）。

図 10-8　大野画「紅頭嶼土人現用品」
（出典：NO（大野延太郎）1897b）。

録だった。『東京人類学会雑誌』などの専門誌だけでなく、『風俗画報』や『太陽』といった一般雑誌に考古品や民族資料の挿絵が見いだせるのも、そのためだろう」（蔵田 二〇〇八：四一）。

「大野雲外は一八九二（明治二五）年に二九歳で人類学教室の図画を描きはじめ、しだいに遺跡の調査や考古学的研究へと進んでいった。洋画の技術者として学校や出版社、学術分野の記録といった職業に就いた点は、明治前半に教育を受けたほかの画家たちの経歴とそう変わらないものであったと言える。のこされた図を見ると、描く対象の前後に奥行きをだそうとする構図や、陰影をつけて立体的に形をみせようとする手法には、洋画教育を受けた跡がうかがえる。一方で考古学的な観察眼をしだいに身につけ、それを図に反映させるのに慣れていくような様子もみられる」（蔵田 二〇〇八：五〇）。

前述のモースは、元来は鉄道会社の製図工であったが、その腕を生物学者にかわれてアカデミズムに参加した人物であり、日本においてもその弟子にはモノの正確な図化をすること教育したという（磯野 一九八八）。

一方で図案教育とともに、近代高等教育の中では図学をもとにした製図学が科目として教授されるという流れもあった。欧米において一般化した技術者教育は、明治時代に入ってから日本にも移入される。一八七七年、政府は近代的教育機関として東京帝国大学と工部大学校を設立した。この二つの教育機関の中に製図学の科目を設けた。一八八六年になると、政府は日本の高等・中等・初等の教育制度を定める。この時、政府は世界に先駆けて技術学校（College of Engineering）を大学として認めた。工部大学校は東京帝国大学の工学部となる。外国人教師により始まった東京帝国大学理学部および工部大学校での製図学の教育は、卒業生により広められる。旧制高等学校が設けられると、この卒業生が図画科の教師となり製図学の教育を担当した。

大野は図画教育を図画専門家のための本多錦吉郎塾で受けた。大野の師・本多錦吉郎は幕末の武家の生まれで、出身の芸州藩は、洋兵化をすすめるために雇用した外人教師の通訳が必要となり、本多に英学の修養を命じた。このことを契機として洋画家を志すようになった。本多は、上京してイギリス帰りの国沢新九郎という洋画家が設立した彰技堂に学ぶが、不幸にして師の国沢が急逝すると、遺志により彼が塾を継承することになった。風刺雑誌の挿し絵画家として当時大変な人気を得た本多であったが、昼は日々の洋画教授と画塾の運営に、夜は師の遺した洋画の手引き書を翻訳しながら、文部省に請われて洋画法の教科書を執筆するなど、洋画の普及に全力を投じた。特徴的であり斬新であったのは工部大学附属工部美術学校で美術解剖学が講じられる以前に、これを教えていたことである（宮永二〇〇三）。

本多の門下生には画家となった者もいたが、多くはその後地方の美術教師として活躍した。そのような弟子の中の一人が大野であった。洋画の教科書の執筆者として、また実際に洋画教育の美術教師たちの師であった点で本多錦吉郎は、明治洋画の一大功労者といえる。このように画塾などの場での教育を通じて、限られた範囲ではあったものの、徐々に西洋的な図化が浸透していったのである。

大野の業務は、人類学教室の所蔵資料の図化であった。この頃はまさに考古資料の場合は図化して報告することが、最も一般的なスタイルとなっていく過程であった（斉藤一九七五・一九七六）。

このほかにも、アイヌや台湾などの民族資料や日本の考古資料の研究で知られる杉山寿栄男は、東京高等工業学校図案科卒であった。杉山は自ら資料を収集し図化して研究をおこなった（藤沼・小山一九九七）。杉山の描いた図は、図学のルールに則った展開図であった（図一〇—九・図一〇—一〇）。図案という語は、明治期には装飾模様の下絵を意味するものにすぎなかったが、大正期末頃には、器物の立体的な形状をデザインすること、あるいは立体形状を表わす図面のことを意味するようになっていた（出原一九八九：九七—九八）。

特に、台湾における物質文化研究において、日本で実測という図化の教育を受けた世代が調査を実施し、業績を残すこととなった。また、台湾においては、後述するように陳奇禄によって精緻な実測によって考古資料にとどまらず、原住民の物質文化を対象として図化をするという調査手法が実践された。物質文化を実測し図化して比較することは、モノの類似性と差異性を可視的にアピールするのに有効な手法であった。このように、日本の植民地における物質文化研究は、領有以降に日本人より推進されていったことがわかる。

京都帝国大学に考古学研究室を開設した浜田耕作が、はじめて研究室助手として採用したのが島田貞彦であった。島田は、考古学への興味関心はあったものの、京都高等工芸学校図案科の卒業という経歴が採用の決め手であった（角田 一九九四a）。二代目の助手は能勢丑三であった。能勢も京都市立美術工芸学校図案科と京都高等工芸学校図案科を卒業した経歴があり、一九二三年に京都帝国大学工学部建築学教室に助手に就職した。ここで古代建築研究に没頭し、その後、同大学考古学教室に配属された（角田 一九九四b）。

三代目の小林行雄はアマチュア考古学者としての活動が知られていたが、神戸高等工業学校卒であった（穴沢

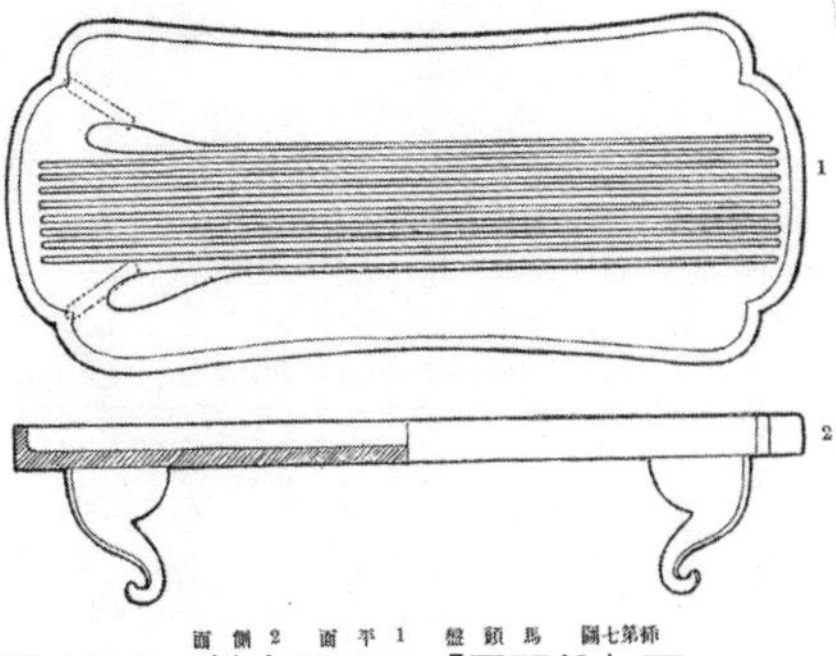

図 10-9　杉山による「馬頭盤」画
（出典：杉山 1934）。

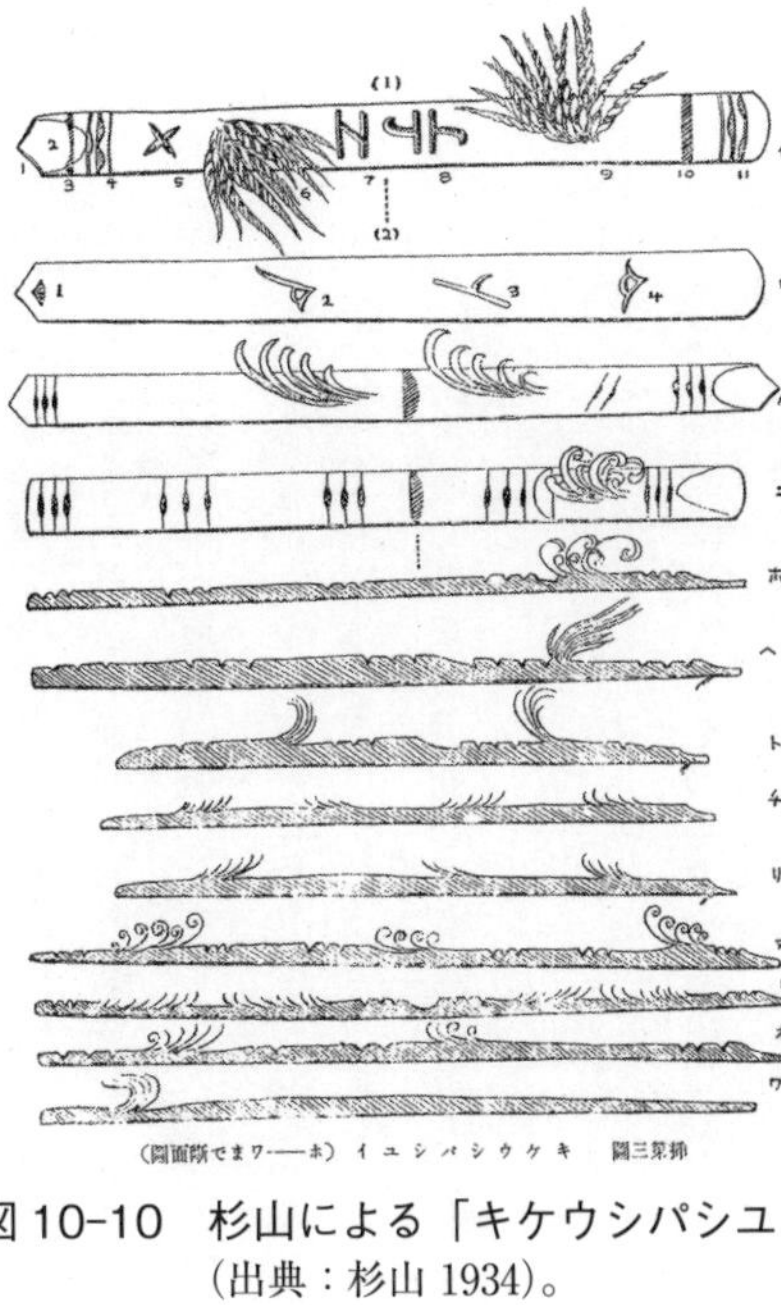

図 10-10　杉山による「キケウシパシユイ」画
（出典：杉山 1934）。

一九九四）。このような考古学における図案科出身者は、主流とはなりえなかったものの、小林のように考古学そのものの研究のみならず、その後の考古学の実測図に大きな影響を与えたという形での貢献もあったことを忘れてはならない。能勢が力を注いだ石造物研究は、美術工芸史、建築史と考古学が重複領域を共有するジャンルである。

このように京都帝国大学考古学教室の歴代助手とは、遺物を中心としてモノを図化することが業務とされた。このため、図案科出身のモノを科学的に図化することができるスタッフが務めることとなった。また、図案科出身の東京芸術大学の小場恒吉は、朝鮮総督府が朝鮮半島で実施した、装飾古墳の調査に参加し、壁画を忠実に模写したことで知られている（佐々木 二〇〇五）。

また、植民地における画家による物質文化研究の事例には、染木煦、土方久功などがよく知られている。染木は東京美術学校西洋画科、土方は彫刻科の出身であった。染木は中国や南洋で、その画力を活かした物質文化の調査報告をおこなった（角南 二〇〇八）。このように、物質文化研究の発展には図案の教育を受けた人物が深く関係していたことがわかる。

一方でこの頃の学会では、八幡一郎、甲野勇、(5)国分直一、三上次男ら考古学者が、植民地において民族学的フィールドワークを行い、主に現地の物質文化についての研究を実施していた。

六　人類学における写真と図の関係

カメラ・オブスキュラ（camera obscura）が発明されたのは一六世紀である。このラテン語で「暗い部屋」を意味するカメラの原型の出現により、一八世紀に至るとカメラの発明となる（クレーリー 二〇〇五）。カメラが図よりも科学的にモノを記録することが評価され、それまでの図の地位を奪う勢いであった。しかし、モノそのものの記録としては有効ではあるものの、設計図ということとなれば、図によってしか表現する手段には及ばず、これは近年のデジタル化によるにまで影響力を保った。

鳥居龍蔵が台湾調査の折に、日本で民族学的調査にはじめて写真を用いたことはよく知られている。これらの写真の中には、人物の撮影方法は正面と側面をモンタージュするのが多いが、これは当時の基本的パターンにのっとったものであった。

鳥居による回顧には以下のような写真についての思い出話が記されている。

「それから写真であるが、此の写真を日本で人類学や考古学に応用したのは、私が台湾で初めてだろうと思う。今でも斯学にはスケッチをする人が多いのであるが、斯う云う事をやる人は一体に絵が旨い。坪井さんもスケッチが上手で最後まで写真を撮らなかったのである。ところが自分はどうしても台湾の生蕃の顔や何かは絵で描けないので、写真の必要を感じて大学で一台写真機を買って貰って、自修し、現像は大学教室の倉庫中でやった。其の写真を生蕃に応用して、先ず最初に東の方の生蕃から初めて、段々之を撮って行った。今日大学に残って居るのは、下手ながら私の撮った写真である」（鳥居 一九三六：六）。

絵が下手という理由だけで写真を取り入れたのではなく、写真の記録性・客観性を取り入れようとしたことが最大の理由であろう（伊藤 一九九五：八一）。

こうした写真撮影のパターンは、この頃に欧米で民族調査にも応用されつつあった、司法写真との関連を想定する必要がある（渡辺 二〇〇三・二〇〇九、Cole 2002）。アルフォンス・ベルティヨン（Alphonse Bertillon）は、フランス警視庁の役人で、犯罪人類学を研究し、一八七九年に最初の「犯罪者の個人識別法」を考案した。この手法は、犯罪人類学の創始者、チェーザレ・ロンブローゾ（Cesare Lombroso）が考案したものを基にしている。

犯罪者の個人識別法とは、身体の各部位を厳密に測定し犯罪者の個人特定をおこなうものである。警察に逮捕された時に撮影される、いわゆるマグショット（mug shot）の起源でもあって、写真を用いた人体の計測とは、後に形質人類学の調査方法の一つとなっていくものである（多木 二〇〇八、セングープタ 二〇〇四、Anderson 2008, Cory 2005, Gavan & Lewis 1952, Spencer 1992）。つまり人類学的写真は、司法写真の延長線上にあるものだった。現在の人体寸法計測は、いわゆるマルチン式計測器(6)を用いた手計測によるものが大部分である。これには人間を測るための、特殊な計測器を使用する。これらは、一ミリピッチの目盛りが付してあり、人体のさまざまな部位を簡便に測るのに都合よくできている。

人種間の違いを客観的に算出しようという人体測定学は一九世紀の末には知的に破産していて、客観的な指標は出せないという方向に向かっていた。前提はともかくとして、一九世紀後半に厳密な計測が科学的に必要であるという機運が盛り上がった。これが進化論と結びつき、人種差別主義の根拠を作り上げていくことになる（グルード 一九八九）。その一つが頭蓋計測学（craniometry）であった。計測は人種や犯罪気質、知能などに基づいて人間を分類するためにおこなわれた。また、人体計測学（anthropometric study）は、今日の形質人類学、自然人類学の前身にあたる学問である。この学問は、植民地を領有した宗主国に発達した学問であり、この科学の知を携えた学者たちは、帝国の版図拡大に従って各地を訪れ、現地人を計測し、その結果から「人種的特徴」を同定していった。今日、人間集団をその形質的特徴によって統計的に決定する方法は科学的有効性が疑問視され、人体計測学は植民地統治における被支配者集団の同定と管理を支えた御用学問、疑似科学として糾弾されるに至っている（菊地 二〇〇五：一一）。

人体測定を目的とした写真はまさに、人体を「モノ」とみなして、科学的・客観的に類別しようとするためのものであった（Zimmerman 2001）。鳥居らのこうした調査、撮影方法はまさに当時流行した、フィールドでの実験的試みを採用したものであった。これは、坪井正五郎よる総合人類学的構想の中にあっては、形質人類学的手法も同時に実施し

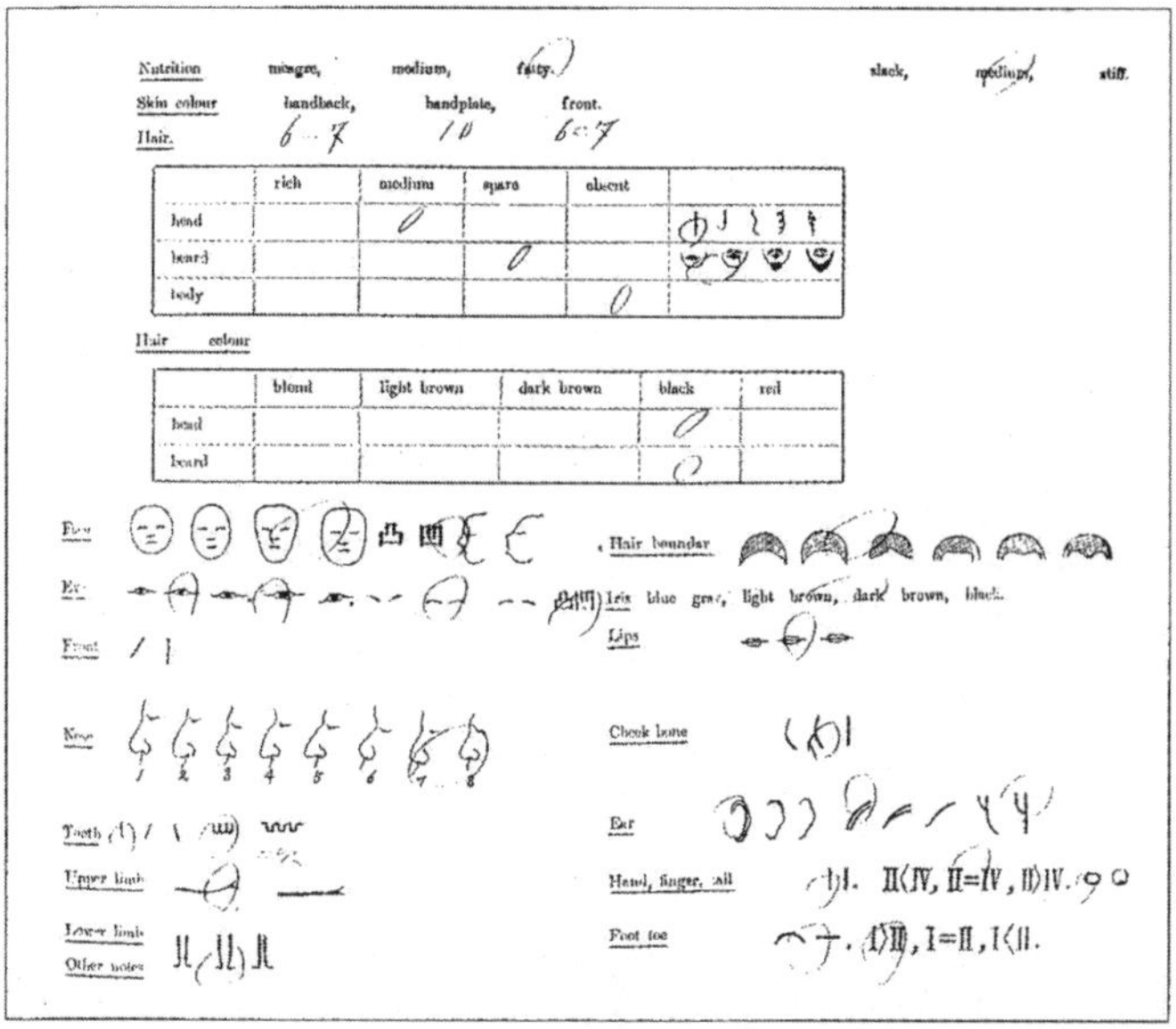

図 10-11　森丑之助が用いた身体形質調査票　（出典：森 2000）。

ようとしたものであった。この手法は、その後の文化人類学では失われていくが、例えば泉靖一のように総合人類学的手法を用いたフィールドワークを行った研究者は、昭和に入ってからもこのように写真撮影をおこなっていた（泉一九六六）。

　鳥居がこのような写真撮影方法をどのようにして体得したかを知るエピソードがある。

「それから体質調査について特に玆に云い度いのは今日偉くなって居る足立文太郎博士が小金井博士の助手であった時に互いに肝膽相照することになって、自分は考古学・人類学上の事などを足立さんに教え、又足立さんから測定方法を教わった。その後足立さんと二人で相談して測定用紙を拵えた。これは英吉利人類学会で出来たのと、独逸シュミット氏が拵えた人体測定案内書二つを基礎として一枚の測定用紙にし、これに測定したものである。総ての測定すべき身体各部分を列記し、これに測定した数を書き入れるようにし、またその裏には頭毛・皮膚の色とか、眼の色から顔形・鼻形など一切の観察を記入するようにした。これはその後広くおこなわれている。そこで私は台湾に行くに際し、この測定用紙を持って行った（図一〇—一一、鳥居 一九三六：六）。

この話は黎明期の形質人類学と考古学・人類学の関係を考える上で、非常に興味深く、人体測定と遺物実測の根幹が共有されていた事実を知ることができる。

坪井正五郎が監修し、鳥居龍蔵と大野雲外により製作された『人種地図』において、大野は図画を担当した（鳥居・大野編 一九〇二）。ここで表された世界各地の人種の多くは写真をもとに描かれたものであったと考えられる。使用された元写真とは欧米の人類学的写真・図画であったことが想定される。

図画は写真では表現することのできない部分を図化することにより、表現することが可能となる。写真技術の導入により、「モノ」情報のデータ化の主役は図画から写真へと移行したかに見えたが、必ずしもそうではなかった。その後、考古学では「モノ」の記号化の一例としてあげられるのが、文様の抽出である。大野は明治三四（一九〇一）年に、土器の文様パターンを抽出した図録を出版している（大野 一九〇一）。文様パターンは、破片となって出土する土器片がどの部位であるのか、どれとどれが同一個体であるのか、同一種類であるのかを判断するための重要な手掛かりとなったからである。また、破片となった土器群の相互の同一性を写真から導くことには限界があり、土器片の情報を記号化し図化することの方がより類似性や同一性を引き出しやすかったのではないかと考えられる。

植物学者・大場秀章は、なぜ現在も研究上で植物画が用いられ続けるのかという疑問に対して、以下のような私見を述べている。「いまや、植物の生態を示すことにかけて、写真は独壇場にあるかのように見える。特定の目的で描かれたものを別にすると、生態を描いたボタニカル・アート（botanical art）はまだたいへん少ない。しかし、従来写真の独壇場と考えられていた生態や生育地の景観を表現する方法として、植物画にすぐれた点があることをここで大いに強調しておきたい。ただし写真も植物画も植物の持つ特性を視覚的に伝えるメディアであり、その限りで優劣があるわけではない。メディアがメディアとして活用されるためには目的がなくならなくてはならない。目的を達成するためには、ある場合は写真が適していることもあり、植物画が向いていることもあるということにすぎない。しかし、生態を示すことにおいても意図的な表現となると、植物画に軍配があがるのではないだろうか」（大場 二〇〇三：二七七―二七八）。

七　台湾における物質文化研究と図化

台湾人の民族学者人類学者・陳奇禄による戦後台湾における物質文化研究（図一〇―一二・図一〇―一三、Chen 1968, など）が、近年台湾国内で再評価されている（許 二〇〇〇、王 二〇〇七）。それは物質文化研究及びモノを図化

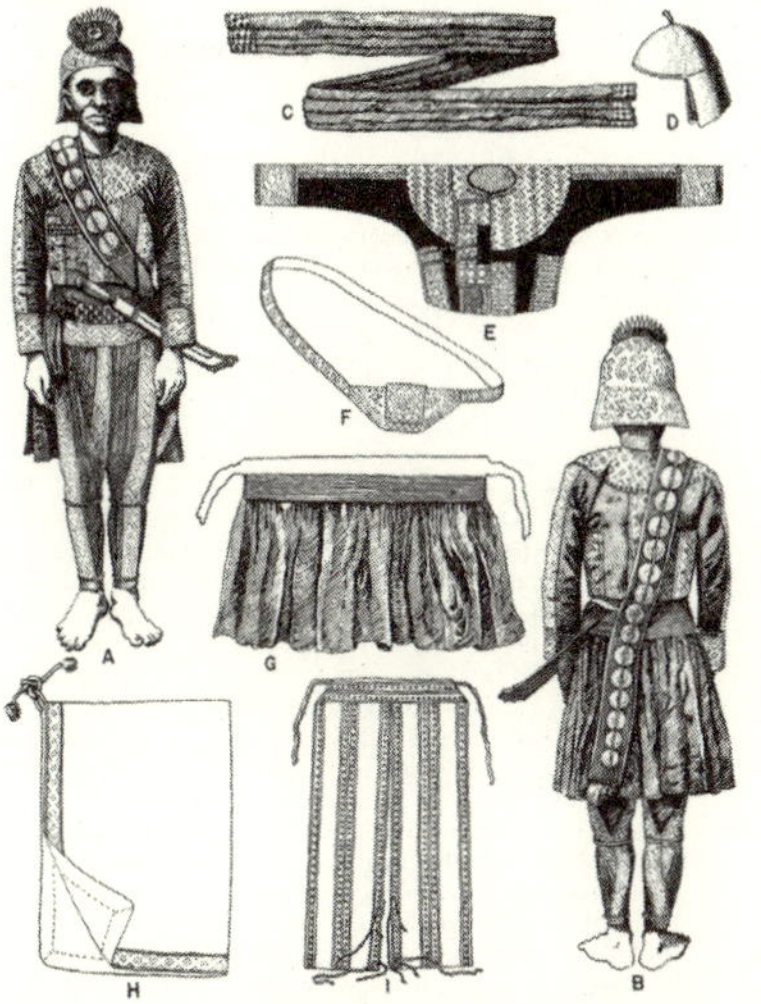

図 10-12　陳が描いた台湾原住民族の物質文化１
（出典：Chen 1968）。

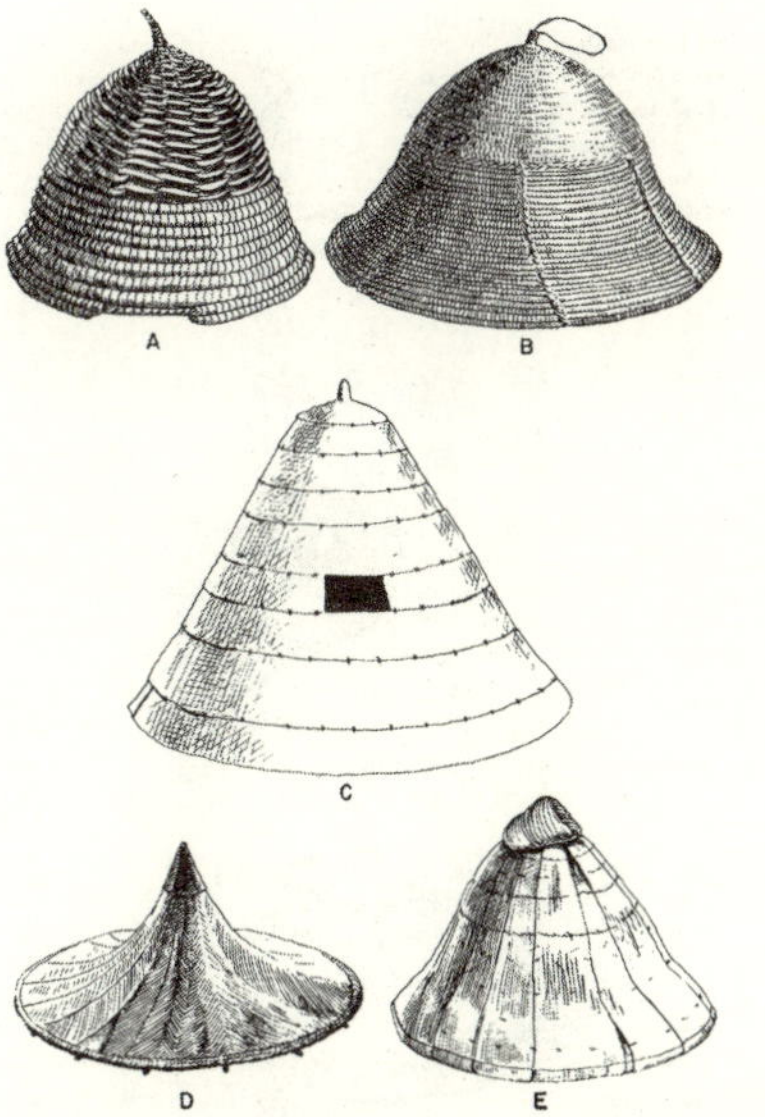

図 10-13　陳が描いた台湾原住民族の物質文化２
（出典：Chen 1968）。

することへの注目という意味である（角南 二〇〇五・二〇〇八）。旧日本植民地における戦後の研究動向を考察する意味で意味深いと考えられるので、ここで概観してみたい。

陳奇禄は台南に生まれた。父母の仕事の都合で、中国・仙頭で育った。その後、日本へ留学した後に上海にも留学している。もともと絵を描くことが好きであったが、本格的な絵画技術の習得は日本留学時にフランスに留学経験もある洋画家・角浩《かどひろし》に師事したことに始まる。その後、陳は画家として生きていきたいという願望があったが、父親の反対によって断念している。彼こそが、台湾における物質文化研究、特に原住民資料についての研究の基礎を築いたのである。陳は、一九四九年に台湾大学考古人類系に助手として就職し標本室の管理を担当し、台湾大学に所蔵されている戦前の日本人が収集したものをはじめとした資料の整理と研究をおこなっていった（蕭 二〇〇七）。また、一九〇八年に台湾総督府博物館として設立された、台湾省立博物館（現・国立台湾博物館）の陳列部主任を兼務した。当博物館には、台湾大学同様に日本時代に収集された、台湾原住民族関連の資料が大量に残されていた。森丑之助を中心として集められたものであった。

台湾において日本の人類学を継承したということは、学説史や研究史だけでなくこのような収集されたモノもそうであった。また、陳はボアズの『プリミティブ・アート』（Franz Boas 1927 *Primitive Art*, Harvard Univ. Press）などアメリカ人類学における物質文化研究について、戦中段階で知っていた可能性もある。その後一九五一－一九五三年にはアメリカのニューメキシコ大学にも留学をしている。しかし、直接的な契機となったのは、戦後、留用され台湾大学標本室の整理・図化を担当していた画家・立石鉄臣が、日本に帰国したため、その代わりに図化を担当したことによる。『台湾風土』に連載された「台湾原住民族工芸図譜」は、国分直一の解説に当初は立石による挿図が作成されていたが、立石の後を受けて陳が挿図を作成した。このことは、国分ら日本植民地時代に台湾における物質文化研究の基礎を培った研究者との協業により、日本的な物質文化研究のスタイルを踏襲していったと考えるのが自然ではなかろうか。

また、日本においてモノの図化に影響があったのは、工芸デザイン研究である。このことは、工芸が伝統的モノを参考にしつつ、新たな商品を開発していくために、図化を必要としていたからであり、それはインダストリアルデザインとしての設計図でもありえた。台湾工芸の父とされる顔水龍も東京美術学校出身であった。物質文化研究の進展と、工芸に対する政策的問題は因果関係にある。これと関連するのが、日本の民具学の系譜が複数あるという事実である。図化技術に留意すると大別して三つの系譜があると考えられる。一つは、考古学系、二つには、農学系、そして三つ目が芸術系（デザインも含む）である。考古学の図化作業からの影響は、古くは前述したような歴史的経緯もあるが、近年では常民文化研究所の民具実測講習会で考古学者が講師として度々招かれていたことからも明らかである。農学系は伝統的農具調査研究の際の必要性から、実測図が作成された。東京農業大学が中心となって編纂した『古農機具類 作図テキスト〈第一集〉』（梅室・宮本一九八六）がその成果である。

戦前には国家が主導する商工省工芸指導所が存在していて、『工芸ニュース』を刊行していた。この雑誌の寄稿者には、前述の染木も含まれており、図案の作成には、このように工芸製品をデザインするための設計図としての役割があった。当時の工芸ニュースは、東南アジア・南洋の民芸品・工芸品についての記事を多く掲載し評価を試みている。これは、南進論に後押しされる形で、タイやインドネシアのような植民地や将来的に日本が植民地としたい地域において、それはどのようなもの、その中でも商品化可能なものがあるかを下調べするという意味が含まれていた。このように、モノ図化の発展と植民地政策とは工芸という側面からも結びつきがあった。

八　おわりに

以上のように、本稿では我が国における、モノの図化の歴史をたどりつつ、近世以降は西洋との接触により、考古学・人類学などモノを図化し研究するという学問が成立していった過程を振り返った。特に西洋の博物学、初期人類学では、異文化のモノの収集やそれらを図化することにより、「我々」と「彼ら」という境界を可視化することに成功した。日本も近代に植民地を領有することにより、西洋に倣い植民地の物質文化を図化することにより、その差異を明らかにしようと試みた。西洋的図化の発展と少し遅れて日本の人類学・考古学の調査研究に広く用いられるようになったのは写真であった。写真も人類学では、人体計測など個々の差異や同一性を明示するツールとして重用された。これは西洋のみならず、日本の形質人類学においても研究上の道具として写真が用いられ、マグショットを撮影していった。モノの正面を設定し、図面を作成することによって三次元のモノを二次元で表現するなどの手法は、建築学から強い影響を受けていたことを明示した。

また、日本において考古学をはじめとした物質文化研究の進展には、図案科出身の研究者が多大なる影響とスタイル形成をおこなったことも指摘した。考古学における図化の発展は、大野雲外をはじめとして図画の専門教育を受けた人物が背景にいたからで、彼らは将来的に写実的な技能が、例えば実測図の作成であるような、本業の画業以外の生業にも応用可能であることを熟知していた。考古学において実測図は戦後、急速に記号化され写実的とはいえないものと変化していったが、人類学においては物質文化研究の方向性を見失い、停滞を引き起こすこととなった。文化人類学において物質文化に注目が集まる昨今、考古学との協業や学史の共有を促進することが、人類学にとって手っ取り早い原点回帰であり、新たな物質文化研究の可能性を、考古学を通じて見出せるのではないかと考える。

注

1　Chomel, Noel, 1709 *Dictionnaire oeconomique, contenant divers moyens d'augmenter et conserver son bien, et même sa santé*.Lyon, のこと。

2　mineralやmineralogyの訳語として明治期以前より金石、金石学という語が用いられていた。漢学の影響を受け、蘭学者であった本草家、画家、通詞等が蘭語を訳す時に用いた語であるというのが通説である。しかし、金石学という語は金石文を研究する金石学があり、次第に金石や金石学とはいわず、鉱物や鉱物学という語を用いるようになっていった（清水一九九七）。

3　植民地支配者の中には、イギリス人・スタンフォード・ラッフルズ（Sir Thomas Stamford Raffles）のように博物学に深く関心を寄せ、研究も実施したものもいた。

4　美術解剖学とは、人体の中の構造を理解することによって、絵画表現に奥行きと広がりを求めるための学問である。当初は、西洋の書物を翻訳し教科書とするところからはじめられた（島田 二〇〇七、島田・宮永 二〇〇七、宮永ほか二〇〇一、宮永美知代 二〇〇二、宮永・島田 二〇〇七）。

5　八幡、甲野は南洋及び東南アジア、国分は台湾、三上は満州を対象とした調査研究を実施している。八幡・甲野はいずれも鳥居龍蔵が弟子として名をあげた研究者である。

6　人類学者・マルチン（Martin,R）らによって一九一四年に初版が出版されたドイツ流人類学の人体計測法教科書は、現在でも改訂されながら使用されている名著である（Martin R. & R. Knussmanb 1988）。「マルチン式」の名は、この教科書の著者に由来するものである（人類学講座編纂委員会編 一九九一）。

7　図は鳥居よりやや遅れて台湾原住民の調査を実施した、森丑之助が用いた身体形質調査票である。鳥居が用いたものもこのような調査票であったと考えられる。

参照文献

穴沢咊光
一九九四「小林行雄博士の軌跡」『考古学京都学派』：一七八―二一〇頁、東京：雄山閣。
磯野直秀
一九八八「日本におけるモースの足跡」『共同研究モースと日本』：二九―一〇五頁、東京：小学館。
伊藤純
一九九五「文化財の調査・研究と写真」『埋文写真研究』六：七九―八四頁。
今橋理子
一九九五『江戸の花鳥画』東京：スカイドア。
二〇〇九『秋田蘭画の近代』東京：東京大学出版会。
泉靖一
一九六六『済州島』東京：東京大学出版会。
岩谷洋子
二〇〇六「イタリアを中心とした透視図の歴史（二）――バロック篇」『図学研究』一一一：二八―三三頁。
上野益三
一九八九『日本博物学史』東京：講談社。
梅室英夫・宮本八惠子
一九八六『古農機具類　作図テキスト〈第一集〉』東京：（財）東京農業大学出版会。
大野延太郎
一九〇一『模様のくら　第一集（日本石器時代の部）』東京：嵩山房。
NO（大野延太郎）
一八九六a「カロリン島土人使用器具」『東京人類学会雑誌』一二一―一二八（折込）。

大野雲外
一八九六c「日本諸地方発見石棒頭部彫刻」『東京人類学会雑誌』一二一―一二九（折込）。
一八九七a「東部台湾平埔蕃婦人」『東京人類学会雑誌』一二―一三二、（折込）。
一八九七b「紅頭嶼土人現用品」『東京人類学会雑誌』一二―一三四（折込）。
一八九七c「東部台湾に棲息する諸蕃族」『東京人類学会雑誌』一二―一三六（折込）。
一八九七d「アイヌ所用のイクパシュイ」『東京人類学会雑誌』一三―一四一（折込）。
一八九八a「馬来半島土人の土俗品」『東京人類学会雑誌』一三―一四四（折込）。
一八九八b「紅頭嶼土人ノ住居」『東京人類学会雑誌』一三―一四七（折込）。
大場秀章
一九二五『古代日本遺物遺跡の研究』東京：磯部甲陽堂。
一九二六『遺跡遺物より観たる日本先住民の研究』東京：磯部甲陽堂。
二〇〇三『植物学と植物画』東京：八坂書房。
梶山喜一郎
一九九七「日本における製図コースと図法幾何学の変容」『日本図学会一九九七年度大会（東京）学術講演論文集』：九九―一〇六頁。
金子一夫
一九九八「日本における製図学の科目の変容」『図学研究』七九：三―八頁。
一九九七「工部美術学校における絵画・彫刻教育」『学問のアルケオロジー』：一六六―一九一頁、東京：東京大学出版会。
茅原健
二〇〇七『工手学校――旧幕臣たちの技術者教育』東京：中央公論社。
菊地暁
二〇〇五「寄せて上げる冒険――あるいは身体のポリティクス」『身体論のすすめ』：一―一三頁、東京：丸善株式会社。
木下忠
一九八八「民具研究と民具実測」『民具実測図の方法Ⅰ』：一六―二五頁、東京：平凡社。

清野謙次
一九五四『日本考古学・人類学史』上、東京：岩波書店。
一九五五『日本考古学・人類学史』下、東京：岩波書店。
グールド、スティーヴン・J（鈴木善次・森脇靖子訳）
一九八九『人間の測りまちがい――差別の科学史』東京：河出書房新社（Gould,S.J. 1981 *The Mismeasure of Man*W.W. Norton, N. Y.)。
蔵田愛子
二〇〇八「大野雲外の画業」『近代画説』一七：三八–五六頁。
クレーリー、ジョナサン（遠藤知巳訳）
二〇〇五『観察者の系譜』東京：以文社（Crary, Jonathan 2001 *Suspention of Perception : Attention, Spectacle, and Modern Culture*Cambridge, Mass. : MIT Press)。
國學院大學日本文化研究所編
二〇〇八『近世の好古家たち』東京：雄山閣。
斎藤忠
一九七五「大野延太郎・八木奘三郎の文と絵」『日本考古学選集集報』一九：一–三頁。
一九七六「学史における大野延太郎」『日本考古学選集』四：四–一〇頁、東京：築地書館。
桜井準也
二〇〇三「日本考古学における図化技術の系譜とその背景――多視点図から透視図へ」『メタ・アーケオロジー』四：七〇–八二頁。
佐々木榮孝
二〇〇五『紋様学のパイオニア小場恒吉』東京：明石ゆり。
佐原眞
一九九三「多視点画から一視点画へ――弥生画と子どもの絵」『論苑考古学』：三六五–四一四頁、東京：天山舎。
島田和幸

二〇〇七「明治期の解剖書――本多錦吉郎による翻訳美術解剖書について」『形態科学』一〇―二：六九―七五頁。
島田和幸・宮永美知代
二〇〇七「美術解剖学教育の初期に使用されていた海外の美術解剖学書について」『美術解剖学雑誌』一一―一：七六―八四頁。
清水正明
一九九七「日本における鉱物学の夜明け」『学問のアルケオロジー』：三六六―三八〇頁、東京：東京大学出版会。
人類学講座編纂委員会編
一九九一『人類学講座　別巻一』東京：雄山閣。
杉山寿栄男
一九三四『北の工芸』東京：河出書房。
角南聡一郎
二〇〇五「日本植民地時代台湾における物質文化研究の軌跡」『台湾原住民研究』九：一三一―一五四頁。
二〇〇八「植民地における物質文化への興味」芹澤知広・志賀市子編『日本人の中国民具収集』：四七―八一頁、東京：風響社。
鈴木廣之
二〇〇三『好古家たちの一九世紀』東京：吉川弘文館。
瀬分緑
二〇〇七「ピエロ・デラ・フランチェスカの遠近法理論（一）」『五浦論叢』一四：二一―四二頁。
セングープタ、チャンダック（平石律子訳）
二〇〇四『指紋は知っていた』東京：文藝春秋（Sengoopta ,Chandak 2003 *Imprint of the Raj : how fingerprinting was born in colonial India* London : Macmillan ）。
多木浩二
二〇〇八『眼の隠喩』東京：筑摩書房。
角田文衞
一九九四a「島田貞彦の生涯と業績」『考古学京都学派』：八二―一〇五頁、東京：雄山閣。
一九九四b「能勢丑三略伝」『考古学京都学派』：一一〇―一二二頁、東京：雄山閣。

出原栄一
一九八九『日本のデザイン運動――インダストリアルデザインの系譜』東京：ぺりかん社。
鳥居龍蔵
一九三六「学界生活五十年の回顧（一）」『ミネルヴァ』一―八：一―七頁。
鳥居龍蔵・大野延太郎編
一九〇二『人種地図』東京：嵩山房。
中島皆夫
一九九六「坪井正五郎の人類学と考古学」『考古学史研究』六：三―一〇頁。
名久井芳枝
一九八八「モノはどのように描かれてきたか」『民具実測図の方法Ⅰ』：二六―四七頁、東京：平凡社。
中村征樹
一九九九「エコール・ポリテクニクの設立と技術知の再定義――画法幾何学の成立をめぐって」『日仏教育学会年報』五：三〇一―三〇六頁。
成瀬不二雄
二〇〇二『江戸時代洋風画史』東京：中央公論美術出版。
西和夫
一九八一「図面という用語の語源と使用年代――内匠寮本中井家文書を中心とする検討」『学術講演梗概集 計画系 五六（建築歴史・建築意匠）』：二二五九―二二六〇頁。
二〇〇七「非文字資料としての建築図面」『年報 人類文化研究のための非文字資料の体系化』四：一―二三頁、横浜：神奈川大学二一世紀COEプログラム研究推進会議。
西村貞
一九四六『日本初期洋画の研究』大阪：全國書房。
濱島正士
一九九二『設計図が語る古建築の世界』東京：彰国社。

原正敏
一九七五「幕末および明治初期における図学教育の導入について」『科学史研究』一一五：一〇四―一一七頁。
一九九二「明治初期の図学教育（Ⅲ）――海軍兵学校と陸軍士官学校」『図学研究』五五：一三―三四頁。
藤沼邦彦・小山有希
一九九七「原始工芸・アイヌ工芸の研究者としての杉山寿栄男（小伝）」『研究紀要』一三：一―一九頁。
ブッカー、P・J（原正敏訳）
一九六七『製図の歴史』東京：みすず書房（Booker, Peter Jeffrey 1963 *A history of engineering drawing* London : Chatto & Windus）。
堀内達夫
一九九七『フランス技術教育成立史の研究――エコール・ポリテクニクと技術者養成』東京：多賀出版。
松岡新一郎
二〇〇五「透視図法と歴史」『Kunitachi College of Music journal』四〇：七一―七九頁。
宮永孝
二〇〇三「美術解剖学の移植者 本多錦吉郎」『社会志林』五〇―一：八一―一四〇頁。
宮永美知代
二〇〇二「日本における美術解剖学小史」『形態科学』五―二：六三―七〇頁。
宮永美知代・島田和幸
二〇〇七「河鍋暁斎の解剖図と描画としての骸骨図」『美術解剖学雑誌』一一―一：四八―五七頁。
宮永美知代ほか
二〇〇一「日本の美術解剖学書史――著者とその内容の変遷と系統解剖学書の比較」『解剖学雑誌』七六―五：四四三―四五二頁。
モンジュ、G（山内一次訳）
一九九〇『図法幾何学』東京：山内一次遺稿刊行会（Monge ,Gaspard 1793-1794 *Description de l'art de fabriquer les canons* Paris : impr. du Comité de salut public）。

山内利秋
　二〇〇〇a「近代化」安斎正人編『現代考古学の方法と理論Ⅱ』：六三―七一頁、東京：同成社。
　二〇〇〇b「大場磐雄のグラフィズム――近代日本考古学と画像資料」『学術フロンティアシンポジウム　画像資料の考古学』
　　東京：國學院大學画像資料研究会。
吉原直彦
　二〇〇八『注意のスイッチ』京都：昭和堂。
渡辺公三
　二〇〇三『司法的同一性の誕生――市民社会における個体識別と登録』東京：言叢社。
　二〇〇九『身体・歴史・人類学〈二〉西欧の眼』東京：言叢社。
王嵩山
　二〇〇七「図像的力量：陳奇禄院士与民族誌物件描絵」『台湾博物季刊』九三：一二―一七頁。
許功明
　二〇〇〇「物質文化、原始芸術与博物館――由陳奇祿先生的著作談起」『台湾風物』五〇―四：六九―一一二頁。
蕭宗煌
　二〇〇七『見証台湾歴史与文化的発展向陳奇禄院士致敬』『台湾博物季刊』九三：六―一一頁。
森丑之助（楊南郡　訳・註）
　二〇〇〇『生蕃行脚』台北：遠流出版公司。

Anderson, Stephanie
2008 'Three Living Australians' and theSociété d'Anthropologie de Paris, 1885 eds.:Bronwen Douglas & Chris Ballard. *foreign bodies : Oceania and the science of race 1750-1940*, pp.229-255, Canberra:ANU E Press.
Chen Chi-lu
1968 *Material culture of the Formosan aborigines*, Taipei : Taiwan Museum.

Cole, Simon A.
2002 *Suspect Identities: A History of Fingerprinting and Criminal Identification,* Cambridge: Harvard University Press.
Cory,Willmott
2005 "The Lens of Science: Anthropometric Photography and the Chippewa, 1890-1920." *Visual Anthropology* 18-4, pp.309-337.
Field,Judith Veronica
1993 Mathematics and the craft of painting: Piero della Francesca and perspective Judith Veronica Field & Frank A. J. L. James eds. *Renaissance and Revolution: Humanists, Craftsmen and Natural Philosophers in Early Modern Europe,* pp.73-95, London:Cambridge University Press.
1997 *The Invention of Infinity: Mathematics and Art in the Renaissance,* Oxford: Oxford University Press.
Gavan, J. A., Washburn, S. L. & Lewis, P. H.
1952 "Photography: An anthropometric tool", *American Journal of Physical Anthropology* 10: 331–354.
Martin R. & R. Knussmanb
1988 *Anthropologie: Handbuch der vergleichenden Biologie des Menschen,* Band I. New York:Gustav Fischer.
Spencer, Frank
1992 "Some Notes on the Attempt to Apply Photography to Anthropometry during the Second Half of the Nineteenth Century." eds. *Edwards,E Anthropology and Photography, 1860-1920,* London: Yale University Press in association with The Royal Anthropological Institute, pp.99-107.
Zimmerman, Andrew
2001 *Anthropology and Antihumanism in Imperial Germany,* Chicago: University of Chicago Press.

第三部

戦後人類学の再建と発展

第一一章　民族学から人類学へ

――学問の再編と大学教育

三尾裕子

本章では、第二次世界大戦後の新しい大学教育の中で構想された総合人類学、即ち全体的人間像の学としての文化人類学が、如何なる過程を経て日本の民族学界に導入され、定着し、変化していったのかを、学界における研究者たちの視点を再構成しながら考察する。また、その具体化の事例として、東京大学の文化人類学研究室の形成過程について論じる。総合人類学は、ＧＨＱの下部組織にある民間情報教育局（ＣＩＥ）などの協力を受けつつ、アメリカの人類学の理念をいち早く吸収した戦後の日本民族学協会の研究者たちによって構想された。東大での研究室の創設は、戦前に東京帝大理学部人類学教室において勤務した経験をもつ杉浦健一を招請して準備されたが、杉浦の死去によって、石田英一郎、泉靖一に引き継がれた。しかしこの接木は、単なる継承ではなく、身体をもった人間の理学としての人類学から、文化をになった生物としての人類学への変遷過程でもあった。しかし、東大における総合人類学教育の試みは、結果としては、生物系大学院からの撤退以後、徐々に自然科学系の人類学教育の部分が縮小されることとなった。

しかしながら、戦後の大学教育から日本の人類学史全体に目を転じれば、人類学に於ける総合化（全体的人間像の追究）と個別化（個別の事象の追究）のベクトルはいつの時代においても存在し、一方が強くなりすぎれば、もう片方へ引き戻す力が働いてきたとも言えるのではないだろうか。さまざまな要因から個別化、細分化の引力が強くなっているように見える今日こそ、人類学のありうべき姿を考える上で、戦後の文化人類学の試行錯誤は振り返る価値があるといえるだろう。

一　はじめに

一九六〇年に刊行された『現代文化人類学』全五巻の最後を締めくくる第五巻の巻頭に、石田英一郎は次のように記している。

今度の大戦による日本および世界の大きな変革は、我が国の文化人類学にとっても、画期的な一大転機となった。人びとは愚にもつかぬ神国思想や、それに伴なう学問的タブーから解放されたばかりでなく、日本の植民地または半植民地としての東亜などという関心を超越した、世界的視野と全人類的な立場から、自己のおかれた運命、いな人類そのものの危機と対決せねばならなくなった。ここにおいて従前の〈民族学〉という用語にまつわる戦時中の不快な記憶を払拭した、むしろ揚棄発展せしめられた民族学の意味における〈文化人類学〉や、単に骨や生体の局部的な研究にとどまらない、むしろ世界観としての全体的人間像の学、すなわち広義の〈人類学〉が社会や学界の大きな関心と期待の的となったのである（石田 一九六〇：一一）。

本シリーズは、戦後民族学界が新たな船出をして十余年がたち、大学教育の中に民族学／文化人類学[1]に関係する専門課程が打ち立てられ、若い専門家たちが養成される様になった時期に出版された、当時の日本における民族学／文化人類学の最先端の研究動向を世に知らしめる画期的な書物といえよう。戦前の好むと好まざると戦争に協力せざるをえない（あるいは反対できない）学問としての〈民族学〉を脱却した新たな〈文化人類学〉が立ち上げられ、それのみならず、形質人類学的な研究をも総合した広義の〈人類学〉が誕生したことを、石田はここに高らかに謳いあげた。全五巻からなるこのシリーズは、戦前にさまざまな学問を経由して民族学に入っていった世代と、戦後の専門教育によって育った若い研究者たちが協力して執筆している。執筆者の一人でもある川田順造は、後に自らの世代を「一代雑種の純粋培養」と呼んでいるが、ここでの「一代雑種」とは、川田らの東大での教官（即ち、本シリーズの年長の執筆者と同年代の人々）のほとんどが、文化人類学を大学で学んでおらず、いわば、雑多なほかの学問から参入したことを意味し、「純粋培養」とは、そういった雑種に大学において専門教育をほどこされた自らを指している（川田 二〇〇七：一一二―一一五）。つまり本シリーズは「一代雑種」と「純粋培養」の共同作品といえる。

石田の上記の記述からは、戦後の民族学／文化人類学が、戦前のそれとは異なる新たな学問として出発したと認識されている様子が見える。まずは、戦前の国粋主義的な思想から解放されたこと、研究の領域も日本の植民地支配とは関係なく全世界への広がりが可能になったこと、そして、なによりも、戦前の記憶を新しい〈文化人類学〉によって上書きし、人体を扱う形質人類学をも包括した全体的人間像の学としての〈人類学〉に新たな希望が見出されている。

そこで、本章では、石田による記述に沿うならば、従前の〈民族学〉とは異なる全体的人間像の学としての〈人類学〉とはどのようなもので、それは如何なる過程を経て日本の斯学の世界に導入され定着していったのかを問いたいと考えている。そして、その定着の一つの形が、石田が教授として教育研究に努力した東京大学の文化人類学研究室として現出したのであれば、それはどのような理念の下で形作られ、そしてその後どのような変容を遂げたのかを明かにしたいと考えている。

二　東大文化人類学研究室の誕生と初期の研究室の状況

戦前の東京帝国大学における人類学

まずは、文化人類学研究室ができる以前の状況から考察を始めることとする。戦前の東京大学（東京帝国大学）には、文化人類学あるいは民族学を専門に教授する学科は立てられていない。一八九三年九月に日本初の人類学講座が設置されたが、長らく人類学は、文理両学部の学生の選択または参考科目に止まり、この領域を専攻する学者を養成する体制にはならなかった。そこで、一九三八年に着任した長谷部言人が専門家を養成する専門課程の設置に努力し、一九三九年二月に、東京帝国大学理学部に人類学科が創設された（寺田 一九八一：二五四―二五七）。しかし、長谷部の構想した人類学は、形質人類学を主としたものといえる。[2] また、基礎医学の知識を重視したため、学生たちに医学部の講義や実習の単位をとらせた。文化の面では、選択科目として民族誌が学科内で開講されていたが、その他は、文学部において考古学や言語学があり、また選択科目として参考科目として、社会学や心理学などが用意されていた（寺田 一九八一：二五八―二五九）。

文化人類学教育の始まり

文化人類学の専門的な研究教育が東大で始まったのは、一九五〇年代に入ってからである。一九五一年四月一日、東洋文化研究所内に人文地理学、文化人類学の二部門が増設され、五月に石田英一郎が教授として、一一月に泉靖一が助教授として赴任した。翌五二年には、中根千枝が助手に採用されている。

一九五三年五月には、東京大学大学院生物系研究科人類学専門課程が成立した。修士課程では、その中が自然人類学、先史人類学、文化人類学に区分された。博士課程も、自然人類学演習、同特別実験、先史人類学演習、同特別実験、文化人類学演習、同特別実習というカリキュラムが組まれた。授与される学位としては、理学修士、理学博士だけではなく、文学修士、文学博士号も取得できた(3)。即ち、理科系の研究科に所属しながら文学の学位が取得できるシステムになっていたのである。

学部における文化人類学研究室は、一九五四年度の後期以降、教養学部教養学科の中に、文化人類学及び人文地理学の専門課程がおかれた。一九五六年度の便覧によれば、学生は、文化人類学か人文地理学か自らの専攻に従って、異なる必修科目を取るように設定されていた(4)。

文化人類学研究室成立の事情

東大における文化人類学研究室を船出させた石田英一郎は、一九五九年三月に創刊された『文化人類学研究室だより』の創刊号に次のように述べている。

四年の歳月は瞬く間に過ぎてしまった。思えば一九五五年の四月、はじめてこの赤門わきの文化人類学研究室が開かれたときには、（中略）本もなかったし、器械もなかった。もともとこの研究室は、東京大学内に分散する人類学の研究教育体制に一つのセンターを設けようという、矢内原前総長時代の構想に端を発したのが、事情により、文化人類学のみの共同研究室として発足することになったものである。ところが、この創設は、新規の文部省予算の裏付けを伴わない東大だけの学内措置によったものだから、ほとんど無から出発して一応研究室の体をととのえるだけでも、なみ大抵の苦労ではなかった。（略）（石田 一九五九〈一九七二：三〇四―三〇五〉）。

この文章から、文化人類学研究室の成立は、一、矢内原忠雄のリーダーシップによるものであること、二、当初は、人類学のセンターとして構想されながら、結果としては文化人類学のみの研究室となったこと、三、学内措置であったので、予算がなかったことなどが理解される(5)。うち、前二者について、以下では検討したい。

まず、第一点目であるが、矢内原忠雄(6)は、東大の学生時代、新渡戸稲造の影響を受け、新渡戸が国際連盟事務次長になったのをきっかけに東大経済学部の助教授になり、『帝国主義下の台湾』などの著作を著した人物である。植民地政策学を専門としながらも、人道主義的立場を堅持していたために、当時の軍国主義化していく日本の体制に反する言動により、辞任に追い込まれたが、戦後すぐに東大経済学部教授に復帰し、一九四九年には、新制東京大学の発足と同時に、初代の教養学部長に就任した。教養学部は、矢内原を中心とする人々の情熱によって、人間として偏らない一般教養を身につける場として設置された。一九五一年には、既成の学問分野を超えた学際的な知を探究するという理念の下、後期課程の教養学科が設置された。戦前人道的な立場から帝国主義論、植民地政策論を講じていた矢内原が、戦後、大学再編の機会に、世界的な視野に立った幅広い教養に裏打ちされた学問を打ち立てようという理想に燃えたであろうことは、想像に難くないし、その中の一分野として文化人類学がふさわしい、と考えたこともありえることではあろう。しかし、矢内原一人で教養学科の中に文化人類学の専攻を設けることを決断できたとは思えない。そこには、おそらく当時東洋文化研究所にいた石田や泉、非常勤講師などの形で東大に関わり、後に教養学部教授となった杉浦健一などの人類学者が関わっていたと考えるのが自然であろう。この点については、後で論じることにしたい。

そこで、それとの関連で第二点目について、当初の構想と、結果とのズレとはどのようなことで、またそのようなズレがどのようにして発生したのかが問題になる。具体的には、大学院教育においては、生物系研究科に自然人類学、先史人類学、文化人類学が含まれ、生物系研究科に人類学のセンターができたかに見えたにもかかわらず、学部教育に関しては、文化人類学が他の人類学関係の専攻とは別れて教養学科に設立されたことを指しているものと思われる。即ち、常識的に考えれば、大学院教育と学部教育が同じ系列の中に存在してしかるべきであるところ、大学院は理学部系統に属し、学部は教養学部に分かれたのである。また、矢内原は、一九四九年に教養学部長に就任しているが、一九五一年一二月に総長になっている。この時点では、まだ大学院もできてはいないので、学長のリーダーシップで、大学院と学部をセットで理学部系統の下に設置する、という可能性もあり得たはずである。

しかし、ここで別のファクターとして考えておかなければならないのは、文化人類学と地理学との関係である。まず、一九五一年に東洋文化研究所にできたのが人文地理学と文化人類学の二部門の増設であり、石田も泉もこの時初めて東大に入っている。さらに、一九五三年、即ち生物系研究科に文化人類学の専攻が置かれたのと同じ年、総長のリーダーシップのもと、九月に「東京大学総合地理学研究委員会」が創設されている。九月一〇日付の発起人からの文書によれば、九月八日に開かれた学部長会議で、総長から上記委員会の設置が発表された。発起人は、東洋文化研究所教授（人文地理）の飯塚浩二、理学部教授（自然地理）の多田文男、教養学部教授（人文地理）の田中薫である。その会合の結果決定された「東京大学総合地理学研究委員会規約」によれば、会長は、矢内原総長、以下運営委員会、そしてその下に研究委員会が置かれる構成になっている。それらの委員会のメンバーを見ると、運営委員会には部局長クラス一二名と客員一名の名前が挙がっているが、その中に文化人類学者としては、教養学部の外国人教師のゴードン・ボールズが入っている。運営委員会の下に置かれる研究委員会には田中薫を委員長として、委員一五名、幹事一名が挙がっており、委員として東文研から石田、泉、そして教養学部から杉浦健一教授の名前が見える。(7) この文書から見えてくるのは、当時の矢内原が、文化人類学と地理学を結びつけようとしていたということであり、この構想の結果が、教養学部教養学科における人文地理学と文化人類学が同居した専門課程の設置となったといえそうである。ただし、これが矢内原自身の考えなのか、地理学者たちの意向が強く反映したものなのかについては更に検討が必要である。

教養学部の文化人類学から生物系研究科への連続性

制度上人文地理と一緒になって教養学科に入ったとは言っても、文化人類学専攻のカリキュラムには、自然人類学や人類の進化、先史時代の世界史、世界の言語などが必修科目として入るなど、生物系研究科の大学院に含まれた文化人類学の専攻カリキュラムと共通する思想が学部教育にも見られていたことは確かである(8)。学部を卒業した学生が更に研究を続けるために、生物系研究科大学院に進んでもある程度対応できるようなカリキュラムになっていたといってよい。

こうした東大での教育体制は、「総合人類学（あるいは、一般人類学）general anthropology」という考え方に基づいている。石田英一郎は、東大の文化人類学教育が一〇年程を経過した時点で、当時の教育理念として以下のようなことを述べている。

東京大学においては当初から、文化人類学を専攻する学生の必修課目として、学部の段階では自然人類学、先史考古学、言語学の概論に当たる講義のそれぞれ四単位、大学院の修士コースでも自然人類学、先史人類学の講義からそれぞれ四単位づつを要求し、大学院の入学試験にも文化・自然・先史の三つを人類学専門課程の基礎課目として課してきた。（中略）。これは自己の〝専門〟としてこれら三部門ないし四部門を併せ兼ねた〝人類学者〟を養成しようという趣旨ではなく、専門の文化人類学者となるためには、その基礎教養ないし世界観として、一般人類学的な人間の全体像の知識を必須の前提とするものと信じたからに外ならない（石田　一九六六：三六六）。

ここで石田が強調しているのは、文化人類学者になるためには、その素地として、自然人類学や先史考古学的な教養ないしは世界観についての知識があることが、人間の全体像を明らかにする上で必須であると考えている点である。

三　アメリカ人類学の影響

CIEと民族学界

このような総合人類学的な考え方は、石田によれば、教養学部の文化人類学という呼称とともに、アメリカ人類学の影響によるという（石田 一九六六）。そこで、以下では、主に戦後の学会誌『民族学研究』を中心としながら、戦後の日本の民族学／文化人類学的研究にアメリカの文化人類学が与えた影響を見ていきたい。

日本の民族学者の研究論文を掲載する雑誌『民族学研究』は、戦争末期の昭和一九（一九四四）年六月の新二巻第六号をもって、事実上休刊となっていたが、戦後昭和二一（一九四六）年九月に新三巻第一輯が発行され、復活を遂げた。[9][10]当初は、人員不足や疎開していた事務所の移転問題、印刷事情もままならず、発行も遅れがちであったようだが、雑誌からは、言論の自由が保障され、海外の学問を学ぼうとする研究者たちの意気込みが伝わってくる。

新三巻第一輯には、まず、フランツ・ボアズの「我が信念」という論文が訳出されている。この論文では、ボアズの思考に影響をあたえたさまざまな要因が語られ、文化人類学者としてのボアズの倫理観があらわれている。また、第一二巻二号（一九四七年一一月発行）では、Kluckhohn の *Navaho Witchcraft*（一九四四）、Chapple, Eliot Dismore と Coon, Carleton Stevens による *Principles of Anthropology*（一九四二）、第一二巻四号（一九四八年三月発行）には、Malinowski の *The Dynamics of Culture Change*（一九四五）というように、海外の研究者の著作が頻繁に紹介されている。第一三巻第一号（一九四八）には、*American Anthropologist* の目次が掲載されたりもしている。更に、岡田謙や杉浦健一のように、アメリカの人類学をいち早く自分のものとし、歴史民族学者であった岡正雄や石田英一郎らと紙上で議論を戦わす研究者もいた。

戦後の混乱期で物資も不足した時代で、雑誌の刊行も遅れがちになっていたときに、このように彼等が熱く海外の動向をキャッチできたのは、もちろん彼等個人個人の努力だけによるものではない。そこには、彼らが情報を入手することのできた機関が存在した。それが、GHQの下部組織にある民間情報教育局（Civil Information and Education Section, 略称CIE）である。CIEは、GHQ／SCAPの正式な発足に先立つ一九四五年九月二二日に日本と朝鮮（韓国）の広報、教育、宗教その他の社会学的問題に関する施策について最高司令官に助言するために米太平洋陸軍総司令部（GHQ／USAFPAC）の専門部（Special Staff Section）として設置され、同年一〇月二日にGHQ／SCAPに移管され、占領終了の一九五二年四月二八日まで存続した。主な任務は、教育全般（初・中・高等教育、社会教育）・教育関係者の適格審査・各種メディア（新聞、雑誌、ラジオ）・芸術（映画、演劇）・宗教（神道、仏教、キリスト教、新興宗教）・世論調査・文化財保護等、教育及び文化に関する極めて広範囲にわたる諸改革の指導、監督であった（http：//rnavi.ndl.go.jp/kensei/entry/CIE.php）。

馬淵東一は、戦後、長崎県に住んでいたが、一九四九年に南山大学附属人類学民族学研究所への就職がうまくいかなかったことがあった後、CIEへ入ったという。馬淵は、CIEには石田英一郎もおり、法政とCIEと両方から月給をもらっていた、と記している。また、CIEには、アメリカの人類学者や社会学者がいて、「非常に愉快なところで、「海外関係の情報が手に入るし、新しい雑誌を封切るにも非常にいい場所だった。みんな適当にサボって、自分の仕事をしていた。あそこにある本を大いに利用させて頂いたんです。石田英一郎氏もあそこで学位論文が出来たんでしょうね。」と回顧している（馬淵他　一九八八：二三一）[11]。当時、CIEには立派な図書館があり、日本人に開放されていた。杉浦健一も図書館の利用者の一人で、文化とパーソナリティを中心としてアメリカの人類学の書物に精力的に目を通したという（泉　一九五四：七四）。石井紀子氏（二〇〇一年当時、実践女子短期大学図書館学課程教授）によれば、ＣＩＥの図書室は一九四五年一一月に有楽町に開設されたが、棚一面に洋雑誌がならべられ、洋書も豊富で、貸し出しも自由で、ライブラリアンが懇切丁寧に案内をしてくれたという。文面から推測すれば、当時の石井氏は中学生か小学生と思われるので、占領軍は、単に日本を政治的に統治するだけではなく、文化政策として若い世代に広くアメリカの最新の情報を提供する場を設けていたのであろう（石井　二〇〇一：二）。

さて、ＣＩＥは、単に石田や馬淵ら個人に情報提供をしていただけではなく、財団法人日本民族学協会とも密接な関係にあった。たとえば、『民族学研究』新三巻第二輯（一九四七年二月）の「彙報」（一六四頁）には、「研究懇談会」の報告として、「八月一七日（土）、シカゴ大学人類学科の Herbert Passin（現在東京にあって与論の調査を指導さる《ママ》）を招き旧東亜研究所の五階で最近に於けるアメリカ民族学界の状況を聴く」という記事があり、澁澤敬三（日本民族学協会会長兼理事長）、移川子之蔵など二五名の参加者の名前が記載されている。この時の講演の記録は、『現代アメリカの社会人類学』に、「現代アメリカ人類学の諸傾向」というタイトルで掲載されている（パシン　一九四九）。また、本書に収められたほかのクラックホーン、ジョン・Ｗ・ベン《ママ》ネット、ハースコヴィッツによる計四本の論文は、日本民族学協会が、喜多野清一、関敬吾を通して、最近のアメリカ民族学界の重要論考を日本に紹介して欲しいとパッシン（前述のパシン、ＣＩＥ世論調査室主任）に依頼して、取り寄せてもらったものを一年半かけて訳出したものだという（丸川　一九四九）。このことから、当時協会がＣＩＥ（に勤務する人類学者）にアメリカ人類学の動向を吸収するパイプとしての役割を期待していたことがわかる。パッシンの講演は、おそらく戦後日本の研究者たちがナマのアメリカの人類学者の講演を聞いた最初期の機会であったと思われ、講演の影響力は大きかったものと思われる。

パッシンは、講演では、人類学には、体質人類学、考古学、言語学、民族学、社会人類学の五つの分野があるとし、それぞれの分野の最新の動向を紹介している。特に民族学と社会人類学では（とりあえず、一緒に論じられている）、ラドクリフ＝ブラウンがアメリカに来てから、性急な一般化を避けて事実を明らかにすることを重んじるボアズ流の方法から、「科学的に総合」的な人類学がめざされるようになった、と紹介している。また、アメリカでは、歴史的民族学、文化の伝播の研究から、文化変容へ、換言すれば、伝わる文化から受け入れる文化へ関心の対象が移ってきていることを述べている。即ち、伝わった文化要素が受け入れられることで生じる結果がどのような文化的コンテキストにはまり込んでいったのかの研究への移行である。また、変化する文化の諸条件の下にある個人について関心が高くなった。即ち、ミードやベネディクトなど心理学的傾向を帯びる研究者が増加し、また研究の方法も、実験的方法（知能検査、性格検査、ロールシャッハなど）に重点が置かれるようになっている、としている。このほか、未開社会からレッドフィールドが提起した民俗社会や、都市社会への研究対象の移行についても述べられ、分析枠組みが社会学的傾向を帯びるようになっているとしている。

調査研究の理論だけではなく、方法についてのＣＩＥ所属の人類学者の影響も大きかった。この点については、既に中生（中生　二〇〇六）が詳細な論考を発表しているので、ここでは触れないが、『民族学研究』第一七巻第一号（一九五三年二月）は、雑誌全体が「《特集》社会調査」と題され、岡田謙が司会、二〇名の学会員が参加して、内外の社会調査についての回顧と現状が討議されており、その中の一つの重要項目として、「ＣＩＥにおける社会調査の展開」が取り上げられている。

このほか、ＣＩＥとの関係に言及したものと思われる記事としては、『民族学研究』第一二巻第一号の編集後記に進駐軍から*American Anthropologist*など新刊雑誌を好意で寄贈された、との記事や、また、戦後の混乱期に、協会の維持、運営に、澁澤前会長、戸田、移川、小山、望月の各理事、関評議員、丸川、宮本、唐木、杉山などの事務局職員、文部省、学術会議、ＣＩＥの理解と好意などによって協会の伝統と機能が維持された（『民族学研究』一四（四）：

七九）と記している記録も見える。一九五二年に刊行が開始された『日本社会民俗辞典』も当初は、『日本民俗社会辞典』というタイトルで、協会あげての編纂事業がおこなわれていたが、これについても四二年以来文部省の助成費のほかにＣＩＥの援助があったことが、同上の事業報告の中に見える(12)（『民族学研究』一四（四）：八〇）。ＣＩＥが、協会の事業にどのような関与形態をとったのかは、更に考察の余地があるが、『民族学研究』の編集計画にも助言、指導をおこなっていたらしいことも、『民族学研究』に報告されている。即ち、四九年八月に、かつて日本が統治していた地域で、従来日本人学者が行ってきた現地調査に基づく戦前の研究業績を顧みて検討し、今後の問題の所在などを、内外に知らせるという企画に着手したときに、関係する人類諸科学（人類学、民族学、考古学、言語学など）それぞれの学者の協力と、ＣＩＥ方面からも賛同を得、文部省からも科学研究費の補助をうけたことから、まず琉球と台湾から『民族学研究』に成果を発表するとともに、英文で国際学界に広く知らせることを構想したという（『民族学研究』一四（四）：八〇）。

歴史的関心か現在的関心か

戦後、アメリカから受けた影響としては、上記の社会調査の方法のほかにいくつもあろう。しかし本報告において重要なことの一つが、「文化人類学」や「社会人類学」「総合人類学（あるいは一般人類学）」という呼称及びその呼称に含まれた概念、そしてそれを体現する教育体制のあり方である。

これらの用語は、現在でも、一般社会で簡単にイメージできる言葉ではないだろうが、ましてや当時は、まだ新しく、聴きなれない用語であったと思われる。戦前出ている日本語書籍で「文化人類学」を冠しているのは、西村眞次著の『文化人類学』（一九二四年　早稲田大学出版部）やゴールデンワイザーの『文化人類学』（一九三二年、東京：森山書店）など、ごくごく限られたものだった。それゆえ、戦後初期の『民族学研究』では、上記の用語の含意やそのような名称によっておこなわれる学問が如何なるものであるのか、それらと民族学との関係の如何、といったことがしばしば説明されたり議論されたりした。

『民族学研究』を通読してみると、当時アメリカの学問動向の影響を最も受けて、それにそった理論傾向を示していたのは、岡田謙と杉浦健一の二人であったようだ。例えば、戦後初期の杉浦は、従来の民族学が最大目的とした文献なき民族の歴史の再構成を推定の歴史として否定的にとらえ、構造機能主義的な考え方に興味を示していたことがわかる。杉浦は、「民族学研究の前提と目的」で、文化の本性は、歴史的方法によってのみ理解されるものではなく、文化諸要素の相互関係によって結ばれた全文化体系の機能を明かにすることによって理解される、と主張している（杉浦一九四七：四）。また岡田謙[13]は、『民族学』という戦後最初期の本格的な民族学／文化人類学を紹介する書籍の中で、アメリカの社会人類学的な考え方に同調し、民族学が文明社会の村落調査の方法として大きな役割を果たすようになり、次第に比較社会学としての実を示すにいたったことは、我が国における民族学の今後のあり方について重要な暗示を与える、と主張した（岡田 一九四七ａ：二）。

これに対して、岡正雄や石田英一郎は、文化圏説、歴史民族学の欠点を認めつつも、岡田や杉浦の立場を批判している。たとえば、石田は、上記の岡田の著作の紹介（石田 一九四七：五五―五八）では、民族学が次第に比較社会学としての実を示すにいたったことを評価する岡田の主張に疑問を呈している。たとえば、民族学が社会学に近くなっていくとすれば、なぜ社会学以外に別個の民族学が必要なのか、また民族学発展の歴史を、進化論↓文化圏↓アメリカ人類学派↓社会人類学というような一線的発展段階の系列として把握することも疑問である、としている。また岡は、「民族学における二つの関心」において、以下のように論じる（岡 一九四八：二四―二九）。即ち、民族が過去に形成された歴史的過程を有しかつ形成されたものとしての現在的構造を持つものだとすれば、民族を知ろうとするとき、この歴史的過程と現在的構造に対する解明の要求が起こることは必然であり、歴史的研究と現在的な研究の両者が必要であると述べる。岡も石田も、社会的あるいは現在的関心に基づく社会人類学的な研究も、歴史的関心に基づく歴史民族学的研究と同様必要だとは認めつつも、杉浦らが、社会学に接近しすぎており、社会学と別立ての学問として民族学の中で研究がおこなわれることへの違和感を述べているのである。(14) 最終的に石田は、こうした議論を引き取った形で、一九四九年の『民族学研究』第一三巻第四号で、現在的および歴史的な二つの関心乃至は傾向がともに民族学という学問に内在し、ともにこの学問の中に活かされねばならないという点においては、論者たちの意見は一致しているとまとめている。しかし、そうだとしても、次に問題となるのは、「この両者が具体的にはいかなる形態で民族学という一個の学問体系に綜合統一されるべきか」であろう、と指摘している（石田 一九四九：一―二〇）。

四 人類学の総合的教育へ

人類学諸科学の学界の取り組み

上記で述べてきたように、戦後の民族学界では、民族学という名のもとで、どのような研究がなされるべきであるのか、大別すれば、歴史的研究なのか、現在的研究なのかが頻繁に議論された。しかし、その議論は、石田の記述にもある通り、どちらか一つだけを採るのではなく、両者を一つにまとめ、総合的な学問体系をどう作っていくのかという問題を考えていくべきであるという方向へ移っていったと思われる。

こうした石田の考え方は、新制大学の教育体制が決定されるプロセスの中で、おそらく、民族学が単なる興味を持つ研究者の間の在野の学問に止まるのではなく、大学教育の中にこれをいかに位置づけて、専門家を養成するべきか、という問題にある一定の答えを必要とする時期になっていた、ということも関係しよう。既に述べたように、上記の石田の論考が著された一九四九年とは、まさに新制東京大学が発足し、新たな学部として教養学部が設置された年であった。

そこで、以下では、この頃から『民族学研究』の紙面をにぎわすようになった、民族学を含む人類学関係の諸学の教育体制に対する議論及び、その結果としての東大を一つの中心とする「総合人類学（あるいは一般人類学）」の体制と理念に関して検討したい。

人類学の総合化に関わる言及が『民族学研究』に出てくる最初期のものの一つが、杉浦による「F・ボーアズとB・マリノウスキー」という記事である（杉浦 一九四八：五七―六二）(15)。ただし、杉浦の記事は日本の教育研究体制をうんぬんするという段階ではまだなく、ただフランツ・ボアズについて、いわゆる民族学のあらゆる側面だけではなく、言語学、体質人類学など広義の人類学の全範囲にわたって、重要にして根本的な貢献をした、と賞賛している。また、ボアズは、歴史的方法を用いた研究をしているものの、文化を類同性と固定性の観点から見るのではなく、歴史に於ける文化変化の動態的な現象に着目していることも評価している（杉浦 一九四八：五七―六二）(16)。

一四巻一号（一九四九）では、クライド・クラックホーンの「人類学の諸分野――その周辺諸科学にたいする関係について」が掲載され、人類学とはアメリカで如何なる学問として認識されているのかが説明されている。それによれば、人類学とは、自然人類学と文化人類学及びそれらから素材を選んでそれを利用する方法を研究する応用人類学に大別される。自然人類学には、霊長類学、霊長古生物学、人間進化論、人体測定学、生体学、人種学、体質人類学が、また文化人類学には、考古学（既往の時代の遺物、遺跡の研究）、民族誌学（現存の民族の習慣と習俗の純粋の記述）、民族学（過去と現在の諸文化の比較研究）、民俗学（口頭伝承によって保管された劇、音楽、物語の蒐集と分析）、社会人類学（近代的共同社会と社会構造の研究）、言語学（廃用と現用の諸言語の研究）、文化と性格（一定の区別づけられる生き方と特徴的心理との間の関係）が含まれるという。更に、彼は、追記として、「一般人類学（General Anthropology）」という用語をあげ、これが「便利な用語で、それは人類学の各支流のなかからでてくるいろいろの概念や結論をまとめ、あるいは人類学全体を基礎づける概念のわくを指ししめすに適当なことばである。」（クラックホーン 一九四九：三）と述べている。その含みこむ概念については、人類学の中の諸分野や人類学と関係する隣接諸科学が、生物学的―文化的、歴史的―分析的、という二つの軸によってどのような位置取りをしているのかの見取り図によって示している。(17)

次の一四巻二号には、『現代アメリカの社会人類学』の書評を難波紋吉(18)が書いているが（難波 一九四九：六五―六九）、この中にも、人類学の定義や、下位区分について言及がある。本書は、上記の一九四六年八月に旧東亜研究所でおこなわれたパッシンの講演その他のアメリカの論文を掲載した書物である。パッシンは、この中で、人類学を五つに区分しているものの、相互の関係については、あまり言及していない。しかし、難波は、ここから更に論を展開し、クローバーやクラックホーンの考え方も併せて紹介している。即ち、クローバーによれば、人類学は「人類の科学」であり、「体質人類学」と「文化人類学」に大別され、前者は人間の生物学的な側面、自然的、有機的側面を扱い、後者は人間の歴史的側面あるいは教養的・社会的側面を扱うとしたうえで、両側面は、常に密接な相互作用関係のもとにあり、複雑な様相を呈しており、この入り組んだ現象の解釈如何が、人類学の特殊の任務と科学体系におけるその地位とを決定する、とまとめている。クラックホーンについては、*Mirror for Man*（一九四九：三〇〇）を引き合いに出して、文化人類学は、人類研究の一般的、総合的科学の観を呈し、物理学、生物学、社会科学および人文学の諸領域にまたがり、他のいかなる科学よりも人類の全面的研究であるといいうる、と述べる。

このように、一九四九年になると、にわかに人間の総合科学としての人類学ということが声高に主張されるようになる。そして、それと歩調をあわせるように、同年一〇月に、日本学術会議の中に、人類学的諸科学の連絡連携の促進、日本の人類学に関係する学界と国際的会議・学会との連絡を復活させることを目的に、「人類学研究連絡委員会」が置かれることになり、関連する部会である、一部（民族学関係）、四部（理学関係）、七部（解剖学関係）から一五名が参加し、一九五〇年一月九日に第一回委員会が開かれた。委員長には鈴木尚、幹事に、岡正雄と須田昭義が就任した。参加した一五名は、以下のとおりである。

一部：石田英一郎、泉靖一、岡正雄、馬淵東一、杉浦健一
四部：長谷部言人、須田昭義、鈴木尚
七部：今村豊、藤田恒太郎、古畑種基、金関丈夫、工藤得安、児玉作左衛門、上田常吉

また、第一回委員会では、次の三点が決議された。即ち、一、全体会議は年二回開催すること、二、国際人類学・民族学会議に復帰するための連絡をすること、三、新制大学における人類学教育の基準となるべき教科書、模型、掛図、器具などの作製案を作るため、在京委員よりなる小委員会を作り、毎月一回会合を開き、成案を得たうえで本委員会において決定することである（『民族学研究』一四（三）：六一）。

ここで強調したいのは、人類学に関係する諸科学の専門家が一堂に会し、新制大学での人類学教育を実現させるために、教科書などの教材を作成することに合意した、という点である。このことから、当時の民族学協会全体とは言わずとも、大きな流れとして、新制大学では、人類学を人文科学としてだけではなく、理学、解剖学などの自然科学と合わせて教育をおこなっていくべきであるという意思が示されたことになろう。

複数の人類学分野の一線の研究者が集まってなされた検討は、一年あまりにわたっておこなわれ、その結果、「新制大学教養科目「人類学」の教授要綱案」が作成され、『民族学研究』第一六巻一号（一九五一：六六―六九）に掲載された。そこには、次のようにうたわれた。

新制大学の教養科目としての「人類学」は、生物としてのヒトの形質、機能とこれに基づくヒトの社会的・文化的活動並にその結果とを包括する広い視野から、一貫したヒトの理解ができるように教授することが望ましい。要は教養ある人としての心構えを養うために、ヒトを科学的に理解する方法を教え、ヒトに関する綜合的知識の上に立った正しい人間観をつくりあげることを目的とすべきである。

次にあげる要綱は、日本学術会議の第一期人類学研究連絡委員会において討議を重ね、ヒトの綜合的研究に必要と思われる諸問題を上記の目的に副うよう配列、組織した私案である。

そして、これに続き、「要綱」として大まかな教授内容の骨子を、更に「要綱の説明」として教えるべき大小の項目を挙げている。要綱の最後には、「最後の参考文献にあげた杉浦健一著『人類学』（同文館発行）は大体本要綱に従って書かれたものである。」と述べられている。[19]このことから、杉浦の著作は、日本学術会議の第一期人類学研究連絡委員会全体の意思の反映された、戦後の日本の人類学教育の出発点の理想型が具体化したものと考えることが可能だろう。[20]おりしも、発行年の一九五一年は、東大の教養学部に後期課程の教養学科が設置された年であった。

この教科書は、好評を博したようである。一九五三年に東大に入学して、一年生の後期に杉浦の担当する科目を受講した須江（原）ひろ子氏は、杉浦の沙流アイヌの調査に基づく授業に感激し、文化人類学を専攻したいと考えたという。そこで、杉浦に文化人類学とはどのような学問かを尋ねたところ、「僕の考えはみなここに書いてあるから読んでください」と言われ『人類学』を紹介されたという。そこで、杉浦の授業に出ていた二、三人の学生と授業外の時間に輪読し、質問事項ができると、授業の後に杉浦に質問し、これに杉浦が一時間ほどかけて答える、という形で勉強したという。杉山晃一氏の場合には、学部は國學院大學で勉強していたが、そのときに、杉浦の『人類学』に出会い、三回精読し、東大の生物系大学院への進学を決意したという。[21]

上述したように、日本学術会議に人類学関連諸科学の委員会ができて、合同で新制大学での人類学教育の在り方が論じられ、その結果として要綱案ができ、それに沿った形で杉浦が教科書を著した。そして、本書が東大文化人類学の草創期の学生たちにも相当程度のインパクトを与えた。

杉浦の教科書は、人類の起源から最新のアメリカの文化人類学理論までのすべてを網羅した非常に幅の広い概説書である。このような広範囲に亘る書物を、杉浦一人で執筆したこと自体、当時としては、画期的であったであろう。しかし逆に言うと、民族学的な学問をベースとしながら、形質人類学的なことも記述することができた研究者は、当時は杉浦をおいて他にはいなかったとも言えるのではないだろうか。

杉浦健一から石田・泉へ接ぎ木された東大文化人類学研究室

杉浦健一がそういった自然科学的な記述をできたのは、彼の履歴とも大いに関係する。[22] 杉浦は、明治三八（一九〇五）年生まれで、昭和六（一九三一）年に東京帝国大学文学部宗教学及び宗教史学科を卒業後、大学院に入り、宗教民族学を専攻した。大学院を退いた後は、日本の民俗学的調査、ミクロネシアでの「旧慣調査」などを手掛けたが、昭和一三（一九三八）年六月、東京帝国大学理学部副手、[23] 昭和一五（一九四〇）年一〇月には東京帝国大学における人類学標本整理の嘱託をつとめた。昭和一八（一九四三）年三月に文部省下におかれた民族研究所の研究員となって、東京帝大を去ったが、昭和一九（一九四四）年三月から東京帝国大学理学部講師を兼ね、主に物質文化を対象とする「土俗学」を教えたという。このことからもわかるように、彼は宗教学出身でありながら、三〇代の頃は、理学部でキャリアを積んだ。しかも、副手となった一九三八年は、長谷部言人が東北帝大から東京帝大に移ってきた年であり、三九年は、東京帝大の中に人類学科が設立され、長谷部が主任教授になった年であった。長谷部の定年は一九四三年であるから、つまり、杉浦は戦前東京帝大で働いていた時期のほとんどを、長谷部のもとですごしたので、身近に形質人類学の何たるかを見てきたはずである。

戦後、上述したようにCIEの図書館で、アメリカの最新の研究動向を積極的に吸収した杉浦は、当初は文化とパーソナリティに、そして昭和二五（一九五〇）年頃から総合人類学にも関心を向けたようである。即ち、日本学術会議に「人類学民族学研究連絡委員会」が作られたころと重なる。しかも、杉浦は、机上の空論として人類学の教授要綱を考えただけではなく、実地調査という形で、それを実験した。即ち杉浦は、生物としての人間と、文化の担い手としての人間との有機的関連性に関しての実証的な研究をおこなうため、昭和二五（一九五〇）年から昭和二八（一九五三）年にかけて青森県津軽半島の車力村、十和田村、大隅半島左多町等で現地調査をおこなった。車力村の調査に加わった祖父江によれば、全体のチーフは須田昭義教授で、自然人類学からは、須田、大学院生の増谷乾、学部生の香原志勢が入り、体格、運動能力を分析し、文化人類学からは、杉浦と祖父江が加わり[24]、社会組織、家族親族、経済生活、パーソナリティなどを分析して、文化と身体の間の相互関係を解明することが目的とされた（祖父江 一九八八：三四四―三四五[25]）。この頃、日本民族学協会も「アイヌ民族綜合調査」を手掛けたが、杉浦はそこにも参加した。この調査では、文部省と企業から助成を受けており、日本民族学協会の会員、形質人類学者の双方が参加しておこなわれ、報告が『民族学研究』第一六巻三・四号に特集「沙流アイヌ共同調査報告」として掲載されている[26]。

そして、杉浦がアイヌ調査に没頭するようになった昭和二八（一九五三）年八月一日、杉浦は、ついに東京大学教養学部教授に迎えられ、九月から「文化人類学」の講義を始めることになった。泉によれば、「東京大学における文化人類学の中心を、教養学部におこうとする矢内原総長の意を受けて、最初の困難な地固めに単身乗り込まれた。講座制のととのっていない教養学部にとって、どのようにして文化人類学の中心を築き上げ、後継者を養成してゆくべきかに思い悩まれたこともあったようである。」（泉 一九五四：七六）ということであり、杉浦は学部における文化人類学の専攻の立ち上げを、矢内原総長から託されたようだ。しかし、この頃すでに杉浦の体調は、研究と教育を続けることができないほど、悪化していたという。一一月頃からは胃潰瘍で授業も休みがちになり、翌昭和二九（一九五四）年一月一五日に息を引き取った。こうして、文化人類学研究室立ち上げに具体的な道筋がつこうとしたその矢先、その使命を帯びて東大教養学部に乗り込む形になった杉浦は、志半ばに世を去ったのである。

杉浦の死後、とりあえず問題となったのは、杉浦の受講生の単位認定であった。原ひろ子氏によれば、泉先生と石田先生が相談し、「杉浦先生がどんな授業をやっていたのか知らせてほしい」とのことで、一月二〇日に石田先生の阿佐ヵ谷のご自宅に受講生であった当時学部一年生の原忠彦、須江ひろ子、副田義也（後、社会学の大学院に進学）三人がノートを持って行ったという。石田先生が熱心に授業の様子を聞いて、ノートを借りたいとの意向を示したため、お貸しした。それらは、三日くらい後に、郵便で送り返され、結局期末テストでは、そこから問題が出て、単位を認定されたという。この時、石田先生は、三人も人類学の受講者がいたということ、そしてこれらの受講者の中に文化人類学を専攻したいという意思がある者がいることを知ったという(27)。しかし、この頃、石田や泉は、彼らが後期課程進学の年になる五五年四月には、研究室の立ち上げが間に合わないかもしれないから、本郷のどこかにとりあえず進学し、設置されたら戻ってきてはどうか、とアドバイスしたという。

こうして、専攻希望の学生がいることも判明したためか、杉浦亡き後、文化人類学研究室の立ち上げは、石田と泉に任されることになった。石田の年譜（一九五四）によれば、次のようにある。

四月一日、東京大学教養学部教授に併任される。この頃矢内原忠雄総長は教養学部に文化人類学の専門コースを開設する構想を明かにしていたが、当時教養学部で文化人類学を担当していた杉浦健一教授が急逝されたために急遽石田、泉の二人がその直接の任に当たることを総長から要請されたのである。石田の希望で石田は併任の形をとり、泉は教養学部専任となった。文化人類学の専門コースは教養学科の「文化人類学・人文地理学分科」の形で発足することになり、石田は米国で考えて来た綜合人類学の教育構想に従ってカリキュラムをたて、精力的にその実現のために努力した。（杉山 一九七八：六二六）。

こうして、石田、泉の尽力により、翌昭和三〇（一九五五）年四月、渋谷区駒場の教養学科に文化人類学・人文地理分科が発足した。同分科の文化人類学専攻には、五名（石川郁雄、岡田宏明、須江ひろ子、反町一郎、原忠彦）が進学し、石田と泉は、本郷の大学院、駒場の学部の双方で教育をおこなうことになった。こうして、矢内原総長のリーダーシップのもと、日本学術会議と歩調を合わせて教科書を執筆した杉浦が駒場に送りこまれ、彼の急逝という危機があったものの、石田、泉によって矢内原、杉浦の意志が引き継がれ、駒場に日本の総合人類学教育の拠点が出来上がった。(28)ただし、制度、あるいは器としての文化人類学研究室は、引き継がれたものの、その中に埋め込まれた総合教育の理念は、杉浦と石田とでは決して同じものではなかった。いわば、接ぎ木としての継承である。また、当時日本の民族学、人類学の研究者たちによって、総合人類学という考え方に必ずしも共通理解があったとも言えなかったと考えられる。そこで、以下では、総合人類学という言葉の中に込められた理念を杉浦と、それを接ぎ木した石田の二人の考え方を対比することで考察したい。

総合人類学における同床異夢

まずは、『人類学』を執筆し、総合人類学教育の一つの形を示した杉浦の考え方を出発点として考えてみたい。同書の「序」に杉浦は次のように書いている。

我国では人類学が好事家の余業のように考えられ、学問として正当の地位を与えられない憾みがあった。今度新制大学教養科目の中に人類学が加えられたことは、当然とはいえ、この学問のために慶賀にたえない。これを機会に人類学のあり方について考えて見る必要がある。（中略）人類学研究の領域が学者によって違う原因の一つは、ヒトの身体形質を扱う形質人類学とヒトの生活諸方式を扱う文化人類学とが分離していて、広い視野から両者を一貫してヒトの綜合的研究をすることが困難であることにある。人類学が科学として発足して以来、ヒトの綜合的研究を企だてる試みはあったが、従前の学問の状態では、その理想を達成することができず、却って形質人類学と文化人類学との分離が甚だしくなった。

最近の学問の進歩は再び広義の人類学として、ヒトの綜合的研究をする方向に進みつつある。（中略）筆者が困難を予想しながら本書に於て敢てこれを試みたことは、最近の人類学の進歩によって、ヒトの綜合的研究に対する成果が多少とも期待できる見通しを得たからである。Kroeber, A.L., Anthropology, 1948（改訂版）；Gillin, J. The Ways of Men, 1948; Herskovits, M. J., Man and his Works, 1948 などは、ヒトの綜合的研究の組織化に貢献しているが、本書は上記の著書の影響を受けたところが多い（杉浦　一九五一　圏点は三尾による）。

杉浦は、ヒトの身体形質とヒトの生活諸方式との両者を一貫してヒトの総合的研究をおこなうことを目指して、この書物を執筆した。次に、第一章「人類学の対象と目的」では、人類学（anthropology）をギリシア語の anthropos（ヒト）と logos（学）との二つを併せてつくったものと、語源から説明し、これを、「ヒトの科学（science of man）」としたうえで、生物としてのヒトと、文化をもつヒトとの両面を切り離してしまうならば、ヒトの完全な理解ができなくなるから、自然科学、社会科学及び人文科学の三つにまたがる学問として人類学をみなすことができる、と述べる。そして、「人類学とは、ヒトの身体並に精神と、そのはたらきの本性と歴史という基本問題に関心を集中することによって、綜合化されたヒトの研究を行う科学である」（杉浦　一九五一：二　圏点は、三尾による）とのべている。

この「はたらき」という用語が、杉浦の総合人類学を理解するうえで重要な概念と思われる。前述したとおり、杉浦は、戦前から東大理学部で「土俗学」の講義し「物質文化」を扱ってきた。このため、長谷部の影響を少なからず受けたことが推測される。祖父江によれば、長谷部言人は「人類学とは人間に関する理学である」と規定していた。「理学」とは自然科学で、その中に含まれるのが体質人類学（現在の自然人類学）、「先史学」（理学において物理化学的な自然科学的方法でおこなうものであり、文学部でおこなう「考古学」とは異なる）、「土俗学」（文科の学問である「民族学」とは異なり、人間が働いて作りだしたものを研究するもので、ergologie という）の三つであると主張していた。そしてこのエルゴロギーとは、ギリシャ語の ergos（働き、仕事の意味）をもとに長谷部が作りだした言葉で「人間の働きの研究」という意味だという（祖父江　一九八八：三三九）。祖父江は、一九四七年理学部の人類学科の学部学生として、杉浦の授業を受けたが、杉浦は、講義の冒頭で「エルゴロギーとはいろいろな物質文化の材料も扱うので今までの文科の学問とは異なるし、その意味で理学部の中にこの講義の置かれている意味がある」と注釈していたという。そして、理学の中で宗教や社会組織などを講義するのはなじみにくいと考えたのか、その後、衣食住の技術、特にタバの製法、編み物、織物の作り方や編み方の分類、食物の調理法、発火法、生業の技術、特に動物をとらえる罠、狩猟用具など、物質文化の講義をしたという（祖父江　一九八八：三三六・三四〇）。これらのことから考えれば、杉浦が構想した人類学とは、生物としてのヒトと、文化をもつヒトとの両面を結びつける総合科学で、文化的な側面も、身体を持った人間の仕事、はたらきによって生み出されたものを念頭に解明されるべきである、とまとめることができるのではないだろうか。

では、次に、石田の考え方を紹介しよう[29]。石田は、一九〇三年に生まれ、旧制一高、京都帝国大学経済学部時代、マルクス主義に傾倒し、一九二八年に三・一五事件で逮捕され、堺の刑務所で五年間服役した経験を持つ。大学時代にネフスキーと接触し、獄中ではモルガンやフレーザーを読んでいたという。その後、ウィーン大学民族学科に留学し、歴史民族学を学んだ。文化圏の考え方が、石田の学問に大きな影響を与えているが、これは、ウィーン時代に学んだことである。

石田が総合人類学の教育体制の整備に関して具体的な行動に乗り出したのは、一九五二年四月から翌年一〇月までにニューヨークのWenner-Gren Foundation for Anthropological Researchの援助を受けて、アメリカ、西欧、中米の人類学関係の研究教育機関や遺跡、ネイティブ・アメリカンの集落などを訪問したときと思われる。帰国後、一九五三年一一月二七日におこなった東大東洋文化研究所での報告（石田 一九七五ａ）では、アメリカの教育の在り方について、図書、博物館、教育の媒体（テレビや映画、スライド）など具体的な事項についてその有用性を記している。また、今日のアメリカの人類学の特徴について、批判精神をもってコメントしている。それらの詳細について、ここでは立ち入らないが、「総合人類学」に関係することについて、二点だけ指摘しておきたい。一つは、「米国のどの大学に行っても、人類学と言えば、必ずまず民族学・考古学・形質人類学、それに言語学の一部の基礎知識が必修科目として要求され」（石田 一九七五ａ：一四八）ている、ということを指摘した点であり、もう一つは、発表した後の補記として述べられているのだが、広義の人類学を教育研究するとはいっても、結局は個々の専門の単なる寄せ集めにすぎないのではないかという危惧、即ち科学の諸専門分野の寄せ集め以上の「総合」に成功することはありうるのかという批判的意見に対し、学問上の課題に取り組むのに専門化ということは不可避な必要事であるが、専門化を重視しすぎることは、学者が自己の専門の殻の中に閉じこもることになりかねず、木を見て森を見ない、という過ちを犯す危険性があることを指摘している。

上記の東洋文化研究所での報告の約一年後の一九五四年一一月、日本人類学会・日本民族学協会第九回連合大会における講演では、よりはっきりとした「総合人類学」像を打ち出している（石田 一九七五ｂ）。そこで、彼は、自身が拠って立っていたシュミット、コッパースなどの民族学に対して、民族学をあくまで精神科学として扱い、形質人類学に基づく人類の生物としての側面を軽視する姿勢の限界を指摘したうえで、「人類というものを、文化を担った二本足の動物として自然界に位置づけ、その行方、その運命にわたるまで、全体的な見透しをつける何らかの学問分野の必要とそのあり方とについて考えざるをえない」（石田 一九七五b：一五七）と述べた。そして、人類学が形質人類学、民族学、先史学、考古学などの諸分野を含む一個の総合科学として存続すべきと考えうる共通の基盤について、次の二点を挙げている。即ち第一に、人類学が他の近代諸科学と異なり、西欧的＝近代的な世界の枠の外から出発し、時空の全域にわたる人類に対する全体的な見透しに対する視野を常に背景としていること、第二に、あらゆる人類学の分野が、人間の行動、生活の仕方、即ち文化をそれらの中心的＝中核的課題としていること、即ち、人間のいかなる器官も、文化を前提とすることなくして理解し説明しうるものでないこと、である。更に日本特有の人類学の特質として、従来、全人類的な関心や視野に欠け、日本や東亜というエスノセントリックな興味が主たる中心課題になっていたこと、そして、形質人類学、先史学、民族学、言語学などの諸分野が、協力して共通の課題に取り組もうとする気運が、明治以来何度か盛り上がったが、これまで大学教育の中にこれらの諸学が均衡のとれた総合的体制をもってとりいれられることがなかったことを指摘し、こうした欠点を改善するために、若い世代には、総合的な教育を施すことが必要である、と主張している。

さて、これまで杉浦と石田が「総合人類学」に対してどのような意味を付与してきたのかを整理してきた。この両者は繰り返しになるが、杉浦がまず東大の文化人類学研究室設立のために外大から移り、杉浦の死後、石田がその遺志を継ぐ形で研究室設立にこぎつけた。しかし、上記の両者の概念規定を吟味すると、両者の間には微妙な思考のズレがあったと言わざるを得ない。

確かに二人とも、形質人類学、民族学などの諸分野を含む一個の総合科学としての人類学の重要性を説いている。しかし、生物的側面と文化的側面のどちらに人間を解明するときの中心点があるのか、ということに関する説明は、同じではない。『人類学』を執筆した時点での杉浦は、長谷部の影響を色濃く受け、人間の文化的な側面に関しても、生物としてのヒトが作りだす「はたらき」の結果としての文化という側面が強調されている。杉浦は、総合化した人類学を「生態人類学」と呼んでいたというが、それゆえ、宗教や社会組織といった生物的な側面の介在の程度が低い文化的領域の説明には、いささか無理があるように思われる。実際、祖父江によれば、杉浦の生態人類学的調査は、所期の研究目的を達成することはできず、晩年の杉浦は、次第に研究の対象を親族構造へと移していったという（祖父江一九八八：三四六）。

他方、石田は、上記の報告において、自らの提唱する人類学を長谷部のそれとを同質のものと位置付けて説明している。その部分を、以下に引用する。

人体の構造や機能を単にそれ自体として明らかにする学問ないし技術は、あえて人類学をまたずとも、昔から別個に存立していると思います。私は形質人類学の人類学としての存在理由は、文化をになった二本足の生物としての人間の肉体面を、文化を前提ないし背景として究明するところにあると理解しているのでありまして、たとえば長谷部先生の主張せられる、道具と身性との相関関係から問題を追及したエルゴロギーの領野などは、まさにこの点において、形質人類学の根本問題と、私のいわんとする意味の人類学の出発点とを、もっともよく示唆しておられるものとして、先生の学問に多大の敬意を抱いているものであります（石田一九七五b：一五九）。

この引用からは、石田が、長谷部のエルゴロギーを核とする人類学と、石田自身の人類学とが同じところに根源をもっていることを主張しているように見える。しかし、彼は同時に、文化を前提としないヒトの研究は、人類学ではなくて別の学問でやれば事足りる、とも言っているように見える。即ち、単純化して言えば、杉浦やそのバックにいる長谷部は、生物を前提としないヒトの研究を人類学とはみなせないと考え、石田は文化を前提としないヒトの研究を人類学とはみなせない、と考えていたのではないだろうか？

残念ながら、杉浦は石田の講演時にはすでに鬼籍に入っていた。しかし、石田の人類学観に対しては、老境に入った長谷部が激しく反発したという。杉山による石田の年譜によれば、昭和三二（一九五七）年、日本人類学会・日本民族学協会第一二回連合大会において、石田は「人類学とヒューマニズム」と題する講演をおこなったのだが、その場で長谷部が、人類学という言葉を最広義に用いたこと自体がけしからぬ、また文化人類学や社会人類学といった形容詞のついた人類学などはありえない、と石田の総合人類学に激しい感情的な批判をおこなったという（杉山　一九七八：六二七）。

また、長谷部は一九五九年には自ら『民族学研究』に論文を寄稿し、アメリカ流の文化人類学を批判した（長谷部　一九五九）。すなわち、長谷部は、日本ではヒトの研究に主力が置かれている米国の示唆によって大学の一般教養科目に人類学が加えられているが、人体そのものを度外視した生活の様相は人類学の圏外にあるものとして、その研究は民族学にゆだねるほかはない（長谷部　一九五九：三）と主張した。そして、「アメリカ流の文化人類学という名称は、人のサイエンス即ち人の理学として、自然発生の理念の抬頭とともに新に興った人類学の性格を侵すに似て好ましくない。（中略）文化史学として構想を練ったらどのくらい有益であったかと惜まれてならない。」（長谷部　一九五九：三　圏点は、三尾による）と手厳しく批判する。即ち、長谷部にとって「人類学」とは、人の理学として、自然発生の理念と共におこった、地質古生物学的動物学的学問としてのヒトの研究であって、個々の民族に関する研究は、Ethnologieとか文化史学など別の名称を名乗るべきであり、人類学とは距離があるべき、と考えた。いわゆる文化人類学と呼ばれるようなった分野（民族学）は、人類の自然史学としての本分を疎かにしているので、人類学として期待することは無理、というのが長谷部の考え方であった（長谷部　一九五九：七）。

こうして、杉浦の考えた総合人類学は、杉浦自身がその実現性の困難にぶつかり、そして杉浦の死去によりそのあとを継ぐことになった石田によって、より文化の側面を強調するそれにシフトしていったといえよう。

生物系研究科からの撤退

一九五五年に駒場の教養学部に文化人類学研究室ができ、正式な学部後期課程の学生が入ってくるようになると、その二年後からは、「純粋培養」の学生が生物系の大学院に進学するようになった。これらの学生は、学部でも院でも、文化人類学以外に、自然人類学（形質人類学）や先史考古学をも勉強することになった。

しかし、こうした専門家養成の構想は、下記に述べるような二つの点から、はじめからそれほど理想的に機能しなかったのではないかと推測される。

一つ目は、文化人類学系の学生と、形質人類学系の学生との興味関心の乖離である。学部の文化人類学から生物系大学院に進学した原ひろ子氏は、学部時代、石田、泉以外に、自然人類学を須田昭義、鈴木尚、先史時代の世界史を江上波夫、技術発達史を八幡一郎、世界の言語を服部四郎や高津春繁、自然地理学を多田文男、人文地理学を木内信蔵に習ったという[30]。また、人類学実習としては、社会調査、発掘調査、及び骨の計測の三種類があったという。大学院でも、上記三分野から単位をとることは必須であったため、人骨の計測やスケッチ、チンパンジーのスケッチなどを、自然人類学専攻の学生と一緒におこなったと述べている。また、授業以外にも、野球の試合なども、自然人類学の人たちと一緒にやったという。原氏の観察によれば、文科系の学生は、好奇心が強く、自然人類学や先史学の授業も面白がって出ていたが、理科系の学生は、骨の出てこない発掘や社会調査のような文科系寄りの科目への好奇心が強くなかったため、教官たちが単位を取るように、指導していたという。理科系の教官の中では、須田昭義は、文科系の学問にも非常に理解があったというが、他方鈴木尚は、文科系にはどちらかというと理解があまりなかったという。また、山内清男の先史学は、「科学的」であり、興味深かったという。

同様な感想は、大学院から入った杉山晃一氏も述べている。少々長いが、杉山氏へのインタビューをおこなった際の氏の回想を引用する。

当時僕が大学院の時には、生物系研究科でしたから、理学部の人類学教室に行って、自然人類学、先史人類学も文化人類学と同じ単位数で、向こうの専門の人たちと一緒に、まじめにとりました。鈴木尚先生の授業を取ったら、四月に開口一番「君たちねえ、ここは東大ですから、文化人類学の学生が来ているけれど、それに合わせるわけにはいかない」とおっしゃるわけです。「自然人類学の専門課程の院生を対象にやるから、承知してくれ」と言われた。だから、先史学、自然人類学と文化人類学が集まっているところで、理学部の人類にはそれらを橋渡しするという配慮はなかったけれど、それでも単位は取りました。例えば、鈴木尚先生の演習でワイデンライヒのシナントロプス・ペキネンシスの頭骨の裏側の血管の圧痕についての詳細のデスクリプションの論文を、一年かけて皆で大真面目に読みました。初期の文化人類学の院生だった川田順造君と僕と二人だけで、須田昭義先生の実習では一年間、人骨のスケッチをした。頭骨から足の骨まで、ゴリラの頭骨も人類と比較しながら、毎週一時間かけてスケッチしました。面白かった。川田君も理系ですから。山内清男さんの先史学なんて面白かったし、よかったと思います。山内先生も、Prehistoric Men, 先史時代の人類という本の原本を、一年かけて、岡田宏明君とか、中山淳子さんと丁寧に読んで、あれはよかった。あれはバカにならない。総合人類学という構想を学生に無理強いをしたのは、トラウマも残したけれど、石田先生は良いことをした、と僕は思っている。(31)

当時の形質人類学系の学生が、文化人類学系の学生をどう見ていたのかを検証しなければ、公平とはいえないが、文化人類学の学生と比べると、形質人類学系の教官や学生は、文化の側への関心が薄く、同じ研究科にいても、方向性のズレがあったことが推測される。

第二点目は、文化人類学系の学生たちが抱いた「総合人類学」のイメージの問題であり、端的に言えば、前節で述べた、杉浦の抱いていたであろうジレンマ、そして石田の考える「総合人類学」が、形質人類学の研究者の考え方と乖離せざるを得なかった、ということと関係しよう。即ち、既に述べたように、文化人類学の学生たちは、石田の主張するように、人類というものを、文化を担った二本足の動物として自然界に位置づけ、その行方、その運命わたるまで、全体的な見透しをつけることができるように、形質人類学、民族学、先史学、考古学などの諸分野を学習した。しかし、文化人類学に関心のある者はにとっては、人類学の分野は、人間の行動、生活の仕方、即ち文化をそれらの中心的＝中核的課題としている。その結果として、「生物」であることに制約される程度が比較的低い分野に広大な研究領域がある文化人類学の学生にとっては、理科系的な学問が、自らの研究の幅を広げることはあっても、柱となるまでにはならなかったのではないだろうか？

例えば、原ひろ子氏は、形質人類学や先史考古学の授業を受けたことが、その後の自身の研究にプラスになる部分が大きかったと評価しているが、その評価にあり方については、以下のように述べている。

> 東京大学の一般人類学の教育体制（中略）の下で私は教育をうけましたが、それでよかったと思っています。その理由は、第一に「ヒトとは何か」さらに「ヒトはいかに行動するのか」という問題意識を持った場合に、綜合人類学的な素養が、私なりのイマジネーションをかきたててくれて楽しいということです。第二には、文化とパーソナリティに興味をもつ者として、自然人類学における遺伝や成長の研究や、進化の問題は、考慮から外せないものであり、動物としてのヒトという前提が研究に際して捨象できないものであるからです。先史学の成果は成長の問題よりは、ずっと縁遠いものとなりますが、空想のレベルでは、狩猟採集民であるヘヤー・インディアンのパーソナリティから

旧石器時代人のパーソナリティを連想してみることもあります。第三には、綜合人類学の教育を日本で受けたことが、アメリカ合衆国の大学院学生となった場合のパスポート的な役割を果たし、アメリカの大学院生活の中にとけこめたという事実もあります（須江 一九六六：三五―三六）。

以上のように、文化のパーソナリティのような心理学的な傾向の強いトピックであれば、形質人類学の知識が役に立ったようだ。しかし、それ以外の部分での彼女の自己分析は、イマジネーション、連想の広がりをもたらすというものであって、自然科学的な研究が、原氏自身のもっとも核心となる研究の骨格をなす（あるいは、それと直接的かつ密接に相互連関している）ような重要性をもっていたようには思われない。

また、杉山氏は次のように語っている。

総合人類学をというものを、自分はそうできなかったとしても、あるべき人類学だと、石田先生はそう思っていたと思います。僕はそれは信頼する。結構学生の中にも、事実上そうはいかなかったとしても、そうあるべきだと思った人はいるんです。川田順造君はそうだと思います。彼は自分がそういう授業を受けたことを誇りにしています。それは、そうあるべきだと思っているんですね。やっている彼自身の研究はそうでなかったとしても。他にもいると思いますよ。やっていることは極度に社会人類学的になっていたとしても、あるべきものは総合人類学的なものである、と。だから、学生への教育効果はあったと思いますよ。

「総合人類学」をめぐるイメージは、実際のところ、当時も教育を担っている人や大学院生たちの間でも必ずしも一つの統一した像を結んでいないことは意識されていたようだ。それを如実に示すのが、『民族学研究』第二二巻三・四号（一九五九）に掲載さた祖父江孝男による『人類学概説』（石田・寺田・石川栄吉編）への書評（祖父江　一九五九）と、それに触発された『民族学研究』第二四巻一・二号（一九六〇）で繰り広げられた「誌上シンポジウム　人類学の体系と教育組織について」である。

祖父江は、『人類学概説』の書評そのものに入る前に、まず人類学の体系、研究や教育の組織の在り方についての、日本の議論にいくつかのパターンがあるとして、それを整理している。それによれば、次の五つの立場があるという。

（Ⅰ）形質人類学を中心におき、文化人類学を周縁において考える立場：長谷部を代表とする。人類学とは形質人類学のみを指し、文化人類学は民族学として異次元のものと考える。

（Ⅱ）形質人類学を中心におく程ではないが、文化人類学にやや従属的位置を与える立場：須田昭義等に見られるもので、須田の「生態人類学」にはこのニュアンスが強い。

（Ⅲ）形質・文化の両者を同一水平面上に置き、特に両者の有機的関係の分析を人類学の中心的課題として強調する立場：杉浦健一、増谷乾等に強調されているもの。これも「生態人類学」と称している。ただし、杉浦は、晩年この立場にやや懐疑的。

（Ⅳ）具体的問題について（殊に現在的断面に於ける）形質・文化両面の有機的関係の研究を（Ⅲ）ほど強調しないにせよ、人類史全体の把握のために、形質・文化両面の知識を兼備すること、人類学の教育組織中に両者を並び有することを強調する立場：アメリカの総合人類学の立場であり、石田の強調するもの。

（Ⅴ）上記（Ⅳ）の立場を一応理想としては認めながら、実際に於ける知識の専門化とそれに伴なう学習の有効性という立場から、教育組織中において両者を切り離すことを強調する立場：ドイツ・オーストラリアのやり方。岡正雄等により主張されている。寺田、石川栄吉（『人類学概説』の junior authors）を含む、日本の多くの人類学者が取る立場。

誌上シンポジウムは、上記の『人類学概説』や祖父江の五つの分類をめぐってアンケートを行った結果と、それをもとに開いた座談会の記録である。ここでも、それぞれの参加者によって、総合人類学のとらえ方、また祖父江が代表者として挙げた研究者に対する見方にバラエティがあることが示されている。[32] ここではその具体例を更に挙げることはしないが、誌上シンポジウムに参加した形質人類学者の香原志勢のことばを引用しておこう。約一〇年前、香原は、学生であったというが、しばしば民族学の性質が論じられたときに、「一部の形質人類学者にとっては、綜合人類学への主張はあたかも開国をせまる黒船のように不法にみえたかもしれない」（『民族学研究』二四（一／二）：一四三）という。即ち、総合人類学を求める主体は、どちらかというと民族学の側にあり、既に大学の中に教育組織のあった形質人類学から見ると、民族学へ門戸を開くように無理やり求められているようにうつったのであろう。

そして、もう一点、文化人類学の総合教育に対する批判的意見として、祖父江と大林がシンポジウムで述べていることを指摘しておきたい。いずれもシンポジウムに参加した原忠彦が大学院で勉強する形質人類学の授業が学部のそれと比べると余りに専門的過ぎるため、ついていくのに大変であること、更に、ついていって果たして文化人類学をやっていく上で役に立つかどうか疑問であると述べた発言に対する反応であるが、発言内容は、対照的な反応である。祖父江は、これに対し、形質人類学側が、自らの学問のあり方だけを正しいものと考えるのではなく、文化人類学専攻の学生に教える場合には、より文化的な側面に対する理解を持った上でやることの必要性を訴えている。他方、大林は、総合人類学教育を、より一般教養的なものとしてみており、理想的にはドイツのギムナジウムのように、基礎教育はできるだけ早く終え、レベルの高い専門分化した教育を大学で若いうちから身に着けなければ、専門的な論文が書けるようにはならない、としている。

以上見てきたように、戦後の日本における総合人類学の試みは、さまざまな立場、背景を持っている日本の研究者たちそれぞれの考え方の違いを乗り越えて、学界としての共通理解を得ることは難しかったといってよいだろう。東京大学という一つの実験的試みにおいても、それに参加する個々の教官たちの考え方は決して同じではなかった。結果として、東大の生物系研究科に置かれた文化人類学の専攻は、昭和三七（一九六二）年、新たに社会科学系研究科が発足するに当たって、教養学部教養学科の国際関係論コース及び文学部の社会学科と同居することとなった。この点について、石田は次のように記している。

昨年の三月までの自分の直接関係した東京大学の文化人類学課程について言えば、統合的な人間像を背景にした専門科目という当初の理想は、実際問題としてかならずしも達成しえたとは考えられない。ここでは民族学または文化人類学にはるかに先んじて大学の組織に根を下していた自然人類学や言語学や先史学がますます特殊化した専門化への途をたどり、文化人類学とこれらの専門コースの学生相互間に共通した学問的関心の薄れて行く傾向も目立ってきた。とくに大学院のレベルにおける専門分野間の乖離は、大学院の組織全体が学部の線に沿ったタテ割り化に向う大勢と相まって、本年から文化人類学と自然人類学とをそれぞれ社会学系と生物系とに別れしめるに至った。この意味では、東大における文化人類学課程の新しい実験は失敗に帰したかに見える（石田 一九六六：三二六七）。

五　おわりに――人類学に於ける総合化と個別化

以上、東京大学の文化人類学専攻の成立とその変貌を軸に、戦後の日本における民族学／文化人類学の一側面を考察してきた。東京大学に於ける総合人類学教育の実験は、杉浦や石田らの戦前世代、即ち「雑種」世代の研究者たちが、戦後に新しい民族学／文化人類学を誕生させようともがいた産物であった。その過程は、形質人類学にも造詣が深く、戦後のアメリカの人類学の潮流をいち早くキャッチした杉浦によってリードされ、彼の死後、石田によって受け継がれた。冒頭に引用したように、石田は、戦後の民族学／文化人類学を戦前のさまざまなくびきから解放された新しい学問として生まれ変わらせ、体系的な教育を施された新しいタイプの専門家を育てる夢を追い求めた。

といっても、石田自身の学問は、戦前のドイツで受けた教育や、自分自身の独学などによって構築されたものであり、文化史的研究を主眼としていた。しかし、彼は、戦後比較的早くから、民族学のみによって立つ文化史的な世界史の復原の可能性に疑問を持つようになったようだ。その上で、石田は現代的な断面の微視的な分析だけではなく、全体としての人類文化を指向する巨視的な見方をあわせた総合的な科学としての文化人類学の構築を目指した（石田一九六六：三六八―三六九）。その意味では、彼の構想は、単に後継世代の育成だけを考えていたのではなく、彼自身の学問のあり方をも変えていこうとする試行錯誤のプロセスでもあったといってよいだろう。(33)

そして、もう一点指摘するとすれば、こうした人類学の総合化の試みは、確かに教育という面においては戦後の新しい試みであったが、研究という面で考えてみるならば、決して新しく始まった事ではない。そもそも坪井正五郎が「じんるいがくのとも」をはじめたときの人類学は、実に幅の広い博物学であったし、初期の『東京人類学会雑誌』（一九一一年以降は、『人類学雑誌』）には、民族学的な報告も多数のっていた。しかし、坪井の死後、研究者の専門分化が著しく進んだ。寺田和夫は、大正末から昭和三年くらいまでの間の人類学界の活気を、「それは坪井時代の総合的姿勢、つまり間口の広さを、学問全体が持ち、また研究者それぞれが持っていたのとは違って、専門がはっきりし、素人の発言しがたい高度のレベルのものになってきた。」（寺田一九八一：二一六）として、統合化に反対する方向の動きとして若干否定的に見ている。第一次大戦後頃より、学生たちが、個別科学、方法論の整備を主張し、人類学の諸分野が個別科学として発達していく傾向が強まったという（寺田 一九八一：二一五―二一六）。

しかし、こうした傾向を憂い、総合科学としての行き方を主張する人々もいた。その一例が、昭和三（一九二八）年に結成された人文研究会である。これには、考古学あるいは先史学の八幡一郎、甲野勇、宮坂光次、森本六爾、中谷治宇二郎、赤堀英三、江上波夫、自然人類学の大島（後、須田）昭義、民族学の岡正雄、宮内悦蔵、人文地理学の佐々木彦一郎、社会学の小山栄三など、多彩な人物が集まった（『民族』四（一）：一六四）。そして、これが母体となって、昭和一二（一九三七）年にエイプ会（Anthropology, Prehistory, Ethnology の頭文字、ＡＰＥ）が成立した（『ミネルヴァ』一九三七年二月号、川田編 二〇〇六参照）。このほかにも、戦前に於ける形質人類学と民族学の総合化、あるいは連携の試みとして、一九三六年から一九三九年まで計四回おこなわれた東京人類学会・日本民族学会連合大会などもあった。

本稿では、こうした戦前の人類学／民族学の動向と戦後の総合人類学構築の営みとの間の関係性については、考察を深める余裕がなかった。しかし、人類学の歴史を長いスパンで眺めたときに、全体的人間像を追究する総合化と個々の事象を扱う個別化のベクトルはいつの時代においても存在し、一方が強くなりすぎれば、もう片方へ引き戻す力が働いてきたとも言えるのではないだろうか。ただ、そのように考えたとき、今日に於ける人類学のありようは、このベクトルの線上での長いスパンでのバランスが失われ、細分化、個別化の方向へ流れていると言えるかもしれない。かつては、民族学／文化人類学には、拠って立つグランド・セオリーがあり、よって立つ方法論としてのフィールドワークがあった。研究対象も「未開」社会から徐々に、民俗社会、都市へと拡大したとはいえ、学界内でのある一定程度の共有された範囲があった。しかし、今日では、求心力のある文化人類学理論が見当たらなくなり、フィールドワークのやり方、対象も拡散している。そして大学での文化人類学の教育体制、教育内容そのものが多様化している。そうした中で、文化人類学者の研究のスタイルも、個々人に依存するようになっている。生物研究科から撤退した東大の文化人類学のその後の趨勢も総合化からは離れる傾向をたどった。その詳細を論じることは、本論の能力を超えるが、筆者が学部生、大学院時代をすごした八〇年代は、学部教育の中では、自然人類学や先史考古学の講義が必修として組み込まれていたが、大学院に進学した後は、もっぱら社会や文化を論じる講義や演習のみがプログラムされていた。この路線は、その後、大学院が総合文化研究科に移り、本郷の研究室を引き払って駒場の学部研究室と統合される過程でも、継続していると考えてよかろう。

しかし現在のような状況であるからこそ、杉浦や石田が目指したような総合化がもちうる積極的な意味を、再度検討してみる価値はあるのではないだろうか。本論で、人類学の歴史の一端を紐解いてみた意味は、それが優れて今日的な問題とも繋がっているからである。学問や調査対象の細分化は、記述の精緻化をもたらすというメリットもある。しかし、雑駁な印象論や短絡的な牽強付会に陥らずに、物的な身体に依拠しつつ文化や社会を構築してきた人類の全体像を明らかにすることや、個別の事象や文化を超えて人間とは何か、という問いに答えようと試みることは、人類学の大きな魅力であるといえるのではないだろうか。

謝辞

本論の考察で使用した資料は、公刊されている文献資料以外にも、東京大学教養学部文化人類学研究室に保管されていた、主に故泉靖一教授が残したと思われる資料を使わせていただいた。また、インタビューも若干おこなっている。特に、原ひろ子氏、杉山晃一氏からは、ある程度まとまった聞き取りをさせていただき、あわせてお持ちの資料をたくさん拝借したり、提供していただいた。井口欣也氏からも、資料を拝借した。これらの方々、及び駒場の文化人類学研究室保管の資料の閲覧、複写をご許可いただいた山下晋司教授、その他情報をご提供いただいた方々に、感謝申し上げる次第である。

注

1　民族学と文化人類学の二つの用語は、同じものを違う名称で呼ぶ場合と、別ものとして扱う場合がある。本論で考察するように、人類学と民族学の区別については、研究者の立場によって異なっており、さまざまな議論がある。

2　ただし、当時、長谷部は、人類学会の雑誌では、その内容が人骨の統計的研究に偏りすぎていたことを憂い、エスノグラフィー（民族誌）に強い人を集めたい、と文化人類学方面の研究が、人類学にとって必要であることを述べている（寺田　一九八一：二五五）。長谷部は決して形質人類学だけを人類学として認めていたわけではない。当時、教室内でも、「人類学とは何か」が盛んに議論されていたようだ（寺田　一九八一：二六一―二六二）。長谷部の人類学観については、戦後も議論の対象となった。後述するように、石田英一郎との論争が有名である。

3　例えば、昭和三〇年度『東京大学大学院学生便覧』によれば、この年、文化人類学方面を担当したのは、東洋文化研究所の石田、泉、教養学部の外国人教師であったゴードン・T・ボールズ、そして学外から岡正雄講師であった。

4　例えば、昭和三一年度『東京大学教養学部学生便覧』を参照されたい。専門課程設置以前は、教養学科の基礎科目の中に「文化人類学」四単位が設定されており、学生は、これと「比較文学比較文化」「芸術史」各四単位、計一二単位の中から四単位を選択することが求められていた（「教養学部教養学科専門課程単位表　昭二七、四、一七現在」より）。なお、東京大学に教養学部が成立したのは、一九四九年の新制東京大学の発足時、教養学部内に後期課程の教養学科が設置されたのは、一九五一年である。

5　泉が駒場に残した資料に「文化人類学研究室整備にかんする予算（案）」（執筆年不明）という手書きの文書がある。それによれば、確かに、文化人類学研究室は、予算を伴わずに発足したために、施設が著しく不備であるため、三年計画の予算を計上する、としたうえで、図書と機械器具（写真現像の器材、計算機、録音機、マイクロフィルムリーダー、撮影機など）、これらを収納する什器などを三年に分けて購入する計画を記している。その計画が結実したのか、原ひろ子氏によれば、文化人類学研究室は、実験講座になったので、器材をたくさん買い入れ、写真現像技術などの教授がおこなわれたという。また、調査費用などもかなり潤沢になったという。新しい専攻で、予算も他の研究室よりかなり多くなったので、教授たちは、それに見合う人材を養成しなければならないと考え、張り切っていたという。

6　矢内原の履歴については、大内（一九六二：一八五―一九五）を参照した。

7　この委員会がいつまで続いたのか、また具体的にどのような活動をおこなったのかは不明である。この文書は、泉靖一が東大駒場の文化人類学研究室に残した資料の中から発見されたが、これに関連する他の資料は見当たらない。ただし、規約（案）には、「北上川綜合開発の基礎的研究（案）」という別文書がホチキス止めしてあるので、同時に配布されたようである。同文書によれば、「北上川綜合開発」とは、戦後の荒廃した日本経済の建て直しのために、膨大な政府予算を投下しておこなわれた綜合開発計画のうちの一つで、綜合開発の結果、地域の自然や社会、経済の諸様相が如何に変貌するのか、また開発を促進したり阻止したりする要因が何かを研究することが重要課題である、と述べられている。

8　一九五九年から不定期に発行された『文化人類学研究室だより』では、大学院、学部そして卒業生の中から編集委員が出ていた。また、各学期の教科内容や担当教官も、大学院と学部の両方が記載されるなど、大学院、学部は制度上の所属は違っても、研究室としては一体であった。筆者が学生の時代には、大学院は社会学研究科に移っていたが、やはり教養学部の文化人類学と大学院とは一体の研究室として運営されていたし、学生たちもそのように理解していた。

9　一九三四年に成立した日本民族学会は、一九三五年より雑誌『民族学研究』を発行していたが、一九四二年に文部省直轄の民族研究所の開設が決定されると、同年八月にその外郭団体として財団法人民族学協会となった（中根 一九八四）。同協会は、日本民族学会による『民族学研究』を継承したが、巻号の数え方は、新第一巻となり、季刊から月刊となった。

10　新三巻は、一九四六年九月に第一輯、一九四七年二月に第二輯が発行されたが、一九四七年七月からは、戦前の日本民族学会の時の雑誌の最後の第八巻に新巻の三巻を足して、通巻第一二巻（新第四巻）となった。第二号からは、新第四巻という数え方は消えて、通巻のみが記載されるようになった。

11　石田は、終戦後、一九四六年夏に帰国し、一九四七年一二月から『民族学研究』の編集責任者となったが、一九四八年四月一日に法政大学文学部教授の職につくまでは、浪人生活であった。ＣＩＥでは、一九四九年六月八日に学術顧問に就任し、翌五〇年五月八日に辞任している。なお、石田の学位（文学博士）は、一九六一年一一月に東京大学より授与されている。この時、石田五八歳であった（杉山 一九七八）。

12　本辞典は、当初は英文の辞典として刊行する予定であったという（澁澤 一九五二：一二）。諸般の事情で日本語のみによる出版となったが、民族学だけではなく、民俗学、宗教学、経済史学等の諸学の協力によって作られたことは、一定程度評価されたようだ（福武 一九五三：七七―七八）。

13　岡田謙は、一九〇六年生まれの社会学者、社会人類学者。東京帝国大学文学部社会学科を卒業、同大学院一年在学の後、一九三〇年に台北帝国大学文政学部専任講師となった。一九四一年に東京高等師範学校教授に転じた後、国立民族研究所、東京文理科大学などを経て、一九四九年から東京教育大学教授。一九六九年死去。台湾では、漢民族、原住民族の調査をおこない、『未開社会に於ける家族』（一九四三）などを刊行した（小山 一九七〇：八九―九〇）。また、彼の「祭祀圏」概念は、戦後の台湾の漢民族社会の研究に大きな影響を与えた。

14　類似の議論として、石田（一九四八：八一―八六）なども参照されたい。また、石田の批判への岡田の回答としては、岡田（一九四七b：三四―三八）を参照。

15　ちなみに、この記事でより衝撃的なのは、杉浦が冒頭で、ボアズとマリノフスキーが一九四二年に亡くなっていることを戦後の今日初めて知った、と書いている点である。戦前の『民族学研究』でも、一九四三年くらいまでは、海外の研究者の論文の翻訳などが掲載されているが、人的な交流が不可能になったと思われるので、人事消息などは入ってこなくなってきたようだ。

16　杉浦は、一九三八年にボアズの『一般人類学』についての書評を『民族学研究』第五巻第二号に発表しており、戦前から一般人類学に関心を寄せていた（杉浦 一九三八）。

17　ただし、この図では、全体をまとめる総称としては「人類学（Anthropology）」としている。この図は、シカゴ大学人類学部で最初につくられたものに修正を加えたものと註記されている。

18　難波は、同志社大学卒業後、コロンビア大学大学院に留学し、帰国後は、同志社大学、甲南大学で教鞭をとった。また、神戸女学院では、大学長、院長をつとめた（大道 一九七九：一〇四―一〇五）。アメリカ社会学が専門だが『文化社会学と文化人類学』（一九四八年、関書院）といった著作もある。

19　杉浦の『人類学』の三七三―三七六頁には、「新制大学教養科目「人類学」の教授要綱案　日本学術会議　人類学研究連絡委員会」と題して、ほぼ同内容の要項案（『民族学研究』誌上の前言と「要綱の説明」に当たる部分）が掲載されている。このことからも、要綱案の構想において、人類学研究連絡委員会の中でも杉浦が中心的な役割を果たしたことが推測される。同案では、以下の一〇項目が、教授されるべき理想の形とされた。即ち、一、人類学の課題と歴史、二、生物界におけるヒトの地位とその特性、三、遺伝と環境、四、人種と民族、五、ヒトの進化、六、ヒトの行動、七、生活諸方式、八、文化、九、個人、社会、文化、一〇、応用人類学、である。また、教授の際には、個々の大学の単位数などに照らして、上記の項目の中から適宜必要と思われるものを判断して教授してよいと述べられ、例示として4単位の場合の授業の編成例等が示されている。なお、杉浦は、大学教科書用の『人類学』の他にも、高校社会科向きに『人種と民族』も出版した（祖父江 一九八八：三四六）。杉浦は、同書においても、平易な表現で、生物的な側面と文化的な側面の双方から人間の全体像を解説している。祖父江は『人種と民族』の出版年を一九五〇年、泉による評伝でも一九五〇年としているが、実際の刊年は、一九四九年である。

20　教科書とは別に、杉浦とともに欧米の人類学の新潮流を積極的に取り込もうとしていた岡田謙は、昭和二六（一九五一）年、日本民族学協会からアメリカ人類学会会長あての今後の研究連絡を希望する旨のメッセージを携えて渡米し、アメリカの大学における人類学の教育研究体制を視察した（n.a. 一九五一b）。その視察の報告は、（岡田 一九五一：五八―六三）に掲載されている。

21　ただし、不思議なことに、この『人類学』については、『民族学研究』誌上では書評がなされていない。社会学分野では、岡田謙が書評を書いている。岡田は、同書を積極的に評価しつつも、あまりに網羅的であるために、中心的な問題が何かが見えにくくなっているとし、総合化とは、問題の羅列ではなく、研究態度の統一によって可能になると批判している（岡田 一九五二：一一九―一二〇）。

22　以下の杉浦の履歴については、泉（一九五四）、祖父江（一九八八）に依拠している。

23　同時に南洋庁の嘱託として、「島民の旧慣調査」を継続した（泉 一九五四：七三）。

24　一九五一年の十和田村調査の時には、文化方面の担当として、泉靖一、蒲生正男も加わったという。また、同年からは、日帰り調査ができる東京都多摩郡西府村の調査もおこなわれたという（祖父江 一九八八：三四五）。

25　杉浦は、昭和二五（一九五〇）年に東京外国語大学教授に任用されており、東大理学部、文学部では講師を兼任することになった。

26　アイヌ民族学綜合調査については、最近清水昭俊が論じている。清水は、民族学から戦後の文化人類学への展開という文脈の中にアイヌ調査を位置づけ、当時の民族学者たちの権力性を論じている（清水 二〇〇九）。

27　ちなみに、原ひろ子氏の父と泉靖一は、戦前京城帝国大学で同僚であったため、二人は戦前からの知り合いであったという。しかし、泉は、この時初めて原（当時は須江）氏が杉浦の生徒であったことを知ったという。

28　中生は、石田がＣＩＥに勤めていたことから、ＣＩＥが石田に東大における文化人類学研究室の設立を期待したと記している（中生 二〇〇六：一六八）。確かに、結果的には、文化人類学研究室は、石田と泉によって設立された。杉浦亡き後、矢内原総長が二人に期待したことも間違いなかろう。しかし、当初は、矢内原は杉浦に期待していたのではないだろうか？あるいは、先に石田と泉が東洋文化研究所に職を得たために、杉浦を後から教養学部のほうに配置したのかもしれない。いずれにしても、石田は、東洋文化研究所に入所したときには、既に文化人類学の部門ができていたのであって、彼がこれを作ったのではないことを明確に記している（石田 一九六六：三六五）。それゆえ、東京大学の中に文化人類学の拠点を作るにあたっては、石田以前にそれを画策した人物がいるものと思われる。前述のように、少なくとも、地理学とのカップリングを想定していた矢内原は、東大における文化人類学研究室の創設の設計に相当程度関与していたことが推測される。

29　以下、石田の生涯と学問的履歴については、主に杉山（一九八八）に依拠した。

30　川田順造は、学部時代に、文化人類学の諸授業のほかに、次のような授業を受けたという。自然人類学（ゴードン・ボールズ）、自然人類学実習（生体観察、生体計測、ヒトと他の霊長類の頭蓋骨の比較デッサンなど、須田、寺田和夫）、先史考古学（江上、八幡）、先史考古学演習（原書講読、曽野寿彦）、発掘実習（曽野寿彦）、縄文研究実習（山内清男）など（川田 二〇〇七：二四）。

31　ほぼ同様の肯定的な回想は、川田（二〇〇七：二四―二五）にも見える。

32　なお、アンケートの意見では、本文で取りあげた、それぞれの研究者の総合人類学像以外に、祖父江の枠組み自体を問題にする意見もあった。例えば、大林太良が、ドイツ、オーストラリアは、（Ｖ）の立場とは異なり、より学問の本質論あるいは方法論上の認識に基づいて、形質人類学と民族学を区分している、と批判したり、山田隆治が（Ⅳ）、（Ⅴ）は具体的な教育の仕方の違いに過ぎず、（Ⅰ）、（Ⅱ）、（Ⅲ）が学問の相互関係による分類となっているのとは異なっている、という指摘をしたりした。それらを受けて、シンポジウムで祖父江は、分類に修正を加えている。

33 この点は、筆者のインタビューに際して杉山晃一氏が強調されていた点であり、筆者も氏の見方に同意したい。

参照文献

石井紀子

二〇〇一「図書館　今昔——私の図書館体験から」『Library Mate』二六：二頁。

石田英一郎

一九四七「新刊紹介　岡田謙著　民族学」『民族学研究』一二（一）：五五—五八頁。

一九四八「民族学の発展のために——編集後記に代えて」『民族学研究』一二（四）：八一—八六頁。

一九四九「文化史的民族学成立の基本問題」『民族学研究』一三（四）：一—二〇頁。

一九五九「創刊のことば」『文化人類学研究室だより』（一九七二「『文化人類学研究室だより』創刊のことば」『石田英一郎全集　八』三〇四—三〇五頁に再録）。

一九六〇「『現代文化人類学』〈全五巻〉の完結に当って」『人間の行動』（現代文化人類学五）一—四頁、東京：中山書店。

一九六六「大学教育および教育機関における民族学の発展」日本民族学会編『日本民族学の回顧と展望』三六二—三六九頁、東京：財団法人民族学振興会。

一九七五ａ「欧米の人類学界をめぐって」『文化人類学ノート』一二九—一五四頁、東京：新泉社（叢書　名著の復興・学生版、初版　一九五五、河出書房、ただし、当該論文の初出は、一九五四年『東洋文化』一五・一六：一一〇—一三四頁。）

一九七五ｂ「人類学の総合教育について」『文化人類学ノート』一五五—一六四頁　東京：新泉社（叢書　名著の復興・学生

版、初版　一九五五、河出書房、ただし、当該論文の初出は、一九五四『日本人類学会・日本民族学協会第九回連合大会紀事』四六―四八頁）。
泉靖一
一九五四「故杉浦健一教授と人類学・民族学――追悼と評伝」『民族学研究』一八（三）：七二―七八頁。
大内兵衛
一九六二「矢内原忠雄君の一生――赤い落日」『世界』一九五：一八五―一九五頁。
岡田謙
一九四七a『民族学』東京：朝日新聞社。
一九四七b「民族学に於ける歴史的立場――石田英一郎氏の批評に答ふ」『民族学研究』一二（二）：三四―三八頁。
一九五一「アメリカ人類学界の近況」『民族学研究』一六（二）：五八―六三頁。
一九五二「杉浦健一著（同文館）人類学」『社会学評論』二（三）：一一九―一二〇頁。
岡正雄
一九四八「民族学における二つの関心」『民族学研究』一三（四）：二四―二九頁。
川田順造
二〇〇七「文化人類学とは何か」『文化人類学とわたし』一―八〇頁　東京：青土社。
川田順造編
二〇〇六「APEの誕生」『ヒトの全体像を求めて』東京：藤原書店（初出は『ミネルヴァ』一九三七年二月号）。
クラックホーン、C（江実訳）
一九四九「人類学の諸分野――その周辺諸科学にたいする関係について」『民族学研究』十四（一）：一―六頁。
小山隆
一九七〇「岡田謙博士を悼む」『社会学評論』八一：八九―九〇頁。
澁澤敬三
一九五二「序文」日本民族学協会編『日本社会民俗辞典』第一巻、一―二頁、誠文堂新光社。
清水昭俊

二〇〇九「文化人類学とアイヌ民族綜合調査：戦後期人類学の展開、その一」http：//shmz.up.seesaa.net/image/CAB8B2BDBFCDCEE0B3D8A4C8A5A2A5A4A5CCCB1C2B2C1EEB9E7C4B4BABA.pdf　[ダウンロードの日付　二〇一〇年一一月二六日]
須江ひろ子
一九六六「戦後の日本民族学」『戦後日本の民族学の性格と位置付け』二七―三七頁（日本民族学会第五回研究大会）一九六六年五月一三日　於箱根観光会館。
杉浦健一
一九三八「Boas, Franz General Anthropology. 1938 ボアス「一般人類学」」『民族学研究』五（一）：九六―九七頁。
一九四七「民族学研究の前提と目的」『民族学研究』一二（二）：一―一二頁。
一九四八「F・ボーアズとB・マリノウスキー」『民族学研究』一二（四）：五七―六二頁。
一九四九『人種と民族』社会科文庫、東京：三省堂。
一九五一『人類学』東京：同文館。
杉山晃一
一九七八「年譜・著作目録」『石田英一郎全集』第八巻（新装版）：六〇九―六六八頁、東京：筑摩書房（初版は一九七二年）。
一九八八「石田英一郎――人と文化の巨視的探究者」『文化人類学群像　三』三一一―三三一頁、京都：アカデミア出版会。
祖父江孝男
一九五九「書評　石田英一郎・寺田和夫・石川栄吉著『人類学概説』」『民族学研究』二三（三／四）：一三五―一三七頁。
一九八八「杉浦健一――ミクロネシア研究の泰斗」『文化人類学群像　三』三三三―三五一頁、京都：アカデミア出版会。
大道安次郎
一九七九「難波紋吉博士の足跡」『社会学評論』三〇（三）：一〇四―一〇五頁。
寺田和夫
一九八一『日本の人類学』東京：角川文庫（初版一九七五『日本の人類学』東京：思索社）。
中生勝美

二〇〇六「日本占領期の社会調査と人類学の再編——民族学から文化人類学へ」末廣昭編『地域研究としてのアジア』（「帝国」日本の学知　第六巻）：一四四—一七七頁、東京：岩波書店。
中根千枝
一九八四『財団法人民族学振興会五十年の歩み——日本民族学集団略史』東京：財団法人日本民族学振興会。
難波紋吉
一九四九「『現代アメリカの社会人類学』」『民族学研究』一四（二）：六五—六九頁。
パシン、ハーバード
一九四九「現代アメリカ人類学の諸傾向」日本民族学協会編『現代アメリカの社会人類学』一—一七頁、東京：彰考書院。
長谷部言人
一九五九「人類学の体制について」『民族学研究』二三（三／四）：一—七頁。
福武直
一九五三「書評　日本民族学協会編『日本社会民俗辞典』第一巻」『民族学研究』一七（二）：七七—七八頁。
馬淵東一他
一九八八『馬淵東一座談録』東京：河出書房新社。
丸川仁夫
一九四九「跋」『現代アメリカの社会人類学』東京：彰考書院。
n.a.
一九二八「人文研究会」『氏族』四（一）：一六四頁。
一九五〇a「人類学研究連絡委員会」『民族学研究』一四（三）：六一頁。
一九五〇b「一九四九年度事業報告」『民族学研究』一四（四）：七九—八一頁。
一九五一a「新制大学教養科目「人類学」の教授要綱案」『民族学研究』一六（一）：六六—六九頁。
一九五一b「岡田謙氏の渡米」『民族学研究』一六（一）：七二頁。
一九五二「教養学部教養学科専門課程単位表　昭二七、四、一七現在」東京大学教養学部。
一九五五『東京大学大学院学生便覧』東京大学。

一九五六『東京大学教養学部学生便覧』東京大学。

一九六〇「誌上シンポジウム　人類学の体系と教育組織について」『民族学研究』二四（一／二）：一三七―一五七頁。

第一二章　米国人人類学者への日本人研究者からの影響

――一九三〇年代から一九六〇年代までの日本研究

谷口陽子

本章では、米国人人類学者による戦前から戦中および戦後の一九五〇年代に至るまでの日本研究史を辿り、日本人による日本社会研究の蓄積から彼らがどのようにその影響をうけ日本人による研究を参照したのかについて検討する。

米国人人類学者による戦後日本研究は、一九四七年に創設されたミシガン大学日本研究所（Center for Japanese Studies　以下ＣＪＳ）が五箇年で実施した瀬戸内海地域の村落研究を皮切りに始まる。ＣＪＳはカーネギー財団の助成によって一九四七年に同大学内に創設された米国における日本研究の先端拠点であり、一九五〇年に岡山県岡山市南方に現地分室 Okayama Field Station を設置し、人文・社会科学分野の若手日本研究者の育成に力点を置く実地調査重視の研究プロジェクトを実施した。分室を拠点として調査に従事した一四名のミシガン大学の米国人大学院生が Ph.D. を取得した。プロジェクトの主眼は、第二次世界大戦中の戦時情報局の下での日本文化論が米国の「絶対的他者」として描写した日本像を解体し、あらたな日本像を米国の人々に示すことに置かれた。人類学的研究から実践されたのは、戦前に外国人としてはじめて日本の村落で実地調査を行ったジョン・エンブリー（John F. Embree）の方法論と記述スタイルとをお手本にした綿密な実地調査と詳細な社会構造の解明であった。彼らの研究を調べると、モノグラフの作成では方法と理論の面で西洋の人類学に大きく依拠する一方、自らの蒐集データを相対化する材料として、日本の民族学および民俗学・社会学・地理学等の成果を目的に応じて厳選して使用していることがわかる。直接の引用や参照の数は総じて少ないが、英語による日本研究の先行文献に数限りがあった当時、すでに厖大な蓄積と高い質を保っていた日本人の研究は大いに尊重された可能性を指摘できる。

一　はじめに　終戦直後における米国人類学界への日本人研究者の紹介
――人類学者ペルゼルの論文から

本節では、戦後日本社会の先駆けとなったCJSが実施した研究に、日本人のどの先行文献がどのように影響したのかを検討する。このため、まず一九四八年刊行の米国人類学会誌 *American Anthropologist* vol. 50 (1) に掲載されたジョン・C・ペルゼル（John C. Pelzel）の論文“Japanese Ethnological and Sociological Research”を取上げ、本論文において、当時の米国人類学に日本社会を研究する日本人とその研究がどのように紹介されていたのかを述べる。本論文を取上げる理由は、本論文が発表された前後には一九四五年七月のエンブリーの *Japanese Nation*、一九四六年の『菊と刀』の刊行、一九四七年のミシガン大学における日本研究所の設立と一九五〇年の実地調査の開始があり、まさに米国における戦後の日本研究が新たに始動しようとしていた時期であったことがある。なお、一九五九年には *American Anthropologist* にて日本人研究者による人類学的研究の成果を紹介する「日本特集号」[1]が組まれ、日本語訳版『日本の民俗・文化——日本の人類学的研究』（岩村編　一九五九）としても出版されているが、本特集号が刊行される以前には、ほとんど日本人による研究成果は英語圏に向けて発表されていなかった。そのような意味でも、ペルゼルの一九四八年の紹介は注目に値する。

ペルゼルは、連合国軍最高司令官総司令部（General Head Quarters）の民間情報教育局（Civil Information and Education Section）分析・調査課（Analysis and Research Division）、および世論社会学的調査課（Public Opinion and Sociological Research Division）でジョン・ベネット（John Bennett）やハーバート・パッシン（Harbert Passin）とともに世論社会学的調査に従事し、その後ハーバード大学および大学院で人類学を専攻して同大学にて一九五五年にPh.D. を取得した経歴を持つ人類学者である（Bennett & Ishino 1963; Oppenheim 2008）。同調査には、戦前から活躍していた日本人研究者が参加・協力していたことはよく知られている（Bennett & Ishino 1963; Oppenheim 2008; 中生二〇〇五）。本論文は、ペルゼルが一九四六年におこなった日本人研究者へのインタビューを基に著され、日本の産業社会学を確立した尾高邦雄（当時東京帝国大学文学部社会学科助教授）とＧＨＱのＣＩＥ民間情報局世論及び社会学研究部部長を務めていたパッシンによるインフォーマルな査読を経て同誌に寄稿されたものである。

人類学者ペルゼルによる日本人研究者による日本研究のレビュー

本章では、一九四八年当時から過去五〇年間の日本人による民族学と社会学史が一八頁にわたって紹介され、その方法と視点の特徴を明確に描き出している。以下は冒頭の一部分からの抜粋である。

過去五〇年間、日本人研究者は西洋の社会学や社会人類学者の方法論および視点の影響を大きく受け、両者の方法論と視点とは似通ったものとなっている。日本の民族学・社会学分野は日本国内および近隣地域の文化人類学に関する研究蓄積を豊富にもちながら、適切な理解がなされてこなかったことにより、それらは外国の研究者にはほとんど使用されてこなかった。ゆえに外国人研究者は、日本の文化や社会の研究においては西洋の限られた民族学者、社会学者、歴史学者、東洋学者の研究に頼らざるを得なかった。ところが、日本語で蓄積された民族学および社会学的調査の質の高さが近年よくわかってきた。日本人の研究は、日本列島、台湾、中国北部への西洋人の理解を深めるのに申し分ないであろう（Pelzel 1948: 54）。

ペルゼルは以上のように述べ、米国がそれまでに十分に入手していなかった日本および周辺地域に関する情報を、日本人研究者による一次資料や分析成果から吸収することができると力説し、戦後の米国人類学に日本人の研究蓄積を取り入れることの重要性を示唆したのである。なお、本書第一一章で三尾裕子氏が詳述しているように、日本において文化人類学の専門的研究教育が始まるのは一九五〇年代のことである。ペルゼルは、当時の日本における人類学とは形質人類学を指し、西洋の人類学に対応するのは日本の民族学と社会学であることを把握したうえで、日本を対象とした民族《ママ》学的研究者の代表格として柳田國男、社会学的研究者の代表格として有賀喜左衛門や喜多野清一を挙げている[2]。そのなかでも、一九三〇年代に著しく発展した日本の農村社会学が、西洋の農村社会学および英国の社会人類学の方法と視点とを取り入れていたことに注目している。そして、とくに社会人類学的アプローチ――より具体的にはマリノフスキーの機能主義――が日本の社会学的研究に与えた影響力を強調し、有賀喜左衛門や喜多野清一の研究においてそれが効果的に用いられていることを評価している[3]（Pelzel 1948: 64）。ただし、ペルゼルによると、有賀は自分自身の研究を、マリノフスキーが強調する〝機能〟ではなく〝社会関係〟を重視するものとして位置づけていた（Pelzel 1948: 64）

と述べている点は留意する必要がある。

ペルゼルは、有賀と喜多野らに代表される農村社会学者による日本社会研究の特徴として次の二点を挙げている。

（一）ある限定された社会関係を取上げ、それらを他の社会関係の本質的かつ中核とみなして分析する点――具体的には、日本人研究者の家族・親族関係の研究への明らかな傾倒――に特徴がある。

（二）民族学にも共通するが、日本各地に存在する過去何百年もの公的、あるいは准公的な歴史的記録をさかのぼり、それらを現代の村落社会を描写するうえでの背景としてのみならず、今日の文化との連続性を見出す点――具体的には、彼らの歴史的指向性――に特徴がある（Pelzel 1998: 65）。

以上のように要約したペルゼルによる日本人研究者および研究内容は、一九五〇年から開始される戦後日本社会研究の展開を目前に控えたＣＪＳの人類学者たちにとっての貴重な参考資料となった可能性はきわめて高い。たとえば、ペルゼルの紹介により、有賀や喜多野の研究の質の高さが知られ、とりわけ社会関係の分析を重視する有賀の研究は、ＣＪＳの人類学者にとっての貴重な先行文献として尊重された可能性がある。有賀の研究は、実地調査に基づき社会関係に注目する社会構造論である。そして、一九三〇年代のエンブリーの研究もまた、シカゴ大学の社会人類学的研究の流れを汲む、実地調査に基づく社会構造論である。ゆえに、エンブリーの日本研究を参考にしたＣＪＳの人類学者たちは、同様のアプローチを採った有賀の研究を重視していたと考えられる。もちろん、有賀をはじめとする日本の社会学の成果はまだ英語への翻訳はなされてはいないが、ＣＪＳの研究者の多くは戦時中にミネソタ州のキャンプ・サヴェッジ（Camp Savage）の軍事諜報部日本語学校などで日本語の訓練を受けていた。なかには日本語での読み書きおよび会話に高い能力を発揮した者もいたため、彼らの研究を理解し参照することは十分に可能であったはずである。結論を先取りするようではあるが、モノグラフの文献リストに有賀や喜多野の名は直接挙げられていないし、研究内容への言及も見られないのだが、しかし日本の社会学や民族学の成果が確実に参照されていたことを示す事例を次に示したい。

二　米国人の戦後日本社会研究における日本人の研究の具体的参照例

本節では、米国人人類学者が日本人による日本社会に関する研究蓄積を、どのように参照したのかを具体例を挙げて検証してみたい。一例として、CJSの人類学者のなかでもっとも日本語が流暢であったと評されるジョン・B・コーネル（John B. Cornell）の博士論文を挙げる。(4) 彼は一九四二年に軍の指令によってミシガン大学に開校された日本語学校（University of Michigan Regents 2006, http://www.ii.umich.edu/umich/v/index.jsp? vgnextoid=3dd06cf05ca82110VgnVCM1000005b01010aRCRD&linkTypeBegin=channellinkTypeEnd&assetNameBegin=HistoryassetNameEnd）、およびキャンプ・サヴェッジの軍事諜報部日本語学校で日本語を習得し、戦中は軍事諜報部に勤務し、日本軍の暗号解読にも携わっている。終戦直後は一時期日本で軍務につき、一九四六年に軍を離れてミシガン大学および大学院修士課程に進み、極東の言語と文学（Far Eastern Language and Literature）を専攻し、博士課程では文化人類学を専攻する。一九五〇年からはCJSの現地調査研究プロジェクトに参加した人類学者である。一九五三年にはミシガン大学でPh.D.を取得し、一九五五年から一九八七年までテキサス大学オースティン校で教鞭を取り、一九九四年に亡くなっている（Brow and Moore, http://www.utexas.edu/faculty/council/2000-2001/memorials/Cornell/cornell.html）。以上は、テキサス大学オースティン校のホームページに掲載された追悼文からの引用である。

彼の博士論文は、彼が岡山県阿哲郡草間村の山村馬繋《まつなぎ》でおこなった一年間の実地調査を基に作成された。その参考文献としてあげられた三九の論文あるいは著書のうち、全体を通じてもっとも引用や参照されているのはエンブリーの『須恵村』であるが、それに次ぐ頻度で参照されていたのは柳田國男が編者として関わった『山村生活の研究』（一九三八）および『民俗学事典』（一九五一）であった。前者は全国延べ五二カ所の山村を対象に一〇〇にわたる質問項目を挙げた調査票で実施された調査成果報告であり、調査地馬繋の山村としての地域性を相対化するための参考資料として使用されている。後者は事典として、日本語のローカルな用語を定義するための基礎的資料として参照している。その一方、コーネルがもっとも高い評価とともに言及しているのは、『日本地理新体系――社会学と経済学』に収録された泉靖一・蒲生正男共著「日本社会の地域性」である。具体的には、脚注内ではあるが泉・蒲生を引用し、「日本の農村の社会組織のさまざまなタイプの分布について最もよくまとめられている先行文献」（コーネル 一九七七：一六九）と評され、馬繋で観察される親族関係のありようを相対化するための資料としている。本文献は、英訳はされていないが他の米国人類学の日本研究の参考文献リストのなかに散見することができるため、日本の地域性あるいは親族関係の存在形態と社会型の差異を理解する基礎的資料とされた可能性が高い。また、前掲書と同様の用途のため、福武直著『日本農村の社会的性格』（一九四九）において展開された村落類型論――同族型、講組型――も言及されている。なお、福武による本著は、鈴木栄太郎や有賀および喜多野らの成果をふまえた理論化がなされ、かつ農村社会学の先行研究のレビューとして性格も持っている。このほかにも僅かであるが日本人による日本語の文献が参照されている。その使用のされ方は次のとおりである。

・馬繋の歴史的背景を描くための参考資料
　阿哲郡教育会編『阿哲郡誌』（一九二九）
・馬繋の地域性を相対化するための参考材料

古島敏雄編『山村の構造』（一九四九）、泉靖一著『ある山村のモノグラフ』（一九五〇）

このほかコーネルがリストに挙げている日本人の文献には、エンブリーが英訳版の注釈者として関わった錦織英夫著 *Togo-mura, a village in northern Japan*（一九三六＝一九四五）、アメリカ考古学会出版による姉崎正治著 *Japanese Mythology*（一九二八）、山本登著「通婚関係よりみた山村共同体の封鎖性と平等性」（一九五〇）がある。また、論文や著作以外の日本語の参考資料には、馬繋が属している草間村役場の土地台帳や非公開の農地改革に関する資料や過去帳も含まれている。

日本語および英語の参考文献の論文全体での使用のされ方を整理すると、日本人の研究は主に自らの調査対象地域の蒐集データや自らの分析を相対化するための比較検討の材料として有効に使用されたことが見出せる。これに対し、英語による日本に関する文献はアーサー・レイパー（Arthur Raper）らの *Japanese Village in Transition*（一九五〇）などGHQの社会調査によるものを比較材料として参照しているほか、ロバート・ローウィ（Robert Lowie）の *Social Organization*（一九四八）、ジョージ・マードック（George Murdock）の *Social Structure*（一九四九）アルフレッド・クローバー（Alfred Kroeber）の *Cultural Anthropology*（一九四八）は、論文の結論部にあたる分析の理論的なサポートに用いている。そして、エンブリーの文献は論文作成の教科書として目次構成や方法論に至るまで参考にしている。以上のような違いは見出せるものの、英語で入手できる日本研究はGHQの社会調査によるもの以外ではごく僅かしかなかった当時、厳選して参照された日本語文献が民族学（人類学）と社会学であった点は注目される。

三　米国人類学の戦後日本研究における研究テーマ

本節では、前節までで触れたCJSの戦後日本社会研究を中心に、米国人類学の戦前から戦後に至るまでの日本研究の方法と視点を辿る。

戦前から戦中――一九三〇年代から一九四〇年代

第二次大戦前の一九三〇年代の米国人類学では、「近代アメリカ人類学の父」と呼ばれるフランス・ボアズ（Franz Boaz）らコロンビア大学の文化人類学者たちによって「文化相対主義」の概念が確立された。戦後に発表され全米ベストセラーとなる日本文化論の『菊と刀』*Chrysanthemum and the Sword*（一九四六＝一九四八）の著者ルース・ベネディクト（Ruth Benedict）もまた文化相対主義の提唱者の一人であった。ベネディクトは一九三四年に発表した著書『文化の型』（一九三四＝一九七三）において、自身の立場を明確に「文化相対主義」と位置づけ、「人種」という概念に基づく俗説に基づく偏見を厳しく批判し、「文化の相対性を認めることは、そのこと自身に価値がある」（ベネディクト 一九七三：三九〇）との見解を示した。一方、それとほぼ同時期である一九三五年には、エンブリーが熊本県球磨郡須恵村において外国人としてはじめての長期滞在による日本での村落調査を開始した。エンブリーは当時シカゴ大学の博士課程の大学院生であり、須恵村調査はシカゴ大学がフォード財団の助成ですでに実施していた比較社会研究プロジェクトを東アジアへ拡張する計画が持ち上がった際に、同大学に客員教授として赴任していたアルフレッド・R・ラドクリフ＝ブラウン（Alfred Reginald Radcliffe-Brown）の指揮によって実施されたものであった。

一九四一年十二月八日に真珠湾攻撃を契機として太平洋戦争が勃発すると、ベネディクトはそれから半年後に米国政府によって組織された「戦時情報局」(Office of War Information）に他の心理学、社会学、精神医学などの多分野の科学者たちとともに招聘され、対日本戦略研究に従事することになる。その成果である『菊と刀』は、コロンビア大学の文化論の伝統と彼女自身の「文化の型」への関心に基づき、日本文化を内面から性格づける日本に独自の「主観的な欲求」の解明を目指した。その分析結果として、彼女は「義理」と「義務」の対概念を見出した。そして、それを西欧のものとは全く異質で「特殊」な日本文化に固有な価値基準として位置づけ、今なお日本人や日本文化に関心を持つ人々に影響力のある著名な『菊と刀』を著した。このなかでベネディクトは、日本に関する貴重な先行研究であるはずのエンブリーの『須恵村』をほとんど参考にしておらず与えた評価も低い[5]。ところでエンブリーは、『菊と刀』の出版の直前に、*The Japanese Nation: A Social Survey*（Embree 1945a）を発表している。本著は、日本が戦争へと向かうことになった要因を、文化の型ではなく日本の社会組織の歴史的・経済的成り立ちから論じることを目的とした著作であり、日本が降伏する数週間前の一九四五年七月に刊行された。しかし、本著は『菊と刀』の商業的な成功の陰で注目を集めることはなかった。

戦中から戦後――一九四〇年代から一九五〇年代

たしかに『菊と刀』は商業的には成功をおさめたが、ベネディクトが従事したような戦時中の人類学的研究をめぐっては、「応用人類学は真の人類学か否か」(Embree 1945a : 635）の論議が生じるなか、多くの論者からの批判にもさらされた。エンブリーもまた批判的論者の一人であった。エンブリーは、*American Anthropologist* などに意見を発表し、時には名指ししつつ彼女の社会科学者としての学問的立場を激しく批判した。その内容は、文化の相対性を標榜していたはずのベネディクト自身が「エスノセントリズムの落とし穴」(Embree 1950: 431）に陥り、国家戦略に利用されることでいとも容易く文化相対主義を覆したというものであった（Embree 1949-1950: 440; 1950: 431)。なお、以上のような彼による一連のベネディクト批判は今日あまり取上げられることはない。しかし、戦時中に米国の「絶対的な他者」として描写された日本像を脱構築・再構築の必要性を主張し、戦後改めて開始される村落調査に基づく社会構造研究を後押しする内容も伴っていたことは今なお高く評価されるべきであろう。(6) エンブリーは一九五〇年に不慮の事故で亡くなるが、奇しくも同年から開始されたCJSの瀬戸内海地域の村落を対象とした人類学的研究は、ベネディクトの『菊と刀』によっていったん流布してしまった米国中心の「エスノセントリズム」から脱し、あらたな日本社会像の構築をエンブリーと同じ方法およびアプローチによって改めて目指すものとなった。それは後述するように、エンブリーの遺志を引き継ぎつつ実施された人類学的観点からの学問的挑戦ともいえるものであった。(7)

戦後以降——一九五〇年代

占領期に開始されるCJSの人類学的研究は、当時ミシガン大学で人類学の准教授として教鞭を取っていたリチャード・ビアズリ（Richard Beardsley）によって牽引された。彼はCJSの岡山分室が開設された翌年の一九五一年に刊行された同研究所の成果報告書 *Occasional Papers* Vol.1 に、論文 "The Household in the Status System of Japanese Villages" を寄稿し、米国人類学の——とくにCJSの——日本研究がとるべき方向性を明示している。それは、後述するベネディクトの日本文化論の欠点を指摘しつつ、それを乗り越える方法論として綿密な村落調査に基づく社会構造論を展開することを予告するというものであった。CJSの人類学的研究は、エンブリーの『日本の村須恵村』*Suye-Mura*（一九三九〈一九七七〉）の研究手法をそっくりそのまま教科書とした村落研究であった。

戦中のベネディクトによる『菊と刀』における主要課題は、日本を戦争に駆り立てた支配服従関係の背後にある観念体系の究明であり、注目したのは「恩」および「義務」と「義理」の観念であった。彼女は文化相対主義の観点から、「文化の型」を自文化と異文化を相対的なものとして描くために不可欠な概念として適応し、「日本をして日本人の国たらしめているもの」（ベネディクト 二〇〇五：二二五）を追究した。そのなかでも、とくに「義理」の観念については、西洋人にとっては全く馴染みがない日本独特の範疇と捉え、これを日本文化の特殊性が生じる所以として扱った。しかし、ビアズリが指摘するように、ベネディクトは日本社会において家 household や血縁家族 consanguine family、および階級 class がいかに現実的で基本的な社会関係であるかを軽視していた点に大きな短所を抱えていた（Beardsley 1951：68）。そのことの原因は、戦時下にあって日本での長期の実地調査が不可能であったことにも拠るのだろうが、なによりも日本人の総体としての「国民性」の存在を仮定し、国民性を一個人のパーソナリティからのアナロジーとして扱う分析を通じ、日本文化を実体化してしまったことにあるように思われる。これに対し、ビアズリは日本固有の「文化」を本質化して語ることの問題点を指摘する。すなわち、ベネディクトが日本文化に固有の概念として導き出した「義務」と「義理」は、米国人であっても日本人であっても、「普通の人情（*ninjo*）を持つ人間の「自然」な情なのであり（Beardsley 1951：69）、米国であっても保守的な上流階級、あるいはある伝統志向の地域のように、individual よりも household や family, class といった社会単位により重点を置く社会構造のなかでは、日本における「義理」と類似した規範が守られているからであると述べる（Beardsley 1951：70）。以上のビアズリの観点に基づけば、日本社会をより深く理解するには、「文化の型」に基づく文化論よりも、エンブリーが依拠した社会人類学的な村落調査と社会構造論が有効であったとの主張といえる。[8] またそのことは、戦時中の「エスノセントリズム」を排除しつつ文化の相対性を追求する方法としても有効であると考えたのである。ビアズリの指導の下では、三人の大学院生――ジョン・B・コーネル、ロバート・J・スミス[9]（Robert J. Smith）、エドワード・ノーベック（Edward Norbeck）――が瀬戸内海地域の農山漁村でそれぞれ実地調査をおこなったが、その成果として作成された博士論文は、いずれもお手本に忠実な社会構造論の展開であった。[10] それはＣＪＳのプロジェクト全体の成果として一九五九年に刊行されたビアズリら著 *Village Japan* もまた同様であった。

ＣＪＳの日本研究は一九五五年に岡山分室が閉所された後も活発におこなわれ、一九六〇年代には、*American Anthropologist* をはじめ *Ethnology* や *Applied Anthropology* などの文化人類学関連雑誌に次々と成果が発表された。この頃になると、一九三〇年に米国で生まれ幼少期を日本で過ごし、米国で教育を受けたハルミ・ベフ（Harumi Befu）が米国人類学における研究教育活動に携わるようになり、日本を対象とした日本語および英語による人類学的研究の成果が橋渡しされ、新たな展開を迎えることになる。[11] なお、一九五〇年代初頭の米国人類学の日本研究としては、一九四七年六月に米国の国家研究評議会（National Research Council）に設置された太平洋学術部会（Pacific Science Board）が一九五一年、一九五二年、一九五三年に実施した琉球列島学術調査（Scientific Investigations in the Ryukyu Islands）も重要であり、人類学者の泉水英計（二〇一〇）が詳しく論じている。

四　おわりに――日本人人類学者による日本研究の今後の課題

一九七〇年代になると、中根千枝の『タテ社会の人間関係』（一九六七）や精神分析家土居健郎の『甘えの構造』（一九七一）が相次いで英訳出版され、その後の米国における日本研究で必ず引用や参照される重要文献となる。米国における特に日本文化論の展開に大きな影響を与えていくようになる。彼らの理論がどのように米国人類学に受容され研究に使用されているかは、一九九二年刊行のナンシー・R・ローゼンバーガー（Nancy R. Rosenberger）編著 *Japanese Sense of Self* に詳しく論じられている。

日本文化論は、『菊と刀』をはじめとして現在に至るまで、国内外で広く受容される一つのジャンルを確立してきた。日本文化論を広くとらえれば、論者の中には人類学や社会学、心理学や哲学を専門とする研究者のみならず、評論家や小説家なども含まれるが、ベフは日本文化論が日本や米国においてもてはやされ、ブームにさえなる現象を冷ややかに見つめ、「日本文化論は大衆消費財であっても学問ではない」（ベフ 一九九七：六二）と述べる。ベフによると、文化論というのは一つの神話であり、目的があってつくられるイデオロギーであるとされる（ベフ 一九七七：一五、一七）。なぜならば、「文化論というものは、日本の文化を忠実に客観的に描写したものではなくて、ある一定の日本の特徴をとり上げ、それを強調し、都合の悪いところは無視して一つのシステムをつくる」ものであるからだという（ベフ 一九七七：二四）。

米国で日本を対象とする研究者は『菊と刀』の発表から約六五年が経過した今もなお、メディアを通じて新たに生成されるオリエンタリズムやエキゾチシズムを伴ったステレオタイプに抗いながら研究をおこなっている[12]。このような現状においてこそ、ベフが指摘したような大衆に受容されやすいわかりやすい文化論ではなく、地道な実地調査に基づく日本社会研究が必要とされていると考える。その意味では、戦後直後に日本社会研究をおこなったCJSの研究は地味かもしれないが今日において再評価されてもよいのではないかと考える。

最後に、日本人による日本研究がこれまでに抱えてきた問題点に触れ、今後の課題を述べて本章を閉じたい。これまでの日本人による日本研究は一握りの研究をのぞいては、国外に向けて英語で発信される機会は少なかった。もちろん、先述した*American Anthropologist* の日本特集号や、一九八七年に人類学者の山口昌男と長島信弘編 *Current Anthropology* Vol.28, No. s4 1987 の日本特集号[13]は、日本の人文・社会科学分野の第一線で活躍する研究者の成果を英語圏の日本研究者に向けて発表しており、これらの研究は英語圏の日本研究者に参照され続けている。また、人類学の分野では日本文化人類学会刊行の定期的な英文誌 *Japanese Review of Cultural Anthropology* の発行もあり、このほかにも各種学会誌や個々の研究者が個別に海外へ発信しているものは決して少なくはなく、ペルゼルが述べていたように、日本人研究者が産出する研究の質の高さとそれへの高い評価は、今後も変わらないと思われる。しかし、日本人人類学者が英語や仏語、独語などの文献を読みこなして引用するだけでなく新たな理論構築に有効使用しているのに比べると、日本人の日本研究が海外で同様の用途で参照されることは少ないことは事実であり今後の課題である。海外の研究者が日本語の抽象度の高い文献を読みこなすには、言語的がハードルとなるが、それならば、日本人の研究を英語によって発信する機会を増やしていくことで対処することができるのではないかと考える。近年ではこのような趣旨の下での共同研究会や学会活動が活発化していることは注目される。(14) なお、筆者は日本社会を対象とした人類学的研究をおこなう一人である。以上で述べた日本人による日本研究の問題点や課題を自らも引き受け、今後の研究活動の中で実践したいと考えている。

謝辞

筆者に研究会内での発表と本章の執筆の機会を与えて下さった山路勝彦先生に感謝を申し上げます。また、本章では脚注内で触れるにとどまったが、二〇一〇年一一月二八日から一二月四日までの一週間にミシガン大学で実施した資料調査からは多くの示唆を得た。調査の機会を与えて下さった福武教育文化振興財団、および現地で対応して下さったミシガン大学日本研究所の研究者およびスタッフの皆様にも感謝を申し上げます。

注

1　「日本特集号」は、戦後あらたな展開を迎えつつあった日本の人類学のこれまでの成果を結集させ、その執筆者は全て日本人であり、文化人類学、民族学および近接分野の社会学、民俗学、地理学、東洋史、言語学、解剖学、形質人類学、国史学、産業社会学、日本史、日本経済史、日本宗教史、政治思想史、科学史の分野から各精鋭が選ばれている。

2　当時の民族学と社会学との傾向性の違いについては次の二点に要約している。それは、①民族学よりも社会学のほうが西洋の社会人類学からその方法論と視点とは大きな影響を受けていた点、②民族学者はコミュニティ全体の生活の描写、とくに初期には習慣とマナー、物質文化、民俗そして民間信仰に、社会学者は社会に強い関心を寄せていた点である（pelzel 1948：56)。

3　一九三〇年代の有賀と喜多野の主要な研究は次のとおりである。有賀は、農地改革以前の大土地所有に基づく農業に目を向け、一九三五年七月から一九三六年四月まで岩手県二戸郡石神村において調査研究を実施し、その成果を著書『農村社会の研究――名子の賦役』（一九三八）、および『南部二戸郡石神村に於ける大家族制度と名子制度』（一九三九）として発表した。これに対して喜多野は有賀が対象としたものよりも小規模な農業に目を向け、一九三八年五月から一九三九年末まで山梨県北都留郡上野原町大垣外において調査研究をおこない、その成果は論文「甲州山村における同族組織と親方子方慣行」（一九四〇）として発表されている。また、喜多野は同地域での追跡調査を一九六一年にもおこない、これについては「ヂルイとオヤブン・コブン」（一九七五）として発表している。

4　筆者の聞き取りによれば、コーネルと生前交流のあったどの人からも、彼と電話越しで話すと声の持ち主が日本人であるとの錯覚をするほど日本語が流暢であったとの回答が得られている。

5　ベネディクトによる『須恵村』の評価は低く、「非常に貴重な文献であったが、この研究がかかれた当時は、一九四四年にわれわれが直面していた日本に関する問題の多くは、まだ問題になっていなかった」（ベネディクト 二〇〇五：一六）としてほとんど参照していない。このことは、ベネディクトが社会構造分析を重視していなかったことを示してもいる。

6　一九四五年から一九五〇年までに発表されたエンブリーの一連のベネディクト批判は、戦時情報局や日本統治をおこなっていた占領軍への批判も伴っており、対ソ連との冷戦の真っ只中であった戦後直後の米国においては、マッカーシズムの隆盛とも相まり、学問と政治の両領域に対する極めてラディカルかつ大胆な挑戦として受け取られた可能性が推測される。

7　文化人類学は一九七八年のサイードの『オリエンタリズム』の発表以来、異文化研究における「絶対的他者」を喪失した状態から、「他者」と「自己」との関係性を絶え間なく更新するプロセスを重視した民族誌の産出という新たなテーマに直面してきた。しかし、こうしたテーマは、本章が対象とする一九五〇年代初頭の米国人人類学者の戦後日本社会研究のなかに、すでに枢要な検討課題として埋め込まれていたのである。

8　本章で扱ったベネディクトとエンブリーとの間の文化論と社会構造論の対立の背景には、オッペンハイムが指摘するような、米国人類学における理論の違いをめぐる部局間対立の構図があったことも無視できない。オッペンハイムによれば、シカゴ大学は社会人類学、ハーバード大学は社会関係を重視した研究、対するコロンビア大学は文化に焦点化した人類学的研究をそれぞれ重視し、互いに対立関係にあったという（Oppenheim 2008）。なお、エンブリーはシカゴ大学、ベネディクトはコロンビア大学で人類学を学んだ。

9　三人の大学院生のうちロバート・J・スミスのみはコーネル大学に在籍しつつCJSのプロジェクトに参加し、Ph.D. は同大学で取得した。

10　一九五〇年からはコーネルが岡山県阿哲郡草間村馬繋（現・新見市草間馬繋）、一九五一年からはスミスが香川県香川郡安原村安原下来栖《くるす》地区（現・香川県香川郡塩江町大字安原下来栖地区）で一年間の調査を開始する。日本の村落社会を捉えるうえで、ビアズリは一九三〇年代までの欧米の人類学が対象としてきた「未開の孤立的な社会」とは異なる別の分析概念が必要であると考え、二人にロバート・レッドフィールドの「民俗社会」概念を適用することを提案した（Beardsley 1956: v-viii）。「民俗社会」は、一九二六年から一九二七年までレッドフィールドが実施したメキシコのテポストランでの調査に基づき、「未開の孤立的な社会」がより「広範な市場体系」と接触することによって生じる「複雑な新しい諸制度」の存在を捉えるものとして一九三〇年代に提示された概念である（レッドフィールド 一九六〇：一二）。しかし、コーネルとスミスは、無批判に概念を適用するのではなく自らの蒐集した調査データに根差した分析を重視した。

11　たとえば、Harumi Befu, 1971 *Japan: An Anthropological Introduction* は日米双方で発表されている先行文献を用い、日本の社会や文化を先土器時代から戦後までの連続性のなかで把握した「人類学または日本文化にあまり知識を持っていない人びとのために、日本の人類学的概論を紹介することを意図」（栗田 一九七七：二〇）した構成となっている。一九七七年には日本語訳『日本――文化人類学的入門』が現代教養文庫から出版されている。

12　筆者は福武教育文化振興財団助成による二〇一〇年度研究課題「ミシガン大学日本研究所岡山分室における米国人人類学者

の社会調査」（研究代表者：徳澤啓一）の実施のため、一週間のミシガン大学での資料調査をおこなった。滞在期間中、CJSが規模を縮小しながらも今なお米国での日本研究の拠点として活発な研究活動をおこなっていることを目の当たりにした。日本研究者への聞き取りによると、米国における日本人および日本文化・社会へのイメージは、サムライやフジヤマ、ブシドーに関連するものが多く、日本に関するレクチャーはそれを崩すことから始めるという。

13　人類学からは山口と長島を筆頭に波平恵美子や小松和彦ら、民俗学からは宮田登や福田アジオら、社会学からは上野千鶴子らが寄稿している。

14　近年の動きとしては、英語圏および日本国内の研究蓄積を総合的に検討する目的の下、米国で人類学を専攻した人類学者の桑山敬己を代表者とする国立民族学博物館の二〇一〇年度共同研究課題「海外における人類学的日本研究の総合的分析」（国立民族学博物館ホームページ http://www.minpaku.ac.jp/research/jr/10jr135.html）がおこなわれている。また、日本民俗学会では学会内に国際交流特別委員会が近年設置されている。

参照文献

阿哲郡教育会編

一九二九『阿哲郡誌』。

泉靖一

一九五〇『ある山村のモノグラフ』敬文堂書店。

岩村忍編

一九五九『日本の民俗・文化――日本の人類学的研究』講談社。

国立民族学博物館ホームページ

http://www.minpaku.ac.jp/research/jr/10jr135.html［ダウンロードの日付　二〇一〇年一二月一五日］。

コーネル、J・B
一九七七「馬繋――山村の生活と社会」篠原徹・川中健二訳『岡山理科大学蒜山研究所研究報告』三：八一―二〇七頁、岡山理科大学。
一九八五「馬繋の三〇年――岡山の一山村における土地利用の変化と型」石田寛編『外国人による日本地域研究の軌跡』：二二二―二三三頁、古今書院。

スミス、R・J
一九八九「米国における日本研究――民族学」『民族学研究』五四（三）：三六〇―三七四頁。

泉水英計
二〇一〇「沖縄の地誌研究――占領期における米国人類学の再検討から」坂野徹・真蒼健編『〈帝国〉の視角／死角――昭和史のなかの学知とメディア』：一三七頁―一六六頁、青弓社。

中生勝美
二〇〇六「第四章日本占領期の社会調査と人類学の再編――民族学から文化人類学へ」『「帝国」日本の学知　第六巻　地域研究としてのアジア』一四三―一七七頁、岩波書店。

古島敏雄編
一九四九『山村の構造』御茶の水書房。

ベフ、ハルミ（栗田靖之訳）
一九七七『日本――文化人類学的入門』現代教養文庫。
一九九七『増補新版イデオロギーとしての日本文化論』思想の科学社。

ベネディクト、R（長谷川松治訳）
一九四八『菊と刀』社会思想社研究会出版部。

ベネディクト、R（米山俊直訳）
一九七三『文化の型』社会思想社。
二〇〇五『菊と刀』講談社。

山本登

一九五〇「通婚関係よりみた山村共同体の封鎖性と平等性」『社会学評論』一（三）：一一三—一五一頁。
レッドフィールド、R（安藤慶一郎訳）
一九六〇『文明の文化人類学』誠信書房。

Anesaki, M.
1928 “Japanese Mythology,” *Mythology of All Races,* VIII (1928), Boston: Archeological Institute of America, pp. 205-400.
Befu, H.
1971 *Japan: An Anthropological Introduction,* Chandler Publishing Company.
Bennet, J. & Ishino Iwao
1963 *Paternalism and the Japanese Economy: Anthropological Studies of Oyabun-Kobun patterns,* University of Minnesota Press.
(http://library.osu.edu/projects/bennett-in-japan/3a_docs.html)
Beardsley, R. K.
1951 The Household in the Status System of Japanese Villages. *Occasional Paper* 1: 64-72. Center for Japanese Studies, Ann Arbor: The University of Michigan Press.
1956 “Preface,” *Two Japanese Villages, Occasional Papers* No.5: pp. v-viii, Center for Japanese Studies. Ann Arbor: The University of Michigan Press.
Beardsley et al.
1959 *Village Japan,* The University of Chicago Press.
Brow, James and Richard Moore
(http://www.utexas.edu/faculty/council/2000-2001/memorials/Cornell/cornell.html)
Cornell, J. B.
1953 *Matsunagi: The Life and Social Organization of a Japanese Mountain Community.* Ph.D. dissertation. University of Michigan. pp387.

1956 "Matsunagi: the Life and Social Organization of a Japanese Mountain Community" *Two Japanese Village, Occasional Paper* 5: 113-230, Center for Japanese Studies, Ann Arbor: The University of Michigan Press.

Embree, J. F.

1939 *Suye-Mura: a Japanese village*. Chicago: The University of Chicago Press.

1945a *The Japanese Nation: A Social Survey*. New York: Farrar & Rinehart.

1945b Applied Anthropology and Its Relationship to Anthropology, *American Anthropologist* 47: 635-637.

1946 Anthropology and the *War, The Bulletin of the American Association of University Professors* 32-3: 485-495.

1949-1950 Standardized Error and Japanese Character: a Note on Political Interpretation, *World Politics* 2-3: 439-443.

1950 Letters to the Editor: A Notes on Ethnocentrism in Anthropology, *American Anthropologist* 50:430-432.

Kroeber, A.

1948 *Cultural Anthropology,* New York: Harcourt, Brace and Co., rev. ed.

Lowie, R.

1948 *Social Organization,* New York: Rinehart and Co.

Murdock, G.

1949 *Social Structure,* New York: MacMillan.

Nishikiori, Hideo

1945 *Togo-mura, a village in northern Japan; translated by Toshio Sano and annotated by John Embree* International secretariat, Institute of Pacific relations, New York,（原本：一九三六『庄内田所の農業、農村及び生活』東京帝国大学農学部農業経済学教室）。

Oppenheim, R.

2008 "On the Locations of Korean War and Cold War Anthropology" in *Histories of Anthropology Annual* Vol.4. （http://muse.jhu.edu/journals/histories_of_anthropology_annual/v004/4.oppenheim.html#f12）

Pelzel, J. C.

1948"Japanese Ethnological and Sociological Research" American Anthropologist Vol.50（1）.

Raper, A. S. & others
1950 *The Japanese Village in Transition,* Tokyo: General Headquarters, Supreme Commander for the Allied Powers. Natural Resources Section Report No. 136.
Rosenberger, N. R. eds.
1992 *Japanese Sense of Self,* Cambridge University Press.
University of Michigan Regents 2006 History.
（http://www.ii.umich.edu/umich/v/index.jsp?vgnextoid=3dd06cf05ca82110VgnVCM1000005b01010aRCRD&linkTypeBegin=channellinkTypeEnd&assetNameBegin=HistoryassetNameEnd）
Yamaguchi, M. & Nagashima, N. eds.
1987 *Current Anthropology* Vol.28, No. s4.

第一三章　東京大学文化人類学教室のアンデス考古学調査

——泉靖一を中心に

関　雄二

一九五八年に発足した東京大学アンデス地帯学術調査団は、戦後の海外調査の草分けの一つとして、名称を変えながらも、現在まで五〇年以上にわたり調査研究を継続してきた。本論では、調査団の草創期を支えた泉靖一の研究に焦点を当てながら、初期の調査の目的や研究法を解読し、当時の日本とペルーの社会状況と関係づける。泉の研究の転換は、ブラジルにおける移民調査に契機を求めることができ、その帰路立ち寄ったペルーでアンデス文明に魅了されたことに始まる。当時のアンデス考古学研究の主流は、文明の起源の探究にあり、泉も当初から、それを目標に一般調査や発掘調査を進めたが、その研究動向自体は、ペルーにおけるインディヘニスモ（先住民主義）との関係を無視できない。ペルーにおける社会、政治運動であったインディヘニスモの流れを受けた文明起源論であることに泉はとくに意識せず、そのただ中に身を置き、ペルーの代表的考古学者がかつて唱えた文明起源論を検証するような発掘調査をおこなった。また泉自身は、アメリカ流の総合人類学をめざし、アンデス文明の形成に関しては、文化進化論的立場をとっていたように見受けられるが、コトシュ遺跡の発掘結果は、単純な文化進化論を覆すほどの発見をもたらした。その学術的な意義を、より抽象度の高い文化理論の枠組みの中に位置づけることを待たずして、泉は急逝する。さらに泉が組織した総合調査は、年を経過するにつれて考古学調査へと専門分化することになったが、アンデス地帯を対象とする他分野の基礎を築くきっかけとなった。さらに泉は啓蒙活動にも精力を注ぎ、とくに展覧会、マス・メディアを通じて、日本社会にアンデス文明の存在を知らしめ、今日のアンデス・イメージの形成に携わった。

一　はじめに

二〇〇八年、日本とペルーにおいて日本アンデス考古学調査五〇周年を祝うシンポジウムやワークショップが計四回開催され、二〇一〇年に入り、その成果刊行物が次々に出版されるなど、アンデス考古学界における日本人研究者の地位は、ある程度確立してきたといえよう。こうした古代アンデス文明の研究がスタートしたのは、戦後間もない一九五八年のことであり、主体は東京大学教養学部文化人類学教室であった。五〇年以上にわたる調査や調査団の歴史については、すでに出版されているが（大貫　二〇一〇）、本論では、おもに初期の約一三年間を対象とし、調査団を率いた泉靖一の著作を通じて、アンデス考古学、ならびに文化人類学における研究の位置づけを改めておこなうことにする。その際、泉個人の研究歴に触れるばかりでなく、当時の日本の状況、さらにはペルー社会における考古学的状況を示すことで、日本調査団の位置を、ダイナミックに捉えることにする。

二　アンデス調査前史――鳥居龍蔵の南米行

東京大学文化人類学教室が主宰するアンデス地帯学術調査団（以下、東大調査団と略す）がペルーに旅立つ六年前の一九五二年、後にこの調査団を率いることになる泉靖一は、初めての南米（ブラジル）行きを前にして、彼以前に南米の地に足を踏み入れ、古代文明研究の重要性に気づいていた碩学の私邸に招かれ、激励を受けた。当の人物は鳥居龍蔵である（藤本 一九九四：一二三二）。泉は、このときの出会いを回想して、自分の選んだフィールドには、必ず鳥居の影を見出すことに驚きを覚えている（長澤 一九七六）。

泉が率いた東大調査団の話に入る前に、鳥居のアンデス行きについて若干触れておく。南米における古代文化の研究の先鞭をつけたという意味では、その足跡を辿ることは決して無駄ではなく、後の東大調査団が取り組んだテーマと深く関わる人物との交流も認められるからである。

鳥居龍蔵のブラジル訪問

一九三七年（昭和一二年）三月一二日、鳥居龍蔵と次男龍次郎は東京を発ち、神戸港より海路南米へと向かった。外務省から依嘱された文化使節としてブラジルならびにペルーにおける人類学、考古学的研究の現状を把握し、現地関係者との交流をすることがその目的であった。この南米調査行は、鳥居がこれまでアジア各地で展開してきた調査とは目的も異なれば、とくに専門としていた地域でもなかったため、鳥居の伝記等ではほとんど扱われることはなく、また鳥居の死後、刊行された『鳥居龍蔵全集』においても、帰国後に鳥居が引き受けたいくつかの講演や報告記事が数点納められているにすぎず、調査の実態はあまり定かではない（鳥居 一九七六ａ・一九七六ｂ・一九七六ｃ）。

鳥居は、南米からの帰国後の報告会で、外務省の依嘱であると同時に自らが所属していた東方文化学院から派遣された文化使節であったと述べている。中薗栄助は、その著書『鳥居龍蔵伝』において、依嘱した外務省の意図は別にあり、南米移民を推進する国策が背景にあった可能性を指摘している（中薗 一九九五：三七一）。たしかに当時の日本は、国内の不況、人口増、食糧不足などにあえぎ、打開策として国内の土地整理、工業振興とともに移民政策に力を注いでいた。一九二八（昭和三）年には、移住開拓政策を担当する拓殖省が設置されている（今野・藤崎 一九九四）。しかし移民政策に深くかかわる農業、地理等の専門家の派遣ではなく、人類学、考古学の大家鳥居を派遣することを決めたのはなぜであろうか。移民政策の直接推進が目的ならば他の人選もあったろう。むしろ、文化交流を通じたブラジルとの友好関係を築きたいとする方針があったと考えられる。

鳥居がブラジルを訪れたこの年、ブラジルへの移民が七年ぶりに再開していた。というのも日本の国内事情という勝手から推進されてきた移民政策であり、ブラジル側の事情もあってすんなりとは運んでいなかったのである。ブラジルで日系移民を制限する法案、日系移民排斥運動が展開されたのも昭和の初期であった。移民政策を推進したい日本国政府にしてみれば、ブラジル政府との友好関係を強化する必要があったのかもしれない。その意味で、当時日本を代表する識者鳥居龍蔵に白羽の矢が立てられた可能性はある。これは今日では一般的に見られる文化外交の走りともいえる。実際に、鳥居自身、自らが政治的な立場を担った点について意識していたようで、帰国後神戸でおこなわれた「中南米事情展」の講演会の席上、「文化使節」であったと述べるとともに、その使命は、やや生臭い表現ながら、「文化工作」であると言及している（鳥居 一九七六b：三五四）。

ブラジルにおける調査概要は、やはり帰国後、雑誌『中央公論』に発表した「ブラジルの人類学」と称する小論において論じられているが、あえてまとめるならば、三点ほどになる（鳥居 一九七六a：三四七―三五三）。第一点は、現地研究者との交流と動向調査であり、第二点は、現存の先住民の文化的位置づけ、そして第三点としては、考古遺跡の踏査と発掘調査である。このうち、最も関心が高かったのは、鳥居の行動を見る限り、第三点であったと考えられる。アジア地域における鳥居の関心が、人類学の中でもより考古学的、文化史的分野に振れつつあった時期と合致している点もこれを裏付けるものであろう。具体的には、ミナスジェライス州の洪積世人類の遺跡ラゴア・サンタ洞窟の訪問、現地の在留邦人の協力を得ておこなわれた大西洋岸での貝塚発掘、そして最後は、アマゾン川河口の巨大な島マラジョー島での発掘調査というように実に精力的な行程をこなした。

鳥居龍蔵とペルー人考古学者との出会い

こうして調査を終え、大河アマゾンを船でさかのぼった鳥居一行は、マナウス近郊の開拓地などに寄るなど二カ月以上の旅の後、ようやくペルー領イキートス市に到着する。イキートス市から首都リマまでは、空路をとった。鳥居のリマ到着は、現地ペルーの最も有名な新聞『エル・コメルシオ』紙に大きく写真入りで報じられた（El Comercio 1937/9/1）。その日付から判断すると、八月三一日にリマ入りしていたことになる。

鳥居は、事前に相当程度ペルーの古代文化に関する知識を得ていたようだ。英語、ドイツ語、フランス語はもとより、独学でスペイン語も習得していたからこそ可能であったのだろう（鳥居龍次郎 一九七六）。大学の講義でもインカを扱ったこともあるという（鳥居 一九七六c：三七四）。

著者は、以前、鳥居龍蔵に同行した次男龍次郎にインタビューし、現地で発見した資料を基に鳥居のペルーにおける行動を調査したことがあるので、それを基に簡単にまとめておきたい（関 一九九七）。九月四日、鳥居らは南米最古の歴史を誇る国立サン・マルコス大学を訪問し、インカ研究の第一人者であり、当時文学部長を務めていたオラシオ・ウルテアーガと長時間にわたり話をする。その後、附属考古学博物館の展示を見て回っている。その折りに大学で講演するように依頼があったようだ。講演が実現するのが翌月の二八日であるから、おそらくその間を利用して、鳥居はクスコなどの地方都市と遺跡を訪問したのだろう。移動経費については、ほとんどリマの中央日本人会という日系移民の組織から援助を受けた。

インカ帝国の都クスコを空路訪問した鳥居は、サクサワマン、ピサック、ルミコルカ、オリャンタイタンボ、マチュ・ピチュといったインカ時代の遺跡を訪れ、その見事な石造技術を称賛している。さらにクスコから隣国ボリビアに入国し、ティティカカ湖岸のティワナク遺跡を訪問する。海抜四〇〇〇メートルの高原に築かれた先インカ期の祭祀センターである。いったん首都リマに戻った鳥居は、海岸の遺跡の踏査を始める。

当時のアンデス考古学は古典的な進化主義的見方をとるものが主流であり、鳥居もこれに従っていた。また帰国後の講演では、盛んに日本と比較している。聴衆が理解しやすいようにという配慮からだろうが、そこには古来、常に領地をめぐって、争乱や戦争を繰り返していくことで変化、発展し続けてきた日本の歴史モデルで理解しようとした姿勢が読みとれる。もっとも、鳥居のフィールド・ワーカーとしての強みか、進化主義的な見方にとらわれながらも、現象を冷静に観察することも忘れてはいない。インカの卓越した石造建築を称えながらも、土器や織物といった他の物質文化では、インカ以前の方が洗練され、しかも多様性に満ちた作品が多いという評価を下すといった具合に、必ずしも後の時代ほどすべての文化要素が発展するとは考えていなかった。

首都から北へ六〇〇キロも離れたペルー第二の都市トルヒーヨでは、現地の日本名誉領事カルロス・ラルコ・エレーラの手厚いもてなしを受け、カルロスの甥にあたるラファエル・ラルコ・オイレにも出会う。ラファエルは、チクリンと呼ばれる場所に大農場を構え、その土地から出土する考古学的遺物を研究し、後にペルーを代表する考古学者となる人物である。彼の父のコレクションをもとに農場内に建てた博物館に招かれた鳥居は、出土品、収集品のみごとさに圧倒され、またラルコ・オイレの説明にも感服したとみえ、彼に学位論文としてまとめることを勧める。それに刺激されたためかは定かではないが、翌年よりラルコ・オイレは次々と著作を発表するのである。このラルコ・オイレの著作は、後の東大調査団と大いに接点を持つことになる。

また、ラルコ家に残る文書によれば、鳥居が訪問したその年、ラルコ家の考古学コレクションの一部は、カルロスの計らいで、名古屋市で開催された汎太平洋平和博覧会に出展され、その後東京帝国大学に寄贈されている。もちろんペルー文化の普及が目的であった。東京大学文学部考古学教室には、この寄贈品がいまだに保管され、収蔵品カタログにはカルロスの名を見ることができる。

鳥居がペルー海岸の遺跡巡りをしていた頃、中央海岸北部のカスマ谷で発掘調査をしていたのが、後にペルー考古学の父と呼ばれるフーリオ・C・テーヨであった（写真一三―一）。鳥居のペルー訪問当時、トルヒーヨ市郊外のチャン・チャン遺跡に代表されるチムー文化、そしてそれに先行するモチーカ（モチェ）文化の存在は漠然と把握されていた。さらにラルコ・オイレの農場でも盛んに見せられた海岸チャビンとよばれる様式の土器は、こうした文化よりもさらに古いと考えられていた。後で詳述するが、チャビンというのは、アンデス北高地で発見されていたチャビン・デ・ワンタルという遺跡名に由来する。チャビン・デ・ワンタルは神殿であり、ジャガー、ヘビ、猛禽類などを描いた多数の石彫で飾り立てられていたことがわかっており、各地のチャビン的図像をもった土器などの工芸品は、この遺跡に関連したものとみなされていたのである。こうしたチャビン文化の波及説を唱えたのがフーリオ・C・テーヨであった。

ハーバード大学に留学した経歴を持つテーヨは当時サン・マルコス大学の教授の地位にあり、考古学

写真13-1　ペルー中央海岸北部モヘケ遺跡のレリーフの前に立つ鳥居龍蔵（右）とフーリオ・C・テーヨ（1937年）（提供：ペルー国立人類学考古学歴史学博物館）。

の分野においては右に出るものがいないほどの実力者であった。初対面のテーヨは鳥居によそよそしい態度を示し、発掘途中の遺構も見せないほど用心していたようだが、鳥居がイギリスの著名な社会人類学者ラドクリフ＝ブラウンの友人と知るや胸襟を開き、周辺の遺跡も案内した。そのテーヨが唱えた文明起源論は、後の東大調査団の動向を大きく左右することになる。

カスマよりリマに戻った鳥居は、かねてからの約束であった講演会をこなす。一〇月二八日に、サン・マルコス大学の哲学・歴史・文学部の催事用サロンにて「考古学的観点から見た日本の先史、ならびに古代の文化」と題する講演がおこなわれた（El Comercio 1937/10/28,10/29）。会場にはサン・マルコス大学文学部長のオラシオ・ウルテアーガをはじめとする教員、日本領事、中央日本人会長、『リマ日報』編集部員の姿が見られたという。こうして調査は無事終了し、リマを離れる。海路エクアドル、メキシコ、アメリカ合衆国を経由しながら一九三八年一月二六日に帰国する。

専門地域ではなかったが、南米に対する鳥居の学問的思い入れは相当なものがあったようだ。これはひとえにダーウィンなど偉大な博物学者が足を踏み入れた場所であるという点に集約できよう。鳥居が若い頃こうした博物学者の著書を耽読した点は八幡一郎も指摘しているし（八幡　一九五三：一〇七）、ことにいずれの欧米の学者も若くして中南米を訪れ、学問的業績をあげた点に鳥居はこだわった。中南米こそ若い研究者がフィールドとして選ぶべき場所であると再三述べている。

帝国大学の如きも、未だこの方面には手を着けていない。これは最初私どもが大学の助手をしておった時代に、南米方面に接触する機会が多かったのではありますけれども、先輩その他の人が、日本に関係がないが如くいうので、ともに手を携えて研究することを怠った結果であると考える。この点におきまして私は、ここにおいてインカ帝国の話をするということは、日本における斯学上始めではないかと思うのであって、またその栄光に浴することを喜ぶものであります。そうして殖産興業、貿易商業、農業移民の方面と、こういう文化学術方面と相提携するということも、今後は非常に必要になってくるだろうと私は考えるのであります（鳥居 一九七六c：三五七―三五八）。

神戸市におけるこの講演が催された一九三八年のちょうど二〇年後、東京大学アンデス地帯学術調査団が発足し、日本におけるアンデス研究が本格的に開始された。

三　東大調査団の足跡――泉靖一の時代

東大調査団の歴史は、調査団率いた研究者の交代という観点から、大きく三つの時期に分かれると考えられる。最も早い時期は、東大文化人類学教室の創設者の一人であった泉靖一が実質的に調査団を組織した一九五八年から一九七〇年までであり、第二期は、泉の死後、大学紛争などの混乱を経て、寺田和夫によって調査が再開された一九七五年から一九八七年までである。最後の第三期は、寺田の死後、大貫良夫がこれを引き継ぎ、調査を展開した一九八八年から現在までとなるが、本論では、このうちとくに第一期に焦点をあててみたい。なお、各時期で、調査団の名称は変化するが、本論では、まとめて東大調査団としておく。まずは、泉が専門の社会人類学からアンデス考古学へと興味を拡大させていく過程を追うが、その前に泉の略歴を紹介しておく。

アンデス以前の泉靖一

泉靖一は、一九一五年六月三日に東京で生まれた。父泉哲は、当時明治大学法学部教授の地位にあった。一九二七年、父の京城帝国大学への転任にともない、朝鮮半島へ渡り、小中学校は京城で学んだ。病弱であったこの幼少期に、父に連れられて山登りを始め、やがて登山は泉にとって人生の一部となる（藤本 一九九四：七三―九一）。その後、京城帝国大学予科を経て京城帝国大学法文学部国文学科に進学し、後に倫理学科（宗教学・社会学）に転科した。転科は、倫理学科に籍をおいていた宗教学・社会学の秋葉隆に学ぶためであり、彼に紹介されたマリノフスキーの著作などを通じて、文化人類学との出会いを果たすことになる（藤本 一九九四：一四一―一四五）。在学中に秋葉の指導でおこなった初めてのフィールドワークの成果は、実業家にして民俗学者であった渋沢敬三の薦めにより「大興安嶺東南部オロチョン族踏査報告」として『民族学研究』に掲載された（泉 一九三七）。卒業は一九三八年であり、秋葉隆と赤松智城の指導下、フィールドワークのデータをまとめ、卒業論文『済州島――その社会人類学的研究』を提出した（泉 一九三八）。自然環境から村落、家族、宗教、民具など多岐にわたる項目を網羅したこの論文は、泉の門下生と自認する蒲生正男によれば、学部の卒業論文としては圧巻であり、戦後、泉が日本の村落社会でおこなう社会人類学的研究の原点をそこに見いだすことができるという（蒲生 一九八一：一三六）。

卒業後、泉は偶然に空いた宗教学・社会学教室の助手のポストを得て、直ちに山岳部を中心に京城帝国大学蒙彊学術探検隊を組織し、内モンゴル調査をおこなった（泉 一九七一d：一三一―一四一）。その直後から三年に及ぶ軍隊生活により学界を離れるが、一九四一年、太平洋戦争が開始された二日後に除隊となり京城帝国大学に戻った。除隊後は、戦時中の閉塞感から逃れるために、太平洋協会が派遣した西ニューギニア調査隊に参加し（泉 一九七一d：一六〇―一九八）、この成果を「西部ニューギニア原住民の社会組織」（泉 一九五〇）等の論文に結実させた。内容は「部族の構造を自然環境や土地とのからみで地縁集団の形成と持続という視点から分析したもの」（蒲生 一九八一：一三七）であり、社会人類学的性格が強かった。

一九四五年に京城帝国大学の助教授に昇進するも、すぐに終戦を迎える。その混乱期に、泉は朝鮮半島からの日本人避難民の医療救援活動に従事している（泉 一九七一d：一二一四―一二一五）。やがて明治大学政経学部の専任講師として学界に復帰するのは一九四八年であった。戦後の泉の研究は、政府の経済安定本部資源調査会専門委員としての活動に関わることが多かった（蒲生 一九八一：一三七）。具体的には、水資源開発計画に基づく村落を対象にした実態調査であり、泉は、ダム建設で水没を余儀なくされる村落に対して、財産権の補償ではなく、集団移住方式という生活補償をとるべきとする立場をとったとされる。こうして奈良県の十津川村と、六〇年前に集団移住して築かれた北海道の新十津川村を対象にし、経済学から形質人類学までも含む総合調査を一九四九年に組織した（蒲生 一九八一：一三七―一三八）。調査に参加した蒲生によれば、農村社会学に影響された手法がとられたようで、世帯調査表をベースにし、数量データに拘泥した調査が実施された。こうした総合調査をオーガナイズする能力は、九学会連合（当時は八学会）の幹事長として実施した対馬調査や民族学会のアイヌ調査でも発揮されたという（蒲生 一九八一：一三九）。

泉靖一の研究の転換

このように社会人類学に傾倒していた泉が、アンデス調査を計画する契機となったのは、一九五二年から五三年にかけてユネスコの国際共同研究「社会的緊張」プロジェクトの一員として参加したブラジル調査であった。本人自身も、後付的見解ながら、そのとき、わずか一時間だけの乗り継ぎで立ち寄ったペルー、なかでも機中からながめるアンデス山脈やアマゾンの自然に魅入られたと述べている（泉 一九七一b：一三）。朝鮮半島から引き揚げてきた泉にとって、敗戦後七年ぶりの海外渡航は、刺激的なものであり、それまでの自身のフィールドであった東北アジアでの調査再開に目処が立っていない状況下では、将来の研究の鍵を握る重要な場所でもあった。南米渡航前に、京都での学会に赴いた泉は、すでに京大が開始していたヒマラヤの調査をとるか、南米をとるか、学会の長老に迫られ、南米をとる決意をしたという（泉 一九七一d：一二三四―一二三五）。幼い頃からのあこがれであったヒマラヤを選ばなかったのは、京大グループがすでに手をつけ始めていた場所に赴くことへの抵抗感があったのかもしれない（梅棹一九七一：三六九）。また鳥居龍蔵から直接、南米研究を勧められた点も泉は述べている。とはいえ、この時点では、南米研究と言っても、移民研究が先行しており、後におこなう考古学研究を開始するという決断ではなかったと思われる。

泉が実際に、ペルーに滞在し、古代アンデス文明に直接触れるのは一九五六年のことである。この年、外務省の委託を受け、ブラジルで「ブラジルにおける日本人移住者の同化」プロジェクトを実施した後、空路と陸路を組み合わせ、ボリビア経由で念願のペルー入りを果たした。そこで出会ったのが、後に調査団の後援者的存在となる天野芳太郎であった。天野と意気投合した泉は、天野に連れられるまま、海岸砂漠の砂に埋もれた夥しい数の遺跡を訪問し、自然ばかりか壮大なスケールの遺跡に魅了される（泉一九七一b：一五）。

これとは別に、当時の泉をサポートし、その後、東大調査団第二期を率いた寺田和夫は、泉の死後に編集した『泉靖一著作集』の「編者あとがき」の中で、調査団の発足のきっかけは、一九五六年から一年間ハーバード大学で自由に研究した点にあったと指摘している（寺田一九七一：四〇〇）。たしかに、この点は無視できない。教育システムとして、現在でも米国の多くの大学では、考古学が人類学と同じ学科、教室にあり、いいかえれば考古学が人類学の一部として組み込まれている状況が存在する。実際に、五三年のブラジル調査の帰路に米国を訪問した折に、泉はすでにそのことに気づいていたようだ。現地で落ち合った石田英一郎と、各地の大学や博物館をめぐり、大学における文化人類学教育についての知識を深めていたからである（石田英一郎全集編集委員会一九七二：五五九）。泉が研究に打ち込んだハーバード大学でも同様の体制をとっており、前節でとりあげたペルー人考古学者テーヨがラドクリフ＝ブラウンの名を知っていたのも、留学先での教育環境によるものであろう。なお五六年の泉のハーバード大学行きは、当時の東京大学総長、矢内原忠雄がロックフェラー財団との間で仲介の労を執り実現したものであった（泉一九七一d：二五五—二五六）。

ここで注目したいのは、泉の学問的志向の転換というか、拡大についてである。寺田に言わせれば、「彼の本領であった社会人類学の枠をはみだして、人類史や新大陸文明など、先史学的傾向の分野に急速にひかれていった」（寺田一九七一：四〇〇）動機が、ハーバードでの経験ということになる。確かに、泉自身が回想するように、当時のハーバード大学には、文化理論の大家クライド・クラックホーンの他に、アメリカ考古学の第一人者であったゴードン・ウィレーが籍を置き、活気溢れるセミナーを主宰していた（泉一九七一d：二五六—二五七）。また八カ月におよぶハーバード大学での研究を終え、シカゴ大学に向かう直前に、クラックホーン、ウィレー、そしてピーボディー博物館長ジョン・オーティス・ブリューの三人の碩学が泉の将来を案じ、相談に乗ってくれた点も考古学研究へと踏み出す契機になったと考えられる。その会談では、ピーボディー博物館図書室より重複本を格別の価格で東大人類学教室へ譲ること、また同博物館がペルー政府の要路に公式の紹介状を書き、発掘調査の実施に向けて側面支援をすることなどが決まり、すべて実行されているからである（泉一九七一d：二五七—二五八）。

一九五七年に、この紹介状を携え、米国よりペルーに渡った泉は、現地で国立人類学考古学博物館長であった考古学者ホルヘ・ムイエに会い、先方から発掘を勧められる（泉一九七一d：二五八—二五九）。排日気運の満ちたペルーでの意外な申し出にとまどいながら、許可を得て発掘をおこなった、と泉は振り返っているが、当時の第二期マヌエル・プラド政権下では、とくに排日政策はとられず、日系人の社会進出も始まっていた（増田・柳田一九九九：二六八—二七五）。プラド大統領も六一年には訪日を果たしている。たしかに敗戦国である日本を歓迎するムードは、まだなかったであろうし、日系人の社会的地位も低かったと考えられるが、それ以上に、太平洋戦争中、第一期プラド政権下でとられた激しい排日政策の記憶と恨みが日系人社会に残っていたのを、泉は敏感に感じ取ったのだと思われる。

ともかく、発掘をおこなった場所は、首都リマから北に七〇キロほど行ったチャンカイ谷であった。ここは、先述の天野芳太郎がかつて泉を連れて行った場所であり、後に天野がリマ市に建設した考古学博物館のコレクションの源となった遺跡が集中する場所である。と同時に、チャンカイ谷にあるワラル市には、日系人が多数入植しており、ここを拠点にすれば、ブラジル同様に、日本人移住者の同化という問題にも取り組めるというメリットもあった。実際に、発掘許可が下りるまで、泉は、ワラル市で社会調査を実施している。その時点では、社会人類学的関心がまだ認められる。しかし、状況と泉の心境は考古学研究に傾きつつあった。戦前、戦後を通じ民族学・文化人類学のパトロン的役割を担った実業家・民俗学者、渋沢敬三が移動大使としてペルーを訪れ、本格的な考古学調査をおこないたいという泉を激励し、支援することを約束した点も大きかったと考えられる（泉 一九七一d：二五九―二六〇）。

こうしてアメリカ考古学に接触し、感化を受け、研究を開始することを決心した泉は、寺田らに「発掘によって隠れているなまの真実をあばきだすこと」「具体的な物自体の世界にふれること」への魅力を語るようになる。その一方で、「モデルや仮説の多い社会学的な思考に疲れた」という言葉もつぶやいたようだ（寺田 一九七一：四〇〇―四〇一）。晩年、朝鮮半島の調査へと回帰していくことを思うと、アンデス調査は、疲れた思考を癒す役目を持っていたのかもしれない。

寺田は、結論として、泉の「ナイーブな好奇心が、アンデス文明に向かって自然に動き出した（中略）同時に、ハーバード大学G・R・ウィレーのセミナーに出て、ラテン・アメリカという彼が前から旅をし、気に入っていた地域の、先史時代の魅力を強く感じたのだと思われる。」（寺田 一九七一：四〇一）と述べている。

過去と現在の連続性

このように社会人類学から物質文化研究へと興味が拡大した経緯はある程度わかるが、泉は双方の分野を関連させてもいたようだ。ここでいう関連性とは、社会人類学が対象とする現在の社会と、古代文明という過去の社会との結びつきであり、泉はその検証も可能と考えていた。

この点について、泉自身の記した文章がある。

いままで専門の人類学の分野で、私が興味をもち、研究し続けてきたのは、「社会構造論」であって、生きている未開社会の機能が主題となったのはもちろんである。その歴史的追究は、不可能ではないにしても限度がある。とくに文字をもたない民族の過去の社会構造を、細部にわたって再構成するためには、多くの推論が必要になってくる。このような危険を好まないものは、社会構造の歴史にはあまり特殊の興味をもたないのが普通である。私もそのような傾向の人類学徒であった。ところが初めてのアンデス地帯の旅行をとおして、発掘された遺跡や遺物から推定される過去の生活と、現在のインディオのそれとのあいだに、あまりにも強い同一性をみて、「歴史」の魔力に憑かれてしまった。時間という次元をいれて、文化を具体的に研究できるのではないかという可能性が、いいかえれば歴史学ではない歴史の研究の可能性が、実感的に私をとらえてしまった（泉　一九七一ａ：一〇）。

ここには、過去と現在とが直接的に連続するという、いわばアンデス的伝統の存在を無条件に受け入れている姿勢が認められる。

現在の民族誌データを用いて過去の社会を解釈するという行為自体は、慎重さが必要だが、有効な手法でもある。その点については、泉がセミナーに参加したウィレー（ウィリー）と弟子のサブロフが、うまくまとめている（ウィリー＆サブロフ　一九七九：二一九―二二二）。彼らが「民族的類推」あるいは「特殊歴史的類推」とよぶものがそれである。特定の地域に限った上で、先史時代の解釈に民族誌あるいはエスノヒストリーのデータを利用するという研究法であり、アメリカ考古学では比較的なじみのあるやり方である。一例を挙げるならば、北米南西部のプエブロ文化の先史時代を解釈するために、歴史時代のプエブロ文化のデータを利用するという手法がそれにあたる。一方で、エスノアーケオロジーにつながっていく、人類の一般的、あるいは普遍的法則の存在を主張する研究者は、民族誌データから普遍性を引き出し、その民族誌に描かれた地域以外でも、解釈に利用できるという立場をとった。「普遍的比較類推」である。泉の場合、先の文章からすれば、明らかに前者の類推に立つ。

しかし「民族誌的類推」の危うさは、現代人類学で誰もが指摘する点である。スペイン人による征服以降、植民地期や共和国期における植民地的状況下で、先住民文化は変貌を遂げ、限定された生存条件の下で再編成を強いられたことが指摘されている今日、先史時代が現代と直結しているという単純なアンデス伝統の存在を論じる研究者は少なくなってきてはいる。たとえ、先史時代を、それに時間的に近い征服直後の社会から類推する場合でも、記録文書のテクストクリティークを経ての作業でない限り、信頼性は保てない。アンデス文明でいうならば、現在の先住民を「インカの末裔」として連続性の特権を与えることに無条件に賛同する研究者は少なくなってきている。とはいえ、泉の場合は、そうしたポストコロニアリズムが登場する以前の時代であり、類推そのものが当時のアメリカ考古学でごく一般的な方法であったことからすれば、その発言に不自然さは感じられない。

他方、調査団発足の背景には、泉個人の研究指向ばかりでなく、当時の日本の時代状況が関係していたとも思われる。戦後の日本では、登山隊が先鋒を切り開始された海外探検が、一九五五年の京都大学学術探検部のカラコラム・ヒンズークシ学術探検や、一九五六年に結成された江上波夫率いる東京大学イラク・イラン遺跡発掘調査団の活動などによって、学術的色彩を濃くするようになり、復興間もない窮乏生活のなかで国内に埋没していた国民の関心を海外へと向ける原動力となっていた（寺田　一九七一：四〇一）。アンデス調査団の発足もこの流れにあり、ことに東京大学では、一九五六年以来、文明の起源を実証的に研究する目的で委員会が発足していた。先にあげたイラク・イラン隊というメソポタミアを対象とするグループとの間で比較研究が展開されていたのである（泉　一九七一d：二八七）。こうした海外調査の隆盛は、太平洋戦争の敗北により、それまでの欧米の社会発展モデルからの脱却を余儀なくされた日本が、非西欧社会に焦点を当てることで、新たなモデル形成を追求し始めた証とする見方もある（Ochiai 2006:8）。

四　東大調査団の発足

第一回調査のねらい

こうした動機や時代的背景を抱えながら、一九五八年に第一回の調査団が結成される。ハーバード大学滞在中に泉がこの件で東大の自然地理学の教授、多田文男と現地で連絡を取り合ったこともあり、団員構成は、文化人類学、地理学の両教室間で検討され、以下のようになった（寺田 一九七一：四〇一、東京大学アンデス地帯学術調査団 一九六一：五―六）。

団長　石田英一郎　教授（文化人類学）
団員　泉　靖一　助教授（文化人類学）
寺田和夫　助手（文化人類学）
大林太良　助手（文化人類学）
安芸皎一　教授（河川工学）
矢沢大二　講師（気候学）
佐藤　久　助教授（地形学）
小堀　巌　講師（人文地理学）

この他に読売新聞社特派員として記者の紺野靖彦と作家の林房雄が同行した。計画を立案した泉ではなく、当時、東洋文化研究所教授にあった石田英一郎が団長を務めた理由は、どこにも記されてはいないが、ラテン・アメリカ、とくに中米の古代文化に早くから関心を持ち、数々の著作を石田が発表していた点、さらには東京大学が組織あげての支援体制をとっていたため、教養学部の文化人類学コース（駒場）と大学院生物学研究科人類学課程（本郷）という大学における文化人類学教育のリーダー格の教授がふさわしいという判断があったと推測される。大学が組織をあげてというのは、調査団とは別に、東京大学アンデス地帯学術調査委員会という、いわば上部組織が立ち上げられたからである。

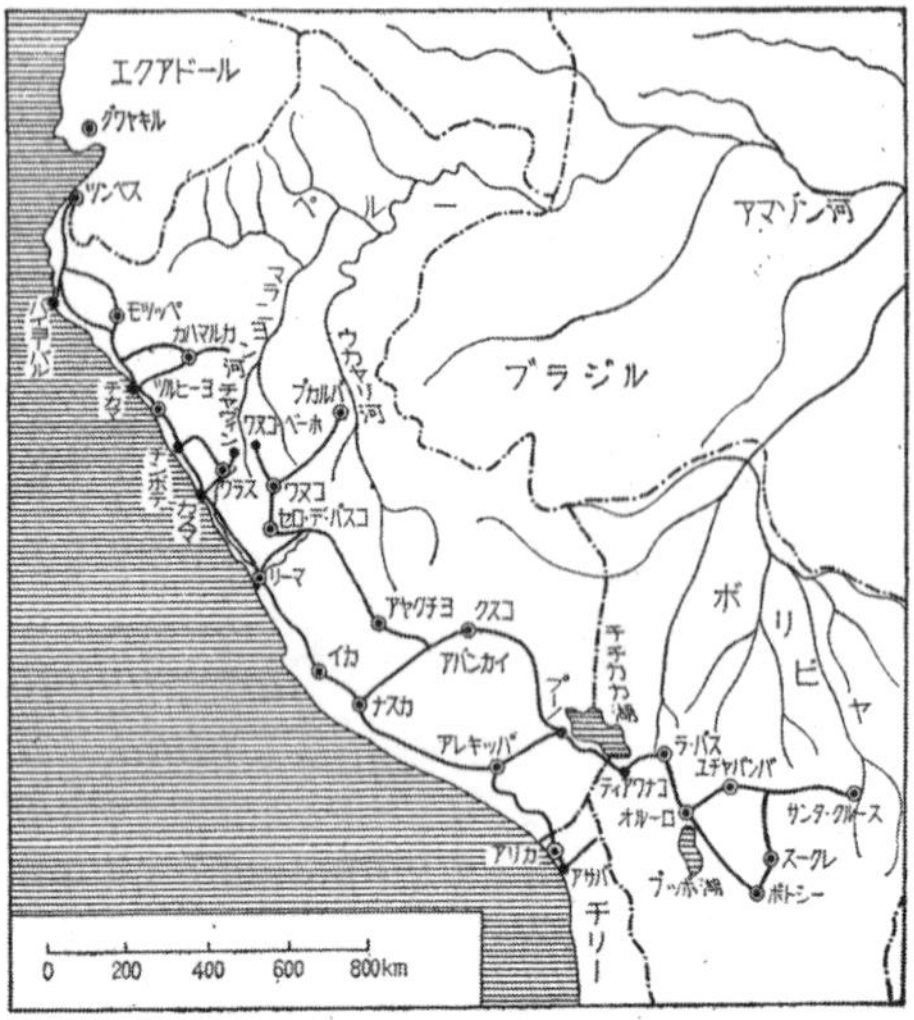

図13-1　東京大学アンデス地帯学術調査団第1回調査行程　（出典：泉 1959b：53）。

委員長には茅誠司総長、委員として教養学部長、理学部長、東洋文化研究所長、これに多田文男、塚本竣雄の理学部教授、さらに石田と泉が名を連ねる。こうした体制は、既存のイラク・イラン発掘調査委員会の例を踏襲したようだ。

資金は文部省、読売新聞社をはじめとする企業からの献金に頼り、それに加えてトヨタ自動車からの五台のジープの寄贈があった。もちろん渋沢敬三の支援もあった。第一回調査の目的については、泉自身が次のようにまとめている（泉 一九五九b：五四）。

（a）予備調査、将来の研究のため広域的観察をおこなう。
（b）遺跡と自然環境との関係を追究する。
（c）中央アンデス周辺部にも関心を払う。

写真13-2　東京大学アンデス地帯学術調査団第1回調査中（1958年）の泉靖一（左から3人目）（写真提供：東京大学アンデス調査団）

（d）短期間で、より多くの遺跡踏査をおこなう。
（e）現地研究者との共同体制をとる。

ここに示されたように、調査の方法は、広域の遺跡踏査という一般調査であり、トヨタ社寄贈のジープは大いに役立った（図一三—一）。調査目的の一つに自然環境と遺跡との関係をあげている点は、地理学者を多く加えた団員構成と一致するが、泉がハーバード大学で浸かった学問的潮流にも関係していよう。当時のアメリカでは、従来の記載を重視する考古学から、生態学、工学的なシステム論、数理統計学、自然科学的な認識論を導入したニューアケオロジーと呼ばれる新たな動きが生まれており、泉が生態学的観点を導入しようとしたとしても不思議ではない状況にあった。さらに泉自身、京城時代から、自然と社会との関わりに関心を寄せていたことも、この潮流を受け入れるのに役立った可能性もある。この生態学的視点は、やがてエスノヒストリー分野で生まれた欧米の研究の影響を受ける形で、東大調査団第三期を率いた大貫良夫をはじめ、その後に活躍する日本人研究者の間でも引き継がれていくことになる。この事情については、後段で触れることにする。

なお現地研究者との共同体制を目的の一つに掲げていたことには、泉の先見性が感じられる。泉の時代、欧米の調査団とは異なり、東大調査団は、つねに現地ペルーの研究者や学生を受入れ、研究者養成をおこなっていた。この点は、その後の東大調査団にとって助けとなった。第一期の調査に参加したペルー人考古学者は、やがて考古学界を支える存在となり、東大調査団に対して研究のみならず調査手続きなどでも支援を惜しまず、本論の冒頭で触れたように、調査団創設五〇周年記念事業の企画まで手がけた。近年、外国人の調査には、現地の共同研究者の参加が義務づけられるなど、ペルーではナショナリズム的動きが活発化しつつあるが、形態こそ違え、泉以来、共同体制を保持してきた日本の調査団には人的ネットワークの蓄積があり、動揺は見られない。

いずれにしても、一九五八年に調査は開始された。その年の一般調査では、七月一五日より七三日間で三〇〇あまりの遺跡を踏査し、一部発掘もおこなった。そのうち既知の遺跡が二四％にすぎなかったというから（泉 一九五九b：五五）、アンデスでは最初の本格的な広域調査といってもよい（写真一三―一）。

第一回の調査をこのような形にした背景については、泉がやはり簡潔に三点にまとめている（泉 一九五九b：五〇―五二）。

（1）編年と文明起源の問題

（2）周辺領域の問題と大観的研究の必要性

（3）土器研究偏重への危惧

このうち、（2）については、交通の便のよい海岸地帯の情報は詳しいが、アクセスの悪い山岳地帯が考古学研究でも取り残されていることに注目し、かつ欧米の研究が狭い地域やテーマに限定されつつあることへの批判を込めての見解である。広大な地域で、かつ未知の遺跡が埋もれているアンデスで微視的な研究ばかりでは不十分であると感じたのであろう。（3）については、当時、アメリカ考古学にヨーロッパ由来の土器型式学が導入されてまもなく、とくに集中発掘がおこなわれた北海岸で土器分析偏重が目立ったのであろう。金属や織物の重要性にも注目すべきと泉は提言している。土器分析を軽視する研究が多い現在の考古学の状況下では、この指摘は皮肉にさえ聞こえる。

（1）については、詳しく触れる必要がある。土器偏重でも述べたように、日本が調査を開始する以前に、欧米、とくに米国の考古学者がペルー北海岸に入り、地域を限定するような形で編年を樹立していた。層位学、放射性炭素年代、それに遺跡と地勢との関係を追及するセトルメント・パターン分析などを駆使した緻密な研究であった。また泉はあまり重視しなかったが、当時、ペルー北海岸を拠点に活躍し始めた考古学者ラファエル・ラルコ・オイレも、墓の副葬品としての完形土器を分類し、型式編年を提示していた（Larco Hoyle 1948）。ラルコ・オイレについては、すでに鳥居の項で紹介した。いずれにしても、泉は、こうした北海岸の一地域で確立された編年をペルー全土に適用することに躊躇し、文化間の時間的前後関係を、地域ごとに一つ一つ検証していく必要性を感じていた。さらに、こうした北海岸での緻密かつ古くまでさかのぼることができるデータをもとに、アンデス文明の起源を海岸地帯に求めようする雰囲気にも違和感を覚えていたようだ（泉　一九五九b：五〇−五一）。なお、泉の著作でラルコ・オイレについて触れることはほとんどない。正規の教育を受けていない在野の考古学者ながら、今日の北海岸考古学では無視できない存在であるラルコ・オイレの業績を等閑視した理由は定かではない。

泉がむしろ共感していたのは、ペルーの考古学者のなかでも、正規の教育を受けたフーリオ・C・テーヨが唱えるアンデス文明のアマゾン起源説であったように見受けられる。本論の第一節で触れたように、鳥居龍蔵が出会った人物であり、今日では、ペルー考古学の父と呼ばれる。いずれにせよ泉は、編年の問題は「米国＝北海岸説」対「テーヨ＝アマゾン説」という構図で捉えることが可能だと考えた。実は、この文明の起源問題は、泉が考えていた以上に複雑な背景があり、考古学ばかりか、複数の視点でとらえないと実態はつかみにくい。そこで、テーヨの立場や当時のペルーの社会状況を紹介しながら、東大調査団がアンデス考古学に参入した頃の時代状況を復元してみたい。

文明起源論の展開

東大調査団の最終目標は、「アンデス地帯でなすべきことは、古拙期の終わりから形成期にわたる、文化の発展過程を、科学的にえがきだすこと」であり、五八年の一般調査は、その準備段階として位置づけられている（泉　一九七一c：四三）。この目標は、大筋では今日の日本調査団まで五〇年以上にわたって保持され続けている。アンデス考古学上、古拙期とは、英語のアーカイックの翻訳であり、現在では古期と称することが多い。泉の研究当時でも、今日でも、およそ紀元前五〇〇〇年頃を古拙期、古期の始まりとすることで一致しているが、その終わりの年代については、近年、紀元前三〇〇〇年とする見方から紀元前一五〇〇年頃におく見方まで、さまざまな見解が認められ、揺れ動いている（関　二〇一〇：二三一―二六）。

少なくとも、泉の活躍した時代では、紀元前一五〇〇年頃を終わりとする見方が強く、古拙期の特徴としては、採集狩猟と漁労が主な生業であること、古拙期の終わり頃には、原始農耕が起こり、織物が製作され始め、一部の地域では土器も登場すること、などが想定されていた（泉　一九七一c：四二）。続く形成期になると、人口が増加し、集落が形成されるとともに、その中心に神殿が建設される。やがて集約的な灌漑農耕がおこなわれるとともに、集落の都市化、身分や階級制度の誕生も認められる、と認識されていた（泉　一九七一c：四二―四三）。

泉の形成期に関する定義のうち、都市化については、今日、これを受け入れる研究者は少ないが、神殿の重要性や複合社会化への曙光を見る点には、誰もが同意するであろう。

いずれにせよ、泉の関心は、北海岸で米国の調査団が部分的に解明したとはいえ、古拙期から形成期への移行という文明初期の様相が、アンデス全体としては明らかにされていないことにあった。とくに、先述したように山岳地帯では、未知の部分が多かったのである。その点で、泉が興味を覚えたのが、件のテーヨが唱える文明形成論であった。テーヨは、二〇世紀初頭の交通の不便な時代に、広域にわたる遺跡踏査を実施し、アンデス文明の全体像を掴もうと試みた研究者である。とくに、ペルー北高地、アマゾン源流部に下りていくアンデス山脈の東斜面上部に位置するチャビン・デ・ワンタル遺跡を一九三四年と四〇年に発掘調査したことは、彼の文明形成論に大きな影響を与えた。

チャビン・デ・ワンタル遺跡と文明の起源

今日、ユネスコの世界文化遺産にも指定されているチャビン・デ・ワンタル遺跡は、ペルー北高地アンカシュ県東部、アンデス山脈の東斜面の小さな谷間に位置する形成期の神殿である。海抜三二〇〇メートルの山間盆地にある。切石を積み上げた基壇とそれに囲まれた広場が一〇〇メートル四方に展開し、基壇内部には、回廊、通気坑が縦横に走る。年代的には、紀元前一〇〇〇年から紀元前五〇〇年頃に利用されたと考えられる。

北西部分は、建築上古いものとされ、「旧神殿」と呼ばれることが多く、旧神殿内部の回廊が交差する部分には、高さ四・五三メートルもの石彫ランソン（スペイン語で大きな槍の意）が据えられている。ランソン像には、ヘビの髪の毛やジャガー的な牙などが浅浮き彫りで見事に表現されている。旧神殿前の円形半地下式広場を縁取る石板には、戦士像、ジャガーと人間とが合体した像、ジャガー像などが浮き彫りや線刻で表されている。

一方で南西部から南東部にかけての建築複合は「新神殿」と呼ばれ、内部には、やはり回廊が縦横に走る。外壁には、ジャガーの頭を丸彫りしたほぞ付きの石彫がはめ込まれていたと考えられる。正面入口の円柱やまぐさ石には、ワシやコンドルなどの猛禽類とジャガー、ヘビなどが組み合わされた浅浮き彫りの図像が見える。新神殿の正面には、大きな方形半地下式広場があり、両脇には対称的に基壇が築かれている。このように新神殿と二つの基壇は、いわゆるU字型の配置をとる。もっとも、テーヨは、こうした遺構のすべてを発見したわけではなく、その後の考古学者による発掘によって全体構造が解明されつつある。

ともかくテーヨは、チャビン・デ・ワンタル遺跡の調査ばかりでなく、海岸や山岳地帯においてチャビン・デ・ワンタルに類似した図像を壁画、レリーフ、あるいは土器に表現した遺跡を数多く発見し、チャビン・デ・ワンタルが中心地として機能し、各地に影響を与えたというシナリオを描き、チャビンをアンデス文明の母体を築き上げた文明、文化と位置づけた（Tello 1960）。

テーヨは、チャビン文明における芸術的完成度は比類なきものに達し、またその時期に民族や宗教が統合されたと論じた。チャビンは、建築といい、イデオロギーの表象といい、まさに絶頂期の文化であった（Tello 1960：41）。その後、彼の弟子であったカリオン・カチョは、宗教的帝国の成立を唱え、チャビン・デ・ワンタルはその首都であるとまで主張した（Carrión Cachot 1948）。

しかしながらテーヨは、チャビン・デ・ワンタルは、ある時期の中心地であったにせよ、その地ですべての要素が登場したと考えたわけではなかった。彼自身は、証明することなくこの世を去ったが、チャビンの起源は、さらに東の、通常セルバと呼ばれるアマゾン上流域にあると考えたようだ（Tello 1960）。石彫に表現された動植物にセルバ的要素があり、また、図像でも確認される戦勝首級の習慣が、セルバで暮らす先住民族ヒバロに見られることを根拠とした（Kaulicke 1998：74）。泉が指摘した文明のアマゾン起源説とは、こうしたチャビン中心説とその起源的要素をアマゾン側に求めることを意味したのである。

文明起源論とインディヘニスモ

テーヨの見方は、当時の政治状況とも関連する。テーヨが活躍した二〇世紀初頭は、外国資本の導入による近代化に対する矛盾が露呈し始めた時期にあたり、疎外され、搾取された先住民の権利を擁護するインディヘニスモ（先住民主義）と呼ばれる思想・運動が展開された。そのような中、近代化の推進のためにも、労働力として先住民を組み込み、国民統合を図ろうとしたアウグスト・レギア政権は、先住民出身のテーヨを国立考古学博物館長の地位に就けた。またテーヨが米国ハーバード大学に留学できたことも、そうした時代的気分が後押ししてのことであった。いわば、考古学は国民統合を支えるイデオロギーの一つとして政治的に利用されたのであり、テーヨの使命は、古代文化に国民統合の根拠を見出すことにあった。

そのためにも、当時唱えられていたペルーの古代文化が外から移入されたという伝播論を否定する必要があった。この考えは、テーヨが活躍する直前、御雇外国人として招かれ、ペルー考古学の学術的体制を整備し、研究方法を伝授したドイツ人マックス・ウーレが言い出したものである。ウーレが活躍した時代、チャビンのような古い時代の巨大神殿は認知されておらず、文明初期にあたる時代の遺跡としては、漁村など小規模なものしか知られていなかった。そのため、当時すでにその存在が知られていたモチーカ文化の巨大な神殿から想像される社会の前身を漁村址に求めることにウーレは躊躇し、持ち前の伝播論を駆使して、マヤなどの中米地域にアンデス文明の起源を求めたのである。そのため、ペルー独自の、統合モデルを目指したテーヨにとって、まず否定すべきはウーレの中米起源論であった。

このようにテーヨの時代、そしてそれに続く彼の弟子の時代は、文明の起源を求めることが考古学の大きな目標であり、その意味では形成期研究は活況を呈したといってよい。日本調査団が遅ればせながら学界に参入した頃も、まだ起源論への関心が高かった。泉自身は、ウーレの伝播説にも触れており、テーヨとウーレの意見の対立も理解していた（泉　一九六二：一四七―一四八）。また、コトシュの発見がテーヨの文明論の検証となったという認識も十分にあった（泉　一九七一c：五〇）。しかしながら、インディヘニスモとの関係になると、言及は少ない。名著『インカ帝国』のエピローグにおいて、「インディヘニスモ」の小見出しを設け、この言葉の説明をする中で、次のように述べている。

ペルーのテーヨは、考古学の研究から、インディオの古代精神を科学的にとらえようと、その精力を発掘調査にかたむけた。彼の後継者も師の志をつぎ、またさらに若い世代の秀れた学生も、アンデスの古代文明の研究に、このような現実的関心からとりくんでいる（泉一九五九ａ：二六七—二六八）。

この言葉は、たしかにテーヨの研究をインディヘニスモの枠組みの中で相対化しうることを示すものではあるが、この視点から、泉がウーレとテーヨの研究を対比した痕跡はない。東大調査団がペルーに到着したとき、すでにテーヨは亡くなっていたが、彼の文明論は相変わらず隆盛であった。東大調査団は、テーヨの考えがインディヘニスモの流れにあることに気付きながらも、完全に相対化することなく、複雑な社会的背景を持つ文明起源論に巻きこまれたと考えたほうが妥当であろう。

五　コトシュ遺跡の発掘と文明起源論

文明起源論への解答

第一回の調査から、念頭にあった文明の起源という課題は、泉の先見性もあって、意外にも早く、第二回の調査で直面することになる。先見性とは、第一回の調査で踏査した遺跡の中から理想的な遺跡を選択したことを指す。

ペルー中部ワヌコ県の県庁所在地ワヌコ市近郊に位置するコトシュは、一九六〇年、六三年、六六年と三期にわたって東大調査団が発掘調査を実施した遺跡である。じつは、この遺跡の重要性については、テーヨも認識しており、チャビン・デ・ワンタル遺跡に先立つ、いわば文明起源の鍵を握る遺跡の候補にあげていた。五八年の一般調査に同行したペルー人考古学者フーリオ・エスペホ・ヌーニェスの助言もあって、そこを訪れた泉は、発掘を決意したのである（泉一九七一ｃ：四五）。エスペホ・ヌーニェスは、テーヨの高弟の一人であったことを思えば、コトシュ遺跡の選択は、泉の英断としてのみならず、東大調査団をとりまく研究状況から生まれた必然としてもとらえることができる。

コトシュ遺跡の発掘が開始された六〇年の第二回調査では、泉が団長となり、以下の団員構成となる。

団長　泉　靖一　東京大学助教授
団員　前川文夫　同大学教授（植物学）
佐藤　久　同大学助教授（地理学）
渡辺直経　同大学助教授（人類学）
曽野寿彦　同大学助教授（考古学）
寺田和夫　同大学講師（文化人類学）
貞末堯司　同大学助手（考古学）
岩塚守公　同大学助手（地理学）
大給近達　同大学大学院生（文化人類学）現地参加
三浦信行　同大学大学院生（文化人類学）現地参加
大貫良夫　同大学大学院生（文化人類学）

地理学者に加え、植物学者が加わるが、実際には、彼らは、コトシュ遺跡の発掘調査に参加するというよりも、別地域での調査に出かけていった。また、発掘についても、期間の途中で、寺田と渡辺はコトシュから離れ、エクアドル国境に近いトゥンベス県に位置するペチチェとガルバンサル両遺跡の発掘をおこなっている（Izumi and Terada 1966）。

調査の総予算は一二〇〇万円と高額であり、文部省から交付された調査費三〇〇万円では足らず、川崎汽船の運賃割引や、東大総長の茅誠二、渋沢敬三、遠山元一、竹村吉右衛門、安川第五郎らが世話人となって発足した東京大学綜合研究会アンデス地帯学術調査団後援会の協力の下で団員が集めた寄付金などでしのいだ（泉 一九七一 c：四六）。

調査団本隊が取り組んだコトシュ遺跡は、高さ一四メートルほどの小山であり、事前の踏査において、非常に仕上げの良い、いわゆるチャビン・スタイルとよばれる土器を遺跡表面で拾うことができた。しかも、これとは別の土器も盗掘坑に散乱していた。泉はこれをチャビノイデと考え、発掘によって、チャビン・スタイルとチャビノイデとの時代的前後関係が明らかになることを期待した（泉 一九七一 c：四四―四五）。チャビノイデとは、先述のテーヨの考えによれば、チャビン文化が各地に広がる過程で、地方起源の要素などが加わった変異形であり、当時のアンデス考古学で頻繁に使用されていた用語であった。実際に六〇年の発掘では、チャビン・スタイルの土器、およびそれに供伴する建築を含む層を確実につかむばかりか、その上には泉のいうチャビノイデ土器や建築、その下からは、先チャビン期にあたる土器や建築が検出されたのである。

それればかりか、六〇年の発掘終了間際に、さらに下層から土器を全く伴わない、しかも大変保存状態の良い建築が出土した。チャビン以前であることはわかっても、本当にこれが土器製作以前の時期、すなわち古拙期に属するものなのかどうかについては、当初調査団員の間でもかなり議論されたという。土器の破片が一片も発見されない点からは土器製作以前の時代にあたるとも言えたが、特殊な機能を持った建物であり、清掃がおこなわれていたため土器が見つからないという可能性も否定できなかったからである。

最終的には、土器製作以前の古拙期にあたると判断し、しかも交差した腕のレリーフが建物の内壁より発見されたことから、祭祀建造物、いわゆる神殿と同定し、「交差した手の神殿」と名づけた。アメリカ大陸考古学史上、初めて土器登場以前の公共建造物を確認したことになる（Izumi and Sono 1963; Izumi and Terada 1972）。

この建物はさほど大きくはなく、一辺が九メートルほどで、形状はほぼ正方形であった。壁や床の表面には上塗りが施され、内壁には大小の壁がんが設けられていた。また床の中央は一段低く、そこには円形の炉が切られていた。床下には、炉から発した煙道が走り、部屋の外へと延びている。内壁の二つの壁がん直下には人間の交差した腕のレリーフが見られた。左腕が右腕の上にくるものと、その逆とが一対ずつである。

「交差した手の神殿」の祭祀性を裏付ける根拠は、なにも壁や床に認められる上塗りや、シンボルともいうべきレリーフの存在ばかりではなく、建物の増改築の過程にも見られた。その後、六三年、六六年に実施された発掘調査の結果、コトシュ遺跡には、「交差した手の神殿」とよく似た建造物がいくつも見られ、しかもそれらが一定の場所に積み上げるようにして建設されていることがわかってきたのである。一つの構造物をそのまま、あるいは部分的に壊した上で、まるで封印するかのように、内部空間を大量の礫と土とで一気に埋め、その上に新たな、しかし基本的には同じ構造の建物を据えていた。ある一定期間毎に建物を更新したことになる。住居としては実に無駄な作業であり、逆に言えば、これこそコトシュの建造物の祭祀性を示す特徴といえよう。

当初は、アンデスにおける新参者である日本調査団の発見を欧米の学界は冷ややかな目で見ていたようだが、泉がかつて教えを請うたハーバード大学のウィレーが、泉を褒め称え、発見を受け入れてくれたことが評価の定着につながったと考えられる（泉　一九七一ｃ：四〇―四一）。やがて、コトシュ型建物は、コトシュ周辺ばかりでなく、北高地にある他の遺跡でも確認されるようになり、形成期研究の第一人者である米国のリチャード・バーガーらは、こうした独特の建造物とそれに関連した祭祀の広がりを「コトシュ宗教伝統」の名称でまとめている（Burger and Salazar 1980）。

このように見てみると、コトシュ遺跡の発掘調査は、チャビン・デ・ワンタルの成立以前の土器や建築を、海岸ではなく、アンデス山脈の東斜面にあたるような場所で学術的に検出したばかりでなく、さらにそれを遡る時代、いわゆる古拙期の神殿を発見したことがわかる。これはとりもなおさず、テーヨがかつて考えていたアマゾン起源説を検証することに繋がったと考えられる。

欧米以上に、現地ペルーにおいて、その発見が容易に受け入れられたのは、北海岸起源を米国の考古学者が唱えていたという事情もさることながら、インディヘニスモの流れを汲むテーヨの見方に近いという点が大いに助けとなったことはまちがいない。

アンデス研究の人類学的位置づけ

アンデス文明の起源に関心を寄せた泉の、研究上の位置づけをおこなうことはきわめて難しい。泉、あるいは調査団員が記した論文や報告書は、その大半を遺構や遺物の記載に割き、それはそれで大変貴重な資料として誇れるものではあるが、背景としての理論を伺わせるものがないからである。柱となる考えはいまだに未成熟であったともいえる。泉の直弟子にあたる大貫良夫は、「泉の文明論は、自己体験のみから直接語る、荒けずりな論である。」（大貫 一九八八：四二九）として、理論を構築する用意はまだなかったととらえている。

それでも、いくつかの点は、一般書やエッセイなどから読み取ることができる。まず文明起源に取り組むからには、文明の形成過程を連続的なものとして捉える文化進化論的見方が前提にあったとみてよい。アンデス文明全体の見取り図を示した著作『インカ帝国』では、文明形成過程を大きく四分して論じている。まとめると次のようになる。

約一万年前に登場する採集狩猟民は、やがて紀元前二五〇〇年前から補助的生業手段として農業を開始する。農業以上に漁労が重要な役割を果たすが、紀元前一二〇〇年頃（のちの著作では一五〇〇年頃としている）から土器製作が開始され、トウモロコシ栽培が開始された。紀元前五〇〇年頃に、北部山中に突如としてチャビン文化が出現し、アンデスを席巻する。みごとな神殿、石彫、黄金製品を製作したが、この広がりは政治あるいは軍事的拡大ではなく、あくまで宗教的な人間行動の結果であった（泉 一九五九ａ：一四）。

紀元前五〇〇年頃には、チャビンは姿を消し、地域意識が勃興した。信仰内容の変化がその理由であり、この背景には、集約的灌漑農耕の発達がある。これを開花期と呼ぶ。北海岸のモチーカ文化では、社会的身分や職業の分化が起こり、戦争も起きるが、南海岸のナスカ文化では強い権力社会は成立しなかった。また南部高原には宗教都市文化としてのティアワナコが生まれた（泉 一九五九ａ：四五）。

やがて、開花期の文化が頽廃し始めると、高原のティアワナコ文化がアンデス一帯に広がった。これが南海岸では漁労民を農耕民化するのに役立った。こうしてアンデスの文化が均質化した後、北海岸にチムー帝国が成立した。身分階層、官僚組織が存在し、職業分化による物質文化の大量生産がおこなわれた。チムーの南方には、チャンカイ、パチャカマ、リマ文化が成立した（泉 一九五九ａ：八二）。そしてこの後登場するのが、インカ帝国である。

泉が記したアンデス文明史の流れは、ティアワナコ（現在はティワナクと呼ぶ）文化の解釈を除けば、おおよそ現在でも通用するものではある。ここで泉が文化変化の要因として注目しているのは農業である。チャビン文化の登場をトウモロコシ農業と結びつけ、開花期における信仰の変化を経済変化と関連づけている。ある意味で、オーソドックスなマルクス主義的社会発展論ともいえる。

しかし、泉はこの生業の変化に依拠した文化進化論に拘泥するつもりはなかったようにみえる。一つの理由は、先に述べたコトシュ遺跡の発掘データにある。コトシュ遺跡の最古の時期は、チャビン文化成立以前にあたり、農耕の存在ははっきりせず、動物も野生種が出土していたからだ（泉 一九六八：一一）。農耕も明確でなく、動物飼育も未完成な時期に神殿が建設されていたという事実は、世界的発見であると同時に、従来の農業を基盤に大型化、複雑化する社会像とは相容れないものであった。

もう一つの理由は、南米における文化要素の出現が地域によってまちまちであるという事実にあった。たとえば、『インカ帝国』出版後のことだが、最古の土器がペルーではなく、周辺のエクアドルやコロンビアで発見されている。

泉は、こうした単純な図式では処理しきれない新たなデータを前に、その都度、改めて文明の成立を再構成しようと試みたようだ。すでに大貫が指摘しているように、「泉にとって、文明の起源とは、文明とみなす文化を構成している諸要素が相互に結びつけられる過程であるということになる。」（大貫 一九八八：四二九）。大貫が引用する泉の文章は次のように明快である。

「文明を形成するために、重要な要素は、一個所ではなく、さまざまな地域で発明され、それが強力に統合されて、文明を形成した、とみざるをえないのである。そこで、最後に残るのは、かく文化要素を統合する力の実体はなにか、という問題である」（泉 一九六八：一〇）。

ここでいう実体とは、泉にとってはチャビン文化であったが、なぜ統合されていったかについての見通しはどこにも示されていない。そこには、従来の文化進化論をベースにしながらも、なんとか自らが得た新たなデータと整合させたいという葛藤を見て取れるのかも知れないが、これは当時の研究の限界でもあった。なぜならば、その後、日本調査団を含め、各国の研究者による発掘踏査が進められ、チャビン文化の広域性に対する疑問が生じ、実体は、小規模な社会が、経済とイデオロギーの緩やかな交流によって結ばれていたと解釈する傾向が強くなっているからである（大貫・加藤・関 二〇一〇）。いずれにしても、アンデス文明論に結論がえられないまま泉は逝ったといえよう。

六　総合調査団から考古学調査団への変貌

研究の手法についても指摘しておく必要があろう。泉が率いた第一期には、地理学者、植物学者が参加し、総合学術調査が試みられている。日本においても、九学会連合調査が組織されていたころであり、学際的、分野横断的調査が模索されていた時代でもあった。また、泉が研究に打ち込んだハーバード大学は、既述したように考古学と文化人類学の融合が認められただけでなく、総合人類学を目指した最後の人物ともいわれたクラックホーンを擁し、また東大の文化人類学教室も同様に総合人類学的指向であったことを思えば、多分野にわたる団員構成を泉が望んだとしても違和感は覚えない（蒲生 一九八一：一四二）。しかし、実際のところ、一九五八年の一般調査の報告書（東京大学アンデス地帯学術調査団 一九六一）を除けば、報告書などの成果刊行物に、これら他分野の研究者の貢献はほとんど認められない。コトシュ遺跡の出土遺物の分析には、発掘調査に参加した考古学・文化人類学以外の分野の研究者の名前はなく、実態として、研究は融合というよりも、徐々に分離していったと考えられる。この点を裏付けるのは、その後の団員構成である。一九六三年の第三回調査団の団員構成は以下の通りである。

団長　泉　靖一　東京大学助教授
団員　佐藤　久　同大学教授（地理学）
曽野寿彦　同大学助教授（考古学）
寺田和夫　同大学助教授（文化人類学）
田嶋　久　同大学助手（地理学）
松沢亜生　同大学技官（考古学）
大貫良夫　同大学大学院生（文化人類学）
友枝啓泰　同大学大学院生（文化人類学）
狩野千秋　同大学大学院生（考古学）
宮崎　泰　同大学研究生（文化人類学）

ここで気づくのは、六〇年に参加した植物学者の名前が消えていることである。六〇年に参加した前川文夫は、六五年に東亜関連植物調査（環太平洋班）、六八年に、第二次東亜関連植物調査、環太平洋班（南米アンデス植物調査）を科学研究費補助金で実施している（科学研究費・海外学術調査に関する総合調査研究班　国際学術研究調査関係研究者データベース参照）。対象は、ペルーに限らず、南米全域を含んでおり、東大調査団から分離独立したことがわかる。なお、それらに参加した東京都立大学の小野幹雄は、前川に代って後年、植物学調査団を率いている。また、六三年のリストに現れる地理学者とて、発掘隊とは別にペルー広域調査を実施している。また大学院生も多くなり、発掘助手として、さらには将来の考古学分野の研究者養成を目指していることがうかがわれる（写真一三—三）。

これに続く第四回調査団（一九六六）の団員構成は、以下の通りである。

団長　泉　靖一　東京大学教授（文化人類学）
団員　増田昭三　同大学助教授（文化人類学）
　　　寺田和夫　同大学助教授（文化人類学）
　　　松沢亜生　同大学技官（考古学）
　　　大貫良夫　同大学大学院生（文化人類学）
　　　友枝啓泰　同大学大学院生（文化人類学）
　　　狩野千秋　同大学大学院生（考古学）
　　　藤井龍彦　同大学大学院生（考古学）
　　　山本宏義　同大学大学院生（文化人類学）

写真 13-3　コトシュ遺跡発掘中（1963 年）の泉靖一
（写真提供：東京大学アンデス調査団）

上野　毅　同大学研究生（文化人類学）
宮崎　泰　同大学研究生（文化人類学）
近藤四郎　同大学教授（自然人類学）
原子令三　同大学助手（自然人類学）

ここで発足以来、共同歩調をとってきた地理学との関係が切れる。地理学の場合、泉が亡くなる一九七〇年に「第一次環太平洋地震帯の地殻変動調査」が採択されるまで、科学研究費による研究は中断しているように見える（科学研究費・海外学術調査に関する総合調査研究班　国際学術研究調査関係研究者データベース参照）。しかも七〇年の調査の主体は東京都立大学、あるいは東大でも地震研究所であり、七〇年にペルー北部で起きたアンカシュ地震と関係した地形学的研究のように見える。この点で、東大調査団における地理学的関心の継承とは必ずしも言えない。

地理学に代わって、六六年の東大調査団に加わるのが文化人類学の中でも民族学調査、そして自然人類学である。しかし、それとて、コトシュ周辺の調査と言うよりもアンデス全体を視野に入れた調査であり、考古学調査との直接的な関係はなかった。とくに近藤と原子は、山地における人体の適応の問題を担当し、ペルー中央高地で別の調査にあたった（寺田　一九七一：四〇九）。また外務省の援助による日系移民調査も含まれ（増田・友枝担当）、調査団として全体を横断する統一的なテーマを持っていたわけではなかった。従来のように、調査地に全員集合することはなく、行動は別々であったようだ（寺田　一九七一：四〇九–四一〇）。なお、友枝と宮崎は現地参加であり（藤井龍彦　私信）、寺田についても、六六年の国際アメリカニスト会議（アルゼンチン）の参加費用を学術会議より支給されていたため、科学研究費のメンバーからは外れていた（寺田　一九七一：四〇九）。

六六年の考古学調査では、コトシュ遺跡の発掘を継続する一方で、シヤコトやワイラヒルカといった周辺遺跡の調査が実施され、コトシュ遺跡で発見した先チャビン期の文化や先土器文化の再確認をもってコトシュ遺跡の調査は完了した（寺田 一九七一：四一〇）。

泉にとって最後の調査となる六九年には、以下の団員が選ばれる。

団長　泉　靖一　東京大学教授
団員　寺田和夫　同大学助教授（文化人類学）
　松沢亜生　同大学技官（考古学）
　大貫良夫　同大学大学院生（文化人類学）
　藤井龍彦　同大学大学院生（考古学）
　狩野千秋　同大学助手（考古学）
　上野　毅　同大学研究生（考古学）
　小片　保　新潟大学教授（自然人類学）
　村井正直　新潟大学研究員（自然人類学）

ここでは民族学調査も分離していることがわかる。団員の所属は文化人類学であったり、文学部の考古学教室であったりしたが、基本的に発掘調査に従事した者が多い。すでに六六年においてコトシュ遺跡の調査は一応の終了を見ていたため、六九年は、将来の調査対象を探索すべく、一般調査を改めて実施した団員もいた。また団員の調査能力が向上したこともあり、いくつかのグループに分かれて小中規模の発掘調査を実施している。狩野はシヤコト遺跡、大貫と藤井はアンカシュ県のラ・パンパ遺跡、松沢と上野は、中央海岸北部カスマ谷に近いラス・アルダス遺跡を発掘している。ラス・アルダス遺跡の発掘には、泉の長男である拓良（現京都大学教授）が自主参加している。

いずれにしても、六〇年代後半からは、学問の細分化が進み、考古学に絞ってアンデス調査が実施されたといえる。唯一参加している他分野の研究者は、自然（形質）人類学者であり、発掘によって出土する人骨の分析という点で、協同作業は成立可能であった。しかし、実際にはラス・アルダス遺跡の出土人骨を同定したにすぎず（大貫　私信）、調査全体における位置づけは必ずしも明確ではなかった。いずれにしても、これ以降、団員に他分野の研究者を抱えるようになるのは、第三期の後半を待たねばならない。

結論からいえば、泉が目指した総合人類学は、研究や学問として一分野を築くことは困難であったことになろう。異分野の研究者が集合すれば、何か新しいテーマなり手法が生まれる可能性は否定しないが、全体を貫く見通しがないと総合化や統合化は難しい。とはいえ、東大調査団のやり方が、研究者養成という点で意義があったことはまちがいない。考古学はもちろん、植物学、民族学、社会人類学などの分野では、現在でも活動を続けているグループがあり、それらの礎を泉らが築いたと言えるからである。

六九年の調査については、報告書を除き、泉の研究指向をうかがい知ることができるエッセイや一般書の類は乏しい。ただしその一年前の状況については、泉の著名なエッセイ集である『遙かな山やま』に収められた「最悪の一九六八年」という文章から多少のことは読み取れる。六八年に東京と京都で開催された第八回国際人類学・民族学大会で事務局長として忙殺される一方で、東大紛争が過熱化し、文化人類学コース学生自治会により本郷キャンパスにあった文化人類学教室（大学院）は封鎖された。また六〇年、六三年とコトシュ遺跡の発掘主任を務めた曽野が白血病により急逝し、さらには、第一回調査団を率いた石田英一郎もこの年逝去している。泉には重く、暗い年であったことは確かだが、石田逝去の報は中米のグアテマラで受け取っている。米国のワシントンで開催されたダンバートン・オークス財団のシンポジウムに出席した後、東京大学学術探検部の顧問として、東京大学ラテン・アメリカ縦断調査隊に同行し、メキシコ経由でグアテマラに入っていたのである。

この調査隊の記録は単行本として出版されているが、出版は一九七一年のことであり、泉はすでに他界していた。代わりに、本の冒頭で「感想」という名文を寄せたのは、同じ教室で教鞭をとっていた増田義郎（昭三）であった。そこには、紛争に身を投じる熱狂的な学生よりも、調査隊の若者に好意を示しながらも、大学紛争の最中に職場を放棄して出かけようとする泉を引き留められなかった無念さが表明されている（増田 一九七一：一九–二六）。泉自身も、「この時だけは、後ろ髪引かれる思いであった。」と述べているが、それは、増田がいう大学紛争の件よりも、石田の容態であったと思われる（泉 一九七一c：三三三）。実際に、泉がどのように紛争に向き合ったのかは不明だが、ワシントンでの国際会議はともかく、学生の調査隊への同行は、ペルー調査に専念するあまり見る機会を失ってきた他の地域を訪れたいという純粋な学問的渇望（泉 一九七一c：三三二）ばりでなく、大学紛争からの逃避であった可能性がある。

七　展覧会とマス・メディア

もう一点、触れておきたいのは、調査とは別に、その関連成果を泉らは一般社会にどのように伝えたかという点である。もっとも古典的な方法としては、一般書の出版や講演、新聞への寄稿であろう。これは、なにも東大調査団に限られたものではなく、当時の海外調査団の一般的特徴であり、飯田にいわせればメディア・ミックスの戦略ということになる（飯田 二〇〇七：二六二–二六三）。なかでも、泉の場合、啓蒙的な一般書を多数著した。しかし、それとともに社会的影響が大きかった行動の一つに展覧会の企画と開催がある。泉の率いる東大調査団は、その発足から、古代アンデス文明を紹介する展覧会を何度となく開催しているからである。寺田によれば、泉は、第一回調査が開始される前のアメリカ滞在時から、そうした企画を構想していたという（寺田 一九七一：四〇二）。具体的には、泉にアンデスの魅力を伝え、調査団の後援者的存在であった在ペルーの実業家、天野芳太郎が蒐集した土器や織物などを日本で紹介し、日本にアンデス文明への関心を巻き起こすことを泉は考えていた。研究の社会的還元、一般社会での理解がなかば義務化されている現在とは違うが、全く関心がないところでは、調査を支える資金や体制が得られないであろうという泉の読みがあったと考えられる。

いずれにせよ、一九五八年、第一回調査団が派遣される前の五月、『神秘と奇蹟の宝庫　インカ帝国文化展――アンデス文明を探る』が読売新聞社の主催で東京の新宿、伊勢丹百貨店で開催された（読売新聞社 一九五八）。博覧会での展示を除けば、日本における最初の本格的アンデス文明展であり、「入場者の列が、（中略）デパートのまわりを七巻きとりまいたというような「伝説」」（石田 一九七一：一四二）を生み出すほど、多くの日本人の関心を惹いた。また東京会場では、持ち込まれたミイラ包みの解体作業が泉、天野、寺田の手でおこなわれ、興行的要素も盛り込まれていた。以後、泉が亡くなるまで調査団が関係した展覧会を表一三―一にまとめる。なお一九七一年の展覧会は、すでに泉は他界しているが、生前より企画が進んでおり、組織委員会にも名を連ねているので、とりあげることにした。

この表に見られるように、五八年の調査開始から泉の亡くなった翌年の七一年までの一四年間で、八回もの展覧会が開催、もしくは企画されたことになる。一九五八年にペルー政府より東大に寄贈されたコレクションを基に開催された一九五九年の『アンデス遺跡展――インカの秘境を探る』（読売新聞社 一九五九）、一九六一年の『アンデス古代文化展』（東京大学教養学部美術博物館委員会 一九六一）、一九六九年の『インカ帝国展――アンデスの古代文化を探る』（東京大学アンデス地帯学術調査団 一九六九）は別にしても、大規模な展覧会の場合、考古遺物を外国から借用する手続きやカタログ制作、内容構成や展示打ち合わせなど多岐にわたる作業と調整が必要であり、一回の展覧会の準備にかかる時間と労力は相当なものであったと推測される。エージェント業が未発達な当時ではなおさらであろう。また表か

表 13-1　東京大学アンデス地帯学術調査団が関与した展覧会

開催年	展覧会名称	主催	協力	後援	会場（開催順）
1958	『神秘と奇蹟の宝庫　インカ帝国文化展―アンデス文明を探る―』	読売新聞社　中部日本新聞社（名古屋会場共催）夕刊フクニチ（福岡会場共催）		外務省・文部省・東京国立博物館・ペルー大使館・日本ペルー協会	伊勢丹（東京・新宿）・近鉄百貨店（大阪・アベノ）・松坂屋（名古屋）・岩田屋（福岡）
1959～1960	『アンデス遺跡展―インカの秘境を探る―』	読売新聞社		外務省・文部省・ペルー大使館・ボリビア領事館・東京大学アンデス地帯学術調査団	伊勢丹（東京）・藤崎（仙台）・近鉄百貨店（大阪・アベノ）・有隣堂（横浜）・大沼（山形）・小林百貨店（新潟）・松坂屋（名古屋）・福屋（広島）・岩田屋（福岡）・松坂屋（静岡）・棒二森屋（函館）・大國屋（小樽）
1961	『アンデス古代文化展』	東京大学教養学部美術博物館委員会	東京大学アンデス地帯学術調査団		東京大学教養学部美術博物館
1961	『世紀の秘宝　インカ帝国黄金展』	読売新聞社		外務省・文部省・東京国立博物館・駐日ペルー大使館	松坂屋（上野・大阪・名古屋）
1964	『プレ・インカの文明　コトシュ神殿秘宝展』	読売新聞社　名古屋テレビ（名古屋会場共催）		外務省・文部省・東京大学アンデス地帯学術調査団・ペルー大使館・東京国立博物館・日本テレビ（上野会場）・愛知県・三重県・岐阜県・名古屋市・各教育委員会（以上名古屋会場）読売テレビ（大阪会場）	松坂屋（上野・名古屋・大阪）
1968	『アンデス文明の秘宝　コロンビア黄金美術展』	朝日新聞社	東京大学アンデス調査室	外務省・コロンビア大使館	高島屋（東京・日本橋）・そごう（大阪・心斎橋）・名鉄百貨店（名古屋）・福屋（広島）
1969	『インカ帝国展―アンデスの古代文化を探る―』	調査団	ペルー国大使館	文部省	東京・福島・山形・宮城・新潟・石川
1971	『1 万年前からインカまで古代アンデス文明展』	朝日新聞社	東京大学アンデス調査室	駐日ペルー大使館・外務省	高島屋（日本橋・なんば）名鉄百貨店（名古屋）井筒屋（久留米）

1969 年の開催場所については、関係者への聞き取りに基づく。

作成：関雄二

らも明らかなように、主催は、五八年の調査で支援を受けた読売新聞社との関係が全般的に強く、後半は朝日新聞社も参入してくる。

会場は、今日のような博物館や美術館ではなく、百貨店が多いことにも気づく。百貨店と美術展、考古遺物展の関係は、古美術展示、あるいは百貨店の営業戦略の歴史を含め、別途検討すべき課題と考えられるが、ペルーにおける考古遺物の管理体制が未整備であった当時、展示会場に対するペルー側の制約や条件が付与されていなかったのが大きな理由と考えられる。なお現在では、美術館・博物館相当施設でないとアンデス文明の展示は難しくなっている。

さらに表には載せていないが、それらの展覧会には、実行に当たって組織委員会が設けられている場合が多い。たとえば、一九六四年の『プレ・インカの文明　コトシュ神殿秘宝展』では、組織委員会の総裁には、三笠宮崇仁殿下が就き、名誉顧問として池田勇人総理大臣、大平正芳外務大臣、灘尾弘吉文部大臣の名が連なり、名誉会長に正力松太郎読売新聞社社主、会長は読売新聞社社長、以下名誉委員として駐日ペルー大使、駐ペルー日本大使のほか、外務省局長、東京都知事、東京大学総長、読売新聞社や日本テレビ放送網、会場である松坂屋の社長ならびに重役の名が見える。このほかに、委員として外務・文部官僚の名前があがっており、泉ら調査団員の名も見える。一九六一年の『世紀の秘宝インカ帝国黄金展』の組織委員会も同様の体裁をとっているが、こちらになると、国立博物館や美術館の館長まで名前が連なるなど、外務省、文部省、文化庁の官僚総出の体制である。これだけ見ても、会場こそ百貨店とはいえ、展覧会の支援が皇室を含む国家規模でおこなわれたことは容易にわかる。三笠宮殿下の総裁就任は、殿下の西アジアを中心とする古代文明に対する造詣の深さや、ブラジル・ペルー両国への公式訪問と第一回アンデス調査の時期が重なり、特別機に石田英一郎団長、泉靖一副団長が同乗したことなど、調査団と関係が深かったことによるものであろう。

すでに述べたように、そうした展覧会に押し寄せる人々が、古代アンデス文明に興味をもち、自分たちの研究の社会的、あるいは経済的支えになってくれることを泉が期待していたことは間違いなく、またその効果もあったと考えられる。しかしながら、若干の問題点を指摘するならば、タイトルとして「インカ」が冠せられた展覧会については、実質的に「インカ」期の展示品はほとんどなかった点があげられる。それ以外の「アンデス」の名前が入る展覧会でも、状況は同じであった。

インカ帝国期は一四七〇年頃から一五三三年という比較的短い期間であったとされ、しかも西欧でいうところの中世末から近世にあたる。アンデスには、それをさかのぼること四千年におよぶ長い文化の盛衰の歴史があり、総称して古代アンデス文明と呼んでいる。そこには地上絵で有名なナスカや、最初の国家といわれるモチーカなどが含まれ、それぞれの時代で見事な物質文化を作り上げてきたのである。一方でインカは、その壮大な石組みに代表されるように、建築に関しては驚嘆すべきものが多いが、他の物質文化となると、インカ以前の方が多種多様で、一般にも人気が高い。その点で、世界のどこのアンデス展でも、展示品は先インカ期のものが主となり、インカ期についてはパネル程度ですまされる場合が多いのである。一九五八年の『インカ帝国文化展』では、インカと先インカをきちんと区別し、現代ペルーの紹介もおこなうなど、丁寧な配慮が感じられるが、展示内容は先インカ期が主体であった。インカの名を展覧会の名称に冠したのは、集客を期待してのスポンサー側の戦略であった点は否めず、また展覧会だけに要因を押しつけるつもりはないが、こうした啓蒙活動が、日本において、アンデス文明、とくに先インカ期の多様性を「インカ」という言葉で包み込んでしまうアンデス・イメージの形成につながった可能性は否定できない。

展覧会と並んで泉らが積極的に関与したのは、映像メディアである。これについては、すでに飯田が的確にまとめているので、簡単にふれるにとどめる（飯田 二〇〇七：二五五–二五七）。飯田が指摘するように、戦後の日本においては、海外調査がニュース映画産業や一部のテレビ映像と結びついた時期があった。アンデス調査の場合も例外ではなく、一九五八年の第一回調査の映像が『インカ・ランド』として日本テレビ系列で放映された（飯田 二〇〇七：二五七）。そのときは、カメラマンは同行せず、読売新聞社から器材を借り受け、泉自らが撮影したものが流されたとされる。さらに、泉らが、テレビ番組にも積極的に関与した痕跡が調査団の映像・写真アーカイブに残されている。それによれば、泉と寺田は、一九六九年七月一一日放送のフジテレビ系列の『万国びっくりショー』に、ペルー人考古学者ヒメネス・ボルハとともに出演し、ミイラの解体作業をおこなっている（読売新聞　一九六九七月一〇日）。展覧会関係のイベントではなく、ライオンズクラブ第五二回世界大会に参加したペルー代表が国際親善を目的に、ペルー政府の特別許可を得て持ち出したミイラを当時の人気テレビ番組でとりあげたものである。また、これとは別に、東大調査団員が対談番組やクイズ番組などにも出演したことを、著者は寺田から聞いた記憶がある。テレビの場合、ドキュメンタリー制作への協力というよりも、調査のための資金集めが目的であったと考えられるが、展覧会同様に、啓蒙活動の一部とみなすこともできる。やがて肥大化していくテレビというマス・メディア産業にも泉らは敏感に対応していたようだ。

八　おわりに――泉以後のアンデス考古学調査

寺田和夫と核アメリカ学術調査団

以上、見てきたように、泉が率いたアンデス調査団は、アンデス全域を視野に収めた俯瞰的な一般調査に始まり、欧米、そしてペルーにおける考古学や政治状況下の中で生まれた文明起源論に巻き込まれながらも、コトシュという好条件の遺跡に遭遇したことで、ある種の検証作業を完遂したといえよう。総合人類学を泉が指向したのと同様に、総合的調査団を組織しようとしたことは事実ながら、最終的には考古学調査団に落ち着いていった経緯も確認できた。一方で、起源論についてはともかく、文明化へのプロセスというテーマにおいては、泉は理論化することなく、この世を去ったといえよう。この点は、泉以後の調査団が担う課題でもあった。さらには、展覧会やマス・メディアを通した啓蒙活動により、アンデス文明の名を日本中に広めた点も指摘した。

最後に、その後の東大調査団の動向に触れておきたい。泉の死後、大学紛争が沈静化するまで調査は中止される。その間、コトシュ遺跡の最終報告書が準備され、一九七二年に出版された（Izumi and Terada 1972）。泉靖一著作集、石田英一郎全集も七一年から七二年にかけて、東京大学文化人類学教室のスタッフ、卒業生を中心にまとめられた。それらの編集を仕切り、泉後の調査団を率いたのは、第一期より泉を支えてきた寺田和夫であった。寺田は、一九七五年、調査団の名称を「日本核アメリカ学術調査団」と改め、コトシュ遺跡よりさらに北方に位置する遺跡の調査を開始した。核アメリカ領域とは、アメリカ大陸で古代文明が形成された中米のメソアメリカ地帯と、南米のアンデス地帯双方を指すアメリカ考古学上の用語であり、寺田は、アメリカ大陸全域を視野に入れた文明研究を推進したいと望んでいた。そのため、一九七五年のアンカシュ県ラ・パンパ遺跡の発掘調査はともかく、七九年のカハマルカ県ワカロマ調査の後には、北隣のエクアドルにおいて一般調査を実施し、八〇年には日本で最初のエクアドルの古代文化を紹介する展覧会『南米エクアドルに縄文土器の謎を探る新大陸最古のバルディビア文化遺産　赤道直下の古代文明展』を企画している（読売新聞社　一九八〇）。また調査の財政的基盤となった文部省科学研究費（当時）の申請書には、ホンジュラスやグアテマラといった中米諸国の調査を視野に入れることが常に書き込まれていた。最終的には、ワカロマ遺跡や八二年に実施したライソン遺跡など、カハマルカ県における発掘調査が充実した結果を生み出したため（Terada and Onuki 1982; 1985）、八七年に寺田が急逝するまで、東大調査団はペルー北高地にとどまり、中米に向けての北上計画は断念せざるを得なかった。

寺田が調査を主宰した時期、アンデス考古学のテーマはかなり変容していた。泉の時代に幅をきかせていた広域のチャビン文化、あるいはチャビン・デ・ワンタル中心説は衰退していた。これは、チャビン・デ・ワンタル遺跡そのものではないが、周辺を調査した米国考古学者リチャード・バーガーが、チャビン・デ・ワンタル神殿が機能した時期を予想以上に若く設定し、しかも、かつてテーヨがチャビン文化の波及先として想定した各地の遺跡の調査でも、放射性炭素年代が、かなり古く提示されるようになったからである（Burger 1984）。各地に認められる、いわゆるチャビン的な図像を伴う遺構や遺物をかかえる遺跡は、なにもチャビンの影響下に成立したものと考えずともよい状況が次第に生まれてきた。いいかえれば、チャビンの起源になるような遺跡の候補は、海岸や高地を含め、無数に存在し、単一の起源地を求める必要はなくなったのである。こうして時代は、チャビン・デ・ワンタル成立以前の社会の特性や多様性にテーマが移行したのである。ワシントンのダンバートン・オークス財団が主催した「アンデスにおける初期の祭祀建造物」と称する国際会議はその延長線上にあり、寺田も参加し、成果を発表している（Terada 1985）。

寺田の時代も、東大調査団は、先にあげたエクアドル展のほか、一九七三年に『神秘と幻想の世界　インカ帝国の秘宝展』（読売新聞社　一九七三）、一九七五年に『古代アンデスの生と死を探る　インカ文明とミイラ展』（読売新聞社　一九七五）、そして一九七八年に『古代アンデスの形成から崩壊まで　インカ帝国三千年展』（読売新聞社　一九七八）、一九八四年に『古代アンデスの秘宝　栄光のインカ帝国展』（読売新聞社　一九八四）などの企画に関わり、泉以来の展覧会を通じた啓蒙活動に努めている。主催者として再び読売新聞社とのつながりが強くなっている。また大仰な組織委員会体制は、七三年の『インカ帝国の秘宝展』を最後に姿を消していることも特徴である。おそらくこうした古代文明の展覧会が一般化し、国を挙げての体制という形をとらずともよくなったことが考えられる。展示内容は、初期からの方針を踏襲し、先インカ期の考古遺物が中心であり、インカの名を冠し続けている。また展覧会の名称においても、主タイトル、副タイトルに関わらず、秘宝、秘境、神秘の言葉がちりばめられ、来館者にエキゾチズムを喚起させる手法が採用されている。

一方で、一九八〇年代を境に、次第に東大調査団が企画する展覧会は減っていく。一九九二年以降は、東大調査団が発掘したクントゥル・ワシ遺跡の出土品を展示する小規模な展覧会を企画、運営するにとどまっている。これは、展覧会事業を推進するスポンサーの多様化、とくにこれまで展覧会事業を独占してきた新聞社以上に、テレビ局が関心を示し始めたことと関係する。それに加えて、アンデス地帯における考古学調査の拠点が、東大以外にも築かれるようになった点も影響している。さまざまな調査団や研究者が、さまざまな主催団体と結びつき、展覧会を実施するようになっていったのである。アンデス文明を啓蒙する活動の体制の変化ではあったが、ある意味では研究の裾野が広がった結果ともいえる。そうした中には、調査組織に対して資金的援助をおこなうテレビ局まで登場している。また展覧会のみならず、ドキュメンタリー系のテレビ番組の監修に研究者が積極的に関わることも増えてきている。その意味で、一九八〇年代以降、マス・メディア側の独自取材の推進とアカデミズム側の資金調達問題の解決（科学研究費補助金・海外学術調査カテゴリーの新設）という事情から、両者の決別が起きたとする飯田の論は、ことアンデス文明調査に適用するにはやや躊躇する（飯田 二〇〇七：二七六）。おそらく、世界各地の風俗習慣を撮影する映像は、マス・メディア側の独自取材でも可能であったが、発掘や出土品の撮影とその意味づけは、許可も含めて専門家の介在なくしては成り立たないからであろう。

民族学調査団と生態学的関心

泉時代に分離した地理学、植物学、民族学は、それぞれ独立した調査団を形成し、以前の研究との関連性は明確ではないものの、重要な成果をあげていった。とくに民族学調査においては、「中央アンデス牧民社会の民族学的研究」をテーマに一九七八年に初めて大規模な調査団が結成され、コトシュ以来、考古学調査に携わってきた大貫良夫や藤井龍彦のほか、後に東大調査団に加わる松本亮三が参加した。そしてこの調査では、コトシュ調査の後半に民族学班として加わった増田昭三（義郎）が中心となり、佐藤信行、友枝啓泰、山本紀夫ら考古学以外の研究者が加わる。さらに留学先のメキシコから稲村哲也も合流した。考古学調査とは異なり、各人が各地域で調査をおこなった点で、研究手法は異なり、また佐藤や友枝のように、いわゆる社会人類学を追究した研究者も含まれたが、当初の共通した研究テーマは、アンデスにおける環境利用という生態学的色彩の濃いものであった（増田 一九八〇、大貫 一九八〇、藤井 一九八〇、山本 一九八〇など）。

この研究の発端は、アメリカに移住したウクライナ生まれの人類学者ジョン・ムラが「垂直統御」（Vertical Control）の概念を提唱したことによる。中央アンデス地帯の自然の特徴は、一言で言うと、アンデス山脈が内陸部で急激にそそり立つため、比較的狭い範囲内に多様な生態環境が分布している点にある。ムラは、こうした垂直方向に分布する生態資源の利用方法に着目したのだが、彼の研究対象は、現代アンデスの事例ではなかった。一六世紀、すなわちスペインによる征服後に記された地方視察吏の記録をもとに、ペルー北高地のワヌコ地方に住んでいたチュパチュと呼ばれる民族が高度でいえば中間地帯に居を構えながら、上の高地高原と下方の温暖な谷間とを移動しながら生態資源を開発した点を明らかにした（Murra 1972）。

そのムラの研究が刺激となり、現代のアンデス住民の生態資源利用に関する研究が始まったといってもよい。とくに一九七〇年代から八〇年代にかけては、垂直統御をおこなうさまざまな集団の姿が明らかにされた（Brush 1977; Webster 1971など）。日本の民族学調査にもこの影響が及び、多数の論文が生まれ、国際会議が開催された（Masuda et al. 1985）。なかでも大貫は、この研究の流れを早くから考古学分野に持ち込み、生態環境と文明の成立との関係の解明に努めてきた（Onuki 1985など）。

文明形成理論への関心

寺田の死後は、大貫が調査団を率い、「東京大学古代アンデス文明調査団」と改称した。しかしながら、大貫個人の生態学的関心は、調査団全体の方針として採用されることはなく、むしろ、寺田の時期に引き続き、大規模な発掘調査とその緻密なデータに基づく社会の特性の解明に精力が注がれた。大貫の東大退官後は、埼玉大学の加藤泰建がこれを引き継ぎ、「埼玉大学アンデス調査団」あるいは「埼玉大学クントゥル・ワシ調査団」と改称し、大貫が手がけ始めたクントゥル・ワシという、チャビン・デ・ワンタルに並ぶ、巨大かつ複雑な遺構をかかえる形成期の祭祀遺跡を調査し、さらに地元に博物館を建設するなど、地域社会を巻き込んだ遺跡保存活動を実施している。これについては現在進行形でもあるので、学術的評価については別の機会に譲る。

ただし一つだけ触れておくとすれば、泉が、生前、関心を持ちながらもまとめ上げることができなかった文明形成理論に関して、東大調査団は、一九九八年に『文明の創造力』（加藤・関 一九九八）を刊行し、この中で「神殿更新説」という見解を示したという点である。そこでは、泉らが発見したコトシュ遺跡の「交差した手の神殿」で認められた、神殿を意図的に埋めては、その上に同じ構造の建物を新たに築いていくという過程に注目し、「神殿更新」という概念で解釈を試みている。「神殿更新」は、余剰生産物が発生するより以前、そして土器が製作される以前から比較的小さな社会で開始され、社会の拡大や複雑化を牽引していったという論である。いうなれば、泉が直感的にとらえた「初めに神殿ありき」という言葉こそ、理論のベースとなったのである（泉 一九六六）。

神殿が建設されるためには労働力を確保せねばならならず、更新の度にこれがおこなわれれば社会統合の契機となろうし、労働のコントロールを通じて、権力や階層化の発生へとつながることにもなる。また協同労働の必要性は、食料増産を後押ししたことも思いつく。つまりすべては従来の経済重視、余剰生産物の発生とそれをめぐる葛藤が社会を発展させ、神殿を成立させたという理論とは逆で、「神殿更新」が社会変化を引き起こしたことになる。このように、泉が解こうとして解けなかった問題に、調査団が一つの答えを出したのは、彼の死後、実に二八年後のことであった。現在は、「神殿更新説」の検証段階に入っており、その多様性や適応できる社会の限定などに議論に移り始めている。

その意味で、研究拠点としての東大が消え、名称や組織、そして研究アプローチが変わり、また現役研究者も調査団員としての帰属意識が薄れ始めているとはいえ、アンデス文明の形成過程の解明という点では、泉らの築き上げた調査団は、現在もなおどこかで継続しているといわざるをえないのである。

謝辞

共同研究会「日本人類学史の研究」を主宰された山路勝彦関西学院大学名誉教授ならびに、研究会班員の方々には、本論に欠けていた視点を指摘していただいた。深くお礼を申し上げたい。また一九六〇年代の調査の体制や内容、展覧会の概要については、大貫良夫東京大学名誉教授・野外民族博物館リトルワールド館長、藤井龍彦国立民族学博物館名誉教授、丑野毅東京国際大学教授よりご教示をいただいた。ここに深く感謝する。また文献の所在、データの確認については藤田京子さんが手伝って下さり、感謝に堪えない。なお本論文で記したことに誤りがあるとすれば、それは著者個人に責任があることを明記しておく。

参照文献

朝日新聞社
　一九六八『アンデス文明の秘宝　コロンビア黄金美術展』東京：朝日新聞社。
飯田卓
　二〇〇七「昭和三〇年代の海外学術調査エクスペディション――『日本の人類学』の戦後とマス・メディア」国立民族学博物館研究報告　三一巻二号：二二七―二八五頁。

石田英一郎
一九七一「書評　泉靖一著『インカ帝国』――日本最初のアンデス文明史」『石田英一郎全集　第七巻』一四二―一四四頁、東京：筑摩書房。

石田英一郎全集編集委員会
一九七二「年譜」『石田英一郎全集　第七巻』五四三―五六九頁、東京：筑摩書房。

泉靖一
一九三七「大興安嶺東南部オロチョン族踏査報告」『民族学研究』三（一）：三九―一〇六頁。

一九三八『済州島――その社会人類学的研究』卒業論文（一九六六年に東京大学出版会によって刊行）。

一九五〇「西部ニューギニア原住民の社会組織」『民族学研究』一四（三）：一九一―二〇〇頁。

一九五九a『インカ帝国――砂漠と高山の文明』東京：岩波書店。

一九五九b「アンデス」『自然』一四巻一号：五〇―五七頁。

一九六二『インカの祖先たち』東京：文藝春秋新社。

一九六六「はじめに神殿ありき」『朝日新聞』九月二一日夕刊。

一九六八「文明とイデオロギー」『トヨタ・ジャーナル　自動車とその世界』一七号：二一―二二頁。

一九七一a「『アマゾン河谷探検記』の魔力」寺田和夫編『泉靖一著作集　四　アンデスの古代文化』六―一〇頁、東京：読売新聞社（初出は一九五九年）。

一九七一b「アンデスと私」寺田和夫編『泉靖一著作集　四　アンデスの古代文化』一一―一九頁、東京：読売新聞社（初出は一九六六年）。

一九七一c「コトシュ遺跡の発掘――アマゾン川の源流に埋もれていた新大陸最古の文明」寺田和夫編『泉靖一著作集　四　アンデスの古代文化』四〇―五〇頁、東京：読売新聞社（初出は一九六一年）。

一九七一d『遙かな山やま』東京：新潮社。

ウィリー、G・R&J・A・サブロフ
一九七九『アメリカ考古学史』小谷凱宣訳、東京：学生社。

梅棹忠夫

一九七一「泉靖一における山と探検」泉靖一『遙かな山やま』三四九―三七四頁、東京：新潮社。
大貫良夫
一九八〇「南部ペルーのアンデス西斜面における環境利用」『国立民族学博物館研究報告』五巻一号：四四―八二頁。
一九八八「泉　靖一――日本アンデス学の創始者」綾部恒雄編『文化人類学群像三〈日本編〉』四一一―四三二頁、東京：アカデミア出版会。
二〇一〇「アンデス文明形成期研究の五〇年」大貫良夫・加藤泰建・関雄二編『古代アンデス　神殿から始まる文明』五五―一〇三頁、東京：朝日新聞出版。
大貫良夫・加藤泰建・関　雄二
二〇一〇『古代アンデス　神殿から始まる文明』東京：朝日新聞出版。
加藤泰建・関　雄二（編）
一九九八『文明の創造力――古代アンデスの神殿と社会』東京：角川書店。
蒲生正男
一九八一「人と学問　泉靖一」『社会人類学年報』七号：一三三―一四三頁。
今野敏彦・藤崎康夫
一九九四『移民史［I］南米編』東京：新泉社。
関　雄二
一九九七「鳥居龍蔵の南米行」東京大学創立百二十周年記念東京大学展　学問の過去・現在・未来［第二部］『精神のエクスペディシオン』四五―五四頁、東京：東京大学総合研究博物館。
二〇一〇「古代アンデス文明とは何か」大貫良夫・加藤泰建・関雄二編『古代アンデス　神殿から始まる文明』（朝日選書八六二）九―五四頁、東京：朝日新聞出版。
東京大学アンデス地帯学術調査団
一九六一『アンデス　ANDES　東京大学アンデス地帯学術調査団一九五八年度報告書』東京：美術出版社。
一九六九『インカ帝国展――アンデスの古代文化を探る』（歴史の科学シリーズ〈第一回〉）。
東京大学教養学部美術博物館委員会

一九六一『アンデス古代文化展』東京：東京大学教養学部美術博物館委員会。
寺田和夫
一九七一「編者あとがき」寺田和夫編『泉靖一著作集　四　アンデスの古代文化』四〇〇―四一四頁、東京：読売新聞社。
鳥居龍次郎
一九七六「父と外国語」『鳥居龍蔵全集付録月報』四、東京：朝日新聞社。
鳥居龍蔵
一九七六a「ブラジルの人類学」『鳥居龍蔵全集』第一二巻、三四七―三五三頁、東京：朝日新聞社（初出は一九三八年）。
一九七六b「インカの文化に就いて」『鳥居龍蔵全集』第一二巻、三五四―三七三頁、東京：朝日新聞社（初出は一九三八年）。
一九七六c「インカの遺蹟を尋ねて」『鳥居龍蔵全集』第一二巻、三七三―三八一頁、東京：朝日新聞社（初出は一九三八年）。
中薗英助
一九九五『鳥居龍蔵伝』東京：岩波書店。
長澤和俊
一九七六「明治・大正のアジア研究」『鳥居龍蔵全集附属月報』四、東京：朝日新聞社。
藤井龍彦
一九八〇「南部ペルーアンデス西斜面地域の先スペイン文化」『国立民族学博物館研究報告』五巻一号：八三―一二〇頁。
藤本秀夫
一九九四『泉靖一伝――アンデスから済州島へ』東京：平凡社。
増田義郎（昭三）
一九七一「感想」東京大学ラテン・アメリカ縦断調査隊編『中南米の光と影――ラテン・アメリカ縦断四万キロ』一九―二六頁、東京：実業之日本社。
増田義郎・柳田利夫
一九八〇「ペルー南部における海岸と高地の交流」『国立民族学博物館研究報告』五巻一号：一―四三頁。
一九九九『ペルー　太平洋とアンデスの国――近代史と日系社会』東京：中央公論社。
山本紀夫

一九八〇「中央アンデス南部高地の環境利用――ペルー、クスコ県マルカパタの事例より」『国立民族学博物館研究報告』五巻一号：一二一―一八九頁。

八幡一郎
一九五三「故鳥居龍蔵博士と民族学――追悼と評伝」『民族学研究』一七巻三―四号：三〇八―三一一頁。

読売新聞社
一九五八『神秘と奇蹟の宝庫　インカ帝国文化展――アンデス文明を探る』東京：読売新聞社。

一九五九『アンデス遺跡展――インカの秘境を探る』東京：読売新聞社。

一九六一『世紀の秘宝　インカ帝国黄金展』東京：読売新聞社。

一九六四『プレ・インカの文明　コトシュ神殿秘宝展』東京：読売新聞社。

一九七一『一万年前からインカまで　古代アンデス文明展』東京：読売新聞社。

一九七三『神秘と幻想の世界　インカ帝国の秘宝展』東京：読売新聞社。

一九七五『古代アンデスの生と死を探る　インカ文明とミイラ展』東京：読売新聞社。

一九七八『古代アンデスの形成から崩壊まで　インカ帝国三千年展』東京：読売新聞社。

一九八〇『南米エクアドルに縄文土器の謎を探る新大陸最古のバルディビア文化遺産　赤道直下の古代文明展』東京：読売新聞社。

一九八四『古代アンデスの秘宝　栄光のインカ帝国展』東京：読売新聞社。

Brush, S. B.
1977 *Mountain, Field and Family: The Economy and Huaman Ecology of an Andean Valley*. Pennsylvania: University of Pennsylvania Press.

Burger, Richard L.
1984 *The Prehistoric Occupation of Chavín de Huántar, Peru*. University of California Publications in Anthropology Vol.14, Berkeley: University of California Press.

Burger, Richard L. and Lucy Salazar-Burger

1980 Ritual and Religion at Huaricoto. *Archaeology* 33:26-32.

Carrión Cachot, Robeca

1948 Cultura Chavín. Dos nuevas colonias: Kuntur Wasi y Ancón. *Revista del Museo Nacional de Antropología y Arqueología* 2(1):99-172. Lima.

Izumi, Seiichi and Toshihiko Sono（eds.）

1963 *Excavations at Kotosh, Peru 1960*. Tokyo: Kadokawa-Shoten.

Izumi, Seiichi and Kazuo Terada（eds.）

1966 *Excavations at Pechiche and Garbanzal, Tumbes Valley, Peru*. Tokyo: Kadokawa-Shoten.

1972 *Excavations at Kotosh, Peru, 1963 and 1966*. Tokyo: University of Tokyo Press.

Kaulicke, Peter

1998 Julio C. Tello vs. Max Uhle en la emergencia de la arqueología Peruana, in P. Kaulicke（ed.）*Max Uhle y el Perú Antiguo,* pp.69-82. Lima: Pontificia Universidad Católica del Perú.

Larco Hoyle, Rafael

1948 *Cronología arqueológica del norte del Perú*. Biblioteca del Museo de Arqueología "Rafael Larco Herrera", Hacienda Chiclín, Trujillo. Buenos Aires: Sociedad Geografía Americana.

Murra, John V.

1972 El control vertical de un máximo de pisos ecológicos en la economía de las sociedades andinas. In I. Ortiz de Zúñiga, *Visita de la provincia de León de Húanuco 1562,* Tomo II, pp.427-468. Húanuco: Universidad Nacional Hermilio Valdizán, 1972.

Masuda, Y., Shimada, I. And C. Morris（eds.）

1985 *Andean Ecology and Civilization*. Tokyo:University of Tokyo Press.

Ochiai, Kazuyasu

2006 Introducción. In K.Ochiai（ed.）, *El Mundo Maya: Miradas Japonesas*, pp.7-14. Ciudad de México: Universidad Nacional Autónoma de México.

Onuki, Yoshio

1985 The Yunga Zone in the Prehistory of the Central Andes: Vertical and Horizontal Dimensions in Andean Ecological and Cultural Processes. In Masuda et al. (eds.) *Andean Ecology and Civilization,* pp.339-356. Tokyo:University of Tokyo Press.

Tello, Julio C.

1960 *Chavín: Cultura matriz de la civilización andina, primera parte.* Lima: Publicación antropológica del archivo "Julio C. Tello" de la Universidad Nacional Mayor de San Marcos.

Terada, Kazuo

1985 Early Ceremonial Architecture in the Cajamarca Valley. In C.B. Donnan (ed.) *Early Ceremonial Architecture in the Andes,* pp.191-208. Washington D.C.: Dumbarton Oaks Research Library and Collection.

Terada, Kazuo and Yoshio Onuki (eds.)

1982 *Excavations at Huacaloma in the Cajamarca Valley, Peru, 1979: Report 2 of the Japanese Scientific Expedition to Nuclear America,* Tokyo: University of Tokyo Press.

1985 *The Formative Period in the Cajamarca Basin, Peru: Excavations at Huacaloma and Layzón, 1982: Report 3 of the Japanese Scientific Expedition to Nuclear America,* Tokyo: University of Tokyo Press.

Webster, S.

1971 An Indigenous Quechua Community in Exploitation of Multiple Ecological Zones. In *Actas y Memorias del XXXIX Congreso Internacional de Americanistas,* Tomo 3, pp.174-183. Lima.

第一四章　探検と共同研究
——京都大学を中心とする文化人類学

田中雅一

本章は、京都大学を中心とする文化・社会人類学の特徴を以下の二点に絞って考察する。ひとつは、戦前から戦後六〇年代にかけて繰り返しおこなわれる探検ならびにその発展形態である海外学術調査である。もうひとつは、京都大学人文科学研究所を中心に組織された共同研究という方法である。中心となる今西錦司と梅棹忠夫は年齢こそ離れていたが、同じ一中から三高、京大へと進む。探検や学術調査、そして共同研究に共通するのは集合性であるが、その背後には京都の「伝統」が存在する。この伝統は、大学に入学する前からすでに始まる人と人とのつながりである。探検あるいは調査の企画、それを支える事務局（組織）ならびに大学、資金調達の協働作業、さらに調査の成果を発表する共同研究、成果刊行、マスメディアの利用という動きが、よりインフォーマルな人間関係と絡まって、内発的なダイナミズムを京都発の人類学に与えてきた。

本章ではまた、英国における探検と人類学的なフィールドワークとの決別、共同研究という方法の欠落、民族誌記述における過度な他者化などの傾向を、京大を中心とする人類学の活動と比較することで、後者の特徴がさらに分かりやすくなるように心がけた。具体的には、戦前、今西を隊長に梅棹、吉良龍夫、川喜田二郎ら一〇名が参加したポナペ島探検の報告書『ポナペ島』を詳しく検討する。その特徴のひとつは調査地における日本人についての記述とより主観的な「紀行」の存在である。このような特徴は、民族誌をめぐるポストコロニアルな問題提起を考えるうえでも有効と思われる。

一　はじめに

本稿は、京都大学を中心とする文化・社会人類学（以下、人類学）の歴史を探検活動と共同研究との関係で考察することを目的とする。前半では、今西錦司を中心とする探検について、後半では京都大学人文科学研究所（人文研）における共同研究について論じ、両者との関係や共通する要素を明らかにしたい。結論から先に述べると、鍵となるのは京都という都市世界で培われた社会関係資本（social capital）である。社会関係資本とは、人びとの対面的な絆とそれに基づく信頼と言えるが、この絆の強さが探検、後の学術調査隊、そして共同研究を生みだしてきた。また反対にこれらの活動がメンバーの絆を強め、新しい人の参入を促し社会関係資本を高め、その結果さらなる活動が生まれてきたのである。本稿では、文化人類学という学問が、たんに大学あるいは学会だけに収まらない性格――実践共同体（a community of practice）的な――を有することを京大の人類学の歴史を考察することで明らかにしていきたい。

なお、本稿で対象にするのは、京都大学あるいは京都を中心とする人類学であるが、その定義は難しい。今西や梅棹忠夫とともに、あるいはかれらのもとで人類学を学んだ研究者がかならずしも京都出身であったり、京大卒業であったり、はたまた内容的に生態や生業を主題とする人類学を特徴とするとは断言できない。反対に、京都に見られる強い絆を背景とする人類学が、日本のどこかにもあるかもしれないし、また京都で人類学を勉強したと言われても不思議でない生態学的な研究を専門とする人類学者もいるかもしれない。梅棹がある集まりで筆者に語ったように、「京都学派なんかあったんかいな」という当事者自身からの反語的な問いかけは、はたして「なかった」と言ってしまっていいのかという疑問をもつと同時に、「あった」ことをつい前提にして議論しようとする態度を戒める言葉でもあった。「京都大学を中心とする」（以下京大系）という副題は、厳密な定義に基づくものではなく、京大という研究機関を拠点に活動してきた人類学者たちが実践してきたフィールドワークや研究成果の総体という意味であると考えてほしい。その一部を取れば、農学や霊長類学であって人類学と言えないものもあるかもしれないが、しかし、それらも京大の人類学の歴史を考えるうえで無視できないのは明らかである。

京大系人類学はまた、多くの学派と同じくけっして一枚岩的だったとは言えない。本章では内部の対立や緊張関係に触れることはないが、だからといって京大系人類学がまとまりの強い学術的活動であったと主張するつもりはないことをことわっておかねばならない。

二　探検と冒険

『大辞林』によると、冒険は「危険な状態になることを承知の上で、あえておこなうこと。成功するかどうか成否が確かでないことを、あえてやってみること」、探検は「危険を冒して未知の地域に入り、実地に調べること」と説明されている。『広辞苑』ではそれぞれ「危険をおかすこと。成功のたしかでないことをあえてすること」「未知のものなどを実地に探りしらべること。また、危険を冒して実地に探ること」となり、探検には「調べる」という知的活動が含まれていることがわかる。人類学につながるのは冒険ではなく探検の系譜である。

上記のような探検の定義は、一見分かりやすいが、思っているほど単純とは言えない。日本に限ると、探検に遣唐使なども含める場合もあるが（長沢 一九七三）、実地に調べることと留学とは厳密には異なる。渡海の危険性に注目すれば、当時の遣唐使は冒険だと考えることもできよう。また、探検の定義そのものには単独か集団か、公か私かという行為の形態や性格は問題にはならないことも強調しておきたい。

ちなみに梅棹（一九七二：一五）は、探検を客観的に価値のある、あたらしい知識をもたらす行為ととらえている。そして、探検は総合的な知識を獲得するために大人数にならざるを得ない、とみなしている。換言すると、近代的であればあるほど大規模になるということになる。本多勝一は、冒険は、主体的で、ときにみずからの生命をかける行為、危険を冒す行為であると定義している（本多 一九七二：一六）。同じく、石毛は冒険を行為そのものを重視するもの、探検を目的がはっきりしていて、これを実現しようとするものとしている（一九七〇：四九九）。

では、探検の目的とはなにか。本多は、地理的探検、軍事的探検、そして「好奇心からくる探検」の三つに言及している（梅棹・本多 一九七〇：五一一）。最後のものが学術的な探検と考えることができる。

日本の場合、まず鎖国という政治的状況が国家主導でなされ、個人の探検活動を抑えるという事態が生じる。一五世紀半ばから一七世紀半ばの大航海時代のせいで鎖国政策をとることになったわけだが、この鎖国政策のせいで、日本は東南アジアや東アジアへの進出を中断し、結果として大航海時代に乗り遅れた。そして、明治時代に後発の帝国主義国家となって、国境の画定や領土拡大への動きと連動して、さまざまな探検が組織された。

後の人類学的な調査に連なるものとしては、鳥居龍蔵の遼東半島（一八九五）、台湾調査（一八九六）、第一次大谷探検隊（一九〇二－一九一四、三次まで）、画家土方久功のサタワル滞在（一九三一－一九三八）などがある。さらに今西、西堀栄三郎らの白頭山（長白山）（一九三四）、今西を隊長とするポナペ（一九四一）および北部大興安嶺（一九四二）、また今西による内蒙古の探検（一九三八―一九三九、一九四四）がある（本章末の年表を参照）。

次節で述べるように、二〇世紀前半に英国では探検から独立して社会人類学が専門化を成し遂げたのにたいし、日本では探検の時代が戦前から戦中にかけて盛んとなる。戦後も、大学の探検部や山岳部などを中心とする学術探検隊が組織されている。戦後になると、今西、梅棹らの京都大学カラコラム・ヒンズークシ学術探検隊（一九五五）、梅棹、川村俊蔵らの大阪市立大学東南アジア学術調査隊（一九五七―一九五八）、川喜田二郎らの西北ネパール学術探検隊（一九五八）、梅棹、吉良、四手井綱英、荻野和彦による第二次大阪市立大学・京都大学東南アジア学術調査隊（一九六一―一九六二）、今西を隊長とする京都大学アフリカ学術調査隊（一九六一―一九六四）、梅棹が発案する第一次ヨーロッパ学術調査隊（桑原隊長、一九六七）、第二次ヨーロッパ学術調査隊（会田雄次隊長、一九六九）、第三次ヨーロッパ学術調査隊（同上、一九七二）、京都大学サハラ学術調査隊（一九六七―一九六八）と続く。また泉靖一らの東京大学アンデス地帯学術調査は一九五八年に始まっている。

三　京都大学における探検の存続

探検記を人類学的調査の前史と理解することはたやすい。世界的に見ても、一九世紀を中心とする英国人による探検は、その後のフィールドワークへの道を開く。たとえば、ラドクリフ＝ブラウンの師に当たる英国の医師・人類学者W・H・R・リヴァーズは、一八九八年アルフレッド・ハッドン率いるケンブリッジ大学トレス海峡探検隊に加わっている。しかし、英国について言えば、人類学者が探検隊の一員となってフィールドに向かうという形をとることは、その後ほとんど認められない。近代人類学のモデルとなったマリノフスキーやラドクリフ＝ブラウンらのフィールドワークや、その後の教育において強調されてきたのは参与観察とか集約的フィールドワークと呼ばれる方法で、そこで目指されたのは単独あるいは夫婦による特定の地区での長期住み込みによる異文化理解である。これにたいし、探検は、植民地主義の前哨であり地理的な「発見」が主要な目的である。探検記は民族誌と異なり、それが扱う地域は広域であり、また民族も多数、そして扱う領域も資源から宗教まで多様である。

フィールドワークは原則単独調査であり、それこそが人類学的研究の王道であった。大学院で社会科学的な知識を獲得し、現地に単独で調査・長期滞在し、その後本国で長期調査を終えた院生のためのセミナーに参加し博士論文を執筆出版する、といったパターンは、マリノフスキーが教鞭をとっていたロンドン大学経済政治学院（The London School of Economics and Political Science：LSE）においては一九三〇年代には確立していた[1]。とはいえ、英国で探検そのものが衰退したわけではない。本多勝一の報告（一九八六）によると、一九六〇年代でも、王立地理学会を主催として探検が盛んになされていたようである。またロンドン大やケンブリッジ大の探検部なども活動していた。ただ、これらはどちらかというと理系の探検隊であった。

英国では珍しい集団性を維持していたマックス・グラックマンを中心とするマンチェスター大学においても、アフリカでの拠点こそ同じローズ・リヴィングストン研究所（現ザンビア）であったが[2]、調査そのものは単独あるいは夫婦によるものであった。

英国で人類学と探検とが分離した理由はいくつか考えられる。人類学そのものは地理学的探査という目的とすでに決別していて、対象は植民地下、パックス・ブリタニカ下の諸民族であった。そこではすでに大規模な（領土獲得や領土の境界を確定するための）探検隊の役目は終わっていて、政策面から見て重要なのは人の統治だったのかもしれない。また、人類学の側からみると、人類学は探検隊を組まないと得ることのできないようなオールラウンドな知識をもはや求めてはいなかった。つまり、人類学は自然科学の領域を切り離し、より社会科学的な領域に専門化したのである。これに応じる形で探検は、文化人類学や人文地理学を含む人文学の世界から自然科学中心の科学的探査へと変貌したのである。

ところが、日本においては、とくに京都大学においては探検と人類学が密接に関係していた。後発探検国の日本では、探検そのものが二〇世紀になってから盛んになる。そして、人類学的な研究や問題意識も、こうした探検の実践から生まれてきた。

英国との時代的なずれは、すくなくとも戦前、戦中の探検については、日英に見られる帝国主義的拡大の時代的差として理解できる。だが、戦後、広大な植民地を失い、領土的な拡大を望めない状況で、なお戦前と変わらないような学術調査が組織化されている。たとえば、探検という言葉は一九五八年に実施された西北ネパール学術探検隊（川喜田隊長）の正式名称に使用されている。このほかの学術調査への参加者たちも探検家としての意識は強かったように思われる。

探検が否定されることなく、戦後も続けて使われてきた理由について、外的と内的の二つに分けて考えてみたい。まず外的なものとして戦後海外渡航が困難であったという理由をあげることができる。東京オリンピック開催の一九六四年に海外渡航が自由化されるまで個人での海外渡航や海外調査はきわめて困難であった。このため、戦後の調査は、どうしても集団でおこなうという方法しかなかったのである。また、資金調達のために企業からの寄付をとりつけるのが一般的であったが、その場合も個人より集団での企画の方が寄付を受けやすかったであろう。こうした寄付行為は一九六三年に科学研究費補助金が導入されることによって激減していくが、海外学術調査への科学研究費補助金の助成は個人ではなく団体に支給される傾向があったため、結局調査の集合性は保持されることになる。こうも言えるかもしれない。すでに集団を単位とする調査の伝統があったため、科学研究費補助金の海外学術調査も集団単位を原則とした、と。

内的な理由として考慮しなければならないのは、戦前の探検と戦後の京都大学を中心とする調査隊との連続性である。その意味で特殊京大の伝統を無視するわけにはいかない。そして、このような伝統の中心にいたのが今西であった。たとえば一九六三年の科学研究費補助金の交付は今西のアフリカ学術調査隊に与えられている。『大興安嶺探検』（一九五二）の梅棹と吉良による序章「探検の前夜」によると[3]、一九四一年に実施したポナペ島探検で、吉良、梅棹、川喜田、森下正明らが、自分たちより二〇歳ほど年上の今西の指導を求めていたことがよくわかる。

同じことは、さらに若い世代についてもあてはまる。梅棹らを顧問として一九五六年創設の探検部も、およそ半数が研究者の道を歩んでいる（瀬戸口 二〇〇六：一六一一七）。つまり、探検部は学生組織でありながら、OBが大学にそのままとどまるという形で存続した学内組織でもあった。なお、ほかの大学について言えば、早稲田大学探検部は一九五九年、大阪市立大探検部は一九六〇年、立命館一九六二年と続き、愛媛大、北海道大、関西学院大、法政大、横浜市立大などの大学にも探検部が生まれているが、そのメンバーの中には人類学者になった者もいる。しかし、探検部出身の人類学者を過去もそして現在も圧倒的な数で輩出しているのは京大だけである。

調査の集団性は、京大の人類学の特徴として、東大や都立大の調査と繰り返し（ときに誇張されて）対比されていることがらでもある。たとえば、初期の単独調査の代表はインドで調査をした中根千枝（調査年、一九五三）、西アフリカで調査をした川田順造（同上、一九六二）、山口昌男（同上、一九六三一一九六四）であり、京大に関係する人類学者ときわだった対照をなしている。もちろん、イラン・イラクやアンデス地帯など、東京大学においても集団的な学術調査隊も組織されているし、それらは重要な意味をもっていたことを無視すべきではない[4]。

京大探検部の雑誌〇号（一九五六年刊）で、本多を司会に、桑原、梅棹、川喜田らが座談会を開いているが、そこで、「なぜ京都なのか」という問いが立てられている。「京大の探検史はそのまま日本の近代探検史であるといってもそれほど大げさなことにはならない、ということに気づきました。（中略）なぜこの古い都にそういう傾向があるのか」という本多の問いかけに、川喜田は、東大の官僚主義志向に対する商人的リベラリズム、京都が山で取り囲まれているという地理的条件、個人的なネットワークの緻密さなどをあげている（桑原ほか 一九五六）。

もうひとつ、京大系人類学について考慮しておかねばならないのは、京都と東京での人類学そのものの受容の温度差である。さきに述べたように、英国ではもはや探検と人類学的調査とは結びついてはいなかった。マリノフスキーやラドクリフ＝ブラウンの書物も探検記として読まれたとは思われない。英国やアメリカの人類学の影響を受けてきた東大や都立大の人類学に比べ、より伝統的な、すなわち「土着的な」人類学の拠点であった京大では、探検的実践と人類学は決別することなく戦後も継承されていったと言えよう。

さらに言えば、英国の人類学による探検からの分離が脱自然科学を意味していたと指摘したが、ここから逆に探検の伝統を継承していた京大系人類学が、自然科学の諸分野と密接に関係していたという事実も理解できよう。

四　今西錦司から梅棹忠夫へ

一九〇二年、今西錦司は、京都・西陣の織元の長男として生れた。京都の第三高等学校に入学。三高山岳部を結成。同じ部員に西堀栄三郎、桑原武夫がいた。

一九二五年に京都帝国大学農学部農林生物学科に入学し昆虫学を専攻する。一九三一年、ヒマラヤ登山を目指してA・A・C・K（アカデミッシェル・アルペン・クルッブ・ツー・キョウト）を結成する。西堀、桑原、四手井綱英らがメンバーである。ただし、これは同年秋の満州事変の影響で実現できなった。やむなく今西は西堀、高橋健治らと樺太（サハリン）の東北山脈を歩いた。ついで一九三四年に白頭山遠征を実施する。この遠征の講演が翌年出身校の京都一中でおこなわれ、学生たちに大きな影響を与える。その中から、梅棹、川喜田二郎、吉良龍夫、藤田和夫、伴豊らが、今西を代表とする北部大興安嶺探検隊に参加することになる。

一九三八年年、今西は第一次蒙古行を実施する。また、A・A・C・Kの木原均会長（農学部教授）を隊長とし、総勢一三人の内蒙古学術調査隊を組織した。一九三九年、第二次蒙古行を実施し、今西と森下正明（当時興亜民族生活科学研究所所属）が『草原行』（一九四一）を公刊している。ポナペ島調査は、一九四一年に実施され、翌年、北部大興安嶺探検を実施。ポナペは今西が隊長、梅棹、中尾佐助、川喜田、吉良、森下ら（総勢一〇人）がメンバーだった。北部大興安嶺は今西が隊長、川喜田が率いる支部隊に梅棹、藤田、土倉九三などが参加している（総勢一三人）。

一九四四年、張家口の西北研究所が設立され、所長に就任する。ここに、石田英一郎、森下、藤枝晃、中尾、梅棹、加藤泰安、甲田和衛などが集まる。就任中、内蒙古を調査するが、敗戦となり、一九四七年に帰国する。

今西は、その後京都大学の理学部や人文科学研究所で講師を務めたが、一九五九年に人文研に社会人類学部門が設置され初代教授に就任する。一九六二年に、京大理学部動物学教室に自然人類学の講座が新設され、理学部教授を併任する。このあいだ、今西は、伊谷純一郎らと幸島のニホンザル研究など、国内でも多くの調査をおこなっている。京都大学カラコラム・ヒンズークシ学術探検隊（一九五五、隊長は木原均）の支部隊隊長を務めた。そのメンバーには岩村忍や梅棹らがいた。

一九六一年にはアフリカ調査のために生物誌研究会を設立し、一九六一年から京都大学アフリカ学術調査隊（隊長、今西錦司）が三次に渡って派遣されている。第一次は霊長類学が中心であったが、第二次（一九六三）と第三次（一九六四）では人類班が組織された。隊員には梅棹、和崎洋一、伊谷、富川盛道、藤岡喜愛、石毛直道、端信行、福井勝義などがいた。

後述するように、人文研の主要な活動は共同研究であった。今西は教授就任前の一九五七年に「霊長類におけるカルチュアとパーソナリティ」（一九五七―一九六二）を、つぎに「人類の比較社会学的研究」[5]（一九六三―一九六六）を組織している。これらの研究会については具体的な成果論集が編まれてはいないが、ロールシャッハテストなどの専門家であった藤岡喜愛が助手であったことと「カルチュアとパーソナリティ」のテーマは関係していると思われる。また、「人類の比較社会学的研究」は、霊長類学班に人類学班がはじめて加わったアフリカ学術調査の二次と三次の期間と重なる。

今西の退官後、人文研の助教授となった梅棹は、戦前、戦中にかけて白頭山（一九四〇）、樺太踏査（一九四一）、ポナペ（一九四一）、北部大興安嶺（一九四二）の探検調査に参加している。白頭山は梅棹が隊長、同学年の藤田和夫と判豊がメンバーだった。樺太には藤本武が隊長、今西寿雄、梅棹、中尾佐助が参加した。

梅棹は、今西と共にしたポナペや北部大興安嶺、さらに内蒙古などの探査を通じて、調査方法を実地に学んでいく。戦後は、カラコラム・ヒンズークシ、東アフリカなどで今西と行動を共にしている。大阪市立大学理学部に就職するが、拠点を京都において後任の育成に励んでいる。

一九六五年に人文研の助教授となった梅棹は、今西が代表を務めた研究班のテーマ（単層社会）を発展させる形で重層社会を対象にした「重層社会の人類学的研究」（一九六六―一九六九）を組織した後、文明を射程に入れた研究班「文明の比較社会人類学的研究」（一九六九―一九七四）を組織した。そこからさらに二つの研究班「アフリカ社会の研究」（一九七〇―一九七四）と「理論人類学研究」（一九七〇―一九七四）を生みだして、あわせて三つの研究会を同時に運営する。

在職中は京都大学ヨーロッパ学術調査隊（一九六七年、隊長、桑原武夫）を発案し、これに参加する。第二次（一九六九）と第三次（一九七二）の隊長は会田雄次であった。この調査隊には、谷泰や松原正毅、野村雅一らが参加している。現在ではヨーロッパ研究においてもフィールドワークという手法を用いることが不思議でもなんでもないが、当時調査対象をヨーロッパに選定したのは、画期的なことであった。さらに、日本において学術調査と探検とは密接に関係していたことを考えると、この学術調査の精神は「ヨーロッパを探検しよう！」ということだったから大いなる発想の転換だった。いつも探検する側に属していたヨーロッパ人やヨーロッパ社会が探検される側になったのである。ヨーロッパの影響を受け、帝国日本の周辺部でなされてきた、けっして長くはない日本人による探検の歴史は、ここで一度完結すると言っていいのではないか。梅棹はまた、桑原をはじめヨーロッパを専門にしながら文献を通じてしかヨーロッパを知らない歴史家たちにヨーロッパを見せたいという意図をもっていた。ヨーロッパ地域研究の種がここに撒かれたのである。

研究会や学術調査だけではない。梅棹が主導的な役割を果たした京都大学人類学研究会の近衛ロンド（現京都人類学研究会）や『季刊人類学』（一九七〇―一九八九）は、京都大学の人類学のみならず、日本の人類学においても多大な影響を与えた。

五　南洋探検

今西を中心とする学術探検の例として一九四一年になされたポナペ島調査を紹介しておこう。これは、梅棹たち京都大学探検地理学会のメンバーによる探検であった。参加者の吉良、梅棹、川喜田らは、三高時代にすでに内地の山登りに満足できず、「あらゆる機会をつかまえて外地へ、国外へとエクスペディションをこころみ」ている（梅棹・吉良一九五二：五）。その言葉通り、ポナペに旅立つ前に、かれらは北硫黄島（一九三八年、川喜田）、白頭山（一九四〇年、梅棹、藤田、伴、川喜田[6]、樺太（一九四一年、梅棹）を探査している。

梅棹らは、ポナペの後に実施される北部大興安嶺調査の報告書『大興安嶺探検』でつぎのように述べて、開戦当時の参加学生たちの気持を代弁している。

（ポナペで聴いた）内地の放送は、最初の大学生の卒業期三カ月くりあげをつたえた。しかし、こういう時代にも、とほうもないことを考える連中というものはあるものらしい。わたしたちが、それだった。わたしたちは、探検家になろうと考えていたのである。これは、奇妙なグループであった。わたしたちは、もう、ひとかどの探検家を気どっていた。（中略）われわれは、すでに、アルピニストとしての訓練を、そうとう積んでいた。高等学校時代から、一年に一〇〇日は山にのぼっていたという連中だった。三高の図書館には、ジオグラフィカル・ジャーナルが、全巻そろっていた。こんなものを借りだすのは、わたくしたちだけだった。ひまさえあれば、たぶん時には講義のほうを失礼してつくったひまに、あの特徴のある青い表紙を一冊々々くってみたものだった。われわれは、いきなり正統的な国際探検界の伝統を吸収しようとしていたのだ。それは、となりに京都大学をひかえて、アカデミックなふんいきにつつまれた、めぐまれた環境のせいでもあった（梅棹・吉良 一九五二：四―五）。

冒険と異なり、探検に必要なのは「調べる」という態度であり、成果である。このため探検家を目指す吉良たちは、学術の領域においても探検に関わる世界へと参入していく。すべてが探検中心なのである。もうすこし、かれの言葉を追ってみたい。

われわれは、また、いずれおとらぬナチュラリストでもあった。アルピニストとしての訓練をうけながらも、それぞれに、野外の自然科学者としての素養を、すこじずつ積んでいた。大学にはいるときも、それぞれの傾向にしたがって、探検家になるのにもっともつごうのよさそうな学科をえらんだ。吉良は、農学部にはいって、植物生態学に興味をもちはじめていた。梅棹は、理学部の動物学科にはいった。藤田は、やはり理学部で、地質学科をえらんだ。川喜田と伴とは、そろって文学部にはいった。ただし、文学部といっても地理学の専攻である（梅棹・吉良 一九五二：五）。

梅棹たちは探検家として十分な訓練をすでに受けてきたと思われるが、なおかれらに必要だったのは強力な指導者だったようである。それが「学者としても探検家としても油ののりきった今西さん」（梅棹・吉良 一九五二：三）であった。

わたくしたちは、そろって今西さんの門をたたいて、今西リーダーのひっぱりだしに努力した。とうとう今西さんはひきうけた。契約は、成立した。一九四一年のポナペ島は、その第一回の契約履行であり、このグループの実力の瀬踏みでもあった。三人は、この入門試験に合格した。ポナペ島の報告書つくりを機会に、われわれの学問的実力も、きびしくたたきあげられていった（梅棹・吉良 一九五二：七―八）。

一九四一年七月一三日に横浜から「内南洋」にパラオ丸で出航した一行は、二〇日にパラオ島に到着する。その後トラック、そして、目的地のポナペに寄港。ここで四名（浅井辰郎、池田敏夫、秋山忠義、松森富夫）が降りて、つぎに再びパラオ丸がポナペに寄港する際に今西ら六名（森下、川喜田、中尾、吉良、梅棹）と入れ替わりに乗船してそのまま横浜に向かうことになる。今西らは東のクサイやヤルートまで進んでから再度ポナペに戻り、およそ一カ月半（四五

写真 14-1　ポナペ島民とともに　（国立民族博物館所蔵）

日）滞在する。船中の生活は以下のようであった。

われわれは出発した頃は六時頃起きてラジオ体操をし、すぐ朝食を摂り、休憩してから、九時開講、船客中より講師を依頼して毎日学術講義を開き、その間一〇時に二人ずつ気象観測に出るが、大体一一時の昼食まで二時間に亙ってこれを聴いた。（中略）昼食後から夜の就寝に到るまでは、各自が持参した南洋関係図書をお互いに読んだり、その要約をノートしたりする時間になっていて（以下略）（浅井　一九四四：三七三）。

この講師の中には「南洋の民族学」を講じた杉浦健一も含まれていた。

ポナペで今西たちが船を降りたのが八月五日、コロニアの熱帯産業研究所ポナペ支所に滞在し、八月一五日に「工業都市」レイオクに移動。人夫六名と森林にはいったのが八月二一日のことであった。三一日には森を出てオネという村に到着する。ここでは、主として島民の生活が調査対象となる。隊員たちはオネ滞在中村長の家にお世話になっているが、一夜のみ手分けして島民の家に泊っている。九月八日に一行は二手に分かれオネの反対側に位置するコロニアを目指す。そして、九月二〇日にコロニアで再会。二六日に横浜丸でポナペを出港。横浜に到着したのは一〇月八日であった。

このポナペ探検の報告書『ポナペ島――生態学的研究』には探検地理学会の幹事長である木原均が短い序を寄せている。これは、短期間の調査ではあるが、四八九ページの大著である。まさに総合調査の名にふさわしい報告書であると言える。ここで特に注目したいのは、第三部、あわせて八四頁がポナペに移住してきた日本人社会の記述に割かれているということである。これは、人類学的視点から考慮すると、画期的な記述とも言えるが、その意図は植民地支配あるいは日本人と島民との関係の記述というよりは、「日本人の発展(7)」を記すという、ナショナリスティックな性格が強いもののように思われる。これは、第三部を担当した浅井辰郎の「南洋諸島に対する日本人の発展が、時代をいえば爛熟せる自由主義、資本主義の近世より、更に高次の理念、経済を有すべき現代への転換期に、（中略）行われた」（浅井一九四四：三二一）という言葉にも認められる。しかし、内容は、どちらかというと日本人の移民史、人口や経済活動についての客観的な記述に終わっていて、民族誌記述としてははなはだもの足りない。むしろ、梅棹による第四部「紀行」において興味深い事実と考察が認められる。

ポナペ島調査についてまず指摘しておきたいのは、これが当地に住む多くの日本人に負っているということである。訪れる島々では関係諸官庁のあいさつが欠かせない。隊長や隊員がすでに知っている人に再会したり、お世話になったりしている。かれらは、南洋の小学校（島民公学校）、官庁や博物館、研究所などの施設を回っている。ポナペの宿舎は熱帯産業研究所が準備している。このような状況を背景に、梅棹の文章を読む必要があろう。「紀行」で、梅棹の意見らしい意見が最初に認められるのは南洋神社についてである。

われわれは、かつてニュース映画や写真週報で、この南洋神社の鎮座式の状景を見たのであるが、そのとき椰子の並木の幹高く、南洋神社と大書した大提灯が、たとえ環境こそ如何に変わっても、日本民族の不変の伝統をそのままに、高らかに掲げられているのを見て、わが同胞の逞しい辺境精神を強く感じさせられたことが、今現実にその社に参拝すると、再び生きいきとわれわれの心の中によみがえって来た（梅棹 一九四四：四〇六―四〇七）。

梅棹は、続いて、南洋神社がフロンティアの象徴であると指摘する。そして、その背後に日本民族の強靭な開拓精神、内南洋全体にみなぎる「南洋熱」を認め、自分たち探検家の人生に重ねている。

フロントに住む人ばかりではなくわれわれ自身がそうである。日常の生活は内地で営んでいるとしても、機会ある度に辺境へ、辺境へと、押し出されて行くのである。そして、そのわれわれ自身の背後に、ここにもまた一種の民族的な圧力といったようなものを感じないわけにはゆかないのである（梅棹 一九四四：四〇八）。

梅棹もまた「日本人の発展」を意味する「民族発展」という言葉を使っている。

たとえこの夏は、南洋探検の基礎訓練というだけに終わっても、この次のそうした機会には、われわれは民族発展のほんとうの第一線に立って、辺境の八咫烏の役割を果たさねばならない。赤道以南の島々は、いまや指呼のあいだにある。外南洋への強い意欲、それは、直接の目的や、実現の方法こそ異なれ、われわれが内南洋在住の日本人の眉宇に見出したものも、やはりこの同じ意欲ではなかったか。しかも、この時、太平洋戦争の危機は刻一刻と増大しつつあった。この気持を反映してか、われわれが持って来た図書類をお互いに見せ合ったとき、まるで申し合わせたようにニューギニアの地図があちこちから飛び出した。開戦すれば、内地へは帰らずに、このまま挺身隊として、南進しようと覚悟していたのだから（梅棹 一九四四：四一四）。

挺身隊は、内南洋に住む大工や左官など、主として建設に関わる職人たちから成り、これから生まれるかもしれない占領地のインフラ整備を目的に組織されていた。

内南洋というフロンティアに住み、さらなる南下を準備している日本人たちの意欲に共感しつつも、梅棹は、ときに批判的に南洋に進出した日本人社会について記述していく。食糧事情や沖縄出身者の存在、島民への影響（たとえば日章旗の刺青、日本語の歌、命名など）、日本人移住者の村、すべての村人が雇われていて、経営者の日本人が実質村長になっている工場、文化施設の欠如からくる日本人の能率の低下（酒と女に走ってしまう日本人たち）。ポナペにひしめく日本企業について、梅棹は真の狙いはポナペの資源ではなく、つぎに「当然来るべき外南洋の膨大な資源」（梅棹 一九四四：四四九）だと喝破している。

島民にたいする日本人の態度も梅棹が懸念することがらのひとつであった。島民は差別されているというより、無視されていて、「あたかも大人の生活にはまだ参加する資格のない子供として、島民はむしろ甘やかし遊ばしてある」（梅棹 一九四四：四五二）という。そこには軽蔑と嫌悪というより寛容と放任が支配的である。しかし、日本語を話すこともできない朝鮮人が国民学校に入れても、島民は公学校に入学しなければならない。「島民はなぜ日本人になれないのだろうか。島民をなぜ日本人にしてやらないのだろうか、（中略）日の丸の旗の下に働いているものはみな日本人ということにならねばならないのじゃなかろうか」（梅棹 一九四四：四八八）と手厳しい。そんな中、日本人にあこがれ、「赤い塗下駄に日傘をさして、すれちがいざまにその表情さえも日本人的なはにかみを示して、会釈していく島民の娘」（梅棹 一九四四：四五三）に出会う。またある家には「皇軍の威容を示す写真を満載したサンデー毎日が一冊開かれてあった」（梅棹 一九四四：四八八）。

わたしが『ポナペ島』の日本人の記述に注目するのは、梅棹の文章に明らかなように、やはり日本人である自分たちの立場を考えざるを得なくなるような省察的状況がそこに認められるからである。梅棹、そしてほかの隊員たちも、生態や島民の生活以上に、彼の地に生活する日本人に関心をもったことであろう。帝国日本の周縁でありかつ南進の最前線でのかれらの調査は、出発前からさまざまな次元で日本人に世話になっている。そして、その中に探検的精神を感じる人びともいた。そして、この精神を日本民族の発展への意欲に重ねている。しかし、他方で、日本の島民政策や移住者の島民への態度は梅棹たちの理想とはかけ離れていたのである。

繰り返すが、英国の社会人類学は、二〇世紀初頭にはすでに探検的精神や組織から距離を置き、学問としての自立と専門化、脱自然科学を目指すことになる。それは同時に、植民地的文脈からフィールドを切り離すということでもあった。なぜなら、人類史の再構築であれ、人類社会の収集であれ、植民地は、そのような学術的視点からはふさわしい場所ではなかったからだ。もちろん、英国人類学のフィールドはほとんど英国植民地下でおこなわれていた。このため必要だったのは、言説の世界での自立であった。つまり、英国の人類学も当時の植民地政策やフィールドでの英国人の活動に依拠しているところが大であったにもかかわらず、そのような記述がほとんど見られないのである。わたしたちが接する民族誌は植民地主義の要素を排除した「純粋な」人類社会なのである。その意味で、『ポナペ島』の記述は「紀行」も含めてきわめて正直と言える。逆に言えば、ポナペの報告書は、英国人にとって人類学の専門書（民族誌）からほど遠いものであったろう。しかし、植民地での日本人と現地民（島民）との関係だけでなく、開戦間近の南洋の日本人社会の雰囲気を活写しているという点で今日ではむしろ貴重な記録となっている。

ポナペから帰国して二カ月後日本は太平洋戦争に突入した。そして、そのさらに半年後の五月から七月末に今西は北部大興安嶺の探検を組織することになる。

六　共同研究という方法

人文科学研究所と共同研究

本節では、探検とそれに関係する学術調査から離れ、共同研究について考察する。人文研における主要な研究活動は共同研究である。研究所の前身にあたる東方文化学院（一九二九年設置）においてすでに共同研究が重要な活動であったが、そこでの研究会の内容はテクスト（漢文）の購読（輪読、会読）であった。

文献を対象とする研究を特徴づけてきたのは、会読とよばれる方法である。対象に選んだ書物を研究会の席で読み、校定し、訳注をつける。その副産物として、しばしば索引も作られる。必要に応じて、校定や索引の作成が当面の目的となることもある。研究班全員による、こうした基礎的な作業をへて、そのうえで各班員がそれぞれの専門的な立場から研究報告を書くのである（京都大学人文科学研究所編　一九七九：九八）。

他方で、いま一般に知られているような研究会、すなわちひとつの研究テーマを決めて、そのテーマに関係する報告会を主要な活動とする研究会ものちに開かれることになる。その典型とみなされるようになったのが、桑原による「ルソー研究」であった。これについて、桑原はつぎのように述べている。

共同研究への憧れのような気持をもって、私は一九四八年の秋、京都へまいりまして、翌年の四月からルソー研究をはじめるわけですが（以下略）（桑原　一九八〇：三八六）。

ここで桑原が憧れていた研究会が会読形式のものだったかどうかは明らかではない。桑原が着任する前には発表形式の研究会がなかったとは断言できないからだ。桑原はこうも述べている。

その安部〔安部健夫、一九四九年に発足した現・人文研の初代所長〕さんが、研究所は今後は共同研究を中心にしなければならない、という着想をもち、当時の幹部諸君の支持を得て、人文科学研究所の所員たるものは、個人研究のほかに共同研究を一つ必ずやる義務があるという内規を定めたわけでありまして、もし私たちの研究所が共同研究においてなにほどかの業績をあげえたとするならば、それは安部君のおかげであったと私は考えるのであります。しかし、その頃は共同研究というものへの学会一般の理解は、まだ必ずしも深くはなかったと思います（桑原一九八〇：三八七）。

このときの安部の構想で現在の発表型共同研究の形式が想定されていたのかは不明であるが、共同研究という形式がどんなものであれ、桑原自身の発想ではかならずしもなかったということは確かなことである。とはいえ、この発言にある「共同研究というものへの学会一般の理解」が、その後の桑原の活躍によって深まり、また共同研究会という方法の地位が高まっていったのは明らかである。

他方、梅棹は研究会についてつぎのように指摘する。当時、人文研は、成立過程との関係(8)で日本部、東方部、西洋部の三部から成っていた(9)。

人文科学研究所西洋部では、共同研究というあたらしいこころみがはじまっていた。それは桑原教授の創案によるもので、専門を異にする多数の研究者があつまって、ひとつのテーマを研究するというものである（梅棹　一九九三a：八〇―八一）。

ここで、梅棹が言及している「あたらしいこころみ」とは発表型の研究会であろう。とすると、すくなくとも一九六〇年代には、発表形式の共同研究が桑原の発明だという考え方が定着していたと言える。

さて、ここで今西や梅棹の研究会に戻ることにしよう。

今西錦司の研究班についていては、今西自身が自身の研究活動のなかでどのような位置付けをしていたのかは明らかではないが、梅棹の「文明の生態史観」が『中央公論』に発表されていて、「人類の比較社会学的研究」にも大きな影響を与えていたという（谷　二〇一〇：八）。さらに佐々木（二〇一〇）によると、「農業起原論」という名前でドラフトが完成していた中尾佐助の「照葉樹林文化」が、この研究会で討論の対象になったという。したがって、中尾による照葉樹林文化をめぐる一連の論考は、今西班の成果のひとつと位置づけることが可能である。谷も今西研究班についてつぎのように述べている。

きわめて大風呂敷、つねに喧喧諤諤な議論が交わされたのだったが、生態学的な視点が基礎にあった。そしてこの共同研究で発表されたとりわけ注目すべき成果としては、中尾佐助の栽培植物起源論（『農耕と栽培植物の起源』（岩波新書）が挙げることができ、彼は、固有な稲作起源論、オセアニアの根菜文化論、そして照葉樹林文化論を展開した。そしてこれが、佐々木高明の照葉樹林文化論、日本の農耕文化の系統・起源論を促すだけでなく、日本民族学会での日本文化系統論に関与する人々、農学や遺伝学分野でアジアの農耕起源を問題とする人々にも大きな刺激を与えることになった（谷　二〇一〇：八）。

梅棹は、今西研究班に集う人々を引き継ぎつつ、あらたに若い研究者や院生をリクルートしていく。そしてほぼ毎週ひとつの研究会が開催されることになる。

残念ながら、今西の研究班も梅棹の研究班も、桑原の『ルソー研究』（一九五一年刊）や『フランス百科全書の研究』（一九五四年刊）のような成果を生みだしていないため、研究班の評価をすることは困難であるが、その方針について谷はつぎのように述べている。

自分の専門領域で手掛けたテーマに沿って、その成果を披露するといった近頃はやりの共同研究と違い、新しい共通課題のもと、新たな概念や新解釈を率直に出しあってそれらを検討、共通財産として敷衍して、新たな認識枠を構築するもの（以下略）（谷二〇一〇：八）。

類似の「証言」は佐々木（二〇一〇：二二）にも認められる。欧米に最新理論を紹介するような発表は徹底的にけなされ、化けの皮がはがされる。そして、研究会で餌食になる発表者はいつもきまって、「東方」からやってくるのだ。ただし、今西も梅棹の場合も、今日想定されるような研究会の成果論文集が編まれることはなかった。その理由は何か。たんに忙しかっただけか、別の形で（たとえば還暦記念集や学術調査隊の報告など）出版されたと解釈すべきか。それとも、これはわたしたちにとってより大きな問題でもあるが、今西や梅棹流の研究会は成果刊行には向いていない、ということなのか。かれらの研究会についての貢献に関しては、ほかの活動領域に比べると、あるいは桑原のような人物による活動と比べると、いまなお評価が定まっているとは言えない。

共同研究の特徴

人文研でおこなわれてきた共同研究会の特徴のひとつが越境性であろう。専門を異にする研究者集団が、あたらしい課題のもとでなにかを生みだそうとする試みは、明らかに学会での個人報告と異なっていた。学際的だからあたらしいものが生まれる。しかし、そのためには班員のあいだに信頼関係が必要であっただろうし、また、そのような信頼関係を築くためにも、さらに新しいなにかを達成するためにも時間をかける必要があった。ただし、気をつけなければならないのは、共同研究のコアとなる人びとは、共同研究においてのみ関係をもっていたわけではない。むしろ、幼なじみであったり、高校や大学時代の友人であったり、山岳部や探検部の同僚や先輩・後輩だったりして、すでに何重にも重なる社会関係で結ばれていた。さらに、今西らによって繰りかえし組織された海外遠征は、準備の段階から強い結束を必要としていた。共同研究という場は、そのような社会関係のひとつの現れだったと考えるべきであろう。

共同研究は登山と同じで、たとえ優秀な研究者が集まっても、緊密な人間関係ができなければ、すぐれた成果が期待できないのである（京都大学人文科学研究所編 一九七九：一二二）。

共同研究を活動の中心に位置付ける人文研は、講座（教授、助教授、助手、院生たちからなる）からなる学部と対比される。講座もまた内部には緊密な人間関係が存在していたが、その広がりは狭く、またヒエラルキカルなものであった。講座はひとつの利害集団であり、ほかの講座と関係したり、横に広がるネットワークが生まれたりすることはほとんどない（ないからこそ、学際などという言葉がもてはやされるとも解釈できる）。

講座制には、美点ももちろんありますけれども、そこからどうしても出てくる割拠主義、これを共同研究は打破する効果があるし、またそれは打破しなくてはならないのではないかと思います（桑原 一九八〇：四〇四）。

また、学際性という点で、梅棹は同じ共同研究でも「個別の研究分野を越えた共同研究班による共同研究」（文系）と「専門を同じうする複数の研究者による共同研究」（理系）（梅棹 一九九三：一三八）という相違を指摘している。理系の研究所や大学院で共同研究は存在したが、それは学際的とは言えなかった。それは、講座と同じくセクショナリズムに陥っていたのである。このため、「専門」からの脱却からははなはだ遠い所に位置していた。

写真 14-2　研究を記録したテープ
（人文科学研究所所蔵）

さて、研究会の成果は、通常論文集として公刊される。研究会という制度が特異なのは、欧文の論文集で長期のプロジェクトに基づくものは思ったより少ないということである。せいぜい準備期間をおいて会議やワークショップで報告をし、オーガナイザーたる編者らの意見に従って論文を加筆修正する、という過程を通じて論文集が生まれるのである。会議の準備にはもちろん一年くらいかけるかもしれないが、それ以上長くなることはないだろう。これにたいし研究会は、こうした準備期間に相当し、論文集の公刊までにまた一年くらいかかる。[10]

研究会の集合性に注目すると、ほぼ同じメンバーが毎回参加する研究会という形だけでなく、討論やアイディアの共有化という仕組みも重要である。それを支えるのが、討論を記録して次回の研究会で配布するという方法や、京大式カードの創出であろう。

もうひとつ無視できないのは、座談会という方法である。これもまた、共同研究の討論会の延長として位置付けることができる。今西や梅棹などの著作集には、かれらの座談の記録は含まれていないのが残念であるが、もっと評価すべき越境的実践かもしれない。それは文語と口語の、視覚と聴覚の、あるいは学術と民衆的世界という二つの世界を行き来する方法と言えるからである[11]。

桑原は、共同研究の意義について、より本質的なことを述べている。

日本の学者は、（中略）対話の精神を失っているのではないか。別の言葉でいえば、自分の信じていることをふまえて他人と自由に討論する、そうすることによって相互に作用し、自分が新しい考えをひらいてゆく、そういう意味での対話を共同研究は助長すると思います。そのためには研究の参加者がすべて対等であることが前提となります（桑原　一九八〇：四〇四）。

共同研究が対話を助長すると桑原は述べている。そのためには、ある程度時間をかけ、かつ頻繁に研究会を開く必要がある。

研究会の会合は、原則として毎週一回ひらかれるというのが、ちょうどよいのではないか。（中略）とくに東京その他の地方からの参加者も、できれば毎週出席してもらうことがのぞましいが、おそらくは困難であろうから、その人たちについては特例をもうけてもよい（梅棹　一九九三b：一四一―一四二）。

他方、対話的な共同世界がすでにあって研究会もまた成立するというのも事実である。そして、繰りかえすが、この共同世界は、研究会の外部や大学の外部へと広がっているのである。それは同時に弊害にもなるだろう。純粋な学術的理由からメンバーの選定ができず、固定化するだけでなくどんどん数が増えていくのである。梅棹が一九七〇年に二つの共同研究班をあらたに発足させた理由は、共同研究の運営の困難さを示唆していると言えないだろうか。

七　おわりに

今西と梅棹は、科学研究費補助金の制度が一九六三年に発足し海外渡航が一九六四年に自由化された後も、海外調査を企画・組織している。これらに探検という言葉はなかったが、その実態はこれまでの探検とさほど大きな相違はなかったであろう。この点で、海外渡航の緩和事態がすぐに調査の個人化といった事態を促すことはなかった。繰りかえすが、その理由のひとつは、科学研究費補助金の制度が集合的な海外調査に適していたということである。また、すでに見たように、共同研究や探検、海外学術調査を支える社会関係は、海外渡航の自由化や資金源の変化だけで変わるものではなく、特殊京都的であったと言える。京都大学では、文化人類学的な訓練は教室ではなくフィールドでおこなうべきだという考え方も根強く、これらも調査の集合性を継続することにつながったであろう。これは、同じフィールドワーク重視でもフィールドでインフォーマントから学べ、という考えとは微妙に異なることに留意したい。

状況はその後変わってきたのだろうか。ブッシュマン（現・サン族）やピグミーの調査などのように、同地域、同民族を集中的かつ長期的に調査をするという形をとる場合や、エチオピアなど集団性をある程度維持しながら単独での村落調査をおこなう場合が今日も認められるが、どちらの場合もある村落に移り住んで、じっくり腰を落ちつけて調査をするという点で、広域の探査を目的とする探検や学術調査とは異なってきた。

また、共同研究を支えていたような大学外部にまで広がる共同性は弱体化している。山岳部や探検部出身の学生はいまでもいるという意味で継続性はあるが、そのことが現代の京大の人類学において重要な役割を果たしているとは思われない。代わって、人間・環境学研究科やアジア・アフリカ地域研究科が研究者の養成機関となった。つまり、京大においても講座化が進むことになる。あえて言えば、講座を横断するような共同調査や共同研究がそのような共同性を生みだす場になりつつあると言うべきかもしれない。しかし、調査が講座を核におこなわれる場合、調査にそのような役割を求めることも困難になっている。同じことは共同研究にも当てはまる。共同研究の開催数が減ると、社会関係資本の育成自体が困難となる。その典型は年に五回前後しか開催されなくなった国立民族学博物館のような共同利用機関の研究会であろう。梅棹が当初毎週研究会を開催すべきだと考えていたことは、今日の状況を考えるときわめて驚くべきことである。京都大学の人類学を特徴づけていた密接な共同性は、今もなお年に一〇回以上開催される人文研の共同研究や京都人類学研究会などに認められるかもしれないが、それさえかつての、教育と調査と研究、そして広報が複雑に絡まったダイナミズムを認めることは難しいであろう。

注

1　詳しくはクーパー（二〇〇〇）を参照。
2　ローズ・リヴィングストン研究所については田中（二〇〇一）を参照。
3　関係個所は厳密には第一章「探検の前夜」の最初の二節「南から北へ」と「伝統」で共著となっているが、『梅棹忠夫著作集　第一巻　探検の時代』に収められているため、実際は梅棹が書いていると思われる。
4　アンデス地帯の調査について詳しくは、本書所収の関論文（第一三章）を参照。また東京大学の学術調査については東京大学編（一九九七）を参照。

5　ただし、今西は一九六五年に退官するため、最後の年は梅棹が代表を務めた。

6　同じ年であるが、川喜田は別のルートで白頭山に向かっている。

7　第三部の冒頭の章にあたる第一〇章の章題でもある。

8　一九二九年に発足する東方文化学院（一九三〇年東方学文化学院京都研究所、一九三八年に東方文化研究所に改名）、一九三四年ドイツ文化研究所（一九四五年に西洋文化研究所に改名）、一九三九年人文科学研究所が設置されている。これらが統合されて一九四九年に人文科学研究所が成立する。日本部、東方部、西洋部は、それぞれ旧人文科学研究所、東方文化研究所、西洋文化研究所に対応している。

9　二〇〇〇年から、日本部と西洋部は統合され、人文学研究部となり、現在は東方学研究部と二部制になっている。

10　その理由のひとつとして、外国では剽窃を恐れているという事情もあるかもしれない。これはある米国人研究者の意見である。数年もかけて自身の考え方を育て、しかもそれを発表や意見という形で明らかにしていくというのは、だれかに借用され論文を発表されるかもしれないと考えると、たいへん危険なことなのである。

11　桑原の以下のような共同研究についての「総括」もこうした越境性の胡散臭さを示している。「私どものやりました共同研究の内容よりも、そのやり方について、いろいろ批判のあることはよく承知しております。たとえば、研究をみな楽しそうにやっているという。これが批判になるのはおかしいのですが、日本の学会には禁欲主義みたいなものがあって、学問とはつらいこととみつけたり、ということでないといけないような空気がありますが、私はいやいややる学問にろくなものなしと考えております。それからサロン的である、おしゃべりにすぎない、という批判がある。なんとかにすぎないという表現は、傍観的な悪い表現だと私は思っておりますが、毎週金曜日のくるのが待ち遠しかったといった人がある。これはちっとも恥ずかしいことじゃありません。つぎに、共同研究といっても耳学問の集大成にすぎない、という批判があります。これは問題の根本にふれている。間接的知識の否定というのは立派な態度のようですが、あらゆることを現地へ行って、自分の眼でたしかめ、レジュメは一切信用せずに原典の最後のページまで読みおわらなければ一切発言しない、というのは宗教的態度であるかもしれませんが、近代の学問の方法ではありません。（中略）さきほど申しましたいろいろの批判、サロン的であるとか、遊びの要素があるとか、耳学問だとか、非専門的だとか、こういうことは学会用語ではマイナス記号、けなし言葉ですが、私は、これらのマイナスをそろえることによって、（中略）全部をプラスに転化しうるのではないかと思っております。」（桑原 一九八〇：四〇六―四〇七）

参照文献

浅井辰郎
一九四四「日本人」今西錦司編『ポナペ島――生態学的研究』彰考書院、三一五―三九八頁。

石毛直道
一九七〇「作品解説『ニューギニア探検記』」梅棹忠夫編『現代の冒険一　砂漠と密林を越えて』文芸春秋、四九八―五〇〇頁。

二〇一〇「梅棹研究室・一九六五〜七一年」谷泰・田中雅一編『人類学の誘惑――京都大学人文科学研究所社会人類学部門の五〇年』京都大学人文科学研究所、一一一―一一六頁。

今西錦司編
一九四四『ポナペ島――生態学的研究』彰考書院。

一九五二『大興安嶺探検――一九四二年探検隊報告』毎日新聞社。

梅棹忠夫
一九四四「紀行」今西錦司編『ポナペ島――生態学的研究』彰考書院、三九九―四八九頁。

一九七二「朝日講座『探検と冒険』について」朝日新聞社編『朝日講座　探検と冒険一』朝日新聞社、一一―一二頁。

一九九〇（一九四四）「南洋紀行」『梅棹忠夫著作集　第一巻　探検の時代』中央公論社、一〇五―二〇一頁。

一九九三a「人文でえたもの」『梅棹忠夫著作集　第二二巻』中央公論社、七七―一〇八頁。

一九九三（一九七六）b「国立民族学博物館における研究のありかたについて」『梅棹忠夫著作集　第二二巻』中央公論社一〇九―一六六頁。

梅棹忠夫・吉良龍夫

一九五二「南から北へ」「伝統」今西錦司編『大興安嶺探検――一九四二年探検隊報告』毎日新聞社、一―一六頁。
梅棹忠夫・本多勝一
一九七〇「『砂漠と密林を越えて』について」梅棹忠夫編『現代の冒険一　砂漠と密林を越えて』文芸春秋社、五〇五―五一八頁。
京都大学人文科学研究所編
一九七九『人文科学研究所五〇年』京都大学人文科学研究所。
クーパー、アダム（鈴木清史訳）
二〇〇〇『人類学の歴史――人類学と人類学者』明石書店。
桑原武夫
一九八〇（一九六六）「人文科学における共同研究――京都大学退官記念講演」『桑原武夫集 七』岩波書店、三八一―四〇八頁。
桑原武夫・川喜田二郎・梅棹忠夫・京大探検部
一九五六「探検と京都――座談会」『探検』〇：一―五頁。
佐々木高明
二〇一〇「今西研究班と照葉樹林文化」谷泰・田中雅一編『人類学の誘惑――京都大学人文科学研究所社会人類学部門の五〇年』京都大学人文科学研究所、二一一―二二三頁。
瀬戸口烈司
二〇〇六「まえがき」京大探検の会編『部創設五〇周年記念出版　京大探検部【一九五六―二〇〇六】』新樹社、一三―二〇頁。
田中雅一
二〇〇一「英国における実用人類学の系譜――ローズ・リヴィングストン研究所をめぐって」『人文学報』八四：八三―一〇九頁。
谷　泰
二〇一〇「若手養成機関なき三三年」谷泰・田中雅一編『人類学の誘惑――京都大学人文科学研究所社会人類学部門の五〇年』京都大学人文科学研究所、七―一一頁。
谷　泰・田中雅一編

二〇一〇『人類学の誘惑――京都大学人文科学研究所社会人類学部門の五〇年』京都大学人文科学研究所。
東京大学編
一九九七『精神のエクスペディシオン』（東京大学創立百二十周年記念東京大学展：学問の過去・現在・未来　第二部）東京大学出版会。
長沢和俊
一九七三『日本人の冒険と探検』白水社。
本多勝一
一九七二「ニセモノの探検や冒険を排す」朝日新聞社編『探検と冒険　七』朝日新聞社、一三一―二六頁。
一九八六（一九六三）「イギリスの大学探検部」『冒険と日本人』朝日文庫。

※社会人類学部門を主体とした事項

関連のフィールド調査・探検	共同研究	歴代在職研究者※
第一次中国旅行団		
華北石窟寺院調査		
内蒙古調査（隊長・木原均、今西錦司など） 雲岡石窟調査（水野清一、長広敏雄を中心に 44 年まで7回調査）		
内蒙古調査（今西錦司、森下正明など）⇒『草原行』1946		
探検地理学会樺太踏査（隊長・藤本武）		
ポナペ島調査（隊長・今西錦司）		
北部大興安嶺探検（隊長・今西錦司）		
内蒙古調査（西北研究所所長・今西錦司）		
奈良県平野村総合村落調査（今西錦司、梅棹忠夫など）		
	桑原共同研究班『ルソー研究』(1949-50) ⇒『ルソー研究』1951	
京都山岳連盟屋久島踏査隊（隊長・今西錦司）	桑原共同研究班『フランス百科全書の研究』(1950-53) ⇒『フランス百科全書の研究』1954	
		今西錦司
		藤岡喜愛
日本山岳会ネパール・ヒマラヤ学術調査（隊長・今西錦司）		
日本山岳会ネパール・ヒマラヤ学術調査		
京都大学カラコラム・ヒンズークシ学術探検隊（隊長・木原均、カラコラム支隊長・今西錦司）		
京都大学・パンジャブ大学合同東部ヒンズークシ探検隊（隊長・藤田和夫） 京都大学イラン学術調査隊（隊長・吉田光邦）⇒『沙漠と高原の国』1975		
京都大学・パンジャブ大学合同スワート・ヒマラヤ探検隊（隊長・松下進）⇒『知られざるヒマラヤ』1958、『スワート・ヒンズークシ紀行』1958 第1次大阪市立大学東南アジア学術調査隊　（隊長・梅棹忠夫）　第1次東南アジア稲作民族文化総合調査（隊長・松本信廣）	**今西共同研究班「霊長類におけるカルチュアとパーソナリティ」(1957-62)**	
今西錦司、アフリカ類人猿調査開始		
第１次京都大学イラン・アフガニスタン・パキスタン学術調査隊（代表・水野清一）、以後 68 年まで７次にわたって派遣⇒『京大イアパ学術調査報告』1962-78		
京都大学トンガ王国学術調査隊（隊長・薮内芳彦）⇒『トンガ王国探検記』1963 第2次東南アジア稲作民族文化総合調査		谷　泰
第１次京都大学アフリカ類人猿学術調査隊（隊長・今西錦司）⇒『アフリカ社会の研究 1968 第2次大阪市立大学東南アジア学術調査隊（隊長・岩田慶治） 京都大学探検部チモール島調査隊（隊長・中澤圭二）⇒『忘れられた南の島』1963		
大阪市立大学・京都大学合同カンボジャ学術調査隊（隊長・石井健一）		
第２次京都大学アフリカ学術調査隊（隊長・今西錦司） 京都大学ボルネオ学術調査隊（隊長・平野実） 京都大学西イリアン学術探検隊予備踏査隊（主催は生物誌研究会、隊長・加藤泰安）⇒『ニューギニア中央高地』1977 第3次東南アジア稲作民族文化総合調査（隊長・川喜田二郎）	**今西共同研究班「人類の比較社会学的研究」(1963-66 最終年度は梅棹)**	
第３次京都大学アフリカ学術調査隊（隊長・今西錦司）		

表14-1　京大人類学年表（[谷・田中編　2010] より一部修正）

年代	日本と人類学関連の動き	人文科学研究所関係の動き
1895	鳥居龍蔵　遼東半島調査	
1896	鳥居龍蔵　台湾調査	
1902	第一次大谷探検隊（1902-14）	
1904	日露戦争開始	
1922	『西太平洋の遠洋航海者』、 『アンダマン島民』出版	
1929		東方文化学院設立
1930		東方文化学院京都研究所開所
1931	画家土方久功のサタワル滞在（1931-38）	
1933	澁澤敬三が立ち上げたアチック・ミューゼアム新館竣工	
1934		水曜談話会（1934-38）ドイツ文化研究所発足
1935		
1936	第1回日本人類学会・日本民族学会連合大会開催	
1938		東方文化研究所に改名
1939		旧人文科学研究所設置　京都探検地理学会発会
1940		
1941		東方文化研究所が興亜院に移管、42年に大東亜省に移管
1942		
1944		中国・張家口に西北研究所設立
1945	敗戦	ドイツ文化研究所が西洋文化研究所に改名
1946		旧人文科学研究所改組、アジア部とアメリカ部の2部体制となる
1947		桑原武夫就任
1948		自然史学会発会（会長・今西錦司）、会誌『自然と文化』を発行
1949		人文科学、東方文化、西洋文化の3研究所が統合され、 新制人文科学研究所設置
1950		
1951		生物誌研究会発会
1952	講和条約	
1953	河出書房『世界探検紀行全集』（1953-55）	
1955		
1956		京大探検部発足（芦田譲治部長、顧問に今西錦司、桑原武夫） 財団法人日本モンキーセンター発足
1957		
1958		
1959		**人文科学研究所に社会人類学部門創設**
1960		
1961		
1962		京大理学部動物学教室に自然人類学講座創設、 今西錦司が理学部教授を併任 京都大学アフリカ研究会発会
1963		文部省科学研究費補助金海外学術調査設置　第4次イラン・アフガニスタン・パキスタン学術調査（水野清一代表）、第2次アフリカ学術調査（今西錦司代表）の2件が京大から採択　京都大学東南アジア研究センター創設
1964	海外渡航自由化　東京オリンピック	京都大学人類学研究会（近衛ロンド）発会

※社会人類学部門を主体とした事項

関連のフィールド調査・探検	共同研究	歴代在職研究者※
		梅棹忠夫　石毛直道
	梅棹共同研究班「重層社会の人類学的研究」（1966-69）	
第1次京都大学ヨーロッパ学術調査隊（隊長・桑原武夫）⇒『ヨーロッパの社会と文化』1977 京都大学大サハラ学術探検隊（隊長・山下孝介）		
京都大学アンデス学術調査隊（隊長・中島暢太郎）		
第２次京都大学ヨーロッパ学術調査隊（隊長・会田雄次）	梅棹共同研究班「文明の比較社会人類学的研究」（1969-1974） 藤岡共同研究班「現代における知識の意味」（1969-1974 ⇒ 72 より竹内成明、73 より樺山紘一）	
	梅棹共同研究班「アフリカ社会の研究」（1970-1974） 梅棹共同研究班「理論人類学研究」（1970-1974 ）	
		松原正毅
第３次京都大学ヨーロッパ学術調査隊（隊長・会田雄次）		野村雅一
	谷共同研究班「社会と文化の比較人類学的研究」（1974-75） 谷共同研究班「人類学における方法論の研究」（1974-77）⇒『人類学方法論の研究』1979	谷　泰
	谷共同研究班「社会編成の比較人類学的研究」（1975-78）	
予備調査ユーラシア西南部有畜農耕社会の比較文化研究（代表・谷泰）	谷共同研究班「生活様式と関係行動」（1977-80）	
第１次ユーラシア西南部有畜農耕社会の比較文化研究（代表・谷泰）		
第２次ユーラシア西南部有畜農耕社会の比較文化研究（代表・谷泰）		
	谷共同研究班「場面行動の通文化比較」（1981-85）⇒『社会的相互行為の研究』1987	
第３次ユーラシア西南部有畜農耕社会の比較文化研究（代表・谷泰）		
青蔵高原揚子江源流域・唐古拉山脈学術登山隊（隊長・松本征夫）⇒『遥かなる揚子江源流』1987		
	谷共同研究班「民族誌の方法をめぐって」（1986-90）⇒『文化を読む』1991	
	田中共同研究班「儀礼的暴力の研究」（1990-1994）⇒『暴力の文化人類学』1998	
	谷共同研究班「コミュニケーションの自然誌」（1991-1994）	
	谷共同研究班「コミュニケーションの自然誌II」（1994-1997）⇒『コミュニケーションの自然誌』1997 田中共同研究班「主体・自己・情動構築の文化的特質」（1994-1998）⇒『ミクロ人類学の実践』2006	
	山路勝彦（客員）共同研究班「植民地主義と人類学」（1997-2000）⇒『植民地主義と人類学』2002	

年代	日本と人類学関連の動き	人文科学研究所関係の動き
1965		『人類学研究』発刊 京都大学東南アジア研究センター設置
1966		**Kyoto University African Studies　第 1 巻刊行**
1967		京都大学霊長類研究所設置
1968		日本万国博覧会世界民族資料調査収集団編成
1969		
1970	大阪で日本万国博覧会開催 文芸春秋『現代の冒険』全 8 巻公刊	**『季刊人類学』創刊**
1971		
1972	『朝日講座　探検と冒険』全8巻公刊	
1974	国立民族学博物館創設（館長・梅棹忠夫）	
1975	沖縄国際海洋博覧会開催	東一条に人文科学研究所新館落成
1976		
1977	国立民族学博物館開館	
1978		
1980		
1981	神戸ポートアイランド博覧会（ポートピア博）開催	
1982		
1983		
1985		
1986		京都大学アフリカ地域研究センター設置
1988		
1990	大阪で国際花と緑の博覧会（花博）開催	
1991		
1993		京都大学大学院人間・環境学研究科文化人類学講座発足
1994		
1996		近衛ロンドに代わり京都人類学研究会発会
1997		
1998		
2000		人文科学研究所改組、西洋部と日本部が人文学研究部となり、社会人類学部門は文化研究創成研究部門人類誌分野（人文学研究部）に改称
2002	京都大学総合博物館で今西錦司生誕 100 周年記念 「今西錦司の世界」展開催	

第一五章　日本人類学と視覚的マスメディア

——大衆アカデミズムにみる民族誌的断片

飯田　卓

本章では、主として視覚メディアに登場する異文化についての記述や表象をとりあげながら、マスメディアをめぐる状況の変化と日本の人類学の発展との関わりを概観する。本章でとりあげる記述や表象は、いわゆるエロ・グロ・ナンセンスに属するものも含んでおり、学術的な記述からほど遠いものも少なくない。こうした「民族誌的断片」とでも呼ぶべきことがらに着目する本章は、本来の意味での学史ではない。しかし、アカデミズムの周辺に着目しながらアカデミズムの発展を全体的に把握する作業は、人類学史の議論にも不可欠だろう。

以下では、江戸時代以降のメディア史をたどりながら、各時代ごとに特徴的なメディアにおいて民族誌的断片がどのように登場するか、あるいは人類学者がどのように関わったかを述べていく。「江戸後期」の節では主として整版印刷、「江戸から明治へ」では物産会と展示、「明治大正期」では、活版印刷の本文と整版印刷の付録をともなった新聞をとりあげる。それぞれの時代とメディアにおいて、マスメディアが人類学界と受容者をとりもつようすを、人類学史を参照しながらみていく。

時代が現代に近づくと、メディアが多様化し、特定のメディアだけに記述を代表させることは困難である。「大正から昭和へ」ではグラビア印刷をともなった出版や雑誌を手がかりとし、「第二次世界大戦後」では映画や新聞を手がかりとしながら、幅広いメディアに目配りすることで、時代ごとのメディア状況を概括し、人類学の動きを追ってみたい。

一　はじめに——民族誌的断片の重要性

国立民族学博物館に、一冊の奇書が所蔵されている。題して『犯罪科學別巻　異狀風俗史料研究號』、昭和六年の刊行である（写真一五—一）。その巻頭言に、以下のようなくだりがある。

アフリカに現住する野蠻民族の裸體、また半裸體の生活は、彼等の簡單な、また簡單すぎる服飾と同樣に、彼等の生活も簡單である。この簡單な生活と、複雜な文化人の生活とは一點の共通點も見出せないかの如き有樣でありながら、深く觀察すれば、そこに共通する一直線を發見する事が出來る。この一直線こそ、文化人の昔の姿であり、人類の原始民族の姿である、この二點を結ぶ一直線の研究は、文化の健全なる認識と、明日への正しき延長の暗示である。この場合必要なものは、現代に於て最も異狀なる存在である野蠻人の研究である（犯罪科學編　一九三一：七九）。

写真 15-1　『異状風俗資料研究號』の表紙

この文章は、矛盾だらけにみえる。日本とアフリカの距離を超えて広がる人間性を称揚するかと思えば、あからさまな差別観が表明されている。また、健全なる文化の発展は、「異状な」ものの研究にもとづくのだともいっている。この文章が掲げられた本の口絵を見れば、アフリカ女性やヨーロッパ女性の裸体写真が多数載っている。いっぽうで、男性を写した全身写真はない。研究書の体裁をとってはいるが、ポルノグラフィとして読まれたもののようである。本の題名からして、部屋の片隅でこっそり読むことを奨励しているようだ。上に引用した巻頭言も、研究書という体裁とポルノグラフィという内容を調和させようとして、苦しまぎれに編みだされたものだろう。

しかしそれだけなら、奇妙なポルノグラフィというだけで、本稿でとりあげるにはおよばない。特筆したいのは、その執筆陣の絢爛さである。西村眞次「日本古代犯罪」、中山太郎「本朝變態葬禮史」、伊波普猷「布哇物語」、今和次郎「服飾のグロ」。当時の錚々たる民族学者や民俗学者が名を連ねている。もちろん、それぞれの記事は、それなりに学術的な内容をそなえている。それにしても、彼ら気鋭の学者らは、なぜかくもディレッタントな出版物に寄稿したのだろうか。

原稿料を稼ぐためだったかもしれない。あるいは、あらたな読者層を開拓するためだったかもしれない。一九三一年といえば、満州事変が起こる年である。暗い世相に入りはじめる時期ではあるが、文化的には、大衆が担う昭和モダニズムの活気に満ちていた（吉見編 二〇〇二）。そのことは、上記の巻頭言にも感じることができる。研究者たちは、世相の変化を敏感に感じとりつつ、活動の場を見いだしてきた。そしてそのことは、この二一世紀の学問の土台ともなったはずなのである。

大衆／限界アカデミズムという領域

上記のようなエロ・グロ・ナンセンスに属する記述は、これまで人類学史の対象になったとしても、異文化表象の政治性という観点からとらえられることが多かった。しかし本章では、これを人類学形成の歴史という観点からとらえたい。あらゆる学問は、それが成立した時代的制約のもとで展開し、変化してきたはずだからである。さらにこんにち、論壇のリーダーが学界のみならず各界の実力者から選抜されるような状況では（竹内 二〇〇八）、似非アカデミズムとしかとらえられないようなことがらからアカデミズムを省察することも、アカデミズムの発展に大きな意味をもつ。

とりわけ人類学に関わる知識や情報は、プロフェッショナルな人類学者でなくとも、たとえば異文化を見聞してきた旅行者が日常的にとりあげうる話題である。ここでは、そうした話題を「民族誌的断片」と呼び、話題の流通する範囲を「大衆アカデミズム」「限界アカデミズム」と呼ぶ。そして、これらを、広義の人類学史に関わる動きとして考察したい。ここでいう限界アカデミズムとは、限界芸術という概念を提唱した鶴見俊輔にしたがった用語である。鶴見は、限界芸術について次のように述べる。

経験全体の中にとけこむような仕方で美的経験があり、また美的経験の広大な領域の中のほんのわずかな部分として芸術がある。さらにその芸術という領域の中のほんの一部分としていわゆる「芸術」作品がある。いいかえれば、美が経験一般の中に深く根をもっていることと対応して、芸術もまた、生活そのもののなかに深く根をもっている（鶴見 一九九九：一三）。

今日の用語法で「芸術」とよばれている作品を、「純粋芸術」(Pure Art) とよびかえることとし、この純粋芸術にくらべると俗悪なもの、非芸術的なもの、ニセモノ芸術と考えられている作品を「大衆芸術」(Popular Art) と呼ぶこととし、両者よりもさらに広大な領域で芸術と生活との境界線にあたる作品を「限界芸術」(Marginal Art) と呼ぶことにして見よう。純粋芸術は、専門的芸術家によってつくられ、それぞれの専門種目の作品の系列にたいして親しみをもつ専門的享受者をもつ。大衆芸術は、これもまた専門的芸術家によってつくられはするが、制作過程はむしろ企業家と専門的芸術家の合作の形をとり、その享受者としては大衆をもつ。限界芸術は、非専門的芸術家によってつくられ、非専門的享受者によって享受される（鶴見 一九九九：一四―一五）。

鶴見のいう「美的経験」を知的経験、「芸術」をアカデミズムに置きかえれば、筆者のいう大衆アカデミズムや限界アカデミズムの意味は明らかだと思う。人類学的著作の場合、執筆の段階においてすでに専門的人類学者と現地インフォーマントの共同作業がおこなわれていることが多いが、この場合もつくり手は専門的人類学者とみなし、本章ではあえてとりあげない。

本章の目的は、メディア状況が技術的要因などによって変化するにつれ、大衆アカデミズムの関心がいかに移りかわったかを鳥瞰図的に示すことにある。メディア研究でしばしば指摘されるのは、メディアの変化が大衆の関心や社会のありかたを大きく動かしてきたことである。そしてメディアの変化は、メディア政策といった社会的要因のほか、複製技術や記録技術、通信技術、流通機構の整備といった技術的要因とも大きな関係がある（佐藤卓巳 一九九八、水越 二〇〇二）。本章ではそうしたメディア研究の考えかたにもとづいて、比較的広範な時代における大衆アカデミズムにアプローチしたい。広範な時代をあつかう結果、個々のテーマに関してはじゅうぶんな鳥瞰を得られていない点があると思われるが、現時点では、広範な時代を扱うことで浮かびあがる問題も多いと判断した。

また、広範な時代のすべてのメディアを同じ精度でとりあげることはできないので、今回は、視覚的なメディアにとくに注意を向けることにした。文字を使った書籍や新聞も視覚メディアと呼ばれることがあるが、本稿における視覚メディアは図版や写真、映画、展示など、文字以外の視覚情報を主として用いるメディアである。新聞や雑誌など文字の多いメディアも、視覚メディアとの関連でとりあげる。このように視覚メディアを重視するのは、それが日本人類学史においてほとんど問題視されなかったこと、また、文化人類学の発展期においては映画やテレビ、博覧会などの視覚的マスメディアの役割が大きかったと思えることによる。

本来ならば、限界アカデミズムにおける民族誌的断片もあつかいたいところだが、今回はその準備段階として、とくに大衆アカデミズムに大きく焦点をあてる。ただし、人類学という制度が確立する明治期以前の段階では、限界アカデミズムの領域にも言及することになる。

先行研究

筆者らはすでに、共同研究の場において、人類学者の得た知識がマスメディアで流布し、それが消化される過程で脚色されることについて論じてきた（飯田・原編 二〇〇五、白川 二〇〇六）。すなわちアカデミックな民族誌的著作は、マスメディアが強大な力をもつこんにち、他の紀行文や写真記事、テレビ番組などとの比較において受容されていく。このことは、今後の人類学や民族誌の普及という、実践的な観点からも重要な意味を帯びるはずである。しかし、マスメディアの発展という時間軸に沿った検討を共同研究会ではおこなわなかったため、その意義は十全に提示できたとはいいがたい。

人類学がメディア状況に制約されつつ徐々に自己形成をとげてきたことは、とくに欧米の人類学史的研究で、これまで明らかにされてきた。あえてメディアごとに分類してみると、たとえば映画についてはGrimshaw（2001）や

Griffith（2002）が、展示や博覧会についてはStockings（1987）やAmes（1992）、Coombes（1994）らが明らかにしている。欧米の展示や博覧会については、日本でも好著が出されている（吉田 一九九九、竹沢 二〇〇一）。

ところが、日本の人類学がメディア状況のなかでどのように自己形成をとげてきたかということについては、まだまだ論ずべきことが多い。とりわけ戦後期における文化人類学の発展を論ずるためには、メディア状況だけでなく、民主主義の普及や大衆文化の関係を広く戦前期から検討する必要があろう。

こうした作業は緒についたばかりである。すでに内国勧業博覧会や植民地博覧会と人類学の関係については松田（二〇〇三）や山路（二〇〇八）が、日本の学術探検と人類学の関係については山路（二〇〇六）や田中（本書所収）が、日本映画と人類学の関係については藤井（二〇〇三）や飯田（二〇一〇）が、日本映画と学術探検と人類学の三者関係については飯田（二〇〇七）が論考を出してはいる。しかし、この分野はたんに人類学史の領域におさまるものではなく、日本近代史や近世史、文化史（美術史や映画史）、カルチュラル・スタディーズなどとも連携する余地があり、広大な裾野をもっている（佐藤健二 一九八七も参照）。それがどれほど広大であるかは、本稿からも理解できるはずである。

二　江戸後期——出版メディアと人類学

日本における印刷技術の発展

人類学と各種マスメディアの関係を考えるにあたり、まず着目すべきは、諸学問ともっとも関わりの深い出版メディアであろう。西欧では、主として一八世紀の啓蒙主義時代以降、さまざまな学問が出版メディアと手をとりながら発達してきた（長谷川 二〇〇三、今田 一九七七、吉見 一九九四）。このことを考えれば、とりたてて人類学史の立場から出版メディアを論ずる余地は、いっけん少ないようにみえる。

しかし、見かたを変えてみよう。人類学の、少なくともその初期の重要課題は、異文化の理解にあった。日本人類学が成立する以前にも、異文化への関心が連綿と続いてきたとすれば、その前史を出版メディアとの関わりからとらえることが可能なのではないだろうか。

日本社会に関連するもののなかでは、さしずめ『魏志倭人伝』が民族誌的記述のはしりと考えられる。もちろん、その記述は断片的で、近代人類学の方法論からみればあまり学術的とはいえない。しかし、まさしくそうした記述にこそ、マスメディアと人類学の関係を考える格好の材料があるはずなのである。なぜなら、マスメディアによって普及した考えかたは、学術的な関心となかば独立しながら学問をかたどる可能性があるからだ。とはいえ、『魏志倭人伝』そのものは、日本人類学史について多くを語らない。この本は書写によって流布したものであり、出版によって多くの読者を得るようになるのは、公刊よりずっと後の時代である。出版というかたちで民族誌的断片が公刊されるような、後代のマスメディア状況に着目するのが先決だろう。その意味では、江戸時代以降に着目するのが妥当と思われる。

日本ではすでに平安末期、宋からの技術的影響を受けて、印刷が盛んになりつつあった。しかし、活字を組む活版印刷ではなく、木板に文章や図像をそのまま刻みこむ整版印刷であり、大量印刷に適したものとはいいがたい。また、印刷されたものの多くは仏典であり、思想や文芸に関わるものは少なかった。室町中期頃から、堺などの港町や城下町で医学書や漢籍が刊行されるようになり、朝鮮出兵やイエズス会の活動をとおして金属活字が普及する（中根勝 一九九九）。われわれが読みなれている明朝体は、この頃から改良を重ねられたものである（印刷史研究会 二〇〇〇）。出版をとおして大量の情報が流通しはじめるのは、この頃からと考えてよいだろう。

江戸後期に出版された民族誌的断片

中根勝（一九九九：一五一）によれば、日本の読書人口とともに刊行種目がとくに増え、再版が重ねられるのは寛永年間（一六二四―四四）からである。この時期、他に先駆けていた京都にくわえ、江戸と大坂の本屋が力をつけるようになった。これにともない、書籍の広域流通が一般化し、書籍に関わる広告も増加した（長友 二〇〇二、中野 二〇〇五）。この時期から明治期初期までは、活版が一時的にすたれて整版が主流となる。ただしこれは、安定した読者層がロングセラーを読むようになるためであり、それ以前のように出版活動が限定されたためではない（彌吉 一九八九：九四―九五）。

そうした状況における民族誌的断片として、洋学関係の絵入りの出版物がある。大槻玄沢の『蘭説弁惑 磐水夜話』（菊池 一九七九、刊行は一七九九）や、森島中良の『紅毛雑話』（菊池 一九八〇、刊行は一七八七）は、オランダ人のもたらした珍品にくわえて、オランダ人自身の食生活や服装、葬儀、身辺の品々などを絵入りで紹介している。記述のなかには、「オランダ人には踵がない」などの誤解も散見される。そうした誤解もまた、オランダ人の習俗についての知識とともに、鎖国中の日本人に広く普及したのである。

これらの民族誌的断片がさし絵入りで紹介されているのは、読書人口が増え、整版による大量印刷が採算に合うようになったためである。活版ならば、図版の印刷にコストがかかり、必ずしも広く流通しなかっただろう。また、舶来品や異国の習俗をさし絵とともに読めることは、読者の獲得に大きく寄与したはずである。初期のマスメディアで流通した民族誌的断片が、このように視覚的表現をとっていたことは重要である。というのは、民族誌的知識の受容においては、古今東西をとわず、視覚的なメディアがしばしば大きな役割をはたすと考えられるからである。

もちろん、江戸中期に栄えた整版印刷というニューメディアによって、当時の日本人がどのていど異文化に対して関心を高めたのか、さらなる考証の余地がある。当時の出版のなかでは、上記のような蘭学者による学術書はけっして主流ではなく、草紙（草双紙）や一枚絵（錦絵、瓦版）などさまざまな出版形態があった（吉田・マック編 一九九七も参照）。これらの出版物は、学術書よりも大衆に対する影響力があり、瓦版などは明治以降の新聞メディアへと連なっていく。これらの史料についての詳しい検討がおこなわれてはじめて、当時の日本大衆による民族誌的断片の受容が実証されたことになろう。

その後の時代への影響

ただし、蘭学者による視覚的な出版がその後の時代にも影響したことは、間接的に示すことができる。洋学流行がひと段落した時代、日本各地を踏破・記録した初期の民族誌家たちは、そろって絵心に秀でた人たちだった。『菅江真澄遊覧記』の菅江真澄（内田・宮本編 二〇〇〇、執筆は一七八三―一八一四年頃）、『南島雑話』の名越左源太（國分・恵良 一九八四、執筆は一八五二―五五年頃）、『蝦夷日誌』の松浦武四郎（正宗編 一九二八―二九、執筆は一八五九―六五年頃）などである。これらの著作は、けっして広範な読者の目にふれたものではないが、その再評価の過程では、文化人類学や民俗学への関心を喚起した可能性が高い[1]。

坪井正五郎はじめ、一八八四年に発足した東京人類学会の会員たちも、ものの形状や図像などを熱心に報告している（日本人類学会編 一九八〇、坪井 一九〇七）。このことは、文化人類学の成立との関わりで、もっと議論されてよい（本書角南論文参照）。また、この会の会誌であった『人類學會報告』（のちに『東京人類學會報告』『東京人類學雑誌』『人類學雑誌』へと改称）は、学界と出版業界のたくみな連携の産物である。この雑誌の発行者である神田孝平は、『人類學會報告』の時代に「編集并出版人」、『東京人類學會報告』の時代に「持主并印刷人」と名乗っていたが、一八八七年からは「會長」となり、同時に雑誌の発行（「發賣所」）は哲学書院に移されている。神田は、欧米の経済学や法学、数学を紹介した人だが、職業としては兵庫県令や元老院議官を務めた行政官で、のちに貴族院議員に勅選で選ばれた

（本庄編　一九七三）。「江戸から明治へ」の節で述べるように、東京人類学会が設立された一八八四年、神田は自身のコレクション図録を出版しており、出版の実務にも通暁していたと推測される。(2) このように出版に詳しい者が学会をサポートするやりかたは、昭和に入って、『ドルメン』や『民族學研究』を発行した岡書院の例にもみられる。いうまでもなく、岡書院の店主 岡茂雄は、民族学者 岡正雄の実兄にあたる。

三　江戸から明治へ——物産会と展示

初期展示としての物産会

博覧会や博物館にみられる展示は、視覚的なマスメディアのなかでも、西欧や日本の近代化を推進するうえで重要な役割をはたしてきた。このことについて、吉見俊哉は次のように述べる。

博物学的なまなざしの場においては、伝聞の類はもちろんのこと、味や臭い、肌ざわりといった視覚以外の不安定な感覚要素はすべて排除されていく。しかも、視覚のなかでも色彩には二次的な役割しか与えられず、表面の形態や要素の数、要素間の配置、大きさなどに特権性が与えられていくのだ。博物学は、「発見」された世界を、その厳密に遠隔的で限定的な視覚の力によってまなざしたのである。おそらく、こうした視覚の特権化は、マーシャル・マクルーハンが論じたように、活字印刷の普及を前提としたものであった（吉見　一九九二：一一）。

この見解は、日本の状況についてもおおよそあてはまり、とくに明治以降の博物館展示の傾向をよくあらわしている。また、出版と展示という異なる起源のメディアが博物学という学問によって利用され、そのありかたを限定していくという見かたも至当である。ただし、明治初期にこの動きに関わった当事者たちは、視覚イメージを中心とした西欧的展示のありかたにとらわれていたわけではない。このことは後段で述べることにして、ここでは、展示と出版を利用しながら展開した博物学のことを確認するにとどめよう。

日本における初期の展示の例としては、田村元雄（藍水）や平賀源内（鳩渓）らの物産会《ぶっさんえ》がしばしばひき合いに出される。彼らの催した物産会は、薬品会とも呼ばれ、薬効のある動植鉱物を賛同者たちがもち寄って展示するというものだった。これは、明らかに、中国に起源する本草学の領域である。日本において、洋学と本草学は同時期に興隆した学問であり、蘭学者 杉田玄白と本草家 平賀源内の交流が盛んだったことはよく知られている。また、杉田とともに『解体新書』を訳出した中川淳庵は、平賀と同じく田村の門弟であった（芳賀 一九八九）。田村や平賀が江戸の湯島で最初の物産会を催したのは一七五七（宝暦七）年で、『蘭説弁惑』や『紅毛雑話』より少し早いが、整版印刷による大量出版はすでに定着していた。また平賀は、物産会の出品物をまとめて『物類品隲』（杉本 一九七二）を出版している。本草学は、欧米の博物学が本格的に輸入される以前から、展示と出版を利用しながらたくみに自己発展をとげていたのである。

本草学は、明治期に欧米の博物学（ナチュラル・ヒストリー）と結びついて独特の発展をとげた（上野 一九九〇）。それと同じように、アンスロポロジーやアーケオロジーに結びつく情報交換の場が、江戸後期から明治初期にかけて胎動を始めていた。鈴木（二〇〇三）は、それに関わる人びとを「好古家」と呼んでいる。彼らの活動は、一八世紀のあいだはそれほど顕著でないものの、幕末の頃には活況を呈してくる。たとえば、御雇外国人として東京大学理学部動物学教室に着任し、そこを拠点として人類学や考古学の論文も発表したエドワード・S・モースが、次のように書いている。

蜷川［式胤］を通じて、私は蒐集家及び蒐集に関する、面白い話を沢山聞いた。日本人が数百年間にわたって、蒐集と蒐集熱とを持っていたのは興味がある。彼は、日本人は外国人ほど専門的の蒐集をしないといったが、私の見聞から判断しても、日本人は外国人に比して系統的、科学的でなく、一般に事物の時代と場所とに就て、好奇心も持たず、また正確を重んじない。蜷川の友人達には、陶器、磁器、貨幣、刀剣、カケモノ（絵）、錦襴の切、石器、屋根瓦等を、それぞれ蒐集している者がある。（中略）彼は、甲冑を集めている人は知らなかった。貝殻、珊瑚、及びそれに類した物を集める人も僅かある。上述した色々な物すべてに関する本は、沢山ある（モース　一九七〇：二四四、蜷川　一九八八も参照）。

欧米のコレクションのように科学的ではなかったが、本草学の対象に収まりきらないようなさまざまな事物が、一部とはいえ、当時人びとの関心を集めていたのである。その多くは、歴史や美術史に関わる事物だが、石器のように考古学や人類学に連なる事物もある。これら事物の蒐集家を鈴木（二〇〇三：一六二―一七二）は「好古家」と呼び、彼らが結社を組織して定期的に会合を開いていたと指摘している。鈴木のあげるものだけでも、全国的な考古学会として Nature 誌に紹介された古物会、京都の以文会や江戸の耽奇会、鉱物類にまじって石器や勾玉をあつかう弄石社、各種の書画会などがあった。先に紹介した田村元雄らの物産会も、会友（社友）によって支えられていたようである。つまり、展示会は結社会合ないし学会大会の性格をもっていたわけだ。したがって、好古家たちの催す物産会や骨董会は、明治以後の物産会と異なり、主催者と出品者、観覧者が相互に切り離されていない。また、視覚イメージのもとに世界の見かたを再編するような強力な場でもなかった。こうした日本的なありかたの展示会ないし学会が、分野を問わず明治初期には栄えていたのである。

人類学的好古家たち

好古家たちと人類学とのかかわりは、たとえば一八七一（明治四）年五月に大学南校物産局が招魂社（現在の靖国神社）境内で催した物産会のようすから推測できる。大学南校とは、江戸幕府が洋学普及のため一八五七（安政四）年に開設した蕃書調所《ばんしょしらべしょ》ならびにその後身の開成所、開成学校がさらに改組されたもので、一八七七（明治一〇）年には医学校の後身である大学東校と合併して東京大学となる。この年は、上で引用したモースが初来日した年でもある。大学南校の物産局は、蕃書調所の時代に設置されていた物産方の機能をひき継いだもので（木下 一九九七：八六）、博物学関連の教育普及を担っていたらしい。この機関が、官製の物産会をはじめて開催したのである。物産会という名称をひき継いだことからわかるとおり、出品の多くが本草家によるものだったが、機械や油画などの舶来品も展示された。会期は五月一四日から二〇日まで。会期中の五月一五日には招魂社の祭礼があり、会期中の昼夜には花火が打ちあげられて賑わったという（木下 一九九七：八六）。

このときの出品は二、三四七件、出品者は四〇名にのぼる。その出品者のひとりに、松浦武四郎がいる。蝦夷地を広く探索し、当時のアイヌの風俗を克明に記録した松浦武四郎である。彼は維新後、北海道開拓使に勤務していたが、一八七〇年に引退していた。彼は蒐集家としても名高く、全国の知人をとおして古材を集め、それを使って自宅に一畳敷きの書斎を作った。「木片勧進」に応じた六六名には、モースの友人だった蜷川式胤も含まれる。松浦は、大学南校の物産会が開かれたとき、「鸚鵡螺一種巨大者」という貝の化石一点と「石弩」などの石器四点を出品した（鈴木 二〇〇三：一二二―一二三）。

また、『人類學會報告』の「編集弁出版人」をつとめ、のちに東京人類学会の会長となった神田孝平も、この物産会で出品している。彼が出品したのは「勾玉管石石鏃石弩等之図」、すなわち古物の図譜である。彼はとりわけ石器や金属器に興味をもっており、東京人類学会でも報告をしているが（神田 一八八六）、考古学者というより蒐集家であることが文章からもうかがえる。「奥羽巡回報告」と題した記事でも、発掘や聞き込みをおこなったようすはほとんどなく、知人や古物商を介して古物を見たり、「好事家」や「古物家」、博物館の所蔵品を検分したりしたようすがつぶさに述べられている（神田 一八八八）。彼は、物産会が開催された年の秋に兵庫県令になっており、以後、好古家と官吏というふたつの顔で活躍することになる。

松浦や神田は、「人類学的好古家」とでも呼ぶのにふさわしい。物産会という欧米に類のない活動をとおして、明治以後の人類学に関わる展示や出版をおこなったからである。好古家としての松浦の代表的な出版物は『撥雲餘興』（一八七七―八二年、斎藤 一九九〇）、神田のそれは *Notes on Ancient Stone Implements, &c, of Japan*（一八八四、日本語版『日本大古石器考』は一八八六）である。前者は木版、後者は石版を用いた整版印刷で、鈴木（二〇〇三：一七四―一七八・一九二―一九三）は両者のできばえを称賛している。

好古家たちと人類学者の結びつきは、雑誌『集古會誌』からもうかがうことができる（集古会 一九八〇）。一八九六（明治二九）年に刊行されたこの雑誌は、『東京人類學會報告』と同じように考古資料を含むさまざまな静物の図版をふんだんにとり入れている。また、「集古會記事」というかたちで会合のようすを報告し、会員名簿を掲載する点も、『東京人類學會報告』に似ている。[3] 一九〇〇（明治三三）年時点の会員名簿をみると（集古会 一九八〇：二一三―二一八）、坪井正五郎が名誉会員のなかに見いだせる。坪井は、この会の立ち上げにも深く関わったらしく、次のような記述がある。

何でも坪井博士が人類學會では堅過ぎるから、少しくだけた集をしやうといふので、當時の若手を發起人にして、明治二十九年一月五日午後から上野の時の鐘の下の韻松亭で、集古懇話會を開催した（三村 一九八〇）。

集古会が東京人類学会と異なっていた点は、会合ごとにものをもち寄って品評をおこなっていたことである。第一回の会合では一二名の人たちが出品しており、内容は石鏃三六五個、古銭、暦、装唇具など多岐にわたっている（集古会一九八〇：二〇―二三）。のちには出品数が多くなり、『集古會誌』にすべての出品を収録しきれなくなるため、出品内容は『集古會記事』という別の冊子に記録されるようになる。こうして、東京の好古家たちの関心が全国の好古家たちに伝わるシステムができるのである。

物産会から博覧会へ

このように好古家たちは、博覧会の原形となる展示をつくりあげたものの、それはけっして視覚偏重だったわけではない。初期の物産会は、それ自体として完結したメディアではなく、対面的メディアとしての会合や、より視覚的な出版メディアなどと補いあいながら機能したのである。

しかし、物産会が官製となった時点で、好古家的な展示のありかたは早くも変貌をとげはじめる。好古家たちが好んだ本草や古物とは別に、器械や油画といった出品が登場し、西欧博覧会の観をそなえてくるからである（木下一九九七：九二―九六）。一八七三年のウィーン万国博覧会に日本が参加し、一八七七年に最初の内国勧業博覧会が開催されると、日本国内の展示はさらに大きく変わっていく（鈴木二〇〇三：二一五）。大きな変化のひとつは、内国勧業博覧会において出品の優劣が比較されるようになり、出品が個物としてでなくなんらかの代表物として吟味されるようになったことである（鈴木二〇〇三：一一三―一一七）。これは、「個と類」の関係からあらゆるものを分類しようとする、ヨーロッパ博物学の考えかたにほかならない（フーコー一九七四）。第二に、物産会が勧業政策の一翼を担うようになり、古物趣味が博覧会の趣旨から徐々に離れていった（鈴木二〇〇三：一四二）。そして第三に、本章の視点からいえば、博覧会が観覧者の大量動員をめざし、祝祭化するとともに長期化していった。このことにより、江戸期の物産会に顕著だった結社会合という性格は、おのずから脱落していったはずである。

好古家の結社も性格を変えていった。鈴木によれば、その変化は、プロフェッショナリズムによるアマチュアリズムの排除と要約することができる。一八八〇年代になると、アマチュア的な資質をもったモースの弟子たちも、職業的研究者としてみずからを好古家たちと区別していくようになるという（鈴木 二〇〇三：一九七―二一九）。そうしたなかにあって、坪井正五郎は、好古家たちの交友圏を利用して人類学会を組織していった（鈴木 二〇〇三：二一六、坂野 二〇〇五：一三二―一三四）。石器や土器を論ずる坪井の論文は、なるほど好古家的な視点をもっているといえなくもない。しかし彼には、「集める」ことの意味が時代とともに変化したことを軽くみすぎたのではなかろうか。生きた文化を再現するため「學術人類館」で人間を展示しようとするふるまいなど（松田 二〇〇三）、展示がマスメディア化してしまった状況を軽視した証左のように思える。

四　明治大正期――新聞

新聞の視覚的効果

物産会の後を継いだ博覧会がその後どのような展開をたどったかは、とくに人類学との関わりのなかで、山路（二〇〇八）が詳しく報告している。博覧会の展示そのもののようすについては、同書の記述に譲りたい。ここでとくに注目したいのは、博覧会に関連してさまざまな絵図やポスター、絵はがきが発行されていたことである。同書では、これら印刷物がおびただしい図版として挿入されているほか、カラー口絵としても掲載されている。著者の山路も、これら美しい印刷物が同書執筆のきっかけのひとつになったと述べている（山路 二〇〇八：二八二―二八三）。展示という視覚メディアは、印刷物という別の視覚メディアと結びつくことで、効果を高めていったのである。

このことは、視覚的というより文字的メディアである新聞において、いっそう明らかである。戦前の時期には、図版や写真をふんだんに使った付録が折りこまれており、文字で埋めつくされた本紙面と著しい対照をなしていた。これについては、大阪商業大学商業史研究所が資料をまとめ、展示および展示図録として公開している（大阪商業大学商業史研究所　一九九一）。それによると、もっとも古い新聞付録は一八七六（明治九）年までにさかのぼるという。内容は、オリンピックや災害などの行事や事件にまつわる図版や、世界地図や市街図、カレンダーなど保存活用できる図版、名所絵図としての鳥瞰図や観光案内、各種絵はがき、すごろくやかるたなど遊具として使えるものなど、きわめて多彩である。色のついた錦絵も少なくない。どの新聞も、美しい付録を読ませることで多くの読者を得ようとしたのだと推測される。

展示図録から判断するかぎり、カラー刷りの錦絵は明治の頃から登場していたらしい。錦絵の伝統から考えれば当然のことだろう。写真を用いた図版のもっとも古いものを図録のなかから探すと、一九二二（大正一一）年頃である。次節でもふれるが、輪転式グラビア印刷によって写真の大量複製が可能になるのが一八九三年。国産のグラビア印刷機で大阪朝日新聞が最初に新聞付録を印刷するのは一九二一年である（津田　二〇〇二）。視覚メディアの技術的進展は、ほどなく大衆にまで普及したといえる。

新聞に付録がつくというのはいっけん奇異だが、考えてみれば、現在の新聞も曜日によって特集紙面がある。これが付録の流れを汲んだものだろう。現在、印刷の面では、本紙と特集紙面はほとんどちがわないが、昭和の終わり頃までは、日曜版でしかカラー記事にお目にかからなかった。現在にまで続く新聞付録は、どのように大衆アカデミズムと関わったのか、今後の研究課題として残されている。

事業母体としての新聞

大衆アカデミズムの観点から新聞を研究するうえでもうひとつ重要なのは、戦後の人類学者が学術的なエクスペディションを組織するうえで、新聞社に協力をあおいだことである（飯田 二〇〇七）。新聞社は、エクスペディションに寄付をおこなうだけでなく、その学術的意義を伝える記事を組んだり、現地のようすを報告したり、エクスペディションの収入源となる映画製作を手配したり、帰国後に講演会や展示会を催したりした。新聞社がこうした多大な協力を惜しまなかったことについては、戦前期からの新聞社の活動を理解しておかなくてはならない。

エクスペディションに類似した事業について、各新聞社はかならずしも網羅的な記録を残していないが、朝日新聞社の社史はその一覧を戦前にまでさかのぼって記録している（朝日新聞百年史編修委員会 一九九五）。それによると、同社が文化企画としておこなった事業が「表彰」「学術奨励」「文化事業」「ニュース映画」「スポーツ」の五つに分類されている。エクスペディションについては、このなかの「学術奨励」に記述がある。学術奨励方面での事業は、奨励金支給と、探検・学術調査への協力の二本立てとなっている。

戦前にどのようなエクスペディション事業がおこなわれていたのか、拾いあげてみよう。

①　満韓巡遊　一九〇六（明治三九）年七月二五日～約三〇日間
②　世界一周会　一九〇八（明治四一）年三月一八日～六月二一日
③　第二回世界一周会　一九一〇（明治四三）年四月六日～七月一八日
④　白瀬中尉の南極探検　一九一〇（明治四三）年七月一三日後援を社告、のち関係を絶つ
⑤　満蒙学術調査団　後援、一九三三（昭和八）年七月二三日～一〇月一二日
⑥　白頭山冬季遠征　一九三四（昭和九）年一二月二〇日～一月二一日

⑦　全国小学校教員大陸視察団　一九三九（昭和一四）年五月三日〜六月一日
⑧　千島学術調査研究隊　後援、一九四一（昭和一六）年六月一一日〜約三ヶ月

①〜③および⑦は、朝日新聞社が決めたコースをまわる旅行企画だったと思われる。残りの半分が、実施者の発案によるエクスペディションである。南極を探検した白瀬矗《のぶ》は海軍中尉、満蒙を調査した徳永重康は早稲田大学教授、白頭山に登頂した今西錦司は京都大学講師、千島調査の主催は総合北方文化研究会、隊長の和田専三は海軍中将である。この中で人類学者といえるのは今西錦司だけだが、古生物学者の徳永重康は、民族研究所所員や東京外国語大学アジア・アフリカ言語文化研究所所長を務めた徳永康元の父である。また、徳永のエクスペディションには、民族研究所所員となる八幡一郎が参加したこともわかっている（山路二〇〇六：六二、大森二〇〇七）。

後援という記載のあるエクスペディションは、他よりも寄付金額が少なかったと推測されるが、それにしても、戦前期すでに、多くのエクスペディションが新聞社に支えられていたことがわかる。

こうした事業は、新聞社による自前のニュースとみることができる。新聞社は、ニュースを追うだけでなく、ニュースを自前でつくる企業でもある。このことは、読売新聞社が弱小だった頃、大阪系の新聞社に対抗しようとして社主の正力松太郎がさまざまな興行をうったというエピソードにもあらわれている（佐野二〇〇〇：二〇九─二一四）。また、アメリカの影響を受けて大正年間にあらわれた新聞論には、ニュース価値の発掘についてあからさまな意見が唱えられている。

多数の人に適切機敏に興味を與へる總てのものがニュースである。而して最良のニュースは最大多數者に、最大の興味を與へるものである（小野瀬一九一五：三七）。

異常事、非常事、奇怪事等は生活の常態と背離するが故に、何處に於て發見せられた場合でも、人の注意を惹き、興味を繋ぐ。退屈なる日常生活は、其規則正しい單調を破る物でさへあれば、何物に對しても食指を動かさせられる。普通人の日常生活（中略）は他の人々から見て、殆んど興味のない事である。併しながら彼が一度其秩序を破壊し、若しくは其の破壊の犠牲となつた場合に彼は生活の常態に背反するが故に、その背反の度合に應じてかなり興味のある事件となる。（中略）それ故法律に憚り秩序を破壊するが如き總ての犯罪は、（中略）悉くこれをニュースとなす事ができる。其他活動社會に於ける凡ゆる異常の成功などが、普通のレベルを超越するが為めに之れ又ニュースである。（中略）偶發事件や豫期に反せる出來事等も普通の事件とその經路を異にするが故に、之れ又ニュースの材料である。（中略）即ち常態を失した是等の出來事が、何か生活の普通の運行に背反した變つた出來事はないかと、そればかりを求めて居る人々に滿足を與へるのである（小野瀬一九一五：三九—四〇）。

ここでいう「異常事」は、現代ふうに言いかえれば「非日常的なできごと」となろう。なぜなら、「活動社會に於ける凡ゆる異常の成功」など、ネガティブではないことがらも含まれているからである。このように、ニュース価値を尺度にしてあらゆることがらに序列をつける考えかたは、大正から昭和への移行期にかけてとくに重要になってくる。新聞社が事業や興行をおこなってニュースをつくるという考えかたは、こうして力を増してきたといえる。

五　大正から昭和へ——グラビア出版と映画

『異狀風俗資料研究號』

異常事の追求による読者層の拡大。この考えかたを敷衍すれば、本章冒頭で紹介した『異狀風俗資料研究號』のいう「現代に於て最も異狀なる存在である野蠻人の研究」へはあと一歩である。こうしたセンセーショナリズムに民族学者や民俗学者が加担した背景を明らかにするため、同書についてもう少し詳しく紹介したい。

西村眞次と中山太郎、伊波普猷、今和次郎が同書に寄稿していることは、すでに述べた。その内容を簡単にみてみよう。まず伊波の「布哇物語」は、彼自身のハワイ滞在記をまじえつつ、同地の歴史や人種構成、日系人の立場を報告するという、硬派な内容である。けっして、南海の楽園で享楽にひたる場面は登場しない。

西村の「日本古代犯罪」と中山の「本朝變態葬禮史」は、猟奇的に響く題名だが、学術的なことがらを解説する以上のものではない。前者は、タブーというオセアニア起源の禁忌概念から、大祓祝詞の天つ罪・国つ罪を読みといたものである。後者は、屈葬や洗骨、補陀洛渡海など、当時の本州地域でなじみの薄かった葬送慣行の列挙である。殉死の風習などが猟奇趣味をそそる可能性はあるが、変態というほど大げさなものではない。

今の「服飾のグロ」は、とくに西洋の服飾文化について述べたもので、かわった形の靴、傘のように大きく開いた形のスカート、かつらの利用などが紹介されている。これも、二一世紀現在の感覚からいえばグロの部類には入らないだろう。

いずれの文章も、羊頭狗肉の観がある。しかも内容がばらばらで、編集方針がかいもく見えない。エロ・グロ・ナンセンスにこじつけうる主題を書いてもらっただけとしか思えない。

表15-1　『異狀風俗資料研究號』の執筆陣と執筆章題

著　者	章　題	著者肩書	所　属	のちの経歴
藤縣靜也	浮世繪と特殊風俗	美術史家		
西村眞次	日本古代犯罪	民族学者	早稲田大学	
有坂鉊藏	原始時代の性生活	兵器研究家	海軍	
中山太郎	本朝變態葬禮史	民俗学者		東洋大学
伊波普猷	布哇物語	民俗学者	元沖縄県立図書館	
今和次郎	服飾のグロ	考現学者	早稲田大学	
杉田直樹	無罪の宣告を受けて不服を唱へた人	精神医学者	名古屋医科大学	名古屋大学
饗庭斜丘	變態賭博考	民俗学者？		
金城朝永	世界變態葬禮史	琉球方言学者		
室生犀星	日本文學に現れたる性慾描寫	詩人、小説家		
池田大伍	支那演劇のエロチシズム	劇作家		
岡田朝太郎	虛心慢録	法学者	元東京帝国大学	
堀口九萬一	一圓が六千圓になる西班牙の富籤	元外交官、詩人、随筆家	堀口大学の父	
草間八十雄	ルンペン生活の解剖	労働問題研究家	新聞社や東京市	
阿部德藏	カード・ひすとりい	奇術研究家		
矢口達	娼學考	翻訳家	ディケンズを紹介	
德田彦安	結婚奇習行脚			
大隅爲三	ヴヰーナスの神祭			
丸木砂土	ソドムの百二十日	翻訳家	三菱合資会社	東京宝塚劇場社長
後藤朝太郎	支那人心理は賭博から	中国言語学者	日本大学	
伊東忠太	神秘の印度建築	建築家	元東京帝国大学	
福士政一	刺靑	病理学者	日本医科大学	
井上紅梅		翻訳家、著述家	魯迅を紹介	
渥美清太郎	女形の異端者	演劇評論家	演劇画報社	
本山荻舟	割烹怪奇談	小説家、随筆家		
村松梢風	支那の賣笑と買妾	小説家		
太田三郎	神の娼婦	英文学者		千葉大学

そこで、他の寄稿についてもみてみよう。表一は、三二九ページにおよぶ同書本文の執筆者と記事題目である。本文の前には、八ページのカラー口絵と七八ページの白黒口絵があるが、署名記事ではないので省略した。これをみると、文学者から病理学者にいたるまで、さまざまな分野の書き手たちが集まっていることがわかる。このことがまさしく、本文全体が統一性を欠くことの証左である。

書き手についてはじゅうぶん調査がゆき届いたわけではないが、それぞれの分野で業績を残した人が多いことは明らかである。『犯罪科學』の常連執筆者らしいのは、徳田彦安と大隅爲三、丸木砂土だけである。丸木砂土がマルキ・ド・サドをもじっているのは明らかだ。この人は本名を秦豊吉といい、ゲーテの『ファウスト』やレマルクの『西部戦線異状なし』の翻訳者として名をはせたが、性風俗に関する著述を多く残し、のちに東京宝塚や帝国劇場、日本劇場、東宝などの社長を歴任する。公職追放時には、日本ではじめてのストリップ・ショーを興行したともいう（一柳二〇〇五）。こうした人がまじっていたことも、同書の雑多さを示していよう。だがそれでいて、執筆陣だけをみれば、きわめてアカデミックな外観だったといえる。

ちなみに、表中の有坂鉊蔵は、坪井正五郎や白井光太郎とともに弥生式土器を発見した人である（有坂　一九二三、寺田　一九七五：六二）。執筆当時は海軍に所属していた。また饗庭斜丘は、詳しい経歴がわからないものの、「亥ノ子雑載」という記事を『民族』四巻一号に執筆している（饗庭　一九二八）。これら民族学者や民俗学者は、巻頭近くに配置されていることからも、同書の基調を奏でていたとみなせよう。

同書の特徴をまとめれば次のようになろう。すなわち、エロ・グロ・ナンセンスの記事による読者獲得をめざすため、センセーショナルな題名にこじつけうるような原稿を、著名人や専門家たちに依頼したものであると。このなかにあって、民族学者や民俗学者は、雑多な書き手の一部でしかない。しかし彼らは、古今東西の資料渉猟の専門家として重宝され、巻頭近くの目につきやすいページを与えられることになった。

武侠社とエロ・グロ・ナンセンス

『異狀風俗資料研究號』を刊行した武侠社という会社は、この時期、エロ・グロ・ナンセンスに関する出版をきわめて精力的におこなっている。まず、『異狀風俗資料研究號』に「犯罪科學別巻」という文言が冠されていたように、本巻たる『犯罪科學』という雑誌があった。これは、一九三〇年から一九三二年まで刊行された。その全巻を閲覧できたわけではないが、ゆまに書房の「コレクション・モダン都市文化」の一冊に一部が紹介されている（島村 二〇〇五）。これをみると、若き大宅壮一がプロレタリアートを鼓舞した写真コラージュなどがあって、エロ・グロ・ナンセンスばかりの紙面ではなかったことがわかる。しかし、口絵にポルノグラフィが掲げられていたことは明らかだし、「新東京エロ名所」「世界プロレタリア性風俗史」など、題だけはセンセーショナルな文章も掲載された。

民族学とのかかわりでは、「世界的グロテスク藝術」という記事が注目される（中村 二〇〇五）。現代からみると不適切な表現が多々あるが、いわゆるアール・ネーグルないしアフリカン・アートの紹介である。図版や写真は、海外の雑誌からとったものだろうか。また文章自体も、海外の記事をもとにして書いた可能性がある。ピカソらがアフリカの文物をアートとして評価するようになるのは一九〇〇年代だから、その動向がこの時期に輸入されたのだとしてもおかしくない。次の文章も、明らかにヨーロッパの動向を意識している。

> ネグロ藝術擡頭の議論は議論に譲つて、掲出した、偶像を見るに、一は男性を現し、他は女性を現してゐる。何れも近代人の藝術的モチーフに、直截な暗示になりそうな恰好を現してゐる。ルソーやシヤガールは喜《ママ》んでかつぎ出し、キリコやアーキペンコが作りそうな、極めてモダンなものである（中村 二〇〇五：五〇三）。

図版や写真とともに民族誌的断片が紹介される点で、大衆アカデミズムまたは限界アカデミズムと視覚メディアの結びつきの好例といえよう。

このような雑誌を刊行した武侠社は、一種の円本も刊行している。円本とは、一九二六年に現われるようになった廉価な全集類で、岩波文庫の創刊もこれに触発されたといわれる。武侠社では、『近代犯罪科學全集』と『性科學全集』を刊行した。前者は一九二九年、後者は一九三〇年に刊行を始めている。『犯罪科學』の記事と同じように、博士の肩書のある執筆者がキワモノ的な題名で執筆している。そのいちいちをあげることは避けるが、ひとつだけ。西村眞次が、『性科學大全』の第四巻として『人類性文化史』を著わしている（西村 二〇〇九）。

そのほか、古書店のインターネットサイトでこの出版社の本を検索してみた。ヒットしたのは、雑誌『人情地理』（一九三三）、立山隆章『日本共産黨檢擧秘史』（一九三三）、巴陵宣祐『古代医術と分娩考』（一九三三）、久保格『媚薬新考』（一九三二）、モル『完訳モル性欲科学大系』（一九三三、杉浦清訳）などであった。つまり、武侠社の刊行はほぼ一九二九年から一九三三年に集中しており、その題名のほとんどは犯罪または性に強い関わりをもっている。これは「異状」なことではないか。なぜ、そのようなことになったのだろうか。

まず、当時の出版業界が壊滅状態にあり、新興出版社の競争が激化したということがあげられる。一九二三年に関東大震災が起こり、書籍の売れゆきがかんばしくなかったなか、震災の記録を刊行した講談社は、幼年、少年、少女、実業家、婦人などと分かれていた読書層を束ねて、誰が読んでも面白くためになる総合誌『キング』を一九二五年に創刊した。この年は、日本でラジオ放送が始まった年でもある（NHK放送文化研究所 二〇〇二：二一―二三）。全国放送と総合雑誌が同時に出現し、普通選挙法が成立したこの年を、佐藤卓巳（二〇〇二）は大衆時代の始まりと位置づけている。

円本や文庫本も、このような出版事情を背景として刊行された。円本の刊行開始は『キング』創刊の翌年で、廉価な書籍を出版する改造社や春陽堂、平凡社、岩波書店などが勢いをもつようになった。このようななか、刺激的なエロ・

グロ・ナンセンスを雑誌編集の基軸とし、多くの読者を獲得することは、それなりに有効な出版戦略だったと考えられる。出版不況で困っていた書き手も、積極的に協力しただろう。硬派の記事を書く学者が執筆陣に加わったのも、こうした事情によると推測される。

また、白黒写真を口絵ページとして印刷する技術が確立したことも、大きな理由としてあげられる。グラビア印刷技術は、白黒写真の細かい濃淡のニュアンスを、忠実かつ大量に再現することを可能にした。オーストリアのクリッチュが散粉式写真凹版印刷の特許を取得するのは一八七九年、それにもとづいてグラビア輪転印刷機が完成するのは一八九三年である（凸版印刷株式会社 印刷博物誌編纂委員会 二〇〇一：一一一〇―一一一二）。日本にもこの技術は伝わり、一九二一年、大阪朝日新聞が国産グラビア印刷機で新聞付録「朝日グラフィック」を印刷するようになった[4]（津田 二〇〇一、朝日新聞社史編修室 一九六二）。

この結果、有名絵画のコピーや映画の一場面、欧米のレビュー劇場で有名になった女優の写真などが、雑誌の口絵を飾るようになる。そして、欧米の雑誌の口絵がそのまま日本の雑誌に流用されることも多くなる。複数の写真をひとつのフォト・モンタージュに構成し、抽象的なメッセージを伝えることも可能になった。大量写真複製技術が昭和モダニズムをもたらしたといっても、過言ではない（伊藤 一九八八：八七）。このような時代、口絵の素材となる写真や翻訳すべき記事は、海外の雑誌から引用すればこと足りた。出版社にとって、エロ・グロ・ナンセンスは、もっとも企画しやすいテーマのひとつだったといえよう。

エロ・グロ・ナンセンスは、武俠社の専売特許ではない。不況にあえいでいた多くの出版社が、読者を刺激するこの時流に乗ることになった。ゆまに書房の「コレクション・モダン都市文化」をみても、新潮社が『現代獵奇先端圖鑑』という大部のグラビア書籍を刊行し、『中央公論』が「ネオ・バーバリズム」という特集記事（口絵はない）を組んでいる。『新潮』の特集「近代人の享楽生活」（一九二九）や「路上のエロチシズム」（一九三一）なども、当時の時流に乗って組まれたものだろう（島村 二〇〇五：六五四―六六四）。エロ・グロ・ナンセンスは、新興の武侠社のみならず、出版マスメディアを広く席巻した風潮だった。そして、それに乗じて、人類学者もまた活躍の場を与えられたのである。

映画の流行

出版マスメディアがそろってとりあげることがらには、世相的な裏づけがあると考えてまちがいない。エロ・グロ・ナンセンス流行の背景には、昭和モダニズムという世相があった。島村（二〇〇五：六四九）のまとめでは、一九二七年頃から、映画館やダンスホール、カフェなどが流行するようになる。モボやモガといった若者がリードする、都市文化の繁栄である。関東大震災（一九二三）の記憶がなまなましいこの時代、人びとは、あたらしい文物や価値観を広い分野でとり入れた。あたかも、震災で失ったものの穴埋めをしようとするかのようである。

映画もそのひとつである。初期の映画は、箱のなかを覗きこむキネトスコープと、銀幕に映写するシネマトグラフのふたつの方式があった。キネトスコープは一八九一年にアメリカのトマス・エジソンが発明し、日本では一八九六年にはじめて公開された。シネマトグラフは一八九五年にフランスのリュミエール兄弟が発明し、日本では一八九七年に初公開された（東京国立近代美術館フィルムセンター 二〇〇四）。このように日本は、比較的早くから映画を輸入していたが、当初はその原理が見世物として紹介されたにとどまり、多数の愛好者を獲得して世相をかたちづくるにはいたらなかった。

主要な映画雑誌のうち、『キネマ旬報』は一九一九年に創刊した。いっぽう、仙台の同人誌だった雑誌『映画評論』が東京で流通するようになるのは、一九二七年である。また、音声（トーキー）映画を実用化するため、一九二七年頃から一九三〇年代前半までさまざまな方式が試された。これにより、一九三〇年代には戦前の映画黄金時代が到来した。エロ・グロ・ナンセンスの時代は、映画黄金時代の前ぶれにあたるのである。

映画の流行は、人類学者以外の人びとに、どのような民族誌的断片を普及させたであろうか。まず確認しておきたいのは、映画が誕生する当初から、映画の主題の多くが民族誌的断片と呼べるものだったことである（東京国立近代美術館フィルムセンター　二〇〇四）。リュミエール社が日本に派遣した二人の撮影技師、コンスタン・ジレル（一八九七年来日）とガブリエル・ヴェール（一八九八年来日）が撮影したのも、フランス人からみてエキゾチックな日本だった。アイヌや芸者の舞踊もそうだし、田んぼに水をひくなどの農作業のようすも、現在はまずみられないため資料価値が高い。日本人が記録した映画のなかにも、義和団事件（一九〇〇）やシベリア出兵（一九一八）など、海外のようすをかいま見させるものが含まれている（飯田　二〇一〇）。

一九二〇年代には、関東大震災を記録した「関東大震大火實況」（文部省企画・東京シネマ商会製作、一九二三）ののち、「日本アルプス縦走」（文部省企画・東京シネマ商会製作、一九二四）、「剣岳」（文部省、一九二七）、「赤石嶽」（文部省、一九二九）といった作品が制作されている（田中　一九八〇ａ：四一〇―四一二、田中　一九八〇ｂ：三六〇―三六三）。映画が一般化するのにともない、脚本に依拠せず取材地の状況を記録する記録映画（ドキュメンタリー）が制作されるようになるのである。その制作に文部省がかかわることで、大衆が記録映画から民族誌的断片を受けとることはますます多くなっていったと考えられる。

残念なことに、この当時の映画は保存がゆき届いておらず、行方不明になったものや失われてしまったものも少なくない。現存するものですら、閲覧が容易でないという問題がある。筆者自身も、これらの映画を実見していない。この時期の映画については、できるだけ早期に所在と内容を確認して、公開当時の反響に関する資料を集めるなど、今後の研究の深化が必要だろう[5]。ここではとくに、二つの点から、日本人類学史における映画研究の重要性を指摘しておきたい。

第一に重要な点は、映画の対象がしばしば他のメディアでもとりあげられていた可能性が高いということである。昭和以降には、ラジオや総合雑誌など、特定の性や年齢、階級でなくマスとしての大衆を対象とするメディアがあらわれる。映画もまた、一九三〇年代に国策を担うようになると（飯田 二〇一〇）、他のメディアと同じく大衆を観覧者として想定するようになる。そうしたなかでは、他のメディアがあつかう話題を積極的にとりあげ、動画化した可能性が高い。

そのひとつの例は、新聞社が自前で作りあげたニュース、すなわち文化事業の映画化である。前節でとりあげた朝日新聞社の事業のうち、白瀬矗の南極探検と今西錦司の冬季白頭山遠征は、映画になったことが知られている。南極探検の映画は東京国立近代美術館フィルムセンターに収められており、近年、市販書籍のＤＶＤ付録として市場に出まわるようになった（佐藤忠男編 二〇〇九）。白頭山遠征の映画は所在が確認されていないが、朝日新聞社記者の藤木九三が登山のようすを映画撮影し、学校などで上映したことが知られている。[6] 民族学者の梅棹忠夫は、この映画を見て登山や探検を志すようになった（梅棹ほか 二〇〇七）。この白頭山の例は、新聞社による事業を新聞や映画で大衆に伝えるという点で、戦後に人類学者が組織した多数のエクスペディションの原形をなしているといえる（後述）。

映画研究の第二の重要性は、映画作りに研究者が次第に協力していくということである。この協力は当初、前衛的なカメラマンに対する指導というかたちでおこなわれた。たとえば、一九三〇年代に山岳映画や科学映画で評価されていた白井茂は、柳田國男の指導を受けながら農村の事情を撮影し、「土と生きる」（東宝映画文化映画部、一九四一）という作品を発表した（柳田ほか 一九四一、藤井 二〇〇三）。編集や演出も三木自身の手による。三木はのちに柳田と共著で『雪國の民俗』を発表し（柳田・三木 一九四四）、柳田生誕一〇〇年の節目に「遠野物語と柳田國男」（三木映画社、一九七六）を制作した。

同様の例は、竹内芳太郎の住宅改善調査に随行しながら農村を撮影した野田真吉にもみることができる。彼は、考現学者の今和次郎からも影響を受けて、一九四一年に『農村住宅改善』（東宝映画文化映画部）を制作し発表した。この映画の最後の場面では、今が自説を力説している（野田 一九八八）。野田は戦後になって、文化人類学者の野口武徳や民俗学者の宮田登らと「映像民俗学を考える会」を立ちあげた（野口ほか 一九七七）。

グラフ雑誌『FRONT』と東方社

写真印刷技術の飛躍にともない、多数のグラフ雑誌が創刊されたことも、この時代の特徴だった。これらの雑誌における民族誌的断片の考察は、今後の研究課題である。ここでは、やや時代が下るものの、人類学との関わりがすでに指摘されている雑誌『FRONT』のことだけを簡単にまとめておきたい。

一九四二年に東方社が創刊した『FRONT』は、日本の対外宣伝を担ったグラフ雑誌のひとつである（川崎・原田 二〇〇二）。一九三〇年代なかば頃から、日本工房が刊行した『NIPPON』（一九三四年創刊）をはじめとして、『SHANGHAI』（一九三八、Ching Cong Kan）、『CANTON』（一九三九、The Oriental Cultural Association）、『EASTERN ASIA』（一九四〇、南満州鉄道株式会社）、『MANCHOUKUO』（一九四〇、Manchoukuo Photo Service）、『東亜画報』（一九四一、国際報道工芸社）といった対外宣伝写真誌が次つぎと刊行されている。これらの雑誌は、日本の報道写真の草分けだった名取洋之助を中心に編集されたものである。

東方社の理事長として『FRONT』を編集した岡田桑三も、日本工房の設立メンバーで、対外宣伝の分野で経験があった。彼は、陸軍参謀本部の矢部忠太中佐の意向を受け、財界の寄付や私財をもとに東方社を設立した。この東方社が設立されたときの理事四名のうち、岡正雄と岩村忍の二名は、のちに民族研究所所員となる。人類学との関わりが、ここで現われるのである。岡田桑三と岡正雄の関係をたどろうとした山口昌男は、次のように推測する。

多分、ドイツでモホリ・ナジなどのバウハウスの前衛的写真・映像芸術に接していた岡田は、帰国後もそうした運動の流れの中に身を置く努力をした。それが同じくドイツ帰りの名取洋之助を中心とした日本工房に、ついで原弘らの中央工房に身を寄せ協力する動機であったはずである。同時に、同じドイツ＝オーストリア系の国外体験の持ち主である岡正雄との東方社での協力によって、民族学的映像に対する関心を深め、東方社を去り満映に身を寄せていた頃も民族研究所と接触を持っていた理由が説明される（山口 二〇〇五：五五）。

さらに岡は、戦後に民族研究所が閉鎖されて隠遁生活をしていたとき、岡田とともにコミック雑誌『スーパーマン』の日本語版を刊行しようとしていたという（山口 二〇〇五：五〇）。

岡田はその後も、編集者あるいは映像作家として、民族学や人類学を支えつづけた。満州からひき揚げるとすぐに、大戦中に没した南方熊楠の業績を伝えるため、ミナカタ・ソサエティに名を連ねて全集刊行に奔走した（澁澤 一九九二、中沢・長谷川 一九九三）。その理由のひとつは、南方にもっとも近い編集者が岡正雄の兄 茂雄だったことにあろう。しかしそれだけではない。ミナカタ・ソサエティの会長 澁澤敬三は、二六歳のとき（一九二二）、横浜正金銀行ロンドン支店に赴任するさいの船中で、ドイツ留学にむかう岡田桑三（当時一九歳）と知りあっている。岡田を人類学に近づけたのは、澁澤だったとも思えるのである（川崎・原田 二〇〇二：三）。澁澤や岡田の努力は、一九五一年の乾元社版『南方熊楠全集』として実を結んだ。

岡田はまた、東京シネマという映画製作会社を設立し、ここでも人類学的な関心を視覚化している。その代表作品は「ミクロの世界——結核菌を追って」（中外製薬株式会社 企画、東京シネマ、一九五八）だが、これは、顕微鏡世界に関心を寄せた南方の影響かもしれない。科学映画のほかには、「粟野村」（東北電力株式会社 企画、東京シネマ、一九五三）や「東北のまつり」三部作（いずれも東北電力株式会社 企画、東京シネマ、一九五六）などがある。とくに「東北のまつり」三部作には、民俗の映像化をライフワークとした野田真吉が演出として参加しており、人類学と映像表現が錯綜しながら交わっている。

このほか岡田は、戦後『FRONT』関係者に活躍の場を与えた平凡社をとおして（山口 二〇〇五：二一九―四〇）、人類学に関わる活動を展開している。直接的な証拠はないが、一九七一年に平凡社が包括的な『南方熊楠全集』を刊行したことも、岡田の仕事と無関係とは思えない。また、平凡社が設立した財団法人 下中記念財団は、民族誌映画を含む科学映画を収集する「エンサイクロペディア・シネマトグラフィカ（ＥＣ）」運動に賛同し、ＥＣ日本アーカイブズという日本側の窓口を併設している。これも明らかに、ＥＣに多数の作品を提供した岡田の仕事の延長である。平凡社はこのほか、東方社理事として『FRONT』に関わった岡正雄との関係で、アフリカ研究会を社内に設置して若い人類学者を支援したという（山口 二〇〇五：三〇）。

話が戦後にまで先走ってしまったが、昭和初期に発展した写真印刷技術は、グラフィック編集者や映画製作者と人類学者が協働する機会を提供した。このことは、人類学がほかの学問分野にくらべて、視覚的な記録や表現になじみやすいことを示している。人類学の社会的受容を考察するうえでは、このようなグラフ雑誌の動向もふまえる必要があろう。

『ドルメン』と岡書院

本章は、とくに視覚メディアに着目するものであるから、グラフィック以外の印刷物について言及を極力避けてきたが、この昭和モダニズムの時代にかぎっては、若干ふれる必要があろう。すでに述べたようにこの時代には、ラジオや映画といった新しいメディアが登場したほか、写真印刷の普及によって新聞や雑誌が装いを一新し、総合雑誌や円本も出現して、あたらしいメディアの担い手が都市に集まるようになる。また、高学歴者が増えたことや、郊外開発が進んだことで、メディア受容のありかたが大きく変わる（永嶺 二〇〇一）。こうしたなかで、人類学に関わる出版物にも変化がみられる。

雑誌『ドルメン』の創刊（一九三二）は、その意味で無視できないものだった。この雑誌は、「學界の公機《ママ》たるの抱負を有つて」創刊されたもので（創刊号「編輯後記」参照）、かならずしも限界アカデミズムや大衆アカデミズムをめざしたものではない。しかし、専門的な論考ばかりでなく、旅行記や座談のような企画も多数みられ、人類学の大衆化に貢献したように思われる。さまざまな学会や研究会の告知、報告などがみられるのも特徴である。創刊号の巻頭には、「『ドルメン』は人類學、考古學、民俗學並に其姉妹科學にたづさはる諸學究の極く寛いだ爐邊叢談誌である」とうたわれている。

その出版の経緯は、発行元の岡書院を経営し雑誌編集も務めた岡茂雄の手記から知ることができる（岡　一九七四・一九八六）。岡は、陸軍中尉を辞して学問を志し、東京帝国大学理学部の人類学教室に通いはじめたが、「大正十二年の大震災で人類学教室が閉塞されることになったので」（岡　一九八六：六二）、岡書院を開業した。ここでいう「閉塞」とは、鳥居龍蔵が一九二四（大正一三）年に東京帝国大学を辞職することを指していると思われる。だとすれば、大震災とは直接関係ないことになる。ともあれ岡は、鳥居が著した『人類學及人種學上より見たる北東亞細亞』を最初の仕事として出版し、その後は柳田國男の人脈をたどって東京や京都の学者と交流を深めた。おそらく、人類学教室の関係者をたどっても書き手が多くなかっただろうし、民俗学の出版を志しても、重鎮の柳田と関係を築くのが遅すぎたかもしれない。岡村千秋の経営する郷土研究社は、一九一三年から『郷土研究』を刊行しており、後続の岡書院がかなうところではなかった（岡　一九八六：一〇二－一〇九）。岡書院のユニークさは、柳田の人脈をたどりながら、広く人類学の書き手を探して人類学の幅を広げたことにあろう。

しかしユニークな岡書院の活躍も、この時代のメディア状況をぬきにしてはありえない。高学歴の読み手、とくに大学教員の随筆に興味をもつ読み手が多数いなければ、岡書院の企画はことごとく失敗に終わっただろう。作家や大学教員の随筆は、『中央公論』（一八九九年創刊）や『改造』（一九一九年創刊）、『思想』（一九二一年創刊）、『文藝春秋』（一九二三年創刊）といった雑誌に掲載されており、一定の読者層を満足させていた。一九二〇年代には大衆化の動きがあらわれるが、大学教員の書いたものはひき続き読みつがれ、記事内容を多様化させていくのである。

そうした状況にあって、岡の仕事とは、複数の分野や研究サークルと交流を保ち、時どきの関心に応じた書き手をそろえることであった。『民族』（一九二五年創刊）や『ドルメン』といった雑誌のみならず、『人類学双書』（一九三七年刊行開始）や『人類学民族学講座』（一九四一年企画、未刊）といった企画を実現するうえでも、このネットワークは役立っている。驚くべきことに、『ドルメン』が創刊した当時、書き手には原稿料が支払われず、書き手もそのことを納得していたという（岡 一九七四：二四五）。雑誌をつうじて読者を獲得し、学会のプレゼンスを高めたり学会間の交流を深めたりする必要性が、この時期の大学教員には理解されていたのである。研究者が原稿料なく一般誌に寄稿すること、あるいは、編集者が学者ネットワークのハブをはたすことなど、現在の出版事情からはおよそ考えにくいことだろう。

六　第二次世界大戦後——メディア・ミックスによる人類学の普及

エクスペディション映画の好評

第二節から第四節までは、便宜的にいくつかの時期に区切って、それぞれの時期に特徴的なメディアをとりあげるという構成をとった。もとより、ひとつの時期にひとつのメディアがきれいに対応するわけではないが、民族誌的断片を好んでとりあげるメディアはかぎられていたように思う。しかし、第五節の大正後期から昭和初期にかけては、安易な整理が許されなかった。複数のメディアが、互いに呼応しつつそれぞれのかたちで民族誌的断片をとりあげているからである。そしてまた、人類学や周辺分野の研究者が、直接間接の情報発信源とみなされるようになる。ここにおいて、民族誌の角度からみて断片的な情報は、日本国内のメディア空間で特定の意味を帯び、社会を動かす原動力として再編できるまでになる。そうした背景がなければ、民族研究所（一九四三年設立）といった国家機関も設立されえなかったのではないか。

複数のメディアが呼応しながら民族誌的断片を紹介するメディア・ミックス状況は、メディアの活動が統制される戦時期に停滞する。しかし、戦後復興がなしとげられた一九五〇年代、この動きが再開する。このことは、東京大学の東洋文化研究所（一九五一）と教養学部（一九五三）に文化人類学の部局が開設されたこととあいまって、戦後の大学に文化人類学を根づかせることとなった。

一九五〇年代後半から一九六〇年代前半にかけての約一〇年間は、とりわけ、海外学術エクスペディションがメディア・ミックス展開を主導した（飯田 二〇〇七）。研究者立案による学術調査計画を新聞社が支援し、各種企業から寄付を受けやすくし、資金を調達するという仕組みである。この時代は海外渡航が制限されていたから、大学と新聞社が手を結ぶことでエクスペディションの社会的意義を高め、外務省からの旅券発給や大蔵省からの外貨割り当て、各国大使館からの支援も受けやすくなるというメリットがあった。

また、エクスペディションは、しばしば記録映画の撮影をともなった。映画興行による収入を見込んで、製作会社はエクスペディションの一大スポンサーとなった。エクスペディションを主催・後援する新聞社は、傘下のニュース映画製作会社を紹介して、エクスペディションに同行させた。

このようにしてできた記録映画としては、次のようなものがある。「白き神々の座」（毎日新聞社、一九五四、日本山岳会第一次マナスル登山隊＝一九五四）、「マナスルに立つ」（毎日映画社、一九五六、日本山岳会第三次マナスル登山隊＝一九五六）、「カラコルム」（日本映画新社、一九五六、京都大学カラコラム・ヒンズークシ探検隊＝一九五五）、「メソポタミア」（日本映画新社、一九五七、東京大学イラン・イラク遺跡調査団＝一九五六―五七）、「大氷河を行く」（毎日映画社、一九五七、神戸大学パタゴニア探検隊＝一九五七―五八）、「南極大陸」（日本映画新社、一九五七、第一次南極地域観測隊＝一九五六―五七）、「十一人の越冬隊」（日本映画新社、一九五八、第一次南極地域観測隊＝一九五六―五七）、「民族の河メコン」（読売映画社、一九五八、日本民族学協会東南アジア稲作民族文化綜合調査団＝一九五七）、「赤道直下一万粁」（日本映画新社、一九五八、早稲田大学赤道アフリカ遠征隊＝一九五七―五八）、「花嫁の峰チョゴリザ」（日本映画新社、一九五九、京都大学チョゴリザ登山隊＝一九五八）、「秘境ヒマラヤ」（読売映画社、一九六〇年、西北ネパール学術探検隊＝一九五八）、「マッキンレー征服」（東映、一九六〇、アラスカ学術調査団＝一九六〇）などである。

このように新聞社と映画製作会社に支えられたエクスペディションのようすは、映画以外のさまざまなメディアでも報道された。新聞社は、エクスペディションの足どりを細かく伝えたほか、特集記事でエクスペディションの意義を広く伝えた。隊員たちの帰国後には、新聞社が講演会や映画会、収集物の展覧会などを企画し、聴衆を集めた。第四節で述べたような、事業をとおしたニュースづくりが新聞社の手で進められたのである。

エクスペディションの記録は、さまざまな印刷物をとおしても報告されている。そのなかでは、岩波写真文庫やアサヒ写真ブックといった写真冊子が目あたらしい。戦後はじめての大規模調査となった京都大学カラコラム・ヒンズークシ探検隊の関係では、『カラコラム』（藤田・林田　一九五六）、『イラン』（岩村・岡崎　一九五七）、『アフガニスタンの旅』（梅棹　一九五六）と三冊の写真冊子が刊行された。このほか、活字を中心とした単行本でも、写真が多数盛り込まれた。これらの書籍は、好評を博した記録映画を自宅で思い起こすという役割も負っていたと推測される。

民族誌的といえるかどうかは微妙だが、民俗学との関わりで村落社会が写真をつうじて紹介されたようすは、菊地（二〇〇四）に詳しい。彼がとりあげた芳賀日出男は、外地体験をつうじて民俗写真をライフワークと定めるようになり、国立民族学博物館設立（一九七四）以後には友の会機関誌『季刊民族学』に深く関わるなど、人類学と深い接点をもっている。戦後すぐの仕事についていえば、九学会連合がおこなった奄美大島調査（一九五五―五六）が特筆されよう。この調査では、報告集として論文編のほかに写真編が刊行され（九学会連合奄美大島共同調査委員会　一九五九）、さらに、毎日新聞社の報道写真とあわせた一般むけ写真集も刊行された（九学会連合奄美大島共同調査委員会　一九五六）。

視覚的マスメディアをつうじた民族誌的断片は、この時代において、メディア間連携をとりながら大量に流布するようになったといってよいだろう。

映画の衰退とテレビの興隆

一九六四年頃になると、映画産業が沈滞し、海外旅行が自由化され、科学研究費補助金による海外調査の枠が拡充されたため、新聞社と映画製作会社が連携してエクスペディションを支えるというモデルは成りたたなくなる。

とはいえ、いくつかのエクスペディションは、テレビ局やテレビ番組製作会社と連携し、大衆アカデミズムを実践した。そのもっとも初期の例は、一九五八年に始まった東京大学のアンデス地帯学術調査であろう（本書関論文参照）。この頃、映画産業はまだ盛んであり、記録映画も数多く制作されている。それにもかかわらず、映画に代わってテレビが最重要の視覚情報媒体に位置づけられたことには、いくつかの理由があるのだろう。日本初の大規模な新大陸調査だったために寄付が多く集まったことや、百貨店を巡回する展示会でそれなりの収益が見込めたこと、皇太子成婚（一九五九）を控えてテレビの普及が見込まれたこと、スポンサー系列の読売映画社が他の映画の制作にかかりきりだったこと[7]などが考えられる。いずれが決定的な理由だったかはわからない。この調査に関わる動画映像は、隊員の泉靖一自身が記録し、編集されて一一月三日に日本テレビ系列で放映された（飯田二〇〇七）。

映画産業が衰退したのちに人類学者がブラウン管に登場した例としては、京都大学西イリアン学術探検予備踏査隊（一九六二―六四）の「ニューギニア高地人」と、京都大学アフリカ調査隊（第二次、一九六三）の「ジャンボ・アフリカ」があげられる。「ニューギニア高地人」は、スポンサー系列の朝日新聞社記者らが撮影したもので、東京12チャンネル（現在のテレビ東京）で一九六四年四月一九日に、NETテレビ（現在のテレビ朝日）で六月一四日に放送された。「ジャンボ・アフリカ」は、現在テレビ朝日系列にある朝日放送が制作したもので、一九六四年四月一九日から八月二日まで、連続一六回にわたって放送された。

なかでも「ジャンボ・アフリカ」は、プロのカメラマンが同行して撮影し、一九五〇年代の記録映画と同水準の情報提供を試みた点で画期的だった。しかし、テレビ番組は映画と異なり、多数の観客でなく少数のスポンサーによって支えられるため、内容は同じでも収益構造は大きく異なる。「ジャンボ・アフリカ」のときには、武田薬品がスポンサーとなり、電通が広告代理店となった。テレビ放送が始まって間もない時期なので、両社が製作に口出ししたとは考えにくいが、放映時間については研究者もテレビ局も頭を悩ませただろう。映画と同じように一―二時間の番組を一回で放送しきってしまうと、話題になりにくく広告効果が少ない。いっぽうで、同じ作品を何度も放送するわけにはいかない。けっきょく、広告を含めて三〇分の短い番組を、毎週連続で放送することに落ち着いたのだろう。

しかし、それで問題が完全に解決したわけではない。この番組の制作に関わった梅棹忠夫は、一回一回の三〇分番組は独立していてまとまりがなく、思想表出の手段にはならないと書いている（梅棹一九九二：一七八）。また、かりに三カ月の放映期間でまとまりをつけたとしても、その前後の期間に同じスポンサーがついてくれるとはかぎらない。テレビ局は、スポンサーから安定的に広告料をとりたいと思うだろうが、スポンサーは、番組の趣旨が変われば継続しないだろう。このように考えると、テレビというメディアは、エクスペディションなど特定イベントの成果を深く伝えるのに向いていないといえる(8)。

この問題を解決するためには、研究者ぬきで、テレビ局や製作会社が独自にエクスペディションを企画・派遣すればよい。そうすれば、一回一回のエクスペディションの成果が短期間で終わっても、同じようなエクスペディション報告をラインナップしてそろえることができ、長期間の企画となる。また、年によってエクスペディションが多かったり少なかったりして困るということもない。こうした理由から、映画からテレビへというメディアの変化にともなって、研究者の関わりかたは大きく変わる。テレビ関係者にとって都合のよいことに、一九六三年以降は海外渡航がやりやすくなったため、研究者を頼る必要は大幅に減った。その結果、この時代を境として、マスメディア経由の映像情報は限界アカデミズム的な性格を強めていく。

毎日のように生まれては消えるテレビ番組を、本章で細かく追うのには限界がある（白川 二〇〇六、飯田 二〇〇七：二六六）。ここでは、民族誌的テレビ番組の草分けとなった牛山純一の仕事だけを紹介しておきたい。牛山は、日本で最初の民間放送局 日本テレビが開局する直前、同社に入社し、報道部と社会部で経歴を積んだ。その当時の仕事としては、一九五六年に始まった朝のニュース放送（当時の通例では、放送自体が午後から始まっていた）や、一九五九年の皇太子（今上天皇）成婚パレード多元中継放送（牛山 一九九〇a）、一九六二年に始まった「ノンフィクション劇場」シリーズなどがある。そして、一九六六年に、『すばらしい世界旅行』シリーズを開始する。これは、海外取材にもとづきつつ、人類学的なテイストも加味したテレビドキュメンタリーで、少なからぬ人類学者が協力したことでも知られている（石川 一九九八）。

この番組の企画にあたって、牛山は、「ノンフィクション劇場」と同様に「制作者の署名性」と「人間くささ」を目ざした（牛山 一九七八：一一〇）。「すばらしい世界旅行」では、それに加えて現地取材の徹底が重視された。この番組のディレクターは、特定の地域を担当して多くの知識をもち、言語もマスターして、一年のうち半年は担当地域に住みこむことが要求されたという（牛山一九九二・一九七八：一一五）。このことによって、異なる地域の作品を交代でとりあげ、毎週放送でありながらマンネリズムに陥らないようにし、なおかつ企画全体の一貫性は維持したのである。この体制のもとでは、従来のエクスペディションにおいて研究者がはたしてきた現地折衝や主題設定の役割を、ディレクターがみずから担うことになった。番組づくりが軌道に乗った一九七二年、牛山は日本テレビを辞職し、日本映像記録センターというテレビ番組製作会社を設立して、「すばらしい世界旅行」に専念した。その結果、この番組は一九九〇年まで、じつに二四年間にわたって続くことになった。

「すばらしい世界旅行」は、研究者からあるていどの距離を置くことで実現したが、牛山は研究者との関係もおろそかにしなかった。日本の研究者の海外調査地におもむき、その活動や知見を報道するのにも積極的だった。方法論的にも文化人類学に共感するところは多く、その回想にはしばしば人類学者が登場する（たとえば、牛山 一九九〇b、一九九一）。一九七一年には、日本テレビにはたらきかけて映像記録の国際シンポジウムを企画・開催し、ジャン・ルーシュやリチャード・リーコックといった草分けの民族誌映画作家とも関係を築いた。彼らの映画作品は、編集されて「すばらしい世界旅行」でも放映されている。一九七三年には逆に、テレビで放送した番組を国際人類学民族学会議で上映した（市岡 二〇〇五）。つまり牛山は、当時海外で脚光を浴びつつあった民族誌映画や映像人類学の動きを、日本に紹介したのである。彼自身は、テレビをとおして海外事情を伝えたかっただけかもしれない。しかし彼は、結果的に、日本の映像人類学の創始者のひとりとなった（ホッキングズ・牛山編 一九七九）。

牛山の活躍は、昭和初期になぞらえていえば、研究者とわたりをつけながらさまざまな刊行物を出版した編集者によく似ている。研究者の協力を得ながら、その知見を換骨奪胎して一般聴衆に伝えたからである。換骨奪胎の過程で、刺激的な題名をあえて選ぶという点も類似している。番組のサブタイトル名に「裸族」という語が頻出することなどは、その一例である。

博覧会と民族資料収集

一九六〇年代に映画産業が衰退し、テレビ産業が研究者を必要としない取材態勢を採用すると、動画映像メディアに人類学者が登場する機会はめっきり減った。少なくとも、人類学者の仕事が社会的重要性をもつものとして伝えられることは少なくなった。しかし人類学者たちは、視覚的マスメディアに頼ることなく、科学研究費補助金によって海外調査を実現できるようになった。異業種との連携に費やされていたエネルギーは、大学に文化人類学関係の講座を設置することに費やされたと考えられる。

そのいっぽうで、出版の分野ではあいかわらず人類学者が活躍していた。たんなる民族誌的断片としてでなく、理論として人類学が一般に受容されるようになるのは、一九六七年頃だろう。この年、『タテ社会の人間関係』（中根千枝　一九六七）と『文明の生態史観』（梅棹　一九六七）が、たて続けに刊行された。『世界の名著』の一冊としてマリノフスキーとレヴィ＝ストロースがとりあげられたのも、この年である（泉編　一九六七）。また、人類学から距離を置きつつ、民族誌的ドキュメンタリーが盛んに制作されていたこともすでに述べた。異なる種類のメディアにおいて、大衆アカデミズムと限界アカデミズムが同時に展開したというべきだろう。

ゆるやかな分業を保ちつつ、大衆アカデミズムと限界アカデミズム、純粋アカデミズムが並立する状況は、こんにちまで続いている。しかし、一九六〇年代終盤から一九七〇年代にかけての時期には、短期間ながらユニークなメディア状況があらわれた。それは、博覧会や博物館の展示を制作するため、若手の人類学者が海外に派遣されるという状況である。このことを最後にみておこう。

こうした状況をもたらしたのは、一九七〇年の日本万国博覧会（大阪万博）開催、一九七五年の沖縄国際海洋博覧会（沖縄海洋博）開催、そして、一九七七年の国立民族学博物館（民博）開館である。また、野外民族博物館（開館当時は「人間博物館」）リトルワールドの開館（一九八三）の準備のためにも、一九六九年から資料収集がおこなわれたという（無記名 一九九三）。これらの博覧会や博物館に展示する民族資料を収集するため、若手人類学者たちが世界各地に派遣された。

大阪万博では、テーマ館地下部門の展示を制作するため、世界四七地域にむけて一八名（うち三名は日本のみの収集）が派遣され、一二八二点の資料を収集した（株式会社 電通 一九七二、梅棹 一九七三・一九九三）。沖縄海洋博では、海洋文化館の展示を制作するため、オセアニアや東南アジア、ヨーロッパ、日本で一五名（内訳不明）が資料収集をおこない、一四九五点を集めた（株式会社 電通 一九七六）。民博は、一九九〇年時点で保有していた約二二万五千点のうち、六万八千一四〇点を海外で収集している（宇野 一九九〇：四六―四七）。

これらの資料収集は、人類学界の視点に立てば、若手養成の機会を提供した。当時の収集にたずさわった者たちのなかには、現在第一線で活躍している研究者が少なくない。また、学界の社会的貢献という点でも、この収集活動の意義は少なくなかった。なにしろ、大阪万博では、上海万博以前の博覧会としては最多数の入場者を誇っており、日本の企画力を世界に知らしめた。そのテーマ館の一角に人類学者の寄与があったことは、内外の参加者に印象づけられたはずである。とくに、映画産業の沈滞によりいったん分散した大衆の関心を、ふたたび人類学に向けさせた点で、大阪万博の意味は大きい。

博覧会に支えられた一九七〇年代のエクスペディションは、大衆に対する成果還元によって活動の資金やお墨付を得る点で、一九五〇年代のエクスペディションと共通点がある。その萌芽は、戦前期、新聞社の文化事業にもみることができた。この時期に成立した大衆の目を、それ以前の時代に流行した博覧会にふたたび向けさせることで、人類学者たちは、戦後期にあらたな世相をつくりだした。すなわち、いったん解消しかけた異種メディア間の連携を再活性化させつつ、人類学を広く大衆に普及させていったのである。

大阪万博のときに各種メディアが人類学者の動きを報じたことはいうまでもない。民博開館のときにも、広報誌『月刊みんぱく』や友の会機関誌『季刊民族学』がほぼマスメディアのごとくふるまったし（梅棹 一九七八）、建築家の黒川紀章やグラフィックデザイナーの粟津潔、展示デザイナーの川添登、作家の小松左京など万博当時のブレインが設立に協力したため（国立民族学博物館 一九八四）、新聞や雑誌、テレビも開館前後の動きを少なからず報じた。沖縄海洋博のときには人類学者の動きがあまり報じられなかったが、資料収集団の動きを統括したのは、前節で述べたテレビ番組プロデューサー牛山純一だった(9)（梅棹 一九九三：七二、株式会社 電通 一九七六：一一一）。また、ミクロネシアのサタワル島から沖縄海洋博会場まで航海してきたシングル・アウトリガー式カヌーのチェチェメニ号（現在は民博に展示）の映画記録「チェチェメニ号の冒険」（北斗映画、一九七六）は、劇場で公開された。

これらの動きは、映画が失ってしまった求心力を、戦前に政府が主導していた博覧会というメディアによって、人類学者たちがふたたびとり戻そうとしたものといえる。こうしてみると、映画といい博覧会といい、戦後における文化人類学の急速な普及の道具立ては、戦前期にかなりのていどそろっていたといえる。

七　おわりに

さまざまなマスメディアと民族誌的断片、そして人類学者の動きとの関係を、一八世紀から二〇世紀にいたる約二〇〇年間にわたって、時代ごとに概観してきた。今後の研究の深化が望まれるテーマにも踏みこんだので、必ずしも網羅的なレビューとはならなかったが、いくつかの傾向を見いだせたかと思う。ここでは、結論として三つのことがらについて述べてみたい。第一に、文化人類学が急速に普及したといわれる戦後期からみて、それに先行する各時期がどのような意味をもっていたかということ。第二に、メディア状況の変化にともなって人類学のありかたがどう変わってきたかということ。第三に、今後、マスメディアと人類学の関わりはどうなっていくかということである。

第一の点について、江戸後期は限界アカデミズムの発生、江戸から明治にかけては純粋アカデミズムへの脱皮、大正から昭和にかけては大衆の成立、戦後期は大衆による純粋アカデミズムの支持と位置づけることができる。ここで重要なのは、戦後における文化人類学の発展が大衆による支持を背景としていたということであり、それに至るまでの過程として、先行する各時期を捉えられるということである。

マスメディアの発展のなかで、最初に複数のメディアを闊達に利用していたのは、明治の最初期における好古家たちだった。彼らは結社をつくって博覧会展示を先がけるような展示を催すいっぽう、整版印刷技術を使って美しい図譜を発行した。こうした活動は、現在の純粋アカデミズムにも連なる営みではあるが、この時期、大学を拠点とした純粋アカデミズムはまだ成立していない。いっぽうで、こうした活動から坪井正五郎が輩出されたことから、日本の人類学は、異文化や歴史への日常的な興味から出発したといえる。けっして、海外におけるアカデミズムの成立だけが日本の人類学のルーツではない。

この時期の活動は、マスメディアの発達を背景としていたとはいえ、彼らの活動が広い社会的階層に受け入れられたわけではない。そのようになるためには、幅広い社会的階層が関心や経験を共有する状況、すなわち大衆の成立が必要だった。関東大震災後の大正から昭和にかけての時期は、総合雑誌や円本、ラジオ、映画などのあたらしいメディアによって、性別や世代、階級を越えた大衆が生まれた時期として位置づけられる。この時期、人類学者はすでにマスメディアに登場し、大衆アカデミズムの一翼を担っている。しかし、大政翼賛が声を増すなかでマスメディアと大衆の活動が制限され、人類学が飛躍的に普及するにはいたらない。

戦後期は、中断していたマスメディアと大衆の活動が再開した時期である。この時期に文化人類学は、エクスペディションを実現するためにマスメディアをまきこみ、その結果として広範に普及することになった。こうした動きのなかであらためて確認しておきたいのは、展示というマスメディアのはたした役割である。展示は、日本の領土が拡大していく戦前においては、殖産興業を目的として中央・地方政府が積極的に活用したメディアである。戦前の展示は、多くの人びとの視線を異文化に向けさせることに成功したが、人類学の発展には直接はつながらなかった。戦後は一転して、人類学者がこのメディアを積極的に活用し、みずからの成長をはたした。このことからわかるように、戦後の人類学普及の直接的なきっかけは、人類学者による既存メディアの活用にあった。

第二の論点、メディア状況の変化にともなう人類学の変化については、上記に関連して以下のようにまとめられよう。明治期に日本の大学で認知された人類学は、学術雑誌という出版マスメディアをつうじてその活動を展開していたが、大正から昭和にかけての大衆の成立にともない、活動幅を広げて大衆との接点を拡大する。その詳細については、今後の研究が望まれる。ただひとついえるのは、この動きに乗じた人類学者自身は啓蒙と普及を意図していたとみられるにもかかわらず、実際の変化はそれにとどまらなかったということである。たとえば岡書院の『ドルメン』は、専門化しつつあった人類諸科学の交流をうながすという効果をもたらした。もうひとつ例をあげれば、『婦人公論』誌上などで展開した今和次郎の活動は、考現学というあらたな下位領域を形づくるにいたった。

戦後にも同じような変化がうかがえるが、この時期になると、マスメディアを啓蒙普及の手段とみるだけでなく、その受容者である大衆を学問形成の原動力として利用する動きがあらわれる。本章ではじゅうぶんにふれることができなかったが、多数のエクスペディションを組織して映画や展示など最大限のマスメディア活動を展開した梅棹忠夫は、たえずアマチュアの活動とアカデミズムの関係を意識していたと思える。このことは、「アマチュア思想家宣言」や「放送人――偉大なるアマチュア」などの著作タイトルにもあらわれていよう。彼の設立した国立民族学博物館は、博物館を研究拠点とする構想であり、アマチュアとプロフェッショナルの交流する場として実現したものである。

今後も人類学は、アマチュアとの関わりのなかで変化をとげていくと予測できる。これが、本章を結ぶ第三の論点である。そもそも、近年に人文諸科学を席捲したポストコロニアル批評は、さまざまな草の根の動きが合流して形づくられた運動である。学界の外の動きは、学界の動きを制御するのにじゅうぶんな力をもっているといえよう。このことに加えて、本章の展望に立つなら、インターネットというあたらしいタイプのマスメディアが現在は大きな力をもっている。

インターネットは、不特定多数に受容されるという意味でまぎれもないマスメディアだが、本章でとりあげた新聞や雑誌、書籍、展示、映画、テレビ、広告などとちがい、プロフェッショナルなプロデューサーが存在しない。もちろん、ポータルサイトのプロデューサーやウェブデザイナーなど、インターネットを拠点とする職業は存在する。しかし、彼らの協力がなければコンテンツが発信できないということはないし、彼らプロフェッショナルも、アマチュアの仕事にたえず脅かされている。インターネットは、プロフェッショナルとアマチュアの関係を大きく変えたメディアといえる。こうしたメディアが力をもつなかで、アマチュア的活動をひとつの起源とする人類学は、否応なく変貌していくと思われる。

もちろん、一部の人類学者は、旧来型のマスメディアを駆使して活動を展開し、インターネットには見むきもしないだろう。また、世俗との関わりを断ちきろうとする研究者も少なくないにちがいない。しかし、マスメディア自体がインターネットの動向をうかがう現状では、すべてのマスメディア活動はインターネットに制約されざるをえない。また、世俗とは無関係な高度に学術的な知見も、現在ではインターネットをつうじて広く普及している。アマチュア人類学者はインターネットをつうじて情報を得ようとし、それに応えようとする動きもあらわれるだろう。そのように考えると、インターネットの出現は、人類学のみならず広く学術一般のありかたを変えると予測できるのである。

ましてや、本章でみたように、人類学はマスメディアやアマチュアの影響を強く受けて成りたった学問である。今さらになって、それらをぬきに学問のありかたを構想するのはナンセンスだろう。具体的に人類学がどのような展開をたどるかという構想は、本章の守備範囲を超える(10)。それを構想するには、インターネットをはじめとするさまざまなマスメディアの今後のふるまいと、本章で提示した画期における人類学のふるまいを、ともに視野に収めておく必要があろう。

注

1　このことは、日本のみならずヨーロッパにおいてもいえることである。博物学の美しい図版が、異文化に対する関心を広めたことはよく知られている（荒俣 一九九〇）。

2　ここでいう「実務」は、たんに編集や印刷のノウハウだけを指しているのではない。たとえば「編集弁発行人」という肩書きは、讒謗律に抵触する場合に責任を問われる立場の者である（山本 一九七六）。法学者でもあった神田は、出版が法のもとでおこなわれることを熟知してその任を受けたはずであり、その意味でも任に適していたといえる。

3　一九〇〇年の名簿では、旧徳島藩主の蜂須賀茂韶、政治家の榎本武揚、華族の東久世通禧などが名誉会員として名を連ねている。一九三五年の名簿では、民俗学者の柳田國男や言語学者の新村出、作家の永井荷風などの名がみえる。

4　このほか、一九〇五年にアメリカのルーベルが考案したオフセット輪転印刷機が、一九〇八年に早くも日本に導入され、一九一三年に国産化された。これは、原理的には石板整版を機械化したもので、従来から印刷されていたハガキや絵図の印刷を容易にした（凸版印刷株式会社 社史編纂委員会 一九八五：一〇九―一一七）。こうした技術的進展をふまえ、大正後期には、ポスター広告にも大きな変化があったと指摘されている（北田 二〇〇八）。この点からも、関東大震災以後の一〇年間は、大衆アカデミズムや限界アカデミズムの画期とするべきだろう。

5　広く一般に公開された映画ではないが、個人による一六ミリや九・五ミリ、八ミリの映画記録も、この頃に登場しはじめる。民族学や民俗学の関係では、澁澤敬三やアチック・ミューゼアム同人の撮影したフィルムが重要であろう。これらのなかには、アチック同人たちによる調査旅行の記録や、当時の手しごとを劇仕立てで表現したものなどが含まれている。これらの資料は、関係者らによって整理や公開準備が進められている。

6　藤木自身が登山や探検といった事業の支援者であったことは、エクスペディションの歴史の観点から注目されてよい。彼は、白頭山遠征の経験をもとに、エクスペディションが新聞社とどのような関係にあるべきかを『探検』誌上で論じている（藤木　一九四三）。なお、彼の息子　藤木高嶺は、戦後に朝日新聞社カメラマンとしてカナダ＝エスキモーやニューギニア高地人、アラビア遊牧民などの取材をおこなっており（本多　一九八一ａ・一九八一ｂ・一九八一ｃ）、民族学写真家を名のるようになる。

7　一九五八年、読売映画社は、その前年から始まった日本民族学協会東南アジア稲作民族文化綜合調査団の動画記録を編集して『民族の河メコン』を発表した。また、同じ年には、大阪市立大学の川喜田二郎が率いた西北ネパール探検隊に同行し、『秘境ヒマラヤ』（一九六〇）のための取材をおこなっている。

8　その後一九六九年になって、もう一度だけ、人類学者の組織する大きなエクスペディションが大々的にテレビ放送されたことがある。京都大学大サハラ学術探検隊（一九六七―六八）を伝えたフジテレビ系列の『大サハラ』である（西岡　一九六九）。この番組は、一九六九年一月五日から三月二三日まで、毎週三〇分ずつ放送された。この番組はフジテレビ開局一〇周年記念特別番組として制作されたので、短期スポンサーを探すという問題ははじめからなかった。

9　梅棹は牛山を「牛島」としているが、誤記である。

10　インターネット技術が人類学的実践を変容させるという議論として、たとえばFabian（2002）や湖中（二〇〇五）がある。人類学の今後を予測しようとするならば、これらに加えて、インターネットをつうじて民族誌的断片や異文化交流がどのように展開するかを考察する必要がある。たとえば、人類学者が調査地の人びとや海外の研究者と連絡するようすも、この二〇年間で大きく変わった。この問題は、かならずしも視覚メディアやマスメディアに関わるものではないが、人類学を成りたたせる技術的基盤の問題として、いずれ整理する必要があろう。

参照文献

饗庭斜丘
一九二八「亥ノ子雑載」『民族』四（一）：一六五―一六七頁。
朝日新聞社史編修室 編
一九六二『朝日新聞グラビア小史』大阪：朝日新聞社。
朝日新聞百年史編集委員会 編
一九九五『朝日新聞社史 資料編』東京：朝日新聞社。
荒俣宏
一九九〇『民族博覧会』東京：リブロポート。
有坂鉊蔵
一九二三『日本考古學懐舊談』『人類學雜誌』三八（五）：一八三―一九六頁。
飯田卓
二〇〇七「昭和三〇年代の海外学術エクスペディション――「日本の人類学」の戦後とマスメディア」『国立民族学博物館研究報告』三二（二）：二二七―二八五頁。
二〇一〇「エクスペディション映画の系譜」梅棹忠夫（監修）カラコルム／花嫁の峰 チョゴリザ 刊行委員会（編）『カラコルム／花嫁の峰 チョゴリザ――フィールド科学のパイオニアたち』二〇五―二三九頁、京都：京都大学学術出版会。
飯田卓・原知章 編
二〇〇五『電子メディアを飼いならす――異文化を橋渡すフィールド研究の視座』東京：せりか書房。
石川栄吉
一九九八「映像人類学の提唱者牛山純一」『放送文化』二月：四四―四五頁。
泉靖一 編
一九六七『世界の名著五九 マリノフスキー／レヴィ＝ストロース』東京：中央公論社。

市岡康子
　二〇〇五『ＫＵＬＡ――貝の首飾りを探して南海をゆく』東京：コモンズ。
一柳廣孝
　二〇〇五「解題」一柳廣孝（編）『浅草の見世物・宗教性・エロス（コレクション モダン都市文化一一）』六一〇―六一五頁、
　　東京：ゆまに書房。
伊藤俊治
　一九八八『二〇世紀写真史』東京：筑摩書房。
岩村忍・岡崎敬
　一九五七『イラン』東京：朝日新聞社。
印刷史研究会 編
　二〇〇〇『本と活字の歴史事典』東京：柏書房。
上野益三
　一九九〇『博物学の時代』八坂書房。
牛山純一
　一九七八「テレビ・ジャーナリズムの二五年――ある体験的ドキュメンタリー論」『世界』七月：一〇四―一二二頁。
　一九九〇ａ「素晴らしいドキュメンタリー 三四 テレビ・ニュース 二六 初のリレー中継成功」『東京新聞（夕刊）』一〇月一
　　日、一二面。
　一九九〇ｂ「素晴らしいドキュメンタリー 三七 テレビ・ニュース 二九 異文化の意義を学ぶ」『東京新聞（夕刊）』一〇月九
　　日、五面。
　一九九一「素晴らしいドキュメンタリー 六八 岡正雄 三 損得を考えず尽力」『東京新聞（夕刊）』二月一二日、五面。
　一九九二「映像を通した民族の「定点観測」二四年」『中央公論』六月：二七四―二八五頁。
内田武志・宮本常一 編
　二〇〇〇『菅江真澄遊覧記（全五巻）』東京：平凡社。
宇野文男

一九九〇『みんぱくコレクション（みんぱく発見二）』吹田：千里文化財団。
梅棹忠夫
一九五六『アフガニスタンの旅』東京：岩波書店。
一九六七『文明の生態史観』東京：中央公論社。
一九七三（編）『EEM——日本万国博覧会世界民族資料調査収集団（一九六八—六九）記録』大阪：日本万国博覧会記念協会。
一九九二『裏返しの自伝』東京：講談社。
一九九三『梅棹忠夫著作集第二一巻 都市と文化開発』東京：中央公論社。
梅棹忠夫・栗田靖之・飯田卓
二〇〇七「学術活動と映像マスメディア」『国立民族学博物館研究報告』三二（二）：二八六—三〇〇頁。
NHK放送文化研究所 監修
二〇〇二『放送の二〇世紀——ラジオからテレビ、そして多メディアへ』東京：NHK出版。
大阪商業大学商業史研究所 編
一九九一『新聞の付録展——明治・大正・昭和に見るすごろくから商業史料まで』東大阪：大阪商業大学商業史研究所。
大森昌衛
二〇〇七「徳川重康——動物学科に籍を置き地質学を専攻した異彩の研究者」『地球科学』六一：七三—七五頁。
岡茂雄
一九七四『本屋風情』東京：平凡社。
一九八六『閑居漫筆』東京：論創社。
小野瀬不二人
一九一五『最新 實際新聞學』東京：植竹書院。
株式会社 電通 編
一九七二『日本万国博覧会公式記録 第一巻』吹田：日本万国博覧会記念協会。
一九七六『沖縄国際海洋博覧会公式記録 総合編』東京：財団法人沖縄国際海洋博覧会協会。
川崎賢子・原田健一

二〇〇二『岡田桑三 映像の世紀――グラフィズム・プロパガンダ・科学映画』東京：平凡社。
神田孝平
一八八六「古銅劔の記」『人類學會報告』三：三八―四〇頁。
一八八八「奥羽巡回報告」『東京人類學會報告』一一：六一―六七頁。
菊地暁
二〇〇四「距離感――民俗写真家・芳賀日出男の軌跡と方法」『人文学報』九一：六一―九六頁。
菊池俊彦 解説
一九七九『紅毛談・蘭説弁惑（江戸科学古典叢書 一七）』東京：恒和出版。
一九八〇『紅毛雑話・蘭畹摘芳（江戸科学古典叢書 三一）』東京：恒和出版。
木下直之
一九九七「大学南校物産会について」東京大学（編）『学問のアルケオロジー』八六―一〇五頁、東京：東京大学出版会。
北田暁大
二〇〇八『広告の誕生――近代メディア文化の歴史社会学』東京：岩波書店。
九学会連合奄美大島共同調査委員会 編
一九五六『奄美の島々』東京：毎日新聞社。
一九五九『奄美――自然と文化 写真編』東京：日本学術振興会。
國分直一・恵良宏 校注
一九八四『南島雑話 一・二――幕末奄美民族誌』東京：平凡社。
国立民族学博物館 編
一九八四『国立民族学博物館十年史 資料集成 付録』吹田：国立民族学博物館。
湖中真哉
二〇〇五「民族誌の未来形へ向けての実験――オンライン民族誌の実践から」飯田卓・原知章（編）『電子メディアを飼いならす――異文化を橋渡すフィールド研究の視座』二二一―二三四頁、東京：せりか書房。
今田洋三

一九七七『江戸の本屋さん——近世文化史の側面』東京：日本放送出版協会。
斎藤忠
一九九〇『日本考古学史の展開』東京：学生社。
坂野徹
二〇〇五『帝国日本と人類学者——一八八四—一九五二年』東京：勁草書房。
佐藤健二
一九八七『読書空間の近代——方法としての柳田国男』東京：弘文堂。
佐藤卓巳
一九九八『現代メディア史』東京：岩波書店。
二〇〇二『『キング』の時代——国民大衆雑誌の公共性』東京：岩波書店。
佐藤忠男 編
二〇〇九『ドキュメンタリーの魅力（シリーズ 日本のドキュメンタリー 一）』東京：岩波書店。
佐野眞一
二〇〇〇『巨怪伝——正力松太郎と影武者たちの一世紀 上』東京：文藝春秋。
澁澤敬三
一九九二「『南方熊楠全集』上梓のいきさつ」澁澤敬三『澁澤敬三著作集 第3巻』一〇七—一一三頁、東京：平凡社（初出は一九五一年）。
島村輝
二〇〇五『エロ・グロ・ナンセンス（コレクション・モダン都市文化 一五）』東京：ゆまに書房。
集古会
一九八〇『集古 第一巻』京都：思文閣。
白川千尋
二〇〇六『日本のマスメディアにおけるオセアニア表象の文化人類学的研究——平成一五～一七年度科学研究費補助金（若手研究B）研究成果報告書』吹田：国立民族学博物館。

杉本つとむ 解説
　一九七二『平賀源内 物類品隲』東京：八坂書房。
鈴木廣之
　二〇〇三『好古家たちの一九世紀――幕末明治における《物》のアルケオロジー』東京：吉川弘文館。
竹内洋
　二〇〇八『学問の下流化』東京：中央公論新社。
竹沢尚一郎
　二〇〇一『表象の植民地帝国――近代フランスと人文諸科学』京都：世界思想社。
田中純一郎
　一九八〇a『日本映画発達史Ⅰ――活動写真時代』東京：中央公論社。
　一九八〇b『日本映画発達史Ⅱ――無声からトーキーへ』東京：中央公論社。
津田照雄
　二〇〇一「グラビア印刷機」凸版印刷株式会社 印刷博物誌編纂委員会（編）『印刷博物誌』九六〇―九六二頁、東京：凸版印刷株式会社。
坪井正五郎
　一九〇七『人類學叢話』東京：博文館。
鶴見俊輔
　一九九九『限界芸術論』東京：筑摩書房。
寺田和夫
　一九七五『日本の人類学』東京：思索社。
東京国立近代美術館フィルムセンター 編
　二〇〇四『展覧会 映画遺産――東京国立近代美術館フィルムセンター・コレクションより』東京：独立行政法人 国立近代美術館・東京国立近代美術館。
凸版印刷株式会社 印刷博物誌編纂委員会 編

二〇〇一『印刷博物誌』東京：凸版印刷株式会社。
凸版印刷株式会社 社史編纂委員会 編
一九八五『凸版印刷株式会社史』東京：凸版印刷株式会社。
中沢新一・長谷川興蔵
一九九三「南方学の基礎と展開――テクスト、マンダラ、民俗学」河出書房新社編集部（編）『新文芸読本 南方熊楠』一九八―二二六頁、東京：河出書房新社。
長友千代治
二〇〇二『江戸時代の図書流通』京都：思文閣。
中根千枝
一九六七『タテ社会の人間関係――単一社会の理論』東京：講談社。
中根勝
一九九九『日本印刷技術史』東京：八木書店。
中野三敏 監修
二〇〇五『江戸の出版』東京：ぺりかん社。
永嶺重敏
二〇〇一『モダン都市の読書空間』東京：日本エディタースクール出版部。
中村亮平
二〇〇五「世界的グロテスク藝術」島村輝編『エロ・グロ・ナンセンス』五〇二―五〇八頁、東京：ゆまに書房。
西岡香織
一九六九『大サハラ――京大探検隊とともに』東京：サンケイ新聞社。
西村眞次
二〇〇九『人類性文化史（性科学全集 四）』東京：クレス出版。
蜷川親正
一九八八「モースの陶器収集と蜷川式胤」守屋毅（編）『共同研究 モースと日本』三八一―四二四頁、東京：小学館。

日本人類学会 編
一九八〇『人類學會報告（第一号〜第四号）東京人類學會報告（第五号〜第八号）第一巻』東京：第一書房。
野口武徳・宮田登・野田真吉・北村皆雄
一九七七『映像民俗学――討論・映像と民俗学を考える』東京：映像民俗学を考える会。
野田真吉
一九八八『ある映像作家――フィルモグラフィ的自伝風な覚え書』東京：泰流社。
芳賀徹
一九八九『平賀源内』東京：朝日新聞社。
長谷川一
二〇〇三『出版と知のメディア論』東京：みすず書房。
犯罪科學 編
一九三一『犯罪科學別巻　異狀風俗史料研究號』東京：武俠社。
フーコー、M（渡辺一民・佐々木明訳）
一九七四『言葉と物――人文科学の考古学』東京：新潮社。
藤井仁子
二〇〇三「柳田國男と文化映画――昭和十年代における日常生活の発見と国民の創造」長谷正人・中村秀之（編）『映画の政治学』二六五―三〇一頁、東京：青弓社。
藤木九三
一九四三「探検と新聞」『探檢』四：八八―九九頁。
藤田和夫・林田重男
一九五六『カラコラム』東京：朝日新聞社。
ホッキングズ、P&牛山純一 編
一九七九『映像人類学』東京：日本映像記録センター。
本庄栄治郎 編

一九七三『神田孝平――研究と史料』大阪：清文堂。
本多勝一
一九八一a『カナダ＝エスキモー』東京：朝日新聞社。
一九八一b『ニューギニア高地人』東京：朝日新聞社。
一九八一c『アラビア遊牧民』東京：朝日新聞社。
正宗敦夫 編
一九二八―二九『多氣志楼蝦夷日誌集（全三巻）』東京：日本古典全集刊行會。
松田京子
二〇〇三『帝国の視線――博覧会と異文化表象』東京：吉川弘文館。
水越伸
二〇〇二『新版 デジタルメディア社会』東京：岩波書店。
三村清三郎
一九八〇「無題」『集古 別巻』一一〇―一一一頁、京都：思文閣。
無記名
一九九三「リトルワールド一〇年の歩み」『リトルワールド』四五：一八―二三頁。
モース、E・S（石川欣一訳）
一九七〇『日本その日その日 二』東京：平凡社。
柳田國男・三木茂
一九四四『雪國の民俗』東京：養徳社。
柳田國男・橋浦泰雄・村治夫・三木茂・津村秀夫
一九四一「柳田國男氏を圍んで――文化映畫と民俗學」『新映画』一（三）：五八―六七頁。
山口昌男
二〇〇五『「挫折」の昭和史（上）』東京：岩波書店。
山路勝彦

二〇〇六『近代日本の海外学術調査』東京：山川出版社。
二〇〇八『近代日本の植民地博覧会』東京：風響社。
山本夏彦
一九七六『編集兼発行人』東京：ダイヤモンド社。
彌吉光長
一九八九『未刊史料による日本出版文化 第四巻 江戸出版史――文芸社会学的結論』東京：ゆまに書房。
吉田憲司
一九九九『文化の「発見」――驚異の部屋からヴァーチャル・ミュージアムまで』東京：岩波書店。
吉田憲司＆ジョン・マック 編
一九九七『異文化へのまなざし――大英博物館と国立民族学博物館のコレクションから』大阪：ＮＨＫサービスセンター。
吉見俊哉
一九九二『博覧会の政治学――まなざしの近代』東京：中央公論社。
一九九四『メディア時代の文化社会学』東京：新曜社。
二〇〇二（編）『一九三〇年代のメディアと身体』東京：青弓社。
Ames, Michael M.
1992 *Cannibal Tours and Glass Boxes : The Anthropology of Museums, Vancouver* : UBC Press.
Coombes, Annie E.
1994 *Reinventing Africa : Museums, Material Culture and Popular Imagination in Late Victorian and Edwardian England*, New Haven : Yale University Press.
Fabian, Johannes
2002 Virtual Archives and Ethnographic Writing : "Commentary" as a New Genre ? *Current Anthropology* 43 (5) : 775-786.
Griffith, Alison
2002 *Wondorous Difference : Cinema, Anthropology, and Turn-of-the Century Visual Culture*, New York : Columbia University Press.

Grimshaw, Anna
2001 *The Ethnographer's Eye : Ways of Seeing in Modern Anthropology*, Cambridge : Cambridge University Press.
Stocking, Jr., George W.
1987 *Victorian Anthropology*, London : Collier Macmillan.

第一六章　「靖国問題」研究と文化人類学の可能性

波平恵美子

一般に「靖国問題」とは、太平洋戦争終結後、その存立根拠も制度も大きく変化しながら靖国神社が存在していることから生じる政治的社会的また外交上の問題をいう。本論でいう「靖国問題」とは、靖国問題についての言論の対立が二〇〇〇年以降活発になりまた先鋭化している一方で、国民の多くは靖国問題についても靖国神社についても無関心であるし無知である状況をいう。また、一九六〇年代以降靖国神社は常に日本社会内部の政治的対立の象徴の役割を果してきたことも筆者がいうところの「靖国問題」である。

日本の文化人類学の歴史を検討する目的の本書において「靖国問題」研究における文化人類学の可能性を取上げる根拠は、文化人類学が「自己と他者」の関係がゆらいだ時に誕生し、また発展してきていること、日本における文化人類学の導入と展開は植民地政策と並行して生じたことにある。太平洋戦争の終結はそれまでの「自己と他者」の関係が再び揺るがされた結果を生み、やがて新しい「自己と他者」の関係を創り出そうとする中で文化人類学は発展してきた。そして、靖国神社が議論の中心であり得るのは、戦後の日本人における自己と他者像が多様性に富みかつ揺らいでいる状況の表象となっているからだと考える。

本論では、「靖国問題」の研究者たちが、基本的資料の重要性と歴史的事実の確認の重要性とを認識し、対立する見解をむすぶ共通の概念の構築と共有を提案する。すでに多くの研究成果がある中で文化人類学の理論と方法論が貢献できるのは、対立する意見の中で、結論を留保しつつ、新しい資料や視点を次々と確保することである。

一　はじめに――靖国問題を研究対象とする意義

日本の文化人類学の歴史を論じる本書の中で、筆者が靖国問題を取上げた意図は次のようなものである。

十九世紀に文化人類学が誕生したイギリス、その後多くの研究者を養成し現在も文化人類学の中心地であるアメリカをはじめ、欧米諸国の文化人類学が植民地政策や先住民政策との関わりの中で誕生し発展したように、日本の戦前の文化人類学（民族学）もまた、植民地政策と何らかのかたちで連動しながら展開してきた。それは「調査研究の対象となる他者」が自国のあるいは自分の民族集団の外にあるとする文化人類学の本質から来る必然の結果である。従って、「他者」を想定する自分自身の自己像が反映するのも必然であり、文化人類学の誕生（日本の場合は輸入）と展開は他者像と自己像とが交叉する場で生じてきた。サイードの『オリエンタリズム』の発表後もっともその影響が大きかったのが文化人類学であったのは、他者を対象としながらそこには自己を反映していることに無自覚であったことを指摘されたために、研究の基盤が揺さ振られたからである。ところが、実は日本の文化人類学は異なるかたちで自己像を大きく揺さ振られた歴史を持つ。それは、明治期以降アイヌの人々を別として、専ら「他者」を植民地に求めて展開した日本の文化人類学が、敗戦によって一挙にその「他者」を失ってしまったことである。戦後の日本の文化人類学は新たな「他者」をどのように設定するかという模索の中で徐々に自己像を変貌させてきたのだといえる。他の章で論じられている京都大学の探検隊の活動や東京大学のアンデスにおける考古学研究はそうした新たな「他者と自己」のとらえ直しの試みであり結果であったといえよう。

以上のような視点からすると「靖国問題」は戦後における「他者と自己」のとらえ直しが決着しない状況なのだということができる。靖国神社にA級戦犯が祀られていること、その靖国神社に首相が参拝したことに対する中国や韓国の政府からの抗議に対する日本国内の反応などは、戦後六〇年以上たった現在もまだ「他者と自己」の関係が揺さ振られた余震が残り、それだけではなく、戦後に起きた日本の内外の変化によって別の揺さ振りが生じその揺れと共振しているると思われる。靖国神社の存在は、戦前にあっては天皇制と軍国主義の象徴の役割を、さらにさかのぼると、明治初期には明治政府が「国家」「国民」というものをいかに描くかという模索の中で誕生し、国家・国民像の変化とともに変貌しつつ定着した国民国家の象徴となった。そして、戦後、靖国神社が日本政府をはじめ日本人の「他者と自己」関係の揺らぎの表象になっているのである。

ところで、戦後の日本の文化人類学は初期には「他者」を農山漁村や南西諸島に求めた。しかし、その時期はごく短く、やがて戦前とは比べようもなく世界各地に広く「他者」を求めることができるようになり現在に至っている。しかし、筆者もその一人であるが、日本国内に留り、日本をフィールドにし続ける文化人類学の研究者も少数いる。いわゆるネイティブ・アンソロポロジストであり続けていることは「他者」と「自己」とを分けることの困難にいつも向き合わされることでもあり、そのため筆者にとって個人的に「靖国問題」は常に関心の向くところであった。但し、研究テーマにすることとは、何よりも靖国神社に関する歴史資料の厖大さとそれを読み解くことの困難さの前に立ち止らざるを得ないし、後で述べるように、「靖国問題」はその部分のどこを取上げても結局は靖国神社の存在そのものを抜きにしては分析できないことを痛感しているので、過去にはわずか二点、対象とする問題を極力絞って論じたに過ぎない(1)（波平　一九九〇・二〇〇四）。

この段階であえて「靖国問題」を論文のテーマに取上げたのは、二〇〇〇年以降、小泉元首相の靖国神社をめぐる言動に一部は起因するのであろうが、急激に「靖国問題」の議論が活発となり、かつ、対立の構図が明確にそして対立が言論上先鋭化していることによる。現在一般国民の多くは靖国神社に無知無関心である事実が一方にありながら、靖国神社が戦後の日本人の「他者と自己」像の揺らぎの象徴・表象である状況は続いており、靖国神社は、いつでも日本人のそして日本に在住する国外からの移住者やその子孫の生活に影響を与える存在に変貌する可能性を潜在的に持つと考えている。すでに他分野の研究が進んでおり厖大な数の論文著作がある状況にあってもなお、文化人類学は「自己と他者」との関係を問題意識としている故に「靖国問題」をフィールドにすることが求められるのではないかと考える。

本論では、すでに蓄積の多い「靖国問題」の論考をそれぞれが取上げているテーマごとに分類整理しグループ化し、それぞれのグループの代表的（と筆者が考える）論文を紹介したうえで文化人類学が参入できるであろうテーマについて論じる予定であった。しかし、非力のため、そして、問題の性質上、一つの論文・著書がいくつものテーマにまたがって論じているため、この計画は中断せざるを得なかった。本論ではわずかに「靖国問題」を研究テーマにした場合に抱え込むであろう研究上の問題を述べた。引用文献のリストにあげたものは、本論の記述に直接関係したものに過ぎない。優れた文献、重要な文献、基本的な文献が「靖国問題」と靖国神社・国家神道について数知れず存在すること、筆者が目を通したものだけでもリストにあげているものの数十倍はあることを申し添える。

二　「靖国問題」のありようが再生産する「靖国問題」

二〇一〇年一〇月一七日日曜日の午前、千鳥ヶ淵墓苑では秋季慰霊祭の準備が整い、すでに参列者が集り始めていた。一方、靖国神社の前の道路には右翼の街宣車が数台止まっており、境内には二百人を超える十代二十代の男女が男性三対女性一といった割合で祭り用の長法被を着て、一部の人々は「三柱祭」の幡を立て、残りの人々は神輿風の台に付けられた大縄を、神殿に向って引き、全員で大声ではやし言葉を叫んでいた。その周りには、観光客が数十人、その光景を眺めており、さらにその全体の光景を撮影用のカメラを手にした神社の職員たちがいて、神殿前の石段には、ダブルの黒背広の中年の男性たちが、縄を引く若者たちに大声で叱咤激励していた。境内の入口近くには日本遺族会のテントが張られ、これらの二つの施設からほど近い、戦時中の国民生活を示すために設立された昭和館には、数十人の人々が展示を見たり戦争関係の図書を中心に納められた図書室で読書をする光景が見られた。これら三つの施設はいずれも設立の時期も経緯も目的も異ってはいるものの、太平洋戦争と深く係わっていることでは共通している。

「靖国問題」の議論の重さと、現実に展開されているこうした一見のどかで、バラバラな印象を与える現象との間のズレが、実は筆者にとっての「靖国問題」であると考える。先にも述べたように、日本人の多くは靖国神社についての関心は薄く、その歴史も戦時中の役割についての知識もないこと、それにもかかわらず、靖国神社の存在が政治的な問題として、思いがけないかたちで噴出すること、そして、日本人の多くが、なぜ政治的な問題や外交上の問題となるのかまったく理解できないまま、日本国内で閣僚の靖国参拝に抗議する中国や韓国に対して反感が生じることである。日本人の大部分の無知無関心と靖国神社が政治的表象として果たす機能の大きさと強烈さとのズレが「靖国問題」であり、いわゆる「靖国問題」を創り出し再生産し続ける理由であると考える。

一般に「靖国問題」とは、太平洋戦争終結後も靖国神社が存続したことに起因する多様な政治的、対旧植民地の国や人々との対外的、社会的問題をいう。靖国問題についての議論は、政治的立場、宗教的立場、そして研究上の立場から、戦後間もなく始まった。その間、靖国神社の存在を戦前の位置にいく分かでも戻すための法律（靖国神社法）の成立をめざす動きが何度もあり、それへの反対運動が生じるなど、終戦時から時間がたっても靖国問題とそれについての議論は終焉しない。それどころか、二〇〇〇年代後半に入ってむしろ議論は活発化しているし多彩なものになっている。それは二〇〇一年に小泉純一郎元首相の靖国神社参拝行動とそれに関連する発言によって引き起され、再燃した政治的問題とそこから波及した問題が、活動家だけではなく研究者に、靖国神社の存在とそれがもたらす問題の大きさと深刻さを改めて認識させる結果となったからだと考える。「靖国神社」「靖国問題」がタイトルやタイトルの一部になっている論文や書籍の出版も活発である。

しかし、靖国問題の議論内容の拡大や深化が見られる一方で、研究者の立場からの論議とはいえ、すでに、あるいは相変らず、その行間にはそれぞれの政治的姿勢が見え隠れしており、また意図しても意図しなくとも、戦争体験や直接の体験ではなくても家族の戦争体験をはじめ人生経験が反映されているのではないかと推測される論述が目立つ。その結果全体としてかえって対立意見は先鋭化する傾向があり、日本国内の政治・経済状況によっては、研究者の中立的立場は見失われるのではないかと考える。「靖国問題に中立的立場などあり得ない」と開き直ることこそ政治的立場そのものである。研究者の社会的役割は事実を丹念に拾いあげ整合性の高い議論をおこなうことによって、対立する立場の人々や団体・勢力の間に相互理解が成立するような共通理解のための踊り場を構築しておくことだと考える。つまり、どのような立場の人々も用いることのできる用語や概念を準備し提示することによって、対立する立場からの主張が交叉できる言論空間を、一つの主張や立場が他を排除し抑圧しようとして権力に頼る悪しき歴史を繰り返さないために、創り出すことが是非とも必要である。文化人類学ではその目的のために「文化の相対化」「文化の客体化」の理論を用いる準備が充分に整っているはずである。

三　「靖国問題」としての「先祖の話」

柳田国男の「先祖の話」は終戦の直前に執筆されたこと、子どもを持たないまま戦死した若者の霊を祀る子孫がなく無縁仏になることを憂いていることから、靖国神社との関係で論じられることが多い。靖国神社を論じていないにもかかわらず、柳田の靖国神社観が忖度されて論じられ、次に示すように全く異る評価や解釈がなされることこそ「靖国問題」である。靖国神社が持つ政治性の認識やその政治性における論者の立ち位置が「先祖の話」を多様に解釈することを導くのであろう。多くの議論の中から五点を取上げる。

政治思想史の視点から柳田国男の政治思想を明らかにしようとする川田稔は、氏神信仰についての柳田の論述を中心に分析している。川田は、柳田の氏神信仰論はその全体が一つの国家神道批判であったとする（川田　一九九二：iv・二四一―二四三・一九九七）。「先祖の話」「神道と民俗学」「神道私見」「氏神と氏子」「日本の祭」などを分析対象としてまた「朝日新聞論説集」を分析したうえで、柳田においては天皇制についても、皇室の存在それ自体は否定されるべきものではないが明治憲法の天皇大権を基礎づけているもの、したがって現実の政治的権力を国民的意志とは異なるチャンネルから基礎づけられているものの正当性を否定しているという。柳田の氏神信仰論は「天皇を国家の政治権力の源泉とする考え方への批判を内包していた」（川田　一九九二：二五〇）し、「柳田の氏神信仰論は一つの国家神道批判でもあり、その政治論における事実上の天皇象徴化の方向とつながりをもつものであった」（川田　一九九二：二五三）とする。

ところが、比較文化論と日本思想史を専攻し靖国神社の存続を強く支持する立場から発言を続ける小堀桂一郎は、柳田国男の「先祖の話」をむしろ靖国神社を支える思想を示すものと解釈している。小堀は「靖国神社は国民を総氏子とする国民方式の神社であればよい」（小堀　一九九八：二二三）という視点から「日本という国家と日本民族とは、器とそれに盛る中身の如く、そのどちらを欠いても統一体としての意味をなさない一箇の有機体であるが、個の有機体の生命現象を可能ならしめている細胞にあたるものが〈家〉である」（小堀　二二七）とし、その視点から「先祖の話」は、「個々の〈家〉の危機は即ち国家・民族という全体の危機である」（小堀　二三一）という柳田の認識を示すものだと読み解いている。

ところで、財団法人神道文化会は、「国家機構から分断された神道神社が、今後、如何に生くべきか」（財団法人神道文化会　一九七三：一）をさぐるため、問題の所在点を示すような研究論文を編んで『戦後・神道論文選集』として刊行したという。国体論、神道論、神社各般の三部から成るこの論文集の神社各般（第三部）に、柳田國男の「信仰と民俗」（一九五四年『瑞垣』一六号掲載）が折口信夫の「神々と民俗」、肥後和男の「祭儀にあらはれた神」と共に所収されている。柳田の論文は死者を祀る信仰から墓の問題にさらに霊魂観、祖霊観、沖縄の信仰の中に日本本土の祖霊魂の原形があるのではないかと示唆したうえで、伊勢の信仰（伊勢神宮）の重要性を論じている（六二三―六二四）。全体として神道の古いかたち、原像をさぐろうとするものであり、氏神信仰が日本民族に共通した信仰であること、それは天皇家の祖先を祀る伊勢神宮の信仰と同列同種であることを強調したものと読み取ることができる。但し、島薗によると、天皇家の祭祀は明治以降拡大されており、その祭祀のあり様は現在も変らず、また、戦前の国家神道における儀礼中心主義というべきものは皇室神道と連動しているという。島薗の指摘に注目すると、柳田が所収論文で述べているように伊勢の信仰と天皇家の信仰祭祀との近似性が強いのかどうか検討しなければならないだろう。

二〇〇一年に急死した田中丸勝彦の英霊の研究論文や覚書を『さまよえる英霊たち』のタイトルのもとにまとめ編集

した重信と福間は田中丸の論じようとしたことを次のように解説する。「彼が、英霊という近代を問うことによって対峙しようとしていたもう一つの近代が、柳田国男以来、この国の民俗学が構築してきた〈祖霊神学〉であった。この「祖霊」をめぐる物語の創出は、〈家〉という観念が、近代の戸籍や民法等の制度により全面化されていくことと、無関係ではなかった。ことに柳田國男が〈祖霊〉を〈家の存続〉という問題として論じたことは、〈家〉をめぐる近代の言説空間のなかに〈祖霊神学〉の場所があることを明白に示していた。

しかし、民俗学は、〈祖霊神学〉がこの国の近代とどのように深く関わりあっているのか、その起源を十分に明らかにしてきていない。……田中丸の英霊研究は、戦争という近代をとおして、この〈祖霊神学〉の構築性そのものを照射することをも目指していた」（田中丸 二〇〇二：二一三）とする。二人の論者は田中丸の論考における、柳田国男を中心とする戦後の民俗学への批判に注目し次のようにいう。民俗学が構築した「祖霊神学」では、戦死者は祖霊から氏神へという列から疎外される。そして無縁／御霊の性格を帯びざるを得ないのであるが、「英霊」と名づけられ、国家の英雄に回収されていく政治の対象となった。「田中丸の議論は、民俗学が語った祖霊祭祀の逸脱形態としてしか英霊祭祀が出現せざるをえないということをめぐって〈祖霊神学〉が批判的に解体されつつ、これまで民俗学が語ってこなかった、国家と〈国民〉の共犯関係のもとで作り上げられた英霊という近代があぶりだされる」（田中丸 四一五）という。

田中丸は英霊祭祀を研究対象にした民俗学者であり、靖国神社から九州北部の各護国神社さらに村落レベル、家レベルなどさまざまなレベルの英霊祭祀のありようをフィールドワークによる資料を中心に収集した。柳田国男の「先祖の話」をはじめとする「祖霊神学」が英霊を生むことになった戦争の犯罪性を覆い隠すことになったとして批判する。「柳田が戦殁者怨霊や御霊ではなく、イエの無縁仏の問題として処理しようとしたことは、日本民俗学として国を告発せしむる機会を逸することでもあった。また〈英霊〉の語を用いなかったのは、背後に見えかくれする政治的な影を感じとっていたからであろうが、戦歿者祭祀の問題に正面から対峙することを避けたことでもある。さらに柳田は、戦争の犯罪性（国民に対する国家の）を直視することをせず、〈固有の生死観を振作せしめる〉ことに視点をそらし、イエ存続の問題に帰着させた。それはこの問題を矮小化させたことにほかならず、その後五〇年、日本民俗学の学的怠慢を容認することになる」（田中丸二〇〇二：四五–四六）。「クニ」とイエとの関係について、田中丸は戦没者遺族が一九九三年の細川護熙首相（当時）の「侵略戦争」発言に猛烈に反撥したが、それに対し「そのようにクニの政策と、家族個人の行為が峻別できないでいるのは、とりもなおさず、現在もなお、〈英霊〉がクニとイエとの紐帯として機能していることの証明にほかならない」（三九–四〇）とする。

一方、同じ民俗学の立場であっても、紙谷は「人を神に祀る信仰」（一九二四）から太平洋戦争終結直前に書かれた「先祖の話」に至るまで、柳田が靖国神社について明確な言及もせず論じてもいないこと、しかし、明らかに靖国神社の信仰上の位置づけについては視野に入れていたはずだとする。それにもかかわらず言及しなかったのは、柳田が近代天皇制という枠組の中で国家官僚として生きてきたからだという（紙谷 二〇〇八：二九–三〇）。それでも柳田は靖国神社の神道としての伝統性を否定していると紙谷はいう。それは、人を神に祀る信仰の場合、かつては大いなる脅威となるような人が神として祀られたのであり、「凡庸なる人」を神として祀られるようになったのは、かつての人を神に祀る信仰とは異るという柳田の記述を取上げて、柳田は靖国神社の存在については批判的であったという。紙谷自身は靖国の思想は日本の近代化の中で生み出された「ゆがんだ人間観」であるという（紙谷 二〇〇八：三〇）。

四　研究者の役割と今後の課題

今後の靖国問題における研究上の立場についての宗教学者池上良正の主張は示唆に富むものである。池上は次のようにいう。靖国問題の研究において「靖国信仰」とでも呼びうる一般信徒による靖国神社への係りを「集団性」の対極である「個人性」という視点で導入する。具体的には、①個々の遺族が靖国神社に申請しておこなってもらう永代神楽祭、②遊就館や参集殿の控室に遺族が収めた花嫁人形、③遊就館の個人遺影の展示を対象にした調査をおこなって、単純化しがちな議論のなかに多様な観点を導き入れるきっかけをつくることによって、靖国信仰が生きのびた理由――集団性と個人性が併行しつつせめぎ合う複合的な構造のなかで生きのびることができた――を明らかにしようとする。池上は靖国信仰は大きな転機を迎えつつあること、「英霊」は戦没者遺族の高齢化や死亡によって「個人性」を失うことによりますます抽象化・理念化され、感情的で勇ましいだけの政治闘争の舞台に引きずり込まれる傾向が強まっていることを懸念している（池上 二〇〇八：二一三―二一四）。重要なのは、靖国神社に（集団として）祀られている英霊には二四六万とおりの生の軌跡があり二四六万組の遺族がいた事実に冷静に立ち返ることだという（二一四―二一五）。こうした研究の姿勢を「研究者としては、陣営のいずれかにたって奮戦することの意義は大きいが、主要な責務は、賛否の議論や意見表明が自由にできるこの現状を、できるかぎり先の時代まで引き延ばせるように、〈多様な〉観点や素材を明るみに出し続けていくことではないか、と考えている」（一八五）という。

岩田重則もまた、戦死者の記憶というものが個人の死から離れ戦死者の集合的記憶に焦点化され、さらに「政治的記憶装置」である靖国神社にのみ一般的に認知されていること、そのため、戦死者祭祀をめぐる問題が起きたとき靖国神社がとりあげられるという現実が生じていること、戦死者祭祀が靖国問題としてのみとらえられる固定観念が生じていることが問題であるという。そのうえで、政治的記憶装置としての靖国神社に対して、社会的記憶装置というべきものを知ること、個別の死者はどのように祀られ記憶されているかを調べることを提唱している（岩田二〇〇三・二〇〇五・二〇一〇）。そうした自身の調査結果から次のようにいう。「戦死者祭祀をめぐる〈問題〉、あえて、それを〈靖国問題〉といえば、それは靖国神社じたいの政治性だけにあるのではなく、こうした日本人による生活レベルでの〈英霊〉の思想の無自覚な受容、政治的イデオロギーを受容したまま日常をおくる日本人の心性、そういったところに、より大きな〈問題〉があるのではなかろうか」「靖国神社に即してみたときの〈靖国問題〉とは、単にそこに付与された政治性にあるのではなく、むしろ、靖国神社に侵入し混在する生活や個人の記憶、それらも含めて靖国神社が継続していることにあるかもしれない」（岩田 二〇一〇：八七―八八）という。そのうえで、個人が普通の生活者としての意識と同時に強い天皇制イデオロギーを持つ人物の存在と、集合的記憶装置との関連があるのではないかという[1]（岩田 二〇一〇：八八）。

同じ宗教学者の島薗進もまた、より正確な事実確認と概念構成に基づく国家神道の歴史叙述が必要であり、国家神道の構造と歴史を明らかにすることで近代日本の宗教史・精神史・思想史の現実を資料に即して適切に理解するべきだと主張する。そして、さまざまな立場に立つ人が概念の意義内容を共有し、歴史認識の相違について相互に理解しあえるような土台を構築したい（島薗 二〇一〇：viii―ix）とする。直接靖国問題の議論の対立について言及していないものの、国家神道と皇室神道との関係について詳細に論じて日本の文化史・思想史・宗教史についてより的確な理解をめざすことの重要性を主張し（島薗 二〇一〇：vi）靖国神社についてのみ焦点を合せた議論が狭い袋小路に自ら追い込まれることに批判的であるように思われる。

神道学の立場から藤田は主に二〇〇〇年以降に発表された靖国問題についての論考を批判的にレビューしている。そのうえで藤田は靖国問題についての近年の研究動向が従前とは異なるといい、それを次のように整理している。一つには神道学や宗教学のみならず歴史学、社会学、民俗学、文化人類学、政治学、法学など多彩な観点からおこなわれていること、二つには、諸分野による研究を横断し総合化する傾向が見られること、三つには、研究内容が多様化し、政教問題、靖国神社の戦後史、民俗レベルにおける日本人の「慰霊」「追悼」「顕彰」そのものを問い直したり日本の地域的な事例の掘り起こしによる社会史的なアプローチ、「記憶」という分析概念と関連づけられた日本および世界各国の「慰霊」「追悼」「顕彰」に関する諸施設の比較研究などが隆盛になっている（藤田 二〇〇八：三一四）という。但し、こうした海外施設の研究は、慰霊・追悼・顕彰についての研究が充分におこなわれていないことからするとこの領域の空洞化が生じるとして批判的である（藤田 二〇〇八：二一八）。藤田は今後の研究に必要なのは「靖国問題」そのものにいきなり向き合うのではなく、あくまで研究の進んでいない具体的な資史料をもとに歴史的に考察しその成果を互いに共有することを中心的課題とするし、今後は歴史的考察による事実の抽出とともにコンテクストによって柔軟に解釈しうる自前の分析概念の構築とその効果的な適用が求められる（一四―一五）という。

「英霊」祭祀の詳細をフィールドワークによって明らかにし英霊という概念の創出の政治性を論じた田中丸の表現を借りていうなら、「靖国神社の存在は巨象のようなもの。（靖国神社の存在を否定する人も支持する人も）全体については知らないし、ちゃんとした認識があったとはいえない。……今日、靖国神社について語るとき、私たちはあまりにも靖国神社を知らない。……つまり私たちは靖国神社について、議論の材料を持たなすぎる。」（田中丸、一三三の文章の「戦争」を「靖国神社」に置き換えた）というのが、靖国問題に微力ながら取り組んだ筆者の現在の感慨である。原資料に直接当たっていない事による筆者の弱点はわきまえつつも、上記に記したわずかな例でも明らかなように、靖国神社そのものを、また、靖国神社をめぐって生じる政治的社会的問題を論じている論者の記述の中に、重要な事実の誤認があったり、議論の中心となってしかるべき対象が抜け落ちていることを見出すと、（それもまた、筆者の立場からの「靖国問題」であるのだが）靖国問題の議論は、特に研究者によるものは、一旦仕切り直して再出発の必要があるのではないかとさえ思われてくる。

五　歴史的事実確認の重要性

管見ではあるが、靖国問題を論じるうえで事実を充分に押えておく重要性について気づいた点の一、二を述べる。

靖国神社と戦死者の遺体埋葬

靖国神社は死者を祭神とするにもかかわらず、神道における不浄性の排除を儀礼的にまた神学的に靖国神社は、また戦前において管掌する軍部はどのように整理してきたのかについてはこれまで充分に議論されているようには見えない。御霊信仰では、死者を祭神とする儀礼が繰返された後で神として祀り上げられる。民間信仰の若宮信仰では、特定の人物あるいは特定できない人物の死後の霊が祟るたびその死霊の不浄性を祓う儀礼をおこない、それでも祟りが終焉しない場合若宮という最も格の低い神として祀り上げる。若宮信仰も御霊信仰の一種と考えると、そこで重要なのは儀礼による死の不浄性の排除というプロセスである。

靖国神社の特異性は、この点においても示されている。特に、創建時には、本殿の背後に墓地を設けることが構想されていたという事実は靖国神社の性格を考えるうえで極めて重要である(2)。また、戦後、特定できない戦没者の遺骨が海外から持ち帰られた際、その遺骨の埋葬場所を決定するうえで多くの議論があり、最終的には現在の地（元賀陽宮邸跡地で宮内庁所有地）を千鳥ヶ淵戦没者墓苑とすることになったが、その過程で靖国神社側が靖国神社の境内の適当な場所を墓地とすることを求めた事実(3)も、創建時の論理が靖国神社によって保持され続けたことを示しており、一層重要である。

靖国神社を日本の伝統的な死者崇拝、死者への信仰の脈絡との関係で論じようとする場合、靖国神社が死者の霊を「鎮魂」「慰霊」「追悼」「顕彰」のいずれの対象としているのかの議論が重要であることは認めるが、少くとも建物その他神社の形式をとり、儀礼もまた神道式でありながら、死の不浄性を進んで引き受けようとする靖国神社の論理（神学）は問われなければならないだろう。そのうえで、国家神道を「宗教」ではないと主張することで現実には国教とすることに成功した戦前までの政府の方針と政策の文脈においてみて、靖国神社は様ざまな面で特異な存在であったことが村上重良の『国家神道』で論じられているが（村上　一九七〇：一八四―一八九）、遺体・遺骨を境内に抱えることまでも（結局は実現されることはなかったが）認めようとした招魂社そして靖国神社の神学的論理はどのようなものであったのか。

神道学の立場から、後述のように、三橋健は東京招魂社時代は「神社」ではなかったというが、埋葬地が想定されたのが東京招魂社時代にそれはあるとしても、戦後の靖国神社が、海外からの遺骨を引取ることを主張したことは注目されるべきであろう。

別格官幣社

さらにまた村上によると、靖国神社は一八七九（明治一二）年に東京招魂社から靖国神社と社号を改め別格官幣社となった。別格官幣社とは一八七二年（明治五年）の楠正成を祀る湊川神社を創建する際に新たに創案された社格である。こうした新たな社格が考え出されたのは、明治政府が国民教化を目的として天皇への忠誠を尽したとされる楠正成を祀る湊川神社を創建しようとした時、神でもなく御霊系にも入らない神社であることから別格扱いの官幣社としたのであり、人間を祭神とする神社に与えられる最高の社格とされた（村上　一九八五：六三―六四）。但し、国家神道のヒエラルキーの中では官幣小社と同格であり、決して国家神道の頂上に立つ神社という訳ではない。国家神道における神社の格づけにおける最高位はあくまで伊勢神宮である（村上 一九七〇・七八：一四一）。論者によっては「靖国神社を頂点とする（中心とする）国家神道」などとしているものもある（例えば、赤澤 二〇〇五）が、これは明らかに誤解である。恐らく靖国神社が「別格官弊社」という社号を持つことに由来する誤解と思われるが、「人を神に祀る」こと、「天皇を神に祀ること」は「天神地祇を祀ること」は全く別のことであった、「別格」はあくまで神ではなく人を神に祀るために使われたのであり、決して他の神社より抜きん出ていることを意味しない。それだけに、靖国神社の戦前における突出した地位が注目される。こうした基本的事実の認識あるいは知識の不足が靖国神社の何たるかを論じるうえで、場合によっては重要な事実を見逃す結果に結びつくかも知れない。

また、A級戦犯の合祀を後に知ることになってマスコミが批判的にそれを報じ、さらに首相や閣僚が参拝したことを中国や韓国の政府が抗議したことに対して、靖国神社は「靖国神社の祭神は一座の神であり一旦合祀された後分祀はできない」と拒否し、その態度は二〇一〇年一一月現在も変っていない。ところで、靖国神社の主張は神道学的に正当なのか否かを議論した靖国問題の文献はほとんど見当たらない。村上によれば、「神社では祭神にささげる神饌幣帛の単位を座という。主祭神については一柱に一座がふつうであるが、靖国神社では、主祭神の数が厖大であるため、伝統的に全祭神を合せて一座としてきた。後続の合祀に伴い、靖国神社では皇族二柱に各一座、合計三座に改めた」[4]（村上一九八五：六六）とある。

戦前には、地方の護国神社に祭祀される戦没者は、靖国神社に祭祀されることが認められた死者のみであったが、戦後は、地方の事情もありかつての「賊軍」の霊が合祀されている例もあることが田中丸の調査で明らかである。その佐賀県護国神社では三四名の殉職自衛官を祀っているが、太平洋戦争までの戦歿者とは別に一座を設け本殿内の相殿に配祀している（田中丸二〇〇二：八六―八九）。靖国神社の主張を理解するうえでも、「靖国神社の祭神は一座であるから

A級戦犯は一旦合祀されたからには分祀できない」という時の「合祀されて一座となる祭神」の神道的立場についての言及と解説が必要であろう。

多くの靖国問題の論者が、そして筆者自身も国家神道と靖国神社の成立過程については村上重良の『国家神道』によっている。新書版ながら一九七〇年に刊行され二〇一〇年には二六版を重ね、同じく村上の『慰霊と招魂』（一九七四年刊）もまた今も多くの読者が靖国問題を知る手掛りとしている。この書についても、神道学の立場から三橋健は、阪本是丸の村上への批判を重ねるかたちで、村上の上掲書が靖国神社成立の状況が困難を極めたものであったことの詳細を論じないまま、「招魂社から靖国神社への歩みは、戦没者個々の招魂が〈英霊〉とよばれる没個性的な祭祀集団にたいする、国の手による慰霊顕彰へと変質していく過程にほかならなかった」と村上が結論づけていると批判する。そのうえで、明治政府の記録によって靖国神社の成立は「神社ではない招魂社」（三橋　一九八六：八六・八七）が「神社」になっていくプロセスであり、そこで大きな問題となっていたのは、神社とする場合の神官神職の選定と祭典の整備であったという。島薗の強調するように、国家神道においては何よりも祭祀（儀礼）の遂行が重視されたとするならば、靖国神社の成立過程は国家神道成立の基本的構造を示すものである。

招魂の思想

また、靖国神社の宗教的特性を考えるうえで、靖国神社における役割は戦死者の「慰霊」か「追悼」か「顕彰」か、それともそれらが合わさったものなのかの議論は、今後国立の戦没者追悼施設をどのようなかたちで設けるかという論争とのかかわりで注目されるテーマとなっている。しかし、それ以前に、戦没者の「合祀」は明らかに「招魂」の思想と一体のものであることを考えると、靖国神社として社格が与えられる前の東京招魂社が、地方の招魂社や京都東山の招魂社を集め、そこに祀られていた霊を合祀していく過程の中で「招魂」の思想がどのように形成されやがて変化していったのか、改めて検証することは重要ではないか。

村上重良は、靖国神社の主要な儀礼である招霊という儀礼の特殊性について次のように論じている。「招魂」とはもともとは道教のことばであり、死者の霊、時には遊離した霊を招き寄せることをいい、もっぱら陰陽道でおこなわれてきた。ところが、幕末に尊王派の志士の間では幕府と結びついていた仏教、神道、儒教への反撥から、従来の宗教によらないで戦闘によって死亡した同志の弔祭を求めようとする動きがあり、伝統とは関係なく〈招魂〉ということばが多用されるようになったという。そして、招魂の思想とは、自派、自軍の死者に限っての慰霊、顕彰という点に最大の特徴があり、その点において日本の伝統的で一般的な死者を祀る信仰とも、御霊信仰とも異るまったく特異なものであり、「それは、苛烈な政治抗争と戦闘という非常事態にあって、果しなく敵を憎悪し犠牲者の霊に報復を誓う思想であり、死地に赴かせるために、きわめて効果的な『信仰』であった」（村上 一九八五：六二）という。また戊辰戦争の大きな戦闘のたびに官軍は陣中で招魂祭を営んでいたし、靖国神社の一つの源流である長州藩の招魂社は次のような状況から生まれた。長州藩は、幕末の四年余にわたって本格的な戦闘を続けた国内で唯一の藩であり、民兵を採用し、藩士にも民兵にも多くの戦死者を出した。そこで、一八五三年（嘉永六年）から毎年藩によって忠死者、戦没者の弔祭がおこなわれた。一八六五年（慶応元年）には下関に招魂場を設けると共に各郡に一カ所の招魂場を設けるように布告し、倒幕以前に十六社の招魂場をもつようになった。奇兵隊を創設した高杉晋作は下関の桜山に作られた藩の招魂場に戦没者の墓と現存者の墓「生墳」をあわせて作ったが、そこでは戦死者の魂を招くと共に生存中の隊員があとに続いて死ぬことを誓う場とする構想を立てたという（六一）。「招魂」という観念は、このようにその誕生から敵と味方と峻別し、敵の死者を徹底して排除するものであった。その徹底振りを示すものとして禁門の変においては、天皇方に付いた「官軍」は会津藩であり、天皇方に敵対した「賊軍」は長州藩であった。その結果、その後の戊辰戦争での会津藩側の戦死者への扱いとは全く異なり、会津藩の戦死者のうち禁門の変の戦死者のみは靖国神社に祭られた（赤澤 二〇〇二：

六)。祭祀の対象を、あくまでも政治的な立場から峻別するのは「招魂」の観念と一体のものであり、靖国神社の本質的なものであったことがわかる。そして、長州藩の奇兵隊も戊辰戦争の「官軍」もどちらも寄せ集められた編成隊であり、しかも苛烈な戦闘を繰返さなければならなかったため、特に忠誠や統一を成員に要求しなければならなかったことは注目される。明治維新によって成立した国民国家は、内部に二世紀以上にわたって分立していた三〇〇近い藩と身分差別の枠を崩すことが何より重要課題であったから、戊辰戦争を中心とする戦闘経験は靖国神社の基本となる思想形成に大きく資したであろうことは推測できる。ちなみに、現在も靖国神社の正面にその像が建つ大村益次郎は奇兵隊員であり、靖国神社を事実上創建した人物であった(村上一九八五:六二)。

靖国神社と死の不浄性

但し、村上の議論の中では(また、多くの論文においても)戦死者の死の不浄性の除去と招魂との関係は論じられていない。招魂祭をおこなった人々は、戦死した者は死んですぐに「魂《タマシイ》」だけの存在になると考えていたのかどうか、死者の身体と霊魂との関係は、戦死者の場合例外的に儀礼を経ずにただちに霊魂(タマシイ)だけの存在に昇華したと考えられていたのか、そうした議論は管見にして見出すことができない。

その点で注目されるのは、東京招魂社時代の社司・社掌が「今ニ至ルマテ引続キ当省軍人死亡ノ節、葬儀祭式等ヲモ兼テ取扱ハセ来リ候」(明治一一年一二月一七日付陸軍省伺)という記述(三橋一九八六:九九)である。つまり、ある時期まで東京招魂社では葬儀がおこなわれていたことになり、それがおこなわれなくなったのは「教導職」にない者は葬儀を取扱ってはならないとする規則に従っただけのように見える。しかし、一八七二年(明治五年)七月に教部省によって神官は教導職に採用されて葬祭をおこなうことが認められたものの、一八八二年一月には神官の教導職兼補は廃され神官は葬儀に関与しないこととなった(村上一九七〇:一一四—一一八)。東京招魂社は明治十二年六月に別格官幣社となり神官が置かれたが神官は葬儀に関与しないため、靖国神社では葬儀はおこなわれなくなったのであろうか。この間に、招魂という思想に大きな変化があったのではないか、また招魂祭が暗黙のうちに、死者から霊魂だけを抽出する機能を得たのか。短い間ではあったが、東京招魂社時代におこなわれた葬儀とはどのようなものであったのか、是非とも明らかにしたいところである。

六　「靖国問題」における文化人類学の可能性と問題点

すでに数多くの「靖国問題」の論評や研究成果が刊行されており、特に二〇〇〇年以降になるとはっきり見て取れるのだが、歴史学、宗教学、民俗学、政治思想史の成果を互いに参照し合って研究が進んでいる。また、社会学や文化人類学の理論や概念を用いた議論もおこなわれるようになっている現段階で、あえて文化人類学がこのテーマを研究対象にすることの理由は後で改めて述べるが、その前に「靖国問題」を研究するうえでいくつかの問題を抱えることあるいは抱えてきたことを指摘したい。

（1）文脈の設定と検証：「靖国問題」のどの部分を直接の研究対象にするにしても靖国神社の存在を完全に抜きにしての「靖国問題」の議論はおこなえない。しかし、靖国神社についての資料は厖大であり多方面にわたっている。自分の研究で参照する資料は結果として限定的にならざるを得ないが、検討する資料、考慮に入れるべき資料の選択では、研究テーマの文脈により整合的であることが求められる。つまり、「靖国問題」のような論者の立場が自ずと反映される研究においては意図的ではないにしろ資料の選択に恣意が入り込むことが生じやすい。そこで、資料選択の中立性や厳密性を確保するためには資料と議論との整合性が充分に検討されなければならないだろう。

（２）「靖国問題」の中での自らの研究テーマの位置づけの検討：研究テーマを選ぶ場合、研究者は自らが専門とする研究領域の理論と方法が有効であるかどうか、これまでの自らの研究歴との継続性があるかどうか、自らが選択しようとするテーマに新しさや独創性があるかどうか、自らの関心に沿っているかどうかなどをほとんど慣習的に検討する。但し、「靖国問題」の研究においては、ここまで議論の蓄積がある現段階では、以上に加えて自らの研究成果が「靖国問題」研究全体の中でどのような位置を占めることになるのかの検討が必要になる。例えば、日本の伝統的な信仰とされる「人を神に祀る信仰」や「御霊信仰」や「祖霊による子孫の守護」と靖国神社をめぐる信仰との間にどのような同一性・継続性があるとみなすのか、あるいは、差異が靖国神社の特性を示すとし、伝統的信仰との断絶を強調するのかが、「靖国問題」の議論の中で自らの議論がどのような意味を持つのであるかの研究者自身の検討が必要ではないだろうか。

（３）グランド・セオリーに回収されてしまうことの危険：「伝統の創造」や「想像の共同体」などの文脈において靖国神社および国家神道をとらえ論じることは鮮やかで明快な解釈を提示することになり、「靖国問題」のような「耐えきれないほどの複雑さ」（高橋哲哉、二〇〇六）を備えた研究テーマにおいては魅力的な議論となる。しかし、そこに帰結してしまうことは、「靖国問題」の最大の研究テーマである「靖国神社はなぜ存続し得るのか」という問いに応えたことにはならない。グランド・セオリーに回収された事実のデータは、一旦解釈された後で再び新たな資料の収集と解釈のための資料分析作業の対象へと戻される必要がある。

以上のことをふまえたうえで、文化人類学の領域から「靖国問題」の研究に取り組む可能性について述べる。

「靖国問題」は、矛盾するようではあるが、靖国神社だけを研究対象にしていても新たな視点は得られない。靖国神社を成立せしめている多様な要素、例えば、「慰霊という行為」「死者儀礼」「英霊という概念」「戦死者の身体（遺骨）の帰属」をフィールドワークをとおして資料収集と分析をおこなうことができる。すでに多くの優れた成果があげられているし、二〇一〇年現在も組織的で継続的な調査と研究がおこなわれている。いわば、靖国神社、靖国信仰の外堀を埋めるかたちで、靖国神社の本質を浮び上がらせようとしている。また、韓国における戦没者慰霊との比較をはじめ、ヨーロッパの戦没者慰霊の比較研究によって靖国神社をさらに「靖国問題」を論じる資料と視点を得ている。

あえて文化人類学の研究上の独自性をいうなら、対立する見解や意見表明が交叉する中で、共通する概念の創出と提供をすること、そのためには、詳細なデータをフィールドワークによって収集したうえで新たな理論の生産、その新しい理論によってさらに新しいデータの提供に貢献することであろう。

謝辞

「靖国問題」を論じるには筆者は余りにも非力であるにもかかわらず、現在、このテーマを何らかのかたちで取上げる必要性を強く感じ、共同研究会でおよその執筆内容を発表した。その都度、代表者の山路勝彦先生や崔吉成先生をはじめ研究会のメンバーの方々から様ざまなアドバイスや重要な文献についての御教示をいただいた。それに充分におこたえすることはできていないが、何とかこのテーマでの研究の第一歩を示すことができた。それはひとえに研究会メンバーの皆様のお力添えがあったからであると深く感謝申し上げる。

注

1　日本の軍国化が、日本社会の伝統的組織を実に巧みに利用しながら強化されていったことは、国家総動員法の公布（一九三八）とその後の度重なる改正によって、物と人との総動員の遂行において地域社会の機能を活用したことによく示されている。筆者（波平）は軍部による物資徴収の様子を聞き取り資料の一部によってすでに述べているが（波平・小田二〇一〇：一九一―一九二）、戦死者の慰霊については次のような資料を得ている。一九八〇年に調査を始めた東北地方の山間集落はかつては藩政村であった。いくつかの同族団の存在と数世代にわたる村落内婚とによって、地縁と血縁とによって家々が緊密に結ばれており、当時でも相互扶助の関係がよく観察できた。但し、相互扶助が頻繁におこなわれ相互依存の度合いが高いことは逆に内部における家と家、同族団と同族団の間の確執も強いことを意味しており、特に競争的だとムラの人々もみとめる二つの同族団は、それぞれにムラの起源に係る伝承を持っていた。微妙なバランスを保ちながら存立している共同体は、外部からのわずかな刺激でも、その中に葛藤をもたらす。昭和一三（一九三八）年に最初に日中戦争の戦死者が出たのは、もっとも弱小の同族団の分家Xからであった。小さな集落とはいえ、家格に応じた規模の葬式が営まれるのであったが、この場合は村葬が、村の中心からはずれた山間の集落であるにもかかわらず、この地元でおこなわれ、村長だけでなく周辺の町村から町・村長も参列するという盛大なものであった。その後、集落の中心に一五〇センチ程の高さの墓碑が、共同墓地の中のその家の敷地内の一般的な墓碑とは別に建てられたが、その横にはほぼ同じ規模の顕彰碑がそれ以前から建てられていた。それはムラの近代化に尽力した、この集落の最後の庄屋であり、一九八〇年当時でももっとも力のある同族団の総本家Aの先祖を顕彰するものであった。二つの碑はあたかも競い合うかのように見える。

　その後、このA家の世帯主は区長の立場から、軍部の要請に積極的に協力するようになり、松根油を抽出するためという目的で村落の共有林の中の大木や鉄道の枕木にするためのクリの大木の伐採を認め、また、乾燥野菜やワラ縄にまで至る供出に応じるようになった。調査開始当時この人は高齢ながら健在で、「軍に協力したことで現在でも私を非難する人たちはいるが、軍がトラック輸送のためにこのムラまで道路を作ってくれた。そのおかげで、今の我々の生活があるのだ」と自分の過去の判断の正しさを主張していた。この例が示すように、「戦争協力」は全国で広範に、そして積極的におこなわれたが、その背景やきっかけは多種多様であった。但し、そこには明白な共通点があるように思われる。それは、社会全体の価値が一定方向に示される状況では、内部の競争に勝ち抜くためには、主流となった価値に合わせた行動を選択するようになるのであり、村落レベルであれ、企業間レベルであれ、また行政体レベルであれ、内部の反対や批判を抑え込んでも、より大きな社会集団の上位レベルの動向に自分たちを合わせることによって、内部の対抗者に対して優位に立とうとする行動をとることである。上記の事例は、この集落の人々にとってそれまでの記憶にない程盛大な規模の葬儀が公的に営まれ、戦死のいきさつが刻まれた碑が集落の中央に建てられたことが、戦争協力に繋がっていくという、本来あり得ない現象である。しかし、戦死者の顕彰が、山間の僻地にある小さな集落の人々に、外の世界に大きな動きが生じていることを衝撃的に伝えたし、その動きが示す社会的価値にいち早く自分を重ね合せることによって、自分が所属する身近な生活圏の中で優位に立とうとする時に生じる現象であろうことは充分に推測できる。市町村が競って忠霊塔を建設し、村落が競って忠霊碑を村落内の寺院の境内に建立することから、戦死者の遺骨が帰還した時に出迎えることを要請された時に各地区の愛国婦人会や在郷軍人会の人の動員に至るまで同様の現象が見られるようになった。

2　村上重良によれば、靖国神社の前身である東京招魂社の社地は現在の三倍を越える三三ヘクタールという広大なものであり墓地を設けることも考えられたという（村上　一九八五：六二―六三）。

3　波田永実によれば、一九五三年一位二月一一日の閣議決定（吉田内閣）によって「無名戦没者の墓（仮称）」として設置が決められたが、その名前と共に設置場所については様ざまな意見が出された。その折靖国神社境内への建設には反対の声が多い中で靖国神社側は「霊と遺骨と無関係の処に別々に祀ると、国民の信仰が二分化されることによって遺族会の熱望もあることだから、靖国神社境内の適当の処がいいと思う」といい、遺族会側も敷地は靖国神社境内への建設を求めたと、『通信』五八号を引いて述べている（波田二〇〇二：二一―二二）。

4　靖国神社には皇族出身の戦死者が合祀されそれぞれ「一座」の祭神として祀られており、その他の戦死・戦没者はすべて「一座」とされ合計二座が祀られている。このことは池上のいう靖国神社の持つ「集団性」の最たるものである。靖国神社の霊璽簿には戦死・戦没者の個人名が記されているのであり「個人（別）性」も兼ね備えているにもかかわらず「一旦合祀されたら分祀はできない」という靖国神社の主張には矛盾があるのだが、その点についての議論は管見にして見出せない。靖国神社の主張の背後にある論理や神学を明らかにし理解への道を拓くことは重要であろう。なお、皇族出身の戦死者はそれぞれ台湾とモンゴルに創建されていた神社にすでに一座の祭神として祀られていたものを、戦後になって靖国神社に合祀したのである。

参照文献

赤澤史朗
二〇〇二「戦争犠牲者の追悼と靖国神社」歴史科学協議会編『歴史評論』六二八号：二―一四頁、東京：校倉書房。
赤澤史朗
二〇〇五『靖国神社――せめぎあう〈戦没者追悼〉のゆくえ』東京：岩波書店。
藤田大誠
二〇〇八「日本における慰霊・追悼・顕彰研究の現状と課題」國學院大學研究開発推進センター編『慰霊と顕彰の間』三―三四頁、東京：錦正社。
波田永実
二〇〇二「国家と慰霊――日本遺族会と靖国神社をめぐる戦後の諸問題」歴史科学協議会編『歴史評論』六二八号：一五―四〇頁、東京：校倉書房。
池上良正
二〇〇八「靖国信仰の個人性」國學院大學研究開発推進センター編『慰霊と顕彰の間――近代日本の戦死者観をめぐって』一八四―二一五頁、東京：錦正社。初出『駒澤大学　文化』二四号、二〇〇六。
岩田重則
二〇〇三『戦死者霊魂のゆくえ――戦争と民俗』東京：吉川弘文館。
二〇〇五「戦死者多重祭祀編」『現代思想』三三巻九号、東京：青土社。
二〇一〇「地域社会における〈英霊〉の記憶」池澤優・アンヌ・ブッシィ共編『非業の死の記憶――大量の死者をめぐる表象のポリティクス』：六九―八九頁、東京：東京大学大学院人文社会系研究科。

紙谷威廣
二〇〇八「柳田國男の《人神考》：日本人の神観念と「靖国神社」参拝問題への民俗学的視点から」『東京立正短期大学紀要』三六：二〇五―一七七頁。
川田　稔
一九九二『柳田国男――「固有信仰」の世界』東京：未来社。
一九九七「柳田國男の社会構想とモラル形成の問題」岩間一雄編『近代とは何であったか――比較政治思想史的考察』：一八二―二〇四頁、岡山：大学教育出版。
小堀桂一郎
一九九八『靖国神社と日本人』東京：ＰＨＰ研究所。
サイード、Ｅ
一九八六（一九七八）『オリエンタリズム』今沢紀子訳、東京：平凡社。
島薗　進
二〇一〇『国家神道と日本人』東京：岩波書店。
財団法人神道文化会編・発行
一九七三『戦後・神道論文選集』財団法人神道文化会編・発行。
高橋哲哉・菱木政春
二〇〇六「靖国――その英霊顕彰システムの批判的検討」『靖国問題入門』四八―六三頁、東京：河出書房新書。
田中丸勝彦
二〇〇二『さまよえる英霊たち』東京：柏書房。
波平恵美子
一九九〇『病と死の文化』東京：朝日新聞社。
二〇〇四『日本人の死のかたち――伝統儀礼から靖国まで』東京：朝日新聞社。
波平恵美子・小田博志
二〇一〇『質的研究の方法――いのちの〈現場〉を読みとく』東京：春秋社。

三橋　健
一九八六「東京招魂社から別格官幣社靖國神社へ」『神道宗教』一二二号：七八―一〇六頁、神道宗教学会。
村上重良
一九七〇『国家神道』東京：岩波書店。
一九八五「靖国神社の歴史的役割と公式参拝の問題点」『ジュリスト』八四八：六〇―六六頁、東京：有斐閣。

特別寄稿

杉浦健一遺稿講演集

「講演記録」昭和一七年七月三日　於 佐藤生活館講堂

国立民族学博物館・杉浦健一アーカイブス 五五六番

杉浦健一 口述
堀江俊一・堀江千加子編集

只今御紹介に預かりました杉浦でございます。この頃は大東亜共栄圏に関するいろいろな対策が云われておりますが、私のやっております民族学の立場からする民族対策は非常に僅か一部の、そしてまた狭い見解よりするもので興亜大策というような大きな全体的大理想ではありません、単なる一局部のお話です。私が此処で一言申し度いのはアジアは根本的には一つであっても、其の民族や文化は甚だしく複雑多様であるから一局部一局部を十分理解せねばならんと考えます。先ず一つ一つの知識を積重ねなくてはアジアの理解は出来ぬと云う見方から考えますと、今迄に個々の民族や文化の実態を理解する方へ真剣に足を突っ込んで実際にやっている人があったでしょうか？　多くの大計画を樹てたり、大理想を解いた人はありますが、実際にそういう問題に当って苦労した人があるでしょうか？　これは無いと答えるより外ありません。これから私の申し上げる話は貧弱な一部分の経験ではありますが、私自身の実験の結果でありますす。今日は民族対策の必要は誰も認めますが、五、六年前は今とは考え方が全く違っていました。こんなことをやろうなどと云う人は殆ど無かったのであります。

今日お話致しますのは、未開な土民に対する統治指導の方法とでも云いますか、比較的文化の進んでいない土民に対する対策問題を主としてお話したいと思います。

南方の諸民族、特に比較的未開な土民への対策、と云う問題は日本では殆ど何もやっていないのであります。私は過去五、六年ばかり南洋庁嘱託として、毎年三箇月から、半歳ちかくミクロネシアに参りまして、土民と同じ生活を知ろうと云う建前で調査をやって参ったのであります。この経験を中心としていまだ行っていませんがスマトラ、ジャワ、ボルネオ等の大南洋民族も本によって得ました知識で併せ競べてお話し申します。私が実際経験した事実を率直に申し上げれば好いのでありますが、然しこの事実を申上げると云うこと程大変難しいことはありません。何でも思い附いたことを片端から喋っていては切りがありません。そこで実は私の立てました民族の対策を主とする民族学の体系に依りまして申し上げます。芸術の上ではリアリズムということをよく云います。例えば絵にしましても本当にリアリスチックにありのままに描くということは、実に大変なことと思います。私が実験したことをありのままに申し上げると同じ事で、これは大変困難なことです。絵である以上絵の約束があります。私の話もありのままと云いながら民族学上の約束の上に立って申し上げるのです。実は民族学から説明しませんと具合が悪いのを本夕は省略して本論に入ります。

民族学よりする原住民―土民―に対する対策

民族学よりする原住民―土民―に対する対策とは、社会組織、法律、経済、宗教、教育等の諸方面から総合的に考えることであります。今迄も土民に関する対策については問題になっておりましたが、植民政策の立場から、植民地の統治対策が重要な問題として考究されて、いろいろな重要な研究がなされております。私がこれから申上げるのはそれとは全く別な立場で、元来私は植民政策の立場から原住民の研究をやっている人間ぢゃないのであります。対策の研究よりも原住民の文化や生活の理解に専心してきたものであります。所が欧米では最近原住民の対策は文明人の心で原住民の心にならず文明人の善や真を押し付けることが対策の最大の失敗を招いた原因である。対策の樹立は原住民の理解の学問である民族学よりすべしとの意見が強くなって参りました。私はこの立場から申上げるのであります。実はこれには未だ名前が有りません。外国では、実用民族学とか、応用民族学とか云っておりますが、英語系では Practical Ethnology などとも申します。仏蘭西語では Ethnologie coloniale といいまして、植民民族学といいます。処が欧羅巴が搾取的にアジア人を奴隷の如く利用する立場を破り、欧米人よりアジア人を解放し指導せんとする日本の民族学の立場は違います。悪辣な植民政策より離れ、原住民をして夫々其の所を得せしめるという立場から対策を考えるのであります。

もう一言申上げたいことは、この頃喧しく云われております地勢学はこれ自体が政策の学問でありますが、私が此処に申します植民民族学は夫れ自体政策の学問ではありません。自体は純学術であります。然し民族学という根本的な学問の応用として政策にも及ぶのであります。従って植民民族学が一つの学問としてこれだけで独立出来るものではないのであります。この立場からすれば土民の対策には何よりも先に土民を理解しなければならない。即ち民族学の研究をしなければならないのであります。大体民族学というものは土民の文化、或は生活というものを研究することになっております。

植民政策は植民地の住民に対して従属主義、同化主義を採りまして、いろいろな統治法を研究しております。私が考えますのにそれよりも土民の生活や文化を十分理解する。民族学的に土民を研究してその結果に応ずる様にするのが必要で、先ず個々の民族の調査が必要と信じます。それには個々の民族が持っている伝統、旧慣、史的変遷を重視する。例えばジャバ人なら、ジャバ人というものはどんな歴史をもって今日のジャバが出来たのか、即ち原始のマレイ人の上に印度文化が加わり、その上に回教が加わり、さらに欧米文化が加わって現在のジャバとなった。そうすると将来のジャバがどうなってゆくのが一番よいか、どのようになったらジャバ人がジャバ人本来の真面目を発揮することになるのか。彼等の生活にいちばん適合する対策をたて、指導、統治してやる。それが指導者としての急務であると思います。

民族学の特色は個々の民族や土地や文化や伝統の相違に応じて夫れ夫れ違った対策を立てることです。今迄の対策というものは皆んな一つのプリンシパルを建て何処も大体一貫した政策を強行しようと云う傾向がありました。勿論一つのプリンシパルを建てるのはかまいませんが、場合により民族によって非常に違うのでありまして、それ等を一つで以って抑え附けるわけにはゆきません。だから伝道の際にもいろんな地域によって違うのでありますから、一律に抑え附けるということが先づ間違いの原因であります。根本原則というものは一つであっても、夫れ夫れに適合せしめなければ土民一般には行き亘らない。これが一つの特色でありまして、例えば蘭印なら蘭印で、其処には甚だしく生活程度や文化や風習の違った人間がいます。斯くして東南亜細亜の島嶼《しまじま》というものは、所謂原始の土着民文化の上に、印度文化、支那文化、回教文化などが入っておりますから、和蘭でも旧馬来人と新馬来人と分けまして、政策も法律なんかにもその組織や適用方法を変えております。あまりに差が甚だしいので変えなければならないのであります。殆ど裸体《はだか》で、家も無しにぶらぶら遊牧生活をしている人間と、現在のジャバ人等の様に進んだものと同じ法律が適用出来る筈は無い。

私がミクロネシアの土民を扱った経験から申しましても、例えばミクロネシアのキリスト教の盛んな所へ行き人夫を雇って仕事をさせようとても、日曜日はなかなか出て来ない。役所からの命令だから出て来いといっても、日曜日ですから仕事をしませんと云う。欧羅巴の風習に感化されると共に本来仕事をしない様に出来ています。斯かる点に非常な困難をされるのではないかと思います。私共が今迄ミクロネシアで土民を使っておって、何とかしなければならないという問題は、土民を日本人の手足として働かせるのに日本人の風習や考え方と一致して働くようにさせたいと云う事なんです。戦線にこれから出ようとする方はこれをどうされるか、恐らく今後の馬来、或は東南亜細亜に身をもって体験して、この問題を解決して戴くより方法は無いのであります。これに対して聊か私の観たところを申上げて御参考に供する次第であります。

一つは、これは多少云いすぎかも知れませんが、現代の比較的偉大な文化を持った土民の中には、一様に一つの文明から享ける何かがある。日本でも明治以後、日本の固有文化の中に急激に欧州文化が入って、それがために色々の矛盾が出来た。欧州文化を享け入れる一方には、また保守的な部分もあって、それが旨く清算しきれず多くの不調和が起ってくる。そういうことが原住民の中にも見出されて、人口は減少し、勢力も失われてゆく。こういうことが全体に於いて見られるのであります。これは恐らく――よくは知りませんが――世界全体に於いて未開人が欧州文化を急激に享け入れた、一つの形態ではないかと思います。これは南方民族のみならず、欧州文化の害であると思います。欧州文化そのものに害があるということよりも、寧ろあまりにも不調和なのであります。そういう意味で民族学的対策としては矛盾をもっている。固有文化をあまりゆり動かして刺激を与えないということが大切でありますが、これには今迄あまりに刺激を与えられていたのでどうにも仕方がないということが云われる。その点で日本人は、東亜南方諸民族をこれから指導してゆくうえでいろいろな困難もありましょうし、またこういう立場から非常に意義があると思います。東亜の南方諸民族は、現在欧州文化というものに刺戟はされたが、まだ十分享け入れきれず、十分消化しきれずにいるその状態が非常に多い。そのためにフィリピンなどに行ってみると、椰子の木陰からギターの音が流れてきこえてくるかと思うと、ジャズ・レコードというものが非常に歓ばれている。そのように或る部分は享け入れて、或る部分は固有のものを持っている。非常に新しがりやで、デモクラシーをもって最上とするとさえ云っております。桑港のハイスクールを出て来た青年が、熾んにまくし立てているのでありますが、原住民に対して「一体日本がどういう指導力を持ってやって来るか。日本は欧州文化を一応消化しきっている。お前達が考えても、自分たちが持っている文化と、そういう新しい文化とは確かに矛盾がある。日本にしても同じように、そういう矛盾を克服して来て現在の文化をつくり上げた。いわゆる欧州に対抗してそういう文化が出来ている。お前達もそれを自覚すれば……」ということを云っておりますが、根本の問題は、そのような幾つかの固有のものと外来のものとの意識、消化具合、その見極め、となるのであって、民族学の対策では、その消化具合を見極めること、これは形式的な問題ですが、精神的に云えば、南方諸民族は互いに自分達の根源に立ち還り、我々と共に日本の文化を持って欧州文化を消化しきってゆく、ということなのでありまして、立派にそのような文化を消化しきった日本が指導をするということは当然で、それが理想なので、これは矛盾でも何でもない。そういう見方でいたいと思います。大体まだいろいろなことがありますが、そういう意味の対策を問題にするのだということを申上げて、あとは実際のことを申上げます。

実際のことを要約して申し上げてみますと、差当り九つばかりあります。(1)

第一、土民固有の社会的、政治的機構と文明国、特に統治国（或は指導国）との社会的、政治的機構、政治組織とか社会組織というもの、両者間の相違をどう調和してゆくかという問題。

第二、土民固有の経済生活様式と、文明国の経済生活様式との関係。

第三、土地の問題。

第四、技術、知識の問題。

第五、宗教、道徳の問題。

第六、教育の問題。

第七、労働問題。

第八、混血児の問題。

第九、人口減少の問題。

大体私共が問題としなければならないのはこの九つの問題です。これは多少とも民族学的の立場からも問題になるかと思いますが、これ等に対して対策を採ろうと思います。

では、第一の土民の固有性機構の問題。

これは如何にするか、廃してしまうか、利用するか。その前に「土民の固有政治機構とは如何なるものか」を理解する必要があります。これは可成り未開なもので、蘭印などでスルタン・ラージャというものが一つの王国、一つの国家という形を作っております。こういう形の一種の国家というものは、南方文化として非常に進んだものであります。スルタンというのは亜剌比亜語で、ラージャというのは印度のサンスクリットですから、つまり亜剌比亜の文化と印度の文化が入っているということになります(2)。

これによって出来たもので、以前の南方土着民の間にはこのような形態の国家というものは無かった。これから考えて取り掛からないと政治機構は分からないのであります。これは氏族の一族が集団をなして、その中の一番年寄りで、系統から云っても一番正系の長男の子供の長子が、氏族《うじ》の一家を率いることになります。その一族を率いている者が大将になっている。これは一つの氏族組織を中心に置いた社会生活であります。

次は、部落の長老が中心になっている団体について申し上げます。モロッコ(3)、スンダ、チモール、タスマニヤの辺りには比較的多い、部落の中に居る一番の年寄り（長老）が政治を執る形態であります。この特色としては年齢団体があることで、四十代とか、三十代とか、年齢によって階級が決まっております。部落の仕事は皆な団体的にやります。祝いなどがありまして招ばれて行きますと、他方から来た人だからと長老と一緒に座る。長老の権力たるや実に偉いもので、部落で生活するものは皆な長老の指導に依っている。こういう形態《かたち》でありまして。

もう一つは部落の中に代表者がある所もあります。そして幾つかの部落の代表者が、三人なり五人なり集まって合議体をつくり、政治の中心となって指導してゆく。このような形態の固有の政治機構があります。これは相当進んだもので、後に印度、亜剌比亜方面の影響によって、一種の王国式のものが出来たと考えられます。昔はこういうものであったろう、ということは、民族学的に想像出来るわけであります。

新しい統治としましては、どういう政治の方針を以って始めたら好いかと申しますと、これはすぐ解る。ラーヂャ王国なり、スルタン王国なりを適当に指導するということで問題は解決するので、責任はラーヂャなりスルタンなりが負っているということになります。が、その場合に、昔からの風習が残っていれば、それだけでも旨くゆかない。それで、結局今の政治機構というものを理解しなければ動きがとれなくなります。植民政策の中の統治形態の中で、間接統治と直接統治というものがあります。直接統治というのは、仏蘭西の同化策でありまして、自分の本国と同じように治めようとするもの、間接統治というのは、ラーヂャなりスルタンなりの後から糸を曳くというやり方で、この間接政治、直接政治の優劣に於いては、勿論間接統治の方が好いに決まっている。

そこで、スルタンやラーヂャが旨く踊らされる場合には間接統治も直ぐ出来るわけでありますが、若しもそうでない場合には間接統治は罷めて、合議体の中の代表者で一番政府のいうことをよく聴くような者を掴まえて信念を与える。ところがその男がそれだけの力が無い長老であった場合は、合議体としての形態を経てゆかなければならない。そういうものの中から一人を抜き取って役所の権力を負わしても、結局板ばさみになるばかりで土民の方は困るということがありますから、間接統治はなかなか効果が挙がらないということになります。そういう問題を徹底的にはっきりしなければ、この問題は解決が出来ないと思います。

ポリネシアのサモアの例をとりますと、昔独逸が統治していた時代に（第一次欧州大戦前）ドイツ政府の知事で、ウイルヘルム・ゾルフという人がサモアのホノといいます合議体を動かしていました。それに欧州の議会政治的なものを入れて、合議政体をも活かして適当に指導していたのであります。それによってサモアの組織が旨くいったという例があるのであります。

その後ニューギニヤ委任統治の中でハーベルという政治家が、欧州の政治機構と、土民の政治機構とを合せて、やったことがありますが、こういう土民の政治形態というものを十分理解して、それと文明国のものとを合せるような形を旨くつくってゆく。それによって非常に有効な政治形態が出来、役所の云うことも実によく徹底する。こういうことが云い得るわけであります。ただ問題は非常にその政治機構というものが複雑化して来まして、簡単にはゆかなくなる。これには余程の研究を必要とするのであります。それで第一の問題の政治形態としては、そのように二つの点を合せるということになります。

第二番目は経済機構の問題。

土民固有の経済機構、経済生活というものは一番大きな問題であると謂われております。未開人はものが簡単だと思ったら間違いで、経済生活に於きましても政治形態にしましても実に面倒なものでありまして、ラーヂャ王国にしろ、スルタン王国にしろ、金銭でも財産でも肉体労働の場合でも、その関係は非常に複雑であるにも拘らず、非常に旨くいっている。経済機構に於いてまた然り。自給自足と云いますと非常に簡単ですが、複雑なものです。その複雑な自給自足経済と、文明国の経済というものと、どこに不調和があるかと申しますと、大体それは所有というところにあります。所有の形態が違っているということを申上げておきます。未開人の自給自足経済という組織の中に、その後これとは全く違った個人の権利を認める経済が這入ってきた。そして文明国と接触する場合には、衣、食、住、日常の生活がすべて変わって来たのです。非常に極端な例から云えば、今まで石の斧を使っていたのが普通の斧になり、弓が鉄砲になった。その他、樹の皮を叩いて作った着物が欧州の金巾《かなきん》織りを使うようになった。そのように衣食住のすべてのものが物質文化に変わって来たのであります。昔は鍋にしろ洗面器にしろ皆な自分たちで作って、椰子の実が沢山実ったらそれを持って行って交換するといった様式でしたが、欧州文化が這入って来てはそうゆうわけにはゆかない。自分で作ったものは自分のものとなって、好きなものが自分勝手に買えるようになって来た。物の売買というものが個人で出来るようになって、それを個人で所有するようになったのですから、金を儲けると自転車を買うとか、空気銃を買うとか、若い男に限らず自分で儲けた金は全部自分のものにするようになってきた。

昔の氏族中心の自給自足経済というものは、統制経済です。氏族長、部落の長老というものが全部押さえている。(4) 自分のものであっても自分の勝手に出来ず、自分のものにならないという、ぜんぜん所有観念というものが違っていた。自分の勝手に使うということは許されておりませんでしたが、ここに欧州人が這入って来てはそうゆうわけにはいかず、長老がいくら抑えてはいても勝手に使って何も云われないという状態になって来たのです。

大きく云いますと、そのために或る種の未開人は生活力が衰退したと云えるのでありまして、彼等の間の道徳感を邪魔され生活力というものは衰退してしまった。これは一つの大きな問題だと思います。そうしてここにも大きな矛盾した受難が起きたわけです。殊に、最近になりましての結果は、自由権というものが次第に大きくなってきたことであります。今の氏族というものは、固有の統制経済の中に欧州の傾向も這入って、そういう大きな統制経済というものはどうしても支えきれない。あとで変えるというわけにはゆかないし、我々としても、直々に文明国と同じような自由経済の制度を認めたらどうか、ということを謂われておりますが、これも大変なものでとにかく重大な問題であります。

第三、土地の問題。

これは一番困難な問題でありまして、土地の上に生活し、土地のものを食べて生きている。土地の所有（土民の間には土地の所有は無いが）によってどういう風に動かし、どういうふうに土地を利用させるか。今迄は長老がいて適当に按排し、適当に働かせて仕事を十分にさせるようにしていたが、今度はそういうわけにはゆかない。ではどうしたら好いか。これは一つ誤ると大変なことになります。私も彼等の意見を訊きますと、「先生がうまくやって呉れれば好い。」と云っております。この土地問題を、何処にどういうふうに持ってゆくか、ということは真に深刻なものがありまして、大きく観ますと、政府の土地に対する権利と、土民に関する権利、こういう問題があります。現在では殆んど全部の土地が占領されておりますが、これを国際法から申しますと恐らく大変面倒な問題になると思います。占領した土地でも、こういう土民の土地に対する指導国の政府が、土地を開発するところの権利関係、これは重大な問題ですが、法律の上からは解決のつく問題であります。我々は政府が、どこまでは土民に与える土地、どこまでは没収する土地と決めて、これには矢張り習慣による土民の生活を実際に認めなければならないものと思います。もっと私の問題にするのは、土民社会の経済政策の激変であります。経済政策を通り抜けて、有要財産を共同のものとするか、さもなくば旧慣の通り氏族部落の団体圏としての統制の下に置いておけば、土地を失うことは無い。ところがこれを男の子供に分けてしまうと、あとは勝手に売り飛ばしてもかまわないということになりますから困ってしまう。そういうわけで大きな被害を受けるだろうと思います。飽く迄、氏族長の部落は長老の勢力を主として、それを旨くしてゆく。これが統制経済の理想ではありますが、現在の部落長老としては後にも先にも行かれないといった現状であります。それで我々は、これをどういうふうにするかについては、場所を一つづつ調査しまして、その地方の文化などについて、一番これが適当しているということを調べなければならない。今後実際南方に行かれて、こういう問題の指導に当られる方は真に困難をされると思います。この問題はなかなか解決がつかない問題であります。

これは理想論でありますが、土地の対策に関して最近困った問題は、例えば氏族の指導にしても、日本人が行きますと土民が非常に依頼心を起こして少しも働かないで困るということがあります。これは今迄の彼等の生活が、働かない者は働かないで自分の自由勝手に出来て、氏族の責任というものを誤魔化していけるということがあったので、依頼心が強くなり猾くなってしまった。では今度土地を分けてやったらどうかというと、分けて貰った土地は売ってしまって、その金は皆んな遊んでしまう。そうして、氏族は皆んな共同体であるから居候が方々に出来る。子供を何人も持った居候が出来て来ます。そのように経済上、道徳上の矛盾はそこまで行っている。だからここで我々が、お前たちは土地を分けて貰って、それを使ってしまっては生活が出来なくなる。といっても駄目なんです。氏族としての家族は出来るが収入は減ってしまうので、いろいろな矛盾が出て来ます。

ですから、土地をどういうふうに分割するかということが問題になって来ます。この問題については相続制度を適当にして働かせる。非常に誘導性のある相続制度を採り、氏族の単位を三つ位に区画するとか、小さなものを合せて、大きなものを分けるというふうな単位にする方法もありますが、結局土地の問題はどこへ行くかと云えば、それは教育である。現在の転換期にもう一度これに合うような教育をしなければならない。土地制度の対策ということは土民の教育ということになります。

第四、宗教道徳の問題。

これは非常に解りにくい所の多い問題であります。第一宗教と云うよりも原住民の人生観、世界観とも云うものの理解からしてかからねばなりませんが、この理解が出来るものぢゃないと云うことを申上げておきます。先ず対策としては徹底したところから行かなくても好いかとも思います。多少技術的なものを持って理解することも出来ると思いますが、これがなかなか容易に出来ないのであります。私の親しくしております日本の伝道団の会員で、パラオに居て伝道をしておる宣教師がおります。私はこの人と長い間親しくしておりましたが、奥さんを亡くし、子供さんまで亡くして伝道をしております偉い人ですが、「自分は相当に土民の調査をして、土民についていろいろなことを識っているということを誇っていたし、また十五年も土民と一緒に暮らしてもいたが、これだけはどうしても解らない。」と云われた時は私もぞっとした。しかし或る程度の対策を樹てることの理解は出来ないことはないと思います。

実際、神様に対する態度、或は彼等が自分たちの希望やプランに於いて、多少片言で話をしますが、そのくらいでは解るもんぢゃありません。現在未開人の心理は、率直に云ってよく解らないのであります。私は多くの未開人と接触をして、理解もしているけれども、宗教の問題になると、あれはどういう積もりでお祭りをしているのだろうか？　ということになりまして、てんでわからない。宣教師だって同じことだと思います。

一体それでは宗教対策というものはどうなるか。キリスト教は至る所に這入っている。宣教師の努力によって、キリスト教的なものを一応は享け入れたが、一寸キリスト教という上っ張りを羽織っているだけで、中味はアニミズムである。これを一体どうするか。キリスト教を撤廃しろ、そうして日本精神でゆけと云いますが、どうするか。経済の変遷ということは彼等の生活を脅かすということもあり、同時に宗教の上からは、精神的な活力を失って滅亡に至るという、こういう未開人の惨めな姿からは、お互いの信頼も無くなってしまう。そうして生活から観ても活力がだんだん失われて衰微してゆく。そういう結果になって来ます。キリスト教としても土民の中から除り去ることは絶対に出来ない。そしてまた、仏教にしろ、神道にしろ現在のままではどうも困る。これはどうしたら好いか，大変困った問題でありますけれども、応急手当としては教育という方面に切り抜けて、あとは日本の宗教家の活動に俟つ。この対策は二つの方面に分けられます。積極的方面と消極的方面、武力で抑えつければ何でも無い。然し大東亜共栄圏全体を武力で抑えつけるのは、困難なことになって来ます。それで先刻申しました消極的な方法としては、根本的に固有の生活を急変させせないようにする。無理の無いように、日本の指導に適当に随わせてゆく。そうしてフレクションなり、矛盾なりを少なくして、日本の恩命に浴させてやる。それに拠って土地の制度も好くなるものと思います。成るべく苦痛を少なくうまく切り抜けさせて、そうして面白い途に転換させてやる。そういう方法であります。然し文化は終始変わってゆきますから追い駆けてゆかなければならない。現代ほど大きな混乱のある時は少ないから、飽く迄も、私の申上げます民族学的対策の研究で、消極的に何とかうまく、その主眼に合うように、あまりフレクションを起こさせないようにしてゆくということであります。もっと積極的にこの問題の対策をたてるという方法も、これに依ってまた出来ると思います。

第五　教育の問題

その他の問題についての対策にしても、積極的に教育が必要ということになります。ここで云う教育とは高度の知識を擁した立派な智育をせしめるというのではない。よく手、足を動かす。そうして自分から進んで自給自足をする精神を養う、これです。地理を教えたり、修身を教えることぢゃない。働かせることです。働いて自分たちが一家を養ってゆく、生活する、ということの喜び、希望を教える。そういう教育であります。人的資源としての土民が手足を動かして働くというところに経済政策を採り、その結果を彼等が愉しんで生活することが出来るように実際の教育をする。これが技術教育であります。そういうような積極対策を探ることになりますと、大分具体的な問題でありますが、宗教などもこの中には必要なことで、大きな希望を与えるということも大事だと思います。自分たちは今迄動乱を享けているが、自分の時代は見通しがつくとしても、子供の時代はどうするか…。こういった考えを彼等は持っております。ですから「お前一代はそれで好い。しかし子供はどうする積りか。」というと、ドキッと来るのです。そこのところを信じて随いていけるような見通しをつけてやる。これで一応の問題が可成り解決してゆくと思います。これ以外の問題にしても、後から大宗教家の方々にも来て貰わなければなりませんが、そういう意味の政策で切り抜ける方法もあると思います。これは云わば積極政策でありますが、飽く迄も消極政策を以ってしなければなりませんが、消極政策ではどうにもなりませんから、そういう意味の技術政策です。大体この二つに分かれているのではないかと思います。

はじめからお断り申上げました通り、具体的に一つの問題をお話ししますのに、三時間か五時間位も申上げないと、一つの仕事の状態を申上げることは出来ませんで、甚だ雑駁な説論になりましたが、わずかな時間に自分の経験を申上げたのであります。長時間御清聴煩しまして感謝致します。（拍手）

以上。

質問一　土地制度の比較ですが、外南洋と内南洋とは同じ程度に進行しておりますか。
杉浦氏　可成り内南洋の方が進んでおります。
質問二　南洋群島は如何ですか。
杉浦氏　今実は適当な方法を講じつつあります。だんだん好くなって来ておりますが、仕事は進行中です。ある部分は好い成績を挙げつつあります。
質問三　欧州人は南洋の気候に適しないということでありますが…。
杉浦氏　日本人は適しないことはないと思います。これはどういうわけか分かりませんが…。
質問四　三十代の人も二十代の人も二、三年程度しか居られないという話でありますが、それはどういうわけですか。
杉浦氏　経験から云うと、始終暑いということが一番困る。暑くないぢゃないかという人もおりますが、向こうに居る日本人の顔が始終同じで、変化が無いことが実にやりきれない。着物を替えてどこかへ行くなどということが全然無い。女なんかこれが苦痛らしいですね。数字の上の調査で、どこまで行けるかを調査しておりますが、勿論これは数字の問題ばかりぢゃあないと思います。娯楽設備、文化施設という問題もこの問題に関係してくると思います。
質問五　先程混血の話が出ましたが、これを簡単にお願い致します。
杉浦氏　これは解らないと申上げます。要するに混血は奨励すべきか、または好いか悪いか、ということになりますと、大体に於いて私共はそういう問題については、生理学から生物学的に根拠がはっきりしなければならない。この間もこのことに就いた座談会がありまして、いろいろな先生が来ておられましたが、要するに混血というものは、フレクションが非常に大きい。日本人との混血は親を恨むということがありますが、日本人は多くの場合子供に対して捨てっぱなしにしてしまうという点で困った問題も多いのであります。欧州人になりますと、土地を買ってやったり、金幣《かね》をやるというようなことをします。日本人はそうしたことが少ないようですから。事実これは非常に困った問題です。

質問六　そのことに就いて国籍の問題がありますが、母方の籍にしておく方が父方よりも好いということがありますが…。

杉浦氏　一概にそれも分かりませんが、然し父方の籍にしても、認知しない人が沢山おりますから、母方にしておけば間違いはありませんね。

質問七　厚生施設、娯楽施設は一般にどんな具合ですか。

杉浦氏　これは蘭印が比較的好いです。特に国際連盟というようなものの現地対策には、病院設備とか、飲酒を禁ずるとかいうような意味でいろいろなものが出来て、次第に好くなって来ております。然し、立派な病院は建っておりますが、それがああいう沢山の人間の中で、何処まで行き亘っているかということはわかりません。例えば病院の中で土民の女を看護婦に養成します。それはいろいろと知識を授けて村へ帰し、その村へ医学知識を広めて衛生設備をうんと挙げるという期待を以ってやっておるのですが、それは全部裏切られております。だんだんこれも好くなると思いますが、ちゃんと習ったくせに帰郷すると何もしない。親たちが家でそういうことをすると怒るのだそうで、彼等の人生観、精神観というものは違うんです。日本人に教えられた医学知識というものが享け入れられるかどうか分かりませんが、努力はしております。試みとしては好いものだと思います。

質問八　南洋に於いては神社に対して土民はどういう気持ちをもっておりますか。あまり関心は持っていないのぢゃないでしょうか。

杉浦氏　土民を集めて話をしたことがありますが、第一神様に対する考え方が違っています。キリスト教の神様というものは一応は分かっておりますが、日本の神社は分からない。そうしてパラオならパラオ、ポナペならポナペ全体を統一する神様というものは無い。氏族なら氏族全体の氏神様という、全体を統一している神様は無いので、それを利用してパラオ全体が集まって仕事をする時に、日本の神様はこの島全体を支配している神様だと云いますと、彼等はああ！と云いますが、自分たち全体を統一している神様という感じは無い。だから例えば、南洋全体の神様というものは分かっても、第一日本全体の神様というものはどこ迄分かっているか、それは分からない。感じが違うのでありますから…。

司会者　では今日はこれで閉会と致します。

拍手。

注（解説者による）

1　記録者原稿では、「一．土民固有の社会的、政治的…、二．土民固有の経済生活様式…、三．土地の問題、四．宗教、道徳…、五．技術知識の…、六．教育…、七．混血児…、八．人口減少…」の八項目であった。後に杉浦の加筆・修正により、四と五の順番が入れ替えられ、さらに六の後に、新たに七として「労働問題」が加えられ、九項目に増加された。ここでは加筆後のものを掲載したため、以降の講演の流れと必ずしも一致しない場合がある。

2　このページ欄外に書き込み：「豪州の長老政治、ポリネシアの封建政治、メラネシアの民主政治―母系の氏族長を中心として、マーシャル、ポナペの封建政治、トラック、パラオの民主主義、ヤップの特異なもの……等の説明」

3　記録には「モロッコ」とあるが、内容から考えると「マラッカ」と推察できる。
4　このページ欄外に書き込み：「未開人の統制経済」

（杉浦による加筆部分は文字通りに記録。速記者記述部分も原則として「原文ママ」記録。ただし、現代仮名遣い、現行漢字に変え、句読点を適宜補った。）

補注　原稿起こしは堀江俊一・堀江千加子による。

「講演原稿」民族研究所用箋による
国立民族学博物館・杉浦健一アーカイブス 一七八番

杉浦健一 口述
堀江俊一・堀江千加子編集

南洋群島の土地制度の研究

私が南洋群島（ミクロネシヤ）の土地制度の研究を始めましたのは、昭和十二年の夏パラオ島の民族学的調査に参りました際、南洋庁の土地調査掛りの人々が、実際苦心してこの調査を行って居られたのを実見した時、これこそ民族学で行うべき問題だと考えてやって見る気になりました。

日本に限らず何処の国でも植民地開発が進むと、先ず第一に土地の利用が考えられます。此処に於て、植民地国人と現住民との間に、土地をめぐって深刻な権益上の問題が起ります。スペインやポルトガルのように原住民を無視して、其処にある財宝や天然資源（金銀その他のもの）を奪略するのを主目的とし、そのため殺戮や殲滅も平気で行うならば問題は無いのですが、英国や和蘭の様に原住民と無用の争いを避け、彼等の労働力を利用して、欧米の市場で価値ある物を生産させると共に、自国の製品の販売市場として有用な人的資源と考える様になりますと、原住民の生存権の擁護が考えられる様になります。その第一は、彼等の生存に必要な土地の利用を認めることであります。

植民国としては原住民の土地を利用して開発を計るためには、先ずその土地制度に関する旧慣の研究が必要となります。南洋庁に於ても、早くからこの点の調査を行った訳であります。なるべく彼らが生存に必要な土地を避けるにしても、どうしても彼らが実際に使用している土地でも、開発に必要なものは買取るか借りるかしなければなりません。所が、原住民の土地制度が十分明らかでないため、両者の間に争いを起すことが甚だ多いのであります。他方南洋庁では、開発に提身した日本人を守るために、不動産の登記法を実行したい意志がありますが、原住民の土地の所有関係が分らなくてはこれが出来ません。そこで原住民の土地所有権を明確にして日本人の発展を容易にしようと考え、昭和の初めから、先ずサイパン島よりこれを行いました。サイパン島の住民チャモロ族はスペイン時代より欧羅巴文化の影響を受け、文明国の土地私有制度に似たものが早くから行われていましたので原住民の土地私有権を確立することは比較的容易に進みました。所がこれより未開なカナカ族になると左様には容易には出来ません。昭和八年頃からパラオの原住民の土地私有権の設定を始めましたが、今度のカナカ族はサイパン島のチャモロ族の様に簡単には参りません。

カナカ族には本来、文明国の土地私有権の如きものはないのでありまして、そのため開発に非常な困難を起すのであります。従って文明国の制度に合うような土地制度を施行すればよいのですが、それは簡単には参りません。最近ではカナカ族も文明国の影響を受ける度合いが多くなるに従って、衣食住の生活様式及び技術が変化すると共に、経済、社会、政治組織が変化し、引いては宗教、道徳等の精神生活まで変化しました。従って、旧慣に帰って昔のままの生活をすることは出来なくなりました。それでは文明国と同様な法律制度を適用してよいかというと、それに適応するだけには未だ進んで居らず、現在の所では、旧来の伝統的な生活を改めて新事態に応ずるだけの用意も能力も十分ありません。そこで進退両難に陥り、文化の混乱、生活の不調和を起し、社会不安を増したのであります。特に土地の利用価値が昔と違って参りますと、その使用、収益、相続等の旧慣の変化、土地の売買、貸借と云う様な旧慣にはないことを行わねばならなくなりました。それかと云って、直ちに文明国の制度に従わしめることは、旧来の政治、経済、社会生活が清算されていないので不可能です。

斯《こう》して、土地制度の研究は日本人の発展と云うこと以外に、原住民対策の最も重大な問題であると考えて、これの研究を始めました。

南洋庁では土地制度に就いては、大正一二年、南洋群島事務取扱令第二条、第三条で、旧慣に依るべしと規定してありますが、旧慣と云っても現在は定まったものがなく、現在では旧慣が変化していて、何を旧慣としてよいか分かりません。民族学から文明国の影響を受けない時代の旧慣を再構成して見ることは出来ますが、現在その旧慣そのままを適用することは、却って矛盾を来たすものであって、旧慣と現状、将来の変化を見通して、新しいものを一つ作りだす必要があります。

土地制度の重要性は旧慣を調べることのみでは足りないことを、十分に理解して頂きたいのであります。

最近の民族学では、原住民の過去の生活が何様であったかということの研究のみでなく、それが新しい文化に接触して如何に変化したか、これに対して如何なる対策をすべきかを研究する傾向が強くなりました。私も大体こんな立場から研究して見ました。

パラオの土地観念

先ず原住民本来の土地観念と云う様なものから考えますと、未開人の土地に対する考え方は、文明人と同一に考えてはならぬと思われます。更に同じ未開人と云っても、狩猟や採集生活をするものと、農耕をするものとでは考え方が違うようです。ミクロネシヤでは穀物を作る程度に進んだ農耕はしていませんが、芋類やパンの木を栽培してそれを主食にする、未開な農耕民です（パラオ、ヤップは水田）。

文明国では土地と云うものを主として経済的に考えます。未開人でも勿論土地は衣食住を与えてくれる源泉として経済的に考えられていますが、それればかりではありません。社会、政治、宗教など、生活の全面と深く関係し合っていて、経済的な面のみを切り離すことは困難であります。ミクロネシヤに於いても、第一に原住民は土地に対するさまざまなセンチメントが結び付き合って、特殊の土地観をつくっています。土地は先祖が来て住み付いた特定の土地、即ち撰ばれた土地であり、神より与えられた神聖な土地であり、且つ先祖は此処に葬られて居り、彼等自身も此処に葬られることを強く希望するのであります。従って、先祖伝来の土地として伝統的なセンチメントが強いのであります。

特に先祖以来定まった土地を定まった方式で耕作して衣食を得る土地であり、先祖の霊と先祖以来祀った神を、昔ながらの方式で祀ることに依って、衣食の豊穣が得られると信じている。従って、その生活技術も、実質的には漸次変化をしているのであろうが、先祖以来同じものと信じて此れを行っている。彼等の技術は科学性を持つ点もあるが、意識の上では先祖以来の伝統に従って行うという点で、強いセンチメントを持ち、且つ技術的な部分もその土地を離れたものでない点で、土地の観念は特殊なものとなっている。（日本に於いても民間にはこれが見られる。例えば天気を見る名人があっても……）かかるセンチメントが集まって、土地に対する一つの宗教あるいは哲学をつくる。

土地利用慣習と社会組織

他方土地は、社会組織と密接に関係しているので、社会組織を離れては考えられず、土地の利用慣習は彼ら特有の社会組織と関係して甚だしく複雑なものとなっている。

今迄の民族学者は、未開人の土地と云うとその所有観念が社会的であるとか、個人的であるとかを論じてきたが、第一に未開人に文明人と同様な土地所有権の観念を考えることが混乱を生ずるもとである。私は未開人の間では文明人の様に土地「所有権」の観念の「所有権」という言葉を一時差し控えて、土地の支配権、管理権、使用権と云うように分

723 「講演原稿」民族研究所用箋による

けて考えることとしたい。土地と云うものが宗教、政治、経済その他総べてのものと関連して、色々のセンチメントの結合しているものである以上、経済とか法律制度という方面のみから土地を考えない方が適当である。未開人の土地の所有権は集団的であるとか、個人的であるとか云われてきた。然し仔細に観察すると、土地は集団的に保持する部面も個人的に利用される部面もあるが、一見すると大体集団的であることが目につく。即ち一般に、氏族その他の一定の集団が単位で、共同で保持することは明らかである。斯かる集団的利用は、社会・政治的機能が強く、外からの侵害を防いで共同でうまく利用し、譲渡とかその他重大な変化の起こる場合、この土地は集団のものであることが強調される。これは氏族員とか酋長とかが集団全体を支配統率し、酋長はその氏族の総員の意思に従ってこれを管理、または支配するもので、酋長に支配・管理権はあるが、集団全員の承知がなければ酋長一人の独断では出来ないのが原則である。従って酋長を代表者とする社会、政治面に於いては、氏族の如き集団が単位である。これは土地の保持・管理・譲渡その他の場合に明白となる。

然し同時に、家族又は個人の土地使用慣習も又明かに認められる。未開人は一般に云って、その経済生活の単位が家族になる。従って土地も経済的な面から考えると家族的（家族と云っても文明国の小家族とは多少違う）である。土地の住居、使用収益権の如きものは一時的であり、限定されてはいるが、一応家族や個々人に認められている[1]。

斯くて土地の支配権、管理権の如きは、多く社会・政治的な面から考えたもので、それは集団的であるしかない。しかるに使用収益権の如きは、比較的家族的な面が強く、それは家族的あるいは個人的である。

パラオの土地制度

パラオでは昔は水田にタロ芋を耕作して主食としていました。田が常耕田として固定的であると共に部落も誠に整備した外形を持っています。

このように部落は外形が整備していると共に、その組織や構成が甚だ整っています。普通部落は八個から十数個の氏族より出来ていて、その氏族には順位が定まっていて、第一位氏族以下奇数氏族と、第二位以下偶数氏族とが二つに分かれて、部落の二分組織をつくる。この二分組織が部落生活に於いて重要な役をします(2)。

この二分は結局、氏族単位で事件を処理するのに誠に都合のよい様に出来ています。氏族の全事件は氏族長が支配統率して行います。上記十二の氏族の氏族長は各氏族を代表して集まって村政会議体をつくり、これが部落の政治を行うのですが、普通は奇数位氏族の最高の第一位氏族長と、偶数位氏族の最高の第二位氏族長との二人の合議で村政を処して行きます。一見すると、第一位及び第二位氏族長が村長の様な役をするのですが、原則としては、各氏族長の合議制であります。これはメラネシヤ的な原始民主主義と云われるものの最も整った代表的な型の一つと思われます。従って、土地財産の管理は各氏族を単位として氏族長の統率の下に行われます。

土地の利用の仕方を見ますと、最も大切な屋敷と田とは、氏族を単位として共同で使用し、相談することを原則とし、山林、草原、海岸、部落内の公共物は部落単位、即ち氏族長の合議制で行われます。氏族共同で保持される氏族有地となっている訳であって、未開人の土地所有権は家族又は個人的でなくて集団的であるといわれるのは、管理や保持がこの様に氏族共同で集団的に行われるからであります。氏族有地は氏族共同で保持して他から侵害されないようにし、氏族全体が仲よく氏族長の支配の下に使用するのであります。即ち、氏族長が氏族有地の支配権を持っています。然し土地が氏族長のものであるのではなく、氏族の全事件は凡て氏族長の支配の下、全氏族員の承認を経て行われるのが旧慣です。土地も斯かる物の一つであります。氏族長の政治・社会的支配権の一部であります。例えば、氏族有地を売るという様なことは昔は絶対にないことでありましたが、最近は日本人に売ると云う様なことも出来るのであります。このような旧慣にないことを行うことになると如何にすべきか標準はありません。元来土地は氏族共同のものですから、氏族長が支配権を持つからと云っても、氏族員に相談もせず独断でこれを行うことは許されません。氏族員の相談（chaldachadog）を行ってこれを決定するのです。扨《さて》これを売った代金はどうするのか？　此処に至るともはや彼等の慣習ではその処分の方法がつきません。こんなことは全くないので、何としてよいか分からないのであります。

要するに氏族長の土地支配権は他の一般事件と同様、氏族の頭となって指導統率していくということにあるのみです。生活に最も大切な屋敷と田畑の土地の使用はどうなっているのかと云うと、これは氏族全体の人々が共同労働をして氏族有地を使用するのではありません。文明国と同様家族を単位として、一定の屋敷と田を使用しているのであります。

パラオは母系相続の土地ですから、男子が結婚して一人前になり、母の氏族の屋敷に空きが出来た時（例えば母の兄弟が死んだ時）その叔父の屋敷に自己の妻子を連れて行って其処の主人となるのです。この屋敷の主人となると、今迄の様に名前を呼ばずに、屋敷の名前の上にギラ、エラという）尊称（Mr.の意味をつけて呼びます。アケッと云う屋敷の主人になれば、ギラケツとよばれます。その妻は屋敷名の上にDira（Miss）をつけて、デラケツと呼ばれます。屋敷には一定の田畑がついています。従って、屋敷と田畑とその主人（gira+屋敷名　Dira+屋敷名）とが三位一体となって、家族本位にその土地を使用します。この点では明らかに土地は家族本位に使用されています。経済生活の単位が家族でありますのと同様、土地の使用収益権という点からみると一応家族本位であります。然し政治社会的意味に於いては氏族共同のもので、氏族長の支配の下に管理保持される訳です。

土地の売買や賃借と云う事がなく、経済生活にも文明国の貨幣が通用しない時代はこれでよい訳でありますが、文明国の影響を受けて社会生活が家族或は個人化し、土地の売買貸借が行われる様になるとこの旧慣が変化するのであります。他方社会組織も母系制度が文明国の影響を受けて父系制を加味し、父は自分の姉妹の子供よりも自分の息子に自分の土地を与えたいとの欲求が強くなり社会組織が変化すると共に相続制度が混乱して来るのであります。このように衣食住、経済生活、社会、政治組織は急激に変化しつつあるのに土地制度や土地相続制度のみは旧慣に依るべし、などという想定は、現状に矛盾を起こさせるのみであります。

それでは如何にしたらよいか？

土地制度の現状

現在氏族的団結力は次第に弱まりつつあり、氏族本位の政治的社会的機能は大きく変化せんとしているから、土地制度に於いても氏族共同でする土地管理・保持と云うことを◎◎[3]して、使用・収益権を強調して家族本位に行わしめたら、土地の私有権は確立し、文明国と同じような生活が出来る訳で、南洋庁としても総ての施政に誠に都合がよいし、原住民として今迄の旧生活と新生活との不調和、混乱を清算して新生活に適応するような方向に進み得て誠によいのでありますが、実際の結果を見ると簡単には左様にゆかないのであります。実は私がパラオの土地制度の旧慣を調査して政治・社会的には氏族を単位として土地の支配・管理が行われているが、使用・収益権は家族本位（それには色々条件を付けねばなりませんが）であるということを明らかにし得た時、それなら使用・収益権を持つ家族本位の経済的な面より使用慣習を助長して、文明国式な土地制度を確立するように努力さえすればあまり矛盾や困難もなく土地私有制度の確立が出来ると思ったのであります。所が実際の結果を見ると意外なことが多く、机の上で予想したようには行きません。土地と社会組織、氏族組織との関係は誠に強いもので、不用意にこれを変化すると恐るべき悪結果を招くのであります。

パラオに於ける南洋庁の民有地調査に当って立てました根本方針は、次の様なものでありました。元来民有地と云うものは、前に申しました第一の部落有地（これは大体官有地としてありますので）を除いた、第二の氏族有地のみが民有地であります。大体の見通しは、この氏族有地をなるべく矛盾のない様に彼等同志合議をさせて、家族有地にして土地私有権の確立を行う様にとの目的で調査に掛った訳であります。

然し具体的に調査をして見ますと原則通りには行きません。

そこで民有地を（1）部落有地、（2）氏族有地、（3）氏族長有地、（4）家族有地、（5）個人有地の五つの種目に分けて、一筆一筆の土地に就いて、土地調査掛りで関係者一同を集め、適当な指導をしつつ、原住民に相談させて最も彼らに無理のない様にこれを決定して見たのであります。

（1）部落有地——本来の部落有地は大体官有地となっていましたが、大正一一年の南洋庁令椰子栽培奨励規則に依り、旧部落有地その他の無主地に奨励金を与えて椰子林をつくらせたものがあります。この中には個人名義のものもあるが、元来旧部落有地は部落共同で利用した旧慣から、椰子林をつくる場合も部落共同で許可されたものが多くありました。それを中心として民有地中に、部落有地という種目を設定したものである。従ってその数は多くないのであります。

（2）氏族有地——氏族有地は現在の民有地の主体をなすものであります。この氏族有地を氏族単位より、なるべく家族単位にしたいのであります。実際調査して見ると文明国の接触・統治の結果、氏族の団結は弱化したとは云うものの、未だ自分等の土地を氏族共同で管理・維持して行きたいと希望する者が可なりあり、使用・収益の旧慣に基づいて家族単位に分けることを欲しないものもあるのでこの種目を設定して、旧慣を早急に改めることを強制することを差控える様にし、彼等の意志を尊重した訳です。

（3）氏族長有地——氏族長となって氏族の支配統率者となると、氏族の最良にして最も由緒ある氏族長役宅《bili adui》に入って住まねばならん旧慣となっていました。これには氏族最良の田畑、即ち氏族長の役田《lukul》役畑《adui》が付属している。これは個々の人に属するものでなく、氏族長なる職位と結びついているもので、個々人のものではありません。その職をする人につくものです。最近では、氏族長となったものがこれを自分個人のものとして息子に伝えんと主張する者もあったが、氏族員一同は、これはあくまで氏族長の職位と一処にすべきものであって、氏族長有地として残しておきたいとの意向が強くみられた。現在の所、氏族制度は弱化の傾向を辿り、氏族長の支配権や威令は昔の様に強くなくはなったが、社会組織を始め、まだ母系氏族本位の伝統的生活が続けられている以上、氏族長有地として一種類を立てることとした。

（4）家族有地――これは旧慣にはない土地制度であって名前も日本語で家族有地と呼ばしめてこれをつくることとした。土地私有権の確立を目指す以上これが少しでも多いことが最も望ましいことであり、又そうすることに努めた訳であります。

（5）個人有地――これも旧慣にはない土地である。――実は名前もコジン有地と日本語として其の意味を明かにする様指導を徹底すべき筈の所、原住民の間ではこれを土語で Chulin bedogek と云う名前で呼ぶ様になっていました。すでに独逸時代からなるべく氏族有地を少なくして家族有地を多くして、新しい生活に適応せしめようとの試みが行われて、氏族有地を家族本位に分割せしめる努力が行われた。原住民はこの新しい所有様式の土地を Chulin bedogek と呼んだ。即ち昔の氏族有地に対する新しい私有地と云うものをこの言葉に翻訳したのである。Chulin は土地、bedogek は自分の身体、即ち自分の身体に付いた土地、即ち私有地と訳した。従って独逸が指導した時は、私有地即ち家族本位の土地の積りで奨励したのに、彼等は個人有地として氏族有地の分割を行ったのである。即ち氏族共同の土地を小単位に分割せしめた結果は、家族単位とならず個人単位に分けることになったのである。これは唯だ言葉を翻訳し誤ったとか、内容を誤解したのではないのであった。パラオの社会組織をよく吟味すると、斯くならざるを得ない理由があるのですが、実は私もこの点に気がつかなかった。初めこの種目を設定する時には、多少斯かるものがあろうが、個人有となると後になって問題を起こすことが多く、社会秩序や道徳的に見ても、余りに一足飛びに個人化することは望ましくないので、特別の場合以外は家族有地とするか、或は致し方のない場合は氏族有地とするにしても、なるべく個人有地をつくらない意向を持っていた。

729 「講演原稿」民族研究所用箋による

現実的調査の結果

現実的調査を行った結果の一部、即ちコロール島付近の調査結果を示すと次の如くとなった。

民有地総数　一五二六筆

（1）部落有地　三八筆

（2）氏族有地　二〇八筆

（3）氏族長有地　一〇六筆

（4）家族有地　二五五筆

（5）個人有地　九一九筆

（1）部落有地と云うのは、椰子植林奨励のための払下げ地の如きもので問題は無い。

（2）氏族有地二〇八筆は、未だ可なり氏族有地として旧慣通り保持せんものとの意向のあることを示すものである。率直に云うと、実はなるべく氏族有地は家族有地に分割せしめる方針で行った事であるから、相当の努力を払った結果、未だこれだけは氏族有地として残したいとの強い欲求を持っているので、パラオ島民は新生活の改善は受けたが、未だ可なり強い伝統生活を持つことを示すものである。他の生活様式を見ても、このことは承認できるのであります。此処だけの話でありますが、氏族有地の分割には相当の努力が払われているので、二〇八筆という数字はその努力にも拘わらず、分割されずに残ったものであることを御承知置き願いたいのであります。

（3）氏族長有地——これも昔からの氏族長の役宅《bilil adui》と、役田《lukul》・役畑《adui》であります。日本政府が統治する様になると、政治的には氏族長の権力は全く地に落ちて昔の俤は無くなりましたが、原住民は氏族の中心地である氏族長の役宅や役田は、特定の個人或は家族有とするに忍びない、矢張り氏族有地として氏族長の職位を持つ人に属する様にして置きたいとの原住民の希望は、パラオ島民の土地に対する考え方をよく示すもので、土地を単なる経済的なものと見ない証拠でありまず。要するに、氏族の中軸をなす氏族長有地のみは、あくまで氏族のものとして残さんとの伝統観念は、今も生き生きとしていることが知られます。

（4）家族有地――昔の屋敷や田畑、即ち氏族有地を家族有地に分けることが主目的であって、原住民さえ承知するなら、氏族有地なども家族有地にすることを辞せずという意向さえ持って行ったにも拘らず、二五五筆という比較的少数を得たのみであります。これは氏族有地の場合と反対に、分割せんとの意向を持って行った調査であることを十分御承知置きを願いたいのであります。これも土地私有制度の急速実施の困難を示すものです。

（5）個人有地――特別な場合のみにこれをつくる意向であったのに九一九筆と云う過半数を占めることになりました。これは全く意外でして、私の未熟と不明を告白申し上げることになるのであります。

いまあげました数字はパラオ全体でなく、南洋庁のありますコロール島付近の一部ですが、全体の結果がこれと同じ割合で個人有地の数が多くなりましたとすれば、パラオの新しい土地制度の樹立を考える上に、非常な困難に遭遇します。早急に土地私有制度の施行が困難であると云うだけでなくて、行きすぎた個人有地化を何とか矯正する検討がつかねば、新しい土地制度を施行する見通しが立たない次第です。

初めに申しました通り、退いて昔に帰ることも出来ねば、進んで文明国の制度を強制することも出来ぬ混乱状態でしたが、この数字から見ますとその混乱状態は意外に甚だしいものであることを示すのであります。

これは独逸の施政や南洋庁の施政や指導のよろしきを得なかったことに原因するとのみは云えません。パラオの本来の土地制度、社会組織は、文明国のものに本来適応しにくい所が甚だ多いと申すより外ないと考えます。

土地の個人有地化と云うことは、土地の使用・収益・相続権を、便宜主義に従って最も適当な個人に与えることで、其処には規定のないことを示すもの、即ち結局は一種の混乱状態に陥ったものと云わねばなりません。母系でもなければ父系でもない、その場その場の場あたりで、便宜に使用・相続する人を決定すると云うので、昔の母系氏族本位の制度も近代の父系家族制度も、何れも取り入れて、然も一定の規定がないのです。よく考えてみれば、混乱状態に於いては斯くなるのが当然であるとも云えますが、実は私にこれが予想できなかったのであります。然し実際に個人有地化して行く原因を明かに説明するには、詳細な事実の現物を必要としますので本日は申上げないこととします。

注（解説者による）

1　一九頁欄外書き込み「I集団的――社会・政治的機能＝支配権・管理権」「II家族的・個人的――経済的機能＝一時的使用・収益権」

2　二一ページメモ「宴の儀式の場合の庭（?・）」「部落の仕事」「部落の費用の負担、収入の分配」「この他多くのことがこの二分組織を通して行われます。」

3　「弱める、薄める」等の熟語が入ると考えられるが、原稿で二マス空欄である。

補注　原稿起こしは堀江俊一・堀江千加子による。

杉浦健一講演遺稿　解題

堀江俊一

一　はじめに――「杉浦アーカイブス」との出会い

昭和二九（一九五四）年一月一五日、杉浦健一は文京区駒込曙町の自宅で、急逝した。四九歳であった。以下、泉靖一（一九五四）によるネクロロジーを参考に、生涯を簡介する。

杉浦健一は明治三八（一九〇五）年愛知県岡崎市に生まれた。昭和三（一九二八）年、東京帝国大学文学部宗教学および宗教史学科に入学し、宇野円空・赤松智城から当時一世を風靡していたという宗教民族学の薫陶を受け、後に杉浦を民族学者たらしめるに至ったという。卒業後は、柳田國男の主宰する「日本僻村の民俗学的調査」に参加するなどいくつもの学的研鑽を重ねていった。そして、昭和一二（一九三七）年から開始された「ミクロネシヤ調査」が彼のライフワークとなった。太平洋戦争の勃発で中断するまで、調査が継続された五年間、一年の半分をフィールドワークに費やすという「激しい研究生活が続いた」という。昭和一八（一九四三）年三月、民族研究所の創設にともない研究所員となり、昭和二〇（一九四五）年の研究所の廃止までその任に就いた。その間昭和一九（一九四四）年より東京帝国大学理学部講師を兼任し後進の指導に当たった。昭和二五（一九五〇）年に東京外国語大学教授に任じたが、兼任する東京大学で祖父江孝男、香原志勢、梅原達治らを指導したという。そして、昭和二八（一九五三）年八月一日付で東京大学教養学部において「文化人類学」を講じる初代教授に任じる辞令を受けた。その半年足らず後の急逝であった（泉一九五四）。

泉によると、杉浦の「ミクロネシア調査」の成果は、「主として『民族学研究』『人類学雑誌』に発表された二十三点の短編論文のほか」、まとまったものとしては『民族研究所紀要』第一冊、第二冊に掲載されたもの二点にとどまり、「残りの大部分は百数十冊のフィールドノートとして人類学教室における教授の書架に、太平洋戦争によって崩壊された島民の古い生活の種々相を秘めたまま眠っている」（泉 一九五四：七三）。

研究室に残されたはずの杉浦関係資料については、家族も「東大に保管されているらしい」というものの、それが実際にどこにあるのか、誰が保管しているのか、分からなくなっていた。こうして半世紀以上の時が経過した。東京大学文化人類学の初代教授としての杉浦は、赴任後半年足らずという急逝の故もあって、東京大学内部でさえ「忘れられた存在」となっていったようである。一九八〇年頃、筆者を始め数人の（当時の）若手漢族研究者が、まだ本郷の教育学部の四階にあった文化人類学教室で研究会を開いたとき、壁に掛けられていた「東京大学文化人類学教室歴代教授」の肖像写真をみながら、「二番目は泉さん、三番目は石田さん…、一番目は…知らないなぁ…」といった、当時のK助手の言葉が、「忘れられた杉浦の証左」と言ってもよいであろう。

平成一九（二〇〇七）年六月、須可子夫人は享年九四歳で逝去された。夫人は生前、杉浦のノートをまとめることを強く望み、家に残された数少ない遺品を大切に保存していた。しかしその中には、まとまった形にできるような資料は残されていなかった。

平成二〇（二〇〇八）年秋、国立民族学博物館の朝倉敏夫教授より、海外から杉浦健一に関する情報照会が来ていると知らされた。そこで、筆者が「東大に託された遺品があったという話だけれど、どこに有るか分からないから」と、何気ない一言を述べたところ、朝倉教授から「民博のI教授が保管していた杉浦関連の資料が出てきて、今整理しているらしい」との返事が送られてきた。日を経ずして「杉浦健一関連資料が段ボール箱に幾つもあって、現在内容を確認してリストを作成している」との情報を得ることができた。同時に、民博側ではアーカイブスとして保存・公開していくために、著作権継承者を探していることが明らかになった。そこで朝倉教授の仲介を得て、この年の一二月、当時の松園万亀雄館長、久保正敏教授（文化資源研究センター）、情報管理施設・情報サービス化文献図書係長（当時）赤井規晃氏等の協力の下、資料保管室において、杉浦健一の著作権継承者・堀江千加子とともに、「杉浦健一アーカイブス」との出会いが実現した。

そこで目にした「杉浦健一アーカイブス」は、二四の中性紙保存箱に納められた、資料番号一一五一におよぶ大量のものであった。[1] 内容は、欧文専門書を克明に抜き書きしたノート、おそらくは本人にしか判読できないであろう一次的なフィールドノート、南洋庁関連の報告書等が多数を占めており、我々が求めた「形にできるような資料」を見出すことは難しかった。調査時の日記のようなものがあればとの願いはかなえられなかった。かろうじて、見いだされたのが、ここに採録する「講演記録・原稿」の二編である。これらの講演記録・原稿は、ともに表題がないため、ここでは仮に「講演記録」と「講演原稿」と名付けることとする。以下にそれぞれの概要を簡単に示す。内容的には、講演記録は前年に発表した論文「民族学と南洋群島統治」を一般向けに噛みくだいたものといえる（杉浦 一九四一）。また「講演原稿」は、昭和一九年発表の論文「南洋原住民の土地制度」の先駆けということができる（杉浦 一九四四）。

二　「講演記録」国立民族博物館・杉浦健一アーカイブス五五六番

原本は二〇〇字詰め（二五字×八行）、左隅に「神楽坂下　山田紙店　C」と入った原稿用紙九二枚の手書き原稿である。表紙に「昭和一七年七月三日　於　佐藤生活館講堂　杉浦　氏　講演」と記載されている。

昭和一七年七月は日米開戦から半年余を経、前月のミッドウェー海戦の敗北を契機に、国民全体を巻き込んだ総力戦体制へと転換していった時期といえる。社会全体に大政翼賛体制の確立へ向けた各種の規制が強化された。一一月には「大東亜省管制」が制定されるなど、大東亜共栄圏の実現に向けた動きも強まった時期である（たとえば、多仁二〇〇〇）。

佐藤生活館とは、正式には「佐藤新興生活館」と称し、昭和一〇（一九三五）年、北九州の「石炭の神様」佐藤慶太郎が設立した日本生活協会が本拠とした建物である（斉藤 二〇〇八）。昭和一二（一九三七）年、ウイリアム・M・ヴォリーズの設計により建設されたが、昭和一六（一九四一）年には帝国海軍に接収されていた[2]（鈴木他 二〇〇五）。従って、昭和一七（一九四二）年に行われた杉浦の講演会も海軍と何らかの関係のあるものと見るのが妥当であろう。

実際にこの時期の新聞に掲載された「催し物通知記事」や、自団体の活動を記録しているはずの大日本生活協会広報紙[3]、『生活』の昭和一七年七月、八月号双方とも、この講演会に関する記事は全く掲載されていない[4]。おそらくは帝国海軍関連の「南方派遣者のための講習会」といった、外部に閉ざされた種類のものであったと考えられる。掲載原稿ではかなり整理したが、元原稿に見られる杉浦の「語り難さ」、非専門家への「説明しづらさ」もこの推測を保障する。

この「記録」は、講演を記録した速記者が清書した原稿に、杉浦がかなり克明に手を加えたものである。おそらくは講演後、活字で発表することが予定されていたとも考えられるが、詳細および実際に発表されたか否かは不明である。

これから「内南洋」（日本信託統治下のミクロネシア）「外南洋」（日本軍政下の東南アジア島嶼部からニューギニア）に派遣され、実際に現地で行政、教育等の任につく人びとに対し、各地における土地問題、宗教問題等への「対策」、統治方針のあり方の示唆を与えるための講演会と思われる。

これに対し杉浦は、現地住民の生活、考え方を詳しく知ることを目的とするという「民族学」の立場からは、統治に直接的に役立つ示唆はできない旨の発言を冒頭で行っている。確かに欧米各国と同様、自分も「植民民族学、応用民族学」という学問分野の必要性を認めている。ところが現地の複雑な文化の実態を知るにつれ、統治方針の決定の難しさを感じざるを得ないといった言葉が続く。しかし、現実に何らかの「対策」が必要であることは間違いないことから、現地のさまざまな文化領域における「対策」について、次の九項目に分けて論じていく。


第一、土民固有の社会的、政治的機構と文明国、特に統治国（或は指導国）との社会的、政治的機構、政治組織とか社会組織というもの、組織が両者間の相違をどういうふうに調和していくかという問題。

第二、土民固有の経済生活様式と、文明国の経済生活様式との関係。

第三、土地の問題。

第四、技術、知識の問題。

第五、宗教、道徳の問題。

第六、教育の問題。

第七、労働問題。

第八、混血児の問題。

第九、人口減少の問題。


これらの各項目について、「ミクロネシヤ」で自身が得た詳しい知識に基づき、その「対策」がいかに困難なものであるかを順次述べていくが、結論は、「積極的（に変えていこうとする）対策」を否定し、現地の住民との「矛盾・フリクション」をできるだけ少なくするような「消極的な対策」が最善であると述べる。

全体から受ける印象は、時代の空気の中で生きていかねばならぬ一人の国民・民族学者として、できる限り誠実に、非統治者である「土民」にとって最善と考えられる「対策」を提案した講演と感じられる。なお、第八と第九の二項目については、時間が限られていたためか講演中では言及されていないが、第八の「混血児の問題」については最後の質疑応答の中で簡単に言及している。その中で杉浦は、混血に関する人種学・優生学的見解をあいまいに、批判的に、回避しながら、現地で生まれた混血児の面倒をみることなく捨て去ることが多い日本人（男性）の現実に対する、皮肉を込めたともいえる言葉を述べることで、現地住民に対する民族学者としての自らの立ち位置を明らかにしている。

三　「講演原稿」民族研究所用箋に書かれた国立民族学博物館・杉浦健一アーカイブス一七八番

講演口調で記述された、パラオの土地所有の現状に関する原稿である。標題も無く、執筆時期も全く不明であるが、民族研究所の設立が昭和一八（一九四三）年三月であること、また原稿の内容が植民地統治にかかわることから、戦局が不利となり植民政策が問題ともなし得なくなる以前、おそらく昭和一八年中であろうかと推測される。なお、原稿中で用いられる専門的な用語（例えば、母系、氏族）について詳しい説明が省かれていることからみて、前の「講演記録」とは違い、ある程度の専門知識を共有する聴衆（民族研究所内部、または南洋庁関係者等）を想定した「講演原稿」であると考えられる。

「発表原稿」であるかのように、そのまま読んでもよいような文体で始まるが、途中で「原稿化のためのメモ」といった体裁の部分が挟まるかと思うと、再び「語りかけるような文体」に戻るといったように、かなりの揺らぎが見受けられる。最後の二〇枚ほどにいたっては、講演口調の文体ながら、書きなぐりに近い乱れた文字で記述されており、この部分の読解は特に困難を極めた。

内容的には、先にあげた「講演記録」と共通する性格のものであり、冒頭で杉浦は以下の言葉を記述する。

最近の民族学では、原住民の過去の生活が何様であったかということの研究のみでなく、それが新しい文化に接触して如何に変化したか、これに対して如何なる対策をすべきかを研究する傾向が強くなりました。私も大体こんな立場から研究して見ました。

全体として、時代の趨勢である「植民地開発」を所与の前提、もしくは「避けることのできない現実」と認め、植民地住民の「略奪・殺戮」といった不幸をもたらさないような、統治者・非統治者の双方に、少しでも役に立つ・痛みの少ない方策を講じる必要があることを述べる。そのためにはまず相手の文化を知らなければならないとし、パラオの例を中心に、彼らの土地所有制度、社会組織などについて、その旧慣と外部の影響による変化、現状について詳細に述べていく。

後半では、土地の所有・使用をめぐるパラオの「旧慣」がいかに変容し、それに従って土地の所有形態がいかに混乱状態にあるかということを、南洋庁が実施したコロール付近における土地所有形態に関する実地調査の結果を引き、詳細に示している。そしてこの混乱状態を改善し、統治者（日本人）にも都合の良い土地所有形態をつくっていくことの困難さを示している。

四　おわりに――編集について

原文は旧漢字、旧かなづかいであるが、基本的に現行漢字、現代仮名遣いに改め、句読点を適宜補った。また、現代では使用が不適当と思われる言葉が頻出するが、当時の社会における「常識的な」使用であると考え、歴史的な意味からこれをそのまま使用することとした。

それとともに、講演中の言葉づかい、原稿中の文字づかい等、極力原文のままとすることを心がけた。このため、あて字や本来の読みにない漢字づかいが多くみられる。ただし、「講演記録」については、一部の重複する文言を削るとともに、何箇所か文章の順番を整え、より理解しやすいように手を加えた。民族研究所用箋原稿は、一部読解不能な文字を、類推によって補ったほかは、ほぼ原文のままである。

謝辞

本稿「杉浦健一講演遺稿」の公表に当り、解題本文中でお名前を挙げた民博関係者のほか、これ以上ない公表の場を提供して下さった山路勝彦関西学院大学名誉教授、著作権問題に関し明快な見解を示して下さった須藤健一民族学博物館館長、そして、山路教授に筆者のつぶやきを伝え、公表に至るきっかけを創ってくださった東京外国語大学の三尾裕子教授の皆様に、心からの感謝を表明したいと思います。思えば、メールのやり取りの中で筆者が思わず漏らした「つぶやき」を、皆様が汲み取ってくださったおかげで、この企画が実現したと考えております。ありがとうございます。

注

1　杉浦アーカイブスに含まれる資料は大きく二種類に分けられる。資料番号一―一一〇〇は、欧文文献をまとめたノート、フィールドノート等の草稿類、一一〇一―一一五一は杉浦の死後に行われたことになる「昭和三〇年三～四月　山口県大島の移民関係の聞き取りアンケート」である。なお、前者の中に、鹿野忠雄のものと思われる資料が四〇点余り含まれている。

2　日本生活協会は、女性、特に農村の女性の生活改善を目的に設立された団体で、その活動の本拠地として建設されたのが「佐藤新興生活館」である。この建物は、本文にもある通り戦中期には帝国海軍に接収され、戦後はＧＨＱの接収を受けるなど数奇な運命を辿ったが、「山の上ホテル旧館」として現存する（斉藤 二〇〇八、常盤 二〇〇七）。

3　日本生活協会は佐藤慶太郎の死後、大政翼賛体制へ急速に接近し、これにともなって団体名も「大日本……」と改称した。

4　『生活』昭和一七年七月には、講演原稿に記されたと同じ七月三日に開催された別の会の記録は掲載されているものの、杉浦の講演に関する記事は全く掲載されていない。堀江由希子の調査による。

参照文献

泉靖一
一九五四「故杉浦健一教授と人類学・民族学――追悼と評伝」『民族学研究』一八―三：七二―七八頁。
斉藤泰嘉
二〇〇八『佐藤慶太郎伝――東京府美術館を建てた石炭の神様』石風社。
杉浦健一
一九四一「民族学と南洋群島統治」平野義太郎（編）『大南洋』一七四―二一八頁、河出書房。
一九四四「南洋原住民の土地制度」『民族研究所紀要』一：一六七―三五〇頁。

鈴木博之・増田彰久・小澤英明・吉田茂・オフィスビル総合研究所
二〇〇五『都市の記憶Ⅱ　日本の駅舎とクラシックホテル』白揚社。
多仁安代
二〇〇〇『大東亜共栄圏と日本語』勁草書房。
常盤新平
二〇〇七『山の上ホテル物語』白水社。

あとがき

本書は民博（国立民族学博物館）での共同研究会、「日本人類学史の研究」の成果還元として出版されたものである。この共同研究会は二〇〇七年一〇月から二〇一〇年三月まで一三回、および延長分として原稿作成のための討論会が二〇一〇年度に二回行われた。ここに、二〇〇七年度から二〇〇九年度までの共同研究会の発表内容を紹介しておきたい。

二〇〇七年度

第一回

一〇月二〇日（土）

山路勝彦・中西裕二・宮岡真央子・崔　吉城「研究会の基本構想」

一〇月二一日（日）

中生勝美「帝国日本の植民地と人類学」

第二回

一二月八日（土）

飯髙伸五「日本統治下南洋群島の学術調査」

波平恵美子「民俗学・宗教学・文化人類学における民間信仰研究の動向」

一二月九日（日）

山路勝彦「博覧会と人類学、人類学者」

第三回

三月八日（土）

角南聡一郎「考古学者による民族・民俗調査」

飯田　卓「兵站術としての学知——今西錦司」

二〇〇八年度

第一回

六月一四日（土）

秦兆雄「戦前日本人による中国調査（一）」

関雄二「日本のアンデス考古学調査五〇年」

第二回

七月一二日（土）

朝倉敏夫「日本人類学における韓国研究——韓国人からのまなざし」

崔吉城「植民地朝鮮民俗学——秋葉隆を中心に」

七月一三日（日）

中西裕二「書き手と読み手——日本の人類学的実践の諸問題」

第三回

一〇月一八日（土）

田中雅一「京都探検大学における人類学の系譜」
三尾裕子「統治と学問――台北帝国大学成立以前の植民地官僚による台湾研究」
一〇月一九日（日）
関口由彦「近代アイヌ研究史――エスニシティをめぐって」
加賀谷真梨「〈ヲナリ神信仰〉の系譜学」
第四回
一二月一三日（土）
角南聡一郎「人類学と考古学の距離――物質文化をめぐって」
中生勝美「二〇世紀初頭の人類学――田代安定」
第五回
二月二一日（土）
谷口陽子「〈家〉概念をめぐる論争と人類学の親族研究」
飯髙伸五「南洋庁物産陳列の活動にみる物質文化研究と実業教育」

二〇〇九年度

第一回
五月一六日（土）
飯髙伸五「民族誌家としてみた野口正章――旧南島群島におけるジャーナリズム」
椎野若菜「日本におけるアフリカ研究の始まりとその展開――国際学術研究調査関係研究者データベースを用

い、科研による研究チームの系統を考える」
五月一七日（日）
中西裕二「文化人類学と民俗学の境界の意味——一九七〇年代から八〇年代を考える」
第二回
七月一一日（土）
朝倉敏夫「日本人類学における韓国研究〈二〉——植民地期日本人の研究に対する評価」
崔吉城「植民地期朝鮮における人類学史的画像・影像の分析」
七月一二日（日）
山路勝彦「馬淵東一と社会人類学——台湾、インドネシアからCIE、そして沖縄へ」
第三回
一〇月一七日（土）
田中雅一「探検と人類学——京都大学の人類学史を振り返る」
関雄二「鳥居龍造の南米行き」
一〇月一八日（日）
中生勝美「マルクス主義と日本の人類学」
第四回
一二月一二日（土）
吉田禎吾「機能主義から構造主義へのシフト——一九七〇年前後の日本の人類学」
渡辺公三「構造主義と日本の人類学」

一二月一三日（日）
　角南聡一郎「本山桂川の民俗図説」
第五回
二月二〇日（土）
　波平恵美子「靖国と日本人の死生観――文化人類学と民俗学は何を提示できるか」
　関口由彦「アイヌ民族をめぐる人種・人間の表象と人類学」
二月二一日（日）
　三田牧「土方久功のパラオ表象――日記、文学作品、学術論文の検討から」

　こうしてみると、この共同研究会では延べ三三人の発表があったことになる。坪井正五郎以後、民博誕生以前まででも一〇〇年以上の歴史をもつ人類学の歴史をわずか一三回の発表会で終ることはとうてい無理である。そのほかにも取り上げたかった人類学者は多くいたが、それは手にあまる仕事であった。ひとえにこの主題の重さと共同研究会の非力さを思い知るだけである。この研究会を引き継いで、将来、新しい角度からの人類学史が生れるのを祈りたい。

　本書の最後には、「特別寄稿」として、堀江俊一、千加子夫妻から、杉浦健一の講演遺稿集が寄せられた。戦後の東京大学の文化人類学教室の設立者であり、戦中は南洋庁嘱託としてパラオなどで野外調査していた杉浦健一の講演用生原稿である。堀江俊一の解題を通して、杉浦健一が構想していた人類学が何か、理解が進んだことと思う。

　なお、本研究会の課題と目的については、『民博通信』一三〇号（二〇一〇年）に「日本人類学の歴史――回顧と展望」と題して紹介しておいた。また、本書に関連する一部分は『民博通信』一二八号（二〇一〇年）に「特集　植民地時代の日本人類学」として、簡略ながらいくつかのエッセイを掲載しておいた。それらの記事は本書の予告編として編集されたものである。参考までに『民博通信』一三〇号の執筆者とタイトルは次の通りである。

山路勝彦「植民地期の日本人類学史」二―三頁。

関口由彦「日本人類学とアイヌ研究」四―五頁。

宮岡眞央子「台湾原住民族研究の今日的意味」六―七頁。

朝倉敏夫「植民地期朝鮮の日本人研究者についての評価」八―九頁。

飯髙伸五「南洋庁嘱託の民族学者の研究――フィールドとテキストの間を読む」一〇―一一頁。

秦兆雄「満鉄調査部による中国調査」一二―一三頁。

角南聡一郎「物質文化に問いかけ、その学史に学ぶ意味」一四―一五頁。

山路勝彦「リーディング・ガイド」一六―一七頁。


最後に、この研究会開催を認めてくれた国立民族学博物館には感謝したい。この共同研究会の立ち上げに際しては、国立民族学博物館長（当時）の松園万亀雄氏の助言をいただいた。この分厚い図書の刊行を引き受けてくれた関西学院大学出版会にも、同じように感謝したい。こうした協力がなければ、本研究は日の目をみることはなかった。

二〇一一年五月

山路勝彦

れ

ろ

わ

へ

ほ

ま

み

ね

の

は

ひ

ふ

な

に

つ

て

と

す

せ

き

く

け

〈事項索引〉

あ

い

668
モース、マルセル(1872-1950)　129, 347, 362, 371, 397, 400
森丑之助(1877-1926)　44, 80, 83, 84, 90, 91, 107, 111, 115-117, 119, 305, 306, 427, 430, 433, 440
森下正明(1913-1997)　580, 582, 586, 606
森島中良(1756-1810)　619
モルガン、ルイス・ヘンリー (1818-1881)　29, 30, 32, 301, 302, 307, 321, 338, 346, 347, 366, 372, 386, 469

や

八木奘三郎(1866-1942)　252, 436
矢内原忠雄(1893-1961)　55, 184, 200, 207, 449-452, 465-467, 485, 488, 490, 528
柳　宗悦(1889-1961)　350
柳田国男(1875-1962)　26, 27, 40, 50, 53-55, 58, 66, 82, 85, 107, 117, 181, 300, 318-320, 324-326, 328, 330, 334, 336, 338, 339, 344, 348-351, 359-362, 369-373, 379, 385-387, 389, 390, 396, 399, 402, 498, 501, 640, 644, 658, 664, 667, 668, 677-680, 696, 733
山川　均(1880-1958)　374
山口昌男(1931-)　372, 377, 388-390, 394, 395, 398, 402, 508, 512, 580, 641-643, 668
山田盛太郎(1897-1980)　356, 366, 367, 370
山中共古(山中笑) (1850-1928)　223, 235, 250, 252
山辺安之助(1867-1923)　42, 72
山本宣治(1889-1929)　376
山本　登(1920-)　502, 513
八幡一郎(1902-1987)　30, 40, 41, 185, 186, 201, 294, 424, 433, 474, 482, 488, 524, 569, 630

よ

ヨセリン・デ・ヨング、ヨン・P・B (1886-1964)　316

ら

ラドクリフ＝ブラウン、アルフレッド (1881-1955)　124, 190, 347, 362, 456, 503, 524, 528, 577, 578, 581
ラルコ・オイレ、ラファエル(1901-1966)　522, 523, 537

り

リヴァーズ、ウィリアム H・R (1864-1922)　577

れ

レイパー、アーサー (1899-1979)　502
レヴィ＝ストロース、クロード (1908-2009)　39, 43, 53, 317, 328, 330, 652, 660
レッドフィールド、ロバート(1897-1958)　456, 511, 514

ろ

ローウィ、ロバート(1883-1957)　502

わ

和田専三(生没年不詳)　630
渡瀬荘三郎(1862-1929)　222, 225, 252

511, 513
ベフ、ハルミ(1930-)　507, 508, 513
ベルティヨン、アルフォンス(1853-1914)　425
ペルゼル、ジョン・C（1914-）　496-499, 508

ほ

ボアズ、フランツ(1858-1942)　430, 453, 456, 460, 486, 503
ボールズ、ゴードン・T（1904-1991）　451, 484, 488
本多勝一(1932-)　576, 578, 580, 581, 603, 604, 659, 668
本多錦吉郎(1851-1921)　414, 421, 422, 437, 439

ま

牧田　茂(1916-2002)　330, 337
牧野　巽(1905-1974)　49, 71
増田福太郎(1903-1982)　86
増田義郎(昭三)（1928-）　529, 550, 551, 554, 562, 563, 568
松浦武四郎(1818-1888)　620, 624, 625
松岡静雄(1877-1936)　181, 200, 206
松田　甲(1863-1945)　143, 148
松平斉光(1897-1979)　318, 339
松村　瞭(1875-1936)　19, 181
松本信廣(1897-1981)　185, 606
マードック、ジョージ(1897-1985)　39, 53, 502
馬淵東一(1909-1988)　10, 24, 32, 33, 37-40, 44, 46, 53, 54, 62, 63, 71, 86, 91-93, 98-100, 104, 107-109, 111, 115, 184, 206, 299-324, 326-334, 337-340, 454, 455, 462, 492, 746
マリノフスキー、ブロニスラフ・K（1884-1942）　54, 124, 125, 130, 184, 191, 362, 486, 498, 526, 578, 581, 652, 660
マルクス、カール(1818-1883)　346-348, 358, 367, 375, 377, 378, 388, 389, 392
丸山真男(1914-1996)　344-346, 352, 357, 358, 391, 392, 398

み

三上次男(1907-1987)　424, 433
ミード、マーガレット(1901-1978)　307, 308, 319, 322, 330, 333, 337, 456
三品彰英(1902-1971)　121
水野成夫(1899-1972)　376
三橋　健(1939-)　685, 687, 689, 697
南方熊楠(1867-1941)　26, 128, 149, 642, 643, 664, 666
宮田　登(1936-2000)　512, 641, 667
宮武正道(生没年不詳)　184, 202, 207
宮本常一(1907-1981)　395, 661
宮本延人(1901-1987)　40, 85-87, 300, 301, 304

む

ムラ、ジョン・V（1916-2006）　563
村上重良(1928-1991)　685-689, 694, 697
村上直次郎(1868-1966)　186
村山智順(1891-1968)　44, 46, 47, 64, 70, 121, 123-126, 132-134, 137, 139-143, 145-147, 149, 151-173

も

モース、エドワード・S（1838-1925）　416, 421, 434, 622-624, 627, 666,

は

芳賀日出男(1921-)　648, 663
橋浦泰雄(1888-1979)　348, 399, 668
長谷部言人(1882-1969)　19, 181, 186, 201, 294, 448, 462, 464, 469, 471-473, 478, 484, 492
秦　豊吉(丸木砂土)(1892-1956)　633, 634
蜂須賀茂韶(1846-1918)　658
パッシン、ハーバート(1916-2003)　387, 389, 455, 461, 497
ハースコヴィッツ、メイヴィル(1895-1963)　455
八田与一(1886-1942)　108
ハッドン、アルフレッド・C(1855-1940)　577
濱田耕作(1881-1938)　27, 223, 232-235, 250, 252
原　忠彦(1934-1990)　466, 467, 479
バンザロフ、ドルジ(1822-1855)　170, 172
伴　豊(1920-1945)　65, 582, 585, 586

ひ

ビアズリ、リチャード(1918-1978)　505, 506, 511
比嘉春潮(1883-1977)　40, 330, 337, 348
東久世通禧(1834-1912)　658
肥後和男(1899-1981)　678
土方久功(1900-1977)　52, 53, 175, 177, 182-185, 187-190, 194, 197-199, 201, 203, 205-207, 253-256, 258-260, 262-265, 267-285, 287-297, 424, 576, 606, 747
平賀源内(1728-1780)　409, 622, 665, 667
平野義太郎(1897-1980)　68, 186, 295, 356, 366, 369, 400, 741

ふ

ファン・フォレンホフェン、コーネリス(1874-1933)　316
福井勝義(1943-2008)　582
福武　直(1917-1989)　49, 70, 486, 492, 501
福冨正実(1930-)　346, 370, 401
福間裕爾(1956-)　679
福本和夫(1894-1983)　346, 374-376, 378, 390, 391, 401
藤枝　晃(1911-1998)　63, 70, 379, 380, 400, 582
藤岡喜愛(1924-1991)　582, 583, 606, 608
藤木九三(1887-1970)　640, 659, 667
藤木高嶺(1926-)　659
藤田和夫(1919-2008)　582, 583, 585, 586, 606, 647, 667
藤田五郎(1915-1952)　371, 401
藤田大誠(1974-)　682, 683, 685, 695
藤本　武(生没年不詳)　583, 606
布施辰治(1880-1953)　357
ブリュー、ジョン・オーティス(1906-1988)　529
古島敏雄(1912-1995)　49, 70, 502, 513
古野清人(1899-1979)　30, 34, 36, 40, 54, 71, 86, 129, 309
フレーザー、ジェームズ(1854-1941)　28-30, 319, 350, 362, 372, 469
ブロック、モーリス(1939-)　346, 401

へ

ベネット、ジョン・W(1915-2005)　63, 382, 455, 497
ベネディクト、ルース(1887-1948)　40, 41, 55, 456, 503-506, 510,

180, 205, 211-248, 250-252, 415, 416, 425, 426, 428, 438, 481, 620, 625, 627, 634, 655, 665, 747

て

テーヨ、フーリオ・C（1880-1947） 523, 524, 528, 537-542, 544-546, 561
寺田和夫(1928-1987) 3, 11, 52, 69, 222, 223, 251, 448, 478, 481, 482, 484, 488, 491, 525, 528-530, 532, 533, 543, 549-552, 554, 555, 559-561, 563, 564, 566, 568, 634, 665
テル・ハール、バレンド(1892-1941) 316

と

土居健郎(1920-2009) 507
東郷吉太郎(1866-1942) 181
徳富蘇峰(1863-1957) 10
徳永重康(1874-1940) 630
徳永康元(1912-2003) 630
土倉九三(1921-1996) 582
富川盛道(1923-1997) 582
戸谷敏之(1912-1945) 391, 392, 395-397, 399
鳥居龍次郎(1916-1998) 521, 568
鳥居龍蔵(1870-1953) 3, 10, 19, 20-23, 27, 54, 67-70, 80, 82, 83, 89-91, 93, 105, 107, 112-115, 117-119, 121, 158, 167, 223, 227, 232, 236, 239, 248, 252, 425-428, 433, 438, 519-525, 528, 537, 567-569, 576, 606, 644, 746

な

直江広治(1917-1994) 347, 379, 400
永井荷風(1879-1959) 658
中尾佐助(1916-1993) 48, 185, 582, 583, 586, 594
中川淳庵(1739-1786) 622
中川善之助(1897-1975) 186, 194
中根千枝(1926-) 57, 449, 485, 492, 507, 580, 652, 666
中野朝明(生没年不詳) 185
中村孝志(1910-1994) 86
中山太郎(1876-1947) 171, 613, 632, 633
名越左源太(1820-1881) 620
名取洋之助(1910-1962) 641, 642
難波紋吉(1897-1979) 461, 486, 491, 492

に

仁井田陞(1904-1966) 49, 70
西川一三(1918-2008) 393, 396
錦織英夫(1903-1989) 502
西堀栄三郎(1903-1989) 577, 581
西村眞次(1879-1943) 28, 70, 186, 457, 613, 632, 633, 636, 666
蜷川式胤(1835-1882) 623, 624, 666

ね

ネフスキー、ニコライ・A（1892-1938） 372, 469

の

野口武徳(1933-1986) 641, 667
野口正章(生没年不詳) 175-177, 185, 186, 193-199, 201, 202, 204, 206, 745
ノーベック、エドワード(1915-1991) 506
能勢丑三(1889-1954) 423, 424, 437
野田真吉(1916-1993) 640, 641, 643, 667
野間　清(1907-1994) 49, 70
野呂栄太郎(1900-1934) 352-356, 392, 393, 400

491
菅江真澄(1754-1829)　620, 661
杉浦健一(1905-1954)　34, 41, 44, 47, 48, 54, 60, 61, 68, 129, 175, 177, 182, 183, 185, 186, 190-194, 197, 198, 201-204, 253, 255, 278-282, 294, 295, 318, 445, 450, 451, 454, 455, 458-460, 462-469, 471-473, 476, 478, 481, 483, 486-488, 490, 491, 587, 636, 699, 701, 715-719, 733-741, 747
杉浦佐助(1897-1944)　262, 263, 266
杉田玄白(1733-1817)　409, 622
杉山晃一(1932-)　372-376, 389, 390, 398, 463, 467, 473, 475, 477, 483, 485, 488, 489, 491
杉山寿栄男(1884-1946)　422, 423, 437, 439
鈴木栄太郎(1894-1966)　141, 144, 147, 149, 501
鈴木二郎(1916-2007)　34, 41, 68, 373
鈴木経勲(1853-1938)　180, 200, 205
鈴木　尚(1912-2004)　462, 474, 475
須田(大島)昭義(1900-1990)　30, 462, 465, 474, 475, 478, 482, 488
ストラサーン、アンドリュー(1939-)　332
スミス、ロバート・J (1924-)　506, 511, 513
住谷一彦(1925-)　388-390, 395, 398

せ

瀬川孝吉(1906-1998)　40, 86
関　敬吾(1899-1990)　63, 68, 319, 345, 348, 455
善生永助(1885-1971)　46, 121, 122, 124, 126, 134-137, 139, 142, 143, 147, 148, 152, 172

そ

副田義也(1934-)　466
曽野寿彦(1923-1968)　488, 543, 549, 553
祖父江孝男(1926-)　465, 469, 472, 478, 479, 487-489, 491, 734
染木　煦(1900-1988)　424, 431
ゾルゲ、リヒャルト(1895-1944)　345, 400

た

タウト、ブルーノ(1880-1938)　366
高木敏雄(1876-1922)　26, 27, 68
高田保馬(1883-1972)　34, 48
高橋健治(1903-1947)　581
高橋　享(1878-1967)　121, 143, 144, 148
高橋由一(1828-1894)　414
田口卯吉(1855-1905)　180
竹内芳太郎(1897-1987)　640
多田文男(1900-1978)　451, 474, 533, 534
立石鉄臣(1905-1980)　430
田中丸勝彦(1945-2001)　58, 68, 678-680, 683, 686, 696
田辺寿利(1894-1962)　27, 351, 362
谷川健一(1921-)　296, 330, 331, 337
田村元雄(1718-1776)　622, 623

ち

チャプリカ、マリア(1884-1921)　170, 173

つ

土屋喬雄(1896-1988)　356-358, 361, 362, 365-368, 393, 399
坪井正五郎(1863-1913)　3, 5, 10-20, 25-27, 31, 52, 69, 80, 82, 83,

（1842-1921）　347, 348, 350, 398
桑原武夫(1904-1988)　577, 580, 581, 583, 584, 592-595, 597, 598, 601-603, 606-608

こ

小泉　鉄(1886-1954)　38, 85, 108, 310-312, 315, 333, 336, 337
高津春繁(1908-1973)　474
甲田和衛(1920-1993)　582
甲野　勇(1901-1967)　30, 424, 433, 482
河野　密(1897-1981)　376
香原志勢(1928-)　465, 479, 734
小金井良精(1859-1944)　11, 223, 227, 229-231, 235, 236, 238-241, 248-252, 427
国分直一(1908-2005)　40, 86, 424, 430, 433
古在由重(1901-1990)　344, 352, 358, 392, 398
小島由道(生没年不詳)　84, 90, 112, 117
コッパーズ、ウィルヘルム(1886-1961)　386
後藤新平(1857-1929)　84, 108
ゴドリエ、モーリス(1934-)　346
小中勝利(1920-)　394
コーネル、ジョン・B（1922-1994）500-502, 506, 510, 511, 513
小林保祥(1893-1984)　85, 112
小林行雄(1911-1997)　423, 424, 434
小林良正(1898-1975)　356
小堀桂一郎(1933-)　678, 696
小松左京(1931-)　654
今和次郎(1888-1973)　361, 393, 613, 632, 633, 641, 656

さ

酒井卯作(1925-)　319
阪本是丸(1950-)　687
佐口　透(1916-2006)　379
桜田勝徳(1903-1979)　319
佐々木高明(1929-)　62, 67, 594, 595, 603
佐々木彦一郎(1901-1936)　30, 482
佐藤慶太郎(1869-1940)　736, 741
佐藤　蔀(1852-1944)　223, 249
佐藤傳藏(生没年不詳)　249
佐山融吉(生没年不詳)　84, 85, 91, 112, 117

し

志賀重昴(1863-1927)　11, 24, 67
重信幸彦(1959-)　679
四手井綱英(1911-2009)　577, 581
渋沢敬三(1896-1963)　344, 349-351, 360, 361, 368, 386, 391, 393, 398, 404, 455, 456, 486, 490, 526, 530, 534, 544, 607, 642, 658, 664
島田貞彦(1889-1946)　423
守随　一(1904-1945)　348
シュテルンベルグ、レフ(1861-1927)　347, 397
シュミット、ウィルヘルム(1868-1954)　30, 373, 378, 386, 388, 427, 470
白井光太郎(1863-1932)　222, 225, 226, 249, 634
白瀬　矗(1861-1946)　42, 629, 630, 640
ジレル、コンスタン(1873-1952)　639
シロコゴロフ、セルゲイ(1889-1939)　50, 68
新村　出(1876-1967)　658

す

須江(原)ひろ子(1934-)　463, 466, 467, 474, 476, 477, 483, 484, 488,

岡　正雄(1898-1982)　9, 10, 24, 27-30, 32, 34-36, 40, 41, 54, 55, 66, 68, 200, 300, 318, 350, 361, 373, 381, 394, 396, 454, 458, 462, 478, 482, 484, 490, 621, 641-643, 661
岡田宗司(1902-1975)　356
岡田桑三(1903-1983)　641-643, 663
岡田宏明(1932-2004)　467, 475
岡田　謙(1906-1969)　86, 186, 454, 456, 458, 486, 487, 489, 490, 492
岡松参太郎(1871-1921)　84
小川尚義(1869-1947)　86, 87, 93, 110, 115, 304
荻野和彦(1936-)　577
奥野彦六郎(1895-1955)　200
尾高邦雄(1908-1993)　497
小場恒吉(1878-1959)　424, 436
折口信夫(1887-1953)　27, 40, 85, 107, 113, 115, 318, 324-326, 330, 336, 372, 678

か

加藤泰安(1911-1983)　582, 606
金関丈夫(1897-1983)　45, 86, 338, 462
鹿野忠雄(1906-1945)　38, 86, 91, 117, 119, 186, 741
上条深志(生没年不詳)　185, 201, 204
上山満之進(1869-1938)　86, 87, 306
蒲生正男(1927-1981)　487, 501, 526, 527, 549, 567
カリオン・カチョ、レベッカ(1907-1960)　540
河上丈太郎(1889-1965)　376
河上　肇(1879-1946)　350, 374-378
川喜田二郎(1920-2009)　185, 574, 577, 579-582, 584-586, 601, 603, 606, 659
川添　登(1926-)　654
川田順造(1934-)　447, 475, 477, 482, 488, 490, 580
川村俊蔵(1927-2003)　577
神田孝平(1830-1898)　620, 621, 624, 625, 658, 663, 668

き

木内信蔵(1910-1993)　474
菊川忠雄(1901-1954)　374, 397
喜田貞吉(1871-1939)　21, 22, 26, 27, 66, 67
喜多野清一(1900-1982)　455, 498-501, 510
北村信昭(1906-1999)　184, 200-202, 204
木原　均(1893-1986)　185, 582, 588, 606
清野謙次(1885-1955)　19, 253, 255, 278, 283, 295, 415, 436
吉良龍夫(1919-)　574, 577, 580, 582, 584-586, 602
金田一京助(1882-1971)　26, 27

く

櫛田民蔵(1885-1934)　355, 356, 374-376
倉塚曄子(1935-1984)　330, 336
クラックホーン、クライド(1905-1960)　455, 460, 461, 490, 529, 549
グラックマン、マックス(1911-1975)　578
クラウゼ、フリッツ(1881-1963)　388
クレーマー、オーギュスティン(1865-1941)　181
黒川紀章(1934-2007)　654
クローバー、アルフレッド(1876-1960)　378, 388, 397, 461, 502
クロポトキン、ピョートル・A

474, 483-485, 487, 488, 490, 501, 502, 512, 517-519, 525, 527-538, 540-555, 557-562, 564-568, 577, 648, 649, 652, 660, 733, 734, 741
伊谷純一郎(1926-2001)　57, 582
伊藤武雄(1895-1984)　393, 396
伊能嘉矩(1867-1925)　44, 80-84, 89-91, 107, 108, 110-114, 116, 118, 305, 306, 334, 335
伊波普猷(1876-1947)　27, 321, 325-327, 335, 613, 632, 633
違星北斗(1901-1929)　42, 65
今西錦司(1902-1992)　48, 51, 56, 57, 64, 65, 185, 203, 378, 396, 573, 574, 577, 580-584, 586, 587, 591, 594-597, 599, 601-603, 606-608, 630, 640, 744
今西寿雄(1914-1995)　583
今西　竜(1875-1932)　121
今村　鞆(1870-1943)　44, 46, 121, 123-128, 142, 143, 145, 147, 149, 152, 167, 172
岩村　忍(1905-1988)　48, 65, 497, 512, 582, 641, 647, 661

う

ウィレー、ゴードン(1913-2002)　529-531, 545
上田萬年(1867-1937)　12, 65
ヴェール、ガブリエル(1871-1936)　639
牛山純一(1930-1997)　57, 650, 651, 654, 659-661, 667
内田智雄(1905-1989)　49, 66
移川子之蔵(1884-1947)　31, 33, 63, 85, 86, 98, 300, 301, 304, 309, 455, 456
宇野円空(1885-1949)　129, 130, 319, 733
梅棹忠夫(1920-2010)　48, 56, 185, 528, 566, 573-577, 580-586, 588-591, 593-595, 597-603, 606, 608, 609, 640, 647, 649, 652-654, 656, 659, 660, 662
梅原達治(1928-)　734
ウルテアーガ、オラシオ(1879-1952)　521, 524
ウーレ、マックス(1856-1944)　541, 542

え

エヴァンズ＝プリチャード、エドワード・E（1902-1973)　309
江上波夫(1906-2002)　30, 41, 381, 396, 397, 474, 482, 532
エスペホ・ヌーニェス、フーリオ（1911-1984)　542
榎本武揚(1836-1908)　658
エンゲルス、フリードリヒ(1820-1895)　29, 347, 348, 372, 386, 392, 397
エンブリー、ジョン(1908-1950)　496, 499, 501-506, 510, 511

お

及川　宏(1912-1945)　361, 397
大槻玄沢(1757-1827)　410, 619
大藤時彦(1902-1990)　40, 319, 328, 330, 334-336
大貫良夫(1937-)　518, 525, 535, 543, 546, 548-550, 552, 553, 562-565, 567
大野雲外(延太郎)（1863-1938)　54, 356, 367, 404, 416-422, 428, 432, 434-436, 438
大林太良(1929-2001)　479, 488, 533
大間知篤三(1900-1970)　48, 50, 54, 66, 68, 319, 348
大山彦一(1900-1966)　48, 50, 51, 66
岡　茂雄(1894-1989)　621, 644, 662

索　引

〈人名索引〉

漢語人名（画数順）

宋　錫夏(1904-1948)　142, 144, 145, 150
李　能和(1869-1945)　142, 144, 150, 154, 156-159, 164, 167
汪　明輝(1959-)　96, 99, 103, 104, 106, 109-111, 118
林　修澈(1950-)　93, 118
金　孝敬(1904- 不詳)　144, 150
金　斗憲(1903-1981)　142
陳　奇禄(1923-)　422, 429, 430, 440
孫　晋泰(1900-1960 年代中半)　142, 144, 145, 150, 169
楊　南郡(1931-)　89-91, 107, 117-119, 440
顔　水龍(1903-1997)　431

あ

相川春喜(1909-1953)　356
饗庭斜丘(生没年不詳)　633, 634, 660
赤松啓介(栗山一夫)(1909-2000)　346, 348
赤松智城(1886-1960)　31, 33, 34, 46-48, 64, 66, 121, 122, 124, 126, 128-131, 137-139, 141-143, 147-149, 154, 159, 162-165, 167, 168, 170, 300, 526, 733
秋葉　隆(1888-1954)　31, 33, 34, 44, 46-48, 54, 64, 121-126, 128, 130-132, 137, 139-143, 145, 147, 148, 150, 151, 153-155, 157-159, 161-171, 184, 300, 318, 526, 744
浅井恵倫(1894-1969)　40, 86, 87, 110, 113, 115
浅井辰郎(1914-2006)　586-588, 602
足立文太郎(1866-1945)　244, 245, 248, 427
姉崎正治(1873-1949)　502
安部健夫(1903-1959)　593
天野芳太郎(1898-1982)　528, 529, 555
有坂鉊蔵(1868-1941)　633, 634, 660
有賀喜左衛門(1897-1979)　27, 53, 55, 144, 147, 343, 346, 349-352, 356, 358-363, 365-372, 392, 393, 395-397, 399, 400, 498-501, 510
粟津　潔(1929-2009)　654
安藤喜一郎(生没年不詳)　184, 203, 206

い

石川三四郎(1876-1956)　33, 65, 72
石毛直道(1937-)　576, 582, 602, 608
石田英一郎(1903-1968)　10, 24, 30, 32, 34, 36, 37, 39, 41, 48, 53, 54, 65, 318, 327, 328, 330, 335, 343, 345, 348, 371-381, 383-396, 398, 399, 402, 445-447, 449-455, 458, 459, 462, 464, 466, 467, 469-478, 480, 481, 483-486, 488-491, 513, 528, 533, 534, 553-555, 557, 560, 566, 582
泉井久之助(1905-1983)　186
泉　靖一(1915-1970)　33, 34, 37, 41, 48, 51, 56, 64, 128, 130, 139, 141, 147, 183, 203, 300, 318, 427, 434, 445, 449-451, 455, 462, 464-467,

関　雄二　1956 年生まれ。東京大学大学院社会学研究科博士課程中退、社会学修士。現在は国立民族学博物館研究戦略センター教授ならびに総合研究大学院大学教授。専門はアンデス考古学および文化人類学。フィールドは南米アンデス地域。著作には、『アンデスの考古学』（同成社）、『古代アンデス――権力の考古学』（京都大学学術出版会）、『古代アンデス――神殿から始まる文明』（共編著、朝日新聞出版）など。

田中雅一　1955 年生まれ。ロンドン大学経済政治学院（LSE）博士課程修了、Ph.D.　現在は京都大学人文科学研究所教授。専門は文化人類学およびセクシュアリティ研究。フィールドは南アジアと日本。著作には、『供犠世界の変貌』（法藏館）、『癒しとイヤラシ――エロスの文化人類学』（筑摩書房）など。

飯田　卓　1969 年生まれ。京都大学大学院人間・環境学研究科博士課程研究指導認定退学、博士（人間・環境学）。現在は国立民族学博物館文化資源研究センター准教授。専門は生態人類学および視覚コミュニケーションの人類学。フィールドはマダガスカルなど。著作には、『海を生きる技術と知識の民族誌』（世界思想社）など。

波平恵美子　1942 年生まれ。九州大学大学院博士後期課程単位取得満期退学、Ph.D（テキサス大）。現在はお茶の水女子大学名誉教授。専門は文化人類学。フィールドは日本。著作には、『質的研究の方法』（共著、春秋社）、『からだの文化人類学』（大修館書店）、『日本人の死のかたち』（朝日新聞社）、『ケガレ』（講談社学術文庫）、『文化人類学第 2 版』（編著、医学書院）など。

堀江俊一　1950 年生まれ。東京都立大学大学院社会科学研究科博士課程修了、文学修士。現在は至学館大学人文学部教授。専門は台湾の客家系漢人社会および明治期日本の歴史人類学。著作には、「二つの『日本』――客家民系を中心とする台湾人の『日本』意識」『戦後台湾における「日本」――植民地経験の連続・変貌・利用』（風響社）、「明治末期の近代的家族の歴史人類学的研究」など。

堀江千加子　1954 年生まれ。武蔵大学人文学部卒。現在は婦人之友社編集部勤務（非常勤）。

関口由彦　1977年生まれ。成城大学大学院文学研究科日本常民文化専攻満期退学、博士(文学)。現在は成城大学民俗学研究所研究員。専門は文化人類学。フィールドは北海道と東京のアイヌ民族社会。著作には、『首都圏に生きるアイヌ民族――「対話」の地平から』(草風館) など。

三田　牧　1972年生まれ。京都大学大学院人間・環境学研究科博士課程研究指導認定退学、博士 (人間・環境学)。現在は日本学術振興会特別研究員 (RPD) (大阪大学)。専門は文化人類学。フィールドは沖縄とパラオ。著作には、Palauan Children under Japanese Rule: Their Oral Histories (Senri Ethnological Reports 87)、「想起される植民地経験――『島民』と『皇民』をめぐるパラオ人の語り」『国立民族学博物館研究報告』(33巻1号) など。

中生勝美　1956年生まれ。上智大学博士後期課程満期退学、法学修士。現在は桜美林大学人文学系教授。専門は社会人類学および植民地人類学。フィールドは中国大陸、台湾、香港、沖縄。著作には、『中国村落の権力構造と社会変化』(アジア政経学会)、『植民地人類学の展望』(編著、風響社)、「人類学と植民地研究」『思想』(957号) など。

角南聡一郎　1969年生まれ。奈良大学大学院博士後期課程修了、博士 (文学)。現在は財団法人元興寺文化財研究所主任研究員。専門は民俗学・物質文化研究。フィールドは日本と台湾。著作には、「野壺の民俗考古学」『国立歴史民俗博物館研究報告』(162号)、「台湾の樹木葬――比較文化研究の視座から」『民俗文化研究』(11号) など。

三尾裕子　1960年生まれ。東京大学大学院社会学研究科博士課程中退、博士(学術)。現在は東京外国語大学アジア・アフリカ言語文化研究所教授。専門は文化人類学。フィールドは台湾とベトナム。著作には、『戦後台湾における〈日本〉』(共編、風響社)、「植民地下の『グレーゾーン』における『異質化の語り』の可能性――『民俗台湾』を例に」『アジア・アフリカ言語文化研究』(71号)、「民間信仰の『空間』と『神―人関係』の再構築――台湾漢人社会の事例から」『社会空間の人類学――マテリアリティ・主体・モダニティ』(共編、世界思想社) など。

谷口陽子　1975年生まれ。お茶の水女子大学大学院博士課程修了、博士 (社会科学)。現在は専修大学非常勤講師。専門は文化人類学および民俗学。フィールドは日本。著作には、「災害復興地における地域社会づくりの取り組み」『高齢者のウェルビーイングとライフデザイン』(御茶の水書房)、「コンタクト・ゾーンとしての文化人類学的フィールド――占領期日本で実施された米国人人類学者の研究を中心に」『コンタクト・ゾーンの人文学』第1巻 (晃洋書房) など。

執筆者紹介（執筆順）

山路勝彦　1942年生まれ。東京都立大学大学院博士課程修了、社会学博士（関西学院大学）。現在は関西学院大学名誉教授。専門は歴史人類学。フィールドは台湾、オセアニア、近・現代日本。著作には、『台湾の植民地統治――〈無主の野蛮人〉という言説の展開』（日本図書センター）、『台湾タイヤル族の100年――漂流する伝統、蛇行する近代、脱植民地化への道のり』（風響社）など。

宮岡真央子　1971年生まれ。東京外国語大学大学院地域文化研究科博士後期課程単位取得満期退学、修士（教育学）。現在は福岡大学人文学部准教授。専門は文化人類学。フィールドは台湾。著作には、「日常を生きる困難と伝統文化の語り――台湾原住民族ツォウの伝統的首長をめぐる〈蜂蜜事件〉の事例から」『社会人類学年報』（33号）、『馬淵東一と台湾原住民族研究』（共著、風響社）、『「先住民」とはだれか』（共著、世界思想社）など。

朝倉敏夫　1950年生まれ。明治大学大学院政治経済学研究科博士課程満期退学、政治学修士。現在は国立民族学博物館文化資源研究センター教授ならびに総合研究大学院大学教授。専門は社会人類学。フィールドは韓国社会、海外コリアン。著作には、『変貌する韓国社会―― 1970～80年代の人類学調査の現場から』（共編著、第一書房）、『グローバル化と韓国社会』（共編著、国立民族学博物館調査報告69）など。

崔　吉城　1940年生まれ。成城大学大学院博士課程単位取得退学、文学博士（筑波大学）。現在は東亜大学人間科学部教授。専門は文化人類学。フィールドは韓国と日本。著作には、『植民地の朝鮮と台湾』（編著、第一書房）、『樺太朝鮮人の悲劇』（第一書房）、『差別を生きる在日朝鮮人』（共著、第一書房）、『親日と反日の文化人類学』（明石書店）、『韓国民俗への招待』（風響社）、『恨の人類学』（平河出版社）、『日本植民地と文化変容』（御茶の水書房）など。

飯髙伸五　1974年生まれ。東京都立大学大学院博士課程単位取得退学、博士（社会人類学）。現在は高知県立大学文化学部講師。専門は社会人類学およびオセアニア民族誌学。フィールドはミクロネシアと沖縄。著作には、『オセアニア学』（共著、京都大学学術出版会）、「日本統治下パラオ、オギワル村落におけるギンザドーリ建設をめぐる植民地言説およびオーラルヒストリーに関する省察」『アジア・アフリカ言語文化研究』（第77号）、「旧南洋群島における混血児のアソシエーション―パラオ・サクラ会」『移民研究』（第5号）など。

日本の人類学

植民地主義、異文化研究、学術調査の歴史

2011年8月20日初版第一刷発行

編著者　山路勝彦

発行者　田中きく代
発行所　関西学院大学出版会
所在地　〒662-0891
兵庫県西宮市上ケ原一番町1-155
電　話　0798-53-7002

印　刷　株式会社クイックス

Printed in Japan by Kwansei Gakuin University Press
ISBN 978-4-86283-094-4

http://www.kwansei.ac.jp/press